亚洲繁荣之路：

50年政策、市场和科技发展的回顾

亚洲开发银行　著

中国财经出版传媒集团
经济科学出版社
Economic Science Press

The origin of this book is *Asia's Journey to Prosperity: Policy, Market and Technology over 50 Years*, published by ADB in English in 2020. © Asian Development Bank 2020

此书的原版由亚洲开发银行于2020年以英文出版，书名为 Asia's Journey to Prosperity: Policy, Market and Technology over 50 Years。©2020年，亚洲开发银行 版权所有。

图字：01-2021-1143

图书在版编目（CIP）数据

亚洲繁荣之路：50年政策、市场和科技发展的回顾/亚洲开发银行著.—北京：经济科学出版社，2021.3
书名原文：Asia's Journey to Prosperity：Policy, Market, and Technology Over 50 Years
ISBN 978-7-5218-2428-5

Ⅰ.①亚… Ⅱ.①亚… Ⅲ.①亚洲经济-经济发展-研究 Ⅳ.①F130.4

中国版本图书馆CIP数据核字（2021）第042884号

责任编辑：吴　敏
责任校对：杨　海
责任印制：范　艳　张佳裕

亚洲繁荣之路：
50年政策、市场和科技发展的回顾
亚洲开发银行　著
经济科学出版社出版、发行　新华书店经销
社址：北京市海淀区阜成路甲28号　邮编：100142
总编部电话：010-88191217　发行部电话：010-88191522
网址：www.esp.com.cn
电子邮箱：esp@esp.com.cn
天猫网店：经济科学出版社旗舰店
网址：http：//jjkxcbs.tmall.com
北京季蜂印刷有限公司印装
710×1000　16开　34印张　530000字
2021年5月第1版　2021年5月第1次印刷
ISBN 978-7-5218-2428-5　定价：250.00元
（图书出现印装问题，本社负责调换。电话：010-88191510）
（版权所有　侵权必究　打击盗版　举报热线：010-88191661
QQ：2242791300　营销中心电话：010-88191537
电子邮箱：dbts@esp.com.cn）

本出版物中所表达的观点为作者个人观点，不一定代表亚洲开发银行（亚行）、亚行理事会或其所代表政府的观点和政策。

亚行不保证本出版物所载数据的准确性，亦不对使用这些数据所产生的后果承担任何责任。对特定公司或制造商产品的提及并不表示亚行宣传或推荐这些公司或产品，以及优于未被提及的类似性质的其他公司或产品。本出版物中对某特定版图或地理区域的任何称谓或提及，或使用"国家"一词，并不表示亚行意图对该版图或区域的法律地位或其他地位进行任何评判。

本出版物采用知识共享署名—非商业性使用—禁止演绎3.0 政府间组织许可协议 [Creative Commons Attribution-NonCommercial-NoDerivs 3.0 IGO license（CC BY-NC-ND 3.0 IGO）] http://creativecommons.org/licenses/by-nc-nd/3.0/igo/。使用本出版物的内容即表示同意遵守该许可协议的条款。关于署名和许可，请登录以下网址阅读使用规定和条款：https://www.adb.org/terms-use#openaccess。

该知识共享许可协议不适用本出版物中非亚行版权的资料。如果相关资料属其他信息源所有，请联系该信息源的版权所有人或出版商获取复制许可。亚行对使用这种资料所产生的任何索赔不承担责任。

如对本出版物的内容有任何疑问或建议，或希望就这些条款之外的用途使用获取版权许可，抑或获取使用亚行标志的许可，请联系：

pubsmarketing@adb.org。

亚行出版物勘误表请参见：http://www.adb.org/publications/corrigenda。

注：

在本出版物中，"$"表示美元。

亚行承认"中国"即中华人民共和国，"香港"即中国香港，"韩国"和"南韩"即大韩民国，"俄罗斯"即俄罗斯联邦。

"中国台湾"作为亚洲开发银行的成员体，其在亚洲开发银行中的名称为中国台北（Taipei, China）。

封面设计：安东尼·维多利亚（Anthony Victoria）

序　言

1966年亚洲开发银行（简称亚行）成立时，亚太地区饱受贫困之苦。当时，养活庞大且不断增长的人口是该地区面临的最大挑战之一。半个世纪后，亚洲已成为全球最具活力的地区之一。

50年前，人们并不看好亚洲的工业化和发展前景。当时，在19世纪后期开启现代化进程的日本正处于战后（即第二次世界大战后）高速发展中，但人们普遍认为这只是特例；中华人民共和国（中国）正步入"文化大革命"；印度的经济增长则受制于中央计划思想及"进口替代"政策；韩国、新加坡、中国香港和中国台湾的经济开始腾飞，后来成为众所周知的新兴工业经济体（NIEs），但那时的前景尚不明朗；1967年，为促进区域和平，东南亚国家联盟（简称东盟）由五个创始成员国发起成立，但这些国家还没有开始基于改革和"雁行"模式的快速增长；中亚国家尚属苏联体系。彼时，亚洲许多国家处于冲突和政治动荡之中。

过去50年来，无论是经济增长、结构转型、减贫，还是健康和教育的改善，亚太地区在迈向繁荣的道路上取得的成就都超出预期。1960年，亚洲发展中经济体的人均国内（地区）生产总值（GDP）为330美元（按2010年定值美元计算），到2018年已升至4,903美元，增长了近14倍，而同期全球人均GDP仅增长了两倍。因此，亚洲发展中经济体在全球GDP中的份额从4%跃升至24%；如果加上日本、澳大利亚和新西兰，这一份额则从13%增加到34%。

亚太地区战后在经济上取得成功的原因是什么？

如第1章所述，本书认为并不存在所谓的"亚洲共识"。亚洲奉行的政策可以用通常的经济理论来解释，与"华盛顿共识"所倡导的政策并没有太大差别。与其他国家和地区不同的是，许多亚洲国家在执行这些政策时采取了务实的做法。

在放宽进口限制、开放外商直接投资、放松金融业管制、资本账户自由化等方面，亚洲国家更加循序渐进。例如，它们认识到资本流动自由化的前提是国内金融业的充分发展。

* * * * *

在过去的半个世纪里,亚洲许多国家的人口快速增长,劳动年龄人口占比增加,带来了"人口红利"。同时,发达国家开放的贸易和投资政策也为亚洲创造了有利的外部经济环境。特别是近几十年来,亚洲国家从科技进步和全球化中受益匪浅。此外,经济体之间的"趋同"过程也为低收入国家提供了快速增长的机会。

然而,拥有人口红利和良好的外部环境并不意味着经济一定能够实现快速增长。本书认为,亚洲经济在二战后取得成功在很大程度上归功于其市场导向和稳健务实的经济政策以及有效的制度建设。其他成功因素还包括政府在决策时的务实态度、锐意改革的精神,以及借鉴自身及他国成败经验教训的能力。在许多国家,拥有一个得到全社会支持的、由富有远见的领导人引领的清晰的发展目标,以及强有力的国家行政系统也非常重要。

虽然各国在政策组合和执行时间上存在差异,偶尔还会出现挫折和逆转,但成功的亚洲经济体在过去50年中都奉行了经济持续增长所需的政策。这些政策包括开放贸易和投资,推进农业现代化和工业化,支持科技进步,投资教育和医疗卫生,鼓励国内储蓄并用于生产性投资,促进基础设施建设,奉行健全的宏观经济政策,以及促进减贫和包容性增长。

* * * * *

我一直认为,对于亚洲经济成功的探讨往往过于简单化。许多学者,特别是亚洲以外的学者,过分强调政府干预和指导的作用。亚洲的成功主要依赖于将市场和私营部门作为经济增长的动力。当政策从政府干预转向市场导向时,经济就开始快速增长,而政府继续发挥积极作用。

以市场为导向的政策在许多亚洲国家源于其商业和科技发展的悠久传统。在日本明治维新时期(1868—1912年),政府引进了基于西方模式的现代经济制度,也创建了许多产业,但私营部门相当活跃,如在修建铁路方面,而且日本的电力也一直由私营公司提供。20世纪初,中国和印度由私营企业主导的纺织、造纸、制药、钢铁和造船等行业蓬勃发展。

许多亚洲国家通过关税、财政补贴、优惠信贷和税收激励等措施，推行"针对性产业政策"，以支持工业化。这些政策有成功的，也有失败的。随着时间的推移，亚洲产业政策的干预程度也逐渐降低，比如更加注重采用鼓励研发的政策。针对性产业政策如果使用不当，会导致"寻租"行为、不正当竞争和效率低下。然而，今天许多人也认为产业政策如果利用得当会有效促进产业发展，特别是在发展的早期阶段。法国、德国和美国等如今的发达国家都是如此。如果产业政策能够促进竞争，有明确的政策目标和日落条款，并能透明有效地得到执行，那么这些政策就更有可能成功。

出口导向型贸易政策也常常被过分强调或误解。日本和新兴工业经济体很早就实施了出口导向型政策。然而，这些政策其实应该被称为"外向型"政策，因为其目的在于通过促进出口来赚取更多的外汇，从而保障获取更多的进口产品，包括自然资源、资本品和技术。20世纪60年代中期之前，日本一直面临经常账户赤字问题，不得不间或收紧宏观经济政策。许多其他亚洲发展中国家也效仿新兴工业经济体，终止了进口替代政策。二战后，发展中国家受社会主义思想和摆脱殖民统治后独立自主的意愿的影响，广泛采用进口替代战略。但是，该战略助长了贸易保护，导致竞争缺乏、汇率高估和效率低下，甚至引发了国际收支危机。这种情况在拉丁美洲尤甚。

*****

我认为，基于亚行成员体的经验，反思亚洲战后成功的原因是亚行的一项重要任务。2015年，在开始撰写亚行自己的历史《打造亚太美好未来》[①]一书时，我们已经萌生了写一本与之配套的亚洲经济发展史的想法。

这本《亚洲繁荣之路：50年政策、市场和科技发展的回顾》起笔于2017年关于亚行历史的书籍出版之后，历时近三年完成。本书分14个主题，描绘了亚洲过去50年的多元发展和变革，并强调了政策、市场和科技在经济发展过程中所起的作用。本书的讨论涵盖亚太地区46个亚行发展中成员

[①] McCawley, P. 2017. *Banking on the Future of Asia and the Pacific: 50 Years of the Asian Development Bank*. Manila: Asian Development Bank.

体，其中包括曾是亚行借款国的新兴工业经济体。本书还酌情讨论了澳大利亚、日本和新西兰的经验。本书第1章是对后续14章的总结和摘要。

有关亚洲经济发展的研究很多，如1993年世界银行出版的著名的《东亚奇迹》[①]。与以往的研究相比，本书具有如下鲜明的特点：

第一，本书除了新兴工业经济体和东南亚诸国（印度尼西亚、马来西亚和泰国）以外，还讨论了其他东亚和东南亚国家和经济体，以及南亚、中亚和太平洋岛国的快速转型，时间跨度从战后初期延续至今。本书描述了从中央计划经济体制向市场化改革的过渡，以及中国、印度、柬埔寨、老挝、越南和中亚国家经济的强劲增长。21世纪第一个十年以来，包括孟加拉国和菲律宾在内的许多亚洲发展中经济体增势强劲。即使在2008—2009年全球金融危机之后，除新兴工业经济体以外的亚洲发展中经济体的年平均增长率仍保持在6%左右，这意味着每12年收入翻一番。

第二，本书讨论了亚洲和世界的新问题和新趋势。书中讨论了气候变化、海洋健康和人口老龄化等挑战，全球价值链、人工智能等新型技术的影响，以及新服务日趋上升的重要性和多样化。本书还回顾了亚洲国家和经济体应对亚洲金融危机和全球金融危机的方式。

第三，许多来自亚洲、北美和欧洲各成员体的亚行职员参与了撰写工作，帮助加深了对各国经验的理解，也使本书的观点更加平衡。亚行业务部门的职员参与了书中有关健康、教育、性别、农业、能源、交通、供水、环境和气候变化以及区域合作与一体化等章节的撰写。

在撰写过程中，我们试图使各章节内容更加通俗易懂，在涵盖各种事例、数据和国别案例的同时，避免过于技术性的讨论。此外，本书还讨论了影响整个亚洲政策制定的经济发展理念的演变。

* * * * *

许多人认为21世纪是"亚洲世纪"，对此我持保留意见，尽管我为亚洲取得的成功及其经济地位的日益提升感到欣慰。亚洲人口占世界总人口的

[①] World Bank. 1993. *The East Asian Miracle: Economic Growth and Public Policy*. New York: Oxford University Press.

一半以上，所以，到2050年，亚洲GDP超过全球GDP的一半不足为奇。亚洲发展中经济体仍面临许多挑战，包括持续的贫困、收入不平等的加剧、性别鸿沟、环境恶化、气候变化（对太平洋岛国的影响尤为严重），以及医疗、教育、电力和安全饮用水等服务的不足。我们切勿骄傲自满。

在过去50年里，除了有些国家偶有战争和冲突发生，亚洲地区基本上处于和平状态。和平与稳定为亚洲经济取得成功奠定了基础。亚洲各国应继续全力以赴，在亚洲及亚洲以外地区增进友谊、加强合作。

亚洲的经验和创新令人振奋，但要达到西方过去五个世纪以来的影响力，还需假以时日。亚洲必须继续加强自身制度建设，为科技发展作出更大的贡献，在应对全球性问题上承担更多的责任，并更加清晰地提出自己的主张。我希望亚洲能发挥更大的作用，以推动建设一个更加包容、一体化和繁荣的全球共同体。

* * * * *

非常感谢本书的编撰团队、管理团队、秘书处、亚行各部门职员和咨询专家的贡献和辛勤付出，也十分感谢亚洲内外学者提出的宝贵意见。

本书编撰团队由亚行首席经济学家兼经济研究和区域合作局（ERCD）局长泽田康幸（Yasuyuki Sawada）和ERCD高级经济顾问庄巨忠领导，两人也是本书的主要作者。行长高级顾问许霓妮（Niny Khor）详细审核了本书的内容，并在撰写过程中进行协调。ERCD的利娅·苏慕隆（Lea Sumulong）带领秘书处提供了技术和研究支持。在过去三年里，他们和其他贡献者的不懈努力成就了这本书。

我衷心希望本书通过全面回顾亚洲过去50年的发展历史，能加深了解，促进讨论，从而帮助亚洲和世界应对仍然存在的发展挑战。

中尾武彦
亚洲开发银行行长兼董事会主席
2020年1月

编撰团队

《亚洲繁荣之路：50年政策、市场和科技发展回顾》一书由亚洲开发银行（亚行）工作人员撰写。编撰工作由亚行首席经济学家兼经济研究和区域合作局局长泽田康幸、经济研究和区域合作局高级经济顾问庄巨忠、行长特别高级顾问姚先斌、行长高级顾问许霓妮和南亚局区域经济顾问宋雷磊等人领导。他们得到了经济研究和区域合作局管理团队成员阿卜杜勒·阿比阿德（Abdul Abiad）、埃迪蒙·金廷（Edimon Ginting）、拉娜·哈桑（Rana Hasan）、朴信阳（Cyn-Young Park）和小约瑟夫·兹维格利奇（Joseph E. Zveglich, Jr.）等人的支持。

亚行行长中尾武彦利用其在国际金融和发展方面的丰富经验和真知灼见，为本书的概念构思、章节结构设计及博采众议提供了指导。作为"总编辑"，他为本书的组织、编辑和定稿花费了大量时间，倾注了大量心血。可以说，没有他的满腔热忱，就没有本书的成功面世。

来自亚行经济研究和区域合作局、亚行其他部门及亚行研究院的许多经济学家和专家为本书各章节的撰写作出了贡献。他们是：托马斯·埃布尔（Thomas Abell）、赤松范隆（Noritaka Akamatsu）、莉利亚·阿列克萨尼扬（Lilia Aleksanyan）、普里蒂·班达里（Preety Bhandari）、乔瓦尼·卡潘内利（Giovanni Capannelli）、布鲁诺·卡拉斯科（Bruno Carrasco）、戴维·多尔（David Dole）、布鲁斯·邓恩（Bruce Dunn）、范小琴、凯瑟琳·法林（Kathleen Farrin）、阿尔琼·戈斯瓦米（Arjun Goswami）、高博路（Robert Guild）、韩雪辉、马赛厄斯·赫布尔（Matthias Helble）、施卡·杰哈（Shikha Jha）、蒋奕、姜宗遇（Jong Woo Kang）、法赫德·汗（Fahad Khan）、吉川爱子（Aiko Kikkawa-Takenaka）、杰米·莱瑟（Jamie Leather）、李旻洙（Minsoo Lee）、李骏奎（Junkyu Lee）、史蒂文·刘易斯-沃克曼（Steven Lewis-Workman）、杰安特·梅农（Jayant Menon）、彼得·摩根（Peter Morgan）、庆子·诺瓦茨卡（Keiko Nowacka）、帕特里克·奥赛威

（Patrick Osewe）、朴东炫（Donghyun Park）、威廉明娜·帕斯（Wilhelmina Paz）、达妮埃莱·蓬齐（Daniele Ponzi）、玛塔维·潘迪特（Madhavi Pundit）、罗梅尔·拉巴纳尔（Rommel Rabanal）、戴维·雷策（David Raitzer）、阿里夫·拉玛扬迪（Arief Ramayandi）、迈克尔·拉廷格（Michael Rattinger）、利亚齐扎·萨比罗娃（Lyaziza Sabyrova）、索尼娅·钱德·桑德赫（Sonia Chand Sandhu）、马诺吉·夏尔马（Manoj Sharma）、筱崎薰广（Shigehiro Shinozaki）、徐娟芝（Yun Ji Suh）、田中园美（Sonomi Tanaka）、谷口洁（Kiyoshi Taniguchi）、田澍、德兰（Duc Tran）、严友钟（Woochong Um）、保罗·范登堡（Paul Vandenberg）、埃玛·韦薇（Emma Veve）、詹姆斯·比利亚富埃特（James Villafuerte）、山野峰（Takashi Yamano）、吉野直行（Naoyuki Yoshino）、翟永平、赵博。

亚行多个区域局和其他部门以及驻外代表处的工作人员帮助审查手稿、核实细节、核对数据，并且提供了宝贵意见。

利娅·苏慕隆（Lea Sumulong）和杰德·托伦蒂诺（Jade Tolentino）带领秘书处成员罗塞尔·迪梅（Roselle Dime）、雷内利·格洛里亚（Reneli Gloria）、杰拉尔丁·瓜林（Geraldine Guarin）和弗洛德里扎·韦尔加斯（Flordeliza Huelgas）为本书提供了技术和研究支持。这项工作也得到了杰玛·埃斯特拉达（Gemma Estrada）、尤金妮娅·戈（Eugenia Go）、伊娃·塞巴斯蒂安-萨马涅戈（Iva Sebastian-Samaniego）和玛拉·克莱尔·塔亚格（Mara Claire Tayag）等人的支持。考沙尔·乔希（Kaushal Joshi）和小阿图罗·马丁内斯（Arturo Martinez, Jr.）带领统计和数据创新组编制了附录表，雷蒙德·阿多菲纳（Raymond Adofina）、纳尔维诺·比尔洛恩斯（Nalwino Billones）、约瑟夫·比朗（Joseph Bulan）、伊弗雷姆·库亚（Ephraim Cuya）、马德琳·杜马阿-卡巴瓦坦（Madeline Dumaua-Cabauatan）、帕特里夏·乔治娜·冈萨雷斯（Patricia Georgina Gonzales）、梅利莎·帕斯夸（Melissa Pascua）、克里斯蒂安·弗洛拉·梅·索科（Christian Flora Mae Soco）和米克·伊万·苏米朗（Mic Ivan Sumilang）等人为编制附录表提供了协助。塞蒂若·伯恩塔兰（Setijo Boentaran）、尼米亚·西尔韦斯特（Nemia Silvestre）和雷吉娜·士（Regina Sy）等人提供了亚行贷款支出数据。谢拉·德古兹曼（Sheila de Guzman）、玛丽·安·马加迪亚（Mary Ann Magadia）、玛丽亚·梅利莎·德拉帕斯（Maria Melissa dela Paz）和雷吉娜·西巴尔（Ma. Regina Sibal）等人在本书编写过程中提供了行政和秘书服务。

林美君（Vicky Tan）带领信息交流局为本书的总体编撰工作提供了支持。莱拉·阿马尔（Layla Amar）、特雷莎·阿拉戈（Ma. Theresa Arago）、艾伯特·阿特金森（Albert Atkinson）、阿普丽尔·加莱加（April Gallega）、辛西娅·伊达尔戈（Cynthia Hidalgo）、阿尔弗雷多·德杰西（Alfredo de Jesus）、诺伦·乔斯（Noren Jose）、罗梅尔·马瑞拉（Rommel Marilla）、安娜·舍伍德（Anna Sherwood）和阿尼玛·斯朗根（Anima Slangen）等人参与了本书英文版的印制工作。安东尼·维多利亚为本书封面设计提供了艺术指导。凯文·内利斯（Kevin Nellies）和拉尔夫·罗梅罗（Ralph Romero）编制了本书的信息图表。行政服务办公室的亚伯拉罕·比利亚努埃瓦（Abraham Villanueva）和安杰尔·比利亚雷斯（Angel Villarez）绘制了本书的插图。盖伊·萨切尔多蒂（Guy Sacerdoti）对本书英文版的语言表达及亚行文体和习惯用法提供了建议。

此外，衷心感谢亚行咨询专家萨拉·达威-杜卡尼斯（Sarah Daway-Ducanes）、玛加丽塔·德比克-冈萨雷斯（Margarita Debuque-Gonzales）、阿尼尔·蒂欧拉利卡尔（Anil Deolalikar）、罗塞尔·迪梅（Roselle Dime）、约恩纳·埃斯图迪略（Jonna Estudillo）、鲁思·弗朗西斯科（Ruth Francisco）、金贞淑（Jungsuk Kim）、北野尚宏（Naohiro Kitano）、林锦耀（Joseph Lim）、爱比克泰德·帕塔林赫格（Epictetus Patalinghug）、穆罕默德·基布里亚（M. G. Quibria）、雷纳托·雷赛德（Renato Reside）、小丹尼斯·特立尼达（Jr. Dennis Trinidad）、玛丽安娜·维塔尔（Marianne Vital）、罗伯特·魏图（Robert Wihtol）和约瑟夫·叶（Josef Yap）等人对本书所作的贡献。

泽田康幸
亚洲开发银行首席经济学家
兼经济研究和区域合作局局长

庄巨忠
亚洲开发银行经济研究和区域
合作局高级经济顾问

致　谢

在本书的撰写过程中，哈尔·希尔教授（Professor Hal Hill，澳大利亚国立大学）提供了大量具有实质意义的意见和建议，让编撰团队受益匪浅。亚洲开发银行（亚行）前首席经济学家李钟和教授（Professor Jong-Wha Lee，高丽大学）仔细阅读了整本书的手稿，并提出了宝贵意见。

在2019年10月于亚行总部举办的研讨会期间及之前，编撰团队收到了众多外部评审专家的大量评审意见。评审专家包括：伊舍·贾奇·阿卢瓦利亚（Isher Judge Ahluwalia，印度国际经济关系研究委员会）、穆罕默德·查蒂布·巴斯里（Muhamad Chatib Basri，印度尼西亚大学）、普拉森吉特·巴苏（Prasenjit K. Basu，REAL-Economics.com）、埃里克·贝格洛夫（Erik Berglof，伦敦政治经济学院）、约翰·吉布森（John Gibson，怀卡托大学）、谢利托·哈比托（Cielito Habito，马尼拉雅典耀大学）、哈尔·希尔、斯蒂芬·豪斯（Stephen Howes，澳大利亚国立大学）、黄益平（北京大学）、李钟和、冈崎哲二（Tetsuji Okazaki，东京大学）、拉希姆·奥沙克巴耶夫（Rakhim Oshakbayev，哈萨克斯坦TALAP应用研究中心）、尼蓬·波瓦蓬萨功（Nipon Poapongsakorn，泰国发展研究所）、路易斯·普特曼（Louis Putterman，布朗大学）、比纳亚克·森（Binayak Sen，孟加拉国发展研究所）、沈联涛（中国香港亚洲环球研究所）。

在2018年2月于亚行总部举办评审研讨会时，与会专家提出的意见和建议也使编撰团队受益良多。与会专家包括：阿尼尔·蒂欧拉利卡尔（加州大学河滨分校）、李钟和、诺尔玛·曼苏尔（Norma Mansor，马来亚大学）、大塚启二郎（Keijiro Otsuka，神户大学）、路易斯·普特曼、查龙朴·素桑甘（Chalongphob Sussangkarn，泰国发展研究所）、张军（复旦大学）。

亚行最初计划撰写本书也受到2016年6月由时任亚行首席经济学家魏尚进在亚行总部主持的"头脑风暴"研讨会与会专家的启迪。与会专家包括：伊舍·贾奇·阿卢瓦利亚、阿杰·基柏（Ajay Chhibber，乔治·华盛顿大学）、苏约诺·季昆（Suyono Dikun，印度尼西亚大学）、黄世游（Huynh The Du，越南富布莱特大学公共政策和管理学院）、谢利托·哈比托、杜民兴（Toh Mun Heng，新加坡国立大学）、伊古尔·库什尔巴耶娃（Aigul Kosherbayeva，哈萨克斯坦经济研究所）、李峰金（Cassey Lee，东南亚研究所）、丽贝卡·法蒂玛·玛丽亚（Rebecca Fatima Sta. Maria，马来西亚国际贸易和工业部）、阿多拉西翁·纳瓦罗（Adoracion Navarro，菲律宾发展研究所）、迪帕克·纳亚尔（Deepak Nayyar，贾瓦哈拉尔·尼赫鲁大学）、冈崎哲二、朴炫（Hyeon Park，首尔大学）。

缩略语

ABMI	亚洲债券市场倡议
ADB	亚洲开发银行（亚行）
ADF	亚洲开发基金
AEC	东盟经济共同体
AFC	亚洲金融危机
AFTA	东盟自由贸易区
AI	人工智能
AIIB	亚洲基础设施投资银行（亚投行）
APEC	亚洲太平洋经济合作组织（亚太经合组织）
ASEAN	东南亚国家联盟（东盟）
ASEAN+3	东盟与中日韩（10+3）
ASEAN+6	东盟与中日韩澳印新（10+6）
BIMP-EAGA	文莱—印度尼西亚—马来西亚—菲律宾东盟东部增长区
BOT	建设—经营—移交
BPO	业务流程外包
CAREC	中亚区域经济合作
CCT	有条件现金转移支付
CEDAW	消除对妇女一切形式歧视公约
CGIF	信贷担保和投资机制
CLMV	柬埔寨、老挝、缅甸和越南（柬老缅越）
CMIM	清迈倡议多边化协议
COP	缔约方大会
CPC	中国共产党
DAC	发展援助委员会
ECAFE	亚洲及远东经济委员会

ESCAP	亚洲及太平洋经济社会委员会（亚太经社会）
EU	欧洲联盟（欧盟）
FAO	联合国粮食及农业组织（粮农组织）
FDI	外商直接投资
FTA	自由贸易协定
G20	二十国集团
G7	七国集团
GATT	关税和贸易总协定（关贸总协定）
GCF	绿色气候基金
GDP	国内生产总值
GEF	全球环境基金
GFC	全球金融危机
GHG	温室气体
GMS	大湄公河次区域
GVC	全球价值链
IBRD	国际复兴开发银行
ICT	信息与通信技术
IDA	国际开发协会
IEA	国际能源署
IFAD	国际农业发展基金
IFI	国际金融机构
IGES	全球环境战略研究所
ILO	国际劳工组织
IMF	国际货币基金组织
IMT–GT	印度尼西亚—马来西亚—泰国增长三角
IRRI	国际水稻研究所
Lao PDR	老挝人民民主共和国（老挝）
MDB	多边开发银行
MNC	跨国企业
NDC	国家自主贡献

NGO	非政府组织
NIE	新兴工业经济体
ODA	官方发展援助
OECD	经济合作与发展组织（经合组织）
PACER	太平洋更紧密经济关系协定
PICTA	太平洋岛国贸易协定
PNG	巴布亚新几内亚
PPP	公私合作（第8章）
PPP	购买力平价（第11章和附表15）
PRC	中华人民共和国（中国）
R&D	研究与开发（研发）
RCEP	区域全面经济伙伴关系协定
RCI	区域合作与一体化
ROK	大韩民国（韩国）
SAARC	南亚区域合作联盟（南盟）
SASEC	南亚次区域经济合作计划
SDG	可持续发展目标
SEZ	经济特区
SMEs	中小企业
SOE	国有企业
STEM	科学、技术、工程和数学
TFP	全要素生产率
TVET	职业技术教育和培训
UHC	全民健康覆盖
UK	英国
UN	联合国
UNCTAD	联合国贸易和发展会议
UNDP	联合国开发计划署
UNESCO	联合国教科文组织
UNFCCC	联合国气候变化框架公约

UNFPA	联合国人口基金会
UNICEF	联合国儿童基金会
US	美国
WHO	世界卫生组织(世卫组织)
WTO	世界贸易组织(世贸组织)

定 义

《亚洲繁荣之路：50年政策、市场和科技发展的回顾》一书中讨论的经济体按主要分析分组或地理分组，具体分类如下：

- **亚洲发展中国家和地区**包括亚洲开发银行（亚行）的46个发展中成员经济体，这些经济体又进一步归类为中亚、东亚、南亚、东南亚和太平洋地区。虽然如今韩国、新加坡、中国香港和中国台湾均已迈进高收入经济体行列，但它们过去都曾从亚行贷款，因此在亚行被列为"发展中成员经济体"。
- **中亚**包括亚美尼亚、阿塞拜疆、格鲁吉亚、哈萨克斯坦、吉尔吉斯斯坦、塔吉克斯坦、土库曼斯坦和乌兹别克斯坦（8个经济体）。
- **东亚**包括蒙古国、中华人民共和国（中国）、韩国和中国台湾、中国香港（5个经济体）。
- **南亚**包括阿富汗、孟加拉国、不丹、印度、马尔代夫、尼泊尔、巴基斯坦和斯里兰卡（8个经济体）。
- **东南亚**包括文莱达鲁萨兰国、柬埔寨、印度尼西亚、老挝、马来西亚、缅甸、菲律宾、新加坡、泰国和越南（10个经济体）。
- **太平洋地区**包括库克群岛、密克罗尼西亚联邦、斐济、基里巴斯、马绍尔群岛、瑙鲁、纽埃、帕劳、巴布亚新几内亚、萨摩亚、所罗门群岛、东帝汶、汤加、图瓦卢和瓦努阿图（15个经济体）。
- **亚洲发达国家**包括澳大利亚、日本和新西兰。
- **亚太地区**包括亚洲发展中国家和地区，以及亚洲发达国家。
- **东南亚国家联盟（东盟）**由东南亚的10个国家组成。
- **新兴工业经济体**包括韩国、新加坡、中国香港和中国台湾。
- **拉丁美洲和加勒比地区**、**中东和北非**、**撒哈拉以南非洲**以及**经济合作与发展组织（经合组织）**所属经济体均采用世界银行的分组。

除非另有说明，"$"表示美元。《亚洲繁荣之路：50年政策、市场和科技发展的回顾》一书采用的数据一般截至2019年10月15日。

目 录

第1章　亚洲发展50年 ········· 1

- 1.1　半个世纪以来亚洲的快速增长和减贫 ········· 1
- 1.2　如何解释亚洲经济取得的成功 ········· 6
- 1.3　是否存在"亚洲共识" ········· 8
- 1.4　亚洲半个世纪的多元化发展 ········· 10
- 1.5　亚洲面临的发展挑战 ········· 22

第2章　市场、政府和制度的作用 ········· 25

- 2.1　引言 ········· 25
- 2.2　市场和政府的作用 ········· 26
- 2.3　关于市场与政府的发展思想和政策的演变 ········· 30
- 2.4　良好治理和强有力制度的重要性 ········· 33
- 2.5　日本在二战后的经济复苏与增长 ········· 36
- 2.6　韩国、新加坡、中国香港和中国台湾的工业化 ········· 40
- 2.7　东南亚的经济开放和自由化 ········· 45
- 2.8　中国建设社会主义市场经济 ········· 52
- 2.9　印度迈向以市场为导向的增长 ········· 58
- 2.10　其他南亚国家推行的改革 ········· 62
- 2.11　中亚各国和蒙古国的经济转型 ········· 67
- 2.12　太平洋岛国抓住发展机遇 ········· 70
- 2.13　展望未来 ········· 72

第3章　经济结构的转型 ········· 74

- 3.1　引言 ········· 74
- 3.2　亚洲结构转型概述 ········· 75

3.3 农业的重要贡献 ······ 79
3.4 工业化——迈向高收入国家的必由之路 ······ 82
3.5 服务业的蓬勃发展 ······ 87
3.6 带来地理变迁的城镇化 ······ 94
3.7 展望未来 ······ 97

第4章 农业现代化与农村发展 ······ 99

4.1 引言 ······ 99
4.2 20世纪50年代亚洲的粮食问题 ······ 103
4.3 土地改革：经验和教训 ······ 105
4.4 绿色革命及其作用 ······ 109
4.5 食物消费结构的变化和农产品多样化 ······ 117
4.6 农产品贸易和食品价值链 ······ 121
4.7 发展农村非农经济 ······ 124
4.8 展望未来 ······ 125

第5章 科技进步是关键驱动力 ······ 127

5.1 引言 ······ 127
5.2 衡量科技进步对增长的贡献 ······ 129
5.3 亚洲的科技进步 ······ 134
5.4 科技进步的模式 ······ 140
5.5 科技政策的国别经验 ······ 148
5.6 近期的科技发展趋势 ······ 154
5.7 展望未来 ······ 157

第6章 教育、健康和人口结构变化 ······ 160

6.1 引言 ······ 160
6.2 受教育程度不断提高 ······ 161
6.3 人口更健康 ······ 170

6.4 不断变化的人口结构 181
6.5 人口红利及其他影响 189
6.6 展望未来 193

第7章 投资、储蓄和金融 195

7.1 引言 195
7.2 亚洲的快速资本积累 196
7.3 投资资金的主要来源：国内储蓄 198
7.4 投资资金的补充来源：外部融资 208
7.5 亚洲的金融体系 213
7.6 展望未来 219

第8章 基础设施建设 220

8.1 引言 220
8.2 能源 221
8.3 交通 236
8.4 城市供水 243
8.5 电信、信息与通信技术 248
8.6 展望未来 255

第9章 贸易、外商直接投资和经济开放 257

9.1 引言 257
9.2 亚洲贸易和外商直接投资的趋势 260
9.3 亚洲贸易和外商直接投资政策的演变 270
9.4 全球价值链的形成和发展 275
9.5 服务贸易的重要性日益提升 280
9.6 全球和区域贸易安排 281
9.7 展望未来 284

第10章 维护宏观经济稳定 ························· 286

10.1 引言 ··· 286
10.2 过去50年的宏观经济表现 ··························· 287
10.3 财政、货币和汇率政策的演变 ····················· 290
10.4 避免20世纪80年代的债务危机 ···················· 298
10.5 亚洲金融危机及应对措施 ···························· 299
10.6 全球金融危机及应对措施 ···························· 302
10.7 展望未来 ··· 306

第11章 减贫与收入分配 ································ 308

11.1 引言 ··· 308
11.2 亚洲处理贫困和不平等问题的方法 ············· 309
11.3 亚洲在减贫方面的成就 ······························ 314
11.4 20世纪60年代至80年代收入不平等趋于稳定 ·· 320
11.5 20世纪90年代以来收入不平等加剧 ············· 323
11.6 展望未来 ··· 329

第12章 性别与发展 ······································· 331

12.1 引言 ··· 331
12.2 女性教育改善方面的成就 ···························· 332
12.3 女性健康改善方面的成就 ···························· 337
12.4 女性劳动力和市场参与情况 ······················· 340
12.5 女性在家庭和公共生活中的地位 ················ 349
12.6 展望未来 ··· 356

第13章 环境可持续性和气候变化 ················· 359

13.1 引言 ··· 359
13.2 环境压力日益加大 ····································· 360
13.3 气候变化 ··· 371

13.4　亚洲应对环境和气候变化挑战所做的努力 …………………… 374
　　13.5　参与国际协定和发展伙伴的作用 …………………………… 380
　　13.6　绿色产业对解决环境问题的贡献 …………………………… 382
　　13.7　展望未来 …………………………………………………… 384

第14章　双边和多边开发性金融的作用 …………………… 386

　　14.1　引言 ………………………………………………………… 386
　　14.2　双边官方发展援助资金流 …………………………………… 388
　　14.3　多边开发银行 ………………………………………………… 389
　　14.4　亚洲受援国的经验 …………………………………………… 393
　　14.5　亚洲官方发展援助提供国的经验 …………………………… 401
　　14.6　展望未来 …………………………………………………… 405

第15章　加强亚洲区域合作与一体化 ……………………… 407

　　15.1　引言 ………………………………………………………… 407
　　15.2　推动区域合作与一体化的原因 ……………………………… 408
　　15.3　东亚和东南亚——区域合作与一体化的先行者 …………… 410
　　15.4　其他次区域的区域合作与一体化 …………………………… 413
　　15.5　亚洲开发银行及其在推动区域合作与一体化中的作用 …… 415
　　15.6　展望未来 …………………………………………………… 418

附录 ……………………………………………………………………… 420

参考文献 ………………………………………………………………… 474

表、图、专栏目录

表

表1.1　人均GDP年均增长率 ··· 2

表1.2　人均GDP ·· 3

表1.3　发展指标 ··· 5

表2.1　1995—2017年中国国有企业在工业部门的占比 ············· 56

表2.2　1980—1997年印度取消许可和实行贸易自由化情况简表 ····· 61

表2.3　1991—2018年中亚国家和蒙古国人均GDP年均增长率 ······ 68

表3.1　1970—2018年行业产出占比和就业占比 ····················· 77

表4.1　1970—2018年部分经济体的农业宏观经济指标 ············· 101

表5.1　不同时期获美国专利授权最多的10个国家或地区及其
专利数量 ··· 138

表5.2　工业机器人 ··· 139

表6.1　1970—2018年的入学率 ····································· 164

表6.2　2018年亚洲发展中经济体的义务教育年限 ·················· 167

表6.3　1970—2018年政府教育支出 ································· 169

表6.4　1960—2018年出生时的预期寿命 ····························· 171

表6.5　1960—2018年五岁以下儿童死亡率和孕产妇死亡率 ········· 173

表6.6　消瘦和发育不良的发生率 ··································· 174

表6.7　1980年、2000年和2017年抗原免疫覆盖率 ················· 176

表6.8　2000年、2010年和2016年各次区域的医疗卫生支出情况 ···· 179

表6.9　1960年、1970年、1990年和2016年各次区域的医院床位数量
和医生数量 ··· 180

表6.10　1960—2018年人口和人口年增长率 ························· 182

表6.11　1960—2018年生育率 ······································· 184

表6.12　1960—2018年的人口红利估算 ······························ 191

表7.1	1960年、1990年和2017年实物资本的存量和增长	197
表7.2	1960—2018年国内（地区内）总储蓄与储蓄—投资缺口	199
表7.3	1990—2017年金融部门发展情况衡量表	216
表8.1	1965年和2018年部分经济体的一次能源消费与二氧化碳排放	224
表8.2	1973年和2017年部分经济体各领域的终端能源消费	226
表8.3	1971年和2018年部分经济体不同能源发电统计	227
表9.1	全球十大投资经济体	269
表9.2	2015年在亚洲从事进出口贸易的外国子公司参与的十大制造业	279
表10.1	亚洲金融危机期间的货币稳定支持项目	300
表11.1	1981—2015年亚洲发展中经济体的减贫情况	317
表11.2	2015年亚洲的收入不平等及与世界其他地区的对比	327
表12.1	25~29岁男性和女性完成学校教育的平均年限	333
表12.2	出生时的预期寿命	337
表13.1	2010年世界各地区居住在退化农用土地上的农村人口	364
表13.2	2011年部分亚洲发展中经济体的废水处理比例	366
表13.3	亚洲发展中经济体制定水和空气质量标准和设立专职环保部门的情况	376

图

图1.1	1960年与2018年全球GDP占比	4
图2.1	2011年亚洲发展中经济体的政府效能得分与人均GDP	34
图3.1	1970—2018年行业产出占比和就业占比与人均GDP	76
图3.2	1980—2015年部分亚洲经济体的农业土地生产率和劳动生产率	81
图3.3	1970—2018年制造业产出占比和就业占比	84
图3.4	部分亚洲经济体和发达经济体中技能和技术密集型服务以及其他服务的增加值	90
图3.5	1995—2018年国际游客人数	92

图3.6	部分亚洲经济体的国际旅游指标	93
图3.7	1970—2020年城镇人口	95
图3.8	2017年城镇化率与GDP	96
图4.1	1961—2016年部分亚洲经济体种植现代水稻品种的效果	114
图4.2	1961—2013年亚洲发展中经济体的食物消费结构	118
图4.3	1983年和2013年亚洲发展中经济体食物消费组成的变化	118
图4.4	1971—1974年和2010—2014年亚洲发展中经济体农业部门生产总值的份额	120
图4.5	1974—2016年部分经济体的大米、水果和蔬菜国际贸易	122
图5.1	亚洲生产要素对GDP增长的贡献	131
图5.2	1960—2014年全球生产要素对增长的贡献	134
图5.3	亚洲出口的"雁行"模式（2013—2017年平均值）	136
图5.4	1981—2016年部分经济体的研发支出	145
图5.5	1956—1988年日本技术引进与创新	149
图5.6	技术扩散速度	155
图6.1	1960年和2010年20~24岁人口的平均受教育年限	162
图6.2	科学和数学测试平均得分	166
图6.3	1990—2017年因传染病而死亡的人数、孕产妇死亡数、新生儿死亡数和因营养不良而死亡的人数减少	175
图6.4	2000年与最近一年使用自来水和露天排便的人口比例	177
图6.5	1950—2020年亚洲发展中经济体的人口年均增长率	183
图6.6	1950—2018年亚洲发展中经济体的总人口和各年龄段的人口占比	183
图6.7	2018年亚太地区的生育率和预期寿命	187
图6.8	1990—2017年亚太地区外向移民情况	189
图7.1	1990—2017年部分亚洲经济体的总储蓄及其构成	203
图7.2	1970—2017年亚洲发展中经济体非居民资本净流入	209
图7.3	20世纪70年代至21世纪第二个十年亚洲发展中经济体各次区域非居民资本净流入	211

图7.4	1990—2017年部分亚洲经济体的未偿国内（地区内）债务证券	217
图7.5	2017年国内（地区内）储蓄、养老金和保险资产	218
图8.1	1971年和2018年部分经济体的人均发电量	222
图8.2	1965年和2014年交通基础设施存量	237
图8.3	部分亚洲经济体的车辆登记数量	238
图8.4	2000—2016年世界主要地区的高速铁路旅客周转量	241
图8.5	部分亚洲经济体获得安全管道供水和非管道供水的人口比例	245
图8.6	每100名居民拥有的固定电话数	250
图8.7	每100名居民拥有的移动电话数	251
图8.8	互联网用户	254
图9.1	商品和服务出口	260
图9.2	亚洲商品出口目的地	262
图9.3	亚洲出口商品排行榜	263
图9.4	1960—2017年出口增长与经济增长	264
图9.5	亚洲的外商直接投资流入与流出	265
图9.6	亚洲十大外商直接投资接受地的外商直接投资情况	266
图9.7	全球对亚洲投资的十大经济体及其投资额	268
图9.8	亚洲中间产品贸易所占的比例	276
图9.9	2005—2017年亚洲商品出口、服务出口和旅游出口的增长	280
图9.10	加入世界贸易组织的亚洲经济体及其加入时间	282
图9.11	1992—2015年亚洲自由贸易协定的内容	283
图10.1	1970—2018年不同年代的平均增长率和失业率	288
图10.2	1970—2018年不同年代的通胀率	289
图10.3	1965—2014年经济危机发生的相对频率	290
图10.4	1970—2015年政府债务	291
图10.5	财政政策的周期性	292
图10.6	1960—2019年世界商品价格	293
图10.7	1970—2010年央行平均独立性	296
图10.8	1990—2016年亚洲发展中经济体的汇率灵活性	297

图11.1　20世纪60年代至80年代经济增长与减贫 ·············· 315
图11.2　1981—2015年经济增长与减贫（基于国际贫困线）·········· 316
图11.3　20世纪90年代至21世纪第二个十年东亚、南亚和东南亚部分
　　　　经济体的基尼系数变化情况 ······················· 323
图11.4　2018年部分亚洲经济体的财富基尼系数 ·············· 324
图12.1　男女识字率 ·································· 335
图12.2　亚洲出生人口性别比 ························· 339
图12.3　亚太地区的劳动力参与情况 ····················· 342
图12.4　1990年和2017年世界女性参与劳动力市场与经济发展之间的
　　　　U形关系 ···································· 343
图12.5　按自拟年龄组统计的部分亚洲经济体的女性在其生命周期的
　　　　劳动参与率 ·································· 344
图12.6　女性弱势就业的比例 ························· 346
图12.7　1995—2015年不同收入水平的性别工资差距 ·········· 347
图12.8　部分亚洲经济体的家电拥有率 ··················· 351
图12.9　2010—2017年女性花在无偿照护和家务劳动上的时间 ······ 351
图12.10　部分亚洲发展中经济体家庭大件物品购买决策情况 ······ 353
图12.11　女性在国家议会所占席位的比例 ················ 354
图12.12　2010—2014年民众对女性担任政治领袖的态度 ········ 355
图13.1　1990—2015年亚洲发展中国家和地区的天然林覆盖面积 ···· 362
图13.2　2000—2050年亚洲发展中国家和地区的平均物种丰度预测 ···· 363
图13.3　1960—2017年亚洲发展中经济体的渔业捕捞产量 ········· 367
图13.4　2010年排入海洋的塑料废弃物 ·················· 368
图13.5　部分亚洲经济体的废弃物处理和回收利用情况 ········· 369
图13.6　1970—2010年亚洲发展中经济体的PM2.5排放量 ········ 370
图13.7　1990—2014年世界各地区温室气体（二氧化碳当量）
　　　　排放年均增长率 ······························ 372
图13.8　1990年和2014年世界各地区和部分国家温室气体（二氧化碳当量）
　　　　排放占全球排放量的比例 ······················· 373

图 13.9	亚洲发展中经济体的能源和材料强度	379
图 14.1	亚洲发展中经济体的双边官方发展援助资金流入量	388
图 14.2	亚洲发展中经济体的多边发展资金流入量	391
图 14.3	1968—2016年亚行发放的贷款和赠款变化	392
图 14.4	泰国东部沿海地区的基础设施建设	397
图 14.5	孟加拉国的双边和多边发展资金流入量	398
图 14.6	越南的双边和多边发展资金流入量	399
图 15.1	1992—2018年次区域内的贸易份额	414

专栏

专栏 4.1	中国、越南和中亚国家的土地改革	108
专栏 4.2	亚行对采用绿色革命技术的支持	111
专栏 5.1	亚洲过去的科技进步以及亚洲是如何落后的	128
专栏 5.2	科技进步与增长核算	132
专栏 5.3	亚行对数字技术的支持	156
专栏 6.1	中国的计划生育和生育率下降	185
专栏 7.1	亚洲储蓄和全球失衡	201
专栏 7.2	日本的邮政储蓄系统	205
专栏 7.3	外劳汇款对亚洲发展中经济体的重要性	212
专栏 8.1	老挝的水电工程	232
专栏 8.2	达卡市供排水局改革	247
专栏 9.1	亚洲的经济特区试验	274
专栏 9.2	从雁行模式到全球价值链	278
专栏 10.1	应对"资源诅咒"	294
专栏 11.1	日本过去50年来的经济不平等	321
专栏 12.1	亚行在促进性别平等和发展中的作用	357
专栏 13.1	气候变化方面的国际合作的益处	381
专栏 15.1	东盟成功发展为东盟经济共同体	411
专栏 15.2	亚行次区域合作计划	416

第1章

亚洲发展50年

本书回顾了亚洲发展中国家和地区在过去半个世纪中所经历的多元化繁荣发展历程,重点介绍了该地区令人瞩目的增长和转型成就,并揭示了其中的关键促成因素,同时指出了不同国家和不同时期的巨大差异。书中总结了政策方面的经验教训及其对未来的影响,主要探讨亚洲发展中国家和地区的经验。亚洲发展中国家和地区是指亚洲开发银行(简称亚行)在亚洲和太平洋地区(简称亚太地区)的46个发展中成员体,包括韩国、新加坡、中国香港和中国台湾。[①]同时,本书还视情况对该地区的三个发达国家(澳大利亚、日本和新西兰)进行了分析讨论,涉及时间追溯到20世纪50年代或更早。

1.1 半个世纪以来亚洲的快速增长和减贫

在过去的半个世纪里,亚太地区取得了令人瞩目的发展成就,无论是经济增长、结构转型、减贫还是健康和教育,都取得了超预期成果。20世纪60年代,亚太地区还主要是一个低收入农业农村地区,大多数经济体都在为养活不断增长的人口而苦苦挣扎;但如今该地区已发展成为全球制造业重地,出口产品多种多样,创新能力不断提高,城市蓬勃发展,高技能

[①] 虽然如今韩国、新加坡、中国香港和中国台湾均已迈进高收入经济体行列,但它们过去都曾从亚行贷款,因此在亚行被列为"发展中成员经济体"。

劳动力和中产阶级持续壮大。

1960—2018年，亚洲发展中经济体的人均GDP年均增长率为4.7%，位居全球各地区之首（见表1.1）。这一增长率从20世纪60年代的2.2%提高到21世纪第一个十年的6.2%，到2010—2018年略微放缓至5.5%。1960年，该地区的人均GDP为330美元（按2010年定值美元计算），到2018年已上升至4,903美元，增长近14倍，而同期全球人均GDP仅增长约2倍（见表1.2）。因而，亚洲发展中经济体在全球GDP中所占的份额从4.1%跃升至24.0%；如果加上日本、澳大利亚和新西兰，这一份额则从13.4%增加至33.5%（见图1.1）。

表1.1　　　　　　　　　　人均GDP年均增长率　　　　　　　　　　单位：%

地区	1960—1969年	1970—1979年	1980—1989年	1990—1999年	2000—2009年	2010—2018年	1960—2018年
亚洲发展中经济体	2.2	4.0	5.0	4.9	6.2	5.5	4.7
中亚	—	—	—	（5.4）	7.8	3.1	2.0
东亚	2.7	6.4	7.6	7.4	8.0	6.4	6.5
中国	1.2	5.3	8.2	8.8	9.7	7.3	6.8
南亚	1.9	0.6	3.1	3.3	4.3	5.3	3.1
印度	1.8	0.6	3.3	3.7	4.6	5.8	3.3
东南亚	2.2	4.5	3.0	3.2	3.7	4.1	3.5
太平洋地区	3.7	2.0	（1.1）	1.6	1.5	1.9	1.5
新兴工业经济体	6.4	8.1	6.9	5.4	3.8	3.1	5.6
亚洲发达经济体	8.1	2.8	3.4	1.3	0.7	1.5	2.9
日本	9.1	3.1	3.7	1.2	0.4	1.5	3.1
拉丁美洲和加勒比地区	2.7	3.6	0.0	1.0	1.7	1.1	1.7
撒哈拉以南非洲	1.6	1.6	（1.3）	（0.8）	2.5	0.9	0.7
经合组织成员国	4.3	2.5	2.2	1.8	1.0	1.4	2.2
世界	3.5	2.1	1.2	1.1	1.6	1.8	1.9

注：— 表示数据未获取；括号中为负值；0.0表示数值小于所用单位数值的一半。

资料来源：亚洲开发银行关键指标数据库，https://kidb.adb.org/kidb（2019年8月2日访问）；世界银行，《世界发展指标》，https://data.worldbank.org（2019年8月2日访问）；亚洲开发银行的估算。

表1.2　人均GDP

按2010年定值美元计算，单位：美元

地区	1960年	1990年	2018年
亚洲发展中经济体	**330**	**1,078**	**4,903**
孟加拉国	372	411	1,203
印度	330	581	2,104
印度尼西亚	690	1,708	4,285
哈萨克斯坦	—	5,890	11,166
马来西亚	1,354	4,537	12,109
巴布亚新几内亚	1,012	1,393	2,400
中国	192	729	7,755
菲律宾	1,059	1,527	3,022
韩国	944	8,465	26,762
新加坡	3,503	22,572	58,248
中国台湾	919	7,691	23,113
泰国	571	2,504	6,362
乌兹别克斯坦	—	1,003	2,027
越南	—	433	1,964
亚洲发达经济体	**9,685**	**37,519**	**49,857**
澳大利亚	19,378	35,913	56,919
日本	8,608	38,074	48,920
经合组织成员国	**11,499**	**27,337**	**39,937**
美国	16,982	35,702	54,554
世界	**3,758**	**7,186**	**10,882**

注：— 表示数据未获取。

资料来源：亚洲开发银行关键指标数据库，https://kidb.adb.org/kidb/（2019年8月2日访问）；世界银行，《世界发展指标》，https://data.worldbank.org（2019年8月2日访问）；联合国经济和社会事务部人口司，《2019年世界人口展望》（网络版），https://population.un.org/wpp/（2019年8月23日访问）；亚洲开发银行的估算。中国台湾的数据源自台湾预算、核算与统计主管部门。

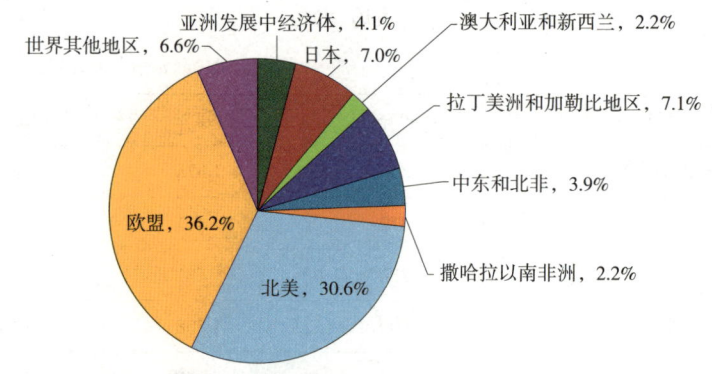

图1.1a　1960年全球GDP占比

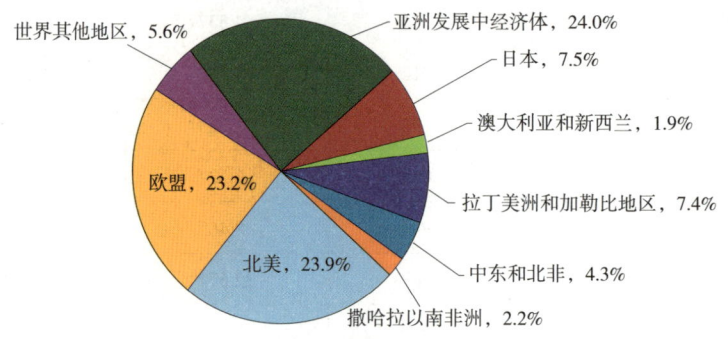

- 世界其他地区，6.6%
- 亚洲发展中经济体，4.1%
- 日本，7.0%
- 澳大利亚和新西兰，2.2%
- 拉丁美洲和加勒比地区，7.1%
- 中东和北非，3.9%
- 撒哈拉以南非洲，2.2%
- 北美，30.6%
- 欧盟，36.2%

图1.1b　2018年全球GDP占比

- 世界其他地区，5.6%
- 亚洲发展中经济体，24.0%
- 日本，7.5%
- 澳大利亚和新西兰，1.9%
- 拉丁美洲和加勒比地区，7.4%
- 中东和北非，4.3%
- 撒哈拉以南非洲，2.2%
- 北美，23.9%
- 欧盟，23.2%

图1.1　1960年与2018年全球GDP占比

注：在图1.1a中，中东和北非的数据为1968年的数据，新西兰的数据为1970年的数据。计算占比所用的GDP按2010年定值美元计。

资料来源：亚洲开发银行关键指标数据库，https://kidb.adb.org/kidb（2019年8月2日访问）；世界银行，《世界发展指标》，https://data.worldbank.org（2019年8月2日访问）。

伴随亚洲发展中经济体快速经济增长的是明显的结构转型。20世纪60年代，超过三分之二的劳动力从事自给农业。如今，超过65%的劳动力从事工业和服务业，在有些经济体（如哈萨克斯坦、马来西亚、韩国和中国台湾），该比例为85%~95%。作为世界上开放程度最高的地区之一，由亚洲发展中经济体组成的发展中亚洲地区在2018年占全球出口的30.7%，占全球进口的29.3%，占全球引进外商直接投资的35.9%。20世纪60年代，亚洲的主要出口产品是农产品、初级产品以及纺织品和服装等轻工业产品。如今，该地区被称为"亚洲工厂"，制造和出口各种精密的创新产品，如汽车、计算机、智能手机、机床和机器人。

对交通和能源领域的大量投资使该地区的基础设施得到了显著改善。亚洲发展中经济体的电气化率已达到90%。目前，该地区的高铁运营里程占世界高铁总里程的三分之二。近年来，科技进步，尤其是信息与通信技术的进步，推动了亚洲发展中经济体高增值服务业的发展。如今，该地区坐拥许多全球电子商务和科技巨头。

亚洲发展中经济体的城镇化水平也日益提高。2018年，该地区近一半人口居住在城市，远高于1960年的20%。经济增长和城镇化催生了不断壮大的中产阶级，创造了"市场亚洲"（Marketplace Asia）。如今，由这些新消费者带动的强劲的国内消费推动着亚洲发展中经济体乃至全球的经济发展。

快速的经济增长和结构转型极大地改善了该地区的各项发展指标，尽管同经济合作与发展组织（简称经合组织）国家之间仍存在差距（见表1.3）。例如，按照每日1.90美元（以2011年购买力平价计算）的国际贫困线衡量的极端贫困率从1981年的68.1%下降至2015年的6.9%；出生时的平均预期寿命由1960年的45.0岁提高到2018年的71.8岁，而同期的婴儿死亡率由每1,000名活产儿137.8例降至26.2例；20~24岁青年人口的平均受教育年限从1960年的3.5年提高到2010年的8.9年。

表1.3　　　　　　　　　　　　　　发展指标

指标	亚洲发展中经济体				经合组织成员国			
	1960年	1980年	2000年	2018年	1960年	1980年	2000年	2018年
贫困率（占人口的百分比）	—	68.1	33.1	6.9	—	1.3	1.2	0.9
预期寿命（岁）	45.0	59.3	65.8	71.8	67.8	72.6	77.2	80.5
婴儿死亡率（‰）	137.8	80.1	48.1	26.2	49.1	25.1	9.4	5.9
平均接受学校教育年限（20~24岁）	3.5	6.0	7.7	8.9	7.8	10.1	11.4	12.1

注：贫困率是指按照每日1.90美元（以2011年购买力平价计算）的国际贫困线衡量的1981年、2002年和2015年的极端贫困率。预期寿命是指出生时的预期寿命。婴儿死亡率是指每1,000名活产儿死亡数。平均受教育年限针对20~24岁的青年人口；2018年数据为2010年的数据。— 表示数据未获取。

资料来源：联合国经济和社会事务部人口司，《2019年世界人口展望》（网络版），https://population.un.org/wpp/（2019年8月23日访问）；世界银行PovcalNet数据库，http://iresearch.worldbank.org/PovcalNet/home.aspx（2019年9月28日访问）；世界银行，《世界发展指标》，https://data.worldbank.org（2019年9月30日访问）；巴罗-李数据库2.2版，http://www.barrolee.com（2019年9月30日访问）。

正如第1.5节所述，亚洲发展中经济体尽管取得了巨大成就，但仍然面临诸多挑战。各经济体政府应优先处理的重点领域包括：持续的贫困；不断加剧的收入不平等；仍然存在的巨大性别鸿沟；环境恶化和气候变化；教育、医疗、电力和安全饮用水等服务的不足。我们切勿骄傲自满。

1.2 如何解释亚洲经济取得的成功

根据安格斯·麦迪逊（Angus Maddison）的估算，[1]从有文字可考的历史开始至19世纪初，亚洲创造的GDP（按购买力平价计算）约占全球GDP的三分之二，反映了亚洲庞大的人口和相对较高的生产率。但是，自英国工业革命之后，西欧和北美的经济增长开始加速。而在亚洲，除了日本从19世纪后期开始追求西式现代化之外，由于多年的孤立主义、殖民主义、制度不健全、教育体系过时、国内冲突和战争连绵等，该地区的经济体普遍陷入发展停滞状态。由于没有实现工业化和现代化，其对全球经济的重要性持续下降。

瑞典经济学家贡纳尔·米达尔（Gunnar Myrdal）在其1968年出版的经典著作《亚洲的戏剧：对一些国家贫困问题的研究》（*Asian Drama: An Inquiry into the Poverty of Nations*）中，把大部分亚洲发展中经济体描绘成一个受人口快速增长影响和政府无力实施有效发展政策制约的"萧条"地区。[2]

而今，半个世纪过去了，亚洲发生了翻天覆地的变化。是什么导致了亚洲命运的改变？该如何解释该地区在二战后取得的经济上的成功？

学者和决策者从未停止过对这些问题的探讨。二战后，大多数亚洲发展中经济体结束了殖民统治（殖民统治常常是国内冲突的根源），并逐渐恢复了政治稳定。亚洲虽然受到冷战影响，但除了有些国家偶有战争和冲突发生外，该地区基本处于和平状态。尤其是在1975年越南战争结束、1991年柬埔寨通过《巴黎和平协议》正式恢复和平，以及2009年斯里兰卡内战结束之后，该地区的局势变得更加稳定。但是，阿富汗仍面临安全方面的挑战，需要国际社会的特别援助。和平与政治稳定为亚洲的加速增长和

---

[1] Maddison, A. 2007. *Contours of the World Economy 1-2030 AD: Essays in Macro-Economic History*. New York: Oxford University Press.

[2] Myrdal, G. 1968. *Asian Drama: An Inquiry into the Poverty of Nations*. London: Alien Lane, The Penguin Press.

发展奠定了基础,也为人口的快速增长提供了条件,并使许多亚洲国家从"人口红利"中获益。

此外,与之前的100年相比,过去半个世纪为亚洲提供了更为有利的外部经济环境。二战后,大多数发达国家都在推行自由贸易和投资。特别是近几十年来,亚洲经济体从科技进步和全球化中受益匪浅。再则,亚洲发展中经济体在20世纪50年代和60年代相对较低的收入为其提供了实现更快增长和赶上发达国家的潜力(这种现象被称为"趋同")。

然而,有良好的外部环境、政治和人口条件并不意味着经济一定能够实现快速增长。政策不力和制度不健全会削弱一个国家的经济潜力。例如,对实物资本和人力资本投资不足、宏观经济不稳定、内向型政策以及腐败泛滥都会限制一个国家赶超、创新和增长的潜力。

本书认为,亚洲经济在二战后取得成功在很大程度上归功于稳健务实的政策和制度建设。这些政策和制度建设帮助发展和培育了市场经济以及充满活力的私营部门,进而推动了持续的科技进步和创新。这一进程得益于各国政府的以下特质:(1)在决策时的务实态度,包括在全面推行重大政策变革前进行测试或试点的做法;(2)借鉴自身及他国成败的经验教训的能力;(3)锐意改革(有时是激进改革)的精神。在许多国家,拥有一个得到全社会支持的、由富有远见的领导人所引领的清晰的发展目标,以及强有力的国家行政系统和制度也非常重要。

各国在政策组合和执行时间上存在差异,偶尔还会出现挫折和逆转。有些国家实行持续时间更长、更严格的政府管控,有些国家有时采取更具保护主义色彩的政策。但是,正如本书后面14章将要详细探讨的,随着时间的推移,成功的亚洲经济体大体上都奉行了以下政策:

- 将市场和私营部门作为增长引擎,并在市场不能有效运作的领域依靠政府积极促进发展(第2章);
- 促进从农业到工业和服务业(包括新型服务业)的结构转型以及促进城镇化(第3章);
- 实施土地改革,推动绿色革命,促进农业现代化与农村转型(第4章);
- 通过吸引外商直接投资、投资研发、建设必要的基础设施以及保护知识产权，支持科技进步（第5章）；

• 投资教育和健康，大力发展义务基础教育、职业技术教育和培训及高等教育，实施有针对性的医疗干预措施（如免疫接种），推动全民健康覆盖（第6章）；

• 调动高水平的国内储蓄来进行生产性投资（主要是通过银行），同时努力深化资本市场（第7章）；

• 优先投资能源、交通、供水和电信等基础设施，支持增长并提高生活水平（第8章）；

• 采用开放的贸易和投资制度，确保资源配置效率，努力参与全球市场，吸引外国资本和学习外国先进技术（第9章）；

• 通过健全的财政、货币和金融政策以及灵活性不断增强的适当汇率制度，维护宏观经济稳定（第10章）；

• 通过促进包容性经济增长和针对性社会保障计划，努力减少贫困并促进社会包容（第11章）；

• 在教育（如提高女童受教育年限）、健康（包括降低孕产妇死亡率）和劳动力市场参与等方面促进性别平等（第12章）；

• 解决土地、水和空气等方面的环境问题及近几年出现的气候变化问题（包括气候变化减缓和适应）（第13章）；

• 与双边和多边发展伙伴密切合作，从资金和知识两方面受益（第14章）；

• 促进区域合作与一体化，以推动相邻国家之间的贸易和基础设施互联互通、政策改革，以及睦邻友好关系（第15章）。

1.3 是否存在"亚洲共识"

关于是否存在一种可以解释亚洲成功事实的"亚洲发展模式"，或一种与所谓的"华盛顿共识"不同的"亚洲共识"，社会上一直存在许多讨论。

"华盛顿共识"一词最早由曾任职于国际货币基金组织（IMF）和世界银行的约翰·威廉森（John Williamson）于1989年提出[①]。它是指一系列政策建议，这些政策建议被认为构成了国际货币基金组织和世界银行最初在

---

① Williamson, J. 1989. *What Washington Means by Policy Reform*. Washington, DC: Peterson Institute for International Economics.

20世纪80年代拉丁美洲债务危机时为帮助受危机影响国家而推荐的一整套标准改革方案。根据威廉森的提法,"华盛顿共识"包括10条政策建议:(1)加强财政纪律;(2)开展公共支出改革;(3)开展税制改革;(4)实施金融自由化、利率市场化;(5)采用具有竞争力的汇率制度;(6)实施进口自由化;(7)实施外商直接投资自由化;(8)对国有企业实施私有化;(9)放松政府管制;(10)保护私人财产权。

亚洲所奉行的为该地区带来快速经济增长、减贫成果和更广泛发展成就的政策,与"华盛顿共识"所倡导的政策主张并没有太大差别。这些政策也符合通常的经济理论,包括:贸易理论——该理论预测,一个国家生产和出口具有比较优势的商品和服务时能获得贸易收益;公共经济学——该理论认为,政府需要处理外部效应,提供公共产品(public goods),并纠正因不完全竞争(包括自然垄断)引起的市场扭曲;有关信息不对称、集聚和规模经济及协调问题的理论;以及强调制度和治理重要性的新制度经济学理论。

本书认为并不存在所谓的"亚洲共识"。不同之处在于,许多亚洲经济体在执行这些政策时采取了务实的态度。在放宽进口限制、开放外商直接投资、放松金融业管制、资本账户自由化等方面,亚洲经济体更加循序渐进。通过吸取经验教训,亚洲经济体认识到,实行资本流动自由化的前提是国内金融业的充分发展。此外,亚洲经济体还努力做好以下工作:(1)加强有助于提高政府有效性的必要制度;(2)支持教育和健康投资;(3)促进基础设施建设;(4)为私营部门发展创造有利环境。

一直以来,产业政策的有效性也备受争议。许多亚洲国家通过关税、财政补贴、优惠信贷和税收激励等措施,实施"针对性产业政策",以支持所选择的产业。这些政策有成功的,但也有失败的。随着时间的推移,亚洲产业政策的干预程度也逐渐降低,比如更加注重采用鼓励研发的政策。正如许多人所认为的,针对性产业政策如果使用不当,会导致"寻租"行为、不正当竞争和效率低下。然而,如今很多人也认为,产业政策如果使用得当,会有效促进产业发展,特别是在发展的早期阶段(在保护"新兴产业"方面)。产业政策甚至在发展的高级阶段也是有用的,特别是在存在重大"正外部效应"(如创新)的情况下,或存在"协调问题"(如发展新的非传统产业）的情况下。[1]当产业政策以绩效为基础且能促进竞争时，以及如果产业政策有明确的政策目标、有效的执行机制和日落条款，并能透明地得到执行，该产业政策就更有可能成功。[2]

1.4 亚洲半个世纪的多元化发展

1.4.1 市场、政府和制度的作用

发展需要高效的市场、有效的政府和强有力的制度。市场、价格和竞争对于资源的有效配置和激励创业至关重要。政府的作用是制定强有力的制度，在市场不能有效运作时实施干预，并促进社会公平。强有力的制度可确保市场的有序运转，并使政府为其行为负责。

市场和政府的作用深受发展思想变化的影响。二战后，政府主导工业化和"进口替代"战略在发展中国家的发展政策中处于支配地位。民族主义和社会主义意识形态发挥了重大影响。相关政策也受到当时的发展思想的支持，如"大推动"理论和"依附"理论（或称"中心—外围"理论）。"大推动"理论认为，在发展的早期阶段，政府应通过协调分配的大量投资来促进工业化。[3]"依附"理论认为，相对于初级商品，工业产品价格的上涨将导致发展中国家的"贸易条件"恶化，并成为其经济困境的主要原因。[4]此外，进口替代被认为是保护新兴产业、节省进口资本品所需外汇、进而促进工业化的必要措施。

在亚洲，市场和政府的作用在过去50年里发生了巨大的变化，原因在于各国和地区的经济和政治都在不断发展变化，并受各国和地区不同历史的影响。此外，全球发展思想的演变也是一大影响因素。

一直以来，日本的私营部门都非常强大。这可以追溯到前现代时期的

---

[1] Cherif, R., and F. Hasanov. 2019. The Return of the Policy That Shall Not Be Named: Principles of Industrial Policy. *IMF Working Paper*. No. WP/19/74. Washington, DC: International Monetary Fund.

[2] Rodrik, D. 2004. Industrial Policy for the Twenty-First Century. *KSG Working Paper Series*. No. RWP04-047. Cambridge, MA: Kennedy School of Government, Harvard University.

[3] Rosenstein-Rodan, P. 1943. Problems of Industrialisation of Eastern and South-Eastern Europe. *Economic Journal*. 53 (210/211). pp. 202–211.

[4] Prebisch, R. 1962. The Economic Development of Latin America and Its Principal Problems. *Economic Bulletin for Latin America*. 7 (1). pp. 1–23.

商户——当时，商户们在幕府和地方政府的特许下，建立供应链、银行业务、稻米期货市场以及水利和河运设施。1868年明治维新开始后，日本政府将政策重心放在建立现代制度、引导工业化和发展教育上。虽然日本在二战后转而采取"针对性产业政策"，但其目的是为了解决战后恢复过程中资源严重受限的问题。在某种程度上，这也是战前和战争期间所盛行的政府强力干预措施的延续。从那以后，日本由进口替代政策转向外向型战略，将市场竞争和私营企业作为经济增长的推动力，同时政府也发挥了一定的积极作用。

在二战刚刚结束的几年里，许多亚洲发展中经济体采取进口替代工业化政策，并对国家建设和发展实行强有力的政府控制。然而，从20世纪60年代开始，韩国、新加坡、中国香港和中国台湾开始转向出口促进和市场导向政策。后来，这四个经济体成为众所周知的新兴工业经济体。20世纪70年代，印度尼西亚、马来西亚和泰国开始开放贸易和外商直接投资。此后20年，这三个国家也成为"高绩效亚洲经济体"。[1]这种发展模式被称为"雁行"模式。[2]但如今，亚洲经济关系更多地呈现为作为全球价值链一部分的网络形式，而不是大雁阵形。

从20世纪70年代后期开始，更多的亚洲经济体开始实行影响深远的市场化改革和对外开放。中国当时实行了30年的中央计划经济，导致严重的资源配置不当、商品普遍短缺，于1978年开始向市场导向型经济转型。中国首先在农村实行"家庭联产承包责任制"，引入价格双轨制，并在沿海省份建立"经济特区"以吸引外商直接投资。中国迅速采用新技术，学习国外的宏观经济管理和商业知识，随后在全国范围内全面推行工业、贸易和金融业改革，从而带来了长达40年的快速经济增长。

在经济增长遭受了数十年的政府主导工业化的束缚后，南亚也加入了经济改革的浪潮。印度于1991年开启全面改革，减少政府管控，更多地依靠市场力量，实行贸易和外商直接投资自由化，随即实现了经济加速增长。

---

[1] World Bank. 1993. *The East Asian Miracle: Economic Growth and Public Policy.* New York: Oxford University Press.

[2] Akamatsu, K. 1962. A Historical Pattern of Economic Growth in Developing Countries. *The Developing Economies.* 1 (August). pp. 3–25.

20世纪90年代初苏联解体后，中亚各国开始向市场经济转型。在最初冲击导致衰退后，自21世纪第一个十年的早期以来，这些国家的经济开始好转。近年来，许多太平洋岛国也进行了市场化改革。

20世纪80年代以来，在发展思想上人们越来越认识到良好的治理和强有力的制度的重要性。近年来，亚洲发展中经济体加大力度提高政府效能，提升监管质量，强化法治，实施反腐败政策。与此同时，还努力加强透明度和问责制，扩大公民参与。

1.4.2　结构转型的推动力

亚洲快速的经济结构转型是其在二战后经济取得成功的一个关键因素。大多数经济体都效仿高收入国家的经验：随着工业所占比重的增长，农业在产出和就业方面所占份额下降，之后随着服务业占据主导地位，再开始"去工业化"。所有成功的亚洲经济体都努力推行农业和传统农村经济改革。在产业结构发生变化的同时，城镇化进程也向前推进。过去50年来，亚洲新增城镇居民超过15亿人。制造业和许多服务业的发展往往受益于城市的"集聚经济"。通过集聚经济，在任何特定地点，更多不同类型的企业和劳动者之间加强互动，有助于提高整体生产率。

成功的亚洲经济体都努力推动制造业的发展，最初是推动劳动密集型产业发展，而随着时间的推移，逐渐将重心转向资本和技术密集型产业。制造业的发展为贸易和创新创造了机会。制造业出口带来了进口资本品所需要的外汇。此外，制造业具有高需求收入弹性，这使亚洲各经济体能够从国内市场和更大的全球市场的收入增长中受益。

服务业的重要性与日俱增。2018年，亚洲发展中经济体的服务业增加值占其总增加值的54%，但仍然远低于发达国家的水平。一般而言，一个经济体的服务业随着该经济体不断发展而扩大。由于服务业属于劳动密集型产业，服务业的扩大有助于使增长更具包容性。信息与通信技术的进步正在推动着整个服务业转型升级，高增值服务业将与制造业形成协同效应。随着逐渐融入全球价值链，服务贸易正变得越来越重要。由于亚洲日益成为人们心中理想的旅游目的地和客源地，旅游业正在快速发展。

1.4.3 农业现代化与农村发展

在任何经济体，农业都发挥着重要作用。农业为人们供应粮食，向其他行业提供劳动力和中间产品，并为工业产品和服务业创造市场需求。亚洲的经验表明，高生产率的农业和充满活力的农村经济是成功实现结构转型和包容性发展的关键所在。

20世纪50年代或更早时期，许多国家开展了土地改革，将土地重新分配给小农户，尤其是东亚国家。土地改革提高了农民的生产积极性，并促进了农业生产率的提高。绿色革命兴起于20世纪60年代后期，政府增加水利投资，改良种子品种，使用化肥和农药等现代农用产品（modern inputs）。绿色革命帮助亚洲农民大幅提高了水稻、小麦及其他农作物的产量，减轻了普遍存在的对粮食安全问题的担忧。绿色革命之后，机械化（如拖拉机和收割机的使用增加）也促进了农业现代化和结构转型。在过去半个世纪里，亚洲发展中经济体的水稻和小麦（该地区最重要的两种主粮作物）的人均产量分别增长了41%和246%。

亚洲农业和农村经济的转型仍在继续。随着收入增加和城镇化进程的推进，粮食消费结构也在不断变化。水稻所占比重有所下降，尤以东亚地区最为明显。随着饮食的多样化，价值更高的作物和畜牧业生产现在已超过主粮生产。在市场化改革和贸易自由化的推动下，连接生产、加工、营销和分销的农业价值链变得更加精细。日益活跃的农村非农经济帮助创造了大量农村就业机会，提高了农民收入。这些又进而促进了城乡经济一体化，缩小了城乡收入差距。

1.4.4 科技进步是经济增长的关键驱动力

在发展的早期阶段，该地区的成功主要基于有效的资源调动。随后，就开始更多地依赖于科技进步和效率提高（亦称"全要素生产率"增长）。20世纪60年代，亚洲的工业生产主要是劳动密集型的食品加工、纺织和服装。此后，该地区掌握了更复杂的技术，可以生产更精密的产品，如汽车、智能手机和机器人。亚洲的主要经济体也从境外专利的使用者转变为世界主要专利的生产者。在服务业方面，亚洲在许多领域处于全球技术前沿，信息与通信技术应用彻底改变了业务和营销流程。

科技进步并不是必然发生的，需要企业家、企业和政府的努力。亚洲经济体利用各种渠道、各种方法来引进、利用和创新技术。其中，引进技术的方式包括：取得境外许可证、进口机器、通过出口进行学习、吸引外商直接投资、开展逆向工程和接受技术合作援助。在逐渐掌握了引进的生产商品和提供服务的技术后，它们又纷纷通过发展研发能力和培育产业集群来进行创新。

为支持这一进程，亚洲各国政府大力开展以下工作：（1）加强教育，培养越来越多的工程师、科学家和研究人员；（2）建立包括研究机构、国家实验室和科学园区在内的国家创新体系；（3）引入法律和体制框架，包括知识产权制度；（4）通过税收优惠等方式支持私营部门的研发；（5）投资信息与通信技术基础设施，如高速宽带和移动网络；（6）营造激发创新的竞争性市场环境。

1.4.5　教育、健康和人口结构变化

亚洲在人力资本建设方面取得的成功一直是其实现快速增长和转型的一个关键促成因素，同时也为亚洲人民带来了更好的福祉。利好的人口结构变化支持了亚洲的增长。

在许多亚洲国家，接受教育是每个公民的合法权利。这些国家运用各种政策手段来发展现代教育，包括对学校的公共投资、义务教育、针对低收入家庭的支持项目和广泛的教育改革。截至2017年，亚太地区几乎所有国家都已经普及或接近普及初级教育，甚至许多国家已经普及或接近普及中等教育。在许多国家，女童也开始享有与男童一样的权利，这有助于缩小性别差距。此外，高等教育规模也显著扩大。该地区20~24岁青年人口的平均受教育年限从1960年的3.5年提高到了2010年的8.9年。

该地区在改善人口健康方面也取得了长足的进步。1960—2018年，由于生活水平提高和公共卫生投资增加，人口预期寿命从45.0岁提高到71.8岁，五岁以下儿童死亡率下降至原来的六分之一，孕产妇死亡率也大幅下降。一系列有针对性的健康项目，如免疫接种、安全饮用水和卫生设施投资、新药品和新的医疗技术，降低了可预防疾病的死亡率。各国都改善了

其整体医疗卫生系统，努力实现全民健康覆盖。

由于亚洲发展中经济体最初生育率较高，且各个年龄段的死亡率不断下降，人口预期寿命提高，促使该地区人口快速增长，劳动年龄人口所占比例上升。该地区的人口从1960年的15亿人增加至2018年的41亿人（年均增长1.7%），同期劳动年龄人口从8.55亿人增加至28亿人（年均增长2.1%）。劳动年龄人口比例上升带来了人口红利。但如今，许多亚洲国家面临生育率下降和人口老龄化的挑战。

1.4.6 投资、储蓄和金融

亚洲经济体对新工厂和设备，以及公路、铁路、港口、发电厂和输电线路等实体基础设施进行了大量投资。据估计，1960—2017年，亚洲发展中经济体的实物资本存量从3.9万亿美元增至176.0万亿美元（按2011年定值美元计算）。投资不但提高了生产能力，支持了技术创新，而且推动了产业升级，帮助提高了该地区的生活水平。

亚洲发展中经济体高投资的主要资金来源是国内（地区内）储蓄，即家庭、企业和政府的储蓄资金。该地区的国内（地区内）储蓄总额占GDP的比重从20世纪60年代的18.0%上升到2010—2018年的41.0%。储蓄率上升的主要推动力包括快速的经济增长、利好的人口结构和政策，如储蓄推广计划。20世纪80年代以前，官方资本净流入（包括双边官方发展援助和多边发展金融）一直是亚洲发展中经济体补充投资资金的最大外部融资来源。随着许多经济体实行贸易和投资自由化，外商直接投资流入成为最大的外部融资来源。对于有些国家，出国劳务人员的外劳汇款已成为家庭消费和小微企业投资的一个重要而稳定的资金来源。

在亚洲地区，银行主导型金融体系在引导国内（地区内）储蓄流向国内（地区内）投资方面发挥了关键作用。近几十年来，资本市场大幅增长，为期限较长的国内（地区内）投资提供了替代资金来源。在1997—1998年亚洲金融危机后，东南亚国家联盟（东盟）与中国、日本和韩国（10+3）共同推进本币债券市场发展，以最大限度地减少货币错配和期限错配。亚洲发展中经济体还采取了各种措施，改善中小企业融资。

1.4.7 基础设施建设

快速发展的亚洲经济体在公共和私营部门资源的支持下大力投资基础设施建设，这一直是快速发展的亚洲经济体最重要的特征之一。除为增长提供关键投入外，获得电力、公路和铁路出行、港口、安全饮用水和高质量通信等服务也是人类福祉的重要内容。

1971—2018年，该地区（包括澳大利亚、日本和新西兰）的发电量增长了16.5倍，而全球整体只增长了5倍。亚洲发展中经济体目前的高铁运营里程占世界高铁总里程的三分之二。2017年，获得改善供水服务的人口比例超过90%，而在20世纪60年代许多国家的这一比例不足30%。电信和信息与通信技术基础设施的进步使亚洲地区得以开发电子商务、移动支付、共享出行和电子公共服务等一系列新型服务。同时，基础设施的改善还增加了扩大普惠金融以及健康和教育服务的机会。

强劲的投资和政策改革改变了亚洲基础设施的面貌。该地区的能源供应结构已进入多元化时代，从以煤炭、石油、天然气和水力发电等为主的传统能源体系转向与风能和太阳能等快速发展的可再生能源相结合的多元化能源体系。交通运输方面的发展特点最初是从铁路转向公路，随后是汽车的快速增长，而最近的重心是实现更为平衡的发展，包括对铁路的新投资和城市公共交通的发展。在城市供水方面，公私合作和企业化等一系列体制改革措施改善了治理工作，减少了水资源流失，并提高了供水设施为快速城镇化的人口提供服务的质量。电信和信息与通信技术快速发展，俨然已成为经济发展的源泉。亚洲地区尽管起步较晚，但通过在所有基础设施领域采用现代技术，在许多领域实现了跨越式发展。

1.4.8 贸易、外商直接投资和开放

20世纪50年代和60年代，许多亚洲经济体采取了进口替代战略，但成效有限。20世纪60年代，四个新兴工业经济体开始将促进出口作为增长战略。20世纪70年代，更多的国家纷纷效仿类似的战略。到20世纪90年代，大多数亚洲经济体都实行贸易和投资自由化，将外商直接投资作为资本和先进技术来源。为了促进出口和外商直接投资，许多国家试行经济特区，提供税收优惠和财政激励并推行改革，以改善整体营商环境。

1960—2018年，亚洲发展中经济体的进口额和出口额均以每年11%的速度增长，贸易总额（出口加进口）占GDP的比重从20%上升至53%。出口结构也发生了重大变化，从以原材料为主转变为以制成品为主，从出口轻工业产品转变为出口重工业产品和高科技产品。在20世纪80年代后半期，外商直接投资流入开始迅速增加，最初主要流入东南亚国家。如今，亚洲发展中经济体已成为世界上最受欢迎的外商直接投资目的地之一。同时，亚洲也正在成为一个重要的外商直接投资来源。

自21世纪第一个十年的早期以来，随着世界各地的关税大幅下降、自由贸易协定激增，以及中国等国家加入世界贸易组织（简称世贸组织），全球贸易和区域贸易进入了一个新阶段。得益于外向型贸易改革，外商直接投资不断流入亚洲的趋势进一步加强，该地区的贸易进一步发展。全球和区域跨国企业越来越多地将生产外包给亚洲企业，使该地区的经济体更深地融入全球价值链。近年来，服务贸易日益成为全球价值链的重要组成部分。

1.4.9 维护宏观经济稳定

在过去的半个世纪里，与世界上其他地区的发展中经济体相比，亚洲发展中经济体的经济增长波动较小，平均通货膨胀率较低，经济危机也较少。从20世纪80年代开始，随着金融市场改革的深化，货币政策工具从直接控制货币总量转为使用政策利率和公开市场操作。在20世纪70年代布雷顿森林体系崩溃之前，世界各国一直对资本流动进行管控，实行固定汇率制度，并实施独立的货币政策。布雷顿森林体系崩溃后，亚洲发展中经济体开始放开资本市场，但仍继续严格控制汇率。

1997—1998年的亚洲金融危机为亚洲决策者敲响了警钟。20世纪90年代初，金融自由化、事实上的货币挂钩，以及对该地区持续高增长的乐观情绪引来了大量的资本流入。当人们开始关注经济和金融可持续性时，资本流入突然逆转，导致货币和银行业危机。与外部借款相关的货币错配和期限错配，以及低效的投资是这场危机的主要根源所在。为应对这场危机，决策者开始采用更加灵活的汇率制度，赋予中央银行更大的独立性，并采取审慎的财政政策。通过这场危机，宏观审慎措施在帮助遏制诸如外币贷款敞口或信贷增长等过度行为方面的重要性进一步凸显。而东盟与中日韩（10+3）的《清迈倡议》则是为增强金融体系韧性而开展的区域合作行动。

亚洲金融危机后的改革措施为该地区的持续高增长奠定了基础，并缓和了2008—2009年全球金融危机对该地区的影响。2008—2009年全球金融危机是由发达国家的许多具有系统重要性的金融机构过度借贷和高风险投资造成的。这也反映了金融监管的普遍失灵。与发达经济体和世界其他一些地区所受到的严重影响相比，亚洲发展中经济体在这场全球金融危机中受到的损害相对较小。

全球金融危机为亚洲发展中经济体加强宏观经济管理和金融监管提供了进一步的推动力。在过去十年中，相比世界其他地区，亚洲对宏观审慎政策的运用更为广泛。在清迈倡议多边化协议机制下，随着东盟与中日韩（10+3）宏观经济研究办公室于2011年设立（该办公室负责对成员开展宏观经济监测），区域金融安全网得到进一步加强。

1.4.10 减贫与收入分配

得益于快速的经济增长，亚洲发展中经济体的极端贫困人口大幅减少。按照每日1.90美元的国际贫困线衡量，贫困率从1981年的68%下降至2015年的不足7%。亚洲有超过13亿人摆脱了贫困，是对全球减贫贡献最大的地区。减贫帮助创造了一个维持政治和社会稳定的环境（稳定的环境是健康发展的一个先决条件），并催生了中等收入阶层，而中等收入阶层反过来又促进了由国内消费引导的增长。

快速的经济增长一直是亚洲减贫的主要推动因素。现代制造业和服务业的发展创造了大量报酬更好的就业机会，可以吸收农村剩余劳动力。旨在提高贫困和低收入家庭收入能力的政策也发挥了关键作用。这些政策包括开展土地改革、推行绿色革命技术、实施教育和健康计划，以及采取扩大融资渠道、基础设施服务和市场准入的措施。

然而，亚洲发展中经济体在改善收入分配方面的进展喜忧参半。20世纪60年代至80年代，尽管大多数亚洲发展中经济体的经济增长速度存在巨大差异，但无论其初始水平如何，都设法使收入不平等水平保持稳定。得益于劳动密集型制造业出口增长和包容性政策，东亚和东南亚的许多经济体在收入不平等水平保持稳定或有所下降的情况下实现了快速增长,这种模式被称为"公平增长"。同期,南亚尽管增长缓慢,但其收入不平等水平总体保持稳定。

20世纪90年代以来,在许多亚洲国家,快速增长和减贫与收入不平等加剧相伴而生。在亚洲发展中经济体,科技进步和全球化导致高技能劳动者与低技能劳动者的工资差距不断扩大,尽管二者的工资水平都有所上升。科技进步和全球化带来的资本收益增长也超过了劳动收入的增长。此外,科技进步和全球化为企业家创造了从"先发效应"中获益的机会,并为拥有新受青睐地区土地的大型土地所有者带来了巨大利益。城乡收入差距扩大和地区差异增加,加之机会不平等,这些也造成了收入不平等加剧。为此,近年来许多国家将"包容性增长"作为发展战略的一个重要目标。

1.4.11 性别与发展

亚太地区在缩小性别差距及减少教育、健康和就业等领域的不平等方面取得了重大进展。这是因为,人们认识到性别平等是取得更好发展成果的一个途径,是一项固有权利,也是建立公正和包容性社会的一个先决条件。

妇女和女童接受教育的机会大大增加。女童入学率的增长速度快于男童,使许多国家在中小学入学率方面已经实现了性别平等。1960年,大多数亚洲国家的女性受教育年限较短;2010年,约半数亚洲国家的女性受教育年限多于男性。

在健康领域,女性的预期寿命也大大提高。1960年,亚洲发展中经济体女性平均寿命比男性长1.8年;到2018年,这一差距已扩大至3.8年。孕产妇死亡率也不断下降。此外,在过去半个世纪里,女性劳动参与率大幅提升,尽管性别差距依然存在。

这些进步是多种因素推动的结果。快速的经济增长增加了女性的经济机会,特别是创造了女性在许多领域就业的机会。政府对教育和健康领域的干预取得了成效。在强有力的政策承诺支持下,伴随着社会规范的转变,法律和规制改革为家庭、企业和社会中基本权利、发言权和决策权方面的性别平等创造了有利的制度环境。

1.4.12　环境可持续性与气候变化

在过去半个世纪的大部分时间里，亚洲在经济方面取得的成功是以牺牲环境为代价换来的，走的是一条"先发展后治理"的路子。与增长相伴而来的是日益严重的空气污染、水资源污染和土地退化。这导致每年数百万人过早死亡，生态系统脆弱，陆地和海洋资源的生产潜力下降。尽管该地区的人均温室气体排放量历来远低于世界平均水平，但到21世纪初，其排放增长速度已名列世界前茅。亚洲未来保持经济发展的能力将日益受到气候风险和资源枯竭的挑战。

面对这些挑战，亚洲国家已开始采取重大措施来保护环境，减少温室气体排放，并适应气候变化。该地区已在可再生能源和公共交通投资、框架立法、保障政策，以及空气质量和水质量标准等领域实行重要的环保政策。此外，各国还充分利用市场化政策手段，比如可交易许可证制度和生态系统服务收费机制。该地区正在成为绿色产品和服务的主要出口地，这些产品和服务将有助于提高全球环保绩效。

亚洲发展中经济体越来越多地参与解决全球环境挑战，尤其是在气候变化方面。这种努力至关重要，因为该地区可以极大地受益于协调一致的应对全球气候挑战的措施。该地区几乎所有国家都加入了三大气候变化公约和协定，即1992年的《联合国气候变化框架公约》、1997年的《京都议定书》和2015年的《巴黎协定》。亚行和其他多边开发银行正通过资助气候变化减缓和适应行动以及支持相关能力建设，帮助该地区各国实现根据《巴黎协定》确定的国家自主贡献目标。

1.4.13　多边和双边开发性金融的作用

双边官方发展援助和来自多边开发银行的支持为该地区的发展作出了重要贡献——促进了资源调动，推动了技术合作，推进了知识共享。美国、日本、澳大利亚、新西兰、韩国和欧洲国家等传统双边捐助国提供了大量捐助。近年来，中国、印度、泰国及其他新兴经济体正在成为积极的捐助者。

在发展的早期阶段，亚洲发展中经济体需要面对因国内储蓄率低和投资需求高造成的资金短缺问题。双边官方发展援助和多边开发银行（包括亚行和世界银行）提供了资金和知识援助，这些援助最初是用于基础设施建设，之后越来越多地用于健康、教育和其他社会领域。为了提高援助效果，亚洲各国将外部支持与国家发展战略相结合，构建自身的吸收能力并保留所有权。

随着外商直接投资和其他外部资金来源份额的增长，双边官方发展援助和多边开发银行重新调整了优先发展领域，开始更多地关注政策改革和国家治理改善。近年来，发展援助越来越注重支持可持续发展目标和关于气候变化的《巴黎协定》等全球议程。

1.4.14 加强亚洲区域合作与一体化

二战后，亚太区域合作与一体化逐渐发展起来，最初是由于该地区经过多年战争和冲突，需要确保和平与安全，并超越以前的殖民关系。此后，区域合作与一体化的范围已扩展至促进区域内的贸易和投资，以及支持区域公共产品。

东盟是区域合作与一体化的成功范例。东盟通过开展贸易、投资和标准统一方面的合作，努力构建"东盟经济共同体"。东盟各国也共同倡导稳健的、以市场为导向的政策，并吸纳新成员。如今，东盟在提供平台吸引东南亚以外国家参与区域金融合作、更广泛的贸易协定，以及广泛的区域和国际问题对话方面发挥着重要作用。

在南亚，区域合作与一体化的优先发展领域是，通过交通、能源和贸易便利化，实现高质量的互联互通。中亚正从开展基础设施互联互通方面的合作转向建设区域经济走廊和共享各领域的知识。太平洋岛国将贸易、海事数字互联互通、共享海洋资源管理、可持续旅游，以及私营部门投资能力开发确定为优先发展领域。

1966年亚行成立，这也是区域合作与一体化的一个典型范例。亚行的成立反映了亚太地区内外人民携手合作、共谋发展的强烈意愿和努力。为了支持区域合作与一体化，亚行启动了一系列次区域合作计划，如大湄公河次区域经济合作（GMS）、中亚区域经济合作（CAREC），以及南亚次区域经济合作（SASEC）。

1.5 亚洲面临的发展挑战

尽管亚洲实现了快速的经济增长和转型，但其与发达国家之间的发展差距仍然很大。2018年，亚洲发展中经济体的人均GDP（按市场汇率换算成美元）仅为经合组织成员国平均水平的14%。亚洲各国仍需应对一系列原有的和新出现的发展挑战。

更好地发挥市场的作用，加强治理体系和制度建设。亚洲各国应继续推进劳动力市场改革、金融改革，以及贸易和投资制度改革，消除市场僵化和扭曲等问题。通过支持创新和研发、投资高等教育、维护有利于私营部门投资的环境，以及打击反竞争行为，进一步推动发展。政府必须根据国家需要，继续推进国有企业改革。此外，亚洲各国应提高监管质量，严控腐败现象，扩大参与，加强问责。

支持朝着更高收入的转型。从中等收入迈向高收入和克服所谓的"中等收入陷阱"需要新的增长驱动力，以及更具创新性的知识型经济。高中等收入国家还应解决日益加剧的收入不平等问题，包括发达地区与落后地区之间的收入差距问题。低收入国家应继续把重点放在改善经济基本面上，包括进行基础设施投资，增加民众获得教育和健康服务的机会，改善投资环境。

支持继续推进农业和农村转型。各国应通过应用新技术及进一步实施土地改革和土地整理，继续促进农业生产率增长。此外，应完善食品价值链和农业综合经营，同时制定和执行食品安全和营养标准。各国必须解决仍然存在的农产品价格扭曲问题，并应对新出现的环境挑战，包括气候变化挑战。

对科技进步进行投资。为不断采用新技术和促进创新，亚洲各国应培养一支多元化的、受过良好教育的高技能劳动力队伍。各国必须扩大对数字基础设施的投资并加强管理，继续支持研发，并促进研究机构与企业之间的联系。此外，还应加强创新方面的制度建设，包括保护知识产权和促进公平竞争。

缩小人力资本差距，应对人口结构变化。在教育方面，未来的挑战包括普及中等教育、扩大高等教育和提高教育质量。在健康方面，各国政府必须解决非传染性疾病日益增多的问题，扩大全民健康覆盖范围。劳动年龄人口不断增长的国家应确保充分投资人力资本，并创造优质的就业机会，从而获得人口红利。各国应通过针对护理经济和家庭内无薪护理工作再分配的政策，以及提供托儿设施和带薪育儿假（如产假）等家庭友好型工作政策，支持女性参与劳动力市场。对于人口老龄化国家，科技进步可以帮助解决劳动年龄人口减少的问题，并为老年护理工作提供支持。亚洲的人口结构具有多样性，这意味着青年型国家和老年型国家都能从劳动力跨境流动中受益。

更好地平衡储蓄与投资，加强金融业建设。有些亚洲国家需要提高家庭消费水平，有些则应该提高国内储蓄和投资水平。为调动储蓄进行生产性投资，亚洲各国必须继续推进金融体系多样化；深化资本市场，加大机构投资者的参与度；促进金融包容性；加强金融监管，以降低风险。各国必须在维护稳定的同时勇于创新。此外，各国还可以从更深入的区域金融合作中受益。

缩小基础设施差距。截至2017年，亚洲仍有超过4亿人用不上电，3亿人喝不上安全饮用水，15亿人缺乏基本卫生设施。亚洲发展中经济体需要在交通、能源、城市用水，以及信息与通信技术等领域加大投资力度。持续的能力建设和制度改革可以提高效率，并提供优质服务。私营部门的参与对缩小基础设施差距至关重要。此外，区域合作在促进整个亚洲区域互联互通方面也可以发挥重要作用。

维护开放的贸易和投资制度。亚洲发展中经济体在过去半个世纪取得的经济方面的成功在很大程度上要归功于贸易和外来投资。亚洲各国政府应通过进一步减少关税和非关税壁垒来继续促进贸易和投资开放，推动包括电子商务和数字贸易在内的服务贸易发展，并支持中小企业进入国际市场。各国政府要努力扩大区域和超区域贸易安排，继续致力于支持多边贸易体制。

维护宏观经济稳定。亚洲是审慎宏观经济和金融业政策的受益者。然而，决策者应继续保持警惕。要维护宏观经济稳定，政策重点应放在加强公共财政、充分运用宏观审慎政策以及保持汇率灵活性上。各国必须密切监测资本流动，并在必要时管理市场情绪，包括采取措施消除因外部冲击引起的外汇波动。

消除贫困，减少不平等。按照低中等收入国家通常采用的每日3.20美元的贫困线衡量，亚洲仍有29%的人口处于贫困状态。要消除贫困和减少不平等，各国政府必须创造更多的优质的就业机会，增加教育支出，扩大全民健康覆盖范围，加强社会保障体系建设，增加税收在收入再分配中的作用，缩小城乡收入差距和地区差异，并继续推进治理改革，促进机会平等。

缩小性别差距。性别平等是一项未竟的事业。政策重点包括继续投资女性教育，特别是科学、技术、工程和数学（STEM）教育，提供更多有关性与生殖健康方面的服务。各国政府必须继续投资用于满足女性需求的基本的基础设施。此外，应大力支持女性参与劳动力市场，培养女性企业家和女性企业领袖。进一步的法律法规改革必须有助于消除社会、经济和政治参与方面的性别差距。

保护环境，应对气候变化。亚洲发展的可持续性面临环境恶化和气候变化的威胁。亚洲各国必须加大环境保护力度，立即采取行动，适应和减缓气候变化。行动措施包括：（1）大力投资可再生能源、能源效率、可持续公共交通和能够适应气候变化的基础设施；（2）吸引私营部门投资，促进可持续基础设施发展；（3）进一步加强框架立法、保障政策以及空气质量和水质量标准；（4）确保价格反映环境成本和气候变化的外部效应；（5）加强环境治理能力建设；（6）加强环境问题方面的区域合作。

加强双边和多边发展合作。一直以来，亚洲发展中经济体在与双边和多边合作伙伴的发展合作中受益良多，获得了发展融资和政策建议，促进了知识交流和能力建设。各国政府应继续与发展伙伴合作，并提高发展援助的效果。

进一步加强区域合作与一体化。在已有成果的基础上，亚洲各国需要在保护和管理共有自然资源（如河流、海洋和森林）方面，以及农业方面（包括政策和研究）加强合作，并更加以人为本。促进区域旅游可持续发展是重点任务之一。各国应携手合作，增强亚洲在全球事务中的发言权，使之与亚洲在全球经济中日益重要的地位相匹配。毋庸置疑，有关国家和地区政府和人民必须继续全力以赴，维护亚太地区的和平与稳定。

第 2 章

市场、政府和制度的作用

2.1 引言

发展需要高效的市场、有效的政府和强有力的制度。市场、价格和竞争对于资源的有效配置和产生创业激励至关重要。政府的作用是制定强有力的制度,在市场不能有效运作时实施干预,并促进社会公平。强有力的制度可确保市场有序运转,使政府对其行为负责。在实践中,政府通常负责监管市场和维护法治,提供教育和健康服务,投资基础设施,通过税收和社会保障进行收入再分配,管理宏观经济,保护环境。在许多国家,政府还参与协调发展和支持产业。

在亚洲,市场和政府的作用在过去50年里发生了巨大的变化。日本在二战后依靠市场竞争和私营企业推动经济增长,同时政府积极促进投资、制造业出口和技术创新。从20世纪50年代初开始,这些措施为日本经济带来了超过20年的快速增长。许多亚洲发展中经济体在二战后采取进口替代工业化政策,对国家建设和发展实行强有力的政府控制。然而,从20世纪60年代开始,韩国、新加坡、中国香港和中国台湾纷纷效仿日本的模式,转向促进出口和以市场为导向的政策。如今,这四个经济体已发展成为众所周知的新兴工业经济体。20世纪70年代,印度尼西亚、马来西亚和泰国开放贸易和外商直接投资。在此后二三十年里,这三个国家也成为"高绩效亚洲经济体"。

在这些成功事例的鼓舞下,从20世纪70年代末开始,更多的亚洲经济体开始实行影响深远的市场化改革和对外开放。中国实行了30年的中央计划经济,导致严重的资源配置不当、商品普遍短缺,于1978年开始向市场导向型经济转型。在此后40年里,中国取得了举世瞩目的发展成就。在南亚,政府主导工业化阻碍印度经济增长长达数十年,之后印度于1991年开始经济改革,减少政府控制,更多地依靠市场力量,开放贸易和外商直接投资。随着改革的推进,印度的发展速度加快。在20世纪90年代初苏联解体后,中亚各国开始向市场经济转型。近年来,许多太平洋岛国也进行了市场化改革。

20世纪80年代以来,在发展思想方面,人们越来越认识到良好的治理和强有力的制度至关重要。良好的治理和制度使国家更有可能采取正确的政策,而且政策被采用后也更有可能得到更有效的执行。作为治理和制度的一个主要方面,强大的政府能力常常被认为是亚洲在二战后经济取得成功的一个关键促成因素。有人将强大的政府能力与所谓的"发展型国家"(developmental state)联系在一起。[1]有人认为,某些亚洲国家治理软弱导致冲突、不稳定和经济失败。近年来,亚太地区国家加大力度提高政府效能,提升监管质量,强化法治,严控腐败现象,同时加强透明度和问责制,扩大公民参与。

本章将回顾过去半个世纪以来市场、政府和制度在亚洲发展中不断演变的作用。第2.2节对市场和政府的作用进行概念性探讨。第2.3节对发展思想和政策的演变进行分析。第2.4节讨论在最近的发展思想中良好的治理和制度日益提升的重要性。第2.5节至第2.12节介绍主要国家和地区在市场、政府和政策改革方面的经验。第2.13节介绍未来的政策重点。

2.2 市场和政府的作用

市场和政府的作用是发展政策中最重要的问题之一。如今,全球和亚洲都存在一个共识,即认为市场、价格和竞争应在配置资源和推动经济增

---

[1] World Bank. 1993. *The East Asian Miracle: Economic Growth and Public Policy.* New York: Oxford University Press.

长方面发挥主导作用。但是，在市场解决方案无法实现社会最优结果的领域，需要政府干预来解决市场失灵问题。政府在建立强有力的制度和促进社会公平方面发挥着重要作用。

市场、价格和竞争在人类历史中已经存在数千年。英国经济学家亚当·斯密在1776年发表的著作《国富论》中提出了一个概念，认为市场、价格和竞争是一只"看不见的手"，可以有效配置资源。[1] 斯密的理论认为，受私人行为主体的利润动机驱动的无形市场力量可以确保资源的最优配置和持续的财富积累。此后，这种自由市场学说对全世界的经济思想和决策产生了深远影响。

但是，依靠市场进行资源配置并不排除政府的重要作用。即使在古代，政府也会制定保护私有财产和支持公平市场交易的法律法规。例如，在中国，这方面的法律法规可以追溯到秦朝（公元前221年至公元前206年）。[2] 在历史上，政府也常常会提供道路和水利等公共基础设施。例如，公元前256年由政府在今天的四川省修建的大型水利工程都江堰，至今仍发挥着重要作用。

现代经济理论强调政府在市场经济中可以发挥如下重要作用。

第一个作用是构建有助于开辟市场和支持市场有序运转的制度。这需要政府制定能够维护规则和秩序、保护财产权（包括知识产权）、执行合同、确保公平竞争、维护金融稳定、保护消费者等的法律法规。这些都是现代市场经济的基本制度，是贸易、投资和创新的基础。货币和中央银行也是这些制度的组成部分。加强法律法规以促进开放的贸易和投资制度的改革是过去半个世纪亚洲经济取得成功的关键因素之一（详见第9章）。

第二个作用与经济理论中所谓的"市场失灵"和"公共产品"有关。要解决"外部效应""不完全竞争"和"信息不对称"引起的市场失灵，需要政府进行干预，因为这些情况都会导致市场解决方案效率低下。垄断的产生往往是由于高昂的初始投资成本阻碍了潜在竞争者进入市场。要确保企业不参与不公平的定价和市场运作，就必须进行监管。银行需要政府监

---

[1] Smith, A. 1776. *An Inquiry into the Nature and Causes of the Wealth of Nations*. London: William Strahan and Thomas Cadell.
[2] 钱穆. 中国经济史. 北京：北京联合出版社，2013.

管，是因为它们比各种存款账户持有人更了解自己的流动性和偿付能力状况。外部效应可能是正的，也可能是负的。当私人成本或收益偏离社会成本或收益时，就会出现外部效应。环境污染就是负外部效应的一个重要例子，因为环境污染的社会成本不是由污染者承担。污染必须由政府通过法规和税收的方式来解决（详见第13章）。

市场失灵的一个重要形式与公共产品有关，如防洪、街道照明、治安、外交和国防。市场无法有效提供此类服务，因为这些服务具有受益上的非排他性（难以收取费用）和消费上的非竞争性（一个人的消费不会减少其他人的消费）。教育和公共卫生是可以向特定消费者提供并通过收取费用来补偿成本的服务，但由于它们对社会具有很大的正外部效应，因而被视为"准公共产品"（详见第6章和第8章）。

第三个作用是促进产业发展和支持创新。发展中国家和发达国家的政府都采用有针对性的"产业政策"来支持"新兴产业"；或者，更普遍的情况是，使用关税和补贴等一系列手段来支持国内产业，特别是在发展的早期阶段。政府还通过税收激励和由政府所属金融机构提供优惠信贷等方式，促进研发活动。在美国，政府对国家航空航天局（NASA）和国防技术的支持带动了新产业的发展，之后又推动了新技术（如互联网、全球定位系统和先进的医疗技术）的商业应用。政府可以解决多个私人参与者之间的"协调问题"。例如，在许多亚洲国家，政府通过长期规划、公共投资和财政激励来引导私人投资，从而推动产业集群发展，培育新的战略部门（详见第5章）。

第四个作用是维护宏观经济稳定。在现代市场经济中，政府通过货币和财政政策发挥在管理商业周期和维护宏观经济稳定方面的重要作用。这一观点在1929年大萧条开始后被广泛接受，并为20世纪30年代的美国"新政"及欧洲和日本的类似政策奠定了基础。英国经济学家约翰·梅纳德·凯恩斯1936年发表的著作《就业、利息和货币通论》为政府在总需求不足时采取积极的财政政策应对经济衰退提供了理论依据。[1]20世纪60年代兴起的货币主义理论强调基于有规则的、稳定的货币供应对维护经济稳定和控制通货膨胀的重要性。

---

[1] Keynes, J. M. 1936. *The General Theory of Employment, Interest and Money*. London: Macmillan.

随着时间的推移，有关财政政策和货币政策的新理论和新理念层出不穷，有时甚至导致自相矛盾的政策措施。但如今，一个广泛的共识是，在经济衰退时政府应采取刺激性财政政策和宽松的货币政策，而在经济过热时则应采取紧缩性财政和货币政策。在2008—2009年全球金融危机期间，许多发达国家的央行注入大量流动资金以支持各银行。危机过后，又将量化宽松货币政策与反周期财政措施相结合，以支持经济复苏。然而，在如何应对近年来出现的发达国家通胀极低、长期增长缓慢的问题上，却鲜有一致意见（详见第10章）。

第五个作用是促进收入公平分配。自由市场并非必然会产生公平的收入分配，因为人们继承的财富和获得的机会不同，比如获得土地、融资和受教育的机会。收入和资产分配过度不平等既不公平，也不利于经济发展和财富创造。要解决贫困和收入不平等问题，需要政府通过税收调节以及教育、健康和社会保障支出等方式进行干预（详见第11章）。促进性别平等也是一个政策重点（详见第12章）。

亚太地区各国政府都做了上述工作，但不同国家、不同时期的政策重点存在较大差异。不同国家和学者对政府应该如何积极主动地干预市场的看法也不一样。

主张积极型政府和政府干预的观点经常受到质疑。一个产生于20世纪60年代并在20世纪80年代显示出更大说服力的观点是关于"政府失灵"。[1] 该观点认为，过度的政府干预会导致新的扭曲，使资源配置更加偏离最佳状态。生产补贴保护效率低下的企业，消费补贴（如能源补贴和用水补贴）助长低效消费和过度消费，价格监管造成商品短缺或生产过剩，过多的福利导致道德风险、滥用和财政失衡，这些都是政府失灵的具体表现。

另一个观点与产业政策的有效性相关。针对性产业政策经常受到批评，因为它可能导致"寻租"行为、不公平竞争和效率低下。然而，正如前文所述，现在人们普遍认为产业政策可以发挥重要作用，尤其是在发展的早期阶段。许多人认为，产业政策甚至在发展的高级阶段也是有用的，特别是在存在巨大"正溢出效应"（如创新）的情况下，或当协调工作不可或缺

---

[1] Krueger, A. 1990. Government Failures in Development. *Journal of Economic Perspectives*. 4 (3). pp. 9–23.

时（如发展新的非传统产业）。还有很多人认为，如产业政策以绩效为基础且能促进竞争，有明确的政策目标、日落条款和有效的执行机制，并能透明地得到执行，它就更有可能成功。①

最后，有一种观点认为，赋予政府过多权力可能会造成政策偏向、"精英俘获"（特权精英滥用规则）和滥用权力等问题。这就是为什么制衡、问责制和透明度、控制腐败和广泛的公民参与是良好治理的关键要素的根本原因（详见第2.4节）。

2.3 关于市场与政府的发展思想和政策的演变

在实践中，政府在经济中的作用，特别是在促进工业化和经济发展方面的作用，在不同国家和不同时期差别巨大。这些差异反映了国家间历史、政治制度、政策经验和发展阶段的不同。此外，发展思想的变化和政策范式的转变也是重要的影响因素。

2.3.1 二战后的政府主导工业化

二战后，全球发展中国家的经济政策都以政府主导工业化为主。许多国家摆脱了殖民统治，获得了独立，但处于普遍贫困之中。人们强烈希望通过工业化来加快发展并追赶发达国家，这也被认为是一个有关民族自尊和摆脱外国势力、重获经济独立的问题。因为工业化需要大规模投资，所以必须由政府来主导——只有政府才有权力调动所需要的资源。此外，受苏联的影响，社会主义理念在发展中国家被广为接受。社会主义国家（如中国）实行了中央计划的工业化。

20世纪50年代至70年代的政府主导工业化战略与"进口替代"贸易政策双管齐下，也得到了理论的支持（intellectual backing）。许多新的经济理念引起了学术界和决策者的极大关注，如"大推动"（通过周密协调的大规模投资）、②"非均衡增长"（强调针对性产业和对特定产业的集中投资）、③"二

---

① Rodrik, D. 2004. Industrial Policy for the Twenty-First Century. *KSG Working Paper Series*. No. RWP04-047. Cambridge, MA: Kennedy School of Government, Harvard University.

② Rosenstein-Rodan, P. 1943. Problems of Industrialisation of Eastern and South-Eastern Europe. *Economic Journal*. 53 (210/211). pp. 202–211.

③ Hirschman, A. 1958. *The Strategy of Economic Development*. New Haven: Yale University Press.

元经济"（认为剩余劳动力从农村向城市转移是一个关键的增长来源）[1]，以及"增长阶段"（传统社会、腾飞的先决条件、腾飞阶段、走向成熟和大量消费阶段）[2]。这些经济理念有一个共同的观点，认为贫困国家无法为经济增长创造足够投资而跌入低水平均衡陷阱，为摆脱这种陷阱，需要政府干预，如实施周密协调的投资计划。

政府主导工业化需要国有企业在关键行业，尤其是资本密集型重工业，进行大量投资，通常是在进口替代的支持下。高关税可以保护国内新兴产业。此外，由于工业化需要进口资本品，而发展中国家都面临外汇限制，所以进口替代也被视为节省外汇的一种方法。

进口替代政策也受到当时盛行的"依附"理论（或称"中心—外围"理论）的影响。该理论认为，发达国家的财富增长是以牺牲发展中国家为代价获得的。根据这一理论，相对于初级商品，工业产品的价格上涨将导致发展中国家的"贸易条件"恶化，并成为其经济问题的主要原因。这些理念都主张对产业发展采取内向型政策。[3]

二战后，政府在经济中的积极作用以及关键产业的公有制也被发达国家广泛接受，尤其是在欧洲，因为许多政府在战争结束时已经大规模控制了经济。此外，社会主义理念和对市场失灵的担忧对政府政策也有很大影响。例如，在英国和法国，许多产业在二战后被收归国有。

虽然这些理念和发展理论在相当长的一段时间里对全球发展中国家的经济政策产生了重大影响，但其对一些亚洲经济体（包括日本、新兴工业经济体、马来西亚和泰国）的影响有限。这些经济体早已从进口替代政策转向外向型的以市场为导向的政策。

2.3.2　20世纪80年代开始转向市场导向型增长

从20世纪70年代末开始，一些发达国家的经济政策从强有力的政府干预转向更多地依赖自由市场，这种转变也影响了发展中国家的政策。

---

[1] 参见 Lewis, W. A. 1954. Economic Development with Unlimited Supplies of Labor. *The Manchester School.* 22 (2). pp. 139–191.
[2] 参见 Rostow, W. 1959. The Stages of Economic Growth. *Economic History Review.* 12 (1). pp. 1–16.
[3] Prebisch, R. 1962. The Economic Development of Latin America and Its Principal Problems. *Economic Bulletin for Latin America.* 7 (1). pp. 1–23.

发达国家经济政策转变的一个原因是它们的国有化产业表现不佳，经济效率低下。同时，"新自由主义"经济哲学在西方兴起。新自由主义经济思想植根于19世纪的古典自由主义，主张自由市场、私营企业，以及将政府干预限制在最低限度。这种思想被英国撒切尔政府（1979—1990年）和美国里根政府（1981—1989年）所接受。在英国，许多国有化产业在20世纪80年代被私有化。在亚洲，日本在此期间将多家公共企业私有化，其中包括日本国有铁道公司、日本电报电话公司，以及最近被私有化的日本邮政株式会社（包括邮政储蓄）。

新自由主义经济思想也对全球发展中国家的经济政策产生了重大影响，尤其是在20世纪80年代因大规模区域债务危机而陷入"失去的十年"的拉丁美洲。这场危机的爆发有外部原因，包括20世纪70年代的两次石油危机，但根源在于国内政策。人们认为，过度的政府干预和贸易保护使拉丁美洲经济效率低下、缺乏竞争力。[①]这导致诸多针对政府失灵的政策讨论，以及认为这可能比市场失灵更为严重的观点出现。为了应对债务危机，多边金融机构和双边贷款机构提供了基于"结构调整计划"的金融援助（结构调整计划带有遵循新自由主义思想的政策条件）。这些后来被称为"华盛顿共识"的政策建议主张以自由市场为主导的增长，主张自由化、放松管制和私有化。

20世纪80年代，其他发展中国家和社会主义国家也掀起了市场化改革浪潮。苏联和中东欧国家从20世纪80年代中期开始实行经济改革，试图重振停滞不前的经济（在1991年苏联体系解体之前）。在亚洲，中国因"文化大革命"而面临重重经济困难，印度尼西亚在20世纪80年代中期石油繁荣结束后面临财政危机，南亚经济表现疲软并面临国际收支危机，这些促使许多国家重新审视其政策。中国、越南和印度分别于1978年、1986年和1991年启动市场化改革，中亚国家在20世纪90年代初独立后也开始进行市场化改革。这些改革也受到日本、新兴工业经济体和几个东南亚经济体令人瞩目的经济成就的启发和鼓舞。

然而，过去20年来，新自由主义政策和"华盛顿共识"受到越来越多

[①] Ferguson, R. W. 1999. *Latin America: Lessons Learned from the Last Twenty Years*. Speech given to the Florida International Bankers Association, Inc. Miami. 11 February.

的批评。[①] 未充分考虑各国国情而机械照搬"华盛顿共识"进行激进改革，并未使经济表现有所改善，特别是在拉丁美洲和非洲。快速自由化和大规模私有化的"休克疗法"使俄罗斯经济陷入经年的深度衰退。另一方面，许多人认为，中国经济取得的成功是市场力量和政府干预相结合的渐进式改革的结果。[②] 2008—2009年全球金融危机也突显了过度依赖不受约束的市场力量的问题。

有关市场和政府作用的讨论将永无休止。本书的观点是，中国的成功主要归功于1978年开始的市场化改革。更广泛地说，亚洲所推行的市场化改革政策可以用通常的经济学理论来解释，而且与"华盛顿共识"所提出的政策主张并无太大差别。与其他国家和地区不同的是，许多亚洲国家在执行这些政策时采取了务实的做法。

2.4 良好治理和强有力制度的重要性

20世纪80年代以来，人们日益认识到良好的治理对持续的经济增长和财富创造具有重要意义。这是20世纪80年代"新制度经济学"影响不断增大的结果。[③] 经验观察表明，一国的经济表现不仅取决于政府所奉行的政策的性质，还取决于治理和制度的质量。[④] 同样的政府干预措施可能会导致不同的结果，具体取决于治理和制度的质量。

现在人们普遍认为，治理是指政府在管理一国经济和社会资源时行使权力的方式。良好治理需要透明、问责和广泛的公民参与，需要法治和政治稳定，需要控制腐败，还需要政府拥有强大的制定和实施良好政策的能力。亚洲迄今的发展经验表明，强大的政府能力必须有强有力的国家行政机构的支持，而成功往往与富有远见卓识的政治领导人有关。[⑤] 过去二三十

---

① Stiglitz, J. 2016. The State, the Market, and Development. *WIDER Working Paper*. No. 2016/1. Helsinki: United Nations University World Institute for Development Economics Research.
② Lin, J. Y. 2012. *New Structural Economics: A Framework for Rethinking Development and Policy*. Washington, DC: World Bank.
③ North, D. 1990. *Institutions, Institutional Change and Economic Performance*. Cambridge: Cambridge University Press.
④ Acemoglu, D., and J. A. Robinson. 2012. *Why Nations Fail: The Origins of Power*, Prosperity, and Poverty. New York: Crown Publishing Group.
⑤ World Bank. 1993. *The East Asian Miracle: Economic Growth and Public Policy*. New York: Oxford University Press.

年来，亚洲和世界各地一直在努力促进良好治理。

良好的治理和强有力的制度是市场力量有效配置资源、维护社会公平、实现持续和包容性增长的先决条件。制度有正式和非正式之分。正式制度是指国家强制执行的宪法、法规和明确的规章规则，而非正式制度包括不成文的规则（如传统、准则和行为规范）、禁忌以及其他基于人际关系并通过人际关系实施的社会机制。

发展事业工作者制定了各种评估治理和制度质量的标准，但这些标准主要集中在六个方面：（1）发言权和问责制；（2）政治稳定和无暴力；（3）政府效能；（4）监管质量；（5）法治；（6）腐败控制。[1]亚行开展的一项全球跨国研究发现，治理质量与经济发展速度之间存在正相关关系。[2]这种关系在不同的治理维度上有所不同，取决于一个国家的发展阶段，并且在不同的发展指标（如增长率、减贫、教育和健康）上的体现也不尽相同。

亚行的这项研究还发现，在亚洲，政府效能与人均GDP的相关性最高（见图2.1），其次是监管质量。研究还发现，与世界其他地区相比，亚洲地区的政府效能和监管质量与经济增长速度之间有更强的相关性。

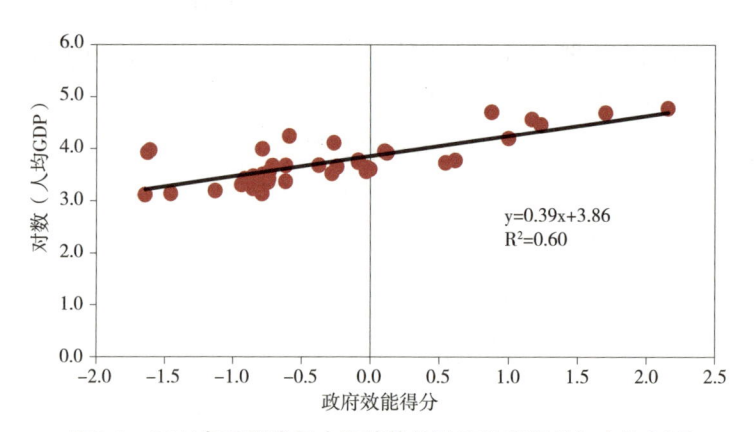

图2.1 2011年亚洲发展中经济体的政府效能得分与人均GDP

资料来源：Asian Development Bank. *Asian Development Outlook 2013 Update: Governance and Public Service Delivery*. Manila.

---

[1] Kaufmann, D., A. Kraay, and M. Mastruzzi. 2007. The Worldwide Governance Indicators: Answering the Critics. *Policy Research Working Paper*. No. 4149. Washington, DC: World Bank.

[2] ADB. 2013. *Asian Development Outlook 2013 Update: Governance and Public Service Delivery*. Manila.

处于不同发展阶段的国家可能面临不同的制约因素。[①]在低收入阶段，当务之急是启动增长，所以政府效能（确保教育和基础设施领域有足够的投资）和监管质量（促进私人投资）非常重要。在较高收入阶段，发展重点可能是保持增长，这时透明度、问责制和广泛的公民参与可能变得更加重要。

这些研究结果似乎都在支持这样一个观点，即强大的政府能力在创造亚洲经济"奇迹"中发挥了关键作用。韩国前总统朴正熙、新加坡前总理李光耀、马来西亚前总理马哈蒂尔·穆罕默德（Mahathir Mohamad）以及中国社会主义改革开放和现代化建设的总设计师邓小平等富有远见卓识的政治领导人，为经济和社会发展提供了长期愿景和指导。由精英组成的称职而政治中立的国家行政机构通过发展规划、产业政策和有效实施，在实现这些愿景方面发挥了重要作用。

有人认为，非正式制度的作用也为亚洲在二战后经济上取得成功作出了贡献，[②]其中包括勤奋工作的态度、优先发展教育的思想，以及强烈的社会信任感和合作意识。例如，根据"世界价值观调查"，平均而言，亚洲地区人与人之间的信任度高于世界其他地区。[③]孟加拉乡村银行或格莱珉银行（Grameen Bank）是孟加拉国一家小额信贷机构和社区发展组织，也是正式制度和非正式制度共同支持发展的又一个例子。

一个相关的概念是"社会资本"。社会资本是非正式制度的一部分，主要关注建立共享知识、相互信任、社会规范和不成文规则的社会关系、社会网络和社会团体。有人认为，社会资本可以弥补市场失灵和政府失灵造成的缺漏，支持资源有效配置，促进增长。[④]

[①] Rodrik, D. 2008. Thinking about Governance. In North, D., D. Acemoglu, F. Fukuyama, and D. Rodrik, eds. *Governance, Growth, and Development Decision-Making.* Washington, DC: World Bank.
[②] Berger, P. L., and H. H. M. Hsiao, eds. 1988. *In Search for an East Asian Development Model.* New Brunswick, NJ: Transaction Books.
[③] Zhuang, J., E. de Dios, and A. Lagman-Martin. 2010. Governance and Institutional Quality and the Links with Growth and Inequality: How Asia Fares. In Zhuang, J., ed. *Poverty, Inequality, and Inclusive Growth in Asia.* London: Asian Development Bank / Anthem Press.
[④] Hayami, Y. 2008. Social Capital, Human Capital and the Community Mechanism: Toward a Conceptual Framework for Economists. *The Journal of Development Studies.* 45 (10). pp. 96–123.

2.5 日本在二战后的经济复苏与增长

2.5.1 明治时期的现代化和工业化

1868年日本开始明治维新，德川幕府将统治权归还天皇。明治维新后不久，日本开始了近代经济发展。在经历了200多年的实施孤立主义外交政策后，日本在19世纪50年代遭遇近代西方列强，并应要求实行对外开放。1854年，日本与美国签订条约，之后又签订了若干条约。受中英鸦片战争影响，日本认识到需要实行现代化，增强经济和军事实力。

因此，明治时期（1868—1912年），日本废除了基于等级制度的封建特权，并效仿西方模式建立了关键的近代资本主义经济制度和政治制度，其内容包括：（1）土地市场、劳动力市场和资本市场；（2）近代税收制度、银行、证券交易所、中央银行，以及商业法和公司法；（3）义务初级教育（1886年开始）和高等院校（东京大学于1877年建立，初设医学、理学、法学和文学四个学部，后又增设工学、农学和经济学三个学部）；（4）立宪政体、国会（1890年设立，1925年实现男性普选权）和执政内阁。随着日本开始推行大规模工业化，日本当局强调向西方先进国家学习和促进贸易的重要性。日本的许多早期技术和知识成就都是通过引进外国机器、聘请外国专家和派遣留学生取得的。

自明治维新以来，除了20世纪30年代至二战那段军国主义时期，日本的工业化主要是由私营部门驱动，效仿英国和美国。在明治维新初期，日本政府为了获得西方技术（如纺织、煤炭和钢铁等方面的技术）转让，建立了多家试点公有企业，但这些企业后来都被私有化了，甚至重要的基础设施服务都由私营企业提供。例如，电力服务一直由地区性私营企业提供（1939—1951年这段时间除外）。早在明治维新开始之前，积累了大量资本的日本商户就修建了许多铁路线路，用以把丝绸从内陆运往沿海地区，直到《1906年铁路国有化法案》颁布，这些铁路才被收归国有。20世纪第二个十年至30年代中期，许多私营企业在城市郊区开发了电气化铁路网，以及配有休闲设施的新住宅区和商业区。

到20世纪第一个十年的早期，日本已经成为世界工业强国。但是，日本在经济上取得的成功被其帝国主义和扩张主义野心以及随后带来的军事灾难所打断，二战日本战败，经济遭受重创。

2.5.2 战后恢复

战争结束后，日本的当务之急是在政府的规划和控制下恢复经济。在战后恢复过程中，日本必须解决资源严重短缺的问题，包括资金和外汇短缺。在某种程度上，政府对经济的控制也是战前和战争期间盛行的政府强力干预的延续。政府控制价格，实行定量配给，并对贸易和外汇实施管制。日本制订了一个"重点生产计划"，优先发展煤炭、钢铁和化肥等关键产业，并通过价格管制和补贴、低息贷款以及受限进口物资分配等手段予以配合。此外，推行三项主要经济改革：（1）土地改革，以极低的价格把土地从地主手中购得并重新分配给佃农；（2）解散财阀，打破垄断，促进市场竞争；（3）劳动市场改革，赋予工人组织工会的权利。

经过初步重建，日本的经济在1950年至1973年快速、持续增长，人均GDP年增长率超过8%，被称为战后经济奇迹。在此期间，日本政府对经济的直接控制逐渐放松或取消（其中部分原因是由于来自盟国占领军当局的压力），资源配置越来越多地由市场决定。日本在战前没有庞大的国有企业部门，而为数不多的国有企业也在战后被解散或私有化。当时，日本的制造业领域没有国有企业。

虽然经济增长的主要驱动力是私营企业和市场力量，但政府在积极促进投资、制造业出口和技术创新方面发挥了重要作用，尤其是在战后初期。日本从1955年开始在宏观层面设计中期经济计划，在微观层面实施针对性产业政策。宏观计划为经济增长及各个行业指标、社会指标和经济指标设定了目标，但这些目标更多的是指示性的，而不是指令性的。1960年，日本推出《国民收入倍增计划》，打算用10年时间把日本的人均收入翻一番，而这一目标最终只用了7年便实现了。①

2.5.3 针对性产业政策的演变

日本的针对性产业政策的重心和工具随着时间的推移而发展演变。政府先是采用直接控制和价格补贴，在战后迅速实施"重点生产计划"。1949

---

① Ito, T. 1996. *The Japanese Economy.* Cambridge, MA and London: The MIT Press.

年，日本政府成立了通商产业省（MITI），取代商工省（MCI）来执行产业政策。20世纪50年代和60年代，政策重心转向产业"合理化"（如通过支持企业退出煤矿行业）和"支持先进知识和技术"。随着时间的推移，日本的针对性产业政策的重点从原材料和轻工业转向重工业和化工业以及高科技产品。因此，日本能够不断提升制造能力，并向价值链上游移动。

20世纪50年代至60年代，针对性产业政策工具主要包括：（1）将有限的外汇优先分配给重点产业和企业；（2）实行高进口关税和配额，并对外商直接投资实行管制以保护新兴产业；（3）通过日本政策投资银行和日本进出口银行等公共金融机构发放优惠信贷；（4）实行针对投资的税收优惠政策（如加速折旧）。这些政策工具都有明确的资格标准。日本通商产业省还采用了一套协商安排系统（由行业领袖、企业高管、学术界和民间团体组成的"审议委员会"）和"行政指导"，来共享信息和协调政策上的各种利益关系。

20世纪60年代，日本日益融入世界经济，实施贸易和外商投资自由化，同时逐步取消了优先外汇分配、进口配额、高关税和外商直接投资管制。1964年，日本加入经济合作与发展组织（简称经合组织），并成为国际货币基金组织第八条款成员国。作为这些国际组织的成员国，贸易、外商直接投资和外汇自由化是其义务的一部分。此外，贸易伙伴施压也是一个影响因素。

到1973年，日本的人均GDP（按2010年美元计算）达到22,138美元，超过英国，并接近美国的90%，而1960年日本的人均GDP仅为美国的50%左右。日本重新成为世界工业强国，工业占GDP的比重达43%，服务业占比达52%。日本开始引领世界制造业生产，并引领许多行业的出口，尤其是消费电子、汽车、造船、机床设备和半导体。

2.5.4 如何解释日本二战后的经济奇迹

许多研究都试图探索日本二战后经济奇迹的原因。日本的战后经济奇迹是多种因素共同作用的结果，其中包括一些外部因素，如美国的财政援助和朝鲜战争——前者为经济复苏初期的日本提供了所需的资本，后者为20世纪50年代初期的日本产业创造了外部需求。战前的工业和技术遗产也非常重要，包括造船、飞机和军用精密机械。尽管其工业能力遭受重创或被摧毁，但日本已经具备了在1945年后恢复和扩展工业所需的基本人力资本。日本战前遗产的其他重要因素包括坚实的现代市场经济制度。

日本也受益于利好的人口结构变化。20世纪50年代和60年代，日本劳动年龄人口的增长超过了总人口的增长，平均每年在人均GDP增长中产生近1个百分点的人口红利（详见第6章）。劳动年龄人口比例的上升和其他因素（例如，快速的经济增长和政府鼓励储蓄的政策，包括邮政储蓄计划）一起，还带来了储蓄率的大幅上升。日本的国内总储蓄率从1955年占GDP的24%上升到1970年的42%。这为日本国内的高投资提供了必要的资金，同期国内投资占GDP的比重从24%上升至41%。高投资带来了快速的资本积累、产业升级和劳动生产率增长。

虽然日本战后的经济增长主要由私营部门拉动，但政府也发挥了重要作用。

首先，日本政府在战后迅速进行了多项重大改革，包括土地改革、劳动市场改革、解散财阀、普及教育、促进制造业快速增长以创造就业机会，以及就业保障（终身就业）。这些改革和措施显著改善了财富和收入分配，使经济增长带来的好处得到广泛共享。这有利于维护社会稳定，促进消费和保持经济增长。的确，正如人均可支配收入基尼系数（详见第11章）所示，从20世纪50年代到70年代，日本在实现经济快速增长的同时，收入分配也相对公平。

其次，日本政府在基础设施和教育领域进行了大量公共投资，使经济增长能够在不触及瓶颈的情况下加速向前。1960—1980年，日本的公路里程从23,800千米增加到511,000千米。1960—1970年，日本的年发电量从2,370万千瓦增加到6,830万千瓦。二战后，日本政府把义务教育的时间从6年延长至9年。1950—1970年，日本劳动年龄人口的平均受教育年限从7.6年提高到9.8年。[1] 此外，日本还在1961年开始实行全民健康覆盖计划。这些措施提升了日本人力资本的整体水平。

再次，日本政府的针对性产业政策成功地促进了产业的发展，尽管并

---

[1] Godo, Y. 2011. Estimation of Average Years of Schooling for Japan, Korea and the United States. *PRIMCED Discussion Paper Series*. No. 9. Tokyo: Hitotsubashi University.

非每个目标产业都得到了发展。起初,日本采取针对性产业政策是为了解决严重的资源短缺。但随着时间的推移,政策转向外向型政策,而不是进口替代,依靠市场竞争和私营企业推动增长,此外政府也发挥了一定的积极作用。政府对制造业出口的各种支持使日本企业能够在国际市场上竞争并受益于规模经济。在发展的早期阶段,日本对汽车进口和汽车行业的外商直接投资实行限制,但同时鼓励国内企业之间的竞争,当汽车市场日渐成熟发达时,才对国外竞争者开放。

1973年后,日本的增长步伐放缓,原因有很多,包括1973—1974年石油危机和1979年石油危机,以及随着日本重新崛起为主要工业国而产生的趋同力量。尽管如此,在20世纪70年代和80年代,日本的经济增长仍然远快于其他工业国。从20世纪90年代起,在资产泡沫破裂和人口老龄化将人口红利耗尽之后,日本的经济增长进一步放缓。随着经济的成熟,产业政策的作用转向促进高科技产业的合作研发,如半导体、计算机、生物技术和机器人等。自20世纪90年代末以来,日本启动了一系列结构改革,其中包括放松服务业管制,以刺激经济增长和应对人口老龄化问题。

日本战后的经济奇迹使许多追求工业化和现代化的国家深受鼓舞。日本的成功不仅提供了可行的增长模式,还促进了技术转移和外商直接投资。20世纪60年代初,学者们用所谓的"雁行"模式[①]来描述亚洲经济在战后的有序发展历程(详见第9章)。根据这种模式,处于早期发展阶段的经济体紧随工业化国家(如亚洲的日本)之后,形成"大雁阵形"。跟在"领头雁"之后的经济体从事的是低收入生产活动,但随着成本上升,这些经济体又把这种生产活动转移到更靠后的国家。如今,亚洲的经济格局发生了巨大变化,不同领域的"领头雁"越来越多。现在,亚洲经济体之间的联系更像是一个网络,而不再是大雁阵形。

2.6 韩国、新加坡、中国香港和中国台湾的工业化

这四个新兴工业经济体在1960年还属于低收入经济体,韩国和中国台湾的人均GDP(按1960年美元计算)为160美元(相当于美国的5%),中国

---

① Akamatsu, K. 1962. A Historical Pattern of Economic Growth in Developing Countries. *The Developing Economies*. 1 (August). pp. 3–25.

香港和新加坡为430美元（相当于美国的14%）。在随后的30年里，这四个新兴工业经济体的整体人均GDP平均每年增长7.2%。现在，这四个新兴工业经济体都已成为高收入经济体。2018年，中国台湾的人均GDP（按2018年美元计算）为2.5万美元，新加坡的人均GDP为6.46万美元，而同年美国的人均GDP为6.26万美元。这些新兴工业经济体在促进经济增长、加快结构转型和建立强大的科技创新能力方面取得的非凡成就激励了许多国家，成为发展中国家的榜样。

中国香港在1997年以前实行自由市场经济，而其他三个新兴工业经济体基本都效仿日本战后的经济模式，由市场力量和政府积极促进制造业出口驱动增长。这四个新兴工业经济体之间有相似之处，但也存在差异。

它们的初始条件在很多方面都非常相似。在经济腾飞之前，这四个新兴工业经济体都经历了多年的战争和冲突。中国台湾在1945年日本战败后回归中国；韩国于1948年获得独立，而后在1950—1953年与朝鲜交战；新加坡于1965年脱离马来西亚，独立建国；而中国香港在1997年之前处于英国的"殖民统治"长达150多年。当时，与其他发展中经济体一样，这四个经济体的现代工业水平有限，并且缺乏资本、技能和其他资源。1960年，韩国的农业就业占比为66%，而中国台湾为56%。中国香港和新加坡这两个经济体的制造业就业占比较高，分别为35%和22%。[1] 从20世纪50年代起，这些经济体都开启了工业化进程。

20世纪50年代，韩国、新加坡和中国台湾均先从实施进口替代着手，但很快在20世纪60年代转向出口促进战略。它们的工业化从促进劳动密集型轻工业（如纺织和制鞋）开始，并随着收入和劳动力成本上升，逐渐转向资本、技能和技术密集型产业。

例如，韩国在朴正熙总统（1963—1979年在位）的强力领导下，在20世纪70年代大量投资重工业和化工业，在20世纪80年代末和90年代把重点转向信息与通信技术领域。新加坡在李光耀总理（1959—1990年在位）的领导下，在20世纪80年代和90年代大力推动石油化工和制药业发展，同时促进金融和区域总部服务业发展。中国台湾也从20世纪80年代末和90年

---

[1] Chowdhury, A., and I. Islam. 1993. *The Newly Industrializing Economies of East Asia.* London: Routledge.

代开始发展高科技产业，如半导体和高精密机械。

为了促进出口，这四个新兴工业经济体运用了各种手段，其中包括：出口定向；出口信贷、优先外汇分配和出口商免税进口；税收优惠；低息贷款；出口加工区。政府的支持往往与出口业绩挂钩，以鼓励竞争和加强激励。这些新兴工业经济体还建立了诸如"理事会"（"councils"）之类的机制，以加强企业与政府之间的沟通，并帮助解决协调问题。以韩国为例，20世纪60年代和70年代，理事会每个月举行一次月度出口促进会。会议通常由总统主持，参会人员包括政府高级官员和企业领导。随着时间的推移，出口促进政策变得更具非歧视性，例如，通过投资研发来促进出口。

韩国和中国台湾除了进行出口激励外，还在经济腾飞初期阶段利用进口关税和非关税壁垒来保护本土新兴产业。然而，与其他发展中经济体相比，这两个经济体对本土产业的保护水平较低，且从20世纪70年代开始通过降低关税和非关税壁垒来促进贸易自由化。[①]中国香港和新加坡在发展早期就采用相对自由的贸易政策。进口自由化使这些新兴工业经济体能够获得生产最终出口产品所需的基本中间产品。

这些新兴工业经济体也极大地受益于外国知识和技术。它们通过各种方式获取这些资源，如进口资本品、促进出口、购买许可证和吸引外商直接投资（通过提供激励、减少限制，或两者兼有）。从20世纪80年代中期开始，随着《广场协议》拉开日元升值的序幕，大量日本对外直接投资流入新兴工业经济体，开启了建立区域生产网络的进程。

这四个新兴工业经济体的外商直接投资政策各不相同。在发展早期，韩国重视发展本国企业的科技能力，限制外商直接投资流入，因而外商直接投资流入相对较少。例如，1965—1984年，韩国的外商直接投资仅占国内资本形成的2%。[②]与此形成对比的是，新加坡提供激励以吸引外商直接投资，尤其是跨国企业的投资。1965—1984年，新加坡引进的外商直接投资占其国内资本形成的10%。新加坡被认为是利用外商直接投资促进工业化的成功典范。中国香港也采取了开放的外商直接投资政策，但相关激励措施并不多。在新加坡和中国香港，很大一部分出口产品是由外资企业生

[①②] World Bank. 1993. *The East Asian Miracle: Economic Growth and Public Policy*. New York: Oxford University Press.

产的。中国台湾也通过各种方式吸引外商直接投资，如建立出口加工区，但其优惠政策附带一定的条件，比如要求有当地成分和出口业绩。

这四个新兴工业经济体都属于市场经济体，私营部门在推动经济增长方面发挥着重要作用。然而，相比于日本，除中国香港外（中国香港基本是一个自由放任的市场经济体），其他三个新兴工业经济体的公有制企业也发挥着重要作用。在韩国，经济增长主要由私营企业推动，其中有些私营企业后来还发展成为以家族财阀为中心的企业集团。但是，为支持从20世纪60年代开始的经济腾飞，韩国政府还建立了许多国有企业。韩国国有的浦项制铁公司（POSCO）就是一个例子，该公司后来发展成为全球最大的钢铁制造商之一。韩国政府从20世纪80年代开始推行私有化计划。1985年，韩国国有企业就业人口仅占全国非农业就业人口总数的2.7%。[1]浦项制铁也在20世纪90年代初被私有化。

相比韩国，中国台湾的公有制企业部门规模要大得多。除公用事业外，公有制企业还涉足制造业，比如炼油、石化、钢铁、造船、重型机械、运输设备和化肥等产品的制造，而且公有制企业通常规模较大。虽然公有制企业非常重要，但由众多中小企业组成的私营部门在推动增长中发挥了至关重要的作用。20世纪60年代和70年代，中国台湾的公有制企业在GDP中所占比重为13%~14%，在固定资本形成总额中所占比重为28%~35%。[2]20世纪80年代末，中国台湾开始推行私有化计划。到21世纪第一个十年的早期，中国台湾的公有制企业的重要性下降，占地区内资本形成总额的11%。

在新加坡，政府在独立建国后成立了许多政联企业（GLC），以引领构建新产业和吸引私人投资。政联企业涉及海港、造船、机场、航运、钢铁、银行、住房和其他制造行业。1974年，政联企业的产量估计占制造业总产量的14%~16%。1974年，新加坡政府成立淡马锡控股私人有限公司，由其持有和管理政府拥有的政联企业投资和资产，并确保这些投资和资产进行商业化运作。作为代表政府的股东，淡马锡采取的政策是不直接参与管理

---

[1] Savada, A. M., and W. Shaw, eds. 1990. *South Korea: A Country Study*. Washington, DC: GPO for the Library of Congress.

[2] Wade, R. 1990. *Governing the Market: Economic Theory and the Role of Government in East Asian Industrialization*. Princeton: Princeton University Press.

其投资组合中各企业的业务运营，而是将业务决策权交给各企业的董事会和管理层。2008—2013年，由政府控股的政联企业的市值占新加坡股市市值的37%。[1]

这些新兴工业经济体的外向型政策和市场力量与政府积极支持的结合，成功地促进了出口和科技进步。1970—1985年，韩国、新加坡、中国台湾和中国香港的制造业出口年增长率分别为28%、24%、26.4%和15%。[2]与日本相似，出口的迅速增长使企业能够受益于规模经济，并参与全球竞争。出口还换来了进口外国技术和原材料所需要的大量外汇。随着时间的推移，这些新兴工业经济体的出口业务更加多样化，技术更加尖端。1965—1994年，韩国的电机出口在非石油出口中所占比重从0.3%上升至20.8%，中国台湾从1.4%上升至15.1%，新加坡从1.8%上升至23.4%，中国香港从3.1%上升至13.1%。外向型贸易和产业政策使这些经济体成为制造业全球价值链中不可或缺的重要一环。

这些新兴工业经济体也受益于对基础设施和人力资本的大力投资。审慎的财政政策使政府能够在维持财政可持续性和宏观经济稳定的同时，投资教育、交通、电力，以及水和卫生设施等领域。1960—2000年，这些新兴工业经济体劳动年龄人口的平均受教育年限从4~5年提高到10~12年。这些新兴工业经济体还受益于高储蓄率和人口红利。韩国的国内储蓄率从20世纪60年代的9%上升到90年代的38%。同期，新加坡的储蓄率从10%上升到49%。20世纪70年代至90年代，韩国劳动年龄人口比例上升带来的人口红利相当于每年人均GDP增长率的1.4个百分点（详见第6章）。

此外，与许多其他亚洲经济体相比，这些新兴工业经济体拥有强大的制定和实施发展政策的政府能力，其技术官僚不太受政治压力和政府变动的影响。这使它们能够采取更连贯的政策来促进经济增长。这些新兴工业经济体还得益于拥有富有远见卓识的、对经济未来有清晰愿景的政治领导人，并热衷于向发达经济体学习和吸收先进技术。

---

[1] Tan, C., W. Puchniak, and U. Varottil. 2015. State-Owned Enterprises in Singapore: Historical Insights into a Potential Model for Reform. *NUS Law Working Paper*. No. 2015/003. Singapore: National University of Singapore.

[2] Chowdhury, A., and I. Islam. 1993. *The Newly Industrializing Economies of East Asia*. London: Routledge. p. 17.

2.7 东南亚的经济开放和自由化

二战之前，大多数东南亚国家都处于殖民统治之下。战后，这些国家相继取得独立。在之后的二三十年里，东南亚地区动荡不安，柬埔寨、老挝和越南战火连年，国家与国家之间也冲突不断。在一些国家，如印度尼西亚，人们担心共产主义日益增强的影响力可能会带来威胁，从而导致国内冲突。还有一些国家，国内权力斗争导致军事政变（如泰国）或实行军事管制（如菲律宾）。

为了促进东南亚地区的和平与安全，印度尼西亚、马来西亚、菲律宾、新加坡和泰国在1967年迈出了历史性的一步，建立了东南亚国家联盟（简称东盟）。随着冲突平息、战争结束，更多的国家加入东盟：文莱于1984年加入，越南、老挝、柬埔寨和缅甸于20世纪90年代加入。随着时间的推移，东盟从最初的安全联盟转变为一个致力于促进经济合作和市场化政策改革的区域性组织（详见第15章）。

东南亚各国取得独立时，其经济都是以自给农业和初级商品出口为主导。各国政府积极谋取发展。与新兴工业经济体一样，东南亚各国的发展政策最初也以由政府不同程度控制的进口替代工业化战略为主，但这项政策未能取得良好的经济成果。继20世纪70年代经济繁荣之后，80年代大宗商品价格下跌，导致东南亚各国宏观经济困难，促使许多国家政府转向出口导向、经济自由化、促进吸引外商直接投资（来自日本、韩国、中国台湾等）和市场导向型增长。这些国家的政府还受到发达国家和多边金融机构（如亚行、国际货币基金组织和世界银行）提出的政策建议的影响，而当时市场导向政策正在被越来越广泛地接受。虽然上述基本描述适用于大多数东南亚国家，但各国的情况也存在差异。

2.7.1 印度尼西亚、马来西亚、菲律宾、泰国和文莱

印度尼西亚（印尼）在1945年宣布独立后的头二十年里，一直采取内向型发展政策，经济发展受到政府的强力干预。政府通过许可证制度来控制进口和投资。新成立的国有企业占据了该国经济的大半江山。经济管理不善和政治不稳定导致印尼的经济恶化，并造成苏加诺政府于1967年倒台。

1968年，新上台的苏哈托政府开始推行"新秩序政策"，对国内私人投

资和外来私人投资持更为积极的态度。国家发展计划部（BAPPENAS）在制定和规划政策方面发挥了重要作用，而随着印尼的国家政策从政府控制转向更强的市场导向，该部门的作用也在演变。此外，政府还出台了《外商投资法》，为非国有化提供30年的保证，并废除了进口许可制度。

1974—1981年，印尼受益于石油和商品繁荣，政府得以大力投资资本密集型和资源密集型产业，以及基础设施、教育和健康领域。20世纪70年代，人均GDP年增长率从20世纪60年代的不足1.0%增至4.5%。由于政府在经济中的作用随着大宗商品收入的增加而不断增强，政府改变了政策，并逐步收紧了对外来私人投资和国内私人投资的监管。为保护国内产业，政府还加强了对进口的控制。

20世纪80年代前半期，石油和商品繁荣的终结导致宏观经济失衡，国有企业问题频出。为此，印尼政府进行了一系列财政、货币和汇率政策调整，其中包括初步尝试国有企业改革。1986年，印尼政府启动了综合贸易和监管改革计划，开始促进出口，这标志着政策发生了重大转变。政府采取一揽子财政激励、货币贬值和进出口程序改革措施，以促进非石油产品出口。主要出口商可以不受限制免税进口商品。同时，还放松了对国内私人投资和外来私人投资以及金融业的管制。在实施这些改革后，制造业生产、出口、投资和GDP的增长全线加速。1986—1990年，印尼的人均GDP以每年4.3%的速度增长，而1980—1985年的年均增长率为3.2%。为进一步促进投资和贸易自由化，印尼在20世纪90年代初实施了第二波政策调整。

在1957年独立后的十年里，马来西亚在贸易和工业方面基本延续了殖民时期的开放和市场导向政策。政府还试图通过农村发展以及社会基础设施和实体基础设施建设来缩小种族和区域经济差距。为了减少农村贫困，马来西亚政府在1956年成立了联邦土地开发局，以促进和实施橡胶和棕榈油小农户定居计划。在此期间，虽然一些进口竞争产业受到保护，但政府并未针对单个行业实施保护，且保护程度要低于许多其他发展中国家。虽然外商直接投资受到欢迎，但其对经济的影响有限。

1969年发生种族骚乱后，马来西亚政府于1971年开始采用"新经济政策"。"新经济政策"包含许多旨在促进原住民（主要是马来人）参与经济活动的要素。虽然整个20世纪70年代马来西亚出口产品仍以大宗商品为主，比如橡胶、木材、棕榈油和石油，但政府开始更积极地促进劳动密集型制造业产品出口，如纺织品、鞋类、服装和电子产品。这是因为马来西亚政府认识到，马来西亚国内市场规模小，进口替代政策存在局限性。面向出口导向型企业的激励措施包括税收优惠和低息信贷。马来西亚政府还建立了多个经济特区，以吸引外国投资者（来自日本或其他地方的投资者）来组装或加工用于出口的免税进口材料。到1980年，估计70%的制造业出口来自经济特区，且大部分来自外资企业。[1]20世纪70年代，马来西亚的人均GDP以每年5%~6%的速度增长，而60年代的年均增长率为3.5%。

20世纪80年代初，马来西亚政府开始利用资源出口的收益实施重工业化计划。其目的是通过公共投资、进口保护和对国内"先锋"企业的激励，发展钢铁、水泥、汽车和化工等产业。然而，这种尝试未能持久。从20世纪80年代中期开始，大宗商品价格下跌和财政失衡促使马来西亚政府放弃了政府主导工业化。在总理马哈蒂尔的领导下，马来西亚积极促进出口，实行贸易和外商直接投资自由化，并发展私营部门。政府鼓励私人投资参与各种制造业出口，此外还出让了许多国有企业。马来西亚的制造业出口在商品出口总额中所占比重从1975—1985年的20%增加到1985—1995年的54%。外商直接投资占国内资本形成总额的比重从1981—1985年的10.8%增加到1986—1991年的14.7%。[2]到20世纪90年代，马来西亚已成为世界重要的半导体芯片出口国。

菲律宾与其东南亚邻国一样，采取的发展政策也逐步从进口替代转向贸易自由化和出口促进。但是，菲律宾政策转向所花费的时间远远多于许多其东盟邻国。自1946年取得独立之后，菲律宾政府就开始推行工业化。1949年，为了应对国际收支危机，菲律宾开始实行进口和外汇管制。进口和外汇管制措施后来演变成为一项旨在构建国家工业基础的进口替代政策。政府确定了一些重点产业，但主要面向国内市场，而不是出口。然而，这项政策既没有促进制造业的发展，也没有促进经济的增长。20世纪60年代，

---

[1] World Bank. 1993. *The East Asian Miracle: Economic Growth and Public Policy*. New York: Oxford University Press. p. 135.

[2] Jomo, K. S., ed. 2001. *Southeast Asia's Industrialization: Industrial Policy, Capabilities, and Sustainability*. New York: Palgrave.

菲律宾的人均GDP年增长率仅为1.8%，而泰国和马来西亚的增长率分别为4.6%和3.5%。此外，这项政策还使菲律宾极易遭受外部冲击和发生国际收支危机。

1972—1981年，菲律宾总统费迪南德·马科斯（Ferdinand Marcos）以对付共产主义势力和穆斯林叛乱为由，对菲律宾实行军事管制。在此期间，经济增长有所提高，但主要是靠债务推动，尤其是外币借款。20世纪70年代初，菲律宾在经历国际收支危机之后实行出口鼓励，这在一定程度上支持了出口导向活动。但是，由于普遍采用定额制，出口鼓励对贸易的整体影响有限。[①]菲律宾比索被高估，大型政府项目堆积，双赤字（经常账户赤字和财政赤字）持续，导致菲律宾的债务迅速增长，经济压力沉重。1983年，反对党领袖、前参议员贝尼格诺·阿基诺（Benigno Aquino）被刺身亡，菲律宾陷入政治和经济危机。随后，危机逐步升级，马科斯政府于1986年在"人民力量"运动中被推翻。

1986年以来，为了恢复经济稳定、刺激经济增长和减少贫困，历届菲律宾政府实行了各种改革。但是，持续的政局不稳使经济增长变幻无常，这种情况一直持续到21世纪第一个十年。20世纪80年代中期，菲律宾经济出现萎缩。20世纪90年代，菲律宾的人均收入年平均增长率仅为0.55%，直到2004年才恢复到1982年的峰值。而在20世纪60年代初，菲律宾是亚洲发展中经济体中人均收入最高的经济体之一。与其邻国不同，菲律宾没能发展强劲的制造业，没能从制造业出口中获益，也没能吸引外商直接投资。随着政局恢复稳定以及历届政府实施更多的改革以改善财政状况和宏观经济管理，加强金融监管，实行贸易自由化，促进出口，吸引外商直接投资，处理基础设施瓶颈和解决治理问题，2000年后菲律宾的经济逐渐恢复稳定增长。

泰国是东南亚唯一一个没有受过殖民统治的国家。一直以来，泰国的经济相对开放，以市场为导向，经济增长主要由私营部门推动。但是，在20世纪60年代和70年代，泰国政府也采取了进口替代工业化战略。20世纪70年代，泰国加大了进口保护，尤其是对纺织品、药品和汽车装配的进口

---

① Hill, H. 2013. The Political Economy of Policy Reform: Insights from Southeast Asia. *Asian Development Review.* 30 (1). pp. 108–130.

保护。20世纪70年代的石油危机暴露了泰国经济的弱点，因此，从20世纪80年代开始，泰国工业化战略从进口替代转向出口导向。泰国政府减少了出口税，将泰铢贬值，并降低了关税。1960年，泰国投资促进委员会（BOI）成立，旨在吸引外商直接投资。该委员会被赋予了一项新的职责，即通过实施出口鼓励、推动贸易公司发展和建立出口加工区等措施来促进出口，尤其是劳动密集型制造业产品的出口。从20世纪80年代后半期起，泰国开始推行更广泛的进口自由化。

投资促进委员会的特殊优惠措施使泰国对外国投资者更具吸引力。20世纪60年代和70年代，大多数外商直接投资集中在面向受保护的国内市场的生产。随着政策转向促进出口，由外资企业生产的出口产品逐渐增加。1983年，泰国政府修订了企业外资所有权标准，允许外商在出口加工区拥有企业的多数所有权。这极大地促进了20世纪80年代和90年代初泰国外商直接投资和制造业出口（包括组装汽车出口）的繁荣。1980—1988年，泰国的外商直接投资流入增加了五倍多。20世纪90年代初，泰国半数以上的出口产品为制造业产品，包括电器、机械、运输部件、组装汽车，以及化工产品。这些出口产品大多由外国投资者（主要是日本投资者）或合资企业生产。

到20世纪80年代末和90年代初，东南亚主要经济体基本实现贸易自由化。进口增加和事实上的汇率挂钩导致巨额经常账户赤字，尤其是在泰国和印尼。同时，20年的强劲增长和市场化不断增强的商业环境使这些经济体深受外国投资者（包括短期投资组合投资者）的青睐。但菲律宾是一个例外，因为该国刚刚摆脱经济和政治危机，而且政局不稳余波未平。为了吸引更多的外商投资，这些国家加快了金融市场和资本账户自由化，这在一定程度上是受当时流行的政策理念的影响，包括国际货币基金组织等国际金融机构的政策理念的影响。资本流入激增，但由于金融法规薄弱、风险管理不善，大部分流入资金是以外币计价的短期银行贷款，而且这些资金很多都流向了非贸易部门（如房地产）的长期投资。这导致货币错配和期限错配。

随着脆弱性不断累积，投资者的投机和随之而来的恐慌触发了资本流动的突然逆转，导致整个地区事实上的固定汇率体系崩溃。1997年7月，货币危机爆发，最初从泰国开始，随后蔓延至马来西亚、菲律宾和印尼，后来又蔓延到韩国，并很快演变成国内银行业危机。"双重危机"使这些国家在1998年陷入了严重的经济衰退。泰国、印尼和韩国请求国际货币基金组织提供紧急援助以平衡国际收支，并向世界银行、亚行和双边合作伙伴大规模借贷（详见第10章）。

1997—1998年亚洲金融危机过后，受影响国家的经济迅速复苏。各国政府发起重大改革，以加强金融和银行监管，实施企业治理改革，改善宏观经济管理，同时进行企业和金融重组。中央银行被赋予更大的独立性。公共债务管理得以加强。汇率变得更加灵活。各国政府采取措施，更密切地监测资本流动。此外，还继续深化以市场为导向的结构改革。因此，这些国家平稳度过了2008—2009年全球金融危机。

文莱是东南亚两个高收入国家之一，于1984年脱离英国统治获得独立，并于同年加入东盟。凭借丰富的石油和天然气资源，文莱虽然经济规模小，但很富裕，生活水平很高，2018年人均GDP为31,628美元（按当时的美元价值计算）。数十年来，文莱一直是该地区主要的石油和天然气生产国和出口国。在可预见的将来，它将继续在石油行业扮演重要的角色。多年来，文莱政府的主要目标一直是摆脱对碳氢化合物生产的依赖，实现经济多样化，并鼓励私营部门投资和就业。如今，这仍然是文莱面临的一个关键挑战。

2.7.2 柬埔寨、老挝、缅甸和越南

由于多年的战争、冲突、政局不稳和经济管理不善，柬埔寨、老挝、缅甸和越南（简称柬老缅越）是亚洲发展中经济体经济迅速腾飞的后来者。自20世纪80年代中期以来，这四个国家相继开始从中央计划经济转向市场经济，从内向型发展战略转向外向型发展战略，但转型速度不尽相同。

越南是柬老缅越四国中最早开始市场导向型经济转型的国家。在1975年越南战争结束并实现统一之前，越南分为北越和南越——北越实行社会主义中央计划经济体制，南越实行市场经济体制。在统一后的头十年里，越南政府将中央计划经济体制扩展到整个国家。但在1986年12月，越南共产党第六次全国代表大会决定实行社会主义市场经济。

这种方向转变由三方面的因素引发：第一，统一后农业集体化的失败；第二，苏联援助（相当于越南当时GDP的10%）即将停止；第三，中国于1978年开始的改革成效明显，而越南历来以中国为标杆。

这场被称为"经济革新"（Doi Moi，越南语）的市场化改革是一场广泛而全面的改革。实行价格自由化。农民可以拥有土地，并在公开市场上出售粮食。政府先是赋予国有企业更多的决策权，后来又将许多国有企业私有化。政府允许建立和发展私人企业。此外，还通过用关税取代进口许可来开放贸易，通过降低营商成本和建立经济特区来吸引外商直接投资，并促进制造业出口。

越南于1995年加入东盟，1998年加入亚太经济合作组织（APEC），2007年加入世界贸易组织（WTO），2018年加入《全面与进步的跨太平洋伙伴关系协定》（CPTTP）。同时，越南于2001年签署《美越双边贸易协定》，该协定使美越关系正常化，也为越南进入美国市场提供了便利。此外，越南政府还大力投资基础设施和人力资本。

越南的市场化改革使该国从世界上最贫困的国家之一转型为中等收入经济体，同时也成为亚洲最具活力的新兴市场之一。越南已成为东南亚吸引外商直接投资的中心，许多跨国企业都在这里设立了合资企业。越南的制造业出口在GDP中所占比重从1997—1999年的16.2%上升至21世纪第二个十年的58.2%。2017年，越南成为东南亚最大的服装出口国和仅次于新加坡的第二大电子产品出口国。越南的经济改革仍在继续。该国《2016—2020年五年社会经济发展规划》强调，要继续努力改革国有企业、发展私营部门、改善投资环境，以及深化与全球经济的融合。

老挝在1975年内战（受越南战争影响）结束后实行中央计划经济，在农村实行农业集体化，在城镇实行工商业国有化。1986年，老挝通过推出"新经济机制"，开始进行市场化改革，实行市场激励，放弃农村集体化而推行家庭承包制，改革国有企业，发展私营部门，开放贸易和外商投资。

柬埔寨遭受多年武装冲突的影响，冲突情况最为悲惨，最终于1979年结束。随着时间的推移，柬埔寨获得越来越多的国际支持，并于1991年签署了《巴黎和平协定》。之后，柬埔寨也实施了市场化改革。柬埔寨于2004年加入世贸组织，于2005年加入《多种纤维协定》，现已成为主要服装出口国之一。

直到2011年，缅甸一直处于军政府统治之下。其后，缅甸推行全面改革，实行民主选举，努力推动民族和解，加强宏观经济政策（包括统一汇率），实施各种以市场为导向的结构改革；制定和实施商业法和外商直接投资法规，加强银行监管；此外，还加大在交通、能源和通信领域的投资。近年来，缅甸的经济增长率一直是亚洲国家中最高的国家之一，国内市场迅速扩大，外商直接投资不断增加。

双边和多边机构在资金和政策咨询方面给予的支持极大地促进了柬老缅越四国的经济转型。亚行不但为这些国家的许多基础设施项目提供融资，还为改革出谋划策。越南在捐助者的支持下偿清欠款后，20世纪90年代初恢复向亚行和世界银行借款。同样，缅甸在军事统治结束后，双边官方发展援助和多边开发银行的新贷款迅速重返缅甸（亚行在缅甸偿清欠款后，于2013年重新开始向其提供贷款）。1992年，亚行启动大湄公河次区域经济合作计划，如今该计划的成员包括柬老缅越四国，以及泰国和中国。这项计划旨在推动这些国家的经济转型，同时维护和加强它们之间的经济联系。

2.8　中国建设社会主义市场经济

2.8.1　1949年前发展民族工业的努力

中国1949年前发展现代工业的努力可以追溯到19世纪60年代。在1842年和1860年两次鸦片战争中战败后，清政府试图引进西方先进技术，建立国有近代工业。这场由洋务派官僚发起的改革被称为"洋务运动"。但是，由于慈禧太后和保守派官僚的反对，这场运动不如日本的现代化计划全面。清政府的着重点最初是发展国防工业，如钢铁、武器制造和造船，后来扩展到民用轻工业，如纺织、造纸和印刷、制药以及玻璃品制造。随着时间的推移，更多的企业由本土商人和企业家及海外华人建立起来。

然而，洋务运动未能阻止清朝的灭亡。1911年的辛亥革命催生了一个新共和国。在那段时间里，尽管政治动乱和内战频仍，国内工业仍持续发展。中国的早期工业化在第一次世界大战（简称一战）期间达到顶峰。当时，外国对中国商品的需求上升，而中国的进口下降，为中国民族工业的发展提供了良机。新成立的共和国政府通过实行专利制度和税收优惠等措施，为民族工业提供支持。

然而，从20世纪30年代初开始，中国的国内工业因几个重大事件而遭受重创：世界经济大萧条、抗日战争和解放战争。到1949年中华人民共和国成立时，经济摇摇欲坠，产业以自给农业为主，国内工业弱小，仅占国民收入的12.5%，[①]一些矿业和重工业分布在东北地区，而轻工业则分布在上海和天津等沿海城市。

2.8.2 战后中央计划经济的经验教训

中国领导人通过实行以生产资料公有制为基础的苏联式指令性经济，确立了通过社会主义工业化实现现代化的宏伟目标。国家把土地从富裕地主手中重新分配给贫困农民。国家计划委员会负责经济规划。根据第一个五年计划（1953—1957年），中国实施了近千个大型投资项目以发展重工业，其中许多项目得到苏联的技术和财政援助。社会主义改造把大多数工商企业收归国有，并将90%以上的手工业者和农户组织成集体所有制合作社。

1959—1961年，中国遭受了严重的经济困难。"大跃进"造成巨大的浪费和严重的经济混乱。人民公社化运动削弱了农民的生产积极性，再加上严重的自然灾害，导致农业产量大幅下降，造成大规模粮食短缺。与此同时，苏联撤销援助和西方国家的持续封锁切断了中国与世界的联系。为此，中国政府于1961年开始着手进行调整和恢复，给予农业和轻工业更大的优先发展权，并将决策权下放。在一些省份，地方政府试行了后来被称为"家庭承包责任制"的生产制度，鼓励农民提高农作物产量，但这项计划实施后不久即被叫停。这次的调整和恢复历时三年，直至1965年结束，紧随而来的是1966—1976年的"文化大革命"。

"文化大革命"时期，除了经济政策进一步"左"倾外，基本经济模式并未发生重大变化。这场运动席卷全国，整个经济受到严重影响。政府经济机构陷入瘫痪，经济规划和协调受到限制。工厂管理被技术或管理技能有限的革命委员会接管。市场的作用被摒弃，农村和城市地区的私人生产

[①] 国家统计局.全国各省、自治区、直辖市历史统计资料汇编.北京：中国统计出版社，1990.

均停止。中国经济基本上与世界市场和外国科技隔绝。

尽管如此，1949—1977年中国在经济和社会发展方面仍然取得了进步，工业得以发展，尤其是重工业。在20世纪上半叶，中国的经济年增长率仅为0.23%。人均收入1961—1970年每年增长2.7%，1971—1980年每年增长4.3%。然而，1978年以前的官方国民经济核算统计仅涵盖物质生产，而且是按行政价格计算的。人类发展指标也明显改善，如教育和健康发展指标。然而，在1978年以前，僵化的中央计划经济，私营部门、市场和竞争的缺乏，与世界的隔绝，以及频繁的政治动乱，造成中国经济效率低下，缺乏活力，消费品普遍短缺。

2.8.3　1978年后的市场化改革和对外开放

1976年"四人帮"倒台后，以主张改革的邓小平为首的新领导人启动了影响深远的市场化改革和对外开放。1978年12月召开的具有历史意义的中国共产党第十一届三中全会指出"实践是检验真理的唯一标准"，宣布中国将把意识形态放在一边，把工作重心放在经济发展上。1977—1978年，中国最高领导人先后十余次访问日本、美国和欧洲，目睹了发达国家的经济成就。他们认识到，经过数十年的隔绝和封闭，中国远远落后于世界发达国家，而唯一的出路就是改革。例如，邓小平在1978年10月访问日本时，对新干线和松下彩电生产线印象非常深刻。他说，中国"现在很需要跑"，才能赶上。①

尤其需要指出的是，中国1978年以来的改革一直是渐进的和务实的。用邓小平的话说，改革就像"摸着石头过河"。这与多年后苏联和东欧国家采取的"休克疗法"形成了鲜明对比。

中国的改革从农村地区开始，在农村实行家庭联产承包责任制，废除公社制度，重建农民生产激励机制。先是进行试点，然后在全国范围内推广。最初，这些措施并非最高领导层的政策选择，而是对几个省市（包括安徽、四川和天津）的地方政府和村领导的许多自发自主性举措的回应。同时，采购制度改革允许农产品以市场价格出售。这些农村改革取得了巨

---

① 1978年邓小平访问日本学到了什么？. 中国日报，2014-08-15. https://world.chinadaily.com.cn/dxpdc110znjn/2014-08/15/content_18323338.htm.

大成功，大大提高了农业生产率、粮食产量和农民收入，减少了农村贫困。

1984年，中国的改革重心开始转向城市经济、工业和国有企业。政府实行"双轨制"以尽量缓解冲击：国家计划内生产继续实行统制价格，而国家计划外生产可以以市场价格进行交易。价格双轨制使企业能够对供需变化做出反应，使私营企业得以发展，同时使计划体系得以继续运行。经过学者、政府官员和外国专家（包括诺贝尔奖得主）的广泛讨论，这种方法被认为适合中国国情，并被中国最高领导层采纳。其中，有两次专题研讨会发挥了重要作用，分别是1984年的莫干山会议和1985年的巴山轮会议。这种双轨制一直持续到20世纪90年代初，之后被逐渐淘汰，大多数价格管制也被解除，其部分原因是人们开始担忧不断增长的"寻租"行为及与之相关的腐败现象。到21世纪第一个十年的早期，中国90%的产品价格已经放开。[1]

企业改革最初只是赋予国有企业更多的自主权。企业引入合同责任制和绩效奖金制，以激励按固定工资和终身雇佣制雇用的企业管理人员和工人。与此同时，在地方政府的支持下，私营企业和农村乡镇企业也得到了发展。上海证券交易所于1990年成立并开业，而深圳证券交易所也于1991年开业。在中国高层官员对计划和市场的作用进行了多年的政治和意识形态辩论之后，1992年中国共产党第十四次全国代表大会宣布中国改革的最终目标是建立"社会主义市场经济体制"。1993年，中国修改《宪法》，删除了"计划经济"一词。

1992年邓小平到南方视察后，中国加快了改革的步伐。政府开始着手全面的宏观经济政策改革，包括财政制度、货币政策、银行业和外汇制度改革。新的企业改革战略着重于重组大型国有企业和放松对小型国有企业的控制。作为这项企业改革战略的一部分，中国开始对中小型国有企业实行私有化。到2010年，中国的国有企业数量下降到占全部企业的4%。2017年，国有企业创造了25%的工业增加值，拥有48%的工业固定资产，雇用了18%的工业劳动力（见表2.1）。保留的国有企业大多是在证券交易所上市

---

[1] Huang, Y. 2015. From Economic Miracle to Normal Development. In Zhuang, J., P. Vandenberg, and Y. Huang, eds. *Managing the Middle-Income Transition: Challenges Facing the People's Republic of China*. London: Asian Development Bank / Edward Elgar.

的大公司，其多数股权由政府持有。这些企业主要集中在资源、公用事业（电力和交通）、金融和电信等领域。国有企业改革仍然是中国面临的一个重大挑战。

表2.1　　　　1995—2017年中国国有企业在工业部门的占比　　　　单位：%

指标	1995年	2000年	2005年	2010年	2017年
增加值	53.8	54.3	37.6	31.3	25.3
就业	65.2	53.9	27.2	19.2	17.9
固定资产	73.7	72.6	56.1	49.3	47.5

注：1995年的就业占比为1996年的数据，1995年的固定资产占比为1998年的数据。
资料来源：CEIC数据有限公司，CEIC数据库，https://www.ceicdata.com/en（2019年6月3日访问）；国家统计局，《中国统计年鉴—2018》，http://www.stats.gov.cn/english/Statisticaldata/AnnualData/（2019年6月3日访问）。

中国1978年以来的对外开放政策主要涉及贸易、外商投资和知识交流。政府起初用关税、配额和许可制度取代对进出口的行政限制，之后逐步取消配额和许可制度，并逐渐降低关税。中国政府还建立了多个经济特区，并把几个沿海城市划为开放城市，以促进出口和吸引外商直接投资。为了改革外汇制度，政府先是放松了行政控制，从20世纪80年代中期开始实行双重汇率制，后于1994年取消了双重汇率制，转向有管理的浮动汇率制。政府还鼓励中国的科学家、学者和学生与外国同行进行学术和科技知识交流。1978年以来，数以万计的中国学生被送往国外上大学，其中大多数去往美国、日本、英国、澳大利亚和加拿大。2001年，中国加入世贸组织。

实行市场化改革和对外开放政策带来了经济的加速增长。中国的人均GDP年增长率在20世纪80年代上升到8.2%，在20世纪90年代至21世纪第一个十年达到9.2%，2011—2018年为6.9%。如今，中国是世界第二大经济体和最大的商品出口国。制造业出口和外商直接投资的快速增长使中国成为世界工厂。中国的增长越来越多地由自主创新驱动。快速增长减少了贫困，提高了生活水平。中国在刚开始进行改革时，超过80%的人口生活在极度贫困中（按每日1.90美元的国际贫困线衡量）。到2017年，这一比例已降至不到1%。

2.8.4　如何解释中国40年的快速发展

如何解释中国取得的成功？实行市场化改革和对外开放政策是关键，因为这项政策释放了全社会的创业精神和创造潜力，实现了更有效的资源配置，并让中国融入全球经济。此外，还有两个因素也发挥了关键作用：一是务实的改革方法；二是政府在促进发展方面的积极主动作用。

务实的改革方法涉及几个有助于逐步发展市场制度、尽量缓解冲击的制度创新。一个是责任制，最初用于农村改革，后来用于国有企业改革和中央与地方政府之间的财政关系改革。另一个是关于价格、国有企业和汇率改革的双轨制。一个更深层次的创新是对政策改革先试点再推广，从而增加成功的机会。

虽然中国经济越来越以市场为导向，但中国政府在支持发展方面比大多数其他亚洲国家都更为积极主动。地方政府在发展地方经济中发挥着重要作用。地方政府为境外投资者提供廉价土地和税收优惠政策，并帮助当地私营企业获取融资。此外，地方政府还利用通过土地货币化筹集来的资金，大力投资基础设施，从而促进城镇化和经济增长。近年来，中国政府加大了对创新和新兴产业的支持。

中国正在向高收入国家迈进。然而，随着农村剩余劳动力的消失和人口红利的终结，保持快速增长变得越来越困难。增长必须越来越多地依靠提高生产率来实现。中国要成为高收入国家，就必须持续和深化改革。

2013年11月，中国共产党第十八届三中全会通过《中共中央关于全面深化改革若干重大问题的决定》，明确了未来经济改革的目标。中国将继续发展社会主义市场经济体制。在这种经济体制中，公有制和非公有制并重，所有类型的企业（私营企业和公有制企业，国内企业和国外企业）都享有平等的市场准入机会，且"市场在资源配置中起决定性作用"。政府将进一步深化国有企业改革，将国有企业的所有权与经营权分离，并加强企业治理。同时，政府将继续促进、支持和引导非国有部门的发展，积极发展交叉持股的混合所有制经济。2017年10月召开的中国共产党第十九次全国代表大会重申了这些目标，同时强调了党的核心领导作用。

2.9 印度迈向以市场为导向的增长

在南亚，长达两个世纪的英国殖民统治在20世纪40年代末结束，新独立的国家（尼泊尔和不丹除外，这两个国家从未受过殖民统治）风雨飘摇。新政府的首要任务是通过工业化加速增长。自20世纪初以来，社会主义意识形态在南亚地区有着强大的影响力，往往与独立运动和不受外国影响的愿望密切相连。但是，南亚各国并未采取苏联社会主义模式，而是允许私营企业与公共部门共存，选择混合经济模式。然而，政府对经济的严格控制导致经济增长乏力、发展缓慢。20世纪80年代，南亚各国开始实行市场自由化，经济增长因此加速。本节将重点介绍印度的经济发展历程。

2.9.1 独立前的工业发展

在莫卧儿帝国时期（1526—1858年），印度的传统产业非常发达。据经济史学家估计，1750年印度产出约占全球产业总产出的25%，是全球主要的纺织品出口国。[1]然而，从大约1750年起，印度开始陷入长期衰落，原因包括：（1）随着莫卧儿帝国开始没落，国家政治不稳定，相互竞争的族群之间战争不断；（2）在19世纪第一个十年，印度从欧洲（尤其是英国）大量进口机器生产的廉价纺织品和其他制造业产品。

在英国的统治下（1764—1857年通过东印度公司进行统治，1858—1947年由英国政府直接统治），印度的近代工业发展缓慢。一个重要的原因是，英国的政策专注于利用印度的资源来满足英国的需求，而不是支持印度的本土产业发展，如实行比其他国家更低的关税以及打击印度的制造业用品供应商。

尽管如此，在少数商人和贸易商的带领下，印度的工业发展还是取得了一些成功。贾姆希德吉·塔塔（Jamsetji Tata，1839—1904）利用与日本、中国等东亚国家以及东南亚国家开展贸易所获得的资本，建立了现代化棉纺织工厂。后来，他又涉足钢铁生产，于1907年建立塔塔钢铁公司（TISCO）。许多其他印度商人和贸易商纷纷以他为榜样，利用从一战和战

---

[1] 25%包括整个印度次大陆。参见 Bairoch, P. 1982. International Industrialization Levels from 1750 to 1980. *Journal of European Economic History*. 11 (2). pp. 269–333.

后经济繁荣中获得的利润投资兴建工业企业。到20世纪40年代，印度的工业包括纺织、制糖、造纸、水泥、钢铁、造船，甚至还有一些汽车生产。因此，1946年印度的现代制造业在国民收入中所占的比重为8.7%，而1900年时仅为1.9%。

2.9.2 独立后的政府主导工业化

1947年独立后，印度利用政府主导工业化，加快经济增长，解决普遍存在的贫困问题，实现经济现代化。政府选择了一些关键行业作为政府垄断行业（如铁路），并针对钢铁、造船、矿物油、煤炭、飞机制造和电信等行业的新投资设立了专有权，不允许新的私人投资参与这些行业。虽然私营企业可以进入许多其他行业经营，但面临很多监管要求，如许可制（用以引导私营投资的行业、位置和数量）以及进口、外汇、信贷和价格管制。印度政府设立了一个规划机构来制定和实施五年计划。进口管制包括高关税、配额和许可证。这些措施被认为是发展多样化工业基础和确保有限的外汇被用于进口资本品所必需的。

尽管20世纪50年代至70年代印度经济处于政府的严密控制之下，并实行内向型进口替代工业化战略，但政府控制的强度随着时间推移而变化。[1] 相较于之后的政策，1951—1965年的政策更为宽松自由。在外汇短缺形势加剧之前，投资许可和进口管制并不太严格。也有人认为，外商直接投资制度在此期间相对开放，是因为贾瓦哈拉尔·尼赫鲁（Jawaharlal Nehru）总理看到了印度对外国资本和技术的需求。

但从1965年开始，政府控制进一步收紧，目的是为应对一系列冲击和由此产生的经济问题。这些冲击和问题包括两年严重干旱、与邻国的三次战争、基本失败的1966年货币贬值，以及执政的国大党在一些邦的地方选举中失利。英迪拉·甘地（Indira Gandhi）于1966年就任总理后，将经济政策进一步推向政府控制，并更加注重收入再分配。相关措施包括：实行更严格的进口许可；对银行、石油企业和煤矿实行国有化；对外国企业和外汇使用实行限制；在"保留"给小企业的行业，限制大企业投资；限制员工人数300人以上的企业裁员（1976年的300人标准到1983年收紧至100人）。

---

[1] Panagariya, A. 2008. *India: The Emerging Giant*. Oxford: Oxford University Press.

印度的政府主导进口替代工业化战略效果喜忧参半。20世纪60年代和70年代，印度经济平均年增长率分别为4%和3.1%。虽然这比20世纪上半叶不足1%的年增长率要好得多，但按人均计算，20世纪60年代的年增长率仅为1.8%，70年代为0.6%，远低于东亚和东南亚经济体的水平。

2.9.3 市场化改革

20世纪60年代和70年代，印度经济表现疲弱，促使一些官员开始主张放松政府控制。之后，在20世纪70年代后半期和80年代，印度历届政府都尝试实行经济自由化，且一届比一届开放。在工业方面，改革主要涉及调整现行的工业许可制度，减少受限制的行业数量。在贸易方面，修改进口许可，减少被禁止或限制进口项目的数量。20世纪80年代，印度政府出台了一些出口激励措施。然而，尽管实行了这些改革，但以许可和控制为主要手段的基本经济管理框架一直保持到1991年。这一年，印度遭遇了国际收支危机。

在整个20世纪80年代，印度一直存在经常账户赤字。在80年代后半期，尤其是在1991年危机爆发之前三年，印度的经常账户赤字急剧增长。这在一定程度上是由于自由化导致私人投资和商品进口持续增长引起的。与此同时，中央政府支出迅速增加，导致财政赤字大量累积，1985—1990年财政赤字的平均水平接近GDP的10%。1990—1991年，印度外债迅速增加，外汇储备下降至仅够支撑一个月的进口。于是，印度于1991年1月与国际货币基金组织达成应急贷款协议，获得大量财政援助。

然而，情况继续恶化。1990年海湾战争导致石油价格上涨和来自中东地区的外劳汇款减少，使印度国际收支进一步恶化。1991年5月，印度总理拉吉夫·甘地（Rajiv Gandhi）遇刺身亡。1991年年中，印度的信用评级被下调，这限制了印度在世界金融市场的融资能力。1991年7月，印度政府不得不请求国际货币基金组织和世界银行提供进一步的紧急援助。

国际货币基金组织的应急贷款和世界银行的结构调整贷款附有政策条件。亚行的金融行业政策性贷款和双边援助也随后而来。许多拟议的政策改革与当时印度决策者之间逐渐达成的共识相一致。最重要的是，印度总理纳拉辛哈·拉奥（P. V. Narasimha Rao）和财政部部长曼莫汉·辛格

(Manmohan Singh，后来当选印度总理）领导实施的1991年改革计划与旧的许可控制框架截然不同。印度取消了按照限制进口商品清单实施的产业许可（见表2.2），终止了公共部门在许多行业的垄断，出台了自动批准所有权在51%以下的外商直接投资的政策，大量减少了进口许可。后来，印度还降低了非农产品的关税。

表2.2　1980—1997年印度取消许可和实行贸易自由化情况简表　单位：%

项目	1980年	1985年	1990年	1997年
取消许可的三位数产业累计占比	无	36.6	39.3	91.1
取消许可产业的不变价产出累计占比	无	47.7	56.9	92.6
取消许可产业的就业累计占比	无	43.1	47.8	88.1
关税率	119.2	142.3	132.5	47.6

注：该数据集涵盖印度16个邦的64个注册的三位数产业。

资料来源：Aghion, P., R. Burgess, S. Redding, and F. Zilibotti. 2008. The Unequal Effects of Liberalization: Evidence from Dismantling the License Raj in India. *American Economic Review*. 94 (4). Table 1, p. 1400.

自1991年以来，印度实施了更广泛的改革，涵盖税收、金融、电信、电力和交通等。例如，通过引入新的私营银行和外资银行、放松利率管制以及允许几乎所有公共部门银行上市，加强金融领域的竞争。财政赤字货币化在20世纪90年代末结束。《2003年财政责任和预算管理法案》（FRBM）加强了财政纪律。近年来，最重要的改革之一是，2017年总理纳伦德拉·莫迪（Narendra Modi）领导推出了商品和服务税，用以取代碎片化的邦税。印度还简化了商业法规，包括有关开办企业、获得施工许可证和电力连接的法规。2016年，印度通过了《破产法》（Insolvency Bankruptcy Code），把倒闭和破产方面的法律法规进行了统一。

这些系统性的改革显著改善了印度的经济表现。印度的人均GDP年增长率从20世纪60年代到80年代的2%左右上升到1991—2017年的4.7%。1991—2017年，印度的贸易年增长率（包括商品和服务的进出口）超过11%，而在20世纪60年代到80年代该指标为5%~6%。20世纪90年代至21世纪第二个十年，印度的外商直接投资年均流入增长了14倍。经济的加速增长也加快了减贫进程。按每日1.90美元的国际贫困线衡量，印度的极端贫困率从1990年的47.4%下降到2015年的13.4%。印度仍然需要与全球经济进行更深的融合，进一步开展劳动和土地市场、国家铁路及银行体系改革，以维持高增长。

2.10 其他南亚国家推行的改革

2.10.1 巴基斯坦

在1947年脱离英属印度而独立后的头30年里，巴基斯坦奉行政府主导的进口替代工业化政策。20世纪50年代和60年代，巴基斯坦政府通过进口许可、出口补贴和多种汇率等措施扶持特定行业（主要是糖、黄麻和化工品行业），这些干预措施被认为相对宽松，该国的私营部门也蓬勃发展。

20世纪60年代，在制造业生产扩大、绿色革命推动农业发展，以及与冷战有关的地缘政治因素带来的外国援助和投资流入的推动下，经济增长加速。然而，经济的增长伴随着不平等的加剧，尤其是东巴基斯坦与西巴基斯坦之间的不平等，最终酿成巴基斯坦内战，继而引发与印度的战争，并导致东巴基斯坦在1971年分离而成为独立的孟加拉国。随后，巴基斯坦通过接管大型制造企业和建立许多国有企业来推行社会主义国有化。

20世纪70年代末，经济和政治的不稳定导致20年来的第二次军事接管。新政府废除了20世纪70年代初制定的很多社会主义政策，并将前任政府接管的许多产业私有化。私人投资的增加、外国援助的涌入以及来自中东地区的外劳汇款的增加，共同促成巴基斯坦经济的稳定增长。巴基斯坦在20世纪80年代末恢复了民主选举。然而，贸易和财政双赤字导致国际收支危机，促使巴基斯坦与国际货币基金组织签订结构调整贷款协议。这项协议包含关于实行银行和国有企业私有化、实行有管理的浮动汇率，以及实行贸易和投资自由化的政策条件。

事实证明，实施这些结构改革并非易事。20世纪90年代，巴基斯坦继续遭受公共债务上升和国际收支困难频仍的困扰。1999年，巴基斯坦再次发生军事接管。2001—2006年，巴基斯坦经历了一段高速增长时期，这在一定程度上是得益于与反恐战争相关的大量外国援助。但是，2007—2008

年的油价冲击使巴基斯坦遭受重创。为了稳定经济，巴基斯坦不得不在之后的十年里与国际货币基金组织签订多项贷款协议。2010年后，巴基斯坦的经济增长步伐逐渐加快，这在一定程度上是由于外商直接投资的增加，尤其是与中国的经济合作不断加强。然而，在为遏制居高不下、不可持续的双赤字而收紧财政和货币政策后，经济增长从2018年年中开始大幅放缓。

在过去半个世纪里，由于受频繁政治动荡、地缘政治因素和国际收支危机的影响，巴基斯坦的经济增长一直不稳定。如今，随着民主选举制度的确立，总理伊姆兰·汗（Imran Khan）领导的新政府在国际货币基金组织2019年的一项贷款计划的帮助下，以及亚行、世界银行和一些双边合作伙伴的资金援助下，正在推行广泛的结构改革。这些改革包括巩固财政状况、加强国有企业治理和改善投资环境。希望这些改革能够解决巴基斯坦长期存在的国际收支问题，促进巴基斯坦经济持续稳定增长。

2.10.2 孟加拉国

孟加拉国在1971年独立时是世界上最贫困、最不发达的国家之一。它在发展初期实行政府主导发展战略。政府将银行、船运公司和主要工业（包括纺织、黄麻和制糖）收归国有。1975—1990年，孟加拉国处于军政府统治之下。在此期间，政府将一些被收归国有的工业企业归还给原来的企业主，并鼓励私营部门发展和出口导向型增长。20世纪80年代初，外国援助开始涌入孟加拉国，国际捐助者鼓励政府将国有企业私有化和实行经济自由化。

从20世纪80年代开始，政府采取了一系列市场化改革，使私营部门在采购、分配和进口农业用品方面发挥更大的作用，同时减少了补贴。此外，政府取消了城市和农村地区的粮食配给和补贴，转而采用有针对性的实物援助，如"以工代赈"计划。[①] 成功的人口控制计划有效地减缓了人口增长。公共投资和绿色革命帮助提高了农业生产率，使孟加拉国实现了粮食自给。

孟加拉国的工业一直以成衣服装为主，2018年成衣服装业的就业人数

---

① Ahmed, R., S. Haggblade, and T. Chowdhury, eds. 2000. *Out of the Shadow of Famine: Evolving Food Markets and Food Policy in Bangladesh*. Baltimore: Johns Hopkins University Press.

占全国总就业人数的6%，出口占出口总额的84%。成衣服装业的成功主要归功于市场力量的推动。1979年，与韩国一家企业合办的合资企业促成和促进了孟加拉国成衣服装业的发展，该国大多数早期企业家都是从这家合资企业学习技能和获取技术（详见第5章）。政府通过建立保税仓库和允许出口商以出口订单作为抵押进行借款，帮助成衣服装业发展。

非政府组织帮助促进经济发展是孟加拉国的一个特有现象。孟加拉国的非政府组织是在1971年独立后不久出现的，是民间组织为了在这个饱受战火和灾难蹂躏的国家帮助受影响民众及解决社会问题应运而生的。随着外国援助的增加，非政府组织的数量也不断增加，成为执行国际捐助者支援的许多社会发展项目的主要渠道。非政府组织提供小额信贷、医疗保健、卫生设施和教育等服务。它们还与政府合作提供其他服务，如社会安全网计划、农业推广、社会林业、灾害管理和技能培训。[1] 小额信贷在农业和农村转型中发挥了关键作用。[2]

近年来，由于国内需求强劲、成衣出口稳健、基础设施改善、农业增长迅猛以及外劳汇款流入飙升，孟加拉国已成为亚洲（乃至全球）增长最快的国家之一。为了在中长期保持这一发展势头，孟加拉国总理谢赫·哈西娜（Sheikh Hasina）领导的现任政府把重心放在以下方面：通过创建更广的税基和更有效的税收管理来调动国内资源；提升教育，包括科学、技术、工程和数学（STEM）教育以及女童入学；推动产业基础多样化（包括仿制药）；改善营商环境。

2.10.3 斯里兰卡

斯里兰卡在1948年独立后的头30年里也推行进口替代和政府主导工业化等内向型政策。政府将基础产业和战略性产业国有化，并采用进口许可和高关税来控制进口。[3] 在农业方面，政府通过《1972年土地改革法》把

---

[1] World Bank. 2006. *Economics and Governance of Nongovernmental Organizations in Bangladesh*. Washington, DC.

[2] Sawada, Y., M. Mahmud, and N. Kitano, eds. 2018. *Economic and Social Development of Bangladesh: Miracle and Challenges*. London: Palgrave.

[3] Athukorala, P., et al., eds. 2017. *The Sri Lankan Economy: Charting a New Course*. Manila: Asian Development Bank.

大多数种植园收归国有，包括茶叶和橡胶种植园。这些政策的实施，加上1971年的石油危机，导致斯里兰卡经济增长下滑和宏观经济情况恶化。

1977年的政府更迭为20世纪80年代的广泛自由化和市场化改革铺平了道路。政府大力推行贸易自由化；为鼓励外商直接投资，实施税收优惠和建立出口加工区；取消大多数价格控制和多重汇率。然而，从20世纪80年代初期开始的种族冲突使贸易自由化的预期收益搁浅，阻碍了外商投资，损害了旅游业。

尽管内战带来了重重影响，但斯里兰卡政府在20世纪90年代仍继续实行"第二波"自由化改革。相关改革包括将电信行业的国有企业私有化，以及根据一个百年租赁协议，将大型种植园重新交由私人管理。政府还简化关税结构，降低进口关税，并于2001年实施浮动汇率。

斯里兰卡度过了1997—1998年亚洲金融危机，但在之后的十年里遭受了一系列自然灾害和外部冲击，包括长期干旱、恐怖主义、2004年亚洲海啸和2008—2009年全球金融危机。这迫使政府一再寻求国际货币基金组织的援助。始于1983年7月的漫长内战终于在2009年5月结束。斯里兰卡开始了战后重建和民族和解进程，尤其是在北部省份。2010—2012年，得益于和平红利和持续的市场化改革，斯里兰卡的经济增长加快。但由于国际收支困难，2015—2019年斯里兰卡的增长放缓。

相比于其他南亚国家，斯里兰卡过去几十年社会发展指标较好，如识字率高、婴儿死亡率低。但是，由于国内冲突、政局不稳定和经济政策频繁变动，难以维持高增长。为发挥增长潜力，如农业综合经营和旅游业的潜力，斯里兰卡需要继续努力，有效管理外债，维护宏观经济稳定，实行结构改革。此外，还应吸引更多的外商直接投资，与区域和全球贸易体系进行更深的融合。

2.10.4 阿富汗、尼泊尔、不丹和马尔代夫

自20世纪70年代末以来，阿富汗一直饱受摧残，先是外来侵略，然后是内战，现在又是持续的冲突和安全威胁。这导致许多民众死亡，很多基础设施遭到破坏，贸易和投资中断，资本大量损耗，GDP大幅缩水。2001年，在塔利班统治垮台以及《波恩协定》签署之后，阿富汗成立临时政府，

开启了重建和改革进程。

作为连接中亚和南亚的地理枢纽,阿富汗具有得天独厚的优势,在农业综合经营和特定制成品方面颇具潜力。2001年以来,阿富汗利用国际社会的支持,重建政治体系、制度、基础设施和经济,各项经济和社会发展指标均有所改善。然而,安全威胁和武装冲突仍然是阿富汗经济发展和外国投资面临的主要挑战。阿富汗的发展需求依然很大,持续的国际援助对于帮助该国实现持续的包容性增长至关重要。2002年以来,亚行共向阿富汗提供了56亿美元的援助,用以支持该国的交通、能源、农业、自然资源和农村发展。

尼泊尔从未受过殖民统治,1951年的革命结束了精英阶层拉纳家族的统治,恢复由国王直接统治,内阁则由当时最大的政党尼泊尔大会党领导。此后,尼泊尔的国内冲突一直持续到21世纪第一个十年的中期。尼泊尔先后经历了君主专制、君主立宪制和联邦共和制。在1956—1961年第一个五年计划及以后的计划中,尼泊尔一直实行进口替代政策,着重通过价格管制和公营公司实行工业化。1964年的土地改革使许多无地者拥有了土地所有权。

尼泊尔在水力发电、各种农产品(产自不同海拔的可耕地)和旅游(基于文物古迹和喜马拉雅山)等方面的潜力很大。尼泊尔在2008年成功从君主立宪国家转变为联邦共和国,2015年颁布了新宪法,2017年根据新宪法成功举行了三级政府选举。这为尼泊尔以市场化改革、国际社会大力投资和区域合作等为基础的未来发展铺平了道路。

不丹也从未受过殖民统治。在20世纪60年代之前,不丹几乎完全与外界隔绝。当时,不丹没有可供机动车通行的道路,经济依赖自给农业,人均预期寿命和人均收入处于世界最低水平。不丹的第一个五年计划始于1961年,在印度的支持下开展了多个大规模的发展项目。近年来,不丹的规划重心由基础设施转向水电和服务。水电建设和发电推动了不丹的经济增长。

20世纪60年代以来,不丹实施了广泛的经济转型和改革,政策更加开放,并取得了巨大的发展成果。不丹将"国民幸福总值"确立为政府的首要目标,并写入2008年宪法。在21世纪第二个十年,不丹政府采取了多项改革措施,以改善投资环境,发展高潜力行业,重新注重小型家庭手工业,并促进公私合作。

马尔代夫于1965年脱离英国统治获得独立，并于1968年成为共和国。当时，该国是亚洲最贫困的国家之一。之后，马尔代夫在其分散的岛屿上开发了许多度假胜地，成为主要的旅游目的地。2018年，马尔代夫的旅游业占GDP的四分之一以上。公共部门——包括国有企业——在经济中占主导地位，其就业人数占总就业人数的40%。

马尔代夫目前面临的挑战包括全球变暖的影响及其分散的地形。该国有1,000多个岛屿，其中187个有人居住。该国80%的领土海拔不到1米。马尔代夫政府正在采取措施加强环境保护，促进旅游业可持续发展，推动经济多样化。

2.11 中亚各国和蒙古国的经济转型

随着1991年苏联解体而获得独立后，中亚五国（哈萨克斯坦、吉尔吉斯斯坦、塔吉克斯坦、土库曼斯坦和乌兹别克斯坦）和南高加索三国（亚美尼亚、阿塞拜疆和格鲁吉亚）——统称中亚次区域——开始向市场经济转型。当时，中东欧国家和俄罗斯联邦采取"大爆炸"式的快速自由化和大规模私有化，而大多数中亚国家则采用了一种渐进的改革方式，尽管各国的具体方法差异很大。事实证明，这种转型非常复杂，往往伴随着多重经济危机、改革逆转和不稳定性。虽然转型很不完备，但也取得了重大进展，特别是在价格和贸易自由化、小型国有企业私有化、私营部门发展和宏观经济稳定等方面。

独立造成的冲击席卷了这些经济体，导致这些在中央计划经济下紧密融合的苏联加盟共和国之间的供求网络崩溃。这些经济体遭受重创的部分原因是，它们在苏联经济体系中的主要经济角色是向工业化程度更高的地区提供原材料，大多数缺乏独立的工业基础。独立后，其生产急剧减速，人均GDP连续数年以两位数的速度下降（见表2.3）。

而自然资源丰富的国家的情况较好，如哈萨克斯坦（石油）、阿塞拜疆（石油和天然气）和土库曼斯坦（天然气）。但即便如此，它们仍然无法避免经济的急剧衰退。与生产崩溃相伴而来的是，由于产出下降、消费品普遍短缺、财政赤字巨大以及多家中央银行快速加大货币供应量（在转型早期，中亚各国继续使用俄罗斯卢布作为货币），通货膨胀率急剧上升，达到三至四位数的水平。

面对这些挑战，宏观经济稳定成为中亚各国改革的关键内容。为了抑制通货膨胀，中亚各国纷纷开始使用本国货币：阿塞拜疆于1992年8月，吉尔吉斯斯坦于1993年5月，亚美尼亚、哈萨克斯坦、土库曼斯坦和乌兹别克斯坦于1993年11月，塔吉克斯坦于1995年5月，格鲁吉亚于1995年10月开始使用。渐渐地，这些国家的中央银行获得了更多的独立性。中亚各国政府还通过税收改革（包括实施增值税以及个人和企业所得税）以及减少政府开支（特别是减少给国有企业的直接补贴），努力减少财政赤字。这些稳定措施与其他结构改革一起有效抑制了通货膨胀：中亚大多数国家的通货膨胀率在20世纪90年代末降至两位数，在21世纪第一个十年的早期降至一位数。各国的财政状况也有所改善，石油进口国赤字减少，石油出口国由赤字转为盈余。

表2.3　1991—2018年中亚国家和蒙古国人均GDP年均增长率　　单位：%

地区	1991—1995年	1996—2000年	2001—2005年	2006—2010年	2011—2015年	2016—2018年
中亚	(11.4)	3.1	8.4	6.7	3.6	1.8
亚美尼亚	(8.2)	6.1	12.9	5.1	4.1	4.0
阿塞拜疆	(16.8)	6.1	12.4	15.2	0.8	(1.6)
格鲁吉亚	(19.9)	8.8	8.3	6.0	5.2	4.1
哈萨克斯坦	(8.7)	3.8	10.0	4.7	3.2	1.7
吉尔吉斯斯坦	(13.2)	4.1	2.8	3.4	3.1	2.2
塔吉克斯坦	(18.7)	(1.0)	7.8	4.4	4.5	4.7
土库曼斯坦	(10.9)	3.4	4.1	8.9	8.6	4.5
乌兹别克斯坦	(6.0)	2.2	4.1	6.6	5.9	3.4
蒙古国	(3.5)	1.9	5.4	5.0	8.2	2.6

注：括号中为负值。

资料来源：亚洲开发银行关键指标数据库，https://kidb.adb.org/kidb（2019年9月16日访问）；世界银行，《世界发展指标》，https://databank.worldbank.org/reports.aspx?source=world-development-indicators（2019年8月2日访问）；亚洲开发银行的估算。

尽管受到1998年俄罗斯金融危机的影响，中亚各国的GDP在20世纪90年代后半期恢复增长。21世纪第一个十年的早期，整个中亚次区域的人均GDP增长强劲，平均年增长率为8.8%，而这主要得益于强劲的大宗商品出口、快速的信贷扩张和大量的外劳汇款流入。由于大宗商品繁荣，资源丰富国家的增长尤其迅速。但是，这些国家和依赖外劳汇款的经济体（特别是吉尔吉斯斯坦和塔吉克斯坦）都受到了2008—2009年全球金融危机和2014年油价下跌的冲击。

中央管理价格是苏联经济体系的一个关键特征，它导致严重的资源配置不当和商品普遍短缺。虽然价格自由化最初触发了通货膨胀，但随着市场对价格信号做出反应，价格自由化随后促进了经济稳定。1992年，吉尔吉斯斯坦成为第一个全面实行价格自由化和废除政府生产指令的中亚国家。其他中亚国家则采取了渐进式的方法。例如，哈萨克斯坦在1994年放开了大部分价格，受内战影响的塔吉克斯坦也于1996年实行价格自由化。到1998年，除土库曼斯坦和乌兹别克斯坦外，所有中亚国家都在价格自由化方面取得了良好进展。

伴随价格自由化而来的是贸易自由化。吉尔吉斯斯坦再次成为"领跑者"，于1995年实行经常账户完全可兑换政策。1998年，吉尔吉斯斯坦成为第一个加入世贸组织的中亚国家。随着贸易改革的推进，越来越多的中亚国家加入世贸组织——格鲁吉亚、亚美尼亚、塔吉克斯坦和哈萨克斯坦分别于2000年、2003年、2013年和2015年加入。乌兹别克斯坦最近重新启动了加入世贸组织的程序。通过欧亚经济联盟（亚美尼亚、白俄罗斯、哈萨克斯坦、吉尔吉斯斯坦和俄罗斯联邦）和中亚区域经济合作计划（拥有11个成员国，自2001年正式成立以来一直得到亚行的支持）等框架，中亚地区的区域合作也取得了进展，尤其是在贸易和互联互通领域。

国有企业私有化是向市场经济转型的又一个关键步骤，但事实证明这一步复杂而困难。中亚国家再次采用了渐进式的方法，它们采用的私有化方法比中东欧国家和俄罗斯联邦采用的方法更为渐进。大多数中亚国家的小型企业私有化进展迅速，大型国有企业的私有化差异较大。亚美尼亚、阿塞拜疆、格鲁吉亚、吉尔吉斯斯坦和塔吉克斯坦采用凭证计划（voucher schemes），而土库曼斯坦和乌兹别克斯坦则选择管理人员和员工收购股权的方法。国有企业仍然是经济的重要组成部分，同时私营部门迅速扩大。据估计，2010年大多数中亚国家私营部门对GDP的贡献率为45%~75%。

蒙古国因与苏联联系密切，也受到了苏联解体的严重影响。在苏联时期，蒙古国的经济和生活水平依靠苏联的大量援助维持，包括能源、粮食供应、原材料、资本设备和市场准入。苏联解体后，这一切几乎在一夜之间消失殆尽。加上蒙古国在快速自由化和大规模私有化上采取"大爆炸"式的转型方法，该国在20世纪90年代前半期陷入了严重的经济衰退。

蒙古国资源丰富，铜、煤炭和黄金储量很大。该国从1995年开始恢复了相对稳定的经济增长，并于1997年加入世贸组织。虽然2000—2001年的债务危机使蒙古国受到短暂影响，但其人均GDP到2003年恢复至转型前的水平。受全球金融危机的影响，蒙古国在2009年出现了急剧而短暂的增长放缓，但在2010—2014年经历了一段快速增长时期，成为当时全球增长最快的经济体之一，其原因主要是受矿业繁荣的推动。一直以来，蒙古国都容易受到大宗商品价格波动带来的外部冲击的影响。

中亚国家和蒙古国都是内陆国，属于资源依赖型经济体，需要推动产业多元化以保持增长，因而可以在互联互通和人力资源方面深化区域合作和加大投资。它们将受益于持续的改革，如把大型国有企业私有化，加强金融机构建设，引入竞争政策，推行企业和政府机构治理改革。[①]

2.12 太平洋岛国抓住发展机遇

太平洋岛国共同面临一系列特有的挑战和机遇。太平洋岛国大多数是小国（巴布亚新几内亚是其中人口最多的国家，有800万人），[②]自然资源少（除巴布亚新几内亚和东帝汶拥有丰富的天然气储量外），经济基础有限，远离主要市场，容易受到外部冲击，高度依赖外部援助。缺乏足够的人力资本和机构能力制约了太平洋岛国的发展。此外，它们还面临气候方面的挑战，如海平面不断上升和极端天气事件日益频繁。

---

① 欧洲复兴开发银行在其年度《转型报告》中对中东欧所有前社会主义国家、俄罗斯联邦以及中亚各国的转型进展情况进行了评估。
② 本章中，太平洋岛国是指亚行的15个太平洋地区成员体，即库克群岛、密克罗尼西亚联邦、斐济、基里巴斯、马绍尔群岛、瑙鲁、纽埃、帕劳、巴布亚新几内亚、萨摩亚、所罗门群岛、东帝汶、汤加、图瓦卢和瓦努阿图。

与其他次区域相比，太平洋地区的经济增长更为缓慢和不稳定。太平洋岛国都曾遭受过殖民统治，从20世纪70年代开始逐渐获得独立。与其他许多新独立的经济体一样，太平洋岛国的政府在经济中发挥着重要作用。国有企业主导核心基础设施服务，如教育、医疗保健和其他基本社会服务，以及交通、电力、电信、供水和卫生设施等。由于受地理位置影响，营利性商业企业机会少，因此国有企业也常常提供本应由私营部门经营的服务和产品，如酒店、航运和制造。

太平洋岛国政府一直努力推行经济改革，朝着更加依赖市场和私营部门的方向发展，同时加强机构能力，以便从全球化、科技进步（如数字技术）和亚洲快速经济增长中抓住发展机遇。

一个引人注目的领域是国有企业改革。国有企业绩效不佳一直是制约经济增长的因素之一。斐济在20世纪90年代早期开始国有企业改革。近年来，更多的国家通过部分私有化和公私合作，以及通过加强法律、监管和治理框架，进行国有企业改革。例如，斐济将港口码头有限公司（Ports Terminal Limited）51%的股份私有化，并于2013年签订了一个针对苏瓦港和劳托卡港的管理合同；基里巴斯于2012年通过了《国有企业法》，并于2013年将一家经营了30余年的五金制品公司——基里巴斯供给有限公司（Kiribati Supply Company Limited）——私有化；萨摩亚于2010年将萨摩亚电信公司（SamoaTel）私有化，并于2015年采取了一项有关国有企业剥离和所有权的政策。这些改革改善了国有企业的绩效。[①]

在亚行和世界银行等发展伙伴的支持下，太平洋岛国正致力于推行广泛的公共部门治理改革，以及加强机构能力。太平洋岛国的公共部门（包括国有企业）平均占GDP的三分之一以上。太平洋岛国最近的改革旨在加强以下工作：预算管理、会计框架、内部审计和财务报告、债务管理、能力建设和培训。

另一项结构改革是贸易自由化。贸易自由化可以追溯到20世纪80年代末。[②] 近年来，太平洋岛国主要通过区域协议和多边协议来推行贸易自由化。

[①] ADB. 2016. *Finding Balance 2016: Benchmarking the Performance of State-Owned Enterprises in Island Countries*. Manila.

[②] Narayan, P., and B. C. Prasad. 2006. Trade Liberalization and Economic Growth: Empirical Evidence for Fiji from the Computable General Equilibrium Model. *Discussion Paper Series*. No. 07/06, Vol. 1. Queensland: Faculty of Business and Economics, Griffith University.

2001年8月，太平洋岛国签订了《太平洋更紧密经济关系协定》（PACER），在太平洋岛国论坛16个成员国（包括澳大利亚和新西兰）之间就贸易自由化进程达成了一个框架协议。2001年，太平洋岛国还签订了《太平洋岛国贸易协定》（PICTA），这是太平洋岛国论坛14个成员国（不包括澳大利亚和新西兰）之间就商品贸易达成的一个自由贸易协定，已于2003年生效。根据该协定，成员国必须在10年内逐步降低岛国之间贸易商品的关税，并取消非关税壁垒。最近，针对《太平洋更紧密经济关系协定补充协议》（PACER Plus）的谈判已经结束，这是一个以区域发展为中心，涵盖商品、服务和投资的贸易协议。

在多边层面，有六个太平洋岛国是世贸组织成员，即斐济、巴布亚新几内亚、萨摩亚、所罗门群岛、汤加和瓦努阿图。

太平洋岛国可以通过保护文化传统和环境来促进旅游业可持续发展。在亚行和其他机构的支持下，太平洋岛国的通信和互联网接入不断扩大，使其与全球市场的联系更加紧密。对该次区域来说，结构改革、体制和人员能力建设、气候适应、灾害风险管理和普惠金融等方面的国际支持仍然很重要。

2.13 展望未来

亚洲50年的发展表明，持续的增长、减贫和经济赶超需要高效的市场、有效的政府和强有力的制度。市场化改革、开放的贸易和投资制度、有效的政府支持以及强大的国家能力，共同将亚洲发展中经济体变成世界上最具活力的地区之一。

展望未来，亚洲发展中经济体应继续在以下领域不懈努力：

第一，让市场更好、更高效地运作。各国政府应根据自己的国情，继续推进劳动力市场、金融部门以及贸易和投资体制等方面的结构改革，减少和消除市场僵化、扭曲和壁垒。此外，大多数国家都要进一步加强竞争政策、知识产权保护、合同执行和企业治理。

第二，随着国家不断发展和私营部门不断成熟，政府对经济增长的支持应逐步转向能够对经济产生巨大溢出效应且不限制竞争的措施，如支持创新和研发、投资高等教育以及为私营企业创造有利环境。继续推进国有企业改革是另一个重点,要让国有企业与私营企业在平等的基础上竞争,并适时将其私有化。

第三,政府应继续提高提供优质公共产品、解决市场失灵和应对新挑战的能力。必须建设和维护良好的实体基础设施,充分投资教育和健康,应对环境恶化、气候变化、城市化和人口老龄化等挑战。此外,还应有效维护宏观经济稳定。

第四,政府应更多地关注收入再分配、社会公平,以及通过累进税和公共转移支付实现机会均等。优质的公共教育和医疗服务也有助于促进包容性。尽管亚洲的极端贫困已大幅减少,但许多国家的收入不平等在加剧,有些国家的情况还十分严重。如果增长利益不能得到平等分享,许多人落在后面,那么人们参与国家发展的动力就会减弱,社会不稳定就会加剧,并可能会破坏增长及其可持续性。

第五,各国应继续推进公共部门治理改革。维护法治、提高监管质量和加大反腐力度大有裨益。随着公民收入增加和不断获取先进技术,他们要求在国家事务上拥有更大的发言权,因此,扩大参与和加强问责越来越重要。

第 3 章

经济结构的转型

3.1 引言

在过去50年里,亚洲的经济结构转型一直是推动该地区收入增长以及资本和劳动力跨界流动的主要因素。这种转型超越了资源从农业向制造业和服务业转移的跨行业资源转移。结构转型涉及生产深化和多样化,将流程与全球价值链相联系,以及资源从农村向城市转移。这个过程提高了整体经济的劳动生产率,因为在这一过程中资源转向生产率更高的行业,而更多的投资和更高的效率提升了众多行业的生产率。历史上,成功步入高收入行列的国家大都遵循类似的经济发展模式,但亚洲的转型尤为迅速。结构转型还促进了城镇化,而城镇化反过来又推动着产业结构不断变化。

本章将从整体情况和各国之间差异的角度研究过去半个世纪里亚洲发展中经济体的结构转型过程。第3.2节探讨该地区农业、工业和服务业之间经济结构的变化,以及这些变化对生产率增长的贡献。第3.3节至第3.5节逐一研究上述三大行业内经济活动多元化和升级的进展,以及其对生产率增长的贡献。其中,第3.5节讨论服务业日益增长的重要性和多样性。第3.6节回顾亚洲的城镇化进程及其在提高生活水平和生活质量方面的重要性。第3.7节基于亚洲发展中经济体各自的具体发展阶段,探讨其政策制定者如今所面临的挑战。

3.2 亚洲结构转型概述

从以往的经济学文献来看，长期以来，发展被认为是促进经济体生产结构转变，以及积累推动这种转变所需要的人力和物力的过程。[①]随着新的经济活动的出现，旧的经济活动被取代，加之资源从生产率较低的企业和活动被重新分配到生产率较高的企业和活动，便产生了发展和增长。在结构转型过程中，资源在农业、工业[②]和服务业这三大行业之间及其内部进行再分配。这个过程涉及升级技术、提高劳动力技能，以及资源从农村向城市转移。

从长期来看，发展最显著的特征是农业比重长期下降，工业与服务业比重相应增加，无论是以产出还是就业来衡量。[③]随着经济从工业化阶段向"去工业化"阶段转变，工业比重上升到一定程度后开始下降，同时服务业比重持续上升。

在过去半个世纪，亚洲发展中经济体的结构转型模式与当今高收入国家相似，但速度要快得多（见图3.1、表3.1，以及附表5和附表6）。1970—2018年，亚洲发展中经济体变得更加富裕，农业产出占GDP和就业的比例随之下降。工业的结构变化模式清晰，特别是其就业占比。在大多数亚洲国家，工业占GDP和就业的比重均有所增加，但在包括新兴工业经济体在内的高收入经济体中，这两个比重却开始下降（去工业化），呈倒U形关系。1970年，就产出和就业而言，服务业已成为大多数国家最大的行业，随着收入的增加而稳步上升，尽管其构成随着时间的推移发生了巨大变化。

在中国和印度，农业在GDP中所占比重大幅下降。具体来说，中国的农业占GDP的比重从20世纪70年代的31.9%下降至2018年的7.2%，印度则从39.6%下降到16.0%。在中国香港和新加坡，农业产出（包括渔业）和农业就业所占的比重一直维持在较低的水平。在整个亚洲发展中经济体，农

---

① 有关文献综述，参见Asian Development Bank (ADB). 2013. *Key Indicators for Asia and the Pacific 2013: Asia's Economic Transformation: Where to, How, and How Fast?* Manila.

② 联合国《全部经济活动国际标准行业分类（第四版）》将工业部门的经济活动归类为：(1) 采矿与采石；(2) 制造；(3) 电力、燃气、蒸汽、空调供应；(4) 供水、排水、废物管理与整治活动；(5) 建设。

③ ADB. 2013. *Key Indicators for Asia and the Pacific 2013: Asia's Economic Transformation: Where to, How, and How Fast?* Manila.

业劳动生产率增速放缓,表现为:农业占GDP的比重从20世纪70年代的31.9%下降至2018年的8.5%,占就业的比重从71.0%下降至仅33.5%。

图3.1a 农业产出占比

图3.1b 农业就业占比

图3.1c 工业产出占比

图3.1d 工业就业占比

图3.1e 服务业产出占比

图3.1f 服务业就业占比

■ 亚洲发展中经济体　　○ 世界其他地区

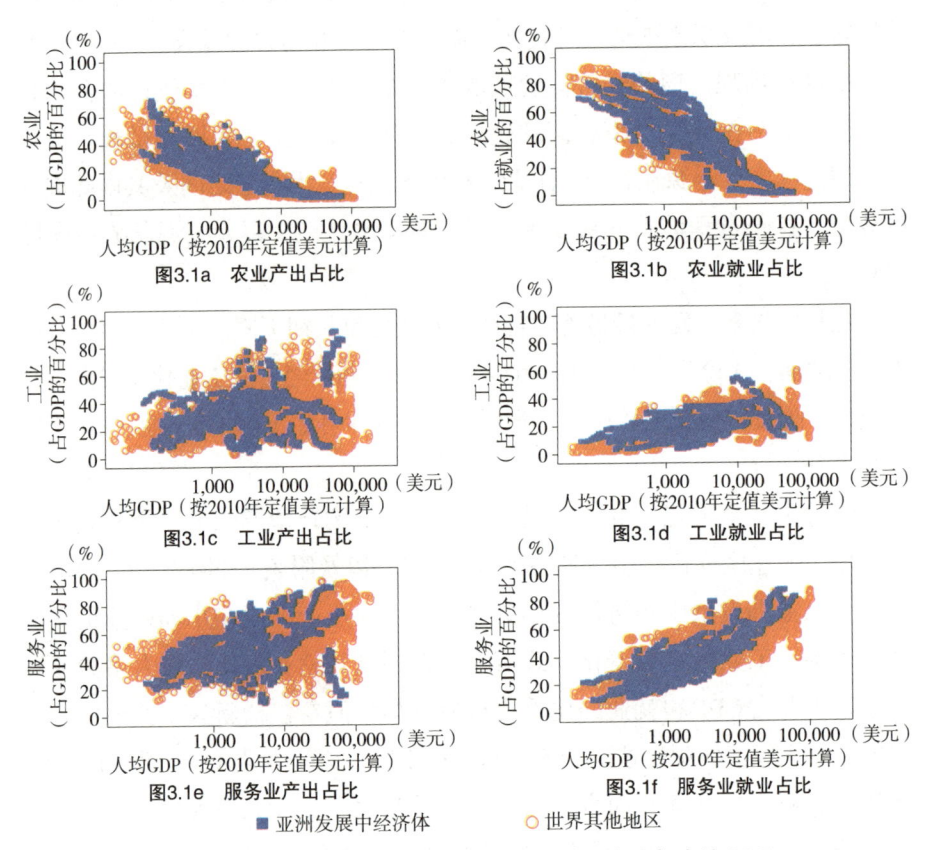

图3.1　1970—2018年行业产出占比和就业占比与人均GDP

注:每个经济体的数据年份因数据的可获取性而异,1970年为最早年份,2018年为最晚年份。行业占比被重新调整,以使总数为100。

资料来源:产出占比源自世界银行,《世界发展指标》,https://data.worldbank.org/indicator(2019年8月2日访问);联合国统计司数据库,https://unstats.un.org(2019年8月28日访问);各有关国家的资料;亚洲开发银行的估算。就业占比源自国际劳工组织统计数据库,https://www.ilo.org/ilostat(2019年8月28日访问);经合组织就业和劳动力市场统计,https://www.oecd-ilibrary.org/employment/data/oecd-employment-and-labour-market-statistics_lfs-data-en(2019年8月28日访问);Timmer, M. P., G.J. de Vries, and K. de Vries. 2015. Patterns of Structural Change in Developing Countries. In Weiss, J., and M. Tribe, eds. *Routledge Handbook of Industry and Development*. Abingdon: Routledge. pp. 65–83(for the Groningen Growth and Development Center 10-Sector Database)(2019年8月28日访问);亚洲开发银行的估算。

表3.1　　　　　　　　　1970—2018年行业产出占比和就业占比
表3.1a　　　　　　　　　　　　行业产出占比

总增加值占GDP的百分比，单位：%

地区	农业 1970—1979年	农业 1990—1999年	农业 2018年	工业 1970—1979年	工业 1990—1999年	工业 2018年	服务业 1970—1979年	服务业 1990—1999年	服务业 2018年
亚洲发展中经济体	31.9	14.9	8.5	33.8	36.5	37.5	34.3	48.6	54.0
中亚	—	23.3	10.3	—	32.7	39.9	—	43.9	49.8
东亚	28.0	11.2	6.3	41.3	39.1	39.5	30.7	49.7	54.1
中国	31.9	20.1	7.2	44.2	45.0	40.7	23.9	34.9	52.2
南亚	40.5	27.8	16.5	24.0	28.5	28.7	35.5	43.6	54.8
印度	39.6	28.1	16.0	25.6	30.0	29.8	34.8	41.9	54.2
东南亚	27.1	12.6	10.4	31.2	36.9	36.4	41.8	50.4	53.2
太平洋地区	30.2	26.8	16.6	26.2	29.5	31.2	43.6	43.7	52.3
亚洲发达经济体	5.3	2.0	1.7	41.8	35.0	27.2	52.9	62.9	71.2
澳大利亚	6.6	3.4	2.7	37.4	28.4	24.7	56.0	68.2	72.6
日本	4.9	1.9	1.1	42.8	35.7	28.1	52.3	62.5	70.8
拉丁美洲和加勒比地区	12.3	7.2	5.3	36.9	32.5	27.9	50.7	60.3	66.8
中东和北非	10.1	9.0	4.2	52.1	40.7	42.4	37.8	50.4	53.4
撒哈拉以南非洲	21.3	17.9	18.2	29.8	30.4	27.8	48.9	51.7	54.0
经合组织成员国	4.5	2.3	1.5	34.7	30.2	23.7	60.8	67.5	74.8
世界	8.1	4.2	4.1	35.4	31.3	28.5	56.5	64.5	67.4

注：行业占比被重新调整，以使增加值的比例总和为100。土库曼斯坦、图瓦卢和瓦努阿图的最新数据为2015年的数据，密克罗尼西亚联邦、新西兰、巴布亚新几内亚和汤加的最新数据为2016年的数据。澳大利亚、日本、印度尼西亚和中国香港的数据来自2017年。— 表示数据未获取。

资料来源：世界银行，《世界发展指标》，https://data.worldbank.org/indicator（2019年8月2日访问）；联合国统计司数据库，https://unstats.un.org（2019年8月28日访问）；各有关经济体的资料；亚洲开发银行的估算。

表3.1b 行业就业占比

占总就业的百分比，单位：%

地区	农业 1970—1979年	农业 1990—1999年	农业 2018年	工业 1970—1979年	工业 1990—1999年	工业 2018年	服务业 1970—1979年	服务业 1990—1999年	服务业 2018年
亚洲发展中经济体	71.0	54.7	33.5	14.1	20.1	25.5	14.9	25.2	41.0
中亚	—	40.2	29.8	—	20.0	23.9	—	39.8	46.3
东亚	74.5	52.2	25.6	14.4	24.0	28.5	11.2	23.8	45.9
中国	76.4	54.1	26.8	13.7	23.6	28.6	9.9	22.2	44.6
南亚	67.4	60.9	43.6	14.4	15.6	23.8	18.1	23.6	32.6
印度	68.6	61.8	43.9	14.0	15.7	24.7	17.4	22.5	31.5
东南亚	61.1	52.0	32.1	12.2	16.1	22.1	26.7	31.9	45.8
太平洋地区	—	66.4	61.7	—	6.3	6.9	—	27.3	31.4
亚洲发达经济体	12.8	5.9	3.4	35.9	32.3	23.6	51.3	61.8	73.0
澳大利亚	7.2	5.2	2.6	34.6	23.0	19.4	58.2	71.8	78.1
日本	13.4	5.9	3.4	36.1	33.7	24.5	50.5	60.4	72.1
拉丁美洲和加勒比地区	32.6	22.0	13.9	24.4	22.3	21.0	43.0	55.6	65.0
中东和北非	50.6	27.7	16.9	18.7	24.6	26.7	30.8	47.7	56.3
撒哈拉以南非洲	61.9	61.3	53.5	13.2	10.1	11.4	24.9	28.5	35.2
经合组织成员国	11.4	8.3	4.6	35.9	28.6	22.7	52.7	63.1	72.7
世界	51.1	42.0	28.2	21.0	21.7	23.0	28.0	36.3	48.8

注：— 表示数据未获取。

资料来源：国际劳工组织统计数据库，https://www.ilo.org/ilostat（2019年8月28日访问）；经合组织就业和劳动力市场统计数据，https://www.oecd-ilibrary.org/employment/data/oecd-employment-and-labour-market-statistics_lfs-data-en（2019年8月28日访问）；Timmer, M. P., G.J. de Vries, and K. de Vries. 2015. Patterns of Structural Change in Developing Countries. In Weiss, J., and M. Tribe, eds. *Routledge Handbook of Industry and Development*. Abingdon: Routledge. pp. 65–83（for the Groningen Growth and Development Center 10–Sector Database）（2019年8月28日访问）；亚洲开发银行的估算。

尽管中国和印度在1970—2018年工业占GDP的比重分别保持不变和略有上升，但在孟加拉国和泰国等国家，这一比重明显提高。在阿塞拜疆、蒙古国、巴布亚新几内亚等依赖采矿的经济体中，工业占GDP的比重往往较高。

亚洲发展中经济体工业占就业的比重从20世纪70年代的14.1%上升至2018年的25.5%，与中东和北非的水平（26.7%）相当，但高于其他地区，如撒哈拉以南非洲地区（11.4%）、经合组织成员国（22.7%）。2018年，亚洲发展中经济体工业占GDP的比重为37.5%，低于中东和北非（42.4%）。在自然资源丰富的国家，尽管工业占GDP的比重很高，但其占就业的比重却保持较低水平，这是因为采矿业是资本密集型行业。

服务业一直是生产和就业的重要贡献者。在20世纪70年代，大多数国家的服务业占GDP的比重已跃升至较高水平，服务业比重的上升与农业比重的下降同步。服务业在GDP和就业中不断增强的作用在所有次区域和国家收入组都很明显。例如，在通过出口导向型工业化而快速增长的韩国，工业的主导地位让位于服务业。类似的模式正在中国发生：该国利用制造业推动快速增长，工业的主导地位正在让位于服务业。服务业的相对重要性也在印度和菲律宾等国家不断增加。因此，服务业的结构变化模式比工业更清晰、更一致。

3.3 农业的重要贡献

亚洲发展中经济体的结构转型始于农业生产率的增长（详见第4章）。50年前，粮食问题是第一要务。当时，亚洲大部分地区的农业主要以水稻、小麦等粮食作物自给自足为主，农民在自有或租赁的小块土地上进行劳动，使用传统方法耕作，受变化无常的天气的影响。对于当时正在经历社会主义改革的国家，如中国、中亚各国和越南，农业则建立在国家或集体制度之上，导致农业生产率低下，农业生产不稳定，难以满足人们日益增长的粮食需求。许多国家不得不依靠进口或粮食援助来填补这一缺口。因此，该地区将改造传统农业和提高粮食生产力作为重中之重。

20世纪60年代末以来，绿色革命引发了对传统农业的重大变革。这项由技术引导的变革涉及开发和推广一系列高产的现代作物品种（主要是水稻和小麦），并改进生产方法。

绿色革命不仅仅是一种技术应对方法，它还包括政策和制度变革以及增加投资。1972年，亚洲国家平均将15%的公共支出用于农业。随着用于绿色革命的投资增加，到1985年，实际农业支出翻了一番。[①] 关键投资包括修复灌溉系统、完善从农田到市场的道路设施，以及建立农业研究和服务推广网络。

此外，政府通过建立农村信用体系，对肥料、电力和供水等关键投入进行补贴，以及提供价格支持等措施对市场进行直接干预，以确保农民通过采用这些新技术而获利，尤其是在小型农场。虽然许多国家在绿色革命前就开始了土地改革，但改革的实施千差万别，效果喜忧参半。在实施进展顺利的国家，土地保有权改革矫正了剥削性租赁条款，土地重新分配方案则帮助改善了土地所有权结构。

这些变革带来了农业生产率的显著增长。扩大灌溉和种植产量较高、生长较快的农作物使每公顷产量实现强劲增长。1970—1995年，亚洲的谷物产量增加了一倍多，从每年3.13亿吨增加到6.5亿吨。尽管在此期间人口增长了60%，但人均可获得的热量仍然增加了近30%。粮食产量增加后，粮食价格开始下降。例如，2000年水稻的实际价格约为1970年价格的三分之一。[②]

随着收入的增长和对外贸易的进一步开放，亚洲的饮食需求发生了变化，使生产更加多样化并转向价值更高的农作物和畜牧，促进了土地生产率和劳动生产率的提高（见图3.2）。土地生产率的提高主要来自更加集约化的土地利用，包括现代品种、现代投入和每年从单种到复种的转变。此外，种植高价值农作物也有助于提高土地生产率。例如，1970—2015年，越南的土地生产率从每公顷600美元增加到1,600美元，劳动生产率从每个劳动者不足400美元增加到1,000美元以上，均翻了至少一番。菲律宾、印度尼西亚和其他东南亚国家的情况与之类似。印度和巴基斯坦等南亚国家也通过采用现代农业技术提高了土地生产率，但仍处于相对较低的水平。

[①] Rosegrant, M., and P. B. R. Hazell. 2000. *Transforming the Rural Asian Economy: The Unfinished Revolution*. New York: Oxford University Press.

[②] Otsuka, K. 2012. Economic Transformation of Agriculture in Asia: Past Performance and Future Prospects. *Asian Journal of Agriculture and Development*. 9 (1). pp. 1–19.

随着绿色革命技术的潜在收益被耗尽，水稻和小麦的土地生产率也接近技术极限。与此同时，经济转型促使农业劳动力工资进一步上涨，农民开始用机器替代劳动力。例如，日本的农业土地生产率在过去30年一直保持不变，而劳动生产率却提高了20%以上（见图3.2）。马来西亚的情况与之类似。

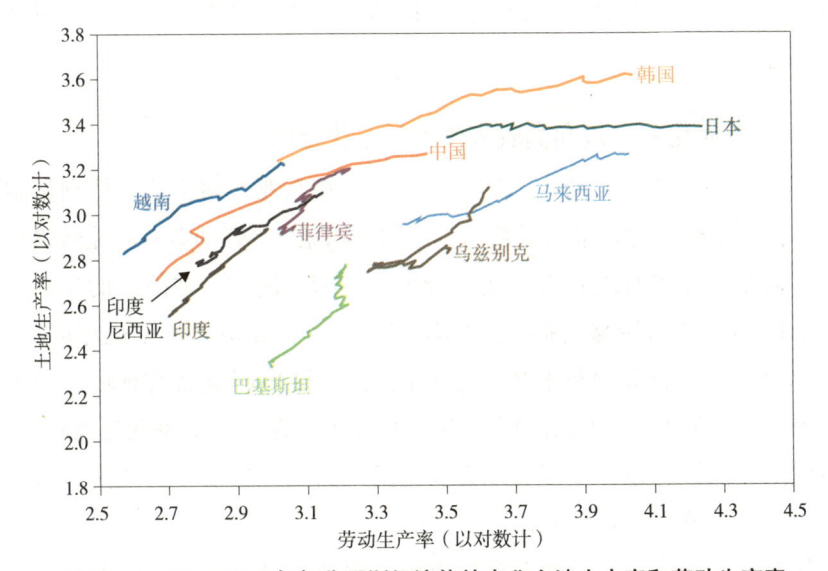

图3.2　1980—2015年部分亚洲经济体的农业土地生产率和劳动生产率

注：价值以2004—2006年定值国际美元计算，采用以10为底的对数。

资料来源：United States Department of Agriculture Economic Research Service. 2019. *International Agricultural Productivity*. https://www.ers.usda.gov/data-products/international-agricultural-productivity.

农业增长有助于其他行业的发展。在发展的早期阶段，农业的剩余劳动力可以转移到工业部门，而不减少农业产出，直到富余劳动力被完全吸收（称为"刘易斯拐点"）。[1] 这有助于在工业化初期使工业工资维持在稳定水平。此外，粮食盈余的增加有助于防止城市劳动者生活成本上升。较低的食品价格使城市家庭能够将更多资金投入教育和健康领域，有助于增加富有生产力的劳动力的长期供应。

---

[1] Lewis, W. A. 1954. Economic Development with Unlimited Supplies of Labor. *The Manchester School*. 22 (2). pp. 139–191; 以及 Ranis, G., and J. C. H. Fei. 1961. A Theory of Economic Development. *American Economic Review*. 51 (4). pp. 533–565.

农业发展还通过增加对农业用品（化肥、杀虫剂和拖拉机）的需求，以及增加供应制造业的农业原材料（如用于纺织的棉花和用于生产方便面的小麦）来支持工业。农村人口生活水平的提高刺激了国内对非农产品和服务的需求，为在发展的早期阶段培育非农业企业增长提供了一个新兴的和不断扩大的市场。最后，农村储蓄也被用来作为城市和工业发展的融资渠道。总体而言，保持农业和农村经济的持续活力是整个经济结构转型不可缺少的一部分。

3.4 工业化——迈向高收入国家的必由之路

工业化是实现高人均收入的必由之路。在东亚，向工业（特别是制造业）的快速结构转型是推动成功的一个关键因素。[1]劳动者从农业转移到制造业，而制造业本身随着多样化和升级而转型。例如，在战后的日本，不同行业间的劳动力转移提振了整体经济生产率，经济增长率也相应提高，但大部分增长来自非农行业生产率的提高。[2]许多制成品具有较高的需求收入弹性，即随着收入的增加会产生强劲需求，在生产中表现为规模经济。就业向工业的转移也激励了劳动者获得适应新工作所需要的技能，这反过来又为未来的增长奠定了基础。

随着贸易开放扩大，面向出口市场的制造业可以带来生产资料进口融资所需的外汇。通过吸引外商直接投资，新技术被引入并与全球价值链建立起联系，开放水平进一步提升，并促进了制造业生产率的增长。20世纪90年代跨境生产网络的兴起进一步强化了工业的作用，特别是在东亚和东南亚（详见第9章）。

3.4.1 为什么制造业是经济增长的引擎

亚洲经济增长如此迅速的一个重要原因是，决策者意识到制造业在以下方面发挥着重要作用：（1）推动经济多元化与升级；（2）赚取足够的外

---

[1] 参见Felipe, J. 2018. Asia's Industrial Transformation: The Role of Manufacturing and Global Value Chains (Parts 1 and 2). *ADB Economics Working Paper Series*. Nos. 549 and 550. Manila: ADB.

[2] Aoki, S., et al. 2011. The Role of the Government in Facilitating TFP Growth during Japan's Rapid-Growth Era. In Otsuka, K., and K. Kalirajan, eds. *Community, Market, and State in Development*. London: Palgrave Macmillan.

汇以满足进口需求；(3)最终提高人们的生活水平。

制造业对经济增长很重要，主要是出于以下原因。向制造业的结构性转变刺激了更多的资本积累。在农业领域，耕地限制往往导致规模收益递减，相比之下，制造业则表现出规模经济。科技进步产生溢出效应，惠及其他企业，并降低了生产中的创新成本，从而带来了资本和劳动力增加一倍而产出超出一倍的情况。大部分科技进步都发生在制造业。特别是，资本品（如机械和设备）和耐用消费品（如汽车）的制造，在技术、流程和组织创新方面一直是资本主义的"学习中心"。

从历史上看，中国制造业在总产出中所占的比重始终居于高位，目前仍占30%左右（见图3.3）。自20世纪90年代中期起，随着国有企业重组力度的加大，中国制造业失去了数以百万计的就业机会，但私营部门制造业却创造了新的就业机会，尤其是劳动密集型轻工业。因此，制造业就业占比从20世纪80年代的约15%上升到2018年的约22%。多个亚洲经济体（特别是马来西亚、韩国、新加坡和中国台湾）也经历了制造业的重要转型，把制造业产出和就业转移到技术密集型和规模密集型子行业（详见第5章）。相比之下，自20世纪70年代以来，印度制造业的占比变化不大，产出占比（16%）和就业占比（11%）相对稳定。

制造业与其他生产行业的联系尤为紧密，具有正溢出效应。关联效应针对的是行业间的采购与销售，而溢出效应针对的则是行业间的知识流动。无论是在制造业内部，还是在制造业与服务业和农业之间，都存在着很强的关联和溢出效应。例如，制造企业是高生产率的服务活动的主要客户。

3.4.2 制造业与开放之间的相互作用

制造业生产实体产品和非易腐产品，比农业和服务业具有更高的贸易性。采用以制造业为基础的发展战略的国家越来越多地参与到国际贸易之中，特别是出口。虽然运输条件的改善（例如，集装箱化、冷藏、港口效率以及其他保障货物及时运输的要素）扩大了农产品国际贸易的范围，信息与通信技术的进步又为部分服务业开辟了进行国际贸易的可能性，但这一事实仍未改变。

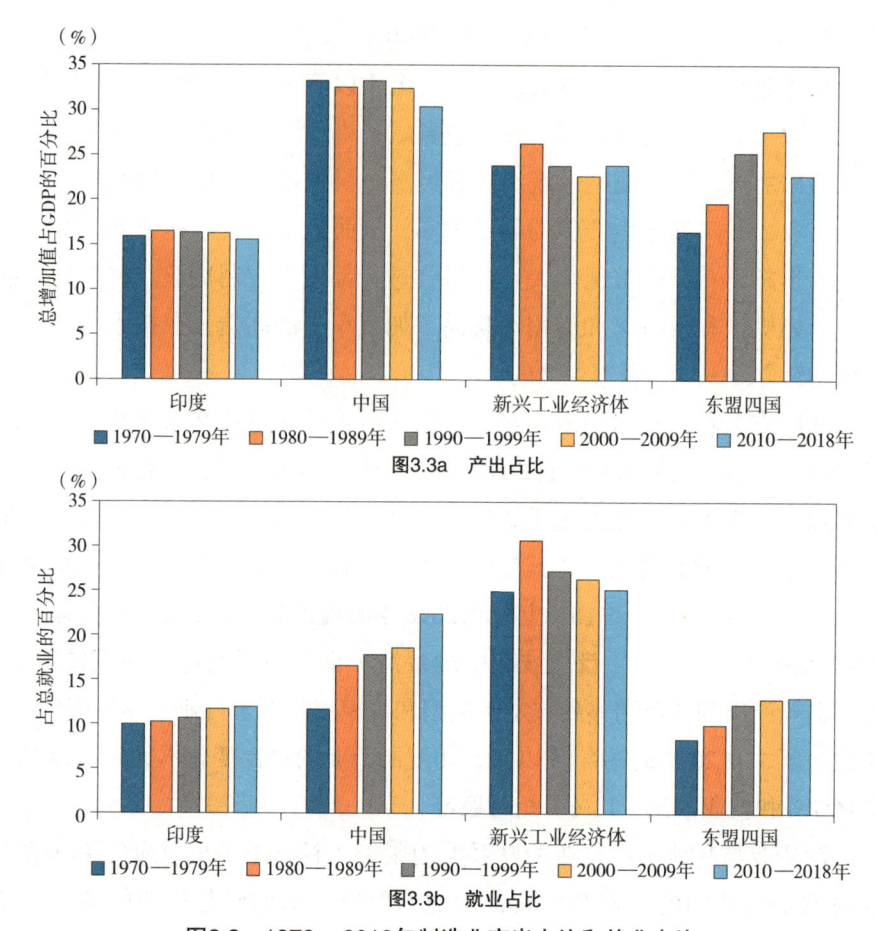

图3.3 1970—2018年制造业产出占比和就业占比

注：东盟四国指印度尼西亚、马来西亚、菲律宾和泰国。新兴工业经济体包括韩国、新加坡、中国香港和中国台湾。

资料来源：产出占比源自世界银行，《世界发展指标》，https://data.worldbank.org/indicator（2019年8月2日访问）；联合国统计司数据库，https://unstats.un.org（2019年8月28日访问）；各有关国家的资料；亚洲开发银行的估算。就业占比源自国际劳工组织统计数据库，https://www.ilo.org/ilostat（2019年8月28日访问）；Timmer, M. P., G.J. de Vries, and K. de Vries. 2015. Patterns of Structural Change in Developing Countries. In Weiss, J., and M. Tribe, eds. *Routledge Handbook of Industry and Development*. Abingdon: Routledge. pp. 65–83（for the Groningen Growth and Development Center 10-Sector Database）（2019年8月28日访问）；亚洲开发银行的估算。

如果一个国家不能产生足够的外汇用以进口必要的资本品，进而推动未来的增长，那么该国的增长就会受到国际收支限制。问题的核心在于各国进口和出口的商品存在收入弹性差异。农产品往往具有较低的需求收入弹性，因此消费者在这些商品上的支出增长慢于收入增长（被称为恩格尔定律）。相比之下，大多数工业产品主要由发达经济体生产，具有较高的收入弹性，对这些商品需求的增长甚至快于收入增长。如果一个发展中国家的制造业发展不够强劲，那么该国最终将出现商品贸易赤字。此为"中心—外围"理论模型的一个论断（详见第2章）。

自20世纪60年代以来，亚洲的工业化一直与其开放的日益扩大息息相关，这一点至关重要。出口和工业产出的快速增长放松了国际收支约束，使成功的亚洲经济体得以维持更高的GDP增长率。出口和工业产出的快速扩张也提高了生产率，为实现未来更高的增长奠定了基础。相比之下，一直奉行进口替代发展战略的国家则无法产生这种良性循环，因此经济增长不够快，如过去许多拉美和南亚的经济体（详见第9章）。

虽然市场力量和开放是发展制造业的关键条件，但有证据表明，一些积极的产业政策也有助于推动工业化和产业升级。实际上，世界上那些实现了工业化并在发展阶梯上更上一层楼的国家无一不是在政府参与与市场力量之间取得了适当的平衡（详见第2章）。

一般来说，出口能提高企业效率，因为进入更大的世界市场使企业受益于规模经济，并迫使它们提高竞争力和加速技术发展。由于企业会迎合贸易伙伴的不同需求，并发展生产商与用户之间的关系，因此出口与提高技术学习速度相关。电子产品的外国购买商向东亚生产商提供有关产品设计、质量、生产过程以及生产资料采购和投入的信息和建议。当有些国家采取针对性产业政策时，这些国家的政府将制造企业在国际市场上的竞争状况作为测试和衡量企业的一种指标，并检验它们为建设生产基地而做出的努力是否成功。

对于成功实现经济转型的亚洲经济体来说，其经济转型包括向收入弹性高的商品转移，即当消费者更加富有时，对其需求增加的商品。这种类型的商品会在非价格因素上竞争，比如品牌、质量、可靠性、交付速度以及分销网络的范围和效率，而非价格因素在高收入消费者的选择方面发挥着更大的作用。近期关于复杂性（涵盖国家层面的多样性和产品层面的复杂性）的研究显示，在过去数十年中，许多亚洲国家的出口结构发生了显著变化，从简单的鞋类和基本纺织品等产品转向精密机械和高端品牌耐用消费品（详见第5章）。①

3.4.3 去工业化与服务主导型发展的范围

在工业化早期阶段，农业在产出和就业中的比重下降，制造业和服务业的比重则相应上升。然而，随着工业化进程的推进，制造业劳动生产率的提高减少了对工人的需求，因此，制造业的就业占比开始下降。其结果是，工业的就业占比在达到峰值后开始回落，这一结构转型阶段被称为"去工业化"。

新兴工业经济体（中国台湾除外）已经开始去工业化。这一点在中国香港尤为明显，中国香港的工业就业占比50年来下降了近40个百分点。去工业化是新兴工业经济体向服务主导型经济体转型过程中经济发展的自然结果。这一过程与经合组织国家经历的过程类似。②

与从农业到工业再到服务业的历史模式不同，一些国家正在从农业直接转型到服务业。在印度和菲律宾，充满活力的服务行业为推动经济快速增长作出了很大贡献，其中以信息与通信技术发展带来的业务流程外包为代表。各国能否绕过工业化，实现直接从农业主导型增长到服务业主导型增长的跨越式发展，仍是一个有争议的问题。纵观现代从中等收入行列迈向高收入行列的国家，其制造业的发展往往比较强劲。如前所述，制造业有几个促进经济发展的特征：产品的可贸易性、更快地为低技能劳动力创造就业机会、对具有巨大溢出效应的科技专业技能的需求、劳动分工和规模经济。③此外，信息与通信技术的进步有可能通过在服务中培养这些特征而极大地改变这种模式。

尽管有关这一"跨越"的辩论仍在继续，但较为确定的一点是，要保持经济活力，生产性制造业与生产性服务业二者缺一不可。事实上，制造

---

① 参见 Hidalgo, C., and R. Hausmann. 2009. The Building Blocks of Economic Complexity. *Proceedings of the National Academy of Sciences*. 106 (26). pp. 10570–10575; 以及 Felipe, J., et al. 2012. Product Complexity and Economic Development. *Structural Change and Economic Dynamics*. 23 (1). pp. 36–68.

② Rowthorn, R., and R. Ramaswamy. 1997. Deindustrialization: Causes and Implications. *IMF Working Paper Series*. No. WP/97/4. Washington, DC: International Monetary Fund; and Rowthorn, R., and R. Ramaswamy. 1999. Growth, Trade, and Deindustrialization. *IMF Staff Papers*. 46 (1). pp. 18–41.

③ 参见 Yang, X., and S. Ng. 1998. Specialization and Division of Labour: A Survey. In Arrow, K. J., Y. K. Ng, and X. Yang, eds. *Increasing Returns and Economic Analysis*. London: Palgrave Macmillan.

业与服务业之间存在着巨大的协同效应。例如，运输服务的完善提高了工厂向国内外市场运送产品的能力。溢出效应也从制造业流向服务业。例如，信息与通信技术硬件的优化促进并加强了在线教育和远程医疗服务。

3.5 服务业的蓬勃发展

3.5.1 服务业的定义及其多样性

服务业在GDP和就业中的占比一直在增长，而且这种情况极有可能会在大多数国家一直延续下去。然而，在一个经济体的三大行业中，服务业的多样化程度可能是最高的，涵盖裁缝定制、理发、便利店销售、法律咨询、建筑设计、计算机工程和业务流程外包等。

根据联合国《所有经济活动的国际标准行业分类（修订本第4版）》，服务业的经济活动分类为：（1）批发和零售业；汽车和摩托车修理；（2）运输和储存；（3）食宿服务活动；（4）信息和通信；（5）金融和保险活动；（6）房地产活动；（7）专业、科学和技术活动；（8）行政与辅助活动；（9）公共管理与国防；强制性社会保障；（10）教育；（11）人体健康和社会工作活动；（12）艺术、娱乐和文娱活动；（13）其他服务活动；（14）家庭作为雇主的活动；家庭自用、未加区分的物品生产和服务活动；（15）国际组织和机构的活动。

更为复杂的是，还存在着多种多样的服务细分行业。由于每个细分行业的质量千差万别，因此不能广义地将服务细分行业严格归为"高附加值"或"低附加值"类别。例如，教育质量差别巨大，这也是世界各地的父母希望子女进入好学校学习的原因。对于理发和餐馆等传统服务业来说，存在着巨大的提升附加值的空间。譬如，找技艺高超的知名发型设计师或造型师理一次发通常会花费数百乃至数千美元。餐饮业的经营范围很广，既包括街边小摊，也包括三星级米其林餐厅。

除多样化程度更高之外，服务业的内在价值也比农业或制造业更难衡量。由于难以衡量其产出乃至生产率，因此服务业对提高生产率的重要性可能被低估。与水稻、苹果和牛肉（农业）或汽车、笔记本电脑和手机（制造业）不同，服务业的产出是无形的（如律师的专业建议或音乐会上的听觉体验），而且质量（反映在附加值上）难以捕捉。

制造业"服务化"进一步阻碍了对服务业价值的准确衡量。[1]制造业"服务化"是指越来越多的制造企业对市场营销、设计和数据处理等服务进行外包，进一步扩大了服务业的规模。而那些没有被外包的服务往往是制造企业的产出价值中日益重要的一部分，这导致服务被低估。

服务业与制造业之间的界限正变得越来越模糊。在典型的全球价值链中，价值链起点（如研发和工业设计）和终点（如分销和营销）的活动都属于服务，而传统上被认为属于制造类别的活动（如制造和装配）通常发生在价值链的中游。[2]

3.5.2 服务业日益增加的重要性

尽管存在这些衡量问题，但亚洲经济体服务业的经济重要性明显上升。在该地区的经济结构中，服务业已然占据重要地位，占2018年地区产出的54%。然而，亚洲发展中经济体服务业占GDP的比重仍然远远低于经合组织成员国（见表3.1）。如前所述，在接近高收入的经济体，去工业化进程意味着结构转型进程在未来将进一步向服务业倾斜。服务业在家庭消费中所占的比重将进一步上升。[3]当收入增加时，人们在健康、娱乐和其他休闲消遣方面的支出将相应增加。随着技术的进步，人们往往希望通过旅游或参加音乐会等方式获得更多的真实体验。在数字技术及其他技术的推动下，娱乐和游戏产业的发展逐步跨越国界。韩国流行音乐是成功的国际营销的一个绝佳例子。

创造就业对实现包容性增长至关重要，而服务业本质上又属于劳动密集型产业。此外，由于部分现代化企业使用机器人代替人工作业，制造业的劳动密集程度将有所下降。

服务业已经为促进亚洲的就业和包容性增长作出了巨大贡献（见表

---

[1] Mercer-Blackman, V., and C. Ablaza. 2019. The Servicification of Manufacturing in Asia: A Conceptual Framework. In Helble, M., and B. Shepherd, eds. *Leveraging Services for Development: Prospects and Policies*. Tokyo: Asian Development Bank Institute.

[2] Miroudot, S. 2019. Services and Manufacturing in Global Value Chains – Is the Distinction Obsolete? In Helble, M., and B. Shepherd, eds. *Leveraging Services for Development: Prospects and Policies*. Tokyo: Asian Development Bank Institute.

[3] ADB. 2012. *Asian Development Outlook 2012 Update: Services and Asia's Future Growth*. Manila.

3.1)。重要的是，许多传统的服务岗位仍属于非正式行业。随着经济的发展，这些岗位会转为正式的服务行业。因此，服务业将继续为亚洲发展中经济体创造更多的就业机会，包括从非正式行业转向正式行业。充满活力的高生产力服务将创造高质量、高薪资工作。

服务业发展也可以通过促进性别平等来支持包容性增长。由于服务性工作对体力的要求往往低于制造业，因此更有利于为女性提供就业机会。世界银行的一项分析显示，在77个国家中，服务业的女性就业比例高于男性，而制造业则恰好相反。[1]

3.5.3 向高附加值服务转移

科技进步正带动着整个亚洲高附加值服务产业和服务活动的发展，而信息与通信技术的进步正推动着整个服务业转型升级。中国见证了电商巨头阿里巴巴和京东的崛起，印度的科技巨头包括印孚瑟斯（Infosys）和威普罗公司（Wipro）等。除科技进步外，亚洲地区可支配收入的快速增长和中产阶级的迅速壮大，也使得对迎合个人偏好的个性化服务需求进一步增加。例如，近年来，亚洲城市的美食餐厅和豪华酒店数量急剧增加。

有一种高附加值服务是技能和技术密集型服务（STIS），它既服务于企业，也服务于消费者。与其他服务相比，技能和技术密集型服务往往更复杂、更有价值，提供的工资也更高。技能和技术密集型服务的重要性与日俱增，这一点从信息通信、金融保险、专业服务和商业服务占GDP的比重就能体现出来。根据这个标准进行衡量，亚洲发展中经济体的技能和技术密集型服务业的规模仍相对较小（见图3.4）。

高附加值服务的扩张能直接促进增长，还能通过与制造业的协同作用间接促进增长。商业服务对制造业有着巨大的溢出效应。[2]例如，更多更好的工业设计、信息与通信技术以及营销服务能够提高制造企业的生产效率和国际竞争力。如上一节所述，溢出效应也能够从制造业流向服务业。

---

[1] World Bank. 2012. *World Development Report 2012: Gender Equality and Development.* Washington, DC.
[2] Shepherd, B. 2019. Services Policies and Manufacturing Exports. In Helble, M., and B. Shepherd, eds. *Leveraging Services for Development: Prospects and Policies.* Tokyo: Asian Development Bank Institute.

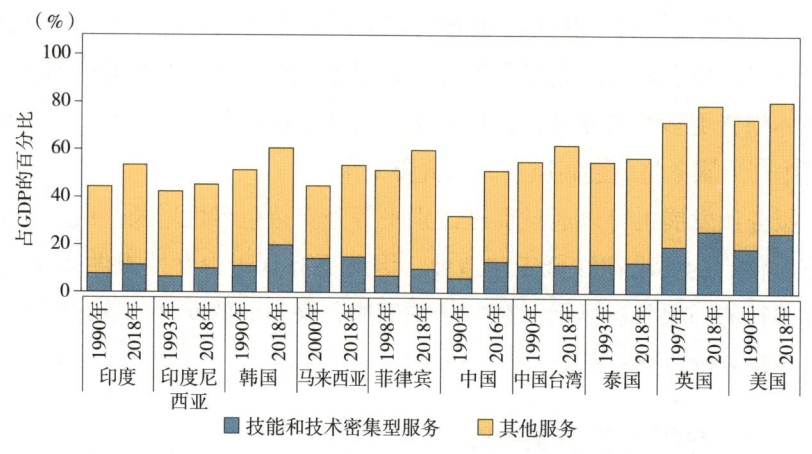

图3.4 部分亚洲经济体和发达经济体中技能和技术密集型服务
以及其他服务的增加值

注：技能和技术密集型服务包括信息通信、金融保险、专业服务和商业服务。
资料来源：亚洲开发银行根据CEIC数据公司的数据所做的估算 https://www.ceicdata.com/en
（2019年7月6日访问）。

与制造业和服务业之间的界限变得模糊类似，技术进步使技能和技术密集型服务业与传统服务业之间的区别日益缩小。信息与通信技术同零售和交通等服务的结合就是一个突出的例子。例如，阿里巴巴作为电子商务零售巨头，提供一系列广泛的服务，包括集团自己创新的电子支付和配送系统。其他著名的例子包括东南亚共享出行初创公司Grab和Gojek，它们运用信息与通信技术来提高传统出租车服务的增加值。

亚洲国家可以从进一步解除管制中受益，提高服务业的竞争力，发展技能和技术密集型服务。从历史上看，服务业监管改革带来了显著的经济效益，如提高劳动生产率和降低价格。例如，由于许多国家解除了对电信市场的管制，国际话费等电信费用大幅下降。

3.5.4 提高服务业的可贸易性

科技进步，特别是信息与通信技术的进步，所带来的一个关键结果是，许多服务的贸易性日益增强。在上一代人眼中，服务业在经济学教科书中被视为典型的非贸易品。得益于信息与通信技术，印度和菲律宾有可能成为全球业务流程外包的领先者。这项产业已成为这两个国家外汇收入（通过服务出口)、经济增长和就业的一大来源。许多跨国公司将呼叫中心和客户服务部门以及内部职能部门(如人力资源部门或财会部门)转移到这两个国家,此外还将高级研究活动迁往发展中国家(包括印度和中国)。

在全球范围内,作为全球收入一部分的跨境服务贸易在过去25年里一直稳步增长。尽管在金融、医疗和法律服务等方面存在的严格的国内法规阻碍了跨境贸易,但跨境服务贸易仍然实现了稳定增长。[1]在几乎所有国家,服务贸易自由化都远远落后于商品贸易。直到1995年成立世界贸易组织后,服务贸易才成为多边贸易体系的一个重要组成部分。如今,双边和区域贸易协定越来越多地包含服务贸易自由化。[2]

在亚洲,服务贸易近些年快速增长。商业服务出口从2005年的5,150亿美元激增至2017年的1.325万亿美元,增速快于商品出口。[3]区域和全球价值链在制成品生产中日益增长的作用,以及这些价值链中制造业与服务业之间的协同作用和两者间界限的模糊,正在推动服务贸易的发展。而且,服务贸易还存在着很大的增长空间。

服务贸易壁垒的进一步减少将促使更多亚洲供应商不断增强自身实力,以应对更加激烈的竞争。实证分析显示,与具有全球竞争力的亚洲制造业相比,亚洲的一些服务业的生产率有进一步提高的潜力。[4]该地区的那些处在全球价值链的制造业公司可从效率更高的区域服务业中受益,变得更有竞争力,反之亦然。服务贸易自由化使制造商能够以在全球市场更有竞争力的价格获得服务投入,从而提高生产率。

未来,服务贸易将在全球贸易中发挥更加重要的作用。例如,信息与通信技术使数百万学生能够学习国外高校的在线课程,医生可以远程诊治

---

[1] Fiorini, M., and B. Hoekman. 2019. Restrictiveness of Services Trade Policy and the Sustainable Development Goals. In Helble, M., and B. Shepherd, eds. *Leveraging Services for Development: Prospects and Policies*. Tokyo: Asian Development Bank Institute; Jensen, J. 2013. Tradable Business Services, Developing Asia, and Economic Growth. In Park, D., and M. Noland, eds. *Developing the Service Sector as an Engine of Growth for Asia*. Manila: ADB.

[2] OECD. 2018. OECD Services Trade Restrictiveness Index. *Trade Policy Note*. March. Paris.

[3] Helble, M., and B. Shepherd, eds. 2019. *Leveraging Services for Development: Prospects and Policies*. Tokyo: Asian Development Bank Institute.

[4] Shepherd, B. 2019. Productivity and Trade Growth in Services: How Services Helped Power Factory Asia. In Helble, M., and B. Shepherd, eds. *Leveraging Services for Development: Prospects and Policies*. Tokyo: Asian Development Bank Institute.

其他国家的患者。

3.5.5 旅游业的增长

全球旅游业正在快速发展，并成为许多经济体的一个重要产业。50年前，国际旅行主要局限于少数富裕的精英阶层，而如今旅游对更多的人敞开了大门。[①]

2011年以来，国际游客人数年均增长率为4.8%，每年新增约5,500万人次。到2018年，这一数字达到14亿人次，其中以亚洲为目的地的游客有3.48亿人次，占25%（见图3.5）。同期，国际旅游收入每年增长4.9%，2018年达到1.45万亿美元，其中亚洲旅游收入为4,360亿美元（占30%）。国际旅游业在亚洲的重要性显著增加，但各国之间存在一定差异（见图3.6）。此外，国内旅游也发展迅猛。

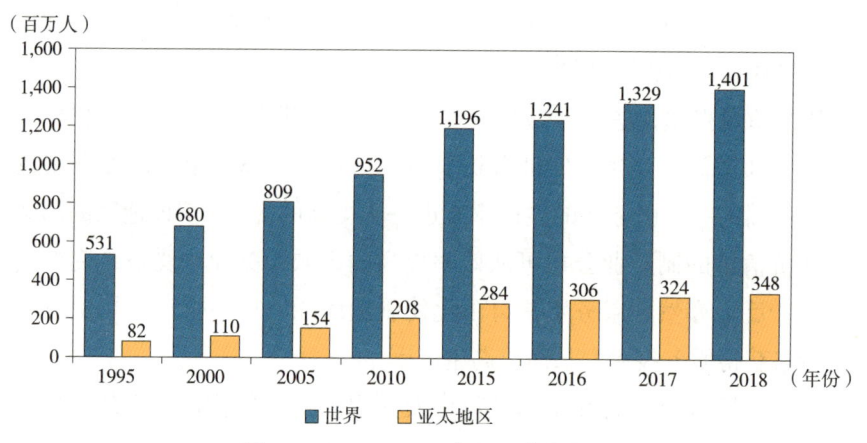

图3.5 1995—2018年国际游客人数

注：区域分组遵循联合国世界旅游组织汇总资料。
资料来源：UN World Tourism Organization. 2018. *UNWTO Tourism Highlights: 2018 Edition*. Madrid；以及 UN World Tourism Organization. 2019. *UNWTO Tourism Highlights: 2019 Edition*. Madrid.

亚洲不仅接待了更多的游客，而且近年来在国内、地区内和全球范围内，来自亚洲新兴经济体的游客也越来越多。新兴市场曾是发达国家游客的主要目的地，而如今它们已成为全球游客的主要来源地。2018年，亚洲

[①] 概述信息参见 Park, D., and S. Wayne. 2019. *Role of Tourism for Sustainable Development*. Background note prepared for the ADB Annual Meeting 2019. Fiji. 1–5 May.

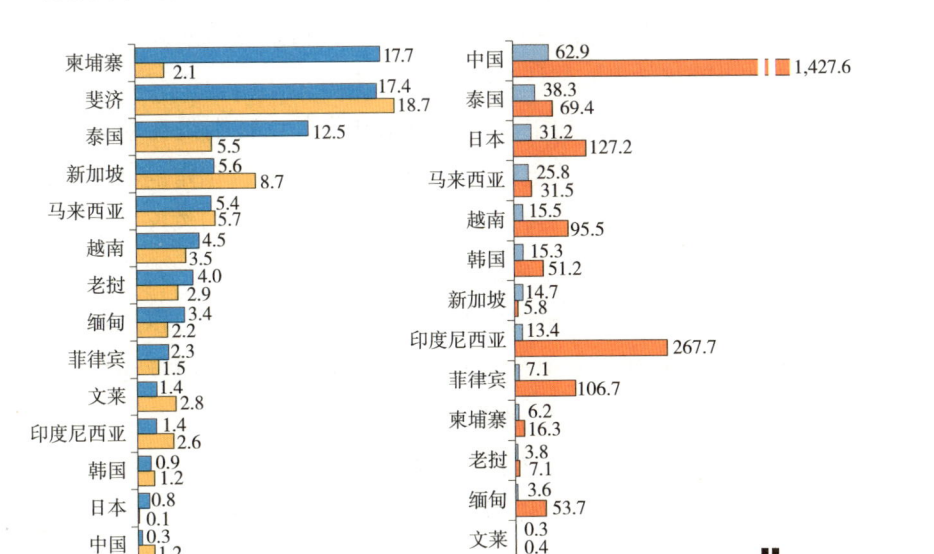

出境旅游人数为3.59亿人，占国际游客总数的26%。

图3.6a 旅游收入（占GDP的百分比）

国家	1995年	2018年
柬埔寨	2.1	17.7
斐济	18.7	17.4
泰国	5.5	12.5
新加坡	5.6	8.7
马来西亚	5.7	5.4
越南	3.5	4.5
老挝	2.9	4.0
缅甸	2.2	3.4
菲律宾	1.5	2.3
文莱	2.8	1.4
印度尼西亚	2.6	1.4
韩国	1.2	0.9
日本	0.1	0.8
中国	1.2	0.3

图3.6b 游客人数（2018年，百万人次）

国家	游客	人口
中国	62.9	1,427.6
泰国	38.3	69.4
日本	31.2	127.2
马来西亚	25.8	31.5
越南	15.5	95.5
韩国	15.3	51.2
新加坡	14.7	5.8
印度尼西亚	13.4	267.7
菲律宾	7.1	106.7
柬埔寨	6.2	16.3
老挝	3.8	7.1
缅甸	3.6	53.7
文莱	0.3	0.4

图3.6 部分亚洲经济体的国际旅游指标

注：图3.6a中，文莱、缅甸和越南的初始年份分别为2001年、2000年和2003年。缅甸2018年数据为2017年的数据。

资料来源：UN World Tourism Organization. 2019. *UNWTO Tourism Highlights: 2019 Edition*. Madrid；世界银行，《世界发展指标》，https://data.worldbank.org/indicator（2019年10月10日访问）。

旅游业通过创造许多新的就业机会促进包容性增长。像其他服务一样，旅游业本质上是一个劳动密集型行业，但它的着重点是游客满意度。在衡量旅游业的经济贡献时，既可以通过仅考虑直接效果（如酒店和机票花费）来进行狭义上的衡量，也可以通过增加间接效果（如对新飞机或酒店建设的旅游相关投资）来进行更广泛的衡量。

在亚洲（包括澳大利亚、日本和新西兰），2017年国际和国内旅游的直接经济效果（对GDP的贡献）为0.9万亿美元，占GDP的3.2%，加上间接效果则为2.7万亿美元，占GDP的9.8%。旅游业对于具有独特文化特征、历史古迹或自然风光的小国特别重要。例如，在斐济，2018年该国国际旅游收入占GDP的34%。但是，并不是所有收入都计入对GDP的贡献（一个国家内的附加值），因为旅游业还需要许多来自国外的投入，包括食品饮料、全球连锁酒店服务、外籍劳工等。扣除进口投入后，旅游收入占GDP的17%，但如果加上间接效果，估计其影响达到GDP的40%左右。

除可支配收入快速增长和中产阶级急剧壮大外（特别是在新兴经济体），利好政策（如开放天空协定），方便旅行规划和旅行预定的社交媒体的广泛使用，以及低成本航空旅行（包括诸如亚洲航空公司等区域廉价航空公司）等因素也极大地推动了旅游业的增长。虽然通常不被视为技能和技术密集型服务，但旅游业具有很大的提升附加值的潜力，可以通过提供高端服务、应用技术和利用品牌影响力来实现高附加值。旅游业还衍生出许多新的细分行业，如医疗旅游、养生旅游和生态旅游。

尽管旅游业有诸多好处，但人们越来越认识到旅游业进一步增长可能会带来的负面影响。例如，游客流量激增会严重破坏海滩或珊瑚礁等环境脆弱的景点。旅游还会给当地居民带来不便和困难，造成交通拥堵日益严重或房地产价格上涨以及生活成本增加。如果对环境和社区造成破坏和干扰（这本身就是一个负面结果），旅游业将不可持续。

因此，"可持续旅游"概念越来越受到重视。促进可持续旅游发展的措施包括：（1）制定相关指南和法规，保护当地社区和遗产；（2）投资旅游基础设施，如机场和宽带网络；（3）提高旅游专业人员的能力；（4）促进旅游便利化，如采用短期游客免签证入境。例如，不丹已经开始限制游客数量，致力于发展高端旅游，以提高旅游业的经济效益和可持续性。另外，旅游服务业能够对制造业和包容性增长产生正溢出效应。例如，在印度尼西亚巴厘岛，旅游业带动了基于传统和文化发展的服装和艺术品出口的扩大。

3.6 带来地理变迁的城镇化

城镇化对结构转型极为重要。资源从农业向工业和服务业转移与人口从农村向城市转移以及由此产生的城市增长相辅相成。此外，制造业和许多服务业往往受益于"集聚经济"。在这种经济中，在特定地点，更多不同类型的企业和劳动者之间的互动增加，从而提高生产率。随着劳动者有更多的机会找到合适的工作，相互依赖的专家在更大的范围、更密集的网络内进行交流，企业与劳动者之间的思想和知识有更大的溢出空间，收益就产生了。这些都强化了城市的传统优势，如港口通道或邻近通航河流。

城镇化进程与经济发展阶段密切相关。中等收入国家的城镇化率往往至少达到50%，而高收入国家的城镇化率则超过70%。考虑到亚洲在过去50年发生的显著结构转型，亚洲发展中经济体城市居民人口比例在1970年到2018年间从20%上升到46%，城市居民人口从约3.75亿人增加到近19亿人也就不足为奇了（见图3.7）。如果这些趋势延续下去，联合国预计到2050年将有大约30亿人——占亚洲发展中经济体人口的三分之二——生活在城市。

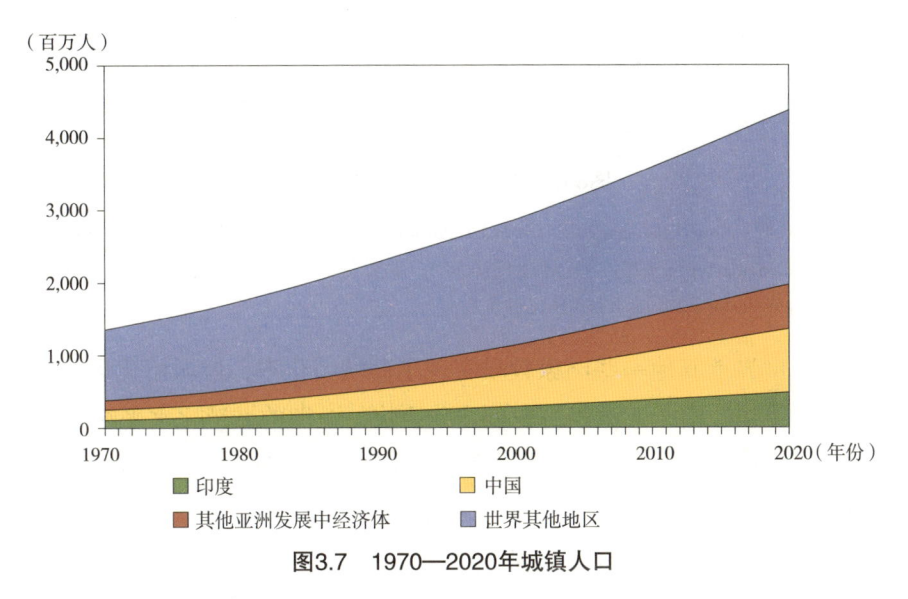

图3.7　1970—2020年城镇人口

注：2017—2020年的数据为预测数据。

资料来源：United Nations. 2018. *World Urbanization Prospects: The 2018 Revision*（网络版），https://population.un.org/wup（2019年7月16日访问）。

因此，城镇化率与人均收入呈正相关（见图3.8）。同时，城镇化率随着工业和服务业在GDP中所占比重的提高而增加。毫无疑问，城市创造了很大一部分GDP。[①]尽管工业和服务业占GDP的比重增长与城市增长同步，但城市的繁荣离不开农村经济的支持。农村经济与城市经济之间的这种联系强调了城市、二线城市和农村地区三者之间均衡发展的必要性，包括农业

---

① ADB. 2008. *Managing Asian Cities*. Manila.

现代化。

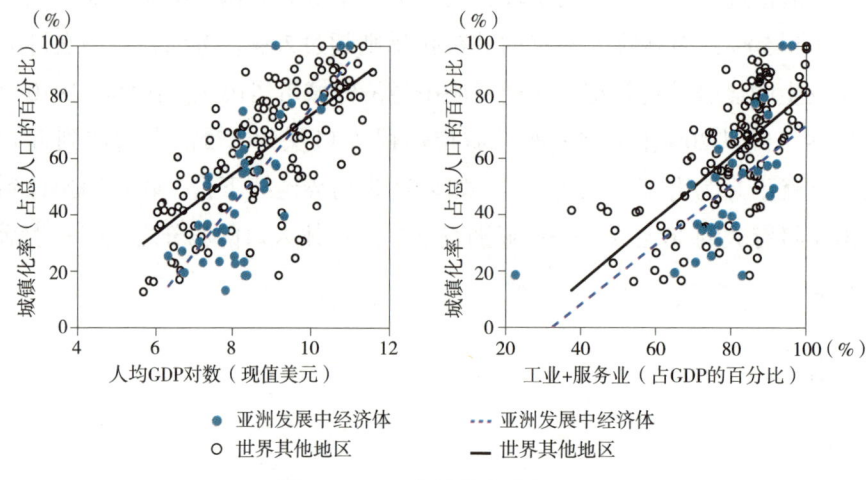

图3.8　2017年城镇化率与GDP

资料来源：United Nations. 2018. *World Urbanization Prospects: The 2018 Revision*（网络版），https://population.un.org/wup（2019年7月16日访问）；世界银行，《世界发展指标》，https://data.worldbank.org/indicator（2019年4月1日访问）。

虽然世界上其他一些国家较早实现了高城镇化率，但城镇化进程在亚洲发展得更快。由于亚洲经济发展步伐更快，亚洲的城镇化水平在95年里达到了其他地区用100~200年才达到的水平。[①]在许多方面，亚洲的城镇化进程被压缩了。

城镇化通常是一个自然过程，与作为结构转型一部分的就业机会变化相关，也与城市的吸引力（如更好地获得教育和健康服务）相关。有些国家试图控制人口从农村向城市迁移。中国采用户口登记制度对从农村到城市的人口流动进行管理。最近，中国政府已经采取措施放宽政策，鼓励人口从农村地区向二线城市迁移。有些国家，比如印度尼西亚、日本和韩国，政府试图通过分散人口来实现更均衡的区域发展。

亚洲的高速城镇化预计将会继续，受此影响，人口稠密的大城市的数量将不断增加。到2025年，全球特大城市（人口超过1,000万人的城市）的数量预计将从2015年的29个增至37个，其中大部分在亚洲，而目前世界前

---

① ADB. 2012. *Asian Development Outlook 2012 Update: Services and Asia's Future Growth*. Manila.

10个最大城市中亚洲占了6个（2个在日本）。亚洲特大城市将从15个增至20个（如将东京和大阪包括在内，则从17个增至22个）。①

虽然亚洲从城镇化中获益良多，但城镇化的高速发展意味着实体基础设施和制度基础设施的积累往往跟不上城市人口的增长。这可能会给城市居民带来许多负面影响，如交通拥堵、环境恶化、健康问题，甚至造成犯罪率上升。政府面临的一个关键挑战是，在尽量减少城镇化带来的负面影响的同时，利用城市的集聚经济。

3.7 展望未来

从农业向制造业和服务业转移以及快速城镇化，推动了亚洲很多经济体从低收入迈向中等收入。持续的快速增长使亚洲发展中经济体生活在中等收入或高收入国家的人口比例从1991年的不到10%上升到2015年的95%以上。从中等收入向高收入迈进，需要开展进一步的结构变革。

继续推动亚洲发展中经济体实现可持续和包容性增长所需的政策具有一些共同要素，本书对其中的很多要素进行了讨论。这些共同要素包括：促进高效市场、强有力的治理、技术进步、人力资本发展、基础设施投资、开放的贸易和投资制度、审慎的宏观经济政策、促进包容性和性别平等的措施，以及对环境的支持。同时，如何克服进一步结构转型面临的挑战，取决于经济体的发展状况及其他具体情况。

低收入国家或最近刚进入低中等收入行列的国家必须实施政策改革和进行投资来提高农业生产率，在农村和城市更多地投资兴建基础设施，改善中学教育及职业技术教育和培训，进一步改善营商环境以吸引更多的外商直接投资。这些国家可以通过借鉴本地区其他国家的成功经验，助力自身发展。

对于高中等收入或接近高中等收入的经济体，如中国和马来西亚，向高收入过渡和避免"中等收入陷阱"需要新的不同的增长驱动力。这些经济体必须加大对高等教育和研究的投资，建设更多的信息与通信技术网络以及其他高质量基础设施，并深化和拓展金融市场；②应解决发达地区与落

---

① UN. 2018. *World Urbanization Prospects: The 2018 Revision* (网络版). https://population.un.org/wup 2019年7月16日访问.
② ADB. 2017. *Asian Development Outlook 2017: Transcending the Middle-Income Challenge*. Manila.

后地区之间日益加剧的收入不平等问题,包括改革居民登记制度。此外,还应进一步加强经济制度和政策,如知识产权保护和强化竞争的法规,以营造有利于吸引新的参与者、新产品和新服务的环境。

对于像新兴工业经济体这样的高收入经济体,创新挑战更加严峻,因为它们处于(或接近)全球技术前沿。这些经济体还需要加强有关政策,避免扩大高技能和低技能劳动力之间的收入差距,以维护社会凝聚力。同时,还必须应对来自劳动年龄人口下降和快速老龄化带来的挑战。

鉴于快速的城镇化,需要对城市基础设施进行适当投资,特别是交通、供水、卫生和废物管理等网络基础设施,以及教育和医疗卫生。为避免人口过度集中于大城市,必须加强城市之间和城乡之间的互联互通。在制定有关城市发展、土地利用和环境保护的规划和法规时,强有力的治理和促进公民参与非常重要。

第 4 章

农业现代化与农村发展

4.1 引言

随着经济的增长，农业在总增加值和就业中所占份额逐渐下降。这种结构变化模式恰当地描述了亚洲过去50年的发展状况（见表4.1）。然而，农业在GDP中所占比重的下降掩盖了它的重要性。[①]随着亚洲地区经济转型的推进，农业在供应粮食和剩余劳动力、向其他行业提供生产资料等，以及为工业产品和服务创造新的市场需求方面发挥了重要作用。亚洲的经验表明，高生产率的农业和充满活力的农村经济是成功实现结构转型和包容性发展的关键因素。

农业和农村经济是亚洲整体经济转型的一个重要组成部分，本章将概述其是如何转型的。50多年前的亚洲农业令人悲观。许多人认为，受人口爆炸性增长、粮食产量停滞不前和农田几近枯竭等因素影响，亚洲国家会面临粮食短缺（严重情况下还会发生饥荒）。此外，人们认为农业是劣势产业，对其投资无利可图，但为了给工业化提供资金，必须从农业提取资源。

许多国家和地区开展了土地改革，尤其是东亚国家和地区，将土地分

---

① Timmer, C. P. 2014. *Managing Structural Transformation: A Political Economy Approach*. UNU-WIDER Annual Lecture No. 18. Helsinki: United Nations University World Institute for Development Economics Research.

配给小农，提高了农民的生产积极性，促进了生产率的提高。绿色革命兴起于20世纪60年代后期，政府增加水利投资，改良种子品种，使用化肥和农药等现代农用物资。这些从根本上改变了人们对农业的悲观看法。绿色革命帮助亚洲农民大幅提高了水稻、小麦及其他粮食作物的产量，减轻了普遍存在的对粮食安全问题的担忧。

绿色革命之后，机械化（如越来越多地使用拖拉机和收割机）也促进了农业结构转型。随着经济持续增长，亚洲的农村也发生了一些其他变化。首先，随着收入的增加和消费模式的改变，农业生产多样化，不再局限于生产粮食。牲畜、水果和蔬菜的生产超过了谷物生产。自20世纪90年代以来，随着亚洲中等收入群体和不断增多的城市人口对传统主食大米的消费下降，饮食越来越多样化。其次，20世纪80年代以来的市场改革和贸易开放促使农业日益商业化，私营部门的参与不断增多。在新的基础设施和通信的支持下，食物系统的一体化程度更高，将生产、加工、营销和分销联系起来。最后，农村非农经济的发展超出了农业或小型工商业的范围。尤其是，小城镇和二线城市的迅速发展加深了城乡之间的经济联系。不断扩大的非农经济帮助吸收了农业所释放的劳动力，提高了整体劳动生产率。

农业和农村转型政策的焦点是粮食、就业和收入。本章将探讨制度和政策变化——包括土地改革、市场自由化和公共投资——是如何推动这一进程的。由于亚洲各经济体变化的范围和速度不同，本章将重点介绍有关经济体在促进传统农业转型方面的经验，这也是整个亚洲地区的战略要务。事实上，亚洲开发银行（亚行）最初的重点工作之一就是农业，亦即亚行标志上谷壳的象征所在。

本章还包括以下内容：第4.2节回顾20世纪50年代亚洲的粮食问题，介绍随后开展变革的历史背景；第4.3节概述亚洲土地改革的经验；第4.4节讲述绿色革命是如何开始的，强调技术引导的转型对解决亚洲粮食问题的影响；第4.5节讨论保持绿色革命势头所需要的关键政策和制度变革；第4.6节介绍食物体系的持续变化，包括消费结构、生产多样化、农产品贸易、农业综合经营和供应链等的变化；第4.7节讨论转型如何扩展到农村非农经济，以促进城乡一体化；第4.8节讨论推进农业现代化和农村发展的主要优先事项，包括粮食安全、食品安全和农业市场良好运转。

表 4.1　1970—2018 年部分经济体的农业宏观经济指标

单位：%

次区域/经济体	农业占GDP的比重（三年平均数） 1975—1977年	农业占GDP的比重（三年平均数） 1995—1997年	农业占GDP的比重（三年平均数） 2015—2018年	农业占就业的比重（三年平均数） 1975—1977年	农业占就业的比重（三年平均数） 1995—1997年	农业占就业的比重（三年平均数） 2015—2018年	农业GDP年增长率 1970—1989年	农业GDP年增长率 1990—2018年	GDP年增长率 1970—1989年	GDP年增长率 1990—2018年	年增长率，工人均农业增加值 1992—2018年
中亚											
格鲁吉亚	—	31.5	8.3	—	49.0	45.2	—	(0.2)	4.3	0.4	1.7
哈萨克斯坦	—	12.5	4.7	—	36.7	16.1	—	0.9	—	3.0	4.9
乌兹别克斯坦	—	30.2	33.6	7.9	38.3	33.6	3.2	4.0	—	4.3	2.0
东亚											
蒙古国	—	36.7	12.7	—	47.2	29.1	2.9	3.3	6.0	4.4	2.9
中国	31.1	18.9	7.8	—	50.9	27.5	3.9	4.0	8.6	9.4	6.4
韩国	25.5	5.5	2.2	—	11.2	4.9	3.5	1.2	9.6	5.1	4.9
中国台湾	11.9	2.9	1.8	—	4.1	4.3	—	—	9.7	4.7	0.8
南亚											
阿富汗	—	—	21.6	—	64.5	38.7	—	2.6	—	6.8	2.0
孟加拉国	54.3	25.8	14.6	—	65.2	41.7	0.9	3.8	2.5	5.6	3.2
印度	37.8	27.1	17.2	—	61.4	44.8	2.8	3.1	4.3	6.3	2.9
尼泊尔	68.3	41.6	30.1	—	79.5	70.7	2.3	3.0	3.3	4.5	1.6
巴基斯坦	32.0	26.1	24.5	—	43.1	41.7	3.5	3.2	5.9	4.2	0.3
斯里兰卡	30.3	22.5	8.5	—	38.3	26.7	2.4	2.7	4.2	5.3	3.4

续表

次区域/经济体	农业占GDP的比重（三年平均数）			农业占就业的比重（三年平均数）			农业GDP年增长率			GDP年增长率			年增长率，工人的人均农业增加值
	1975—1977年	1995—1997年	2015—2018年	1975—1977年	1995—1997年	2015—2018年	1970—1989年	1990—2018年	1970—1989年	1990—2018年	1992—2018年
东南亚											
柬埔寨	—	47.5	25.7	—	75.2	31.0	—	3.8	—	6.0	4.7
印度尼西亚	27.6	13.7	13.8	59.1	43.1	31.5	3.6	3.1	6.5	4.9	3.5
老挝	—	40.6	18.8	—	84.5	68.5	—	3.2	4.1	6.9	1.7
马来西亚	29.4	11.6	8.5	—	18.9	11.5	4.3	1.9	7.0	5.8	1.9
菲律宾	29.4	20.4	9.7	—	42.1	26.6	2.6	2.1	3.9	4.5	2.1
泰国	26.1	9.1	8.4	—	50.8	31.3	4.4	1.8	7.4	4.5	3.4
越南	—	26.9	17.6	—	65.6	41.5	3.1	3.5	4.5	6.8	3.8
太平洋地区											
斐济	24.9	19.1	12.2	—	46.8	39.8	3.6	0.5	3.6	2.7	0.5
巴布亚新几内亚	31.5	33.5	17.8	—	71.6	67.9	—	2.3	2.6	4.1	3.0

注：—表示数据未获取；括号中为负值。

资料来源：亚洲开发银行的估算；世界银行，《世界发展指标》，https://data.worldbank.org/indicator（2019年8月2日访问）；联合国统计司，https://unstats.un.org（2019年8月28日访问）；国际劳工组织统计数据库，https://www.ilo.org/ilostat（2019年8月28日访问）；中国台湾的数据源自台湾预算、核算与统计主管部门。

4.2　20世纪50年代亚洲的粮食问题

在二战结束后的头几年,许多发展中国家获得独立。各国领导人看到了建立更加稳定、生产率更高和经济上更加独立的现代国家的机会。大规模发展工业被认为是取得快速经济独立的一个战略。许多国家最初试图促进工业发展,特别是重工业的发展,但却很快认识到必须更加关注农业的发展。① 的确,亚洲经济以农业为主导,这一现实是清楚而明确的。联合国亚洲及远东经济委员会1958年开展了一项针对亚洲发展中经济体战后工业发展进展的评估,结果表明:"在本地区的许多国家,农业扩展达到预期水平的寥寥无几……本地区的人均粮食生产甚至尚未恢复到战前水平……"② 在许多亚洲国家,农业发展仍然萎靡,较为脆弱,不得不依靠粮食援助和进口来满足日益增长的粮食需求。联合国亚洲及远东经济委员会在五年后的年度调查,即1964年度调查中表示:"亚洲及远东经济委员会发展中地区的净进口从1951/1952年至1953/1954年的420万吨增加到1960/1961年至1962/1963年的590万吨,增幅达41%。"③ 该委员会估计,如果产量不增加,1970年谷物净进口量可能会达到20世纪60年代初水平的三倍。1963—1964年,周期性的粮食短缺和投机引发了部分国家的粮食危机。这再次促使政府关注严峻的粮食供应问题。

"推动农业发展"("Getting Agriculture Moving")④ 成为亚洲一个新的战略重点。如何落实这一重点,当时的亚洲经验不足,只有一两个成功的例子。19世纪末,日本通过引进新技术、扩大服务范围、提供更好的教育,以及发展交通网络和物流服务,展示了生产性农业如何为经济增长提供动力。⑤ 近一些的例子是中国台湾,其20世纪50年代初以来的经验展示了如

---

① 在殖民时期,以出口为导向的热带商品的生产(如茶叶、橡胶和棕榈油)均来自大型种植园。到20世纪50年代,大多数种植园变成了小农生产系统。此后,柬埔寨、老挝和缅甸等东南亚国家开始恢复对种植园农业的投资热度 [Byerlee, D. 2014. The Fall and Rise Again of Plantations in Tropical Asia: History Repeated? *Land*. 3 (3). pp. 574–597]。

②③　UN ECAFE. 1964. *Annual Economic Survey*. Bangkok. p. 1.

④　Mosher, A. 1966. *Getting Agriculture Moving: Essentials for Development and Modernization*. New York: Agricultural Development Council.

⑤　Ohkawa, K., and H. Rosovsky. 1960. The Role of Agriculture in Modern Japanese Economic Development. *Economic Development and Cultural Change*. 9 (1). pp. 43–67.

何通过积极支持农业来促进整体经济发展[1]，其他措施包括：迅速实施土地改革等难度较大的政策；投入大量资金，恢复灌溉系统和兴建农村基础设施；建立农村合作社，通过支持农产品营销和投入供应来帮助小农户。这些措施使中国台湾的农业产量激增，1954—1967年间每年增长4.4%，增长速度为亚洲之最。[2]

日本和中国台湾的经验表明，20世纪50年代和60年代初亚洲农业不景气是因为农村发展投资缺位。[3]此外，人们对农民行为的误解根深蒂固，认为个体农民常常受传统的束缚，对市场反应迟钝。舒尔茨（T.W. Schultz）在《传统农业转型》（1964年）一书中反驳了这些观点。[4]他表示，"理性小农"贫穷但效率高，他们在现有技术范围内以最低成本经营。农村发展的基本挑战是通过研究和科技进步开辟新的机会。与此同时，可通过教育提高农民熟练应用创新的能力。经济激励将通过使提高产量有利可图以及抵消与新方法相关的高风险来加速这一进程。因此，在传统农业转型过程中，首先要转变亚洲决策者关于农业的成见。这一点在"1969年亚洲农业调查"中得到了有力证明。[5]该调查是亚行1966年成立后开展的第一项区域研究，由舒尔茨教授和大川一司教授共同担任调查咨询委员会主席。

这项调查提出了一个清晰而乐观的愿景。传统农业转型需要引进现代农业技术，并去除影响农民采用新技术的体制束缚和基础设施束缚。在有效引入现代化技术后，调查展望："该地区大部分农业将变得有利可图，农产品的供应价格将开始下降，为消费者产生真正的消费者剩余，该地区将重新获得比较优势。"[6]

---

[1] Fu, T., and S. Shei. 1999. Agriculture as the Foundation for Development. In Thorbecke, E., and H. Wan, eds. *Lessons on the Roles of Government and Market*. New York: Springer Science+Business Media LLC.

[2] Wade, R. 2003. *Governing the Markets: Economic Theory and the Role of Government in East Asian Industrialization*. Revised edition. Princeton: Princeton University Press.

[3] James, W. E., S. Naya, and G. M. Meier. 1987. *Asian Development: Economic Success and Policy Lessons*. San Francisco: International Center for Economic Growth.

[4] Schultz, T. W. 1964. *Transforming Traditional Agriculture*. New Haven and London: Yale University Press.

[5] ADB. 1969. *Asian Agricultural Survey*. Manila.

[6] ADB. 1969. *Asian Agricultural Survey*. Manila. pp. 7–8.

4.3 土地改革：经验和教训

在各种可选发展方案中，农村体制改革成为农业和支持全面发展的首要主题。土地改革是其要素之一。早在20世纪40年代末，亚洲许多经济体就开始实施土地改革计划，"耕者有其田"广受人们的欢迎。此后，土地改革经历了两个不同的阶段：第一个阶段是20世纪40年代末至70年代，第二个阶段是20世纪80年代和90年代。第一波土地改革发生在日本、韩国、中国台湾和新独立的经济体，第二波发生在正在实施去集体化农业的转型经济体。二者虽然不同，但具有相似的经济合理性，即农民若对于他们所耕种的土地没有永久所有权，或受沉重地租的压迫，就没有动力去进行劳动力和资本投资以扩大农业产出。除经济目标外，土地改革还致力于实现多个其他目标。[1]这包括把重点放在再分配上，以解决资产不平等问题。在政治层面，将土地从地主手中重新分配给佃户和没有土地的劳动者，有助于促进社会平等，为发展提供稳定的社会和政治环境，为工业培养受过良好教育的劳动者。

二战后，日本、韩国与中国台湾的土地改革耗时5~10年。特殊情况加速了这三个经济体的土地改革进程。[2]日本的改革在美国占领军的指导下进行，但在战争之前日本农业部就起草了一份全面的土地改革计划，为美国占领军的改革计划提供了依据。[3]朝鲜民主主义人民共和国在从日本统治下独立后随即实施了土地改革。为抗衡来自北方的势力，韩国在1949年颁布了农业土地改革法。中国台湾也实施了土地改革。由于受土著土地利益者的干扰较少，改革开展得更为彻底。

东北亚三个经济体（日本、韩国和中国台湾）最初实施改革旨在改善佃农的租赁条件。但是，改革重点很快转向了土地重新分配，即以低于市场的价格将大地主的土地重新分配给佃农和劳动者。此外，这三个经济体

---

[1] Lipton, M. 2009. *Land Reform in Developing Countries*. London: Routledge.

[2] Hayami, Y., and Y. Godo. 2005. *Development Economics: From the Poverty to the Wealth of Nations*. 3rd edition. New York: Oxford University Press; and Studwell, J. 2013. *How Asia Works: Success and Failure in the World's Most Dynamic Region*. New York: Grove Press.

[3] Kaiji, I. 1991. Japan's Postwar Rural Land Reform: Its Merits and Demerits. In Committee for the Japanese Agriculture Session, XXI IAAE Conference, ed. *Agriculture and Agricultural Policy in Japan*. Tokyo: University of Tokyo Press.

均将农户土地规模限制在3公顷以内。这其中的一个关键的执行机制是建立由人数超过地主的佃农和自耕农组成的土地委员会。日本将33%的耕地重新分配给了61%的农户,韩国将27%的耕地重新分配给了46%的农户。同样,中国台湾将27%的耕地重新分配给了63%的农户。[1]研究发现,这三个经济体的土地改革改善了福利水平,提高了农业生产率。

在亚洲其他地区,土地改革进展缓慢,结果喜忧参半。菲律宾的土地改革计划始于20世纪40年代。但是,直到1972年《1963年农业土地改革法》在新成立的土地改革部的主导下得到大力实施时,土地改革计划才奏效。改革计划主要针对种植水稻和玉米的农地,而且个人拥有耕地的上限是7公顷;不包括甘蔗园和其他种植园。为逃避法律规定,地主把土地登记在其家庭成员名下,并采用驱逐方式阻止佃农获得土地,迫使他们以农业劳动者的身份工作。[2]即使在土地改革进行40年后,到1985年,也只有10.8%的耕地转让给了以前的佃农。[3]多年来,土地改革法规和相关实施安排都变得更加复杂。从官方的角度来看,土地改革仍然很重要,是尚未完成的包容性发展不可或缺的一部分。

在南亚,土地改革取得了有限的成功。20世纪50年代,印度废除了长期存在的"柴明达尔制"(zamindari),即"永久土地持有"制度,让印度北部的这种最不公平的土地所有权制度走向终结。[4]"柴明达尔制"始于18世纪末,在该制度下,封建领主为土地的所有者,农民则变为佃农,地租由一系列压榨佃农的中间商收取。20世纪50年代,巴基斯坦也致力于对类似"柴明达尔制"的制度进行改革。

印度随后开展了重新分配土地权利和改善租赁条件的改革,但这项改革在各个邦的执行情况不一,而且至今仍未完成。剩余土地被分配给无地和近乎无地的贫困农民,然而普遍存在逃避和规避上限法规的现象。20世纪70年代和80年代,"有570万农户得到土地,以直接上限算,平

---

[1] Deininger, K. 2003. *Land Policies for Growth and Poverty Reduction*. Washington, DC: World Bank.
[2] Studwell, J. 2013. *How Asia Works: Success and Failure in the World's Most Dynamic Region*. New York: Grove Press.
[3] Deininger, K. 2003. *Land Policies for Growth and Poverty Reduction*. Washington, DC: World Bank.
[4] Rosegrant, M. W., and P. B. R. Hazell. 2000. *Transforming the Rural Asian Economy: The Unfinished Revolution*. New York: Oxford University Press.

均每户得到0.4公顷。这使大约2,700万人受益。此外，近1,000万公顷土地的保有权被转让"。① 尽管受益人和受影响地区的绝对数量很大，但由于改革只集中在印度的几个邦，在全国范围的实施仍然有限。在印度喀拉拉邦和西孟加拉邦，政治行动有助于执行租赁合同，使许多贫困佃农受益。

印度政府在最近的规划文件中表明了继续开展土地改革和改善土地管理的明确立场。出于几个原因，实施问题仍然是一个重大挑战。印度土地保有权的治理在立法和组织框架上都很复杂。农村土地市场效率低下，主要因素在于土地记录不完善、租赁限制，以及土地上限法律本身的缺陷导致藏匿所有权并造成交易障碍。② 这些制度限制使经营性土地不断碎片化，农场规模越来越小，限制了农业生产率增长的潜力。

社会主义国家在解决土地所有权问题上采取了截然不同的方式。例如，中国在20世纪50年代初采取严厉措施，没收地主持有的土地，然后分配给无地的农民。几年后，政府开始实施集体化措施，农民将分得的土地归还集体。集体农业制度一直持续到20世纪70年代后期，当时政府率先在农村地区开始实施全面的经济改革（见专栏4.1）。

此外，其他国家也采用了不同的土地分配方法。二战后，泰国启动了土地定居点计划，鼓励农民在以前的林地上定居。马来西亚采取了鼓励扩大橡胶种植园规模的土地分配计划。③ 在太平洋地区，在解决土地分配问题时，传统的土地权利继续得到尊重。

土地政策（包括土地改革）仍然很重要。在印度，2000年年初有40%的农民没有土地，而在21世纪第二个十年有超过一半的农户没有土地。在菲律宾，无地农民的比例从20世纪70年代的58%上升至2010年的70%。过

---

① Lipton, M. 2009. *Land Reform in Developing Countries: Property Rights and Property Wrongs*. London: Routledge. p. 287.

② Organisation for Economic Co-operation and Development (OECD) — Food and Agriculture Organization of the United Nations (FAO). 2018. *Agricultural Outlook 2018-2027*. Rome.

③ Poapongsakorn, N., and Y. S. Tey. 2016. Institutions, Governance, and Transformation in Southeast Asian Agriculture. In Habito, C. F., D. Capistrano, and G. Saguiguit, Jr., eds. *Farms, Food, and Futures: Toward Inclusive and Sustainable Agricultural and Rural Development in Southeast Asia*. Los Baños, Philippines: Southeast Asian Regional Center for Graduate Study and Research in Agriculture.

去对土地改革的评估仍有一定的借鉴意义。①亚行1978年第二次亚洲农业调查列举了加强亚洲土地改革的主要经验：（1）由最高层做出郑重承诺；（2）法规的技术设计简单明了；（3）在受益人之间进行有效组织；（4）向受益人提供必要的支持服务。②此外，应采取进一步措施加强土地管理，推动土地管理现代化和简单化。在有些国家，土地业权记录被忽视或未更新。如有可能，需对土地业权制度进行更新并实现数字化，以解决日益严重的土地碎片化问题。这样还可以使土地市场高效运作，以及将土地用于信贷担保。

专栏4.1　中国、越南和中亚国家的土地改革

中国：1978年开始的农村改革实行家庭联产承包责任制。农业用地分配给农民个人，农民拥有土地使用权，国家仍然是土地的正式所有者。在土地改革和农产品收购价格上调的共同作用下，农民的生产积极性被调动起来，农业产量大幅提高。这些改革的成功也增强了政府实施下一步改革的信心。1979年以来的一系列土地法都延长了土地承包期。1998年的《土地管理法》将农业用地标准承包期延长至30年。2007年的《物权法》规定，农民的土地使用权属于私有财产权。

越南：1975年与美国的战争结束后，越南推行的社会主义转型使农民加入农业合作社，但南方的集体化政策收效甚微。①1987—1989年，越南执行了一系列与革新政策相配套的措施，从根本上将经济的性质从中央计划经济转变为市场经济，其中一项措施就是实施去集体化（10号决议）。10号决议要求农业合作社将土地承包给农户，对于一年生作物，承包期为15年，多年生作物的承包期为40年。《1993年土地法》将这两个期限分别延长到20年和50年。在整个改革期间，农业生产稳定增长。

---

① International Fund for Agricultural Development. 2016. *Rural Development Report: Fostering Inclusive Rural Transformation*. Rome.
② ADB. 1978. *Rural Asia: Challenge and Opportunity*. Manila.

> **中亚国家**：苏联解体后，中亚各国的农业产量急剧下降。为此，各国推行了全面改革，包括土地私有化、贸易自由化和投入产出市场自由化。获得土地的农民可自行决定种植什么作物。这些国家的即时反应是生产粮食，实现自给自足，以解决因苏联解体而导致供应链中断的问题。在南部国家，谷物和块根作物（如土豆）的生产显著增加，因为它们不能再依赖从哈萨克斯坦和其他苏联加盟共和国进口。吉尔吉斯斯坦的谷物和块根作物总产量几乎翻了一番，乌兹别克斯坦的产量增加了两倍。渐渐地，新的贸易关系在整个次区域以及与其他国家之间发展起来，促进了具有比较优势的非粮食作物的增长。
>
> 资料来源：Deininger, K. 2003. *Land Policies for Growth and Poverty Reduction*. Washington, DC: World Bank; Food and Agriculture Organization of the United Nations. FAOSTAT 2019. http://www.fao.org/faostat/en/#data/QC (accessed 1 May 2019); Kirk, M., and N. D. A. Tuan. 2010. Swinnen, J. F. M., and L. Vranken. 2010. Reforms and Agricultural Productivity in Central and Eastern Europe and the Former Soviet Republics: 1989–2005. *Journal of Productivity Analysis*. 33 (3). pp. 241–258.

①Kirk, M., and N. D. A. Tuan. 2010. Land Tenure Policy Reforms: Decollectivization and the Doi Moi System in Vietnam. In Spielman, D. J., and R. Pandya-Lorch, eds. *Proven Successes in Agricultural Development: A Technical Compendium to Millions Fed*. Washington, DC: International Food Policy Research Institute.

4.4 绿色革命及其作用

4.4.1 绿色革命的兴起

始于20世纪60年代末，在东南亚展开的绿色革命是一重大技术进步，促进了传统农业的转型。绿色革命提高了粮食生产能力，成功地解决了经济转型时期的粮食问题，使亚洲进入了农业发展的新阶段。

绿色革命是一系列现代农业生产实践，包括种植高产作物品种（主要是水稻和小麦），应用现代农用物资（尤其是化肥），以及改善灌溉条件。其中，有两个要点：第一，开发高产品种不能一蹴而就。对此最为恰当的理解是，将其作为一个作物育种和生产力稳步提高的过程。我们需要不断改良品种，以适应作物病害和生产条件的变化。第二，只有在肥料和灌溉充足的情况下，改良技术的效果才会显现。在灌溉方面，各国政府在亚行等外部金融机构的支持下进行了大量投资（见专栏4.2）。1972年，亚洲国家平均将15.4%的公共支出用于农业。到1985年，这些国家的实际农业支出翻了一番。[1]

现代小麦和水稻品种是通过杂交培育出来的，这些杂交品种植株矮小，可快速吸收肥料，适合温和气候和热带气候。[2]现代小麦品种由洛克菲勒基金会在墨西哥开展的玉米小麦育种项目开发。后来，该项目更名为国际玉米小麦改良中心（CIMMYT）。现代小麦品种很快在印度和其他小麦生产国普及开来。

1966年，菲律宾国际水稻研究所（IRRI）通过将印度尼西亚的热带高株水稻与中国台湾的矮株水稻杂交，培育出了一种改良水稻。这一新品种被命名为IR8，后来成为家喻户晓的"奇迹稻"。IR8植株较矮，可以在顶部结出沉重谷粒时仍然保持直立状态，并且具有从印度尼西亚亲本遗传下来的基因，对热带病害有很强的抵抗力。

以前，水稻产量的增加都是通过扩大耕地面积来实现的。在使用必要的农用产品的情况下，采用现代品种使产量大幅提高。此外，随着灌溉条件的改善，现代品种能够在任何季节种植，并且生长期适中。这使农民一年可以种两季稻或三季稻。

现代品种被成功培育后又进行了改良，增强了对作物病害的抵抗力，效果惊人。东亚水稻产量从20世纪60年代初的每公顷2吨增加到21世纪第二个十年中期的约每公顷7吨，南亚和东南亚则增加到每公顷4吨。同一时期，东亚小麦产量从每公顷1吨增加到每公顷5吨以上，南亚则增加到每公顷3吨。[3]

---

[1] Rosegrant, M. W., and P. B. R. Hazell. 2000. *Transforming the Rural Asian Economy: The Unfinished Revolution*. New York: Oxford University Press.

[2] 早在战前，日本就有培育矮株现代水稻和小麦品种的想法。由诺曼·博洛格（Norman Borlaug）开发的名为Norin 10的矮株小麦品种成为绿色革命小麦的亲本品种之一。博洛格因对全球粮食安全的贡献，于1976年被授予诺贝尔奖。

[3] Evenson, R. E., and D. Gollin. 2003. *Crop Variety Improvement and Its Effect on Productivity: The Impact of International Agricultural Research*. Wallingford: CABI Publishing; and FAO. 2019. *FAO Statistics (FAOSTAT)*. http://www.fao.org/faostat（2019年5月1日访问）。

> **专栏4.2 亚行对采用绿色革命技术的支持**
>
> 亚行主要通过向发展中成员体提供资金,开发和修复灌溉系统,以帮助其采用绿色革命技术。1969年,亚行批准在印度尼西亚中爪哇兴建占地3,200公顷的塔朱姆(Tajum)灌溉工程。[①]这是亚行向印度尼西亚提供的第一笔贷款,也是亚行支持亚洲绿色革命的第一个农业项目。在这项工程之前,塔朱姆的农民只能在雨季种植一种"帕迪稻"(padi,意为湿水稻)。这项工程投入使用后,则可进行三种作物轮作,产量得以大幅提高。
>
> 继这项工程后,亚行扩大了农业融资。1968—1976年,农业贷款占亚行贷款总额的19%。1977—1986年,农业占亚行融资的31%,成为亚行最大的业务部门。后来,由于贷款重点向基础设施和社会发展、治理和公共管理以及区域合作等方面转移,亚行对农业的支持减少。
>
> 2008年粮食价格危机后,亚行重新启动了对粮食安全的支持。亚行《2030战略》明确强调了农业和农村发展的重要性,因为农业在处理气候变化、营养与健康、减少贫困和性别平等(应对务农女性化)等重点发展事务上发挥着重要作用。
>
> 资料来源:ADB Annual Reports; ADB. 2018. *ADB Strategy 2030: Achieving a Prosperous, Inclusive, Resilient, and Sustainable Asia and the Pacific*. Manila.
>
> ---
>
> [①] ADB. 2016. *ADB Through the Decades: ADB's First Decade (1966–1976)*. Manila.

4.4.2 印度、印度尼西亚和菲律宾

在英国统治的最后几年,英属印度孟加拉地区在1942—1944年遭遇了大饥荒。主要由粮食供应管理不善引发的粮食短缺造成至少150万人死亡。[①]1947年独立后,印度无法养活本国国民,不得不依靠进口和美国的粮食援助。印度尼西亚和菲律宾也大量依赖粮食进口。1965年,菲律宾进口的粮食达到峰值,占消费的18%。20世纪50年代后半期,印度尼西亚大米进口量增加了两倍。尽管进口量很大,但价格在1957—1958年间仍翻了一番。国际主要农作物价格的波

---

① Sen, A. 1981. *Poverty and Famines: An Essay on Entitlement and Deprivation*. Oxford: Clarendon Press.

动和人口的快速增长引起了消费者和政治家们对粮食短缺和潜在饥荒的担忧。[1]

20世纪60年代中期，菲律宾、印度尼西亚和印度政府出台了农业政策，涉及现代作物种子、灌溉系统投资、农业补贴投入和推广服务等一系列内容。[2]菲律宾在总统马科斯的领导下成立了水稻和玉米生产委员会，以促进政府机构和私营部门之间的协调，增加水稻和玉米的产量。农民很快采用了国际水稻研究所推荐的现代品种，并开始使用化肥。结果，到20世纪70年代中期，60%以上的土地种植了现代品种，化肥用量增加到每公顷50公斤以上（见图4.1a和图4.1b）。

在印度尼西亚，1965年年底苏加诺政府的垮台标志着政策发生重大变化。1967年，新的苏哈托政府推出了一些增加水稻产量、稳定粮食供应的计划。政府还设立了一个直接隶属于总统的粮食物流机构（Badan Urusan Logistik）。该机构为大米收购设定了高底价以鼓励生产，并为消费者设定了最高限价。得益于投资和投入补贴，到20世纪80年代中期，60%的水稻种植区使用了现代品种和化肥，产量达到每公顷3.9吨（见图4.1a、图4.1b和图4.1c）。

印度总理尼赫鲁为农业发展提供了强有力的支持。然而，真正的进展发生在1964年尼赫鲁总理去世之后。改良的小麦和水稻品种开始在旁遮普邦和哈里亚纳邦肥沃的灌溉区广泛种植。现代小麦品种一经种植便获得成功，而水稻品种则需要进一步改良以适应印度不同的农业生态环境，特别是印度南部和东部地区。在整个20世纪70年代和80年代，种植现代小麦和水稻品种并使用化肥的地区逐渐增多。

由于现代农业技术和强有力的政策支持，这三个国家的水稻和小麦产量增加，谷物进口减少。菲律宾在20世纪60年代末和80年代初阶段性地实现了大米自给自足（见图4.1d）。印度尼西亚在20世纪80年代中期短暂地实现了自给自足。从20世纪70年代末到21世纪第一个十年，印度的水稻产量增加了一倍多，帮助该国在20世纪80年代实现了大米自给自足。而同一时期，印度人口翻了一番。2016年，印度超过泰国，成为世界上最大的大米出口国。

---

[1] Djurfeldt, G., and M. Jirstrom. 2005. The Puzzle of the Policy Shift — The Early Green Revolution in India, Indonesia, and the Philippines. In Djurfeldt, G., H. Holmen, M. Jirstrom, and R. Larsson, eds. 2005. *The African Food Crisis: Lessons from the Asian Green Revolution*. Wallingford: CABI Publishing.

[2] Djurfeldt, G., et al. 2005. African Food Crisis — The Relevance of Asian Experiences. In Djurfeldt, G., H. Holmen, M. Jirstrom, and R. Larsson, eds. 2005. *The African Food Crisis: Lessons from the Asian Green Revolution*. Wallingford: CABI Publishing.

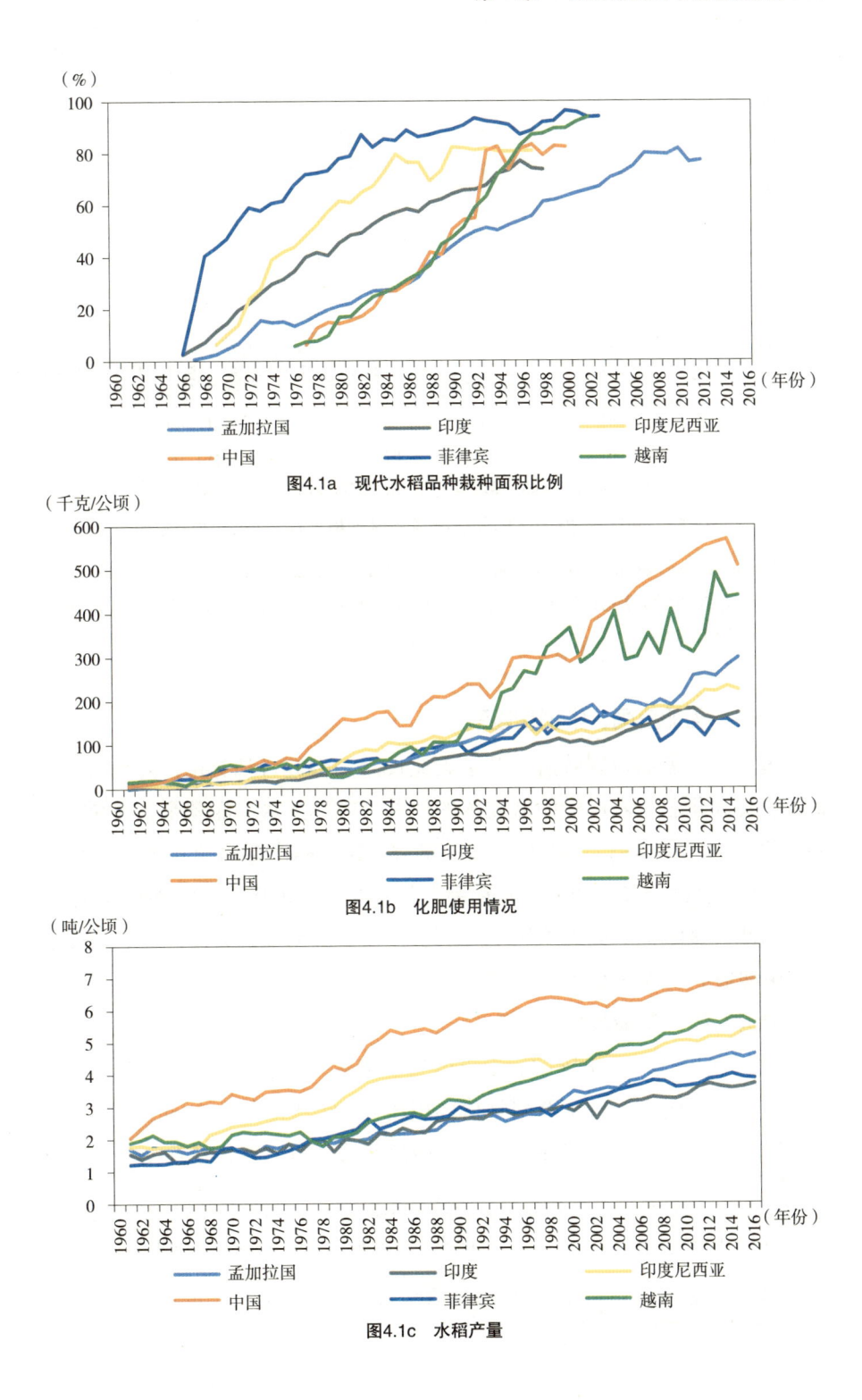

图4.1a 现代水稻品种栽种面积比例

图4.1b 化肥使用情况

图4.1c 水稻产量

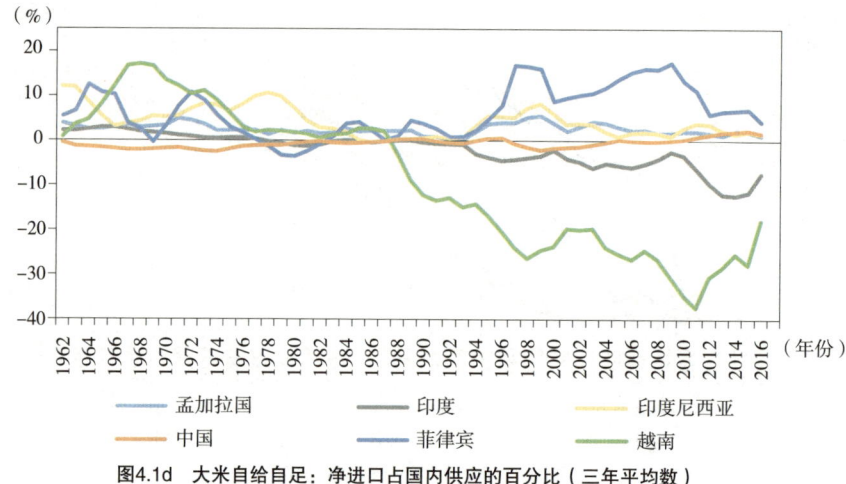

```
(%)
20
10
0
-10
-20
-30
-40
    1962 1964 1966 1968 1970 1972 1974 1976 1978 1980 1982 1984 1986 1988 1990 1992 1994 1996 1998 2000 2002 2004 2006 2008 2010 2012 2014 2016（年份）
```

—— 孟加拉国　　　—— 印度　　　—— 印度尼西亚
—— 中国　　　　　—— 菲律宾　　—— 越南

图4.1d　大米自给自足：净进口占国内供应的百分比（三年平均数）

图4.1　1961—2016年部分亚洲经济体种植现代水稻品种的效果

资料来源：International Rice Research Institute. *World Rice Statistics*. http://ricestat.irri.org:8080/wrsv3/entrypoint.htm（2019年5月1日访问）；联合国粮农组织2019年统计数据，http://www.fao.org/faostat（2019年5月1日访问）。

4.4.3　孟加拉国、中国和越南

1979年，孟加拉国政府放开了农业投入，将进口私有化，并允许营销灌溉设备和化肥。农民借助低成本的浅井（或地下水）灌溉泵，在旱季种植水稻（称为Boro稻）。随着时间的推移，Boro稻产量占全国水稻产量的60%。更适合雨季和旱季的新水稻品种帮助扩大了现代品种的种植面积。[①] 尽管如此，该国仍然面临季风季节洪水频发、海湾地区盐度恶化，以及管井使用增加造成地下水过度开发等挑战。

中国的绿色革命经历了两个阶段——1978年经济改革之前和之后。早在20世纪50年代末，中国的农学家就通过杂交方式成功培育出矮株高产水稻品种，并在南方进行了有限规模的引种。[②] 到1975年，中国在更广泛的地区建立了国家高产水稻种子系统。1979年改革后，绿色革命对中国的农

[①] Hossain, M. 2009. The Impact of Shallow Tubewells and Boro Rice on Food Security in Bangladesh. *IFPRI Discussion Paper Series*. No. 00917. Washington, DC: International Food Policy Research Institute.

[②] 中国湖南农学院的袁隆平在20世纪70年代对杂交水稻品种的培育作出了开创性贡献。袁隆平在中国被称为"杂交水稻之父"。

业产生了重大影响。这是因为：第一，中国的开放促进了与其他国家的研究交流，有助于进一步提高农业技术的交流。第二，由于家庭联产承包责任制使农民的生产积极性大大提高，同时大米价格上涨，高产水稻品种迅速在全国各地种植。为使这一势头更加强劲，重新强调了对农村基础设施的公共投资和加强农业支持服务。种植改良水稻品种的面积增加了100多倍，从1976年的13.5万公顷增至1990年的1,530万公顷，水稻产量增加了40%以上。[①]第三，绿色革命从种植水稻和小麦扩展到种植玉米和其他粮食作物。

在越南，1986年革新与自由化以后，现代作物品种的数量在1981—1990年间迅速增加。农业改革使越南成为主要的大米出口国。水稻产量的增加来自种子品种的持续改良。从中国进口的杂交和改良品种促进了越南北部的绿色革命，而国际水稻研究所开发的品种则在越南南部种植。国家农业研究系统成功培育出适合特定地点的品种。[②]

4.4.4 维持绿色革命势头

绿色革命技术的广泛采用有助于解决亚洲地区的粮食问题。维持这种转型势头仍然是亚洲农业的战略重点。其中，有两个问题特别重要：一是公共政策在促进市场更好地运行方面作用巨大；二是需要通过继续提供研究支持、推进农业机械化和开展公共基础设施投资来维持农业生产率。

首先，绿色革命假定有一个强大而积极的公共部门帮助农民采用现代农业技术。随着时间的推移，人们认识到绿色革命的成效取决于公众参与的有效性和适当性。早在1972年，缅甸著名经济学家拉敏（Hla Myint）就指出："绿色革命提出的基本问题是……采用何种政策将其从技术创新转化为推动经济发展的真正推动力……如果没有适当的政策，绿色革命可能还没有充分发挥作用就夭折了。"[③]

拉敏表示，适当的政策是指如何组织提供农业支持服务，如农用物资供应、农产品加工、营销和农村信贷系统。私营企业家的参与至关重要。

---

① 蒋建平，王东阳. 中国的"绿色革命"与持续农业. 科技导报，1993（10）.
② Ut, T. T., and K. Kajisa. 2006. The Impact of Green Revolution on Rice Production in Vietnam. *The Developing Economies*. 44 (2). pp. 167–189.
③ Myint, H. 1972. *Southeast Asia's Economy: Development Policies in the 1970s*. New York: Praeger Publishers.

适当的政策还涉及支持粮食生产和促进基础广泛的农村发展的定价原则。他质疑提高支付给农民的大米价格和对使用现代农用物资进行补贴是否明智。虽然这些定价政策成功地促使农民迅速扩大生产规模，但问题是给农民的经济激励是否能够确保有效地在水稻生产与其他作物生产之间，以及在农业与其他经济行业之间分配资源。

拉敏在20世纪70年代提出的问题至今仍然为决策者们所关注。许多国家的农业改革始于20世纪80年代。随着贸易自由化，与边境价格相比，农产品价格扭曲随时间的推移而下降，但一些具有政治重要性的可交易农产品仍然受到贸易限制。[1]大米是一个比较明显的例子。大米进口国维持明确的进口配额，大米出口国限制所出口大米的种类和数量。亚洲的大米贸易政策改革仍在继续。2018年，菲律宾政府出台《大米关税法案》，用关税替代大米进口的数量限制。

亚洲发展中经济体也逐步调整了投入、供应和产出营销体系。为使私营部门参与支持服务，还减少了国家参与，并改善了政策环境。通过逐步取消对农民的投入补贴和对消费者的一般粮食补贴，国内粮食价格变得更加切合实际。此外，各国还确定和采取直接和透明的方法，帮助低收入消费者和贫困农民提高生产率。[2]

其次，第二个问题是关于农业生产率的可持续性。支撑绿色革命的国际技术转移首先发生在条件良好的农业区，随后扩展到条件欠佳的农业区。按照这一转移顺序，亚洲水稻产量实现了持续增长。20世纪90年代以来，国家预算支持和国际捐助者的援助减少。对当前和未来粮食供应的自满情绪仍令人担忧。[3]所提供的研究支持必须有助于推动前沿技术发展。鉴于气候变化和土壤盐碱，引进新品种至关重要。此外，需要投入更多资金进行开发、推广和采用新技术。

---

[1] Anderson, K., G. Rausser, and J. Swinnen. 2013. Political Economy of Public Policies: Insights from Distortions to Agricultural and Food Markets. *Journal of Economic Literature*. 51 (2). pp. 423–477.

[2] Hayami, Y., and Y. Godo. 2004. The Three Agricultural Problems in the Disequilibrium of World Agriculture. *Asian Journal of Agriculture and Development*. 1 (1). pp. 3–14; OECD-FAO. 2017. *Agricultural Policy Monitoring and Evaluation 2017*. Rome.

[3] Pingali, P. L., M. Hossain, and R. V. Gerpacio. 1997. *Asian Rice Bowls: The Returning Crisis*. Los Baños, Philippines: International Rice Research Institute and Centre for Agriculture and Bioscience International.

亚洲国家采取多管齐下的方法来提高农业生产率，着重降低水稻和农业整体的生产成本。东亚以及由于快速经济转型而出现劳动力短缺的南亚和东南亚地区都实施了机械化，拖拉机、收割机和水稻播种机代替了人力劳动。与欧洲和北美开发和使用的大型机械不同，亚洲开发了小型机械以适应亚洲发展中经济体面积较小的地块。随着劳动力成本的上升，机械化变得越来越重要。然而，人们仍然担心，小而分散的地块和不安全的土地权利可能会减缓机械化所需的土地整理，难以形成规模经济。

减少对农业的投资和研究支持已成为一种全球现象。这种忽视造成的全面影响在很久之后（2008年）才显现出来。2008年，粮食价格危机与全球金融危机重创了发展中国家，特别是非洲国家，使国际社会意识到需要重新对农业给予更多的关注。[1]需要采取综合措施，提高土地、劳动力和水资源利用的效率。此外，还需要扩大农业研究和推广服务的范围和规模。各国和国际组织正在重新制定农业干预措施，从宏观和微观层面应对营养不良、性别不平等和气候变化等挑战。[2]

4.5 食物消费结构的变化和农产品多样化

4.5.1 消费结构的变化

最近的几项研究指出，过去几十年来，亚洲在热量摄入方面的食物消费结构发生了重大变化。[3]主要表现为：（1）大米和小麦的消费减少；（2）动物源食品及水果蔬菜的消费增加。主食是人类最重要的热量来源。大米是大多数人的传统主食，小麦则是部分地区的人们的主食。虽然没有在图4.2中显示，但太平洋地区的传统主食主要是块根作物，如红薯和芋头。在长时间的增长之后，人均主食消费开始趋于平稳或下降，特别是大米消费。这种情况在东亚和东南亚最为显著（见图4.3）。

---

[1] World Bank. 2007. *World Development Report 2008: Agriculture for Development*. Washington, DC.
[2] 第12章详细讨论了性别问题。第13章还讨论了与农业有关的环境和资源枯竭挑战。
[3] Timmer, C. P. 2012. Structural Transformation, the Changing Role of Rice, and Food Security in Asia: Small Farmers and Modern Supply Chains. *Asian Journal of Agriculture and Development*. 9 (1). pp. 21–35; FAO. 2018. Diets Are Diversifying with Implications for Farmers and Nutrition. In FAO. *Dynamic Development, Shifting Demographics, and Changing Diets*. Bangkok. p. 172.

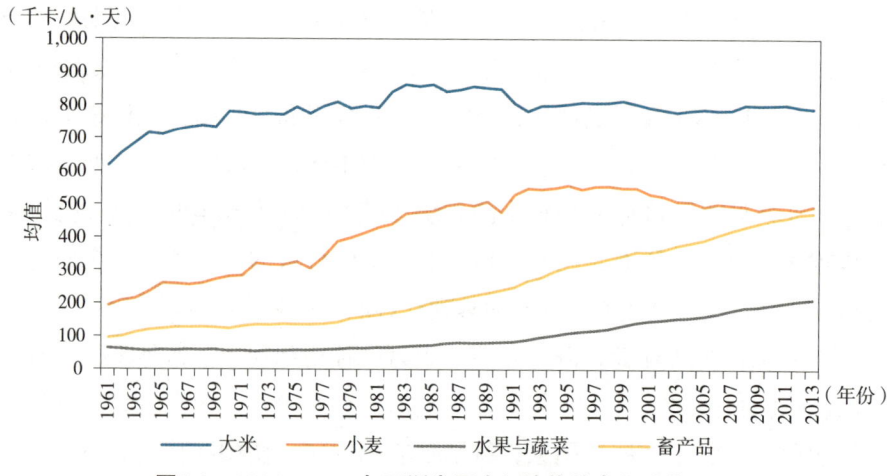

图4.2　1961—2013年亚洲发展中经济体的食物消费结构

资料来源：联合国粮农组织2019年的统计数据，http://www.fao.org/faostat（2019年5月1日访问）。

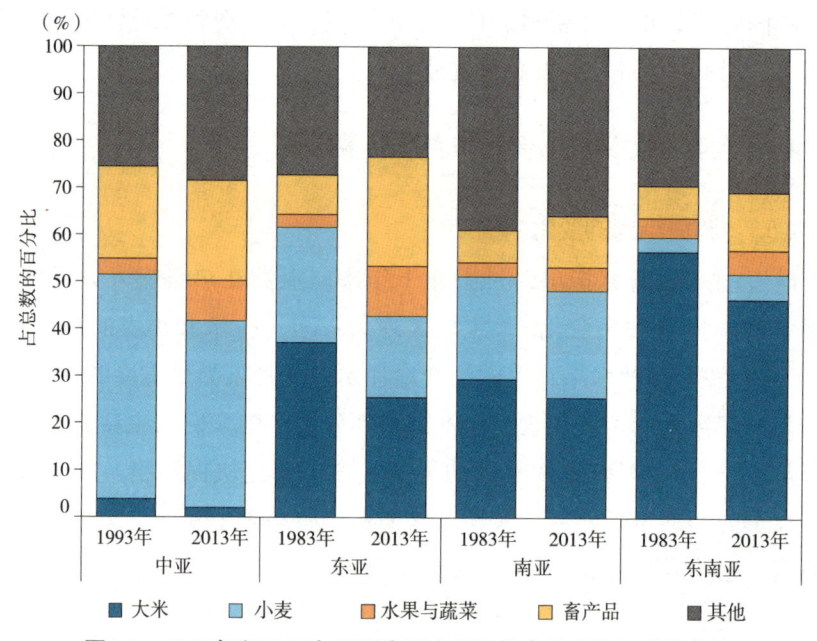

图4.3　1983年和2013年亚洲发展中经济体食物消费组成的变化

注："其他"包括含淀粉食物和其他谷物、糖料作物和甜料，以及植物油和油料作物。由于缺乏巴布亚新几内亚的数据，图中不包括太平洋地区经济体。

资料来源：联合国粮农组织2019年的统计数据，http://www.fao.org/faostat（2019年5月1日访问）。

饮食的多样性对于平衡摄入各种营养物质很重要。除主食外，主要的食物种类包括动物源食品（包括肉、鱼、蛋和奶制品）、水果、蔬菜和豆类。在亚洲地区，人们对动物源食品、水果和蔬菜的消费一直在增长。东亚和东南亚在动物源食品方面的消费增长最快。家用冷藏设备和冷链运输可能是肉类、鱼类、水果和蔬菜等易腐食品消费增加的原因之一。

消费结构的变化主要是由于收入的增加。随着收入增加，含淀粉的主食在膳食能量中所占的比重不断下降，反映了人们对饮食多样性的期望。由于个人摄入的能量有限，人均主食消费减少。城市地区的大米消费量下降幅度大于农村地区，处于收入分配高端的人群的大米消费量下降幅度大于贫困人口。[1]

联合国粮农组织的一项研究[2]发现淀粉类主食多样化，再次反映出人们对饮食多样化的期望，尤其是城市居民和年轻人。在以大米为传统主食的中国南方地区，城市居民往往随着收入提高而增加对小麦的消费（在一定程度上），并减少对大米的消费。在中国北方城市地区，情况正好相反，那里的传统小麦消费者往往随着收入的提高而增加大米消费（也是在一定程度上）。家庭调查数据显示，收入是推动多种不同类型营养食品消费的一个关键因素。

在几乎所有国家，水果和蔬菜价格的上涨都快于食物的整体价格上涨。10~15年来，情况均如此。这种持续的价格上涨反映出需求和供应的增强。首先，随着收入的增长，消费者希望实现饮食多样化（需求）。其次，水果和蔬菜种植（供应）相对来说属于劳动密集型活动，这意味着农民需要找到更有效利用劳动力的方法。

4.5.2 生产多样化

由于消费结构变化，亚洲农业逐渐转型，从主要生产谷物转向生产高价值食物，如高价值作物、畜牧和渔业。农业产值（按2010—2014年定值物价计算）50年增长了6倍多。20世纪60年代，谷物生产占主导地位，占农业生产的40%。20世纪90年代，畜牧、蔬菜和水果生产显著增加，现已超过谷物生产的价值。

然而，这些变化在亚洲各国并不均衡（见图4.4）。在东亚，主要是在

---

[1] Timmer, C. P. 2014. Food Security in Asia and the Pacific: The Rapidly Changing Role of Rice. *Asia & the Pacific Policy Studies*. 1 (1). pp. 73–90.
[2] FAO. 2018. Diets Are Diversifying with Implications for Farmers and Nutrition. In FAO. *Dynamic Development, Shifting Demographics, and Changing Diets.* Bangkok. p. 172.

中国，这种变化非常明显，谷物生产份额从1971—1974年的50%下降到2010—2014年的20%。同一时期，水果和蔬菜的生产份额从15%增长到40%，畜牧生产份额从20%增长到35%。东南亚的变化虽然没有那么大，但谷物生产份额从1971—1974年的约50%下降了10个百分点，而其他作物的份额扩大，包括油料作物、甘蔗和其他经济作物。

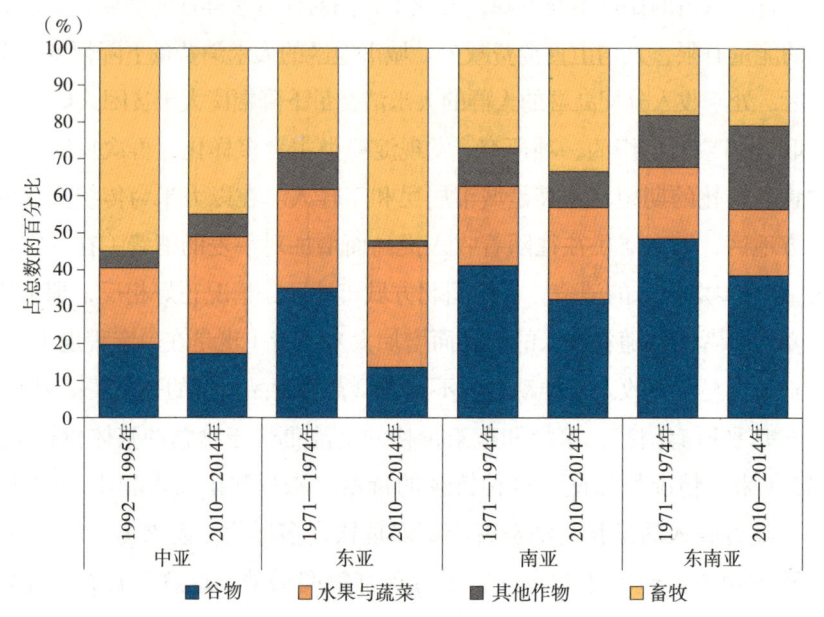

图4.4　1971—1974年和2010—2014年亚洲发展中经济体农业部门生产总值的份额

注："其他作物"包括油料作物、根茎作物和糖料作物。由于缺乏巴布亚新几内亚的数据，图中不包括太平洋地区经济体。

资料来源：联合国粮农组织2019年统计数据，http://www.fao.org/faostat（2019年5月1日访问）。

过去50年来，亚洲的肉类生产大幅增加，中国贡献了肉类生产增长的很大一部分。中国是世界上最大的猪肉生产国，约占全球猪肉产量的45%。除中国外，印度是最大的肉类生产国，主要产品为牛肉和家禽肉。印度尼西亚、缅甸、巴基斯坦、菲律宾、泰国和越南紧随其后。在中亚，由于饮食多样化，畜牧生产份额有所下降，但肉类总产量持续增长。

生产多样化与农场专业化密切相关，不同农场种植的作物也不同。在泰国和中国等国家，农民越来越专注于种植少数几种作物，特别是在过去10~15年。如今，畜牧场通常专门饲养特定家畜，如家禽、猪、肉牛或乳牛。这一趋势很重要，因为越来越多的亚洲农民正在走出自给农业，生产市场所需要的产品。农民越来越以商业化为导向，随着物流和运输条件的改善，与市场的联系更加紧密，并且在信息技术的帮助下能对不断变化的市场情况做出快速反应。

4.6 农产品贸易和食品价值链

4.6.1 农产品贸易模式的转变

除国内产品多样化外，国际贸易使各国在发挥比较优势和把握经济机遇的基础上进行专业化生产。如前所述，农业贸易自由化有助于促进外部参与。一个国家的农业生产依赖农业生态条件，而那些生态条件多样化程度低的国家则可从国际贸易中受益。事实上，农产品贸易受益于比较优势。由于高需求收入弹性，以及贸易壁垒或检疫限制较少，诸如蔬菜和肉类的加工食品的贸易大幅增长。

马来西亚就是利用贸易自由化的一个例子。该国利用贸易自由化扩大油料作物（棕榈油）的生产，将目标锁定在利润丰厚的出口市场。马来西亚的纬度范围狭窄，适合油料作物生产。随着油料作物种植面积的扩大，马来西亚的水稻和玉米种植面积缩小，更多依赖于进口。相比之下，在谷物生产方面具有比较优势的国家则成为净出口国。

泰国在20世纪70年代成为亚洲主要的大米出口国，并且一直是世界上最大的大米出口国，直到2016年被印度取代（见图4.5a）。印度向欧洲国家和其他高收入国家出口高价值的印度香米，同时向非洲、中东和其他亚洲国家出口非印度香米。继印度之后，巴基斯坦成为主要的印度香米出口国，如今是全球第四大大米出口国。第三大大米出口国是越南。这四个大米出口国的出口总量占全球总出口量的近三分之二。预计柬埔寨和缅甸未来将成为主要的大米出口国。[1]需要警惕的是，如果生产扩大是基于对水、化肥和其他投入的补贴或扭曲的价格，那么可能会导致资源错配，造成不可持续的农业生产模式。

新鲜蔬菜和水果产量的增加促使这些高价值作物的贸易增加（见图4.5b

---

[1] FAO. 2018. Diets Are Diversifying with Implications for Farmers and Nutrition. In FAO. *Dynamic Development, Shifting Demographics, and Changing Diets*. Bangkok. p. 172.

和图 4.5c）。20世纪70年代以前，水果和蔬菜的交易量很小。此后，得益于价值链技术的发展等因素，这些产品的交易量显著增加。交易的蔬菜主要是西红柿、洋葱、黄瓜和卷心菜，以新鲜、冷冻、腌制或加工等产品形式出口。随着价值链的扩展，这些蔬菜的价值双向增加。中国是最大的蔬菜和水果出口国（见图 4.5b 和图 4.5c），但同时也进口大量蔬菜和水果，而印度进口的蔬菜比中国更多。泰国和越南也出口和进口蔬菜和水果。

肉类的生产和贸易显著增长，催生了从亚洲以外国家大量进口牲畜饲料的需求。在亚洲主要的畜牧产品生产国，玉米、大豆和高粱的进口量大幅增加（见图 4.5d）。其中，越南是最大的玉米进口国，其次是中国。

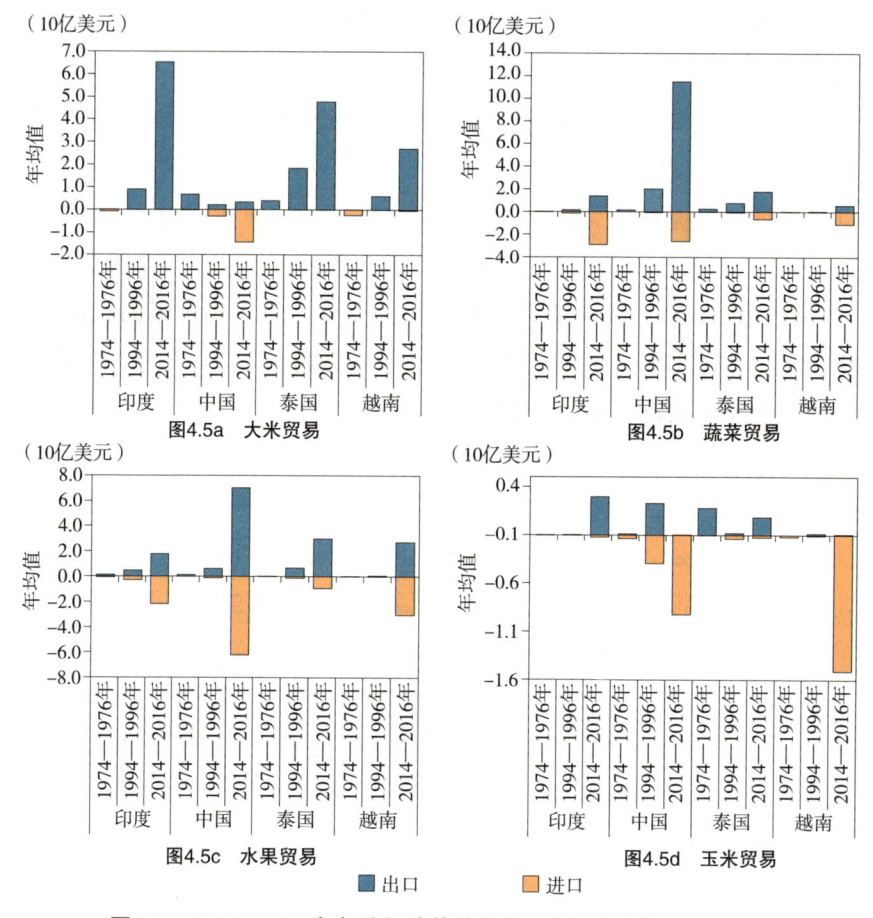

图4.5a 大米贸易

图4.5b 蔬菜贸易

图4.5c 水果贸易

图4.5d 玉米贸易

■ 出口　■ 进口

图4.5　1974—2016年部分经济体的大米、水果和蔬菜国际贸易

资料来源：联合国粮农组织2019年统计数据，http://www.fao.org/faostat（2019年5月1日访问）。

4.6.2 食品价值链和农业综合经营的扩展

消费结构的重大变化、产品多样化和国际贸易帮助促进了亚洲的"农业食品"经济转型,特别是在食品价值链和农业综合经营的快速扩展下。[1] 农业综合经营是与生产、加工和分销农产品(如食品和饮料生产)相关的各种经营活动。食品供应链已从局部分散供应链向区域一体化供应链转变。一些细分市场已经衰落,传统乡村商人的影响力让位于城市批发市场、专业批发和物流商店。过去几十年间,诸如道路和仓储等实体基础设施的稳步发展大大改善了农业部门的交通、通信和知识共享。

以市场为导向的价值链也在不断变化。由于所需的投资和知识规模远远超出政府的供应能力,因此私营部门的作用至关重要。新的信息技术投入使用,以提高食品加工和分销的效率,确保质量和安全,促进合同的实施。在食品供应链和农产品贸易中还推行了食品可追溯制度。这些变化形成了一个从餐桌到农场的综合反馈环,农民根据合同进行生产。

合同农业是为解决物流挑战而建立的一个特殊的生产—采购系统,通常用于蔬菜和水果的生产。由于蔬菜和水果的易腐性,协调变得至关重要。通过有效协调,可确保使用诸如冷藏设备等适当的设备,及时将货物从生产者手中运送到零售商店。合同农业通常通过向农民提供技术援助以满足食品安全要求,并帮助确保向高端的城市和出口市场提供高质量产品。在合同农业中,农民和买主会预先就产量、质量、交货时间、农用品使用和价格等达成协议。在亚洲,蔬菜和水果越来越多地通过合同农业来生产和销售。[2] 巨大的变化几乎在不知不觉中发生了,甚至主食价值链也是如此。亚行和国际食物政策研究所最近对孟加拉国、印度和中国开展的一项研究[3]记录了大米和土豆价值链的变化。这些变化包括超市、现代冷藏设施、大型稻米加工厂和利用投入密集型机械化技术的商业化小农场主等的崛起。

---

[1] Reardon, T., and P. Timmer. 2014. Five Inter-Linked Transformations in the Asian Agrifood Economy: Food Security Implications. *Global Food Security*. 3 (2). pp. 108–117.

[2] Otsuka, K., Y. Nakano, and K. Takahashi, 2016. Contract Farming in Developed and Developing Countries. *Annual Review of Resource Economics*. 8 (1). pp. 353–376.

[3] Reardon, T., et al. 2012. *The Quiet Revolution in Staple Food Value Chains: Enter the Dragon, the Elephant, and the Tiger*. Manila: Asian Development Bank.

近年来，信息与通信技术向农村地区扩展已成为推动农村经济变革的一个重要驱动力。

虽然直接"农业增加值"在GDP中所占比重下降，但"农业综合经营增加值"（包括制造、加工和食品价值链，如运输、物流和配送服务）在过去二三十年显著增长。例如，2014年印度尼西亚农业综合经营增加值相当于农业增加值的70%。扩大农业综合经营不仅可以提高增加值，还可以帮助吸纳农村剩余劳动力。

城镇化和促进女性参与劳动力市场对扩大农业综合经营也很重要。研究发现，由于城市交通拥堵、工作时间延长、女性外出工作增多，城市居民往往高度重视食品加工的便利性，导致对加工食品的支出增加。

4.7 发展农村非农经济

传统上，农村非农经济活动在亚洲一直很重要。非农收入多样化可帮助家庭分散收入风险。根据多年来的亚洲家庭研究，收入多样化可以极大地帮助农村家庭应对风险，对于无灌溉、潜力低的农业地区的家庭尤其如此。农业是高风险行业，不良天气、作物病害、昆虫和动物破坏、后期生产损失和价格波动等都可能对产量和收入造成不利影响。目前的预防或缓解措施还有待加强。

农村非农经济已成为推动亚洲持续转型的关键力量，可帮助整合农村和城市经济。农业属于土地密集型，所以农业耕作自然是在农村地区。高增值产业和服务往往是在城市或周边地区。农村居民（农民）与城市居民（工厂工人和机关人员）之间的收入差距有继续扩大的趋势，而农村非农经济可帮助缩小这些差距。

历史上，农村非农行业在推动工业发展中发挥了重要作用。[1] 随着经济体从轻工业向重工业转型，许多经济体的农村非农经济的蓬勃发展先是推动了轻工业发展，然后扩展到其他各类工业。例如，在日本，战前的重要工业均在农村地区的屋棚工厂经营，特别是出口丝绸的生产、缫丝和纺织。

---

[1] Estudillo, J. P., T. Sonobe, and K. Otsuka. 2007. Development of the Rural Non-Farm Sector in the Philippines and Lessons from the East Asian Experience. In Balisacan, A. M., and H. Hill, eds. *The Dynamics of Regional Development: The Philippines in East Asia.* Cheltenham: Edward Elgar.

当地商人在传递市场信息和技术方面发挥了重要作用。中国台湾（发展中小企业）、中国大陆（发展农村乡镇企业）展示了农村产业是如何成功融入城市经济的。在南亚，棉花产业直到19世纪一直是农村经济的重要组成部分，如今这一产业正在复苏。

由于有助于为农村劳动力创造就业机会，减缓城乡迁移，促进公平收入分配，减少农村贫困，因此需要促进非农行业的发展。例如，在菲律宾，农村非农就业占农村就业的比例从1983年的35%上升到2003年的41%。随着非农工作更加有利可图，农村劳动力不断脱离农业耕作。

农业和农业耕作在农村家庭收入中所占的比重越来越小，亚洲专门务农的家庭越来越少。近期的一项对实地调查结果的审查表明，从1992年到2004年，越南专门务农的农村家庭的比例从44%下降到25%，印度尼西亚从35%下降到16%，尼泊尔从27%下降到19%。[1]非农收入在农村家庭收入中所占比重越来越高，大多数农村家庭从农业活动之外的其他各种来源获得收入。

4.8 展望未来

过去50年来，亚洲的农业和农村经济发生了显著变化，但整个地区的发展并不均衡。亚洲的农业和农村领域仍然面临重大挑战，且新旧挑战并存。粮食安全、营养与食品安全、多样化、农村就业、土地整理、加强农业市场和食品供应链以及城乡一体化，这些仍然是许多亚洲发展中经济体的重要优先事项。

放眼未来，决策者们还需要考虑新的机遇、新的问题和不断变化的环境。例如，农业和农村地区有更多利用信息技术和其他新技术的机会。人口结构变化，特别是农村人口老龄化，必须成为乡村振兴战略需要考虑的一部分。而气候变化、环境压力和自然资源枯竭的影响迫在眉睫，增加了农业决策和政策实施的紧迫性和复杂性。

具体而言，以下几点对继续推动农业转型和农村发展至关重要，也是亚行《2030战略》中关于促进农村发展和粮食安全的新业务重点的重要

---

[1] Davis, B., et al. 2010. A Cross-Country Comparison of Rural Income Generating Activities. *World Development*. 38 (1). pp. 48–63.

内容。

第一，技术仍然是促进生产率增长的关键动力。未来将在农业生产系统和整个食物链中推动技术研究与应用。这有助于把小农户与市场联系起来，同时采取措施降低采用新智能技术的风险。气候智能型技术（如滴灌和耐旱作物品种）已被开发出来，未来还会有更多。智能技术的应用越来越广泛，从卫星图像、物联网、人工智能到大数据分析等，不一而足。

第二，土地改革和土地管理仍然是许多亚洲国家当前议程的一部分。缺乏明确的土地权利降低了土地和信贷市场的效率，阻碍了为实现机械化和提高农业生产率而进行的土地整理。对于面临农村劳动力短缺和农民老龄化的国家来说，农地归整是一个重要的解决方案。

第三，需要完善食品价值链，促进农产品贸易发展。为此，需要投入更多资金来改善交通基础设施和物流服务。此外，还需要继续努力减少贸易壁垒，完善农产品贸易的海关服务和检疫服务。

第四，必须制定食品安全和营养标准，并在整个食品系统实施。公共政策和投资需要更加重视安全和营养问题。营养不良是一个涉及多个方面的发展问题，其影响将持续几代人。解决这一问题需要包括政府部门、社区、私营部门和家庭在内的众多利益相关方的积极参与和支持。

第五，应解决仍然存在的农产品价格扭曲问题。这有助于提高政府支出的透明度和资源配置效率。越来越多的亚洲国家正朝着这一方向努力，包括从为贫困家庭提供食品价格补贴转向有针对性的收入转移。

第六，必须应对不断出现的挑战，包括森林、土地和水资源生态系统保护，空气、土壤和水污染环境管理，以及对干旱、洪水和盐碱化的气候适应。农业还可以通过完善森林和土地管理以及采用低碳耕作方法，减缓气候变化。

第七，必须将农业和农村发展政策的设计和执行更好地纳入国家发展战略，以实现更加平衡、包容和可持续的增长。

第 5 章

科技进步是关键驱动力

5.1 引言

亚洲过去50年的增长与发展建立在显著的科技进步之上。日本和新兴工业经济体（韩国、新加坡、中国香港和中国台湾）利用科技来提高生产率，使生活水平提高到发达经济体的水平。其他国家相继效仿。从该地区生产的商品和服务中，我们可以窥见该地区的转型及其向全球技术前沿靠拢。亚洲率先使用高铁，目前运营着全球四分之三的高铁网络。亚洲生产的汽车占全球汽车产量的50%以上，生产的机器人占全球的75%，出口的高科技产品占全球的50%。

历史上，亚洲自主创造了各种技术，如造纸术、印刷术、火药和指南针。然而，亚洲从15世纪开始落后于西方，而且随着欧洲工业革命的推进，差距进一步拉大（见专栏5.1）。因此，亚洲需要在技术上迎头赶上。在19世纪晚期日本的现代化过程中，引进技术最重要的途径是邀请来自欧洲和美国的科学、医学、农业和工程等方面的专家。这些专家带来了造币、印刷、铁路、纺织和其他领域的专业知识和技能。到19世纪末，日本培养出自己的科学家和工程师，发展出生产火车、高质量钢材和武器装备的能力。

通常来说，科技进步并不是必然发生的。它需要企业、研究人员和政府的努力。亚洲经济体通过多种渠道和方法获取、利用和创新技术，如邀请专家、派遣使团和留学生、取得外国许可证、进口机器、开展贸易、开展逆向工程、吸引外商直接投资和接受技术合作援助等。在掌握了所引进的生产商品和提供服务的技术后，这些国家通过研发建立起从引进走向创新的能力。

为支持这一进程，亚洲各国政府建立了由工程师、科学家和其他研究人员组成的人力资本力量，并为他们提供学习和应用知识的机会和激励。各国政府还通过以下方式促进科技发展：（1）建立包括大学、研究机构、国家实验室和科技园区在内的国家创新体系；（2）建立法律和制度框架，包括知识产权制度；（3）通过税收优惠、补贴和信贷等方式，支持私营部门研发和其他相关投资；（4）建设信息与通信技术基础设施，包括高速宽带和移动网络；（5）营造激发创新的竞争性市场环境。

本章将讨论科技进步在促进亚洲增长和转型中的作用。第5.2节从理论和概念层面阐述技术与经济增长之间的联系。第5.3节总结本地区科技进步的主要成就。第5.4节讲述促进亚洲技术引进和创新的主要驱动因素和渠道。第5.5节分享各国的经验。第5.6节介绍最近的科技发展趋势。第5.7节提出进一步推动科技进步，特别是关于如何帮助中等收入国家向创新阶段迈进的建议。

专栏5.1　亚洲过去的科技进步以及亚洲是如何落后的

在与西方互动之前，亚洲曾创造了各种技术。在第一个千禧年到迈进第二个千禧年期间，这些自主技术促进了亚洲的经济发展。然而，从文艺复兴开始，亚洲在科学技术方面开始落后于西方，而且自18世纪晚期英国工业革命兴起后，差距越来越大。

亚洲最著名和最常被提起的发明是中国的四大发明：造纸术（公元100年左右发明）、活字印刷术、火药、指南针（公元1000年左右发明）。这些发明不仅对亚洲来说是突破性的成就，在全球范围内也具有创新意义。

> 在亚洲，随着社会寻求为不断增长的人口建立稳定的粮食供应，各种农业技术不断被开发出来。栽培技术、大规模水资源管理和灌溉系统以及选种育种随时间的推移而不断进步，尤其是在水稻生产方面。亚洲还不断改进石头、混凝土、大理石和其他材料的建筑技术，我们今天所看到的几个世纪前遗留下来的宫殿、清真寺、寺庙和古墓就得益于这些建筑技术。
>
> 在纺织业方面，亚洲开创了丝绸生产和织造，连接亚洲和东欧的中亚贸易路线丝绸之路就因丝绸而得名。生产丝绸需要掌握养蚕和纺线织布技术。亚洲还发明了简易编织的棉织物，即棉布。棉布技术起源于孟加拉，随后传播到亚洲其他地区。这种纺织品在亚洲广泛交易并传入欧洲，但英国的殖民政策促进了英国制造的纺织品销售，导致亚洲的棉布生产下降。
>
> 科学在工业生产中的应用点燃了欧洲的工业革命，包括炼钢、蒸汽机、机械制造和改良化学材料。技术和商业活动得到了各种制度的支持，如专利法、有限责任公司和会计制度，使西方国家的生产和生活水平显著提高，进一步扩大了欧洲与世界其他地区之间的差距。工业革命开始时，亚洲占全球产出的近60%，但随着西方的崛起，这一比例开始下降。到1960年，亚洲发展中经济体和发达经济体所占的比例下降到不足13%（详见第1章）。
>
> 资料来源：亚洲开发银行。

5.2 衡量科技进步对增长的贡献

过去50年，亚洲的科技进步显著。与20世纪60年代相比，商品和服务的种类和质量都实现了显著增长。亚洲目前生产的商品涵盖汽车、电脑和智能手机等。这些商品的生产借助数控机床、机械化生产线和机器人等技术来实现。在服务领域，信息与通信技术革新了客户表达需求和供应商满足需求的方式。在农业方面，亚洲受益于绿色革命带来的新技术，包括种植高产品种、使用化肥农药、改良灌溉和使用机械化耕作，大大提高了农业生产率（详见第4章）。

全面把握亚洲的科技进步并不容易。没有单一、准确的标准用以衡量一个国家的技术水平。衡量技术对增长贡献的一个方法是基于所谓的"全要素生产率"。

5.2.1 全要素生产率

总生产函数以四个投入要素为基础,建立经济产出—国内生产总值(GDP)模型。四个投入要素包括两个有形的投入要素,分别是资本(机器设备)和劳动力(工人数量),以及两个无形的投入要素,分别是人力资本改善(工人的技能和知识,以受教育年限作为衡量标准)和技术与创新要素(见专栏5.2)。在考虑了其他三个因素的贡献后,将技术和创新对GDP增长的贡献衡量为"残差"。

这种残差被称为全要素生产率(TFP)。全要素生产率主要衡量产品和工艺技术的进步,以及与管理、制度和政策改革相关的效率提升。全要素生产率还包括资本、劳动力和人力资本增加(或减少)之外的任何其他因素对GDP的贡献。例如,由于人力资本通过受教育年限来衡量,未考虑教育和培训的质量,因此被量化为全要素生产率的一部分。同样地,有些技术进步因素可以被纳入全要素生产率,而有些则体现为增加的资本价值(如更昂贵、更复杂的资本品)。

克鲁格曼在1994年发表的《亚洲奇迹的神话》[1]一文中提出的关于亚洲高绩效经济体高增长的本质的观点引起广泛争议。[2]基于其他学者发表的两篇论文的结论[3],克鲁格曼认为亚洲由于效率(或全要素生产率)提升带来的增长很小,发展主要由资源(资本和劳动力)调动驱动。他暗指亚洲的增长模式类似苏联经济,难以持续。

这种与苏联体制的类比是错误的。亚洲经济体以市场运作为基础,在发展的早期阶段,通过资本投入成功地调动资源,高储蓄、过剩农村劳动

---

[1] Krugman, P. 1994. The Myth of Asia's Miracle. *Foreign Affairs*. 1 (November/December). pp. 62–78.

[2] World Bank. 1993. *The East Asian Miracle: Economic Growth and Public Policy*. New York: Oxford University Press.

[3] Young, A. 1995. The Tyranny of Numbers: Confronting the Statistical Realities of the East Asian Growth Experience. *Quarterly Journal of Economics*. 110 (3). pp. 641–680; and Kim, J.-I., and L. J. Lau. 1994. The Sources of Economic Growth of the East Asian Newly Industrialized Countries. *Journal of the Japanese and International Economies*. 8 (3). pp. 235–271.

力的吸收以及教育质量的提高又为此提供了积极的支持。对照全球其他地区的经验，这本身就是一项重大成就。对许多经济体来说，正是以市场为基础、由资源调动驱动的增长，才能逐步发展成为基于创新的增长，从而跨越趋同或追赶过程。正如亚行的一份分析报告明确指出的，这就是在亚洲所发生的情况（见图5.1）。

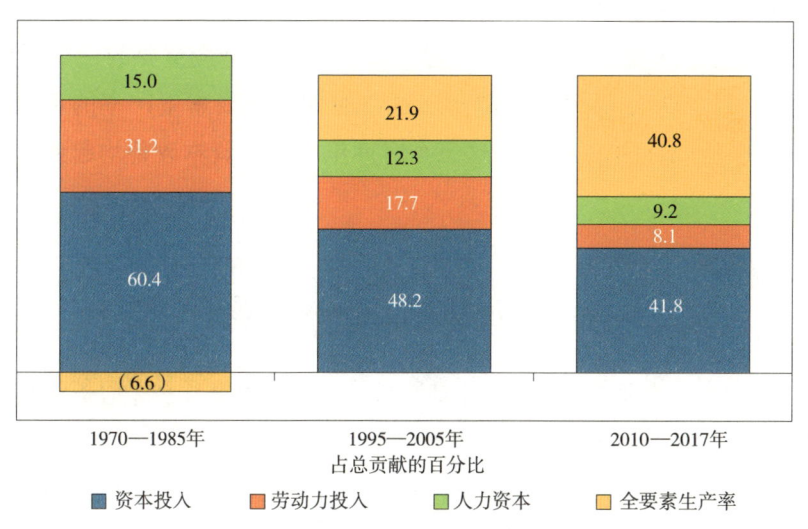

时期	资本投入	劳动力投入	人力资本	全要素生产率
1970—1985年	60.4	31.2	15.0	(6.6)
1995—2005年	48.2	17.7	12.3	21.9
2010—2017年	41.8	8.1	9.2	40.8

图5.1 亚洲生产要素对GDP增长的贡献

注：1970—1985年的数据不包括中亚。第一个时期涉及的21个经济体包括孟加拉国、文莱、柬埔寨、印度、印度尼西亚、日本、老挝、马来西亚、蒙古国、缅甸、尼泊尔、巴基斯坦、中国、菲律宾、韩国、新加坡、斯里兰卡、泰国、越南、中国香港、中国台湾。后两个时期涉及的经济体还包括亚美尼亚、哈萨克斯坦、吉尔吉斯斯坦和塔吉克斯坦。2017年，这25个经济体占亚行发展中成员体和日本的GDP总量的99%。括号中为负值。

资料来源：根据来自罗伯特·芬斯特拉（Feenstra, R.）、R. 因科拉尔（R. Inklaar）和M. P. 蒂默（M. P. Timmer）等人2015年的数据进行的估算；The Next Generation of the Penn World Table. *American Economic Review*. 105 (10). pp. 3150–3182. http://www.ggdc.net/pwt（2019年7月1日访问）; Asian Productivity Organization (APO). APO Database. https://www.apo-tokyo.org/wedo/measurement（2019年7月1日访问）。

5.2.2 技术在促进亚洲增长中的作用不断增强

在过去半个世纪，亚洲的增长越来越依赖于全要素生产率。图5.1显示了四个投入要素在三个不同时期对增长的贡献。第一个时期为1970—1985年。在这一时期，增长由资本积累和劳动力投入增加推动，全要素生产率带来的增长率则为负值。因为全要素生产率很难捕捉到体现在资本品中的技术，而这种技术是在资本存量中捕捉的（如前所述），所以全要素生产率的贡献可能是负值。这一时期全球经济严重动荡（通货膨胀、石油和债务危机及其他因素），因此增长率降低，导致全要素生产率增长下降或为负值。第二个时期为1995—2005年。在这一时期，全要素生产率对包括中亚国家在内的25个经济体的增长作出了积极贡献。全要素生产率的积极贡献补充了其他三个要素的作用，而资本仍然是最重要的一个增长来源。第三个时期为2010—2017年。这一时期，全要素生产率的贡献进一步增加，约占增长的40%。在这三个时期里，人力资本改善均起到了积极作用。

专栏5.2　科技进步与增长核算

科技进步在推动经济增长中的重要性在经济学文献中有充分的解释。现代增长理论建立在总量生产函数框架之上，其中科技进步是关键的生产投入要素之一。根据这个框架，一个经济体的国内生产总值（Y）由四个要素决定：技术（A）、资本（K）、劳动力（L）和人力资本（H）。

例如，经过实证验证的柯布—道格拉斯生产函数假定资本、劳动力和人力资本的规模收益不变（每一种投入以相同的速度增长，将带动产出以同等速度增长），并假设资本、劳动力和人力资本的边际生产率递减（假设这三个因素之间不完全替代）：

$$Y=AK^{a}L^{b}H^{1-a-b} \quad (1)$$

其中，0<a<1，0<b<1，a+b<1。

根据该总量生产函数，可以利用全微分导出一个"增长核算"公式，用于解释基于技术、资本、劳动力和人力资本增长的GDP增长：

$$\Delta Y/Y=\Delta A/A+a\Delta K/K+b\Delta L/L+(1-a-b)\Delta H/H \quad (2)$$

其中，Δ代表变量变化。利用该方程式，科技进步的速度（ΔA/A）可以计算为"残差"，因为GDP、资本、劳动力和人力资本的增长以及共享参数a和b由数据给出。

$$\Delta A/A = \Delta Y/Y - a\Delta K/K - b\Delta L/L - (1-a-b)\Delta H/H \quad (3)$$

代表劳动力的技能和知识的人力资本通常被量化为劳动年龄人口的平均受教育年限。例如，图5.1和图5.2就是基于方程（2）所示的增长核算公式计算的。

从方程（2）中我们可以看出，GDP增长（$\Delta Y/Y$）可以通过科技进步（$\Delta A/A$）来加强，科技进步通过技术引进和创新来实现，而技术引进和创新又通过研发投资来实现。国家还可以通过投资教育和提高教育质量来促进人力资本增长（$\Delta H/H$），进而提高GDP增长。此外，根据20世纪80年代中期至1990年出现的"内生增长"模型，科技进步（$\Delta A/A$）是人力资本（H）的函数。因此，基于这个构想，人力资本投资既直接有助于GDP增长，又有助于科技进步（$\Delta A/A$），而科技进步又促使GDP进一步增长。[1]对于发展中国家来说，科技进步（$\Delta A/A$）除源自本地创新投资外，还源自外国技术引进。[2]

然而，长期来看，根据方程（2），人口增长率（$\Delta L/L$）将因人口结构的变化而放缓（详见第6章），甚至变为零或负值，从而导致经济增长放缓。在没有人口增长的情况下，即$\Delta L/L=0$，随着资本增长（$\Delta K/K$）下降，资本增加对GDP增长的贡献也将减少。这是因为$\Delta K/K$是（固定）储蓄率（$\Delta K/Y$）和平均资本生产率（Y/K）的乘积，其中，人均资本由于资本积累而增加，导致边际资本生产率（$\Delta Y/\Delta K$）和平均资本生产率（Y/K）下降。即使在这种情况下，增长也能够通过科技进步（$\Delta A/A$）和人力资本增长（$\Delta H/H$）来保持和加强。

资料来源：亚洲开发银行。

---

[1] Lucas, R. E., Jr. 1988. On the Mechanics of Economic Development. *Journal of Monetary Economics*. 22 (1). pp. 3–42; Romer, P. 1990. Endogenous Technological Change. *Journal of Political Economy*. 98 (5). pp. S71–S102; Grossman, G. M., and E. Helpman. 1991. *Innovation and Growth in the Global Economy*. Cambridge, MA and London: The MIT Press; Aghion, P., and P. Howitt. 1997. *Endogenous Growth Theory*. Cambridge, MA: The MIT Press.

[2] Comin, D., and B. Hobijn. 2010. An Exploration of Technology Diffusion. *American Economic Review*. 100 (5). pp. 2031–2059.

图5.2显示了20世纪60年代以来的几十年里世界上两类经济体的增长情况。对于从初始中等收入向高收入迈进的经济体，全要素生产率的贡献为28%，而对于处于中等收入的经济体，全要素生产率的贡献则略低于10%。结果表明，从中等收入水平向高收入水平迈进可能需要重大科技进步和效率提高，克服中等收入挑战（或所谓的中等收入陷阱）。

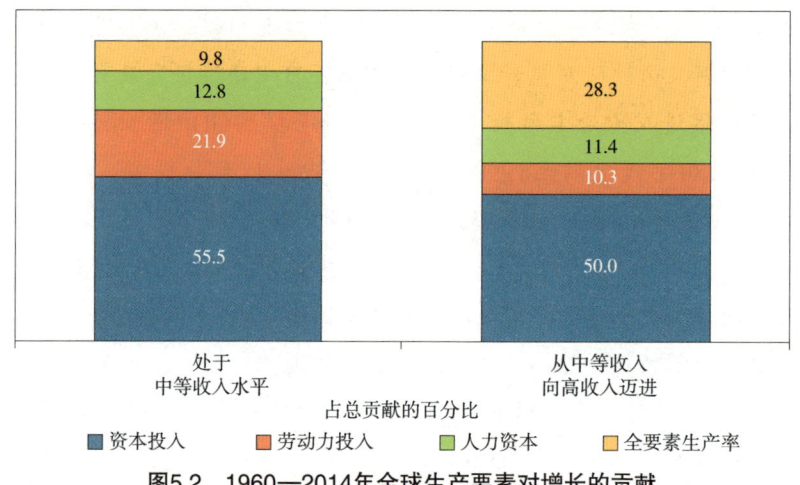

图5.2　1960—2014年全球生产要素对增长的贡献

处于中等收入水平：资本投入 55.5，劳动力投入 21.9，人力资本 12.8，全要素生产率 9.8。

从中等收入向高收入迈进：资本投入 50.0，劳动力投入 10.3，人力资本 11.4，全要素生产率 28.3。

注：这些计算包括亚洲经济体和非亚洲经济体，是十年期分析的总和。处于中等收入的经济体在整个十年期内一直保持中等收入，而迈向高收入的经济体在十年期开始时属于中等收入，到十年期结束时迈入高收入行列。各十年期所包括的经济体数量不同。对于"处于中等收入水平"类，每个十年期大约包含40个经济体。对于"从中等收入向高收入迈进"类，所包含经济体的数量从20世纪70年代的14个到80年代的4个不等。

资料来源：Asian Development Bank. 2017. *Asian Development Outlook 2017: Transcending the Middle-Income Challenge*. Manila.

5.3　亚洲的科技进步

可以使用三个衡量指标来描述亚洲地区的科技发展：（1）一个国家或地区出口品的复杂性；（2）被授予专利的数量；（3）制造和销售在生产中使用的机器人的数量。

5.3.1　产品复杂度

具体而言，亚洲的科技进步体现在其所生产的商品上，进一步说，就是体现在其能够出口到竞争激烈的全球市场的商品上。20世纪60年代，亚洲相当一部分生产和出口都集中在农产品和初级商品，以及纺织和服装等轻工业产品上。虽然这些产品的技术和技能强度较低，但可看作是在工业化阶梯上迈出的第一步。从那以后，该地区掌握了比较复杂的技术，可生产出较为复杂的产品，如电器、汽车、电脑、智能手机和机床。近年来，全球约56%的汽车在亚洲生产。[①]目前，智能手机全球销售额排名前10位的公司中有8家是亚洲公司，其中销售额最高的两家智能手机公司分别位于中国和韩国。

一件衬衫与一台计算机之间的技术差异是显而易见的，但我们需要更详细的衡量标准来系统地衡量一个国家或地区生产能力的总体复杂程度，进而衡量其科技水平。可以使用产品复杂性概念来进行这项工作：先计算产品复杂性指数，然后将其加权后应用于一个国家或地区的出口组合。[②]这些计算基于出口增加值，而不是出口总值。这意味着一个国家或地区仅仅使用高度复杂的进口组件组装产品不会获得高分和/或高比例。图5.3显示了几个亚洲经济体基于产品复杂性的出口分布。纵轴表示每个经济体按产品种类在亚洲出口总额中所占的增加值比例，横轴代表复杂度由低（左侧）到高（右侧）的13个产品类别。图中右侧的高点表示一个经济体的出口占比高，而且出口品复杂度也高。例如，在最右侧的垂直线上（见图5.3a），日本在最复杂的商品（运输设备或车辆）中占很高的比重。许多经济体出口大量电器和电子产品，尤其是中国，这一点从中高技术复杂产品（第9类产品）高峰中可以看出。另一个高峰出现在第7条垂直线上的食品和饮料产品上，尤其是在图5.3b所示的中等收入经济体中。

---

① Organisation Internationale des Constructeurs d'Automobiles (OICA). 2018. Production Statistics. http://www.oica.net/category/production-statistics/2018-statistics/.
② 图5.3的计算分为四个步骤。第一步，计算产品的复杂性。产品A的复杂性基于两个标准：（1）普遍性，即出口A的经济体的数量。如果出口经济体较少，则被认为复杂性更高。（2）多样性，即对于出口A的经济体来说，是指该经济体出口其他产品（非A）的范围。如果出口A的经济体还出口很多其他产品，则认为A的复杂性更高。把标准（1）和（2）相结合，为全球交易的所有商品创建产品复杂性指数评分。第二步，将该指数应用于图5.3所示的10个经济体中每一个经济体的出口。亚洲的出口总额（来自24个经济体）也包含在关于这些产品的计算中。第三步，把出口产品划分为13个产品类别（垂直线）。第四步，计算每个经济体在亚洲出口总额中所占的比例。在整个计算过程中使用出口增加值，而不是出口价值，而且仅针对制成品。

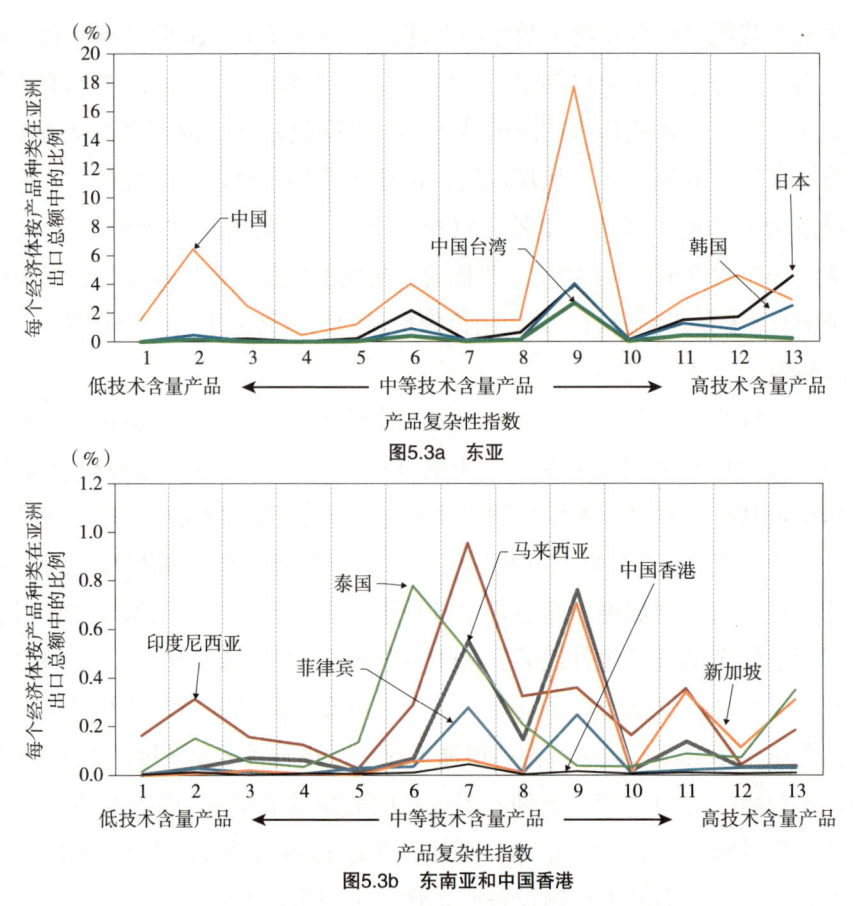

图5.3 亚洲出口的"雁行"模式（2013—2017年平均值）

注：数据为制成品增加值出口数据，系2013—2017年的平均值。使用投入—产出数据计算增加值。y轴表示每个经济体的一个产品种类的出口占亚洲所有产品种类总出口的比例。亚洲出口总额基于24个经济体的数据。x轴代表以下产品类别（按复杂度渐进排列）：（1）皮革和鞋类；（2）纺织原料及纺织制品；（3）未另分类的制造及循环利用；（4）木材及木材制品和软木制品；（5）其他非金属矿物；（6）基本金属和金属制品；（7）食品、饮料和烟草；（8）橡胶和塑料；（9）电气和光学设备；（10）纸浆、纸张、印刷和出版；（11）化工品及化学制品；（12）未另分类的机械；（13）运输设备。

资料来源：根据联合国数据所做的估算，联合国商品贸易统计数据库，https://comtrade.un.org/data（2019年7月1日访问）；亚洲开发银行多区域投入产出数据库（2019年7月1日访问）。

总体而言，图5.3显示，高收入经济体出口组合中复杂度更高的商品所占比重更大，而中等收入经济体中复杂度中等的商品所占比重更大。这升级了通常用来描述亚太地区工业化模式的"雁行"模型，这种模型概括了工业追赶的动态模式。在这一过程中，工业从鞋类和服装等需要较低技术的轻工业开始，依次从发达经济体转移到发展中经济体。但与此同时，我们可以看到，除产业间贸易外，产业内贸易开始出现：图5.3显示了每个产品复杂度级别中的重叠出口模式。这表明，随着时间的推移，经济体间和产业间的"雁行"发展模式逐渐演变为复杂度更高、动态变化更多的产业内区域和全球价值链结构（详见第9章）。

5.3.2 专利数量

新技术的发明者通过注册专利来获取商业收益。因此，可用新专利的年度注册情况来衡量创新活动。在过去50年里，亚洲的主要经济体已经从外国专利的使用者变为本国专利的生产者。

这一趋势在美国授予的专利数量上可以明显看出（见表5.1）。1965—1969年，在美国获得专利最多的10个国外经济体中，只有1个来自亚洲（日本），其余都来自欧洲和加拿大。然而，到2015年，前5个经济体中有4个是亚洲经济体（日本、韩国、中国和中国台湾），印度排名第10。此外，如果按每个经济体被授予的专利总数（根据专利合作条约在国内和其他国家授予）来排名，中国在2018年位居世界第一。

在过去50年里，亚洲由主要从其他经济体引进技术转变为创造新技术。越来越多的亚洲企业和研究机构注重在海外市场保护自己的知识产权，这表明该地区的本土研发和商业活动正在全球范围内不断扩大。

5.3.3 机器人

机器人和计算机是第三次工业革命的创新，但其日益复杂的技术、自动调节和网络连接是第四次工业革命的核心。[1]它们提高了生产力，产生了较高的标准化质量水平。亚洲在机器人生产和使用方面处于全球领先地位。日本是全球最大的机器人生产国，占全球机器人产量的一半以上。中国和韩国也是主要生产国。2015年，这三个国家占全球机器人产量的75%（见表5.2a）。

---

[1] 历史上发生过四次工业革命：第一次工业革命基于18世纪第一个十年的晚期开始的蒸汽动力、钢铁以及机器的使用；第二次工业革命基于20世纪第一个十年的早期开始的电和批量生产；第三次工业革命基于20世纪60年代开始的计算机和机器人；第四次工业革命基于信息物理系统、传感器、人工智能和物联网，始于21世纪第一个十年的晚期。

表5.1 不同时期获美国专利授权最多的10个国家或地区及其专利数量

年平均数，单位：件

排名	1965—1969年		1975—1979年		1985—1989年		1995—1999年		2005—2009年		2015年	
1	德国	3,810	日本	6,255	日本	15,768	日本	25,988	日本	33,937	日本	52,409
2	英国	2,739	德国	5,650	德国	7,432	德国	7,772	德国	9,196	韩国	17,924
3	法国	1,524	英国	2,663	法国	2,689	法国	3,212	韩国	6,573	德国	16,549
4	日本	1,416	法国	2,121	英国	2,668	英国	2,925	中国台湾	6,118	中国台湾	11,690
5	加拿大	935	瑞士	1,327	加拿大	1,540	加拿大	2,583	加拿大	3,366	中国	8,116
6	瑞士	935	加拿大	1,161	瑞士	1,285	中国台湾	2,473	英国	3,254	加拿大	6,802
7	瑞典	583	瑞典	835	意大利	1,094	韩国	2,273	法国	3,146	法国	6,565
8	荷兰	508	意大利	713	瑞典	860	意大利	1,319	意大利	1,356	英国	6,417
9	意大利	469	荷兰	651	荷兰	855	瑞士	1,163	荷兰	1,237	以色列	3,628
10	比利时	187	苏联	401	澳大利亚	404	瑞典	1,031	澳大利亚	1,202	印度	3,355

注：本表中的数据涉及发明专利，包括创造新的或改进的且有用的产品、工艺或机器。专利来源地根据第一发明人的居住地确定。时间段是指被授予专利的年份。

资料来源：United States Patent and Trademark Office (USPTO). Various years. *USPTO Annual Reports*. Alexandria.

中国是世界上最大的新机器人使用国（见表5.2b）。2017年，近13.8万件机器人被运往（销往）中国。事实上，中国购买的机器人数量几乎是其后四个购买国（日本、韩国、美国和德国）的总和。在全球前15大购买国或地区中还有5个亚洲经济体，分别是中国台湾、越南、新加坡、印度和泰国。

表5.2 工业机器人

表5.2a 2010—2015年世界和部分经济体的工业机器人生产

年份	世界工业机器人总生产量（件）	部分经济体工业机器人生产所占份额（%）				
		日本	韩国	中国	德国	其他经济体
2010	120,600	61.3	14.2	—	9.8	14.7
2011	166,000	59.1	12.8	—	11.4	16.7
2012	159,300	59.8	10.0	—	11.6	18.6
2013	178,100	53.6	8.9	5.3	11.1	21.0
2014	220,600	54.8	12.2	7.2	9.4	16.4
2015	253,700	54.4	12.6	8.0	7.8	17.1

注：— 表示数据未获取。

资料来源：United Nations Conference on Trade and Development (UNCTAD). 2017. Box 3.1 in *Trade and Development Report 2017. Beyond Austerity: Towards a Global New Deal*. Geneva.

表5.2b 2016—2021年世界和部分经济体多用途工业机器人的预计年出货量（买主）

年份	世界多用途工业机器人年出货总量（件）	部分经济体多用途供工业机器人年出货量所占份额（%）							
		中国	日本	韩国	美国	德国	越南	印度	泰国	中国台湾
2016	294,300	29.6	13.1	14.1	10.7	6.8	0.5	0.9	0.9	2.6
2017	381,300	36.2	11.9	10.4	8.7	5.6	2.2	0.9	0.9	2.9
2018[①]	421,000	39.2	12.8	9.7	8.3	5.3	0.6	1.1	1.0	3.1
2019[①]	484,000	43.4	11.6	8.7	7.7	4.9	0.6	1.0	1.0	2.9
2020[①]	553,000	45.2	10.7	8.0	7.4	4.5	0.8	1.1	1.1	3.1
2021[①]	630,000	46.0	10.2	7.3	7.3	4.1	1.1	1.2	1.1	3.2

注：出货量是指经济体内发生的销售/购买量；购买来源可能是经济体内生产者或进口。
① 为预测值。

资料来源：International Federation of Robotics. 2018. *Executive Summary: World Robotics 2018 Industrial Robots*. Frankfurt am Main.

5.4 科技进步的模式

亚洲过去50年的科技进步是市场力量、结构转型、机遇把握和政府支持共同作用的结果。一般来说,一个国家的发展可能会在初期经历基于技术引进的科技进步和增长阶段,后期则为基于自主创新的阶段。

在技术引进阶段,一个国家通过使用发达经济体开发出来的技术来发挥后发优势。技术引进不用"做无谓的重复工作",是一种经济有效的推动科技进步的方法。技术引进的渠道或方法多种多样。许可、逆向工程、机器进口和贸易、外商直接投资和技术合作援助是重要的学习和技术转让渠道。贸易能提高资本生产率,传递有关市场的信息。外商直接投资是对国内储蓄和投资的补充,能促进资本积累及技术和管理技能转让。[1]技术合作援助由提高知识和技术水平的一系列活动组成。[2]

随着时间的推移,国家得到发展,技术水平开始与发达国家趋同,这时必须转向创新,可以采取引入新产品、新服务或新流程等形式进行创新。创新的国家更注重研发、人力资本提升(包括通过高等教育和终身学习)和知识产权保护。随着新进入者的加入和竞争效率的提高,第一个行动者的回报减少。创新必须稳定和持续地进行,市场竞争将为持续创新创造强大动力。

在许多国家或地区,包括发达经济体和亚洲新兴经济体,引进和创新同步进行。为保持处于全球技术前沿,创新在发展的后期变得更为重要。

5.4.1 许可

新技术可以通过取得境外的专利、工业设计和其他知识产权的许可来获取。有效使用许可需要使用者拥有必要的能力。亚洲的高收入经济体曾在发展过程中广泛使用许可这一方式并延续至今,如今其他经济体也在采用这一方式。例如,中国台湾在20世纪50年代末利用从日本获得的关键设

---

[1] Borensztein, E., J. De Gregorio, and J.-W. Lee. 1998. How Does Foreign Direct Investment Affect Economic Growth. *Journal of International Economics*. 45 (1). pp. 115–135.

[2] Comin, D., and B. Hobijn. 2011. Technology Diffusion and Postwar Growth. In Acemoglu, D., and M. Woodford. *NBER Macroeconomics Annual 2010, Volume 25*. Chicago: Chicago University Press; and Sawada, Y., A. Matsuda, and H. Kimura. 2012. On the Role of Technical Cooperation in International Technology Transfers. *Journal of International Development*. 24 (3). pp. 316–340.

计许可发展电子电气行业,从生产电表开始,后来使用通过许可转让的技术生产电视机。

中国台湾的许多公司开始采用代工生产(OEM)模式,这一模式基于许可转让的技术,为其他制造商生产产品和零部件。1974年成立的富士康已成为全球最大的代工生产商,为苹果和任天堂等公司制造消费电子产品。目前全球超过三分之一的消费电子产品是由富士康制造的。中国台湾的许多制造商已从代工转向自主设计开发,并推广自有品牌,如宏碁和华硕,它们是从引进向创新转变的典型。

当今的中等收入国家或地区通过广泛使用许可来获取技术。例如,泰国2018年在知识产权进口方面的支出为50亿美元,中国为350亿美元。随着一个经济体开发自有技术,其开始向境外公司出售技术许可,并成为许可的出口方/销售方。2003年,日本从知识产权(专利、版权等)的净进口国变为净出口国,目前出口为进口的两倍。虽然其他亚洲国家仍是净进口国,但韩国可能很快将发展成为净出口国。[1]

5.4.2 开展贸易

国际贸易一直是技术引进和创新的重要驱动力。一般来说,贸易通过进口的资本品和中间产品中所含的信息的转移,直接促进科技进步。[2]事实上,亚洲最初除了从境外获得许可外,还进口机器和仪器,以此获得高效生产制成品的技术。由于在亚洲发展的早期阶段,与西方之间存在很大的技术差距,这些进口的资本品和中间产品对快速实现技术追赶和技术深化非常重要。

出口也能够促进科技进步,因为出口公司不仅能够通过出口过程了解外国的技术,还能够了解全球市场上的竞争产品,这通常被称为"出口学习"。此外,出口产生的外汇可用于为进一步出口进行创新,如通过购买许可和机器。不断重复这一过程,通过边做边学来提高总体生产率。

---

[1] 2018年,韩国知识产权进口估计为99亿美元,出口估计为78亿美元。数据来自世界银行《世界发展指标》,https://data.worldbank.org(2019年6月24日访问)。

[2] Grossman, G. M., and E. Helpman. 1991. Trade, Knowledge Spillovers, and Growth. *European Economic Review*. 35 (2-3). pp. 517-526; Romer, P. 2010. What Parts of Globalization Matter for Catch-Up Growth? *American Economic Review: Papers and Proceedings*. 100 (2). pp. 94-98.

贸易可激励一个国家或地区在拥有比较优势的领域加大研发和发展技能,从而促进技术升级。这种动态机制在亚洲发挥了重要作用。随着时间的推移,亚洲主要经济体为经济体内市场和国际市场生产自己的资本品,如建筑设备和精密机械;此外,一些国家或地区正在成为全球主要的资本品提供方。

许多亚洲国家或地区在贸易政策自由化后实现了更快的增长,这是外向型贸易体制带来的动态技术收益的一个典型例子。侧重进口替代,而不充分促进出口的贸易策略存在一个主要缺点,即无法产生技术和知识溢出,也无法产生进口资本品和获得技术所需要的外汇(详见第9章)。

5.4.3 外商直接投资

外商直接投资可以是技术转让的一个主要途径,因为跨国公司拥有最新的技术、新的商业模式以及管理技能。各经济体对待外商直接投资的方式不同。虽然日本和韩国更多地依赖许可、机器进口和独立研究,而不是外商直接投资,但其他高增长亚洲经济体广泛利用外商直接投资来推动实质性增长,尤其是在发展的早期阶段。新加坡为跨国公司营造有利的生产、融资和物流环境。中国台湾则采用了一种混合方式,利用跨国公司的关键技术,同时加强岛内企业的能力建设。这两种情况都产生了附带技术利益,而人力资本对获得外商直接投资的益处非常重要。[1]

一些国家采取了更积极的做法。马来西亚、泰国和中国针对大量外商直接投资,建立制造基地并采用包括建立经济特区在内的积极策略。建立合资企业是技术转移的另一个重要方式。从20世纪60年代到80年代,许多国家试图利用"当地成分要求"(LCR),通过外商直接投资,建设本地企业的能力。被要求在当地采购的外国公司可以帮助建设国内供应商的技术能力。然而,外国公司常常发现这些政策具有强迫性,特别是当国内公司的技术能力低于所要求的标准时。由于与国际贸易规则相抵触,"当地成分要求"的使用已减少。

通过外商直接投资进行的技术转让可能会以出乎意料的方式进行。孟

---

[1] Borensztein, E., J. De Gregorio, and J.-W. Lee. 1998. How Does Foreign Direct Investment Affect Economic Growth. *Journal of International Economics*. 45 (1). pp. 115–135.

加拉国成衣制造业的建立就是一个有趣的例子。20世纪70年代初，受《多种纤维协定》规定的配额限制的影响，韩国面临服装出口壁垒。为"越过配额"，韩国主要生产商之一大宇与孟加拉国德什服装有限公司（Desh Garments Ltd.）在孟加拉国建立了一家合资企业，在孟加拉国生产和出口服装。为确保该合资企业高效、盈利，大宇邀请德什公司130名主管到其位于韩国的现代化工厂进行培训。培训的目的显而易见，即受训人员返回后，将新获得的专业知识用于合资企业的运营中。但结果却出乎意料，其中115名学员在学成返回后很快离开了德什公司，或建立自己的公司，或加入孟加拉国的其他新公司。从某种程度上来看，由于此次专业技能的注入，并在国内企业的主导下，孟加拉国成衣制造业得以快速发展，大部分公司为外国服装品牌进行生产，但也有部分公司开发了自己的设计和品牌。孟加拉国目前已成为全球第二大服装出口国，仅次于中国。

5.4.4　技术合作援助

亚洲受益于发达国家向欠发达国家提供的技术合作援助。技术合作援助能够促进新技术的引进，提高一个经济体的吸收能力，从而加快引进其他外国技术的步伐。

二战后，美国与韩国、几个东南亚国家和中国台湾的技术合作形式多样，包括向亚太地区派遣专家，邀请学生和培训生前往美国学习、培训。

随着时间的推移，在通过援助项目促进向其他亚洲经济体进行技术转让方面，日本、欧洲和澳大利亚发挥了越来越重要的作用。韩国和其他一些亚洲国家目前也正在成为技术援助的捐赠国。技术合作援助一直是向亚洲提供双边和多边官方发展援助的主要支柱之一（详见第14章）。

最近的一项研究发现，技术合作援助与总体科技进步之间显著正相关。[1]在各种国际技术转让途径中，国际贸易的作用最大，其次是技术合作援助和外商直接投资。

---

[1] Sawada, Y., A. Matsuda, and H. Kimura. 2012. On the Role of Technical Cooperation in International Technology Transfers. *Journal of International Development*. 24 (3). pp. 316–340.

5.4.5 逆向工程

历史上，逆向工程一直是获取技术的一种常用方法。逆向工程通过拆卸产品来了解产品的生产方式。[①]虽然这一过程属于一种引进形式，但其需要较高的工程技术水平。机器和产品很容易被拆开，但难点在于理解并复制机械和产品的工程原理。此外，很难对有些化学产品和材料进行逆向工程。

例如，丰田汽车的创始人丰田喜一郎（纺织机革新者、制造商丰田佐吉之子）在1933年进口了一辆美国汽车，在对其实施逆向工程后，于1935年制造出第一辆A1型汽车。LG电子通过对美国和日本的产品进行逆向工程，于1958年生产出韩国第一台晶体管收音机。三星于1982年建立了一个研究实验室，从基本的动态RAM芯片开始，对半导体进行逆向工程。该公司随后将芯片升级到高容量，成为世界领先者。20世纪70年代，中国台湾的初创企业利用逆向工程学习制造电脑。宏碁、神通和其他当地公司最初销售全球电脑公司的产品，尤其是微型电脑和微处理器。通过与计算机行业的先驱不断互动和赞助培训，宏碁成为一个全球性的计算机设备品牌。

虽然逆向工程被认为是一种技术引进方式，但它也可以是通过学习向创新过渡的一个重要步骤。当一家公司有能力对一种产品进行逆向工程并生产自己型号的产品时，它就可以接着改进基本设计，并生产新产品。

5.4.6 研发

各经济体在发展和向全球技术前沿迈进的过程中，更加注重自主创新。在亚洲，更多的人力资源和资金被投入企业实验室和公共研究机构。日本和韩国的研发支出占GDP的比重位于全球前列，均超过3%（见图5.4）。过去20年，随着韩国成为全球电子产品的领先者，该国的研发比例翻了一番。在2016年前的20年间，中国的研发支出占GDP的比重从0.5%提高至2.0%。目前，中国的研发支出占GDP的比重与新加坡相当，高于中国香港。

[①] Nabeshima, K. 2004. Technology Transfer in East Asia: A Survey. In Yusuf, S., M. Anjum Altaf, and K. Nabeshima, eds. *Global Production Networking and Technological Change in East Asia*. Washington, DC: World Bank.

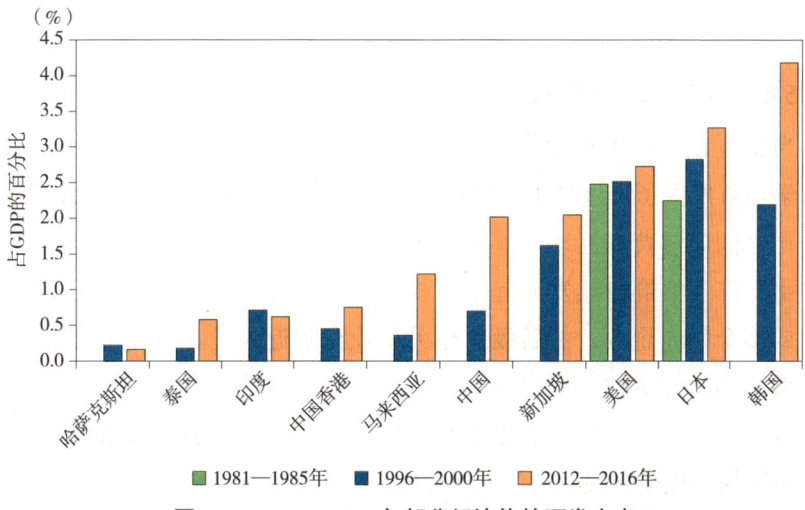

图5.4　1981—2016年部分经济体的研发支出

注：数据为所述时间段的平均数。1981—1985年的数据只包含日本和美国。对于1996—2000年这一时间段，哈萨克斯坦的数据为1997—2000年的数据，泰国1998年的数据缺失，中国香港的数据为1998—2000年的数据，马来西亚1997年和1998年的数据缺失。对于2012—2016年这一时间段，泰国的数据为2013—2016年的数据，印度的数据为2015年的数据，马来西亚的数据为2014—2015年的数据，新加坡的数据为2012—2014年的数据。

资料来源：对于1981—1995年这一时间段，数据源自经合组织，https://data.oecd.org（2019年7月3日访问）；对于1996—2016年这一时间段，数据源自世界银行，《世界发展指标》，https://databank.worldbank.org/source/world-development-indicators（2019年6月24日访问）。

其他亚洲中等收入经济体近年来也增加了研发支出，以此作为更广泛地促进创新的国家战略的一部分。自20世纪90年代末以来，泰国和马来西亚的研发支出占GDP的比重是原来的三倍多（见图5.4）。这些经济体的研发部分集中在国内知名行业。例如，泰国很大一部分研发集中在一些重要领域，如食品加工行业、医疗行业（鉴于医疗旅游迅速扩大）和汽车行业。在印度，信息技术软件占整个研发支出的很大一部分。事实上，许多外国公司都建立了以信息技术为重点的研发中心。[①]

对于研发的支持，其中部分来自政府研究机构和教育机构。过去半个世纪见证了亚洲高质量大学的空前发展。在全球物理科学和数学排名前100

---

① 在印度的外国研发中心的支出通常不计入该国的研发支出数据。Basant, R., and S. Mani. 2012. Foreign R&D Centers in India: An Analysis of Their Size, Structure and Implications. *Indian Institute of Management Working Paper Series*. No. 2012-01-06. Ahmedabad.

位的大学中，有15所来自亚洲。①

5.4.7 产业集群与集聚

当企业在集群中彼此靠近，并成为工业园区和技术园区的一部分时，技术学习就发生了。这种由于邻近产生的技术外部效应（马歇尔外部效应）即公司之间通过普遍互动、零部件采购、劳动者流动和竞争压力而产生知识溢出。许多集群自然发展起来，或是基于获得关键原材料，或是先建立一个或多个领先企业，然后吸引相关企业在附近入驻。现代技术集群通常临近大学和研究机构。从广义上讲，产业集中在城市内或城市附近会产生集聚效应。在这里，企业能够依赖供应商和工人，并能进入市场。这会带来不断增加的规模收益。②

亚洲有各种各样的传统集群，最近的一些集群是在政府协调下形成的。在日本，东京大田区③和东大阪市是二战前中小企业著名的聚集地，生产精密零件、塑料模具和金属模具。日本丰田市④和韩国蔚山市聚集着由许多子公司和承包公司组成的大型汽车产业集群（丰田和现代）。南亚著名的传统集群包括世界上最大的手缝足球和手术器械生产商集中地，位于巴基斯坦锡亚尔科特。印度也有各种各样的大型集群，包括莫拉达巴德的铜制品生产和蒂鲁布尔的针织品生产。印度班加罗尔以软件业集群和业务流程外包（BPO）产业集群而闻名。泰国拥有汽车和硬盘驱动器生产集群，孟加拉国和柬埔寨则因服装业集群而闻名。中国台湾的新竹科技园以发展电子科技闻名，因其邻近两所主要大学的科学和工程学院，而且工业技术研究院也在附近，这里催生了世界三大半导体生产商中的两家。

位于中国南部的深圳是一个高科技大都市，聚集着一批中国最大的、

---

① 数据来自《泰晤士报高等教育》2019年世界大学排名。
② Asian Development Bank. 2019. *Asian Development Outlook 2019 Update: Fostering Growth and Inclusion in Asia's Cities*. Manila.
③ Whittaker, D. 1997. *Small Firms in the Japanese Economy*. Cambridge, United Kingdom: Cambridge University Press.
④ Fujita, K., and R. C. Hill. 1993. Toyota City: Industrial Organization and the Local State in Japan. In Fujita, K., and R. C. Hill, eds. *Japanese Cities in the World Economy*. Philadelphia: Temple University Press. pp. 175–202.

先进的企业。深圳是中国建立的第一个经济特区，有"中国硅谷"之称，是电子公司华为、互联网巨头腾讯及电信设备领先生产商中兴通讯的总部所在地。位于首都北京的清华大学和北京大学是主要的工程技术教学和研究机构，为北京（特别是中关村的电子和技术公司）的发展提供了支持。

5.4.8 市场竞争

正如前文所述，国际和国内市场竞争一直是促进亚洲科技进步的主要力量。在有竞争的地方，企业通过采用新工艺和新产品来维持或提升市场地位。它们可以从事各种类型的技术获取和创新。

在低水平竞争中，市场由一家或几家公司主导，由于已经获取了市场，因此缺乏创新动力。在一些由政府垄断所有权和阻止私人竞争进入的国家，这个问题一直存在。例如，1990年以前，印度将关键战略产业国有化，通过许可制度控制私营部门进入。

对于促进创新的市场竞争来说，适当的政策至关重要，包括关于公平竞争、破产、消费者保护和知识产权的法律。竞争政策旨在加强消费者的选择自由以及公司进行贸易和进入市场的自由。这些政策能平衡短期效率与长期、动态效率及社会效益。为促进市场公平竞争，各国还更加重视政府机构的质量和监管能力，包括公开透明的政府采购、反腐措施和公共治理。

竞争很重要，但过度竞争可能会降低利润，抑制创新所需的资金积累。大量的小微企业参与到激烈的竞争中，所得的利润微薄，在研发方面的投资机会少之又少。此外，这还会抑制能够形成规模经济的大公司的产生。因此，一些现有的研究表明，竞争与创新之间呈倒U形关系，竞争水平过低和过高都会减缓技术发展。[1]

通过适度竞争、兼并和收购，以及效率低下企业的退出，少数能力强的公司自然就能脱颖而出。以二战后日本的摩托车行业为例。在战争结束时，摩托车制造商仅有5家，到1953年增加到127家。由于初期技术水平要求非常低，大多数公司都是小型车间，使越来越多的企业轻松进入该行业。20世纪50年代，一些领先企业斥资从美国和欧洲进口先进设备，生产创新

---

[1] Aghion, P., et al. 2005. Competition and Innovation: An Inverted-U Relationship. *Quarterly Journal of Economics*. 120 (2). pp. 701–728.

产品。到20世纪60年代，市场由本田、雅马哈、铃木和川崎这四家公司主导，它们后来成为全球最具创新性的摩托车制造商。[1] 市场竞争通过这种方式促进了创新。

5.4.9 结构转型与科技进步

亚洲的经验还表明，科技进步是从农业向工业（特别是制造业）和服务业进行结构转型（生产和就业转变）的重要因素。

最初的转型过程通过适用研究和跨不同生态环境的技术转让来提高农业生产率。一个重要的例子是20世纪60年代开始的在亚洲推广现代水稻和小麦品种的绿色革命（详见第4章）。此外，化肥、杀虫剂和机械化也提高了农业生产率。

农业与制造业的技术发展相辅相成。制造业的科技进步带来了可持续的生产率增长，扩大了就业机会，[2] 由此导致的从农业到非农业部门的劳动力流动提高了农民工人的收入，促使人们使用节省劳动力的技术。由于使用非农部门生产的机械、化肥和杀虫剂等现代农用产品，农业生产率进一步提高。[3] 除非工业化与农业发展同步进行，否则在人口密度大的亚洲国家几乎不可能实现农业现代化。[4]

5.5 科技政策的国别经验

亚洲在推进技术升级方面具有各种经验和战略。如前所述，有些国家更依赖外商直接投资，有些还采取了针对性产业政策（详见第2章）。无论属于哪种情况，引进和创新都应谨慎，并需要具有支持性社会能力和吸收能力，这样才能使其发挥作用。人力资本是技术引进的一个关键要求。转向新的流程和产品需要政府制定实体基础设施、学习和研究机构以及专利

---

[1] Yamamura, E., T. Sonobe, and K. Otsuka. 2005. Time Path in Innovation, Imitation, and Growth: The Case of the Motorcycle Industry in Postwar Japan. *Journal of Evolutionary Economics*. 15 (2). pp. 169–186.

[2] Hayashi, F., and E. C. Prescott. 2008. The Depressing Effect of Agricultural Institutions on the Prewar Japanese Economy. *Journal of Political Economy*. 116 (4). pp. 573–632.

[3] Hayami, Y., and V. W. Ruttan. 1985. *Agricultural Development: An International Perspective*. Baltimore and London: Johns Hopkins University Press.

[4] Watanabe, T. 1992. *Asia: Its Growth and Agony*. Hawaii: University of Hawaii Press.

等方面的支持性政策，以保护创新。科技进步的两个最重要的驱动力是开放的贸易和投资制度，以及市场竞争。所有这些都是广泛的国家技术和创新战略的一部分。

5.5.1 日本

虽然日本在战前有在许多领域开发技术的传统，但在战后复苏和赶超过程中，日本更多地通过许可和其他方式引进外国技术，后来不断转向创新，这个过程如图5.5所示。在其他国家观察到的情况与此相同。在私营公司引进技术的最初阶段，日本政府在进口技术和建立严格的技术引进框架方面（考虑到严重的外汇限制）发挥了关键作用。1950年《外商投资法》通过，这个政策框架开始实施，用来有选择地引进被认为是关键的技术。随着国内各行业对进口技术的需求急剧增加，且外汇也不再稀缺，与《外商投资法》有关的规定逐渐放宽，并在1968年基本取消。

随着时间的推移，企业更密集地开展研发，以进一步提高技术水平。虽然日本的研发比例低于其他发达国家，但政府除了支持更广泛的科技研究外，还高度参与建立研发联盟。

图5.5　1956—1988年日本技术引进与创新

资料来源：Aoki, S., et al. 2011. The Role of the Government in Facilitating TFP Growth during Japan's Rapid-Growth Era. In Otsuka, K., and K. Kalirajan, eds. *Community, Market, and State in Development*. London: Palgrave Macmillan.

5.5.2 韩国

韩国从20世纪60年代初的一个技术发展水平较低的贫困国家发展成为电子、化工、汽车及其他行业的重要创新中心。这种转变依赖于大量引进国外技术，这些技术成为向自主创新转变的基础。该国转型的一个关键是政府为促进基于技术的发展而积极实施干预。政府在提供人力资本和鼓励企业升级方面发挥了决定性的作用。政府没有依赖外商直接投资，而是促进大型企业集团（即财阀）的发展，这些财阀大量投资于实物资本和创新。审慎采用出口导向型贸易战略不仅为新兴产业提供了保护，还推动了企业参与国外市场竞争。政府支持与出口绩效挂钩，尤其是在获得低成本融资和外汇方面。有了这些资源，企业就有动力升级流程和产品技术。

从20世纪80年代开始，政府将重心转向创新。1982年，政府制定了一个国家研发计划，并提供税收抵免，以鼓励企业层面的研究和员工培训。私营部门也制定了应对之策。企业研发与技术进口之比从1981年的2.5增加到20世纪90年代初的10，研发总额占GDP的比重从1981年的不足1%上升到2005年的近3%。[①] 在此期间，由于政府逐渐转变为促进者的角色，政府资助的研究与私营部门相比有所下降。

5.5.3 新加坡

过去50年来，新加坡的国家创新体系从技术使用转向技术创造。这种转变分为四个连续的阶段：（1）学习使用跨国公司转让的技术；（2）适应和改进国内企业从外部获得的技术；（3）开展研发投资，创新产品和流程；（4）开拓新技术创新。

新加坡政府在促进该国科技快速进步中发挥了重要作用。在20世纪70年代和80年代，该经济体主要依赖跨国公司提供的技术。随着国家科学技术委员会的成立和两个国家科技五年计划的启动，这种情况在20世纪90年代发生了变化。除投资公共研发外，在21世纪第一个十年，新加坡还侧重于建设研究基础设施和吸引私人研发。政府制定了第三个国家科技计划（2001—

---

① Chung, S. C. 2007. Excelsior: The Korean Innovation Story. *Issues in Science and Technology*. 24 (1). pp. 1–11.

2005年），更加重视生命科学、信息与通信技术领域的高技术创业和先进基础研究。[1]

5.5.4 中国

中国获取技术的努力也经历了几个不同的阶段，从引进者转向创新者。1949年新中国成立后，其利用各种外来资源推动科技进步。在初期，苏联发挥了关键作用，但苏联在1960年撤回了顾问。20世纪70年代末改革开放后，西方国家和日本开始介入，成为主要供应国。获得技术的方式包括购买交钥匙工厂和先进机械，以及许可、技术咨询和技术合作。美国、日本、德国、法国和英国这五个发达国家提供了大部分技术。[2]

从1985年起，通过外商直接投资和市场进行技术转让成为一项新的重点。政府启动了科技政策改革，包括促进大学与产业界之间的互动。政府鼓励外商与国内公司建立合资企业，以促进向中国进行技术转让。从1995年开始，政府通过为企业建立研发单位提供税收优惠，加强在国内推广科学技术。2006年，中国将"自主创新"作为国家战略重点。在后来的五年规划中，政府强调了一系列的研发战略。[3]2015年，中国通过了一项更广泛的国家技术发展规划——"中国制造2025"，希望在由外国公司主导的汽车、电子、机器人、航空等高技术领域提高国内企业和技术所占的比例。

这些政策提振了中国在研发方面的投资，2000—2018年研发投资年均增长率为18.7%。中国已成为全球研发支出大国之一，建立了全球规模最大的国家研发团队。2018年，中国拥有大约420万名专职研究员。[4]

5.5.5 印度

印度从劳动密集型经济体发展成为在信息技术、仿制药物和其他领域具

---

[1] Wong, P. K., and A. Singh. 2008. From Technology Adopter to Innovation: Singapore. In Edquist, C., and L. Hommen, eds. *Small Country Innovations System: Globalization, Change and Policy in Asia and Europe*. Cheltenham, United Kingdom and Northampton, MA: Edward Elgar.

[2] Fu, X., W. T. Woo, and J. Hou. 2016. Technological Innovation Policy in China: The Lessons, and the Necessary Changes Ahead. *Economic Change and Restructuring*. 49 (2–3). pp. 139–157.

[3] Wu, Y. 2012. Trends and Prospects in China's Research and Development Sector. *Australian Economic Review*. 45 (4). pp. 467–474.

[4] National Bureau of Statistics of China. Various years. *China Statistical Yearbook*. http://www.stats.gov.cn/english/Statisticaldata/AnnualData/ (2019年9月4日访问).

有强大竞争力的经济体，成为出口软件服务和信息技术服务的全球中心。[1]目前，软件和信息技术服务行业占印度产出的8%，出口额达1,370亿美元。[2]

独立后，印度采取内向型工业战略，着重进口替代和国内企业（通常是国有企业）发展。技术学习主要来自苏联，来自其他国家的则非常有限。从20世纪80年代中期开始，该国实行以市场为导向的全球开放政策。当时正值信息技术在世界各地迅速发展，公司内计算机的使用显著增加，并从大型机向个人计算机过渡。印孚瑟斯等印度首屈一指的信息技术公司就是在这一时期成立的，随后其业务迅速扩大。[3]与此同时，印度一直在加大对工程师和应用科学家的培养，特别是通过印度理工学院。到20世纪80年代末，每年有将近15万会讲英语的工程师毕业。1985年，德州仪器公司（Texas Instruments）成为第一家在班加罗尔设立信息技术软件研究中心的外国公司。

政府建立了软件技术园，放开了公司卫星连接的使用，为频繁的低成本数据传输提供了便利。此外，政府还推行硬件进口自由化，对软件出口免征关税。这些基础设施和贸易政策的变化，加上印度工程师与美国工程师之间巨大的工资差距，促使20世纪90年代大量软件被外包到印度。12小时的时差使业务可以24小时连续运作，也助推了这种转变。

在提供软件服务的同时，印度还大力发展信息技术服务业，亦称业务流程外包（BPO）或业务流程管理（BPM）。互联网使得后台工作（如管理客户账户和医疗记录）和直接客户支持（如呼叫中心和在线聊天支持）能够外包给外国公司。这项业务最早始于20世纪80年代末，美国运通公司（一家信用卡公司）将其后台工作转移到印度。20世纪90年代末，通用电气公司进行了类似的转移，此后这项业务得到了进一步发展。[4]

---

[1] 软件服务是向公司提供的定制援助，而软件产品（如Microsoft Word或Stata）是销售给客户的通用软件包。

[2] India Brand Equity Foundation (IBEF). *IT and ITeS*. https://www.ibef.org/download/it-ites-feb-2019.pdf; IBEF. https://www.ibef.org.

[3] 印孚瑟斯成立于1981年，马恒达科技成立于1986年。HCL科技公司于1991年转入软件行业。TCS公司成立时间早得多，于1968年成立。威普罗公司成立于1945年，最初是一家蔬菜公司，20世纪70年代末开始转入信息技术领域。

[4] Athreye, S. 2005. The Indian Software Industry and Its Evolving Service Capability. *Industrial and Corporate Change*. 14 (3). pp. 393–418.

5.5.6 泰国

20世纪70年代，泰国开始建立以外商直接投资为基础的制造业，该行业带来了泰国所需要的技术。汽车行业是该国优先发展的一个行业，政府给该行业设定了技术升级目标和当地成分要求，以发展国内供应商基础。投资委员会为投资提供了一系列财政激励，后来为创新也提供了这种激励。[①]

20世纪80年代，政府开始建设公共研究基础设施。该国于1983年成立了国家遗传工程与生物技术中心，三年后成立了国家金属和材料技术中心以及国家电子和计算机技术中心。第四个中心——国家纳米技术中心——于2003年成立。到21世纪第二个十年的早期，这四个中心雇用了2,000多名研究人员。2003年成立的国家创新局（NIA）为创新项目提供赠款和优惠贷款。

2014年，政府发布了引领该国进入第四次工业革命的"泰国4.0"愿景。这一战略与曼谷东南部的大型基础设施项目"东部经济走廊"紧密相联。政府的目标是促进下一代汽车生产、高端医疗旅游和养生旅游、农业和生物技术、食品创新、机器人、航空航天以及物流等行业升级。

5.5.7 马来西亚

自1986年以来，马来西亚根据第一个国家科技政策，在经济规划中注重发展科学技术。第一个国家科技政策是马来西亚第五个五年计划（1986—1990年）的一部分。1991年，该国制定了"愿景2020"，为未来的知识经济建立了一个框架。

马来西亚第十个五年计划（2011—2015年）为管理科学技术提供了一个重点更明确的框架，并将总理办公室下设的特别革新部门（Unit Inovasi Khas，UNIK）纳入其中，以整合创新政策。该部门借助大学和公共研究机构的力量，推动实现研究商业化，此外还拟定了《国家创新政策》。该部门与马来西亚创新署并行运作，后者成立于2011年，主导该国的创新议程。

---

① Organisation for Economic Co-operation and Development (OECD). 2013. *Innovation in Southeast Asia*. OECD Reviews of Innovation Policy. Paris.

马来西亚采取了一系列财政和非财政措施，促进国内外公司的研究和创新活动。①

5.5.8 哈萨克斯坦

哈萨克斯坦从21世纪第一个十年的早期开始推出了一系列促进国家技术和创新体系发展的政策和项目。2003年，该国增加了公共财政支出，以促进高新技术和知识产业的发展。两年后，第一个国内风险投资基金成立。2006年，随着经济特区信息科技园的建立，一项重要的基础设施举措开始实施。②该国的创新生态系统包括一个独立组合基金、工业区、科技园、技术商业化中心、国际技术转让中心以及风险投资基金。

5.6 近期的科技发展趋势

虽然许多亚洲国家在引进技术和促进科技创新方面取得了重大进展，但全球和亚洲地区近期涌现出了各种新技术。因为从事研发工作的人数增多（由于生产率提高，大多数人从其他活动中释放出来），以及世界各地研究人员与企业家之间的互动加强（由于通信和交通日渐发达），创新速度得以提高，新科技的问世速度加快。当今很大一部分创新发生在服务领域。亚洲国家也出现了这些趋势，并在部分领域引领着创新。

新技术的例子包括：基于信息与通信技术的业务流程外包、在线支付、电子商务、5G蜂窝网络、人工智能、精密机器人、使用无人机和卫星技术的新物流、社交媒体、共享经济（如爱彼迎和优步）。平台公司，如美国的亚马逊、谷歌、脸书（Facebook）和苹果，以及中国的阿里巴巴、腾讯和百度，正在改变着人们的生活方式和现有产业结构，并积聚着巨大的资金和人力资源，影响着全球经济和社会发展。

事实上，全球科技创新的速度没有放缓，反而趋向加快。③例如，美国用了大约45年的时间将其固定电话普及率从5%提高到50%，而全球移动电

---

① OECD. 2013. *Innovation in Southeast Asia*. OECD Reviews of Innovation Policy. Paris.
② Satpayeva, Z. T. 2017. State and Prospects of Development of Kazakhstan Innovative Infrastructure. *European Research Studies Journal*. 20 (2). pp. 123–148.
③ 看似矛盾的是，近期的一些研究表明生产率增长一直在下降，但也有人持相反观点。参见 Gordon, R. 2018. Why Has Economic Growth Slowed When Innovation Appears to Be Accelerating? *NBER Working Paper Series*. No. w24554. Cambridge, MA: National Bureau of Economic Research.

话普及率仅用了9年就达到了同样的水平（见图5.6）。

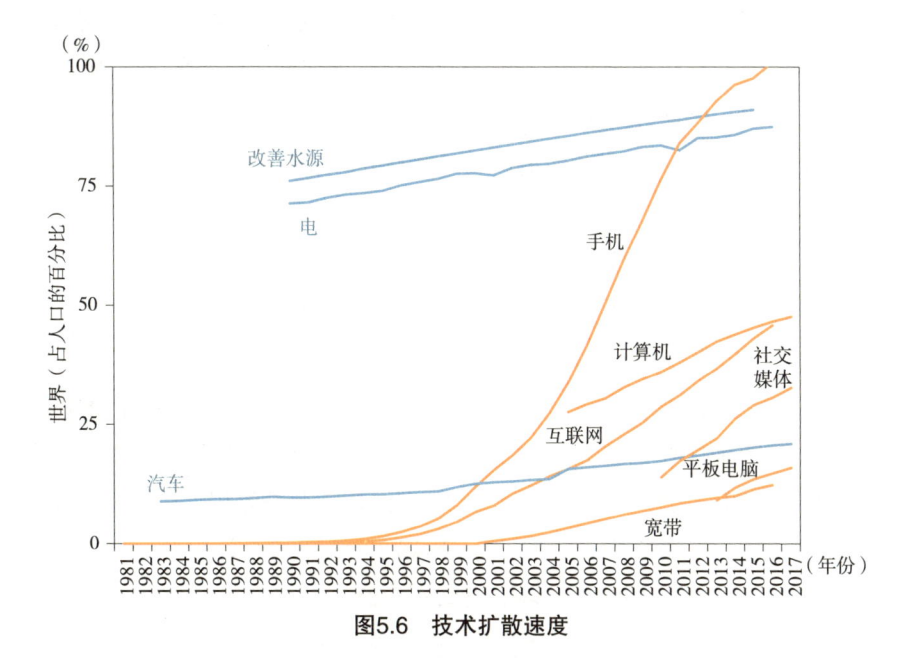

图5.6　技术扩散速度

注：手机基于入网数；一个人可能拥有多部手机。

资料来源：世界银行，《世界发展指标》，https://databank.worldbank.org/source/ world-development-indicators（2019年8月2日访问）；CEIC数据全球数据库，https://www.ceicdata.com/en（2019年8月13日访问）；Statista, *Industry Indicators*，https://www.statista.com/markets（2019年8月13日访问）；国际电信联盟，世界电信和信息与通信技术指标数据库，https://www.itu.int/en/ITU-D/ Statistics/Pages/publications/wtid.aspx（2019年8月13日访问）；"用数据看世界"网站，用水与压力，https://ourworldindata.org/water-use-sanitation（2019年8月13日访问）。

当前的科技变革由第四次工业革命推动。第四次工业革命建立在信息与通信技术革命的基础之上，受数字创新、物理创新和生物创新的共同激发。在第四次工业革命中，工业流程通过电子设备进行编程、自动监控和自动调整，并与工厂车间的机器连接。更复杂的机器人和计算能力、人工智能，以及机器学习为这些变化奠定了基础。纳米技术、材料和生物遗传学的新进展也影响着这一进程。除工厂之外，第四次工业革命还在如何评估需求（如通过大数据）、如何制造需求（通过智能设备），以及如何交付商品和服务（通过互联网和使用无人机）方面改变了生产者与消费者之间的联系。

部分亚洲国家已经是一些领域的创新引领者。日本在机器人领域领先，这在一定程度上是受劳动力减少推动的。韩国目前是全球最大的半导体生产国。中国已成为5G蜂窝网络、电子商务和人工智能等领域的全球领先者。印度是全球软件行业的主要竞争者。

亚洲地区还是许多具有创造性和实用性的、能改善日常生活的本土创新的发源地。例如，印度尼西亚Gojek公司最初是摩托车出租公司，现已发展成为一家领先的提供按需服务的移动应用服务公司，业务范围包括运输、物流、支付和食品配送等。另一家著名的创新企业Grab是马来西亚的一家公司，现已发展成为东南亚地区占主导地位的共享出行应用公司。

印度和菲律宾利用信息与通信技术革命以及本国劳动力英语流利的优势，成为业务流程外包服务的主要提供者。在菲律宾，业务流程外包行业目前分别占GDP的6%和正式就业的4.2%。低技能业务流程外包服务正在向高端服务转变，如网络安全、复杂信贷谈判、法律和会计服务、数据分析和新信息技术应用。如今，许多中亚国家都制定了各自的国家战略，积极发展金融科技产业、高级物流中心和以科技为基础的农业综合经营。

亚洲的科技发展基于"雁行"模式，并一直在发展变化。如今，亚洲国家有机会从较低级科技发展阶段向前沿科技迈进。技术通过贸易、外商直接投资、全球价值链和人员流动将各国联系起来（详见第9章）。亚洲发展中经济体面临的核心挑战是跟上全球科技加速发展的步伐，并利用好科技发展所提供的机会（见专栏5.3）。

专栏5.3　亚行对数字技术的支持

亚洲开发银行《2030战略》的一个重要内容是将先进技术和新理念纳入亚行业务。数字技术和开发组支持七个行业小组（教育、能源、金融、健康、交通、城市、供水）和八个专题小组（气候变化和灾害风险管理、性别平等、治理和公共管理、社会发展、环境、农村发展和粮食安全、区域合作与一体化、公私合作）在各项业务中共享理念和知识。

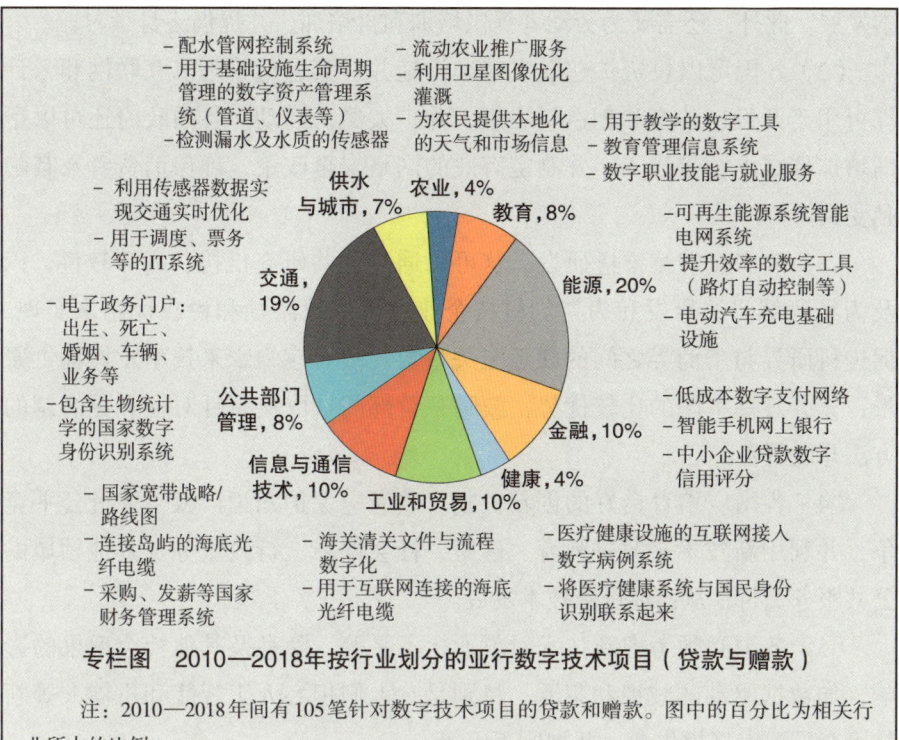

专栏图 2010—2018年按行业划分的亚行数字技术项目（贷款与赠款）

注：2010—2018年间有105笔针对数字技术项目的贷款和赠款。图中的百分比为相关行业所占的比例。

2018年，亚行成立了数字技术和开发组，以促进数字技术在各行业和各专题间的应用。2010年至2018年，亚行向105个数字技术项目和210个技术援助项目提供了支持。如今，项目数量还在不断增加，各行业所占份额日益多样化。

资料来源：亚洲开发银行。

5.7 展望未来

毫无疑问，新技术推动了生产率的提高，并为亚洲创造收入更高的就业机会和促进经济增长奠定了基础。为继续推动创新和采用新技术，实现可持续和包容性增长，亚洲地区的决策者可以侧重于以下五个方面。

（1）政府应建立一支受教育水平高、有技能的多样化科技人才骨干队伍。强大的中学科学和数学课程为高等教育提供了优质的理工科教育和职业培训平台。各国政府可以通过加强国家间人员流动，进一步促进人力资本发展。此外，还需要为劳动者提供培训和再培训，并提倡终身学习。

（2）各国可以投资扩建数字基础设施并对其进行管理。互联网和云计算可用于开发、共享和创造新思想，并扩大经济活动。各国政府还可以帮助增加低成本宽带接入，并制定有效的网络安全政策，确保消费者及其隐私受到保护。

（3）政府应继续推进研发。这可以通过公共研究机构、高等教育，以及为私营部门的研发和为初创科技企业提供财政激励和税收优惠来实现。促进科研界与工商界之间的联系至关重要。政府应为未来技术发展提供愿景，充分发挥本国的比较优势，鼓励私营部门采取更有针对性和更协调的方法开展研发。

（4）各国应培育良好的创新机制。政府应保护知识产权，促进公平竞争，并利用新技术来改进教育、健康、社会保障、行政服务及其他领域的公共服务交付，从而促进新技术发展。

（5）各国必须考虑新技术对就业、不平等、隐私及其他社会后果的影响，如数据驱动的歧视和犯罪。特别是，人们担心人工智能和机器人等新技术会导致大规模失业，并加剧不平等。

关于新技术对就业的影响，有几个可以让我们保持乐观的理由。第一，新技术常常使特定任务而不是整个工作自动化。例如，自动取款机并没有取代银行出纳员，而是扩大了出纳员在管理客户关系方面的作用。第二，自动化只有在技术条件和经济条件都具备的情况下才能实行。虽然许多复杂的技术可以取代人类的工作，但成本非常高。第三，不断增长的需求抵消了自动化导致的人员下岗。更高的生产率和收入使需求不断增长，并创造了新的就业岗位，完全可以弥补科技进步造成的就业岗位流失。把蒸汽机车和汽车发明带来的失业与这两种创新所创造的新工作进行比较，就可以清楚地看到这一点。第四，技术变革和经济增长创造了新的职业和行业。许多新的工作职位来自数字化，医疗、教育、金融等服务领域产生了新的工作类型。新技术还正在被开发和使用，以最大限度地减少环境退化，并帮助减缓和适应气候变化。在这一过程中，新技术有助于创造绿色工作。

然而，新技术改变了技能要求，可能因一些公司的收缩或关闭而导致失业。此外，低技能劳动者的工资增长幅度有可能更低，从而加剧收入不平等（详见第11章）。政府可以采取措施，确保劳动者免受新技术的不利影响，并使其能够利用新技术提供的新机会，以此来应对这些挑战。为此，需要在技能发展、劳动管制，以及社会保障和收入再分配方面采取协调的行动。

第 6 章

教育、健康和人口结构变化

6.1 引言

人力资本和人口结构对经济发展至关重要。人口结构的变化会影响一个国家的人口总规模、劳动年龄人口规模和劳动力规模。人力资本发展是教育投资和健康投资的结果,而它本身就是增进人民福祉和增加人民权能的目标,也是可持续发展目标的关键组成部分。它还是经济增长的一个重要决定因素,因为人力资本投资与实物资本投资、创新(详见第5章)以及政策和制度改革相关的效率改善(详见第2章)共同提高了劳动生产率,并促进了技术进步。大量研究表明,以各种指标衡量的人力资本投资与增长速度呈正相关。[1]

过去50年来,在公共投资、普及教育政策和教育改革的推动下,亚洲发展中经济体在扩大教育方面取得了长足进步。几乎所有亚洲国家都普及或基本普及了初等教育。许多国家还普及或基本普及了中等教育,并显著扩大了职业技术教育和培训以及高等教育。

该地区在改善人口健康方面也取得了巨大进展。1960—2018年,人口

---

[1] Barro, R., and J.-W. Lee. 2013. A New Data Set of Educational Attainment in the World, 1950–2010. *Journal of Development Economics*. 104 (September). pp. 184–198; and Barro, R. 1996. Determinants of Economic Growth: A Cross-Country Empirical Study. *The NBER Working Paper Series*. No. w5698. Cambridge, MA: National Bureau of Economic Research.

预期寿命从45岁增加到72岁，五岁以下儿童死亡率下降至原来的六分之一。这些成就在很大程度上归功于人民生活水平的提高，以及政府对有针对性的健康项目和医疗卫生系统的公共卫生投资。

经济发展影响人口规模、劳动力和抚养比等，而这些人口结构的变化又转而影响经济的发展。抚养比是指15岁以下儿童和65岁以上老人与劳动年龄人口（15~64岁）之比。当劳动年龄人口的增长速度快于非劳动年龄人口，而且如果一个国家能够创造足够的就业机会来雇用劳动年龄人口，那么它就能够获得"人口红利"。另一方面，人口老龄化和劳动年龄人口下降会带来"人口负担"，对储蓄、投资和消费产生负面影响，从而抑制增长。

亚洲发展中经济体最初生育率较高，且各个年龄段的死亡率不断下降，因此人口预期寿命提高，促使该地区人口快速增长和劳动年龄人口比例上升。1960—2018年，该地区人口从15亿人增加到41亿人（年增长率为1.7%），劳动年龄人口从8.55亿人增加到28亿人（年增长率为2.1%）。劳动年龄人口比例的提高产生了人口红利。然而，许多国家如今面临生育率下降（这与收入增加、城镇化和性别平等改善相关）和人口老龄化的挑战。

本章探讨的是亚洲发展中经济体在扩大人力资本方面所取得的成就及其不断变化的人口结构，这些成就和变化的主要驱动因素，以及它们如何推动该地区的增长和转型。第6.2节探讨亚洲发展中经济体的教育成果及关键驱动因素。第6.3节着重讨论健康问题。第6.4节探讨不断变化的人口结构。第6.5节对亚洲的人口红利进行了估计。第6.6节讨论亚洲在缩小仍然巨大的人力资本差距，以及应对在许多国家和地区出现的人口结构快速变化方面所面临的挑战。

6.2 受教育程度不断提高

6.2.1 平均受教育年限增加

过去半个世纪见证了亚洲发展中经济体人们受教育程度的大幅提高。该地区20~24岁年轻人平均受教育年限从1960年的3.5年增加到

2010年的8.9年（见图6.1）。增长最明显（7~10年）的是四个新兴工业经济体（新加坡、韩国、中国香港和中国台湾），以及孟加拉国、印度、印度尼西亚、马来西亚、斯里兰卡和泰国。根据现有资料，1960年，29个亚洲经济体中有22个经济体的年轻人平均受教育年限为6年或低于6年；到2010年，处于这一水平的经济体只有3个。亚洲发展中经济体在缩小学校教育的性别差距方面取得的进展也令人瞩目（详见第12章）。

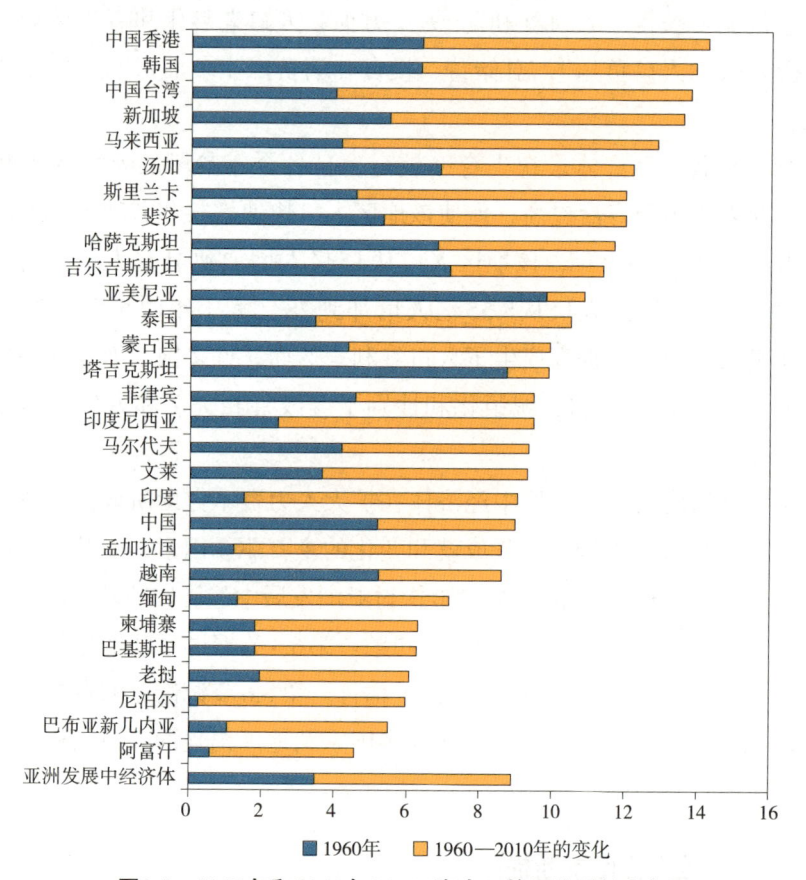

图6.1　1960年和2010年20~24岁人口的平均受教育年限

注：在本表中，平均受教育年限是指一个经济体中20~24岁人口完成教育年数的平均数。

资料来源：Barro, R., and J.-W. Lee. 2013. A New Data Set of Educational Attainment in the World, 1950–2010. *Journal of Development Economics*. 104 (September). pp. 184–198；巴罗－李数据库2.0版，http://www.barrolee.com（2019年4月17日访问）。

6.2.2 各级教育入学率上升

入学率不断上升，尤其是小学和中学的入学率，是平均受教育年限增加的主要原因。在所有层次的教育上，亚洲发展中经济体的平均入学率一直远高于撒哈拉以南非洲国家，但低于拉丁美洲和加勒比国家。然而，亚洲国家之间的差异也很大（见表6.1）。[①]

1970年，南亚的小学学龄儿童入学率仅为59.3%，东南亚为71.2%。到2018年，大多数国家普及或基本普及了初等教育。中等教育方面同样取得了可喜进展，但南亚和太平洋地区的差距仍然很大。在亚洲人口最多的三个国家中，中国的中学毛入学率从27.5%上升到95.0%，印度从23.8%上升到73.5%，印度尼西亚从18.2%上升到88.9%。

高等教育入学人数增加，特别是在新兴工业经济体。2017年，韩国和新加坡普及或基本普及了高等教育，两国的普及率分别为94.3%和84.8%，高于大多数发达国家。但是，亚洲发展中国家整体上在高等教育入学人数方面仍然存在巨大差距。在许多发达经济体，高等教育的高入学率在一定程度上反映了成人教育的重要性日益增加，在一些经济体还反映了国际学生的增加，尤其是来自亚洲的学生。

近年来，亚洲的职业技术教育和培训（TVET）受到越来越多的关注。研究认为，一些国家实现经济快速增长的部分原因在于它们将职业技术教育和培训系统与经济发展战略相结合。[②]现有数据显示，许多亚洲国家在扩大职业技术教育和培训方面做得很好，但各国之间的情况存在较大差异。[③]需求侧因素和供给侧因素均有可能导致跨国差异。例如，在中国，庞大的制造业可能产生对职业技术教育和培训技能的强劲需求。

[①] 净入学率是指一个国家学龄人口就学的比例。毛入学率是指包括成人教育学生和外国学生在内的所有学生与该国学龄人口总数（包括外国学生）之比。因此，毛入学率可能会大于100%。

[②] Cheon, B. Y. 2014. Skills Development Strategies and the High Road to Development in the Republic of Korea. pp. 213-238. In Salazar-Xirinachs, J. M., I. Nübler, and R. Kozul-Wright, eds. *Transforming Economies: Making Industrial Policy Work for Growth, Jobs and Development*. Geneva: International Labour Organization–United Nations Conference on Trade and Development.

[③] 职业技术教育和培训可以由正规教育系统通过学校、理工学院或大学提供，也可通过各种渠道在工作场所提供，包括在职培训、实习和师徒相传。

表 6.1　1970—2018 年的入学率

占学龄人口的百分比，单位：%

地区	小学（净入学率）			中学（毛入学率）			大学（毛入学率）		
	1970 年	1990 年	2018 年	1970 年	1990 年	2018 年	1970 年	1990 年	2018 年
亚洲发展中经济体	77.3	87.0	93.3	25.0	39.0	78.9	2.4	6.5	34.3
中亚	—	—	92.9	—	99.9	95.9	—	25.7	26.4
东亚	94.1	97.9	99.8	28.3	39.7	95.2	0.4	5.4	53.0
中国	94.0	97.8	99.9	27.5	36.7	95.0	0.1	3.0	50.6
韩国	95.9	99.8	97.3	39.0	92.9	100.3	6.8	36.5	94.3
南亚	59.3	76.1	88.5	23.2	34.4	69.3	4.3	5.4	24.2
印度	61.0	77.1	92.3	23.8	37.2	73.5	4.9	5.9	28.1
东南亚	71.2	92.4	94.6	22.9	41.8	87.5	5.5	10.2	34.1
太平洋地区	—	64.9	77.7	19.8	22.7	54.4	1.7	3.1	—
亚洲发达经济体	99.0	99.6	97.8	84.3	99.1	112.4	17.2	30.2	73.2
日本	99.3	99.8	98.2	85.0	94.7	102.4	17.3	29.4	63.6
拉丁美洲和加勒比地区	83.2	90.3	93.7	27.7	76.9	95.9	6.9	17.0	51.8
撒哈拉以南非洲	39.3	53.1	—	11.4	22.6	43.3	0.9	3.0	9.1
经合组织成员国	88.0	98.1	95.6	68.8	86.2	106.6	22.1	38.2	73.5
世界	71.7	82.0	89.4	40.1	51.3	75.6	9.7	13.6	38.0

注：加权平均数使用官方学龄人口作为权重。有些数据不是表中所示年份的数据。由于有超龄学生，入学率可能超过100%。— 表示数据未获取。

资料来源：世界银行，《世界发展指标》，https://databank.worldbank.org/reports.aspx?source=world-development-indicators（2019年8月2日访问）；联合国教科文组织统计研究所数据库，http://data.uis.unesco.org/（2019年8月2日访问）；亚洲开发银行的估算。中国的净入学率数据源自中国国家统计局，《中国统计年鉴》，http://www.stats.gov.cn/english/Statisticaldata/AnnualData（2019年8月2日访问）；新加坡的数据源自新加坡政府教育部，《2018年教育统计汇编》，https://www.moe.gov.sg/docs/default-source/document/publications/education-statistics-digest/esd_2018.pdf；中国台湾的数据源自台湾教育主管部门，《2018年教育统计指标》。

6.2.3 整个地区的教育质量差异很大

虽然亚洲发展中经济体在扩大教育数量方面进展明显，但各国的教育质量却参差不齐。大量经验证据表明，教育质量与一个人的收入潜力以及一个经济体的增长和竞争力之间有显著的因果关系。[①]

国际学生评估项目（PISA）和国际数学与科学趋势研究（TIMSS）这两项最受认可的国际标准化测试对从参与经济体中随机抽取的14~15岁学生的认知技能进行了评估，提供了部分衡量教育质量的指标。图6.2显示了参与这些测试的亚洲经济体在科学和数学方面得分达到400+（基本技能水平）和600+（高级技能水平）的学生所占的百分比。[②] 相关成绩主要是2015年的，但也有一些是2003年、2007年和2009年的成绩。为了比较，图中还给出了美国和经合组织国家的成绩。

这些测试结果表明，亚洲各经济体的教育质量存在很大差异。在得分达到400+和600+这两个类别中，有些亚洲经济体的成绩超过了经合组织国家的平均水平。在这些经济体中，新加坡和哈萨克斯坦在两项指标上都名列前茅。而在另一些经济体，不到50%的学生的得分达到400+，达到600+的则不到1%。尽管存在局限性，但这些结果表明许多亚洲经济体在提高教育质量方面仍有很长的路要走。

6.2.4 公共政策和教育投资

公共政策在扩大教育方面发挥了关键作用。历史上，虽然在亚洲许多地方，教育在社会中一直占据特别重要的地位，但在大多数国家，只有精英才能接受教育。日本是个例外，该国在明治维新期间，于1886年开始实施小学义务教育。二战后，新独立国家的领导人强调发展教育的必要性，以及教育对经济腾飞和工业化的重要性。在过去半个世纪里，公共政策在扩大教育方面有以下几个特点。

[①] Asian Development Bank (ADB). 2013. *Key Indicators for Asia and the Pacific: Asia's Economic Transformation: Where to, How, and How Fast?*. Manila.

[②] 印度只有两个邦参加了2009年国际学生评估项目的数学、科学和阅读测试，但这两个邦随后都退出了测试。在中国，国际学生评估项目测试只在四个发展水平高的省市进行，不能代表国家的整体水平。

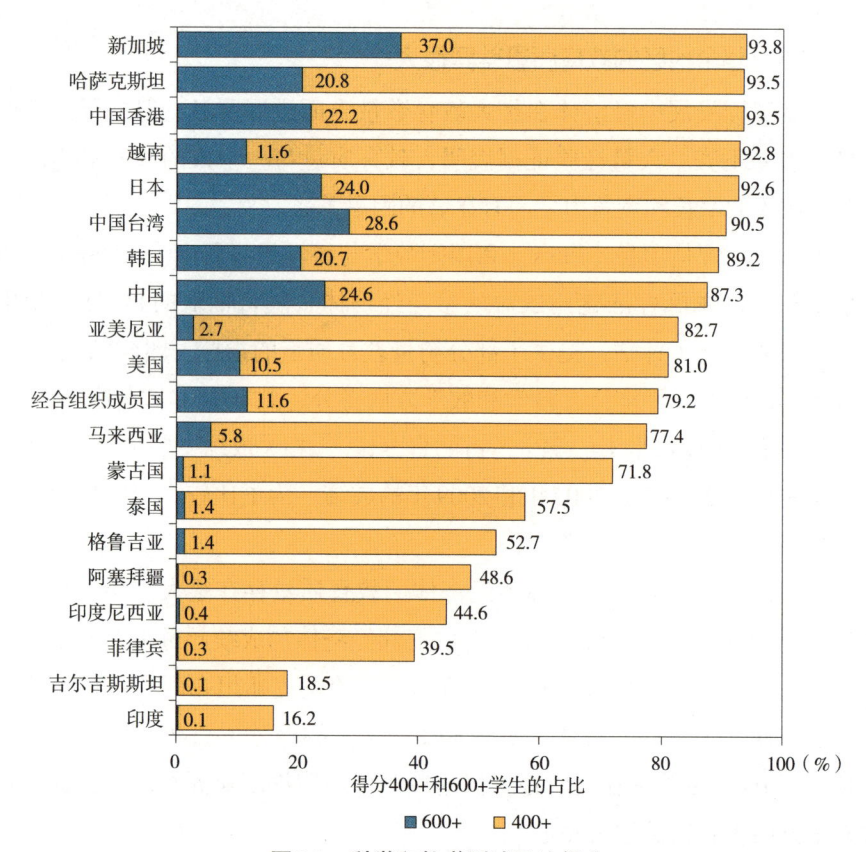

国家/地区	600+	400+
新加坡	37.0	93.8
哈萨克斯坦	20.8	93.5
中国香港	22.2	93.5
越南	11.6	92.8
日本	24.0	92.6
中国台湾	28.6	90.5
韩国	20.7	89.2
中国	24.6	87.3
亚美尼亚	2.7	82.7
美国	10.5	81.0
经合组织成员国	11.6	79.2
马来西亚	5.8	77.4
蒙古国	1.1	71.8
泰国	1.4	57.5
格鲁吉亚	1.4	52.7
阿塞拜疆	0.3	48.6
印度尼西亚	0.4	44.6
菲律宾	0.3	39.5
吉尔吉斯斯坦	0.1	18.5
印度	0.1	16.2

得分400+和600+学生的占比

图6.2 科学和数学测试平均得分

注：中国的数据仅包括北京、上海、江苏和广东。印度的数据仅包括喜马偕尔邦和泰米尔纳德邦。测试分数标准范围为0~1000。数据为2015年国际学生评估项目和国际数学与科学趋势研究的分数，但以下国家除外：亚美尼亚和菲律宾（国际数学与科学趋势研究，2003年），蒙古国（国际数学与科学趋势研究，2007年），阿塞拜疆、印度和吉尔吉斯斯坦（国际学生评估项目，2009年）。

资料来源：Organisation for Economic Co-operation and Development (OECD). 2016. *PISA 2015 Results in Focus*. Paris; OECD. 2010. *PISA 2009 Results: Learning Trends*. Paris; International Association for the Evaluation of Educational Achievement (IEA). 2016. *Trends in International Mathematics and Science Study 2015*. Chestnut Hill, MA: TIMSS & PIRLS International Study Center, Boston College; IEA. 2008. *Trends in International Mathematics and Science Study 2007*. Chestnut Hill, MA: TIMSS & PIRLS International Study Center, Boston College; IEA. 2004. *Trends in International Mathematics and Science Study 2003*. Chestnut Hill, MA: TIMSS & PIRLS International Study Center, Boston College.

第一，将接受教育确立为一项基本权利，发展教育成为国家发展战略的一项重要内容。许多亚洲国家沿袭了殖民时期的教育体系，但当时的教育体系往往支离破碎，缺乏技术教育或高等教育。独立后，决策者启动了国家计划和项目以扩大和改革教育体系。这项工作最初作为国家重建的一部分，后来成为发展战略的关键组成部分。早期工作着重将教育列为一项公民权利（在宪法或教育法中），改革课程，培训教师，增加各级学校的数量。

例如，在朝鲜战争结束后的第一年，韩国政府制定了一个义务教育六年计划（1954—1959年）。在中国，政府发起了一场大规模的扫盲运动，包括推行简体字。在东南亚，印度尼西亚的《1945年宪法》宣布"每个公民都享有受教育的权利"，马来西亚的《1961年教育法案》规定所有学龄儿童免费接受初等义务教育。在南亚，印度在20世纪50年代开始改革精英教育体系，目的是为所有人提供免费初等义务教育；斯里兰卡1945年实行的免费教育政策规定，所有5~16岁的青少年都有权享有免费教育。

第二，实施扩大受教育机会的计划。许多国家一开始提供免费小学教育，随着收入水平的提高，把免费教育范围扩大到初中和高中。截至2018年，大多数亚洲发展中经济体提供至少9年的义务教育，大部分为9~12年（见表6.2）。

表6.2　　2018年亚洲发展中经济体的义务教育年限　　单位：年

地区	义务教育年限
汤加	15
瑙鲁	14
马绍尔群岛、菲律宾	13
亚美尼亚、蒙古国、巴基斯坦、帕劳、土库曼斯坦、乌兹别克斯坦	12
斯里兰卡	11
阿塞拜疆、吉尔吉斯斯坦、越南	10
阿富汗、文莱、格鲁吉亚、印度尼西亚、哈萨克斯坦、基里巴斯、老挝、中国、韩国、塔吉克斯坦、泰国、东帝汶、中国香港	9
印度、萨摩亚、图瓦卢	8
马来西亚、新加坡	6
孟加拉国、缅甸	5

资料来源：世界银行，《世界发展指标》，https://databank.worldbank.org/reports.aspx?source=world-development-indicators（2019年11月15日访问）。

尽管享有受教育的合法权利，但需求侧因素仍然使一些国家的低收入家庭或弱势家庭不愿送孩子上学，如高额的自付费用和上学机会成本带来的收入损失。因此，许多国家向这些家庭提供了教育援助，鼓励他们送适龄儿童上学。这种社会援助包括现金转移、食物供应计划、奖学金或教育券。20世纪90年代初，孟加拉国启动的女子中学助学金计划就是一个成功的例子，该计划提高了女性入学率，帮助她们升入中学接受中等教育。

近年来，一些亚洲国家扩大了社会保障体系，并开始实施有条件现金转移支付项目，以提高贫困家庭儿童的入学率。由世界银行和亚行支持的菲律宾"4Ps"项目（Pantawid Pamilyang Pilipino Program）是目前世界上第四大有条件现金转移支付项目，惠及1,000多万来自最贫困家庭的儿童（其中20%为高中生）。该项目向家庭提供社会援助赠款，但条件是儿童留在学校并定期接受健康检查；母亲接受产前护理；父母定期参加关于儿童管教、灾害防备和女性权利的社区会议。[①]

第三，开展教育改革。一个关键因素是使教育发展与不断变化的经济和社会需求相适应。新兴工业经济体的成功故事经常被引用。例如，在韩国，初等教育首先为工人提供了适合20世纪60年代劳动密集型产业的技能；20世纪70年代和80年代，中等教育体系的发展促进了资本密集型产业增长；20世纪90年代，高等教育的扩大为发展知识型经济奠定了基础。在新加坡，从20世纪80年代开始，教育政策的重点从增加数量转向提高质量。政府加强中等教育，发展职业技术教育和培训，并扩大高等教育，以满足日益增长的与该经济体高收入地位相关的更高技能需求。

许多其他国家也采取了类似的举措。中国早在20世纪50年代就开始扩大中等教育并加强高等教育，当时采用苏联模式开发以科学技术为基础的课程。1966—1976年的"文化大革命"扰乱了整个教育系统，特别是高等教育。1977年，中国恢复了高考。随后，实施了促进教育系统现代化的广泛改革，促使大学招生规模迅速扩大，特别是自1999年以来。

[①] World Bank. 2017. *FAQs about the Pantawid Pamilyang Pilipino Program (4Ps)*. https://www.worldbank.org/en/country/philippines/brief/faqs–about–the–pantawid–pamilyang–pilipino–program.

印度沿袭了殖民时期相对发达的大学系统。在独立后，政府于1958年和1961年分别成立了广受赞誉的印度理工学院和印度管理学院。为回应人们关于高等教育投资可能以牺牲基础教育为代价的担忧，政府在21世纪第一个十年的早期根据宪法通过了《受教育权法案》（Right to Education），并启动了初等教育普及计划（SSA），以重申政府对全民教育的承诺。

中亚地区拥有从苏联时代传承下来的强大的数学和科学课程。中亚地区新独立的国家在20世纪90年代初遭受严重的经济衰退，迫使它们不得不削减财政开支，特别是教育方面的开支，导致教育服务数量和质量恶化。从20世纪90年代中期开始，政府实施了各种改革，包括课程现代化、用当地语言作为教学媒介、将教育管理权下放给地方政府、开发学生评估系统、提高教师工资，以及增加高等教育机会。

第四，增加对教育的公共支出和投资。20世纪70年代，亚洲发展中经济体的教育公共支出为全世界最低，仅占GDP的2.1%（见表6.3）。但是，该地区在接下来的40年里迅速缩小与全球其他地区的差距，教育公共支出占GDP的比重几乎翻了一番。此外，有些国家还有增加教育公共支出的空间。例如，在21世纪第二个十年，柬埔寨和缅甸的教育公共支出在GDP中所占的比重不到2%。

表6.3　　　　　　　　　　1970—2018年政府教育支出

占GDP的百分比，单位：%

地区	1970—1979年	1980—1989年	1990—1999年	2000—2009年	2010—2018年
亚洲发展中经济体	**2.1**	**2.5**	**2.7**	**3.3**	**3.6**
中亚	—	—	—	—	4.0
东亚	1.8	2.3	2.4	3.2	3.6
中国	1.8	2.0	1.8	3.0	3.6
南亚	—	—	3.6	3.3	3.7
印度	—	—	3.8	3.5	4.0
东南亚	2.9	1.6	2.7	3.7	3.6
太平洋地区	6.3	—	—	4.6	—

续表

地区	1970—1979年	1980—1989年	1990—1999年	2000—2009年	2010—2018年
亚洲发达经济体	4.5	5.1	4.8	4.3	3.9
澳大利亚	6.0	5.2	5.0	5.0	5.3
日本	4.5	5.2	3.5	2.7	3.2
拉丁美洲和加勒比地区	—	—	3.5	4.2	4.9
撒哈拉以南非洲	—	—	3.3	3.6	4.1
经合组织成员国	5.0	4.9	4.8	5.1	5.2
世界	—	—	4.2	4.2	4.6

注：— 表示数据未获取。

资料来源：亚洲开发银行关键指标数据库，http://kidb.adb.org（2019年9月1日访问）；世界银行，《世界发展指标》，https://databank.worldbank.org/reports.aspx?source=world-development-indicators（2019年8月2日访问）；亚洲开发银行的估算。中国台湾的数据源自台湾预算、核算与统计主管部门。

6.3 人口更健康

20世纪50年代和60年代，亚洲发展中经济体的人口预期寿命短，普遍存在营养不良，儿童和孕产妇死亡率高，而且难以获得现代医疗健康服务。在接下来的50年里，该地区人口的健康状况显著提高，特别是在延长寿命、减少可预防的传染病和妊娠并发症死亡方面。除生活水平提高外，公共政策为取得这些成就作出了重要贡献。这些政策包括针对特定的高负担疾病实施有针对性健康项目，以迅速降低死亡率，以及对更具包容性的卫生保健系统进行投资。为保持这一势头，全民健康覆盖（UHC）已成为许多亚洲经济体一项主要的优先政策选项。[①]

6.3.1 预期寿命上升和死亡率下降

在过去50年里，亚洲所有次区域出生时的预期寿命都显著增加。[②]1960

[①] 全民健康覆盖是指"所有人都能获得所需要的卫生服务且不会因此陷入经济困境，这些卫生服务涵盖健康促进、预防、治疗、康复及姑息治疗等"；World Health Organization (WHO). Universal Coverage and Health Financing. https://www.who.int/health_financing/data-statistics/en/ (2019年9月8日访问)。

[②] 出生时预期寿命的定义为，根据某一特定时期特定年龄死亡率，新生儿预期的平均存活年数。

年，亚洲发展中经济体出生时的平均预期寿命仅45岁（见表6.4）；到2018年，增加到71.8岁，这意味着亚洲人的平均寿命比1960年延长了25岁。2018年，日本和澳大利亚的人均预期寿命分别达到84.5岁和83.3岁。值得注意的是，日本和澳大利亚分别在1961年和1975年实施了全民健康覆盖。

表6.4　　1960—2018年出生时的预期寿命　　单位：岁

地区	1960年	1980年	2000年	2018年	1960—2018年的增加值
亚洲发展中经济体	45.0	59.3	65.8	71.8	26.7
中亚	58.7	64.2	65.7	71.8	13.0
东亚	44.6	66.9	65.7	76.9	32.3
中国	43.7	66.8	71.4	76.7	33.0
南亚	42.3	53.9	62.7	69.2	26.9
印度	41.4	53.8	62.5	69.4	28.0
东南亚	51.3	59.9	67.1	72.1	20.8
太平洋地区	42.5	53.1	60.6	65.9	23.4
亚洲发达经济体	68.3	75.9	80.8	84.1	15.8
澳大利亚	70.7	74.4	79.6	83.3	12.5
日本	67.9	76.3	81.2	84.5	16.6
拉丁美洲和加勒比地区	56.2	64.7	71.7	75.5	19.3
撒哈拉以南非洲	40.2	48.3	50.4	61.3	21.1
经合组织成员国	67.8	72.6	77.2	80.5	12.7
世界	50.1	61.2	66.3	72.4	22.2

资料来源：联合国，《2019年世界人口展望》（网络版），https://population.un.org/wpp（2019年9月1日访问）。

造成预期寿命迅速增加的一个主要因素是儿童和孕产妇死亡率下降。2018年，亚洲发展中经济体五岁以下儿童死亡率比1960年下降了六分之一，

2015年的孕产妇死亡率比1990年下降了三分之二（见表6.5）。[①]通过改善营养和卫生条件，并采取有针对性的干预措施，母婴在头1,000天（从母亲怀孕到婴儿2岁）里更加安全，避免了儿童和孕产妇死亡。尽管死亡率总体大幅下降，但各国和各次区域之间仍存在显著差异。

6.3.2 儿童营养不良比例下降

除了降低儿童死亡率外，该地区在改善儿童营养方面也取得了进展，但各次区域之间存在较大差异。从发育不良（年龄别身高比世卫组织儿童生长标准中位数低2个标准差以上）和消瘦（身高别体重比世卫组织儿童生长标准中位数低2个标准差以上）两个方面来看，东亚和中亚的儿童营养不良大幅下降（见表6.6）。在中国，五岁以下儿童发育不良的比例从1990年的32.3%下降到2016年的8.1%。在中亚，这一比例在2000—2016年间从26%降至11.4%。然而，南亚、东南亚和太平洋地区的降幅不大。尽管儿童死亡率大幅下降，但2016年南亚五岁以下儿童发育不良率仍达38%，太平洋地区为46.8%，东南亚为31%。

自1990年以来，亚太地区所有次区域无一例外均大幅降低了跟传染病、孕产妇、新生儿和营养有关的死亡率（见图6.3），其中降幅最大的是南亚和东南亚。这些死亡通常被称为可预防的死亡，这些死亡率的降低有助于延长所有年龄段人口的寿命。

亚洲发展中经济体在健康方面的这些巨大成就是得益于政府、民间团体和其他利益相关方的共同努力。

6.3.3 有针对性的健康项目

在过去50年里，许多因素促成了该地区健康状况的明显改善，特别是预期寿命提高和死亡率下降。其中一个因素就是收入大幅增长和生活水平提高。收入增长使亚洲家庭能够消费更多更好的食物，居住更好的房子，获得更高质量的饮用水和更好的卫生设施。更重要的是，他们负担得起更高质量的健康服务。与此同时，积极的公共政策和项目也有助于改善整体健康状况。

---

① 未广泛获取早期阶段的孕产妇死亡率数据。

表 6.5　1960—2018 年五岁以下儿童死亡率和孕产妇死亡率

地区	五岁以下儿童死亡率 （每 1,000 名活产儿五岁以下死亡数）					孕产妇死亡率 （每 10 万例活产的孕产妇死亡数）			
	1960 年	1980 年	2000 年	2018 年	1990 年	2000 年	2010 年	2015 年
亚洲发展中经济体	215.0	121.9	69.8	31.7	368.8	268.3	156.1	121.3
中亚	136.5	97.9	64.1	23.6	68.8	50.5	37.6	32.7
东亚	205.0	61.7	36.8	11.0	94.2	56.2	34.3	26.2
中国	212.0	63.3	38.3	11.2	96.8	58.0	35.1	26.7
南亚	244.4	169.0	92.3	44.6	558.5	390.0	230.9	183.4
印度	240.1	165.5	89.8	38.5	555.9	374.3	214.8	174.3
东南亚	178.0	104.5	48.2	24.9	321.9	200.2	134.8	108.6
太平洋地区	197.9	118.4	72.2	46.3	484.2	349.9	221.1	188.9
亚洲发达经济体	37.2	10.4	4.9	2.8	12.9	9.5	6.1	5.8
澳大利亚	24.7	13.2	6.3	3.6	8.2	8.6	6.5	5.9
日本	39.3	9.8	4.5	2.4	13.5	9.6	5.6	5.4
拉丁美洲和加勒比地区	155.3	83.9	34.4	18.8	138.6	102.2	81.8	67.7
撒哈拉以南非洲	271.8	199.6	153.3	76.0	994.6	857.4	632.1	553.0
经合组织成员国	68.9	34.5	12.9	7.1	30.6	24.8	15.3	13.3
世界	188.0	116.3	76.3	39.3	385.3	340.5	246.1	216.2

资料来源：五岁以下儿童死亡率的数据源自联合国经济和社会事务部人口司，《2019 年世界人口展望》（网络版），https://population.un.org/wpp（2019 年 6 月 18 日访问）；孕产妇死亡率的数据源自：World Health Organization (WHO). 2015. *Trends in Maternal Mortality: 1990 to 2015: Estimates by WHO, United Nations Children's Fund (UNICEF), United Nations Population Fund (UNFPA), World Bank Group, and the United Nations Population Division.* Geneva.

表6.6　　　　　　　　　消瘦和发育不良的发生率　　　　　　　　　单位：%

地区	消瘦发生率（占五岁以下儿童的百分比）			发育不良发生率（占五岁以下儿童的百分比）		
	1990年	2000年	2016年	1990年	2000年	2016年
亚洲发展中经济体	12.0	10.8	12.2	47.7	39.6	27.3
中亚	—	7.0	3.3	—	26.0	11.4
东亚	4.2	2.5	1.9	32.3	17.3	8.1
中国	4.2	2.5	1.9	32.3	17.8	8.1
南亚	19.1	16.2	19.6	60.8	52.0	38.0
印度	20.3	17.1	21.0	61.9	54.2	38.4
东南亚	11.7	7.7	9.9	47.4	40.4	31.0
太平洋地区	—	—	12.9	—	—	46.8
拉丁美洲和加勒比地区	—	—	1.3	22.9	16.9	9.9
撒哈拉以南非洲	—	—	7.5	48.7	43.2	34.6
美国	0.7	0.4	0.5	3.2	3.3	2.1
世界	—	—	7.5	39.3	32.6	22.7

注：若特定年份数据不可获取，则使用最早和/或最近年份的可用数据。— 表示数据未获取。
资料来源：United Nations Children's Fund (UNICEF), World Health Organization, and World Bank. Joint Child Malnutrition Estimates. https://www.who.int/nutgrowthdb/estimates/en/（2019年8月2日访问）。

有针对性的健康项目降低了可预防疾病的死亡率，诸如免疫接种、免费学生餐、清洁饮用水和卫生设施投资、熟练接生、新医疗技术投资等。据世卫组织估计，在低收入国家所有五岁以下儿童死亡病例中，约89%是由以下六种疾病造成的：肺炎和其他急性呼吸道感染（19%）；腹泻（18%）；疟疾（8%）；麻疹（4%）；艾滋病（3%）；与新生儿有关的疾病，主要是早产、胎儿窒息和感染（37%）。[1]由于生活条件改善，使用抗生素等新药物，开展有针对性的项目，如免疫和个人卫生运动与生殖健康项目（助产士培训和计划生育），以及控制蚊媒疾病（疟疾和登革热），这些疾病大大减少。

---

[1] World Health Organization (WHO). 2011. *The Partnership for Maternal, Newborn and Child Health, updated September*. Geneva.

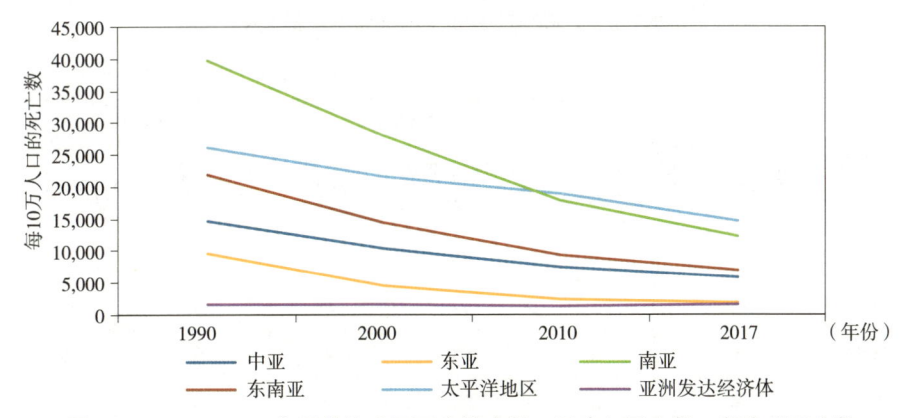

图6.3 1990—2017年因传染病而死亡的人数、孕产妇死亡数、新生儿死亡数和因营养不良而死亡的人数减少

资料来源：University of Washington Institute for Health Metrics and Evaluation. *Global Health Data Exchange 2017*. http://ghdx.healthdata.org/（2019年11月22日访问）。

在许多亚洲国家，早在20世纪50年代和60年代就开始实施国家免疫项目。例如，中国在20世纪50年代开始大规模接种天花疫苗，并引进肺结核疫苗（BCG）、口服脊髓灰质炎病毒疫苗（OPV）和白喉—破伤风—百日咳疫苗（DTP），在60年代引进麻疹疫苗（MCV）。印度在1951年开始防治肺结核运动，1962年启动了国家根除天花项目。世卫组织于1976年制定了扩大免疫规划，计划向全世界所有儿童提供疫苗，并于20世纪70年代末在亚洲大部分地区推广（见表6.7）。这些项目帮助在全球范围内消灭了天花，在亚洲基本消灭了野生脊髓灰质炎（阿富汗和巴基斯坦除外）。最近，泰国的艾滋病预防项目是又一个引人注目的成功例子。

除免疫接种之外，医学进步和新药面世使许多传染性疾病的患者得到了更好的治疗。例如，高效抗生素（如盘尼西林）极大地改变了全世界的卫生保健状况，包括亚洲发展中经济体。曾导致全球每年数十万甚至数百万人死亡的肺炎、肺结核、疟疾和腹泻等疾病成为可医治的疾病。这些药物对儿童的存活效果影响特别大，因为传染性疾病是导致婴幼儿出生时和儿童期死亡的主要原因。这些药物对孕产妇健康的影响也很大，因为高效抗生素降低了曾经非常高的孕产妇死亡率。[1]

---

[1] ADB. 1997. *Emerging Asia: Changes and Challenges*. Manila.

表6.7　　　　　　　　1980年、2000年和2017年抗原免疫覆盖率

接种疫苗儿童占活产儿的百分比，单位：%

疫苗类型	1980年 东亚和太平洋地区	1980年 南亚	2000年 东亚和太平洋地区	2000年 南亚	2017年 东亚和太平洋地区	2017年 南亚
BCG	16	2	85	75	94	91
DTP1	13	23	92	75	97	90
DTP3	9	6	83	60	94	86
MCV1	4	0	84	58	93	86
POL3	5	2	84	60	94	86

注：BCG=肺结核疫苗；DTP1=第1剂白喉—破伤风—百日咳疫苗；DTP3=第3剂白喉—破伤风—百日咳疫苗；MCV1=第1剂麻疹疫苗；POL3=第3剂脊髓灰质炎疫苗。东亚和太平洋地区以及南亚的国家覆盖率遵循世界卫生组织的定义。在本表中，东亚和太平洋地区包括澳大利亚、日本和新西兰。

资料来源：United Nations Children's Fund (UNICEF). UNICEF Immunization Database. https://data.unicef.org/topic/child-health/immunization/（2018年8月31日访问）。

改善获得安全饮用水和卫生设施的有针对性项目也对处于低收入、高死亡率环境中的人群产生了重大影响。亚洲许多国家提高了获得管道直饮水的人口比例（见图6.4a）。许多国家露天排便的人口比例下降（见图6.4b）。改善饮用水和卫生设施直接有益健康，因为绝大多数死于腹泻的人是由于用水不安全和卫生条件差导致的。

尽管取得了这些进展，但许多亚洲发展中经济体在获得安全饮用水和卫生设施方面仍然存在很大差距。2017年，很多南亚和东南亚国家有一半以上的人口不能获得自来水。2015年，在柬埔寨、印度和尼泊尔，约30%的人露天排便。这些国家正在把获得安全用水和卫生设施作为优先发展事项。

6.3.4　医疗卫生系统投资

亚洲经济体通过以下方式改进整体医疗卫生系统：（1）提高政府的医疗卫生支出；（2）开展健康服务的提供、制度和筹资等方面的改革；（3）鼓励私营部门参与医疗卫生业务。

第 6 章　教育、健康和人口结构变化 | 177

图6.4a　可获得改善的自来水源的人口比例　　图6.4b　使用露天排便卫生设施的人口比例

图6.4　2000年与最近一年使用自来水和露天排便的人口比例

资料来源：World Health Organization/United Nations Children's Fund Joint Monitoring Programme for Water Supply and Sanitation. Global Data for Water Supply, Sanitation, and Hygiene. https://washdata.org/data（2019年8月2日访问）。

医疗卫生筹资改革在改善医疗卫生系统方面发挥了重要作用。实施全民健康覆盖综合系统的经济体获益良多。过去50年来，日本、韩国、新加坡、中国香港和中国台湾建立了强有力的全民健康覆盖系统，持续获得了积极的健康成果,避免了高昂的卫生保健费用。

亚洲地区的许多国家目前正在改革医疗卫生筹资,以努力实现全民健康覆盖。泰国于2001年通过了全民健康覆盖"30泰铢"计划,将健康总支出中的个人支付比例从2000年的34%降至2016年的12%。[1]中国基本实现了全民健康覆盖,95%以上的人口现在都享有国家资助的医疗保险。政府计划通过社会医疗保险改革和扩大医疗保险覆盖范围,将那些仍然没有医保的人群纳入进来。2018年,印度启动了一项重大的政府健康计划,为最贫困的5亿公民提供保险。印度尼西亚将社会医疗保险覆盖范围从2014年的1.33亿人扩大到2018年的2.03亿人。[2]

在次区域层级,增加对医疗卫生系统的预算拨款凸显了政府的承诺。2016年,东亚的公共医疗卫生支出占GDP的比例最高(3.1%),其后依次是中亚(2.1%)、太平洋地区(2.0%)、东南亚(1.9%)和南亚(0.9%)(见表6.8)。尽管如此,亚太地区2016年的平均公共医疗卫生支出(占GDP的2.5%)仍远低于发达国家。亚洲发展中经济体显然具有扩大医疗卫生预算的空间。

此外,亚洲发展中经济体公共和个人医疗卫生总支出占GDP的比重(2016年为4.8%)约为全球平均水平的一半。世卫组织建议医疗卫生总支出应占GDP的5%左右,个人支付部分占总支出的比重应不超过30%~40%。许多亚洲国家需要扩大公共财政支出,以推进全民健康覆盖。[3]

每千人拥有的医院床位数量和医生数量是衡量医疗卫生服务可获得性的重要指标。表6.9显示,亚洲的医疗卫生服务显著扩大,每千人拥有的医院床位数量从1960年的1张增加到2015的2.3张,增加了一倍多。1960—2016年,每千人拥有的医生数量翻了一番,从0.6人增加到1.2人。尽管如此,其与发达国家之间的差距仍然很大。在有些次区域,每千人拥有的医生数量下降,部分原因是医生工资低和移民到其他国家。受公共部门预算限制以及促进门诊服务和初级卫生保健的政策影响,包括发达经济体在内的许多经济体的人均医院床位数下降。

---

[1] World Bank. World Development Indicators. https://databank.worldbank.org/reports.aspx?source=world-development-indicators (2019年8月2日访问).

[2] Agustina, R., et al. 2019. Universal Health Coverage in Indonesia: Concept, Progress, and Challenges. *The Lancet*. 393 (10,166). pp. 75–102.

[3] WHO. 2009. *Health Financing Strategy for the Asia Pacific Region (2010-2015)*. Geneva.

表6.8　2000年、2010年和2016年各次区域的医疗卫生支出情况

单位：%

地区	经常性医疗卫生总支出（占GDP的百分比）			政府的医疗卫生支出（占GDP的百分比）			经常性个人支付（占经常性医疗卫生总支出的百分比）		
	2000年	2010年	2016年	2000年	2010年	2016年	2000年	2010年	2016年
亚洲发展中经济体	3.9	4.1	4.8	1.2	2.0	2.5	55.9	43.9	39.5
中亚	5.0	4.1	5.5	2.0	1.8	2.1	57.5	52.2	57.1
东亚	4.3	4.5	5.2	1.3	2.4	3.1	55.3	39.5	35.5
中国	4.5	4.2	5.0	1.0	2.2	2.9	60.1	40.8	35.9
南亚	4.3	4.5	5.2	0.9	0.8	0.9	69.1	65.3	64.4
印度	4.0	3.3	3.7	0.8	0.9	0.9	71.7	65.2	64.6
东南亚	2.8	3.4	3.9	1.2	1.4	1.9	41.6	42.9	37.1
太平洋地区	3.6	2.9	3.1	2.7	1.7	2.0	8.9	12.4	10.0
亚洲发达经济体	7.2	9.0	10.6	5.7	7.2	8.5	16.3	15.3	14.4
澳大利亚	7.6	8.4	9.3	5.2	5.8	6.3	21.0	19.7	18.9
日本	7.2	9.2	10.9	5.8	7.5	9.1	15.9	14.6	13.5
拉丁美洲和加勒比地区	5.9	7.9	8.6	2.5	3.5	4.1	41.9	39.2	36.7
撒哈拉以南非洲	5.1	5.3	5.2	1.7	1.9	1.8	32.4	33.5	36.7
经合组织成员国	9.3	11.6	12.6	5.6	7.4	10.1	16.3	14.6	13.9
世界	8.6	9.6	10.0	4.9	5.8	7.4	19.1	18.9	18.6

注：私营企业和其他非政府组织是经常性医疗卫生总支出与政府和个人支付的经常性医疗卫生支出总和之间出现差额的原因。

资料来源：世界银行，《世界发展指标》，https://databank.worldbank.org/reports.aspx?source=world-development-indicators（2019年8月2日访问）。

表6.9　1960年、1970年、1990年和2016年各次区域的医院床位数量和医生数量

地区	医院床位数量（张/千人）				医生数量（个/千人）			
	1960年	1970年	1990年	2015年	1960年	1970年	1990年	2016年
亚洲发展中经济体	**1.0**	**1.1**	**1.9**	**2.3**	**0.6**	**0.5**	**1.0**	**1.2**
中亚	—	—	11.9	4.9	—	—	3.7	2.7
东亚	1.5	1.6	2.6	4.5	1.1	0.9	1.1	1.8
中国	1.4	1.5	2.6	4.2	1.1	0.9	1.1	1.8
南亚	0.5	0.6	0.7	0.7	0.2	0.2	1.0	0.7
印度	0.5	0.6	0.8	0.7	0.2	0.2	1.2	0.8
东南亚	0.9	1.0	1.5	1.3	0.1	0.1	0.2	0.6
太平洋地区	4.8	6.1	3.7	—	0.2	0.2	0.1	0.1
亚洲发达经济体	**9.3**	**12.4**	**14.7**	**11.6**	**1.0**	**1.1**	**1.8**	**2.6**
澳大利亚	11.2	11.7	9.2	3.8	1.1	1.2	2.2	3.5
日本	9.0	12.5	15.6	13.4	1.0	1.1	1.7	2.4
拉丁美洲和加勒比地区	3.4	3.5	2.5	2.2	—	—	1.2	2.0
撒哈拉以南非洲	1.4	1.4	1.2	—	—	—	0.1	0.2
经合组织成员国	8.7	8.9	5.7	3.8	—	—	1.8	2.6
世界	—	3.1	3.6	2.7	—	—	1.3	1.5

注：— 表示数据未获取。

资料来源：世界银行，《世界发展指标》，https://databank.worldbank.org/reports.aspx?source=world-development-indicators（2019年8月2日访问）。

医疗服务改革在改善医疗卫生系统中发挥了重要作用，特别是通过扩大初级卫生保健。初级卫生保健涵盖预防、治疗和一般护理（如定期测量血压），被誉为是一种能够有效应对快速变化的社会需求（包括人口老龄化）的全面解决方案。亚洲的重大健康改善是通过投资初级卫生保健实现的。例如，中国早在20世纪60年代就建立了由"赤脚医生"（训练有素的乡村医务工作者）组成的全国性初级卫生保健设施网络。在越南，由地区医院支持的综合性和运作良好的全国社区卫生中心网络也发挥了作用。

促进私营部门参与是扩大卫生保健覆盖面和提高医疗卫生效率的另一个方法。在日本和韩国，私立医院已成为全国健康保险计划的一部分。南亚鼓励私营企业生产仿制药，使制药业大为改观，成本大幅降低。各国应继续促进在养老等领域开展公私合作，以共同应对本地区出现的新挑战。

6.4 不断变化的人口结构

6.4.1 快速的人口增长

1960—2018年，在预期寿命增加和高生育率（虽然在下降）的推动下，亚洲发展中经济体的人口从15亿人增加到41亿人，[①] 年均增加1.7%（见表6.10）。1960年以来，年均人口增长最高的地区为太平洋地区（2.2%），其后依次是南亚（2.0%）、东南亚（1.9%）、中亚（1.7%）和东亚（1.3%）。东亚人口增长放缓的部分原因是中国自20世纪70年代初开始实施计划生育政策，包括在20世纪80年代初至2016年实施独生子女政策。亚太地区的人口增长率从20世纪50年代的年均1.98%上升到60年代的2.36%。此后，由于生育率下降，人口增长一直在下降，降至2010—2017年的年均0.96%（见图6.5）。

6.4.2 年龄结构变化和生育率下降

亚洲人口迅速增长的同时，其年龄结构也发生了重大变化，这同样是由预期寿命增加和生育率下降所推动的（见图6.6）。1960年，亚洲发展中经济体年龄在14岁以下的占总人口的36.4%，15~64岁（劳动年龄人口）占59.7%，65岁以上的仅占4%。2018年，14岁以下人口比例降至24%，劳动年龄人口比例上升到68.1%，65岁以上人口比例上升到7.9%。事实上，在自20世纪60年代以来的大部分时间里，亚洲发展中经济体劳动年龄人口的增速快于总人口增速，创造了有利的人口结构条件。然而，亚洲的老龄人口（65岁或以上）也翻了一番，这对未来构成了重大挑战。

在过去半个世纪，亚洲发展中经济体的生育率快速下降。1960年的总

---

① 1960—2017年，亚洲人口从16亿人增加到42亿人，包括澳大利亚、日本和新西兰。

生育率为6.1（见表6.11）。生育率是指预期育龄女性所生育孩子的平均数量。2018年，这一数值降至更替水平2.1。有几个经济体的生育率降至2.1以下，如中国（1.7）、泰国（1.5）、新加坡和中国台湾（1.2）、韩国（1.1）。

表6.10　　1960—2018年人口和人口年增长率

地区	1960—2018年平均年增长率（%）总人口	1960—2018年平均年增长率（%）劳动年龄人口（15~64岁）	数量（10亿人）2018年总人口	数量（10亿人）2018年劳动年龄人口（15~64岁）
亚洲发展中经济体	**1.7**	**2.1**	**4.082**	**2.779**
中亚	1.7	1.9	0.089	0.058
东亚	1.3	1.7	1.513	1.078
中国	1.3	1.7	1.428	1.016
南亚	2.0	2.3	1.814	1.193
印度	1.9	2.2	1.353	0.903
东南亚	1.9	2.3	0.654	0.443
太平洋地区	2.2	2.3	0.012	0.007
亚洲发达经济体	**0.7**	**0.6**	**0.157**	**0.095**
澳大利亚	1.5	1.7	0.025	0.016
日本	0.5	0.4	0.127	0.076
拉丁美洲和加勒比地区	**1.9**	**2.2**	**0.641**	**0.429**
撒哈拉以南非洲	**2.7**	**2.7**	**1.078**	**0.587**
经合组织成员国	**0.8**	**0.9**	**1.298**	**0.845**
世界	**1.6**	**1.8**	**7.631**	**4.988**

资料来源：联合国经济和社会事务部人口司，《2019年世界人口展望》（网络版），https://population.un.org/wpp（2019年6月18日访问）。

20世纪60年代末以来，亚洲生育率快速下降主要归因于以下几个因素：收入增加、工业化、城镇化、教育改善、女性的就业机会增加、儿童死亡率下降、儿童教育费用高，以及传统观念的转变。在这些因素的影响下，夫妇选择少生孩子，这要么是因为职业女性生育孩子的机会成本增加，要么是因为多生孩子的价值降低，尤其是与依赖传统农业的时代相比。

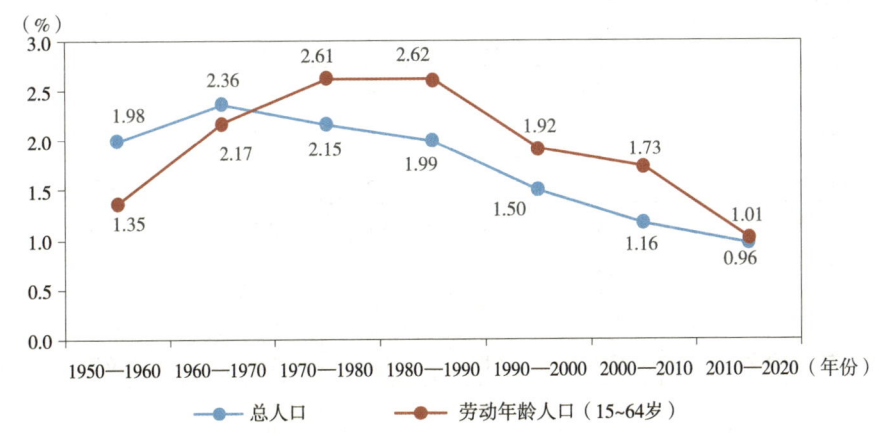

图6.5　1950—2020年亚洲发展中经济体的人口年均增长率

资料来源：联合国经济和社会事务部人口司，《2019年世界人口展望》（网络版），https://population.un.org/wpp（2019年6月18日访问）。

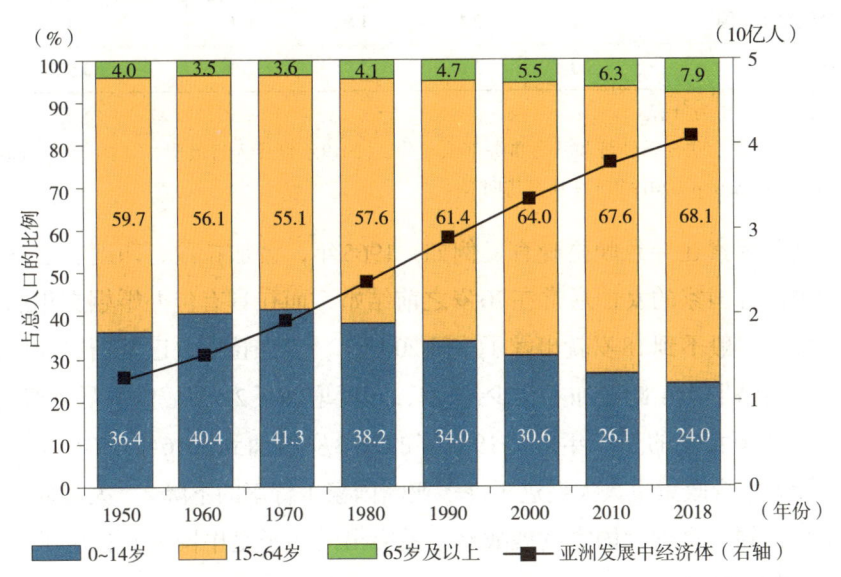

图6.6　1950—2018年亚洲发展中经济体的总人口和各年龄段的人口占比

资料来源：联合国经济和社会事务部人口司，《2019年世界人口展望》（网络版），https://population.un.org/wpp（2019年6月18日访问）。

表6.11　　　　　　　　1960—2018年生育率　　　每个女性生育的活产儿数量

地区	1960年	1980年	2000年	2018年	1960—2018年的变化
亚洲发展中经济体	**6.1**	**3.7**	**2.5**	**2.1**	**(3.9)**
中亚	5.2	3.8	2.4	2.6	(2.6)
东亚	6.1	2.5	1.6	1.7	(4.4)
中国	6.2	2.5	1.6	1.7	(4.5)
南亚	6.0	5.0	3.3	2.4	(3.6)
印度	5.9	4.7	3.1	2.2	(3.6)
东南亚	6.1	4.2	2.5	2.2	(3.9)
太平洋地区	6.3	5.3	4.4	3.6	(2.7)
亚洲发达经济体	**2.2**	**1.8**	**1.4**	**1.5**	**(0.7)**
澳大利亚	3.3	1.9	1.8	1.8	(1.4)
日本	2.0	1.8	1.3	1.4	(0.7)
拉丁美洲和加勒比地区	5.8	3.9	2.5	2.0	(3.8)
撒哈拉以南非洲	6.6	6.7	5.6	4.7	(1.9)
经合组织成员国	3.1	2.1	1.8	1.7	(1.4)
世界	5.0	3.6	2.7	2.5	(2.5)

注：括号中为负值。

资料来源：联合国经济和社会事务部人口司，《2019年世界人口展望》(网络版)，https://population.un.org/wpp (2019年6月18日访问)。

这些因素还导致晚婚晚育。例如，1965年，孟加拉国、印度、巴基斯坦和中国等国家的女性通常在20岁之前结婚，而在具有包办婚姻文化的地区，女孩一般不到18岁就出嫁了。到2005年，孟加拉国、巴基斯坦和中国的女性初婚平均年龄增加了至少3.5岁，印度增加了2.5岁。晚婚导致晚育。例如，韩国女性的初产年龄从1993年的26.2岁增加到2016年的31.4岁。[1]国家计划生育政策也大大促进了许多亚洲国家生育率的下降。[2]大多数亚洲国家将计划生育列为国家发展战略。最突出的例子是中国及其独生子女政策（见专栏6.1）。

---

[1] OECD. OECD Family Database. http://www.oecd.org/els/family/database.htm (2018年9月9日访问).

[2] Gubhaju, B. 2007. Fertility Decline in Asia: Opportunities and Challenges. *The Japanese Journal of Population*. 5 (1). pp. 19–42.

专栏6.1 中国的计划生育和生育率下降

1960年，中国的生育率为6.2，1965年略微上升至6.3（见专栏图）。20世纪70年代初，政府开始实施计划生育，呼吁人们晚婚（女性23岁，男性25岁），延长生育间隔时间（超过3年），并且少生孩子（最多2个）。[①]随后，总生育率在1980年迅速下降到2.5。

1980年，中国将独生子女政策作为一项临时措施加以实施，要求一对夫妇只生一个孩子，以遏制人口的快速增长，缓解社会、经济和环境压力。20世纪80年代中期，受"组群效应"（育龄女性人数增加）影响，生育率出现短暂反弹，但从1986年开始再次下降，到2000年降至1.6。尽管随着独生子女政策变得宽松，总体生育率自2000年以来一直在上升，并在2018年上升到1.7，但生育率仍低于更替水平。2016年，政府结束了独生子女政策，实施全面二孩政策。

一些实证研究估计，中国的计划生育政策使其在1970年至2015年间少生了5亿多人，[②]但也有研究认为经济发展可能发挥了更为根本的作用。这些研究引用了许多其他亚洲国家的例子，这些国家的生育率在最近几十年也经历了快速下降。

专栏图　1960—2018年中国的生育率

资料来源：联合国经济和社会事务部人口司，《2019年世界人口展望》（网络版），https://population.un.org/wpp（2019年6月18日访问）。

[①] Zhang, J. 2017. The Evolution of China's One-Child Policy and Its Effects on Family Outcomes. *Journal of Economic Perspectives*. 31 (1). pp. 141–159.

[②] Goodkind, D. 2011. Child Underreporting, Fertility, and Sex Ratio Imbalance in China. *Demography*. 48 (1). pp. 291–316.

6.4.3 人口结构的快速变化和跨国多样性

亚洲人口结构变化的一个关键特征是速度快。过去50年到60年间亚洲经历的人口结构变化，西欧用了200多年的时间。[①]一个重要原因是，过去半个世纪亚洲经济和社会的发展比发达经济体曾经的速度快得多。这导致基本卫生条件、安全饮用水的供应和营养状况快速改善。此外，重大医学进步、更广泛的疫苗接种以及更多新药和治疗方法的出现，使许多疾病可以得到预防或治疗。

虽然整个亚洲的人口结构变化很快，但各个国家之间存在巨大差异，导致人口结构的多样性。亚洲很多地区正在经历人口老龄化，但同时有些亚洲国家的生育率仍然相对较高，年轻人仍然较多。

一个关于人口结构转变的典型事实是一国的人口结构变化会经历四个阶段：（1）工业化前的高死亡率和高生育率；（2）生育率仍然很高，但死亡率下降，导致人口增加；（3）生育率下降且死亡率进一步下降，导致人口老龄化；（4）低生育率和低死亡率使人口稳定（如果生育率处于更替水平2.1）或人口下降（如果生育率大大低于2.1）。因此，亚洲经济体可大致分为四类（见图6.7）。

第一类包括几个中低收入和低收入经济体，如阿富汗、巴基斯坦、巴布亚新几内亚和塔吉克斯坦。[②]这些国家正处于人口结构转变的第二阶段，生育率有所下降，但仍大大高于更替水平，人口预期寿命低于70岁。人口快速增长将导致较高的青少年抚养比和强劲的就业需求，给社会经济发展带来巨大压力。投资于健康和教育将有助于其在未来几十年里获得人口红利。

第二类包括孟加拉国、格鲁吉亚、印度、印度尼西亚、菲律宾、乌兹别克斯坦和越南。这些国家正处于第三阶段的早期或中期。它们大多数是低中等收入经济体，其余则处于高中等收入水平。这些经济体最近和目前

[①] Bourgeois–Pichat, J. 1981. Recent Demographic Change in Western Europe: An Assessment. *Population and Development Review.* 7 (1). pp. 19–42.

[②] 世界银行将低收入经济体定义为2018年人均国民总收入不超过1,025美元的经济体，计算方法为世界银行图谱法。低中等收入经济体是指人均国民总收入在1,026美元到3,995美元之间的经济体。

的生育率水平为2~3，出生时的预期寿命为67~77岁。多数经济体的劳动年龄人口增长，还能够享受多年的人口红利。创造充足的就业机会是这些经济体未来20~30年面临的主要挑战。

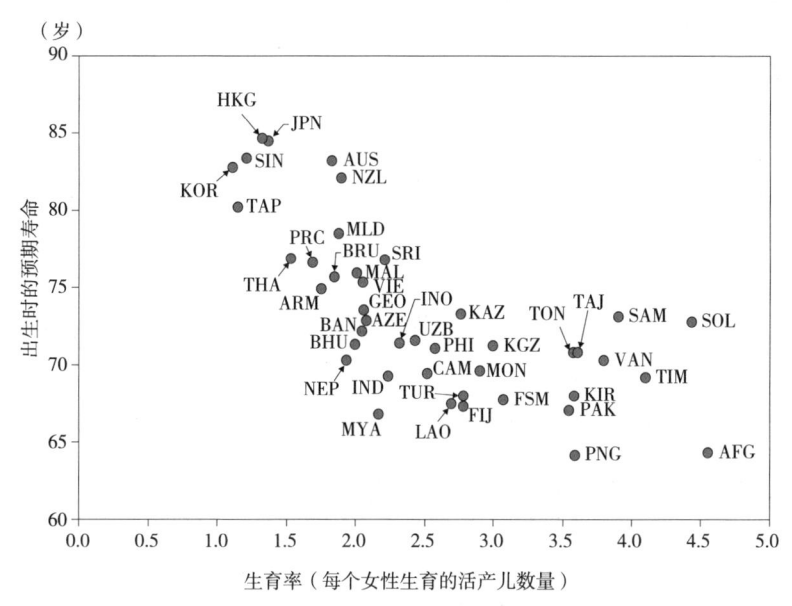

图6.7 2018年亚太地区的生育率和预期寿命

注：AFG=阿富汗，ARM=亚美尼亚，AUS=澳大利亚，AZE=阿塞拜疆，BAN=孟加拉国，BHU=不丹，BRU=文莱，CAM=柬埔寨，FIJ=斐济，FSM=密克罗尼西亚联邦，GEO=格鲁吉亚，HKG=中国香港，IND=印度，INO=印度尼西亚，JPN=日本，KAZ=哈萨克斯坦，KGZ=吉尔吉斯斯坦，KIR=基里巴斯，KOR=韩国，LAO=老挝，MAL=马来西亚，MLD=马尔代夫，MON=蒙古国，MYA=缅甸，NEP=尼泊尔，NZL=新西兰，PAK=巴基斯坦，PHI=菲律宾，PNG=巴布亚新几内亚，PRC=中国，SAM=萨摩亚，SIN=新加坡，SOL=所罗门群岛，SRI=斯里兰卡，TAJ=塔吉克斯坦，TAP=中国台湾，THA=泰国，TIM=东帝汶，TKM=土库曼斯坦，TON=汤加，UZB=乌兹别克斯坦，VAN=瓦努阿图，VIE=越南。

资料来源：联合国经济和社会事务部人口司，《2019年世界人口展望》（网络版），https://population.un.org/wpp（2019年6月18日访问）。

第三类包括几个高中等收入国家，它们是亚美尼亚、马来西亚、马尔代夫、中国和泰国。这些国家的人口正处于人口结构转变第三阶段的后期，其最近和目前的生育率水平为1.5~2.0，出生时的预期寿命大多为70~79岁。这类国家的劳动年龄人口已开始下降，人口老龄化已经开始，并将在未来几年里加速，人口红利将变成人口负担。这些经济体面临的一项重大挑战是如何在劳动年龄人口下降的情况下继续保持增长。

第四类是所有高收入亚洲经济体，包括日本、韩国、新加坡、中国香港和中国台湾。这些经济体已经经历了前三个阶段，现在正处于第四阶段，其最近和目前的生育率水平为1.1~1.4，远远低于更替水平2.1，出生时的预期寿命在80岁以上。这些经济体早已出现人口的快速老龄化，并且这一现象还将继续。它们中有很多经历了多年的劳动年龄人口下降，有的甚至开始出现总人口下降。应对老龄化、劳动力减少和人口萎缩是这些经济体面临的主要挑战。

6.4.4 跨境劳动力流动

亚洲可以利用人口结构的多样性，使人口年轻化和老龄化的经济体都受益。跨境劳动力流动的潜力巨大。一方面，高收入亚洲经济体（如日本和韩国）由于生育率大幅下降和人口老龄化，正面临劳动力短缺问题。另一方面，在人口较为年轻的亚洲国家（如印度和菲律宾），其劳动年龄人口的规模将继续扩大。理论上，这两类国家很可能会从跨境劳动力流动中受益。劳动力输出国可以增加外汇收入，而劳动力输入国则可以缓解劳动力短缺，两者都能从技能和知识转移中受益。

近几十年来，亚太地区的向外国际迁移人口显著增加。该地区（包括澳大利亚、日本和新西兰）的向外移民（在国外工作至少1年）[1]从1990年的4,830万人增至2017年的8,690万人（见图6.8）。2017年，亚太地区最大的向外移民输出国是印度（占总数的19.6%），其后依次是中国（11.5%）、孟加拉国（8.6%）、巴基斯坦（6.9%）、菲律宾（6.6%）、阿富汗（5.5%）和印度尼西亚（4.8%）。增加的向外迁移人口主要是从亚洲国家迁移到非亚洲国家，而在亚洲国家居住或工作的亚洲向外移民从2,290万人增至3,020万人。

---

[1] 联合国关于国际迁移统计的建议将"一个国家的国际移民"界定为"曾改变其常住国的一类人，即在收集数据时，在其通常居住的国家以外的国家至少生活了一年的人"（United Nations, Department of Economic and Social Affairs, *Statistics Division. 1998. Recommendations on Statistics of International Migration*, Revision 1. New York. para. 185）。国际移民包括那些因就业、家庭团聚、求学，以及逃离武装冲突和暴力等各种原因而跨境流动的人。有些事件涉及新边境的确立，产生了大量国际移民，如在1991年苏联解体期间。

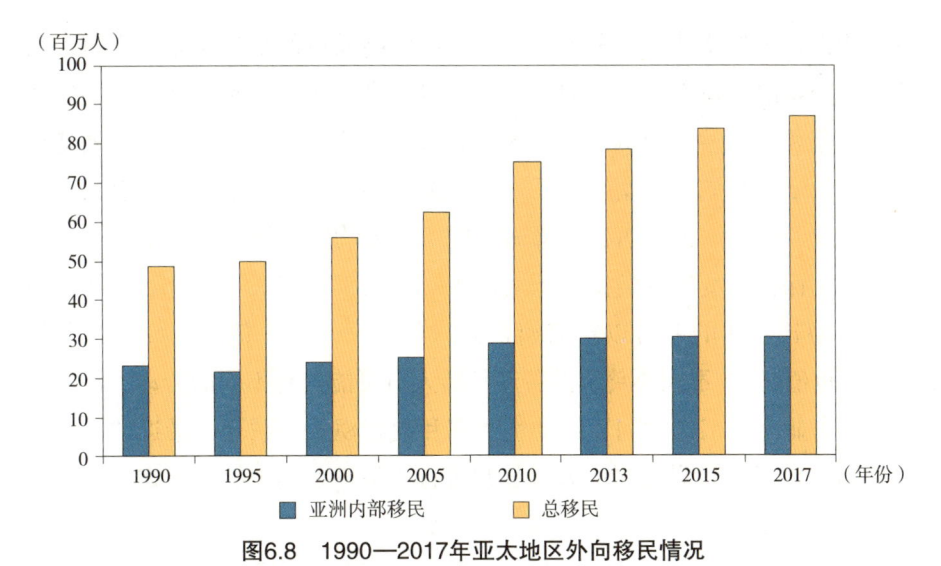

图6.8　1990—2017年亚太地区外向移民情况

资料来源：亚洲开发银行利用联合国经济和社会事务部人口司的数据所做的估算，数据源自：International Migrant Stock:The 2017 Revision, https://www.un.org/en/development/desa/population/migration/data/estimates2/estimates17.asp（2018年5月1日访问）。

虽然跨境劳动力流动对劳动力输出国和输入国都有利，但应对其进行妥善管理，以达到利益最大化，并将相关成本降至最低。对劳动力输出国来说，政府应制定促进安全和合法移民的政策和规划，如出发前培训、领事支持、对招聘机构的监控以及与输入国开展合作。政府应促进侨汇的有效利用，将其用于国内教育、卫生和基础设施等方面的投资，以帮助本国创造高质量的就业机会。政府还应协助回国的工人顺利回归社会。劳动力输入国应根据劳动力市场状况，实施精心设计的移民政策和外来劳工计划，还应支持外来务工人员发展技能，保护他们免受不公平待遇和虐待，并帮助长期移民融入社会。

区域合作可以在促进跨境劳动力流动方面发挥重要作用。东盟国家在东盟经济共同体建立技能互认制度就是一个很好的例子。

6.5　人口红利及其他影响

6.5.1　测算人口红利

人口结构变化影响经济增长的一个主要途径是劳动年龄人口（15~64

岁）所占比重的变化。如前所述，当劳动年龄人口的增长快于总人口的增长，劳动年龄人口占比上升时，国家就可以享受人口红利。这是因为每个劳动者需要抚养的人数减少，使人均收入增长快于劳动年龄人口的增速与总人口的增速相同时的情况。反之，当劳动年龄人口的增长慢于总人口的增长，或劳动年龄人口占比下降时，国家的人均收入增长将慢于劳动年龄人口占比保持不变时的情况，从而产生人口负担。劳动年龄人口的增长与总人口增长之间的差可以粗略衡量人口红利（差为正值时）或人口负担（差为负值时）。不同年龄组的劳动年龄人口可能具有不同的劳动力市场参与率、失业率、工作时间、劳动生产率和消费模式。联合国最近的一项研究对1955年以来世界各国的人口红利进行了估算，其中综合考虑了这些因素（见表6.12）。[①]

　　1960—2018年，亚洲发展中经济体的年人均GDP增长为4.7%，其中人口红利贡献了0.32个百分点。相比之下，人口红利的这种贡献在拉丁美洲和加勒比地区为0.37个百分点，在亚洲发达经济体和经合组织成员国则不足0.1个百分点，在全球范围内为0.23个百分点。亚洲发展中经济体人口红利的规模随时间的推移而变化。在20世纪60年代，由于受抚养儿童数量的不断增加，产生了0.41个百分点的人口负担；在20世纪80年代、90年代和21世纪第二个十年，人口红利为0.57~0.63个百分点；2010—2019年，人口红利下降到0.35个百分点。只有在劳动年龄人口都有工作和有生产力的情况下，才能实现人口红利。

　　不同国家之间存在很大差异。韩国在20世纪70年代至90年代从人口红利中受益明显，人口红利对人均GDP增长的贡献为1.01~1.83个百分点。但如今，该国正在经受人口负担。中国的人口红利在20世纪80年代达到峰值，为1.40个百分点；在20世纪90年代，其人口红利仍然很大，有1.13个百分点；但如今中国也面临人口负担。新加坡和泰国在20世纪70年代至90

---

① 因劳动年龄人口占比变化而产生的人口红利也被称为"第一次"人口红利。联合国的研究用实际劳动者数量增长率与实际消费者数量增长率之间的差来估算第一次人口红利。实际劳动者数量是每个年龄组的劳动者的总和，用一个考虑不同年龄组之间劳动参与、失业、工作时间和劳动生产率等方面差异的指数进行加权并加总。实际消费者数量是每个年龄组的人口的总和，用一个考虑不同年龄组之间消费模式差异的指数进行加权并加总。这些指数源于来自全球约60个国家（包括许多亚洲国家）的数据。假设这些指数在不同国家和不同时期是相同的。

年代从人口红利中受益明显，如今也同样面临人口负担。而印度尼西亚、印度和菲律宾则继续享有巨大的人口红利。

表6.12　　　　　　　　1960—2018年的人口红利估算　　　年人均GDP增长的百分点

地区	1960—1970年	1970—1980年	1980—1990年	1990—2000年	2000—2010年	2010—2018年	1960—2018年
亚洲发展中经济体	（0.41）	0.23	0.62	0.57	0.63	0.35	0.32
中亚	（0.73）	0.24	0.53	0.31	0.78	0.35	0.23
东亚	（0.60）	0.58	1.38	1.21	0.67	（0.01）	0.54
中国	（0.86）	0.74	1.40	1.13	0.26	（0.09）	0.43
韩国	（0.09）	1.01	1.83	1.50	0.65	（0.01）	0.83
南亚	（0.18）	（0.21）	（0.06）	0.37	0.80	0.85	0.24
印度	（0.31）	0.07	0.26	0.37	0.51	0.46	0.22
东南亚	（0.44）	0.37	0.82	0.71	0.61	0.35	0.39
印度尼西亚	（0.46）	（0.05）	0.61	0.95	0.75	0.30	0.35
菲律宾	（0.25）	0.49	0.64	0.42	0.44	0.35	0.34
新加坡	（0.31）	1.82	1.88	0.85	0.05	（0.19）	0.68
泰国	（0.28）	0.46	1.48	1.23	0.52	（0.29）	0.54
越南	（1.37）	0.27	1.00	0.86	0.86	0.17	0.28
太平洋地区	（0.07）	0.15	0.42	0.26	0.31	0.21	0.21
亚洲发达经济体	0.16	0.39	0.39	0.17	（0.32）	（0.44）	0.07
澳大利亚	（0.20）	0.30	0.44	0.20	（0.12）	（0.32）	0.05
日本	1.07	0.54	0.01	（0.13）	（0.67）	（0.58）	0.07
拉丁美洲和加勒比地区	（0.23）	0.25	0.59	0.67	0.58	0.40	0.37
撒哈拉以南非洲	（0.38）	（0.30）	（0.12）	0.10	0.37	0.42	0.002
经合组织成员国	（0.26）	0.26	0.45	0.38	0.06	（0.28）	0.10
美国	（0.43）	0.26	0.57	0.29	（0.04）	（0.30）	0.06
世界	（0.43）	0.24	0.56	0.56	0.35	0.14	0.23

注：太平洋地区包括密克罗尼西亚联邦、斐济、巴布亚新几内亚、萨摩亚、所罗门群岛、东帝汶、汤加和瓦努阿图。括号中为负值。

资料来源：Mason, A., et al. 2017. Support Ratios and Demographic Dividends: Estimates for the World. *UN Population Division Technical Paper*. No. 2017/1. New York: United Nations.

除人均GDP外，总实际GDP的增长也受总人口规模变化的影响。例如，日本在1960—1970年高增长时期的总GDP每年增长10.4%，其中2.2个百分点来自人口结构变化：1.1个百分点来自总人口增长，1.1个百分点来自人口红利（与劳动年龄人口占比上升有关）。2010—2018年，日本的总GDP每年仅增长1.0%。人口结构变化的影响为–0.8个百分点，其中–0.2个百分点来自总人口下降，–0.6个百分点来自人口负担。2010—2018年，虽然美国有–0.3个百分点的人口负担，但其总人口增长为同期2.2%的年均GDP增长贡献了0.7个百分点。这些比较表明，在人口结构影响增长的同时，其他因素更加重要，比如资本积累和人力资本，以及全要素生产率的改善。在日本，1960—1970年这些其他因素对GDP增长的贡献为8.2个百分点，2010—2018年为1.8个百分点。在美国，2010—2018年其他因素也为GDP增长贡献了1.8个百分点。

6.5.2 人口结构变化的其他影响

除了前面讨论的人口结构变化会带来与劳动年龄人口占比变化有关的人口红利或人口负担外，人口结构变化还会以其他方式影响经济增长。

其中一个方式是通过影响储蓄率来影响经济增长。劳动年龄人口占比增加会使家庭储蓄率提高，从而促进经济增长。在发展的早期阶段，高抚养比和较低的劳动年龄人口占比往往伴随着较低的家庭储蓄率，因为有年幼子女的家庭需要支付大量的儿童保育费用。儿童长大后会进入劳动力市场，劳动年龄人口占比因此增加，总家庭储蓄率也会相应上升。这将促进投资需求大而储蓄短缺的国家的增长。有人认为，过去半个世纪里有近5个百分点的亚洲储蓄率上升归因于该地区的人口结构转变。[①]

近期的研究强调了"第二次人口红利"的可能性，指成年人寿命的延长会促使个人养老储蓄增加，从而促进资本积累和经济增长。[②]

[①] Collins, S. 1991. Saving Behavior in Ten Developing Countries. In Shoven, J. B., and B. D. Bernheim, eds. *National Saving and Economic Performance*. Chicago: National Bureau of Economic Research and the University of Chicago Press; Kelley, A., and R. Schmidt. 1996. Saving, Dependency, and Development. *Journal of Population Economics*. 9 (4). pp. 365–386; Lee, R., A. Mason, and T. Miller. 1997. Saving, Wealth, and the Demographic Transition in East Asia. *East-West Center Working Papers: Population Series*. No. 88–7. Honolulu: East-West Center.

[②] Lee, R., and A. Mason. 2006. What Is the Demographic Dividend? *Finance and Development*. 43 (3). p. 5.

此外，人们普遍认为，老龄化社会除了会减少劳动年龄人口占比以及在有些国家降低总人口规模之外，还会通过其他一些方式对经济增长产生负面影响。

首先，人口老龄化带来的高储蓄会削弱国内消费，在储蓄过剩的国家成为一种负担，而非红利。例如，在日本，老龄化进程和预期寿命延长促使几乎所有年龄组人口都为未来储蓄，导致消费疲软和增长减缓。

其次，老龄化社会通常会使人口减少，削弱总消费（因此导致规模经济丧失），进而削弱生产能力方面的投资。

再次，老龄化社会往往造成对新产品和新服务的需求减少，导致国内市场缺乏活力，应对年轻人口新需求的创新减少，同时供给侧规避风险增多、创业精神萎缩。

最后，老龄化对医疗服务、养老金和老年护理的需求上升，从而对公共财政产生负面影响。这还会使其他公共支出（如对高等教育和基础设施投资及维护的支出）的资源减少。

但另一方面，老龄化社会可以创造新产业，并推动创新，以补充萎缩的劳动力和帮助提供养老服务。老龄化还可能吸引基础设施投资，如投资地铁电梯和其他无障碍设施。扩大高质量的卫生保健服务也为增长和就业提供了机会。养老服务还可以促进旅游和其他养生服务的发展。

6.6 展望未来

由于大量的公共支出、有针对性的干预以及政策和制度改革，亚洲发展中经济体在人力资本投资方面取得了很大成就。然而，与发达国家相比，在教育成就和健康成果方面还存在很大差距。

在教育方面，面临的挑战包括：（1）在差距较大的低收入和低中等收入国家普及中等教育；（2）提高教育质量；（3）扩大高等教育、职业技术教育和培训。为应对这些挑战，需要加大对教育的公共投资，并继续进行教育体制改革，以增加教育机会，提高教育的效果和效率。

教育质量非常重要。许多亚洲国家需要在改善阅读、数学和科学的教育方面投入更多资金，以跟上科技的快速进步，包括机器人和人工智能。这些科技进步可能会改变工作性质和劳动者未来必须完成的任务。在技术驱动型经济体，劳动者拥有学习和再学习的能力与技能将比任何时候都更加重要。

在医疗卫生方面，亚洲国家应继续做好以下工作：（1）投资医疗卫生系统，以应对由于人口老龄化和饮食结构变化而导致的非传染性疾病不断增加的负担；（2）由于该地区容易发生流行病，因此应建立预防、检测和应对未来疫情暴发的系统；（3）增加医疗卫生公共支出，努力实现全民健康覆盖。

2017年，在亚洲发展中经济体，因四大非传染性疾病（心血管疾病、癌症、慢性呼吸道疾病和糖尿病）而死亡的比例超过了75%（1990年为54%）。从流行病学转变的角度看，这可以被视为是一种成功。在这一过程中，初期的有针对性计划大大降低了可预防死亡的比例。然而，绝大多数因非传染性疾病造成的过早死亡发生在低收入和中等收入国家，其中很多发生在亚洲。

人口结构变化对经济发展至关重要。东南亚、南亚、中亚和太平洋地区的许多国家的人口还比较年轻，今后很多年还可以从人口红利中受益。然而，其面临的挑战在于确保有足够的人力资本投资和创造充足的高质量工作岗位。

随着人口结构持续变化，越来越多的亚洲国家将开始经历劳动年龄人口下降和老龄化。其结果是，人口红利将变成人口负担。这将对国家的潜在经济增长、公共财政和医疗卫生系统产生重大影响。对这些国家来说，经济增长将不得不更多地依赖劳动生产率的提高。此外，还需要建立负担得起的、充足的和可持续的医疗卫生系统，以及提供养老金和老年护理服务。

在那些已经老龄化的更为发达的国家，公共政策应支持女性和老年人加入劳动大军，以获得"性别红利"和"老年红利"。政府可以帮助提供更好的儿童保育设施以及孕产和陪产福利，更好地利用技术来补充劳动年龄人口萎缩和进行老年护理，并加强医疗卫生和养老金体系的可持续性。

亚洲丰富的人口结构多样性意味着年轻化国家和老龄化国家都可以从跨境劳动力流动中受益。劳动力输出国应有效利用外劳汇款，并促进流动务工人员的福利。劳动力输入国应实施精心设计的移民政策和外来劳工计划，同时发展外来务工人员的技能并保护他们的权利。区域合作可以在促进跨境劳动力流动方面发挥重要作用。

第 7 章

投资、储蓄和金融

7.1 引言

快速、持续的经济增长需要足够的投资。过去50年亚洲的经济发展充分证明了这一客观事实。所有快速增长的经济体都对新工厂、新设备和实体基础设施进行了大量投资,如公路、铁路、港口、发电厂、输电线路、城市供水和电信等。而实体基础设施的投资通常由政府提供资金或给予支持(详见第8章)。这些投资提高了生产能力和劳动生产率,促进了科技进步,加快了经济增长,提高了人民的生活水平。

亚洲高投资的主要资金来源是国内储蓄,即家庭、企业和政府的储蓄资金。在许多国家,外部融资也发挥了重要作用。双边官方发展援助和多边开发银行融资极为重要,特别是在发展的早期阶段(详见第14章)。各国实行外来投资自由化后,外商直接投资成为最大的外部资金来源(详见第9章)。在一些国家,出国务工人员的外劳汇款也提供了一个稳定的资金来源。

亚洲的银行主导型金融体系在引导国内储蓄流向国内投资方面发挥了关键作用。近来,尤其是自1997—1998年亚洲金融危机以来,资本市场显著增长,提供了长期融资。

本章将探讨亚洲发展中经济体在过去50年快速增长和转型过程中的投资、储蓄和金融的模式。第7.2节讲述亚洲的快速资本积累,包括在生产能力和基础设施方面的投资。第7.3节探讨作为国内投资融资来源的家庭、企业和政府的储蓄及其相应的政策和制度驱动因素。第7.4节重点讨论外部融资的来源。第7.5节探讨亚洲金融体系在引导储蓄流向投资方面所发挥的作用，包括银行、资本市场和中小企业融资的作用。第7.6节简要讨论亚洲未来在投资、储蓄和金融方面面临的挑战。

7.2 亚洲的快速资本积累

在20世纪60年代，大多数亚洲经济体的投资率（即投资占GDP的比重）都很低。整个亚洲地区的平均总投资率为20.3%，与拉丁美洲和加勒比地区相当（见附表12）。该地区只有少数经济体的总投资率超过20%，包括中国、菲律宾、中国香港和中国台湾。

然而，在接下来的几十年里，亚洲各地的投资率显著上升。到21世纪第二个十年，亚洲发展中经济体的平均总投资率达到38.9%，几乎是拉丁美洲和加勒比地区以及经合组织的两倍。在中国的带动下，东亚的平均总投资率最高（42.9%），其次是南亚（32.2%）、东南亚（28.6%）和中亚（26.9%）。[①]

投资率的快速上升促使亚洲发展中经济体的资本存量显著扩大，从1960年的3.9万亿美元扩大到2017年的176万亿美元（按2011年定值美元计算），年增长率为6.9%（见表7.1）。虽然所有亚洲发展中次区域（无相关数据的太平洋地区除外）均出现了显著增长，但东亚的增长最为明显，从1960年的1.3万亿美元跃升至2017年的108.2万亿美元。这一增长主要来自中国，中国的资本存量从1万亿美元飙升至94.9万亿美元。同一时期，南亚和东南亚的资本存量也大幅增加。

亚洲发展中经济体用于改善基础设施的投资占据很大比例（详见第8章）。1965—2018年，该地区的一次能源消费总量增加了13.5倍，而全球的一次能源消费总量增加了3.7倍。中国的发电总量增加了50倍，从1971年的139太瓦时（TWh）增加到2018年的7,146太瓦时；印度的发电总量增加了25倍，从66太瓦时增加到1,643太瓦时。中国每100万人口的公路里程增加了4.5倍，从1965年的730千米增加到2014年的3,260千米；印度则增加

[①] World Bank. World Development Indicators. https://data.worldbank.org (2019年8月2日访问).

了2.9倍，从1,461千米增加到4,224千米。然而，不同国家在基础设施建设方面也存在很大差异。

投资的快速增长促进了经济的快速增长，而经济增长反过来又促进了投资的进一步增长。亚洲发展中经济体的快速资本积累主要由几个因素推动。在许多国家，投资是由工业化推动的。在20世纪60年代和70年代，工业化通常由政府主导或推进。政府重点发展资本密集型重工业，因此需要大量的资本投资。国有企业常常在这些投资中发挥关键作用，但私营部门投资也很重要，尤其是在韩国、新加坡、中国香港和中国台湾这几个新兴工业经济体。

表7.1　1960年、1990年和2017年实物资本的存量和增长

按2011年定值美元计算，单位：美元

地区	存量（万亿美元）			年增长率（%）		
	1960年	1990年	2017年	1960—1990年	1990—2017年	1960—2017年
亚洲发展中经济体	3.9	25.6	176.0	6.5	7.4	6.9
中亚	—	1.3	2.4	—	2.4	—
东亚	1.3	9.9	108.2	7.0	9.2	8.1
中国	1.0	6.6	94.9	6.5	10.4	8.3
南亚	1.4	6.9	34.8	5.4	6.2	5.7
印度	1.2	5.6	29.9	5.3	6.4	5.9
东南亚	1.1	7.4	30.5	6.5	5.4	6.0

注：太平洋岛国的数据不可获取。中亚各国及不丹、文莱、柬埔寨、马尔代夫、蒙古国和缅甸等国家1960年的数据不可获取。— 表示数据未获取。

资料来源：Feenstra, R., R. Inklaar, and M. P. Timmer. 2015. The Next Generation of the Penn World Table Version 9.1. *American Economic Review*. 105 (10). pp. 3150–3182（2019年5月4日访问）；亚洲开发银行的估算。

自20世纪80年代以来，特别是自20世纪90年代以来，大多数亚洲经济体实施了市场化改革，私营部门投资激增。中国自20世纪70年代末开始市场化改革，实行开放政策，使私人投资急剧增长，其占固定资产投资总额的比重从1995年的12.2%上升到2000年的14%，再到2018年的

61%。①印度自1991年起开始实行经济自由化，私营部门的资本形成总额出现了类似的增长，其占GDP的比重从1980年的10%上升到1990年的15%、2000年的17%和2017年的21%。

外国投资者在推动许多亚洲经济体的投资方面也发挥了重要作用，特别是在过去二三十年里。从20世纪80年代开始，许多外国企业涌入亚洲各经济体，最初是为发达市场生产产品，后来也把重点放在了当地市场。自20世纪80年代中期以来，许多亚洲发展中经济体实行了市场化改革，让外商直接投资更容易进入，这使得外商直接投资流入迅猛增长。流入的外商直接投资最初来自日本和其他发达经济体，后来越来越多地来自新兴工业经济体和中国。这些外商直接投资流入没有受到亚洲金融危机的影响。2017年，该地区继续成为全球接受外商直接投资最多的地区，获得的外商直接投资占全球总额的35%，其中，中国是全球最大的外商直接投资目的地（详见第9章）。

7.3　投资资金的主要来源：国内储蓄

亚洲高投资的主要资金来源是家庭、企业和政府的国内储蓄，但外部融资也是一个重要的补充。

理论上，在资本流动顺畅和资本信息完善的情况下，国内投资可以不依赖国内储蓄，因为可以利用外部融资。但是，亚洲内外国家的经验表明，拥有高储蓄的国家往往投资也高，而高投资反过来又会带来高增长。②

7.3.1　总储蓄

在20世纪60年代，亚洲发展中经济体的国内（地区内）总储蓄平均占GDP的18.0%，为全球最低（见表7.2）。储蓄率也低于投资率（导致经常账户赤字），低2.4个百分点，这意味着有一部分国内（地区内）投资的资金来自外部融资。随着时间的推移，亚洲发展中经济体的储蓄率显著提高。自20世纪90年代起，国内（地区内）储蓄超过了国内（地区内）投资，整个亚洲发展中经济体成为一个净储蓄经济体（经常账户盈余）。在21世纪第

---

① 中国国家统计局. 中华人民共和国国民经济与社会发展统计公报. 北京，1995，2000，2018.
② Feldstein, M., and C. Horioka. 1980. Domestic Saving and International Capital Flows. *The Economic Journal*. 90 (June). pp. 314–329.

二个十年,该地区的平均国内(地区内)总储蓄率达到41%,这主要是因为中国储蓄率(48.3%)的快速提高。在21世纪第一个十年,该地区国内(地区内)总储蓄超出投资的部分占其GDP的3.3%;全球金融危机过后,这一比例在21世纪第二个十年降至2.1%。

表7.2　　1960—2018年国内(地区内)总储蓄与储蓄—投资缺口

占GDP的百分比,单位:%

地区	1960—1969年	1970—1979年	1980—1989年	1990—1999年	2000—2009年	2010—2018年
亚洲发展中经济体	**18.0**	**24.9**	**27.4**	**32.9**	**36.6**	**41.0**
	(-2.4)	(-1.4)	(-1.3)	(0.6)	(3.3)	(2.1)
中亚	—	—	—	12.8	32.7	35.5
	—	—	—	(-7.2)	(5.2)	(8.7)
东亚	25.7	34.4	34.6	36.9	40.4	45.6
	(0.9)	(1.6)	(1.0)	(1.8)	(4.1)	(2.7)
中国	27.0	36.6	35.0	39.7	44.5	48.3
	(1.8)	(2.5)	(-1.4)	(1.6)	(4.0)	(2.0)
南亚	8.4	11.2	14.7	21.9	26.8	28.1
	(-6.7)	(-6.2)	(-6.4)	(-2.6)	(-4.4)	(-4.1)
印度	8.4	12.6	15.8	23.9	29.9	31.5
	(-7.3)	(-6.1)	(-6.0)	(-2.1)	(-3.9)	(-3.0)
东南亚	16.1	23.6	28.7	32.9	32.2	33.6
	(-2.7)	(-1.0)	(0.6)	(0.9)	(7.7)	(5.0)
太平洋地区	1.2	16.5	11.1	23.5	20.4	—
	(-18.6)	(-8.4)	(-14.4)	(2.3)	(1.1)	—
亚洲发达经济体	**30.5**	**35.6**	**32.4**	**31.5**	**25.9**	**23.4**
	(-1.6)	(0.5)	(1.3)	(1.3)	(0.9)	(-0.4)
澳大利亚	30.5	28.8	25.5	24.3	25.1	25.7
	(-1.6)	(-0.1)	(-2.4)	(-0.8)	(-1.5)	(-0.5)
日本	—	37.0	33.3	32.2	26.0	22.6
	—	(0.7)	(1.7)	(1.5)	(1.3)	(-0.5)

续表

地区	1960—1969年	1970—1979年	1980—1989年	1990—1999年	2000—2009年	2010—2018年
拉丁美洲和加勒比地区	20.0	21.2	23.4	20.1	21.3	19.8
	（−0.5）	（−2.5）	（2.5）	（−0.3）	（1.4）	（−0.7）
撒哈拉以南非洲	—	—	30.7	23.1	23.5	20.2
	—	—	（1.4）	（0.1）	（1.7）	（−1.6）
经合组织成员国	—	25.2	23.7	23.4	22.1	21.4
	—	（−1.3）	（−0.9）	（−0.1）	（−0.6）	（0.1）
世界	—	26.0	24.8	25.1	25.5	25.1
	—	（−1.1）	（−1.0）	（0.2）	（0.9）	（0.8）

注：括号内为储蓄—投资缺口数据。中国台湾的数据为居民总储蓄。— 表示数据未获取。

资料来源：世界银行，《世界发展指标》，http://data.worldbank.org（2019年8月2日访问）；中国台湾的数据源自台湾预算、核算与统计主管部门。

在过去半个世纪，除了20世纪60年代初、70年代末和80年代初的几年，东亚基本上是净储蓄者。然而，南亚一直都是净借款者，其储蓄—投资缺口在20世纪60年代占GDP的6.7%，近年来有所下降，但21世纪第一个十年和第二个十年的水平仍平均在4%以上。东南亚经济体在1997—1998年亚洲金融危机以前基本上是净借款者，金融危机以后成为净储蓄者。太平洋地区在大多数时候也是净借款者，但20世纪90年代除外，当时该地区由于资源丰富的巴布亚新几内亚的贡献而出现了净储蓄。大多数太平洋岛国仍难以调动足够的国内资源，以至于无法满足大量的基础设施融资需求（详见第7.4节）。中亚经济体在20世纪90年代独立后成为净借款者，但自2002年起（2016年除外）成为净储蓄者，这也是由于资源丰富国家（如阿塞拜疆、哈萨克斯坦和土库曼斯坦）的贡献。自20世纪90年代末以来，亚洲发展中经济体的高净储蓄反映在其非常高的经常账户盈余上（见专栏7.1）。

国内储蓄有三个主要来源：家庭、企业和政府。家庭储蓄是家庭可支配收入中未被消费的部分。企业总储蓄主要由留存收益组成（在税后和分红后，但在投资前）。政府储蓄是中央政府和地方政府的财政收入扣除经常性支出后的盈余（在进行资本投资前）。不同国家，以及在不同时期，国内储蓄不同来源的相对重要性也不同（见图7.1）。

专栏7.1 亚洲储蓄和全球失衡

在2008—2009年全球金融危机爆发前，全球经济失衡不断加剧，更准确地说，是全球经常账户失衡不断加剧。一些国家（主要是东亚和东南亚经济体、欧洲几个工业化国家和石油出口国）持续出现很高的经常账户盈余（储蓄多于投资），而美国则持续出现很高的经常账户赤字（投资多于储蓄）（见专栏图）。

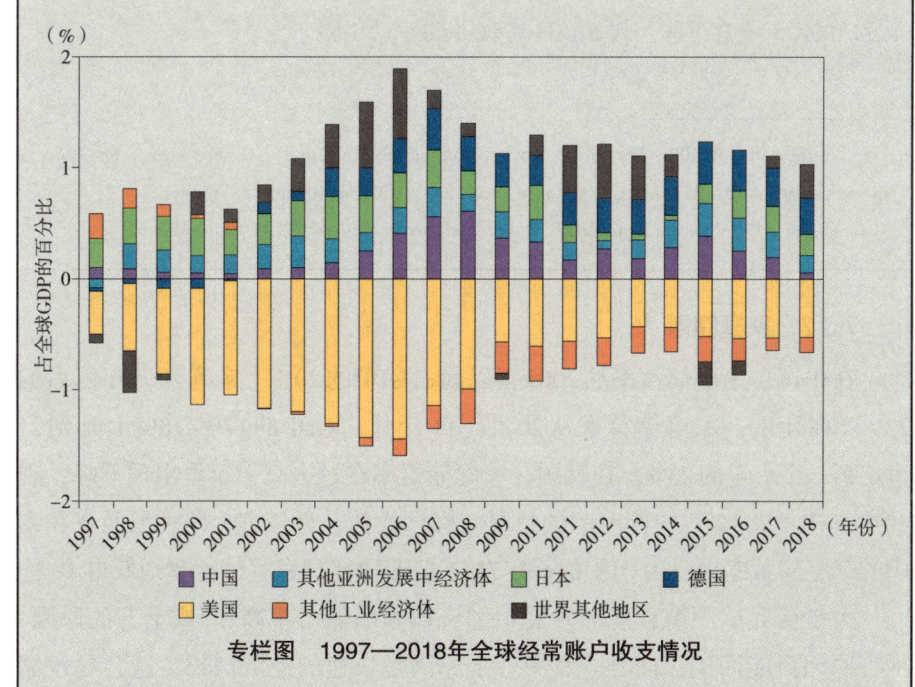

专栏图 1997—2018年全球经常账户收支情况

资料来源：Asian Development Bank. 2019. *Asian Development Outlook 2019*. Manila；国际货币基金组织，世界经济展望数据库，2019年，https://www.imf.org/en/Publications/SPROlls/world-economic-outlook-databases#sort=%40imfdate%20descending（2019年7月22日访问）。

有观察人士将这种失衡视为导致全球金融危机的金融脆弱性的根源之一。他们认为，新兴市场（尤其是亚洲经济体）和石油出口国的储蓄过高，而且过多的储蓄主要投资于美国资产，使美国利率保持低水平，

> 并导致美国市场上的金融机构过度冒险。这种观点普遍被称为"全球储蓄过剩"。① 然而，还有观察人士对全球失衡更多地产生于美国的低家庭储蓄、高财政赤字以及美国的金融机构过度冒险的这种说法表示出异议。他们还认为，过度冒险主要是由于对复杂的证券化产品缺乏足够的监管和监督。
>
> 虽然亚洲新兴市场（尤其是中国）的储蓄率一直很高，但其外部失衡在全球金融危机后已经有所缓解。随着中产阶级不断壮大、金融行业的发展、消费信贷日益扩大，以及社会保障体系持续完善，亚洲发展中经济体的国内消费显著扩大。例如，中国2007年经常账户盈余占其GDP的10%。此后，该比例一直下降，到2018年时仅占GDP的0.4%。②
>
> 资料来源：亚洲开发银行。
>
> ① Bernanke, B. 2005. *The Global Saving Glut and the U.S. Current Account Deficit*. Speech at the Sandridge Lecture. Virginia Association of Economics. 10 March. Richmond, Virginia.
> ② Asian Development Bank. 2019. *Asian Development Outlook 2019 Update*. Manila.

7.3.2 家庭储蓄

在中国，家庭储蓄率从2005年以前占GDP的20%上升到2005年以后的23%。在印度，家庭储蓄率从20世纪90年代占GDP的17%~18%上升到21世纪第二个十年的23%。在韩国，家庭储蓄率在过去三十年里出现下降，现在约占GDP的7%。中国台湾的情况与韩国类似。近年来，印度尼西亚和泰国的家庭储蓄率也已占GDP的6%~7%，但菲律宾的家庭储蓄率则低得多。

大量研究试图解释亚洲发展中经济体家庭储蓄率高和/或上升的原因，尽管原因可能因国家而异。其中一个原因是快速的经济增长，这会导致储蓄率更高。这种情况可以用"习惯持续"假说或"永久收入"假说进行解释。"习惯持续"假说假设，随着时间的推移，消费者的消费行为会形成消费习惯，并由此产生一种惯性或"滞后性"，因此当前消费不会像收入那样容易发生变化。① 根据"永久收入"假说，消费者的消费决策是根据长期收入而不是当前收入做出的，如果不确定自己的收入增长是持久的还是暂时

① Brown, T. M. 1952. Habit Persistence and Lags in Consumer Behaviour. *Econometrica*. 20 (3). pp. 355–371.

的，那么他们可能就不愿意增加消费。①

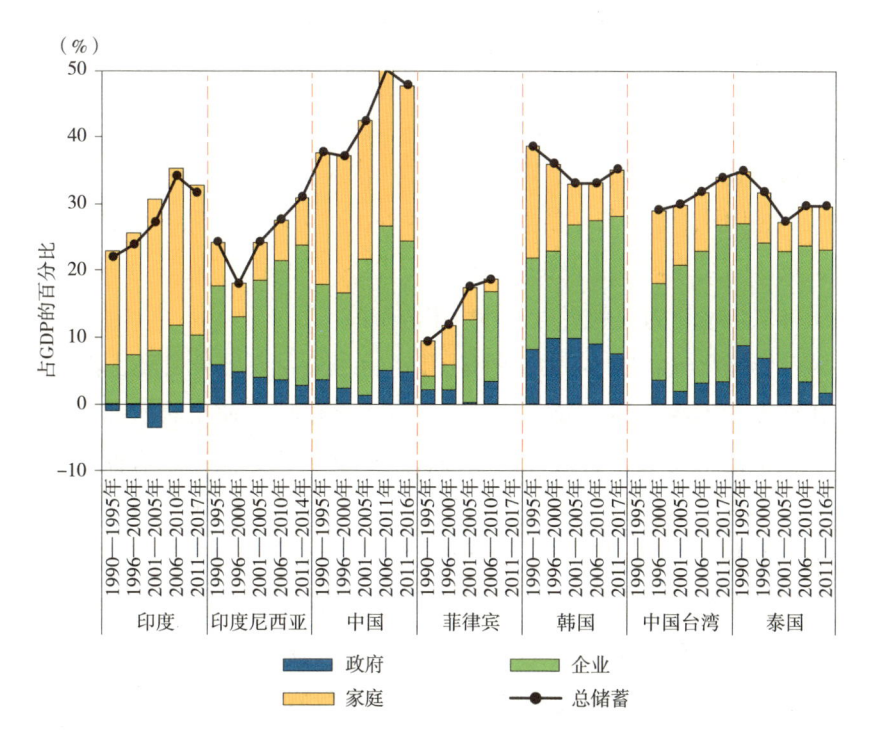

图7.1 1990—2017年部分亚洲经济体的总储蓄及其构成

注：部门储蓄和总储蓄是根据可用官方估算数据计算的平均值。各经济体在按部门对储蓄进行分类时可能采用不同的方法。菲律宾的部门数据基于1968/1993年的国民经济核算体系框架。中国和泰国的数据来自资金流量表。印度2012年以后的数据与新基准年2011/2012年一致，2012年之前的数据与旧基准年2004/2005年一致。

资料来源：CEIC数据公司全球数据库，https://www.ceicdata.com/en（2019年3月24日访问）；哈沃分析，哈沃分析数据库，http://www.haver.com/datalink.html（2019年3月24日访问）；中国台湾的数据源自台湾预算、核算与统计主管部门。

第二个解释与基于"生命周期"假说的人口因素有关。根据这一理论，人们希望一生中消费平稳，年轻时负债消费（或少储蓄），预期未来的收入可以使其还清债务；中年时储蓄（或多储蓄），以维持退休后的消费水平；退休后动用以前的积蓄消费。过去50年来，许多亚洲经济体劳动年龄人口占比快速上升，这可能促使家庭储蓄率上升。

---

① Friedman, M. 1957. *A Theory of the Consumption Function*. Princeton: Princeton University Press.

近期的实证研究支持了这一假说。研究发现，在菲律宾、中国、韩国、泰国和中国台湾，年轻家庭和老年家庭的储蓄率低于中年家庭。[1]根据东亚、东南亚和南亚经济体的数据，实证研究还发现，抚养比（包括年轻人和老年人）与储蓄率之间存在负相关关系。[2]过去50年来，许多经济体的劳动年龄人口占比上升、抚养比下降、储蓄率增加，这与全球跨国研究的结论一致。[3]在中国，除了与年龄有关的因素外，重男轻女思想导致的性别比例失衡也被认为是家庭储蓄高的一个因素，因为一些家庭可能需要通过储蓄，在儿子将来结婚时为其购买房子和耐用消费品。[4]

第三个解释与金融行业的发展有关，包括获得储蓄服务和家庭借贷限制。

在许多亚洲经济体，稳定的银行主导型金融体系使小储户和农村储户能够以较低的交易成本获得金融服务，从而促进家庭储蓄。这种情况与发展中经济体常见的"金融抑制"现象共存，即许多经济体将名义利率保持在均衡水平以下。有人认为，虽然许多亚洲发展中经济体存在金融抑制，但由于通货膨胀率低和鼓励储蓄的税收优惠政策（如利息收入免税），抑制程度往往比较温和，因此实际利率保持为正数，以吸引家庭储蓄。[5]

许多亚洲经济体都有完善的家庭自愿储蓄动员计划。邮政储蓄就是一个例子，其在日本很成功（见专栏7.2）。孟加拉国、印度、哈萨克斯坦、马来西亚、菲律宾、中国、韩国、新加坡、越南和中国台湾等经济体都已建

---

[1] 参见 Deaton, A., and C. Paxson. 2000. Growth and Savings among Individuals and Households. *Review of Economics and Statistics*. 82 (2). pp. 212–225; Chamon, M., and E. S. Prasad. 2008. Why Are Saving Rates of Urban Households in China Rising? *NBER Working Paper*. No. w14546. Cambridge, MA: National Bureau of Economic Research.

[2] Kim, S., and J.-W. Lee. 2007. Demographic Changes, Saving, and Current Account in East Asia. *Asian Economic Papers*. 6 (2). pp. 22–53; Horioka, C., and A. Terada-Hagiwara. 2012. The Determinants and Long-Term Projections of Saving Rates in Developing Asia. *Japan and the World Economy*. 24 (2). pp. 128–137.

[3] 参见 Chinn, M. D., and E. S. Prasad 2003. Medium-Term Determinants of Current Accounts in Industrial and Developing Countries: An Empirical Exploration. *Journal of International Economics*. 59 (1). pp. 47–76; Bosworth, B., and G. Chodorow-Reich. 2007. Saving and Demographic Change: The Global Dimension. *Center for Retirement Research at Boston College Working Paper*. No. 2007-2. Boston: Boston College.

[4] Wei, S.-J., and X. Zhang. 2011. The Competitive Saving Motive: Evidence from Rising Sex Ratios and Savings Rates in China. *Journal of Political Economy*. 119 (3). pp. 511–564.

[5] World Bank. 1993. *The East Asian Miracle: Economic Growth and Public Policy*. New York: Oxford University Press.

立起广泛的邮政储蓄系统。在有些经济体，农业和渔业合作社也向农村家庭提供储蓄存款服务。

专栏7.2　日本的邮政储蓄系统

就存款量而言，日本的邮政储蓄系统（通常被称为"Yu-cho"）是世界上最大的邮政储蓄系统。仿效英国1861年建立的邮政储蓄系统，日本邮政储蓄系统于1871年建立。日本的邮政储蓄系统拥有广泛的邮政网络，能够覆盖"很小的"农村家庭储户。由于存款免税且存取款成本很低，邮政储蓄存款显著增长。例如，从1905年到1914年，邮政储蓄存款几乎增长了四倍，而普通银行存款的增长极为有限。

从二战后到2001年，邮政储蓄和国家养老金体系是政府财政激励贷款计划（FILP）的主要资金来源。在战后经济复苏期间，该计划为合成纤维、炼油、机械和电子等多个行业提供了资金支持。在高速经济发展的顶峰时期，财政激励贷款计划通过日本政策投资银行、日本进出口银行、住房金融公司等政府附属金融机构，为公路、铁路等公共基础设施投资以及中小企业、住房和区域发展等提供资金支持。

日本的邮政系统，包括邮政储蓄系统，在21世纪第一个十年实行了私有化。许多政府附属机构被合并，随后开始独立发行无政府担保的债券。

资料来源：亚洲开发银行。

早在20世纪60年代，韩国就已建立起邮政储蓄系统。在中国台湾，20世纪80年代中期正规金融行业中约40%的家庭储蓄是邮政储蓄。在中国，邮政储蓄最近越来越受家庭的青睐，其分支机构数量迅速增加，从1986年的不到2,500家增加到2009年的37,000家。[1]在印度，邮政储蓄银行的分支机构到20世纪90年代末已超过154,000家。[2]

---

[1] Garon, S. 2012. Why the Chinese Save? Foreign Policy. 19 January. https://foreignpolicy.com/2012/01/19/why-the-chinese-save/.

[2] World Bank. 2002. *The Reform of India Post: Transforming a Postal Infrastructure to Deliver Modern Information and Financial Services*. Washington, DC.

欠发达的消费信贷市场也可能导致较高的家庭储蓄。在许多亚洲经济体，抵押贷款、信用卡和其他消费信贷服务直到近期才得到良好的发展。当家庭需要购买汽车和电器等耐用品，或筹办大规模家庭活动（如婚礼和教育支出）时，如果无法从正规金融机构获得借款，那么他们要么利用非正规融资工具，要么提前增加储蓄。例如，中国台湾在1987年正式开放消费信贷市场后，家庭平均储蓄倾向从20世纪90年代初的29%下降到1996年的26%，在21世纪第二个十年进一步下降到约20%。

近年来，许多亚洲国家的家庭信贷有所增加。2018年，马来西亚和泰国家庭信贷占GDP的比重为68%，中国为53%，而欧盟为62%，北美为78%。最近，在印度尼西亚和菲律宾，包括汽车贷款和摩托车贷款在内的消费贷款增长迅速。

对高家庭储蓄的第四个解释与预防性储蓄有关，这主要是由于社会保障制度不完善，如缺乏全民健康保险和养老金保障不足。在许多亚洲经济体，尤其是在中国，这些预防性储蓄动机是高家庭储蓄的一个重要原因。

这与近期的实证研究结论一致。在中国台湾，自1995年推出全民医疗保险制度以来，平均储蓄下降了9%~14%。[1] 从20世纪90年代初开始，泰国的家庭储蓄率也出现了类似的下降，这是因为当时泰国建立了由社会救助、社会保险和社会服务三大支柱组成的社会保障体系。[2] 1994—2006年，菲律宾的家庭储蓄也出现了类似的下降，这是因为菲律宾在20世纪90年代初扩大了社会保障的覆盖范围。[3]

7.3.3 企业总储蓄

从20世纪90年代到21世纪第二个十年，中国、韩国、印度尼西亚和中国台湾的企业总储蓄率均有所上升，从占GDP的不足15%提高至约20%

---

[1] Chou, S., J. Liu, and J. Hammit. 2003. National Health Insurance and Precautionary Saving. *Journal of Public Economics*. 87 (9–10). pp. 1873–1894.

[2] Pootrakool, K., K. Ariyapruchya, and T. Sodsrichai. 2005. Long-Term Saving in Thailand: Are We Saving Enough and What Are the Risks? *Monetary Policy Group Working Papers*. No. 2005–03. Bangkok: Bank of Thailand.

[3] Terada-Hagiwara, A. 2009. Explaining Filipino Households' Declining Saving Rate. *ADB Economics Working Paper Series*. No. 178. Manila: Asian Development Bank.

或以上（见图7.1）。同期，泰国企业总储蓄率从占GDP的18%上升到21%，菲律宾从2%上升到13%，印度从6%上升到10%。2010—2017年，印度尼西亚、菲律宾、韩国、泰国和中国台湾的企业总储蓄占其国内或地区内总储蓄的60%~70%，中国约为40%，印度为30%。企业总储蓄率的不断上升是一个全球现象，许多发达国家的企业总储蓄率在过去三四十年里也出现了大幅上升。

促使全球企业总储蓄率上升的因素包括：（1）与科技进步、全球化和工会议价能力下降相关的劳动收入占比下降；（2）可能与科技进步相关的投资品价格下跌；（3）在一些国家，企业为保留更多收入用于投资而减少股息派发；（4）企业所得税税率下调；（5）导致企业利润增加的低利率；（6）不需要对实物资本或有形资本进行大量投资的高盈利平台公司的出现。

这些因素中的很多也适用于亚洲。例如，在中国，劳动收入占工业增加值的比例从20世纪90年代初的48%下降到21世纪第一个十年中期的42%；在印度，这一比例从50%下降到22%（仅包括正规工业部门）。[1] 在亚洲发展中经济体，许多上市公司派发的股息有限。例如，在中国，约50%的上市公司直到最近才派发股息。[2]

7.3.4 政府储蓄

在印度尼西亚、中国[3]、韩国、泰国和中国台湾，政府储蓄是国内（地区内）总储蓄的重要组成部分。然而，印度的政府储蓄率仍然为负数，这意味着政府收入不敷经常性支出，需要通过发行债券和借贷进行资本投资。菲律宾的政府储蓄也很少，导致政府对基础设施的投资不足，这种情况一直持续到最近。

高政府储蓄率常常与审慎的财政政策（详见第10章）密切相关。

---

[1] Asian Development Bank (ADB). 2012. *Asian Development Outlook 2012: Confronting Rising Inequality in Asia*. Manila.

[2] Tyers, R., and F. Lu. 2008. Competition Policy, Corporate Saving and China's Current Account Surplus. *ANU Working Papers in Economics and Econometrics*. No. 2008–496. Canberra: Australian National University College of Business and Economics.

[3] Zhang, L., et al. 2018. China's High Savings: Drivers, Prospects, and Policies. *IMF Working Paper*. No. WP/18/277. Washington, DC: International Monetary Fund.

亚行的研究显示了审慎财政政策在东南亚经济体（如印度尼西亚、马来西亚和新加坡）对增加政府储蓄所起的作用。[①]坚持审慎的财政政策和财政可持续性既增加了公共储蓄，又创造了有利于增加私人储蓄的稳定经济环境。近年来，在印度、印度尼西亚和菲律宾等几个亚洲经济体，增加税收或削减补贴的财政改革增加了政府储蓄，加大了公共基础设施支出。

7.4 投资资金的补充来源：外部融资

在20世纪60年代到80年代，亚洲发展中经济体的国内（地区内）总投资率高于国内（地区内）总储蓄率（见表7.2）。超出的投资资金来源为外部储蓄，这些外部储蓄来自非居民资本流入，如官方资本流入、外商直接投资、私人债务（银行贷款和债券）以及股权组合投资。自20世纪90年代以来，储蓄率一直高于投资率。

国内储蓄—投资缺口等于经常账户余额。正缺口表示盈余，负缺口表示赤字。如出现赤字，则需要外部融资。然而，即使一个国家出现经常账户盈余，也仍然会有非居民资本净流入。在这种情况下，经常账户盈余和非居民资本净流入将抵消本国对外投资（包括对外直接投资）和外汇储备的增加。

1990年以前，官方资本净流入（双边官方发展援助、多边发展融资和其他官方资本流入）是亚洲发展中经济体最大的外部融资来源（见图7.2，详见第14章）。在20世纪70年代初，官方资本净流入所占比重接近60%（约占国内或地区内总投资的6%）。但随着时间的推移，这一比例不断下降，到1990年降至40%以下（占国内或地区内总投资的4%）。

在20世纪70年代和80年代，外商直接投资是第二大外部融资来源。然而，自20世纪90年代亚洲经济体开始实施贸易与投资自由化（详见第9章）以来，外商直接投资成为最大的外部融资来源，在2000年占国内（地区内）总投资的13.3%，近年来一直处于5.7%~7.0%。

[①] ADB. 1997. *Emerging Asia: Changes and Challenges*. Manila; and Harrigan, F. 1996. Saving Transitions in Southeast Asia. EDRC Report Series. No. 64. Manila: Asian Development Bank.

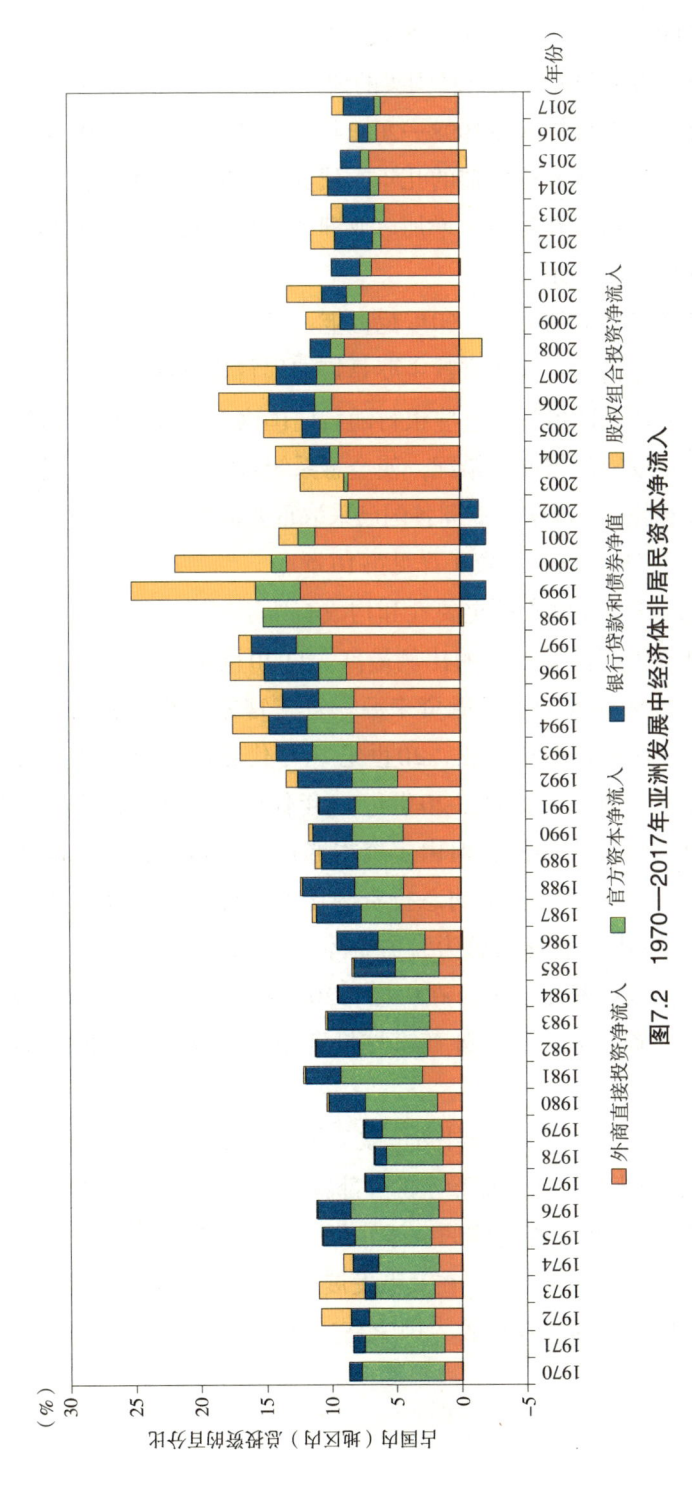

图7.2　1970—2017年亚洲发展中经济体非居民资本净流入

注：债券是按固定利率发行日期限在一年以上的证券，包括跨境公开的和国家担保的债券发行及私人无担保的债券发行所产生的净资金流。图中的数据按现值美元计算。

资料来源：亚洲开发银行的估算；世界银行，《世界发展指标》，https://data.worldbank.org（2019年8月2日访问）；联合国贸易和发展会议统计数据，https://unctadstat.unctad.org（2019年8月28日访问）；经济合作与发展组织统计数据，https://stats.oecd.org（2019年8月26日访问）。

在20世纪70年代到90年代，亚洲发展中经济体的外部私人债务（包括向境外商业银行的借款和境外投资者购买的债券）是第三大外部融资来源。亚洲金融危机过后，银行贷款在1998—2002年出现了净流出，2004年后才恢复净流入。在亚洲金融危机之前的几年，债券融资有所增加，随后在全球金融危机之前和之后的几年再次增加。亚洲金融危机过后，流入的股权组合投资大幅增加，但波动性更大。

在亚洲金融危机之前的几年，印度尼西亚、马来西亚、韩国和泰国的许多银行从国外大量借款。这些借款主要是短期银行贷款或债券，主要以美元计价，且未采取对冲措施。这些银行随后向国内企业提供以本币计价的长期贷款。这导致货币与期限错配，使金融系统容易受到货币投机活动的影响。自亚洲金融危机以来，亚洲各国已采取重要措施来加强银行监管，发展本币债券市场来提供长期融资（详见第10章）。

在各次区域，其外部融资的重要性和构成有所不同（见图7.3）。太平洋地区的外部融资占国内总投资的比例最高。自20世纪70年代（有可用数据）以来，该地区最大的外部融资来源一直是官方资本净流入，其次是外商直接投资净流入。在东南亚，20世纪70年代和80年代最大的外部融资来源是官方资本净流入，但自20世纪90年代以来，变为外商直接投资净流入。南亚的情况亦如此，但由于资本账户开放程度较低和南亚经济体的规模较大，外部融资占国内总投资的比例要低得多。在东亚，20世纪70年代最大的外部融资来源为官方资本净流入，自20世纪80年代以来，变为外商直接投资净流入。在中亚，20世纪90年代官方资本净流入是最大的外部融资来源，随后外商直接投资净流入成为最大的外部融资来源。

在亚洲发展中经济体，近年来外劳汇款（属于经常账户交易的一部分，而非资本账户）也成为一个重要而稳定的外部融资来源（见专栏7.3）。据估计，2018年流向亚洲发展中经济体的全球外劳汇款为2,970亿美元，相当于外商直接投资净流入的一半以上。在亚洲发展中经济体，2018年外劳汇款平均占其GDP的1.3%，其中在低收入国家高达19.1%，在低中等收入国家为3.7%。

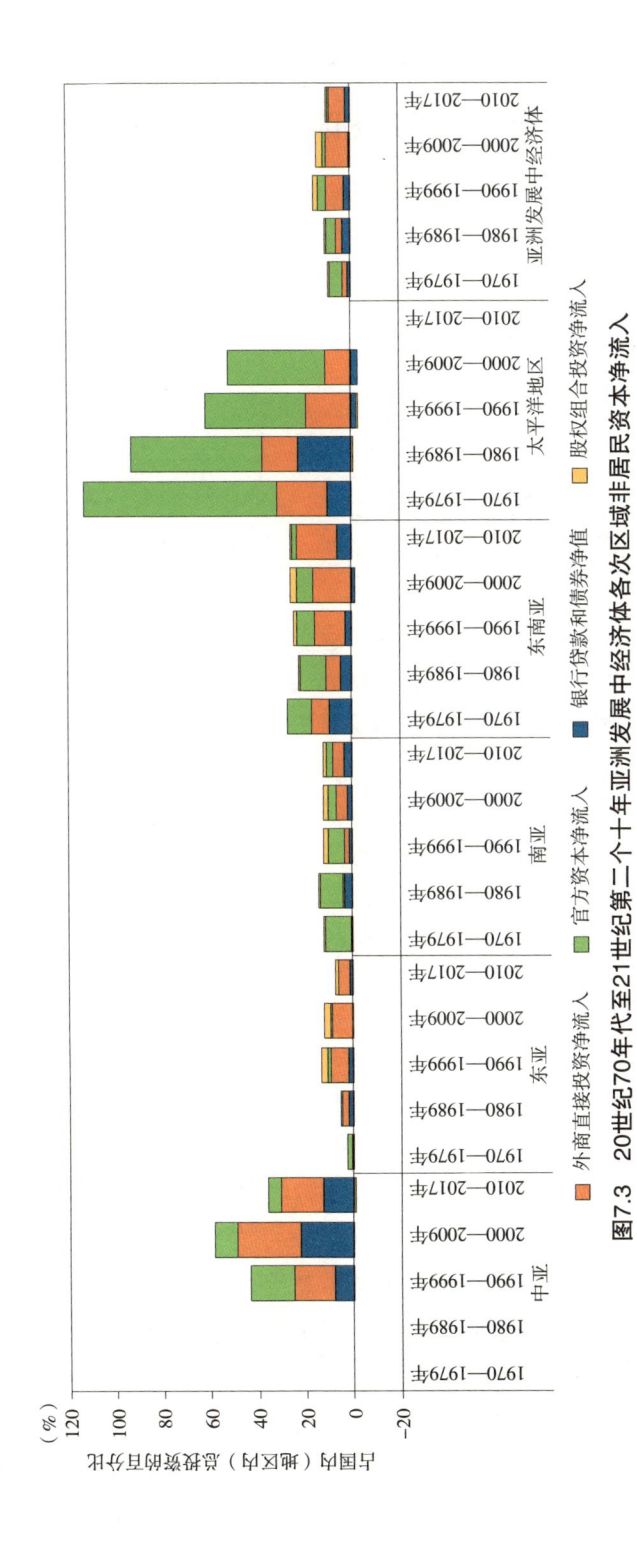

图7.3 20世纪70年代至21世纪第二个十年亚洲发展中经济体各次区域非居民资本净流入

资料来源：亚洲开发银行的估算；世界银行，《世界发展指标》，https://data.worldbank.org（2019年8月28日访问）；经济合作与发展组织统计数据，https://stats.oecd.org（2019年8月2日访问）；联合国贸易和发展会议统计数据，https://unctadstat.unctad.org（2019年8月26日访问）。

专栏7.3 外劳汇款对亚洲发展中经济体的重要性

自1990年以来，流向亚洲发展中经济体的外劳汇款稳步增加，已成为许多经济体外汇收入的一个重要来源（见专栏图）。相比其他类型的资金流动，外劳汇款明显更加稳定。

专栏图 1990—2018年流向亚洲发展中经济体的资金类型

资料来源：亚洲开发银行的估算；Knomad 数据库，https://www.knomad.org（2019年11月26日访问）；世界银行，《世界发展指标》，https://data.worldbank.org（2019年10月15日访问）；联合国贸易和发展会议统计数据，https://unctadstat.unctad.org（2019年8月28日访问）；经济合作与发展组织统计数据，https://stats.oecd.org（2019年8月26日访问）。

在2018年全球十大外劳汇款接收经济体中，亚洲占了五席，分别是印度（786亿美元）、中国（674亿美元）、菲律宾（338亿美元）、巴基斯坦（210亿美元）和越南（159亿美元）。2018年，这几个经济体共收到2,168亿美元外劳汇款，占全球外劳汇款总额的31.4%。在中亚和太平洋地区的许多经济体中，外劳汇款占其GDP的比例很高，其中，汤加为30%以上，基里巴斯、马绍尔群岛和萨摩亚至少达到了10%，吉尔吉斯斯坦和塔吉克斯坦约为30%。

外劳汇款用于满足受益者具体经济需求这一事实凸显了外劳汇款在支持消费和为投资提供融资方面的重要性。这些汇款对于创造就业和减少贫困至关重要的小微企业而言是重要的融资来源。

资料来源：亚洲开发银行。

7.5 亚洲的金融体系

7.5.1 银行主导型金融体系与市场主导型金融体系

一个运转良好的金融体系可以通过动用与积聚储蓄，便利支付、为商品与服务交易提供融资，以及促进金融资源有效配置，从而支持经济增长。运转良好的金融体系还有助于培养新企业家，分散和管理风险，监控投资，实施公司治理等。大量实证研究发现，金融部门发展会导致更多的资本积累、更快的生产率提升以及更好的经济表现。[1] 此外，相比发达经济体，金融发展对经济增长的积极影响在新兴经济体更为明显，因为在新兴经济体，金融的制约更为严重。[2]

虽然一个国家金融体系的初始结构往往由历史、制度、经济、法律和政治等因素决定，但现在存在这样一个共识，即一个有效的金融体系既需要银行，也需要资本市场。[3] 有人认为，银行具有优势，尤其是在发展的早期阶段，这是因为银行可以将小储户的大量储蓄转化为中长期企业投资。银行还可以代表广大储户对这些投资进行监控，因为银行可以利用其与借款人的长期关系获得关键信息。例如，在20世纪80年代以前，日本最大的企业贷款银行常常被称为"主力银行"，它可以通过监督企业活动及必要时让高管参加董事会会议来影响公司治理。

另一方面，债券和股票市场具有能更好地将风险分散到大量风险偏好不同的投资者身上的优势。市场主导型金融体系通常在为技术创新等风险更高的投资提供融资和长期融资方面更具优势。此外，市场主导型金融体系可以通过信息披露要求、价格信号和（代表股东的）董事会职能等，使市场纪律更加严明，公司治理更加完善。资本市场可为机构投资者（如养老基金和人寿保险公司）提供投资机会。

市场主导型金融体系还被认为能够更好地预防金融危机，因为在财务

---

[1] Zhuang, J., et al. 2009. Financial Sector Development, Economic Growth, and Poverty Reduction: A Literature Review. *ADB Economics Working Paper Series*. No. 173. Manila: Asian Development Bank.

[2] Estrada, G., D. Park, and A. Ramayandi. 2015. Financial Development, Financial Openness, and Economic Growth. *ADB Economics Working Paper Series*. No. 442. Manila: Asian Development Bank.

[3] Levine, R. 2002. Bank-Based or Market-Based Financial Systems: Which Is Better? *Journal of Financial Intermediation*. 11 (4). pp. 398–428.

困难期间发生的损失可以转嫁到债券和股票持有者身上，而不会损害银行资产负债表，从而避免发生银行挤兑，保护支付系统。然而，2008—2009年全球金融危机表明，金融危机的发生与金融结构无关，因为这场危机始于被认为资本市场最发达的美国。

关于全球金融危机原因的讨论有很多。自20世纪90年代以来，随着结构性融资的快速发展，银行通过特殊目的公司对与市场挂钩的产品（如抵押担保证券和资产担保证券）进行巨额投资。银行还越来越多地介入衍生品市场（如货币和信用违约互换），因此面临更广泛的市场风险。这形成了一个渠道，通过这个渠道，抵押担保证券的问题能够迅速蔓延到银行系统，并影响整个金融体系。而抵押担保证券的问题因更复杂的证券化而加剧，如债务抵押债券。全球金融危机就是这样发生的。

全球金融危机过后，各国积极降低系统性风险，包括解决"太大而不能倒"的问题，以及加强银行与其他投资服务机构之间的防火墙。但是，实际界限仍不够清晰明确，没有达到监管规定的要求。在许多方面，银行部门和资本市场在提供金融服务上是互补而非替代的关系，风险会在两者之间蔓延。[1]监管机构和金融业应保持警惕，积极应对可能出现的任何违规迹象。

7.5.2 亚洲的银行主导型融资

在1997—1998年亚洲金融危机之前，大多数亚洲发展中经济体的融资是银行主导型融资（许多都是国有资金）。银行在引导国内（地区内）储蓄流向投资方面发挥了主导作用。尽管一些经济体发展了资本市场，但通过股本和债券进行投资的规模很小。例如，在韩国，1970—1979年银行贷款占非金融企业融资的82%，股本占4%，债券占14%。[2]在马来西亚，1986—1991年间尽管政府积极发展股票和企业债券市场，但银行贷款仍占非金融企业融资的95%。

快速增长的亚洲经济体（特别是韩国、新加坡和中国台湾）在利用

---

[1] Eichengreen, B. 2015. *Financial Development in Asia: The Role of Policy and Institutions, with Special Reference to China*. Prepared for the Second Annual Asian Monetary Policy Forum. 29 May. Singapore.

[2] World Bank. 1993. *The East Asian Miracle: Economic Growth and Public Policy*. New York: Oxford University Press.

银行系统引导国内（地区内）储蓄流向投资方面相当成功，这在一定程度上得益于进行了一些有针对性的政策干预。这些政策干预包括：设立公共开发银行；指导银行向目标企业和部门提供贷款，向中小企业提供信贷担保；实施适度的利率抑制；制定涉及对外投资的规定。在印度尼西亚、韩国和中国台湾，公共开发银行是长期融资的主要贷款机构。①

根据金融部门发展情况衡量表（见表7.3），亚洲的金融深化还在进行当中，用未偿债务证券和股票市值占GDP的比例来衡量，其低于经合组织的平均水平。尽管在亚洲金融危机后，资本市场快速发展，但银行信贷仍是大多数亚洲经济体私营部门融资的最重要来源。2010—2017年，在选定的10个主要亚洲发展中经济体（印度、印度尼西亚、马来西亚、菲律宾、中国、韩国、新加坡、泰国、越南、中国香港），其未偿银行信贷平均占GDP的111.5%，股票市值占GDP的83.7%，未偿企业债券占GDP的39.7%（尽管与1990—1994年相比增长了三倍）。

7.5.3 资本市场的重要性不断提升

早在19世纪末和20世纪初，亚洲就有了资本市场。1875年，印度的孟买证券交易所在英国的统治下成立。1878年，东京股票交易所成立。1891年，"上海股份公所"由外商创办，1904年更名为"上海众业公所"。1912年，印度尼西亚第一家证券交易所在荷兰的统治下开业。中国香港的证券市场可以追溯到1866年，但股票市场在1891年才正式建立，1914年更名为"香港证券交易所"。

虽然早期有一些发展，但在20世纪90年代以前，整个地区的股票市场在为企业投资提供融资方面所发挥的作用有限。亚洲的债券市场也是如此。在日本，资本市场在战前融资中发挥了重要作用，而在战后高增长时期则更依赖于银行融资。

---

① 在日本工业化过程中，通过交叉持股，与大企业建立特殊关系的银行在企业融资方面发挥了重要作用，它们通常是同一公司集团（即以银行为中心的"金融企业联盟"）的一部分。在韩国，虽然财阀没有自己的银行（银行在20世纪60年代被收归国有），但由于它们与银行之间联系密切，因此可轻松从银行部门获得担保贷款。

表 7.3　1990—2017 年金融部门发展情况衡量表

未偿金额占 GDP 的百分比，单位：%

		亚洲发展中经济体	亚洲发达经济体	经合组织成员国	拉丁美洲和加勒比地区	撒哈拉以南非洲	中国	印度
存款货币银行的私人信贷	1990—1994 年	60.8	161.1	107.5	23.7	40.7	77.2	22.4
	1995—1999 年	76.9	171.5	120.2	28.8	51.3	89.2	21.7
	2000—2004 年	84.9	172.9	132.9	23.0	46.6	108.6	28.6
	2005—2009 年	84.0	159.6	141.3	30.7	49.4	101.8	40.7
	2010—2017 年	111.5	155.2	138.6	46.4	46.3	131.0	48.3
国内（地区内）私人债务证券	1990—1994 年	11.1	40.1	45.9	1.4	18.6	2.9	0.8
	1995—1999 年	12.7	49.3	53.4	6.8	12.8	4.1	0.8
	2000—2004 年	18.4	59.8	63.0	9.9	13.4	10.7	0.4
	2005—2009 年	27.9	71.8	66.7	14.9	17.9	29.7	2.4
	2010—2017 年	39.7	60.5	51.0	21.0	18.7	40.7	5.0
股票市值	1990—1994 年	43.3	76.7	53.8	15.2	87.4	5.7	20.5
	1995—1999 年	49.7	64.7	79.2	22.6	94.8	15.9	29.9
	2000—2004 年	56.8	67.1	92.8	24.3	76.0	33.7	35.1
	2005—2009 年	85.4	89.0	92.0	44.5	103.4	50.4	81.5
	2010—2017 年	83.7	83.7	95.3	40.2	107.1	55.2	69.9

注：区域平均数由 GDP 加权。经济区域遵循亚洲开发银行的构成方式。亚洲发展中经济体包括印度、印度尼西亚、马来西亚、菲律宾、中国、新加坡、泰国、越南、中国香港。撒哈拉以南非洲的国内私人债务证券数据仅为南非的数据。

资料来源：世界银行全球金融发展数据库，https://www.worldbank.org/en/publication/gfdr/data/global-financial-development-database（2019 年 11 月 5 日访问）。

1997—1998年亚洲金融危机严重影响了印度尼西亚、马来西亚、菲律宾、韩国和泰国（详见第9章）。危机过后，各国的决策者优先发展资本市场，特别是本币债券市场和非银行金融机构，将其作为银行之外的一种更多元化的长期融资选择。

尽管银行仍占主导地位，但最近在引导国内（地区内）金融资源用于国内投资方面，亚洲资本市场的规模扩大，重要性提高。例如，在20世纪90年代至2010—2017年期间，东盟四个成员国（印度尼西亚、马来西亚、菲律宾和泰国，即"东盟四国"）未偿企业债券占GDP的比重从9%上升至22%，新兴工业经济体从28%上升至51%，中国从4%上升至41%，印度从1%上升至5%（见图7.4）。同期，东盟四国未偿政府债券占GDP的比重从20%上升至22%，新兴工业经济体从12%上升至34%，中国从4%上升至21%，印度从14%上升至28%。

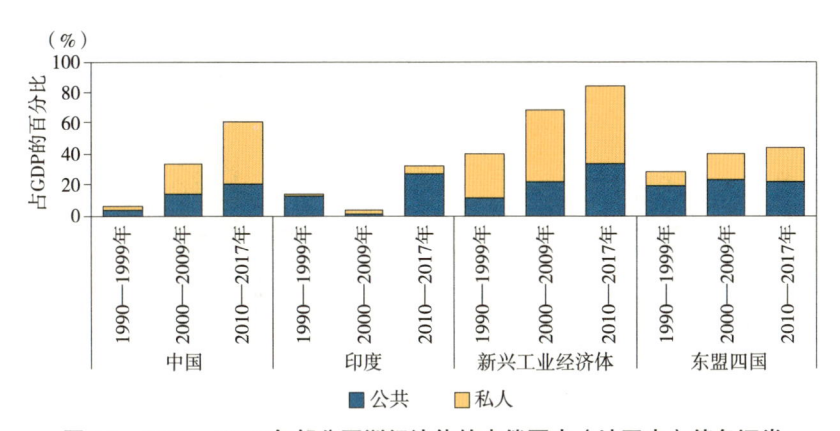

图7.4　1990—2017年部分亚洲经济体的未偿国内（地区内）债务证券

注：东盟四国包括印度尼西亚、马来西亚、菲律宾和泰国。印度2010—2017年的平均值为2010—2011年的数据。

资料来源：世界银行全球金融发展数据库，https://www.worldbank.org/en/publication/gfdr/data/global-financial-development-database（2019年11月5日访问）。

尽管资本市场规模扩大了，但要使其更加深化和更具流动性，还有很多工作要做。其中一个重点是扩大机构投资者基础（如养老基金和保险公司），将其作为长期投资者。与发达国家相比，亚洲发展中经济体机构投资者的资本市场参与度依然很低（见图7.5）。

为发展资本市场，亚洲发展中经济体还加强了区域合作。例如，在亚行的支持下，东盟与中日韩三国（10+3）于2002年12月发起的"亚洲债券市场倡议"旨在发展本币债券市场。这一倡议试图通过发展本币债券市场，最大限度地减少货币与期限错配。在亚洲金融危机期间，这种错配曾导致该地区很容易受到资本流入突然逆转的冲击。

自"亚洲债券市场倡议"发起以来，在以下方面发挥了作用：（1）支持政府加强对债券市场的监管；（2）于2010年建立了信贷担保和投资基金，为本地区企业债券发行提供信用增级；（3）推出"亚洲债券在线"网站，用于发布有关"10+3"债券市场的数据和信息；（4）通过建立"10+3"债券市场论坛和跨境结算基础设施论坛，促进跨境债券市场基础设施的发展。

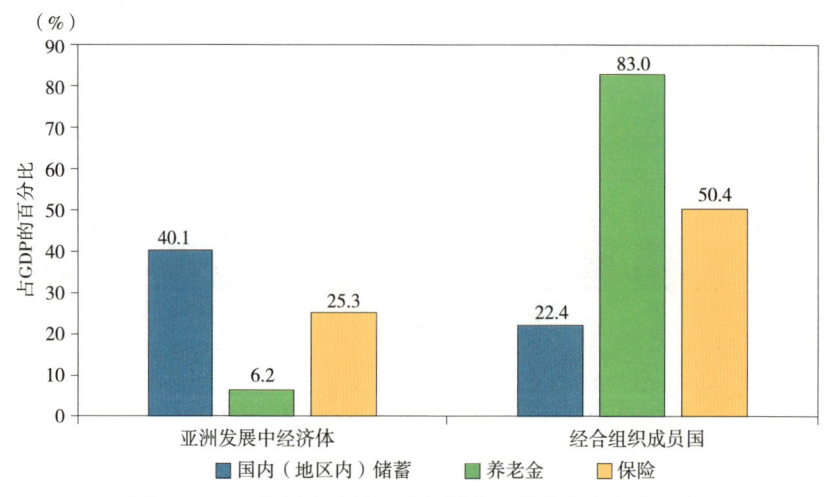

图7.5　2017年国内（地区内）储蓄、养老金和保险资产

资料来源：世界银行全球金融发展数据库，https://www.worldbank.org/en/publication/gfdr/data/global-financial-development-database（2019年11月15日访问）。

7.5.4　改善中小企业融资渠道

扩大中小企业融资渠道是促进包容性经济增长的关键。中小企业是大多数亚洲经济体的支柱。中小企业能创造就业，促进竞争，刺激国内需求。然而，在亚洲发展中经济体，融资难往往是制约中小企业增长的一个关键因素。亚行近期的一份关于中小企业融资的报告（覆盖20个亚洲发展中经济体）指出，虽然中小企业的数量平均占注册企业总数的96%，雇用了62%的劳动力，贡献了42%的经济产出，但其在2014年获得的银行贷款仅占银行贷款总额的19%。

对于中小企业来说，获得银行信贷的渠道有限是一个结构性问题，主要原因是银行与借款人之间信息不对称。这会导致抵押和担保的要求较高，并增加交易成本。近年来，亚洲发展中经济体已采取各种措施，拓宽中小企业融资渠道。例如，巴布亚新几内亚和所罗门群岛允许企业使用动产作抵押，使贷款变得更容易；泰国扩大了国有企业泰国信贷担保公司对中小企业贷款的担保；印度尼西亚和菲律宾对银行向中小企业贷款实行强制定额。越来越多的国家通过金融科技和数字解决方案支持中小企业融资，以此作为国家普惠金融战略的一部分。在许多国家，扩大向由女性经营管理的小微企业提供信贷也是一个优先事项。亚行一直支持这方面的工作，包括通过法律改革，使一些国家的女性获得土地所有权。

7.6 展望未来

亚洲经济体在未来面临的投资和储蓄方面的政策挑战是多方面的，具体取决于各自的情况，如人口状况、资源禀赋、政策和制度等。

例如，高投资率和高储蓄率国家（如中国）需要增加国内消费。政策措施可以包括推广消费信贷和加强社会保障。在低储蓄率、低投资率以及持续经常账户赤字国家（通常人均收入较低），政府应出台旨在增加国内储蓄的政策，包括通过提高税收来增加政府储蓄。这些国家还可以更有效地利用来自外商直接投资、外劳汇款以及双边和多边发展金融的外部融资。

关于金融体系，未来的政策重点包括：（1）发展和深化资本市场，支持机构投资者积极参与；（2）鼓励和加强竞争，提高金融部门效率；（3）改善中小企业、女性和低收入家庭等获取金融服务不足群体的融资渠道，促进普惠金融；（4）加强金融监管，维护金融体系的安全，保护消费者，解决洗钱问题；（5）接受和支持金融创新。

第8章

基础设施建设

8.1 引言

本章从历史角度阐述了基础设施对亚太地区发展所发挥的作用,描述了该地区基础设施的发展过程,从二战后的基本设施到新千年的现代化体系。这段历史从国家、区域和全球的视角呈现了该地区复杂的基础设施建设情况。

基础设施是经济发展的一个前提条件,对可持续、包容性增长至关重要。基础设施可以提高劳动参与,促进商品和服务生产,便利产品的市场分销,推动科技进步(详见第5章)。

基础设施投资的数量和质量也是提高人民生活水平的关键决定因素。电力服务、支持人们出行的公路和铁路、安全饮用水和高质量通信服务等都是人民福祉的重要内容。基础设施有助于儿童上学,女性外出工作,人们保持健康,以及促进社会互动。

20世纪50年代到70年代,随着工业化的不断推进,许多亚洲国家的基础设施投资加速增长。过去50年来,公共部门和私营部门均为亚洲基础设施建设作出了重大贡献。将亚洲发展中经济体看作一个地区,其基础设施投资占GDP的比例一直大大高于世界其他地区的水平(详见第7章)。①

尽管亚洲在基础设施建设方面取得了很大的进展,但基础设施依然不

---

① Abiad, A., et al. 2020. The Past and Future Role of Infrastructure in Asia's Development. In Susantono, B., D. Park, and S. Tian, eds. *Infrastructure Financing in Asia*. Singapore: World Scientific.

足，且各国之间差异巨大。2017年，该地区依然有大约3.5亿人没有用上电，3亿人没有清洁饮用水，15亿人没有改善的卫生设施，10亿人居住在距离全天候道路2千米以外的地方。[①]亚洲的温室气体排放和气候变化问题仍然令人担忧（详见第13章）。

由于亚太地区总体基础设施投资的公共支出不足，私营部门必须更多地参与进来，为高质量的银行可担保的项目调动知识、提高效率和提供额外资金。

更多的基础设施成套项目正在采用公私合作模式。其中，典型的基础设施公私合作模式是BOT模式（建设—经营—移交），即私营企业出资修建基础设施，运营一段时间以产生收益，最后将所有权移交给政府。虽然公私合作模式不是不用纳税人的钱来建设基础设施的万应药，但如果这种模式设计和实施得当，确实可以调动更多资源，推动基础设施建设改革，开辟新的增长渠道。通过利用私营部门的专业知识和技能，公私合作不仅可以提供资金，而且可以实现高质量的建设、运营和风险分担。

如今，各国政府、私营部门和发展伙伴之间达成了更广泛的国际共识，即需要促进高质量的基础设施项目，这些项目应是可持续的，在生命周期成本方面具有经济效益，对社会和环境无害，能够抵御自然灾害和气候变化，并且治理良好，避免非生产性投资和不可持续的债务。

本章将重点讨论基础设施建设的历史，包括能源（第8.2节）、交通（第8.3节）、城市供水（第8.4节），以及电信、信息与通信技术（第8.5节）。第8.5节还将详细讨论技术革命，因为在未来几年新数字技术将为促进经济发展和改善人民生活提供各种机会。本章的内容涵盖政策问题、国家和私营部门的作用、亚洲互联互通基础设施，以及如何满足亚洲的基础设施需求。

8.2 能源

1831年，英国科学家迈克尔·法拉第（Michael Faraday）通过一项实验（磁铁在移入、移出线圈时会产生电流）证明了机械能可以转化为电能。自此，电力应用在技术上变得具有可行性。法拉第为比利时工程师弗洛里斯·诺莱（Floris Nollet）于1850年设计燃煤发电机打开了一扇门。1878年

[①] Asian Development Bank (ADB). 2017. *Meeting Asia's Infrastructure Needs*. Manila; World Bank. 2019. *Rural Access Index*. https://datacatalog.worldbank.org/dataset/ruralaccess-index-rai.

3月25日，在东京虎之门皇家工程学院（Imperial College of Engineering），第一盏弧光灯被点亮，第一份电报被发出，标志着这些发动机给亚洲带来了电。1882年，中国第一座发电站在上海建成，开始为商业和住宅照明提供电力，后来为工业制造提供电力。1905年，印度班加罗尔的克里希纳·拉金德拉市场（Krishna Rajendra Market）出现了第一盏电力街灯，使班加罗尔成为亚洲第一个有电力街灯的城市。

煤炭、石油、天然气、核能、水电、风能、太阳能、地热、海洋（潮汐、波浪和热能）和生物质能等一次性能源可用于发电和其他目的，如交通运输（汽车、铁路等）和加热（空间加热或工业蒸汽），成为终端能源消费。从1971年到2018年，人均发电量大幅增长（见图8.1）。

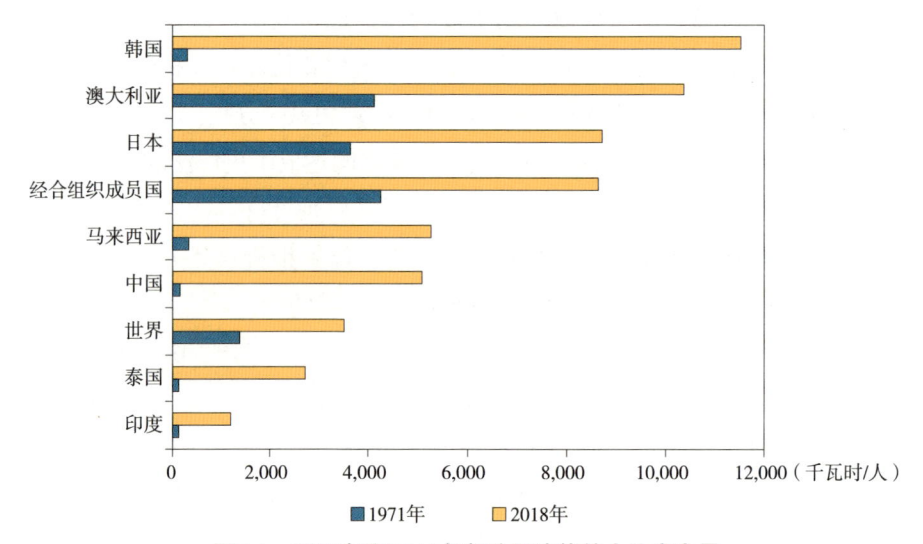

图8.1　1971年和2018年部分经济体的人均发电量

注：人均发电量系利用Enerdata的发电量数据和世界银行的人口数据所做的估算。
资料来源：Enerdata. 2019. *Global Energy Statistical Yearbook*. https://www.enerdata.net/publications/world-energy-statistics-supply-and-demand.html；世界银行，《世界发展指标》，https://data.worldbank.org/（2019年10月29日访问）。

输电和配电过程中的转换效率和损耗决定了有多少"一次能源消费"可用作"终端能源消费"，即扣除转换效率和损耗后的一次能源消费。就电力来说，燃煤发电站的转换效率一般较低，平均只有35%左右。因此，提高能源效率是满足日益增长的能源需求的一个有效途径。

8.2.1 亚洲的一次能源消费和终端能源消费

1965—2018年，亚太地区（包括澳大利亚、日本和新西兰）的一次能源消费总量增加了13.5倍，而全球一次能源消费总量增加了3.7倍，经合组织成员国一次能源消费总量则增加了1倍。如今，化石燃料（煤炭、石油和天然气）仍然是世界上最主要的一次能源，包括在德国和美国（见表8.1）。在亚太地区，煤炭是最主要的能源，其次是石油和天然气，但随着核能和可再生能源的发展，该地区对化石燃料的依赖有所下降。水电的份额相对较小，但比较稳定。新兴可再生能源（太阳能、风能和地热能）的规模仍然相对很小，但在风能和太阳能迅速发展的推动下，其规模也在快速增长。与经合组织国家相比，该地区的核能所占比重仍然较小。

随着能源消费的快速增长，二氧化碳的排放量也在不断增加。从1965年到2018年，全球二氧化碳排放量增加了2倍，而亚太地区的排放量增加了12倍，其占全球排放量的比重从13%上升到近50%。因此，亚太地区通过大规模部署能源效率和可再生能源来实现低碳转型，这对于缓解全球气候变化威胁至关重要（详见第13章）。

关于最终用户的终端能源消费，工业和居民是亚洲发展中经济体最大的两个能源消费者，其次是交通运输业（见表8.2）。在亚洲经济体中，中国的能源消费主要集中在工业部门。相比之下，在经合组织国家（特别是美国和澳大利亚），交通运输行业的终端能源消费占比更高；而在德国，工业部门的终端能源消费占比仍然较高。表8.2显示，能源还被用于商业和公共建筑、农业、渔业和林业等。"非能源消费"是指石油、煤炭和天然气作为原料，主要用于生产塑料和化肥等化工产品。

8.2.2 发电与用电

从1971年到2018年，亚太地区的发电量增加了16.5倍，而经合组织国家的发电量增加了3倍，全球发电量增加了5倍。2018年，亚太地区仍然以煤炭发电为主，其次分别是水力发电和天然气发电。新兴可再生能源发电所占的比重仍然很小，但增长速度很快。2010—2018年，太阳能发电量每年增长66.6%，风能发电量每年增长25.1%。在澳大利亚、德国、日本和美国等经合组织国家，煤炭和天然气仍然是发电的主要燃料（见表8.3）。

表 8.1　1965 年和 2018 年部分经济体的一次能源消费与二氧化碳排放

表 8.1a　1965 年部分经济体的一次性能源消费与二氧化碳排放

		世界	经合组织	亚太地区[①]	美国	德国	法国	澳大利亚	日本	韩国	中国	印度
不同类型一次能源消费所占份额（%）	石油	42.0	44.6	37.0	45.3	34.4	49.2	44.8	56.9	20.3	8.4	24.0
	天然气	14.6	15.5	1.1	28.6	1.0	3.9	…	1.0	…	0.7	0.4
	煤炭	37.5	33.4	54.1	22.2	63.1	37.2	50.0	31.8	77.2	87.0	67.4
	核能	0.2	0.2	…	0.1	…	0.2	…	…	…	…	…
	水电	5.6	6.1	7.7	3.6	1.4	9.5	5.0	10.3	2.5	3.8	8.2
	可再生能源[②]	0.1	0.2	0.1	0.2	…	…	0.2	…	…	…	…
一次能源消费总量（百万吨油当量）		3,703	2,610	442	1,250	255	111	35	153	6	131	53
人均一次能源消费总量（吨油当量/人）		1.11	3.08	—	6.43	3.36	2.23	3.05	1.55	0.22	0.18	0.11
二氧化碳排放总量（百万吨）		11,194	7,701	1,426	3,480	910	328	114	447	25	489	168
人均二氧化碳排放量（吨/人）		3.44	8.36	—	17.45	—	7.06	10.62	3.91	0.87	0.67	0.33

续表

表 8.1b 2018年部分经济体的一次性能源消费与二氧化碳排放

		世界	经合组织	亚太地区[①]	美国	德国	法国	澳大利亚	日本	韩国	中国	印度
不同类型一次能源消费所占份额（%）	石油	33.6	38.9	28.3	40.0	34.9	32.5	37.0	40.2	42.8	19.6	29.5
	天然气	23.9	26.6	11.9	30.5	23.4	15.1	24.7	21.9	16.0	7.4	6.2
	煤炭	27.2	15.2	47.5	13.8	20.5	3.5	30.7	25.9	29.3	58.2	55.9
	核能	4.4	7.9	2.1	8.4	5.3	38.5	…	2.4	10.0	2.0	1.1
	水电	6.8	5.7	6.5	2.8	1.2	6.0	2.7	4.0	0.2	8.3	3.9
	可再生能源[②]	4.0	5.8	3.8	4.5	14.6	4.4	5.0	5.6	1.6	4.4	3.4
一次能源消费总量（百万吨油当量）		13,865	5,669	5,986	2,301	324	243	144	454	301	3,273	809
人均一次能源消费总量（吨油当量/人）		1.83	4.35	—	7.03	3.91	3.62	5.77	3.59	5.83	2.35	0.60
二氧化碳排放总量（百万吨）		33,891	12,405	16,744	5,145	726	312	417	1,148	698	9,429	2,479
人均二氧化碳排放量（吨/人，2014年）		4.98	9.55	—	16.50	8.89	4.57	15.39	9.54	11.57	7.54	1.73

注：人均二氧化碳排放数量数据来自世界银行的数据库。…表示零。—表示数据未获取。
① 亚太地区包括亚洲发展中经济体、澳大利亚、日本和新西兰。
② 可再生能源包括太阳能、风能、地热能和生物质能。

资料来源：BP. 2019. *BP Statistical Review of World Energy 2019*. https://www.bp.com/en/global/corporate/energy-economics/statistical-review-of-world-energy.html；世界银行，《世界发展指标》，https://data/worldbank.org/（2019年10月29日访问）。

表8.2　1973年和2017年部分经济体各领域的终端能源消费

表8.2a　1973年部分经济体各领域的终端能源消费

		世界	经合组织	亚洲[①]	美国	德国	法国	澳大利亚	日本	韩国	中国	印度
不同类型终端能源消费所占份额（%）	工业	33.0	34.0	23.7	30.0	36.5	29.4	38.6	44.8	37.1	32.1	23.7
	交通运输	23.2	24.7	10	31.5	14.9	17.4	32.7	17.4	14.3	4.4	8.7
	居民	23.4	19.5	55.7	18.1	25.2	15	12.8	9.0	35.4	56.3	58.1
	商业和公共服务	7.9	10.2	2.7	11.3	11.3	25.7	2.8	8.6	5.1	1.4	4.3
	农业、林业、渔业及其他	6.4	3.8	5.5	2.4	4.9	2.2	6.7	4.4	1.7	4.9	2.2
	非能源消费	6.1	7.8	2.4	6.8	7.1	10.3	6.4	15.8	6.3	0.8	3.1
终端能源消费总量（百万吨油当量）		4,658	2,817	291	1,315	242	142	40	234	18	364	143
人均终端能源消费总量（吨油当量/人）		1.19	3.04	—	6.21	3.06	2.67	2.96	2.16	0.51	0.41	0.24

表8.2b　2017年部分经济体各领域的终端能源消费

		世界	经合组织	亚洲[①]	美国	德国	法国	澳大利亚	日本	韩国	中国	印度
不同类型终端能源消费所占份额（%）	工业	29.0	22.0	32.1	17.3	24.8	18.1	27.5	29.5	26.4	49.5	34.7
	交通运输	28.9	33.7	20.8	41.2	25.4	29.4	40.8	24.2	19.4	15.6	16.6
	居民	21.3	18.5	28.0	16.1	24.4	25.0	12.9	15.7	11.7	16.7	29.4
	商业和公共服务	8.1	13.1	4.4	13.5	15.2	15.4	9.8	16.9	11.6	4.3	4.1
	农业、林业、渔业及其他	3.7	2.7	4.7	2.4	…	3.0	3.2	1.9	2.1	5.9	7.4
	非能源消费	9.1	10.1	9.9	9.6	10.1	9.2	5.9	11.8	28.7	8.1	7.8

续表

	世界	经合组织	亚洲①	美国	德国	法国	澳大利亚	日本	韩国	中国	印度
终端能源消费总量（百万吨油当量）	9,721	3,711	1,310	1,518	227	154	82	293	183	1,993	591
人均终端能源消费总量（吨油当量/人）	1.29	2.86	—	4.67	2.75	2.31	3.32	2.31	3.56	1.44	0.44

注：人均终端消费总量系利用国际能源署的终端消费总量数据和世界银行的人口数据所做的估算。…表示零。—表示数据未获取。

① 亚洲指不包括中国在内的亚洲发展中经济体。

资料来源：国际能源署统计数据，https://www.iea.org/statistics/；世界银行，《世界发展指标》，https://data.worldbank.org（2019年10月29日访问）。

表 8.3　1971 年和 2018 年部分经济体不同能源发电统计

表 8.3a　1971 年部分经济体不同能源发电统计

		世界	经合组织	亚太地区①	美国	德国	法国	澳大利亚	日本	韩国	中国	印度
不同类型能源发电所占份额（%）	石油	20.8	21.6	40.7	13.8	11.6	28.1	3.4	62.2	80.6	8.3	6.3
	天然气	13.3	12.9	1.6	23.5	6.5	4.8	3.3	1.4	…	…	0.6
	煤炭	40.0	39.4	30.2	44.8	74.6	29.4	70.7	11.8	6.9	70.1	49.1
	核能	2.1	2.7	1.3	2.4	1.9	6.0	…	2.1	…	…	1.8
	水电	23.1	23.1	26.1	15.5	4.6	31.3	22.2	22.5	12.5	21.6	42.2
	太阳能	—	…	…	…	…	…	…	…	…	…	…
	风能	—	0.1	0.2	…	…	…	…	…	…	…	…
	地热能	…	…	…	…	…	…	…	…	…	…	—
	潮汐能	…	…	…	…	…	0.3	…	…	…	…	…
	生物质能、废弃物等	0.6	0.2	…	…	0.8	0.1	0.5	…	…	…	…
总发电量（太瓦时）		5,253	3,848	743	1,703	329	156	53	386	11	139	66
人均发电量（千瓦时/人）		1,397	4,247	—	8,201	4,201	2,979	4,097	3,652	335	165	116

续表

表8.3b 2018年部分经济体不同能源发电统计

		世界	经合组织	亚太地区①	美国	德国	法国	澳大利亚	日本	韩国	中国	印度
不同类型能源发电所占份额（%）	石油	3.1	2.0	1.9	0.8	0.8	0.4	2.2	5.0	2.3	0.1	1.6
	天然气	22.9	27.8	11.6	34.2	12.9	4.9	17.7	34.3	26.3	2.8	4.7
	煤炭	37.8	25.8	59.0	28.3	37.0	2.0	60.5	32.9	44.0	66.8	72.9
	核能	10.1	17.5	4.5	18.9	11.7	72.3	…	6.2	22.5	4.1	2.3
	水电	16.3	13.3	14.4	7.1	3.3	12.1	8.0	8.6	1.2	17.2	9.2
	太阳能	2.2	3.0	2.7	2.0	7.2	1.7	4.2	6.4	1.4	2.8	2.5
	风能	4.8	6.6	3.7	6.3	17.4	5.0	5.9	0.7	0.4	5.0	3.9
	地热能	0.3	0.5	0.3	0.4	…	…	…	0.2	…	…	…
	潮汐能	…	…	…	…	…	0.1	…	…	0.1	…	—
	生物质能、废弃物等	2.4	3.5	1.9	1.9	9.6	1.6	1.5	5.7	1.6	1.2	2.9
总发电量（太瓦时）		26,582	11,226	12,317	4,439	647	571	259	1,051	593	7,146	1,643
人均发电量（千瓦时/人）		3,500	8,612	—	13,568	7,802	8,524	10,363	8,306	11,484	5,131	1,215

注：人均发电量系利用Enerdata的发电量数据和世界银行的人口数据所做的估算。…表示零。—表示数据未获取。

① 亚太地区包括亚洲发展中经济体、澳大利亚、日本和新西兰。

资料来源：Enerdata. 2019. *Global Energy Statistical Yearbook*. https://www.enerdata.net/publications/world-energy-statistics-supply-and-demand.html；世界银行，《世界发展指标》，https://data/worldbank.org/（2019年10月29日访问）。

过去50年来，亚太地区在居民供电方面稳步发展。2017年，亚洲发展中经济体的总体电气化率达到91%，该比例在2000年为67%，而在1970年农村地区的电气化率不足15%。电气化进展大大提高了人们的生活质量，促进了健康和教育等社区服务，使农村人口能够获得生产用电。

总体来看，亚太地区的发电能源结构在不断变化，从煤炭、石油和水电到天然气和核能，再到包括风能和太阳能在内的新兴可再生能源。该地区的电力发展可分为三个不同的阶段。第一个阶段是从20世纪50年代到80年代。这个阶段一开始是水力发电，后来石油和煤炭等化石燃料发电日益占主导地位。第二个阶段是从20世纪90年代到21世纪第一个十年。在这个阶段，一些国家的能源供应出现多样化，包括大型水电站、天然气和核能。电力和其他能源消费急剧增加。第三个阶段是从21世纪第二个十年至今。在这个阶段，可再生能源（特别是太阳能和风能）日益成为发电的主要能源，同时能源效率不断提高。

8.2.3　20世纪50年代至80年代：从水力发电到煤炭发电日益占据主导地位

亚洲第一批大型发电站是用水力发电。日本京都附近的蹴上水电站（Keage Hydroelectric Power Station）基于美国一个水电项目设计建造，于1891年开始运行。其他亚洲经济体紧随其后，印度于1897年、中国台湾于1905年、尼泊尔于1911年修建了水电站。最初，水电站的规模较小（约100千瓦~1,000千瓦），且修建在城镇附近，这主要是受长距离输电的技术限制。随着输电技术的发展，水电站的装机容量不断提高。水力发电在亚太地区一次能源结构中所占的比重一直相对稳定，只有在其他燃料供应增长较快时，该比重才略有下降。

20世纪50年代至80年代，低成本的燃煤发电被认为是可满足基底负荷发电容量的最经济的方案之一。此外，与水电站或核电站相比，燃煤发电站的建设时间更短。

另外，亚太地区拥有丰富的煤炭资源（占全球已探明储量的42%），但石油储量仅占全球总储量的2.8%（大多数经济体需要从中东进口石油），因此该地区从石油发电转向煤炭发电。20世纪70年代爆发了两轮石油危机，导致油价出现螺旋式上涨，而石油发电的比重在1973年达到峰值（49%）

后，随着煤炭越来越有竞争力且更容易获得，石油发电的比重下降。1976年，亚行批准了第一个煤炭项目，向韩国提供1,200万美元贷款，用于改造和扩建现有煤矿。1987年，亚行第一笔能源行业贷款提供给了中国，金额为3,300万美元，用于将一座装机容量为200兆瓦的燃油发电站改造成燃煤发电站。2013年，巴基斯坦贾姆肖罗（Jamshoro）的一个超临界燃煤电厂成为亚行支持的最后一个煤炭项目。随后，亚行的能源业务开始转向可再生能源和能源效率。

由于日本在一次能源和发电方面严重依赖进口石油，因此，为应对20世纪70年代的两轮石油危机，日本政府除了转向其他能源以外，还制定了旨在鼓励节约能源的法规和财政激励措施（特别是在工业领域）。从1975年到1985年，日本的能源强度（根据购买力平价计算的单位实际GDP能耗）下降了24%。

在这个阶段，水力发电的增长较为缓慢，而太阳能和风能发电开始以小规模试点的形式实施，这为未来的增长播下了种子。1983年，中国从日本进口10千瓦太阳能光伏（PV）组件，通过太阳能光伏发电为甘肃省西部地区的农村家庭提供电力。这是中国最早的太阳能光伏发电站之一。

在一些当地能源资源有限的国家，发展核能被视为一种实现能源自给自足的方式。日本的第一座核电站是东海核电站，该核电站采用英国技术，于1966年开始运行。随后，日本与美国公司合作建造了几座轻水反应堆发电站。印度的第一座核电站是位于马哈拉施特拉邦的塔拉普尔原子能发电站，该电站由美国公司建造，于1969年开始商业运行。韩国如今是全世界核能发电的领先者。1978年韩国采用美国技术建造了第一座核电站，到20世纪80年代，另有8个核电反应堆在建设中。

发展大规模发电和输电网络需要公共部门的介入。发电和输电通常由国有企业经营，但日本除外，日本有10家区域性私营电力公司。然而，虽然公共机构能够有效地进行大规模电力投资，但占据垄断地位的国有企业和垂直整合的电力公司有效经营这些资产的能力有限，财务和技术表现不佳。在亚太地区许多发展中经济体，电价经常出现扭曲。在中国，1986年的全国平均电价为每千瓦时0.02美元，远远低于供电的长期边际成本（估计为每千瓦时0.03美元~0.04美元）。为了使国有企业的公用事业商业化，以提高效率，降低成本，确保电费能覆盖生产成本，体制改革势在必行。

8.2.4　20世纪90年代至21世纪第一个十年：通过建设大型水电站和天然气发电站，推动发电多样化

到1995年，亚太地区的一次能源消费约占全球一次能源消费的27%。煤炭消费占该地区能源消费总量的44%，远高于全球平均水平（26%）。在这一阶段，亚洲国家开始推动发电多样化，包括建设大型水电站和天然气发电站。

科技进步使建设多功能（包括灌溉和防洪）的大型水坝在技术上和经济上具有可行性。1995—2005年，该地区的水力发电增加了50%。在中国，20世纪90年代初面临严重电力短缺，政府决定建设三峡大坝工程。三峡大坝是世界上最大的水电站，装机容量22.5吉瓦，还具有防洪功能。该水电站的第一个发电机组于2003年开始运行。然而，亚太地区利用大型水坝和水库进行进一步水电开发受到了限制，因为人们越来越担心这可能会对社会和环境造成负面影响，包括群众的搬迁安置问题和对生物多样性的影响。严格的社会和环境保护措施导致成本上升，降低了大型水电项目的财务可行性。

随着该地区许多国家的电力系统变得越来越庞大，需要天然气发电站来满足基底负荷和高峰需求。燃气轮机和联合循环燃气轮机（CCGTs）的天然气耗用效率高于其他化石燃料系统。联合循环燃气轮机的发电效率能够达到60%，而超超临界燃煤发电站的发电效率为45%。使用天然气所产生的二氧化碳排放量比燃煤低约55%，其他空气污染物（二氧化硫、氮氧化物和微粒物等）的排放量也低很多。天然气作为一种更清洁的燃料，还越来越多地被用于工业和民用。1995—2005年，该地区的天然气消费增长了92%。在此期间，太阳能和风能开始快速增长，尽管起点很低。

随着发电量大幅提升，电网系统也得到了加强。科技进步（如更高电压和铝制电缆）使变压器的功率扩大了500倍，输电电压与早年相比提高了100倍。这些科技进步降低了输电和配电损耗。[1]农村电网得到加强和扩大，该地区的电气化率在1995年达到74.7%，2005年达到82.7%。自20世纪90

---

[1] Smil, V. 2017. *Energy and Civilization: A History*. Cambridge, MA: The MIT Press.

年代以来，建设高效输配电线路一直是亚行在能源领域的优先支持目标。

在此期间，许多国家效仿日本，通过监管和财政激励措施提高能源效率。在中国，由于采用更高效的技术（主要是在供给侧），1995—2005年能源强度下降了28%。

20世纪90年代至21世纪第一个十年，在国际金融机构的支持下，该地区加快推进能源领域改革，以期在公共部门与私营部门之间找到平衡点。1990—1999年，许多亚洲发展中经济体的私营部门对电力进行投资，其中，中国、菲律宾和印度尼西亚跻身吸引私人投资的前五大国家。[①]

20世纪90年代初，菲律宾采用BOT模式建设独立电厂。这些电厂帮助菲律宾解决了电力短缺问题，但由于政府向私人投资者做出"照付不议"担保，即政府必须支付，即使因需求低而不用电，因此出现了不可持续的政府债务。在亚行和其他发展合作伙伴的支持下，菲律宾于2001年通过了《电力工业改革法案》，对电力行业进行改组。该法案对发电企业和输电企业进行了拆分，实施了基于绩效的输配电规定，建立了一个批发电力现货市场，以鼓励发电厂之间展开竞争。到21世纪第一个十年，财务可行性得到恢复，菲律宾成为亚太地区电力行业私有化规模最大的国家之一。中国于1998年取消了电力工业部，并于2002年成立了五个相互竞争的发电公司和两个电网公司。

专栏8.1 老挝的水电工程

老挝拥有巨大的河流水力发电潜力，有志成为大湄公河次区域的"蓄电池"。为了利用老挝的水力资源，包括亚洲开发银行和世界银行在内的27个公共机构和私营机构在2005年资助建设了装机容量达1,070兆瓦的水力发电工程——老挝南屯二水电站。这是老挝迄今为止规模最大的跨境电力项目融资。该工程由南屯二电力公司负责开发和运营，南屯二电力公司由老挝政府与泰国和法国的电力公司合营。

---

① World Bank. 2018. *Contribution of Institutional Investors: Private Investment in Infrastructure 2011-H1 2017*. Washington, DC.

该工程展示了国际金融机构之间的合作如何能够吸引大规模的商业投资。在共计13亿美元的融资中，国际金融机构联合提供的融资为2.17亿美元，撬动的国际银行和泰国商业银行融资约为7.4亿美元（其余约5.6亿美元则来自出口信贷机构、工程发起人和合伙公司）。

　　该工程产生了多方面的效益。通过开发水电资源，该工程促进了电力出口（向泰国），赚取了外汇，推动了区域经济发展。作为一个公私合作项目，该工程通过利用私营资源和技能，实现经济增长目标。它还通过帮助泰国满足其电力需求以及实行电力供应多元化，以降低对天然气的严重依赖，对区域发展产生影响。贷款协议还包括一项将工程收入用于减贫事业的条款。

　　该工程包括一项关于群众搬迁安置的社会发展计划，即搬迁安置受征地影响的家庭和处理各种社会影响，包括位于工程下游的家庭和受影响的少数民族。工程顺利搬迁安置了1,310户家庭，所有受影响家庭的生计已恢复到工程建设前的水平，重新安置家庭获得了新房、基础设施、更好的教育设施和卫生服务。到2011年，被重新安置者的收入增长到国家农村贫困线水平以上，且具有可持续性。

　　资料来源：Asian Development Bank. Lao PDR: Nam Theun 2 Hydroelectric Project. https://www.adb.org/projects/37910-014/main。

8.2.5　21世纪第二个十年至今：可再生能源和能源效率成为主流

　　2018年，亚太地区成为世界上最大的一次能源消费地区（占全球消费总量的43%）和最大的二氧化碳排放地区（占全球排放总量的49%）。煤炭仍然是该地区一次能源结构的重要组成部分。然而，在经过数十年的持续高增长后，2010—2018年该地区的煤炭消费增速明显放缓，平均每年仅增长1.9%。例如，中国是世界上最大的煤炭生产国和消费国，其煤炭消费量在2013年达到峰值。希望这标志着中国切实转向更多的可再生能源，实现更高的能源效率。

　　2011年，海啸引发了日本福岛核电站事故，日本立即关闭了国内所有正在运行的核电站（现在有几座已经重新启用）。这促使各国积极寻求更高的能源效率。这次灾难性事故也大大减缓了中国、印度和其他亚洲国家新核电站的建设进度。

由于科技进步和市场扩大,世界各地太阳能发电和风能发电的成本持续大幅降低。太阳能光伏发电的全球加权平均装机成本下降了74%,从2010年的4,621美元/千瓦下降至2018年的1,210美元/千瓦;陆上风力发电的装机成本下降了近22%,从2010年的1,913美元/千瓦下降至2018年的1,497美元/千瓦。[1]因此,在整个亚太地区,太阳能和风能发电装机快速增加。

联合国可持续发展目标的制定和2015年《巴黎协定》的通过成为亚太地区向新型低碳能源发展模式转型的主要驱动力。公众对亚洲大城市严重空气污染的担忧也是低碳转型的驱动因素之一。亚太地区许多国家在根据《联合国气候变化框架公约》确定的本国贡献中都有明确的可再生能源和能源效率比例目标,其中太平洋地区的七个国家承诺实现100%可再生能源发电。[2]

可再生能源获得了政策支持,例如,实行上网电价(政府保证以固定电价向可再生能源生产者付款),规定可再生能源购买义务(实行可再生能源配额制),以及给予资金补贴。2018年,该地区的太阳能电装机容量、水电装机容量和风电装机容量分别占相应的全球总装机容量的56%、42%和40%。[3]

随着可再生能源技术的进步,能源效率在该地区越来越被视为"第一燃料",提倡限制需求增长,而不是增加能源供应。2012年,印度制定了一项"履行、实现与交易"(PAT)制度。这项制度以市场为基础,目的是通过在印度耗能最高的行业进行能效证书交易,提高工业能源效率。在中国,《节约能源法》规定,电器产品必须张贴能源效率标签,其中五星标签表示电器产品的能效最高。估算结果显示,2017年销售的电器产品共节约了10太瓦时的电力(相当于300万户家庭的年用电量)。能源强度也已大幅

---

[1] International Renewable Energy (IRENA). 2019. *Renewable Power Generation Costs in 2018*. Abu Dhabi. https://www.irena.org/Statistics/View-Data-by-Topic/Costs/Global-Trends.
[2] 库克群岛、斐济、纽埃、巴布亚新几内亚、萨摩亚、图瓦卢和瓦努阿图。
[3] IRENA. 2019. *Renewable Power Generation Costs in 2018*. Abu Dhabi. https://www.irena.org/Statistics/View-Data-by-Topic/Costs/Global-Trends.

下降。

亚行支持可再生能源的发展，无论是太阳能、风能、水电，还是地热能。2010年5月，亚行发起了"亚洲太阳能倡议"（Asia Solar Energy Initiative），旨在帮助亚太地区在三年内确定、开发和实施3.0吉瓦太阳能发电。到2014年，该倡议达到了3.8吉瓦。2011—2018年，亚行为11.6吉瓦的可再生能源装机提供了支持。

过去十年来，亚洲在农村电气化方面取得了进一步发展，中亚和南亚的电气化率从2010年的75%提高到2017年的91%。其中，印度电气化率的提升幅度尤为显著。2010—2016年，印度能用上电的人口新增了2.1亿人；到2017年，87%的人口用上了电。[1]亚行一直支持"人人享有能源倡议"，包括在偏远的太平洋岛国建设离网太阳能发电系统。

得益于新监管框架的建立，从公共部门改革的初始阶段开始，电力行业越来越重视市场和私人投资与所有权。电力市场的每一个细分市场都实施竞争，并逐步取消补贴，以确保效率和可持续性。例如，到2010年，印度将所有的国有电力垄断企业拆分为发电、输电和配电公司，并由独立的国家能源监管委员会对其进行监管。日本于2015年全面实行电力零售市场自由化。所有电力消费者（包括家庭）都可以根据电价和供电来源选择他们偏好的电力供应商。

8.2.6 未来趋势：技术创新促进可持续性

实现普及能源获取和扩大可再生能源仍然是亚太地区能源发展的优先事项。2017年，亚太地区仍有3.5亿人没有用上电，其中，印度1.68亿人，巴基斯坦5,200万人，孟加拉国3,300万人，印度尼西亚1,400万人，他们中的大部分生活在偏远山区或岛屿。亚洲发展中经济体面临的挑战是处理"能源三难困境"，即使能源可获取、可负担和清洁。该地区必须同时实现这三个目标。

解决这个"三难困境"只能依赖新的先进技术，如带有蓄电池储能的可再生能源微型电网、整合更多可再生能源的智能电网和海洋能（海洋潮汐能、波浪能和热能）。通过安装用于整合可再生能源的储能系统，改善电

---

[1] International Energy Agency. 2018. *World Energy Outlook 2018*. Paris.

力网络。碳捕获和储存技术有可能减少现有仍然使用化石燃料系统的碳排放。可再生能源产生的氢气可用作汽车燃料，也可进行能量储存。

为解决农村电气化的最后一公里问题，可以考虑采用太阳能、风能和小型水电机组的离网解决方案。亚行和其他多边开发银行正在采用这些技术，积极支持太平洋岛国的电力发展。

能源行业还可以采用人工智能和数字技术。人工智能可以把城市变成智慧城市，使城市建筑和交通运输系统"智能化"，使用最少的能源获得相同水平的舒适的出行和服务。这些"智慧"城市可采用创新的商业模式和需求响应技术，提高使用智能恒温器的供暖和降温系统的能源效率。另外，开发"车辆到电网"（V2G）系统，将电动汽车变成"虚拟发电厂"，优化电的传输、使用和生产。

新一波能源行业改革应对私营部门和市场进行重新调整，转向寻求低碳解决方案。随着可再生能源成本大幅下降，大部分投资将来自私人投资者和商业融资，而公共部门通过上网电价对风能和太阳能的补贴将逐步取消，可再生能源的未来取决于市场成熟度和相较于传统能源的成本竞争力。适当的碳定价和监管可以有效地扩大技术创新的应用。整个地区的决策者、监管者、投资者、融资者以及其他利益相关方还必须革新商业模式、融资方法和采购方式。

8.3 交通

交通部门在支持经济增长方面一直发挥着主导作用。交通可促进发展，为获取就业、教育和社会服务提供便利。国家交通运输网络建设主要集中在公路和铁路。对航空、水运等其他交通方式的投资加强了区域互联互通，机场和港口的发展为国际贸易提供了支持。城市交通也需要大量投资，以支持整个地区快速城镇化的人口。本节重点介绍长途陆上交通基础设施的变化和城市交通的发展。

自1950年以来，亚洲的交通明显从铁路转向公路（见图8.2）。在50年的时间里，由于铁路里程缩减和人口增加，几乎所有国家的（每百万人口）铁路网里程都下降了近一半。但中国是一个明显的例外，因为该国一直在对铁路网进行投资。相比之下，同期每100万人口的公路网里程翻了一番，有的甚至翻了两番。

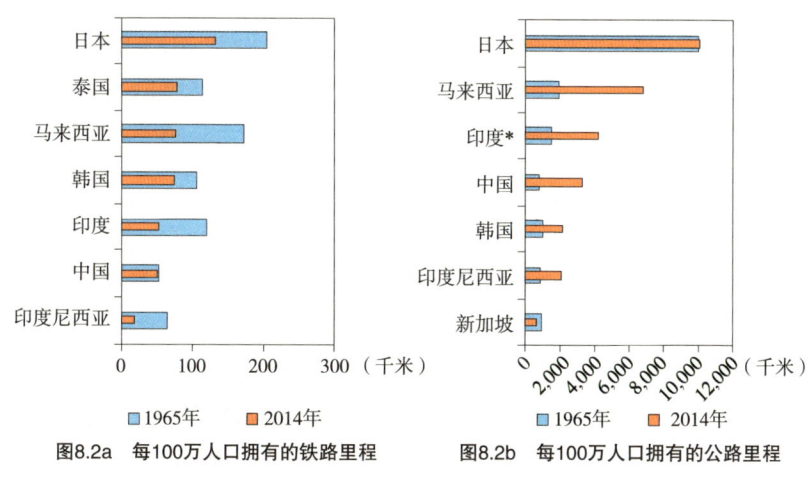

图8.2a 每100万人口拥有的铁路里程   图8.2b 每100万人口拥有的公路里程

图8.2 1965年和2014年交通基础设施存量

注：星号（*）表示内插值。

资料来源：Asian Development Bank (ADB). 2007. *ADB's Infrastructure Operations: Responding to Client Needs*. Manila; International Road Federation. 2016. *World Road Statistics*. Alexandria, VA; Government of India, Ministry of Road Transport and Highways. 2014. *Basic Road Statistics of India*. https://morth.nic.in/basic-road-statistics-india；世界银行，《世界发展指标》，2014年，https://data.worldbank.org（2019年10月29日访问）。

伴随快速机动化，在许多国家同时出现了从铁路到公路的根本性转变（见图8.3）。自2000年以来，各亚洲发展中经济体的汽车保有量均有所增加，尤其是在中国、印度和印度尼西亚等经济快速增长的国家。

交通运输方式的类型与主导地位的变化以及政府优先事项、政策和发展计划可以划分为几个不同的阶段，大致为：二战后至20世纪70年代；20世纪80年代和90年代的公路繁荣发展阶段；21世纪第一个十年出现交通拥堵的阶段；21世纪第二个十年交通基础设施平衡发展的阶段。

虽然各国的具体情况因经济发展阶段和富裕程度不同而有所不同，但交通基础设施优先地位的总体模式仍然存在。通常，诸如铁路和水路的传统长途交通方式一开始被忽视，主要投资和支持公路交通。然而，最近交通拥堵和碳减排需求促使各国重新关注铁路的技术潜力，包括高铁、地铁和其他城市轨道系统。如今，许多国家都在发展更加平衡的多式联运系统。

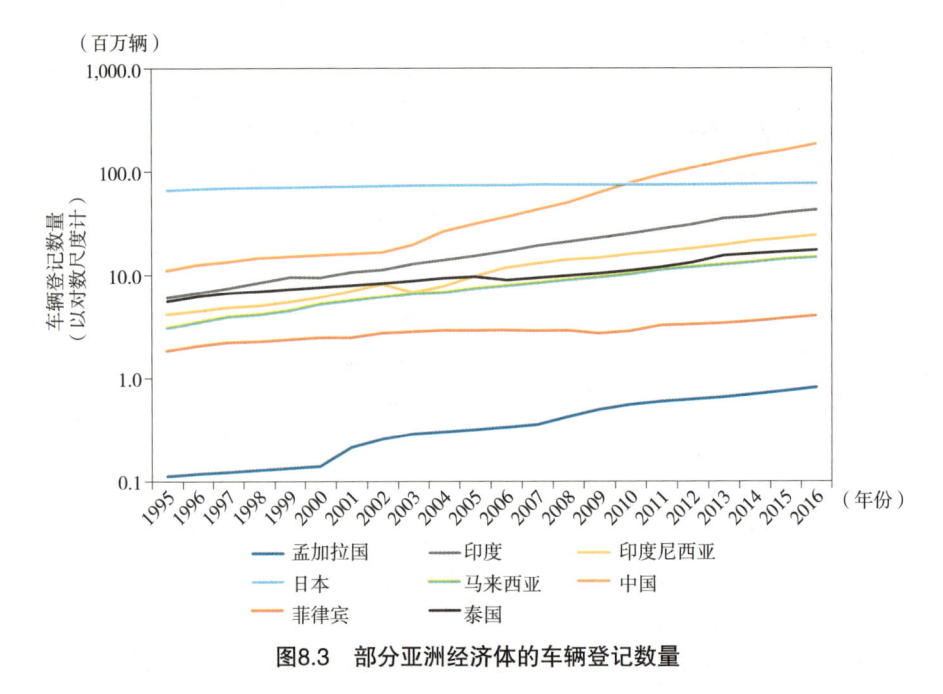

图8.3 部分亚洲经济体的车辆登记数量

资料来源：World Health Organization. 2018. *Global Status Report on Road Safety*. Paris.

8.3.1 20世纪50年代至70年代：二战后的恢复

从1950年到20世纪70年代，亚太地区经历了几次根本性的变化。许多前殖民地继承了殖民时代的交通基础设施和制度，尤其是铁路。铁路当局是最大的政府机构，如印度铁路公司。国有企业发挥了重要作用。此外，取得独立和重新划分国界也是导致变化的原因之一，因为有些铁路网络和运营服务分属不同的国家。

日本的第一条铁路采用英国技术，建于1872年，连接东京和横滨两座城市。随后，日本大力投资铁路系统，并越来越多地依靠自己的技术。1927年，东京的第一条地铁开通。1964年，第一列高速列车开始在东京和大阪之间运行。战后初期，日本对公路和高速公路的投资远远落后于西方国家。德国在20世纪30年代便已修建了高速公路，美国在20世纪50年代开始修建州际公路系统。在世界银行的帮助下，日本第一条高速公路于1963年开通。

20世纪50年代到70年代，许多亚洲发展中经济体的公路网络得到了早期开发，而且通常都得到了国际援助的支持。例如，1968年，韩国首尔至仁川的高速公路获得亚行的援助，亚行给该项目的贷款是其自1966年成立以来的第三笔贷款。20世纪50年代和60年代，亚太地区的大多数国家几乎没有私家车，只有少数富人才有私家车，而且通常是美国或德国制造的。

这种情况在20世纪60年代末亚洲的汽车制造开始达到工业规模时发生了变化。20世纪80年代和90年代，日本汽车工业成为汽车销售的主导力量，向整个亚太地区出口了大量汽车。这扩大了该地区的私家车保有量，进而带来了新建道路和改造道路的需求。此外，广泛使用摩托车和三轮车是亚洲的一大特点。2018年，亚洲摩托车保有量约占全球总量的80%。各种各样的三轮车被用作私家车、小型出租车或货车。

20世纪50年代至70年代，卡车运输行业开始兴起，这是由于新公路的不断出现，以及卡车运输的覆盖范围比有限的固定铁路或内河运输更广泛。各国政府也把重点放在公路扩建上，使汽车和卡车成为最主要的交通运输工具。这些建设项目连接了公路，增加了桥梁，扩大了公路网络。许多国家政府将改善交通运输网络和缩短出行时间作为优先事项，将道路建设视为支持经济增长和发展的最佳途径。

20世纪50年代和60年代，许多铁路网络在政治上得不到重视，服务和运营情况恶化。20世纪70年代，铁路陷入投资严重不足时期，导致铁路行业出现了恶性循环：财政支持减少导致服务质量下降，进而需求下降，需要更多的补贴，因此政府对铁路投资的支持更少，特别是在公路网络扩张时期。菲律宾就是一个典型例子。由于遭受自然灾害、投资不足、运营频率降低以及公路建设和巴士服务增加，菲律宾的铁路里程从高峰时期的797千米缩减至28千米。结果，通过铁路在城市间运输和城区内通勤变得极为不方便。

8.3.2　20世纪80年代至90年代：公路繁荣发展

20世纪80年代至90年代，公路在亚洲交通运输方式中的主导地位得到进一步增强。随着经济的快速增长，对出行和货物运输的需求不断增加。在此期间，随着财政资源和预算的增加，许多亚洲国家实施了大规模的投资项目。马来西亚启动了高速公路网建设，极大地改善了当地的互联互通状况，支持了经济增长。所有新兴工业经济体都对公路建设都进行了大量投资。

马来西亚、韩国、中国台湾等经济体开始采取公私合作模式来扩大其公路网络。从泰国边境到新加坡的马来西亚"北南高速公路"（the North-South Exressway）建设采用的是BOT模式，这是最典型的例子之一。菲律宾也拥有长期采用公私合作模式的经验。该国1991年颁布了一部关于BOT模式的法律，如今多条高速公路都能按时、按预算竣工。在这个阶段，中国开始大规模投资建设高速公路网络，并实行公路收费，实施公路建设和服务公司化经营。

日本的高速铁路改变了许多发达国家对铁路的看法。然而，这个阶段亚洲其他经济体继续放任铁路网络和服务下滑。为了解决行业下滑和业绩不佳的问题，铁路部门进行了体制变革，如实施国有企业商业化。然而，在许多情况下，这些变革未能达到业务和体制改革所要求的程度，因此成效有限。日本的传统铁路需求和服务水平也出现了下滑。1987年，日本国有铁路公司被拆分为六个实体，实施了私有化，这为砍掉亏损线路和激励提高服务质量提供了机会。

8.3.3　21世纪第一个十年：大规模交通拥堵出现

政府对公路建设的支持、亚洲汽车业的发展，以及经济的增长使更多的人购买私家车。在亚洲发展中经济体，20世纪90年代城市地区开始出现交通拥堵，一些国家甚至出现了严重的交通拥堵。由于公路网的扩展跟不上汽车保有量和使用量的增长，在21世纪第一个十年主要公路网开始出现大规模的交通拥堵。在许多地区，汽车污染也成为一个严重的问题。自1992年联合国地球峰会以来，减少碳排放已成为一项优先事项。这促使人们重新考虑投资重点，以及平衡的交通运输投资方式。

在这个阶段，一些发展中经济体开始转向铁路发展的新时代。中国、韩国和中国台湾开始对现代铁路系统产生兴趣，并着手部署高速铁路系统（见图8.4）。这些新系统的推出引发了亚洲各地铁路的广泛复兴。

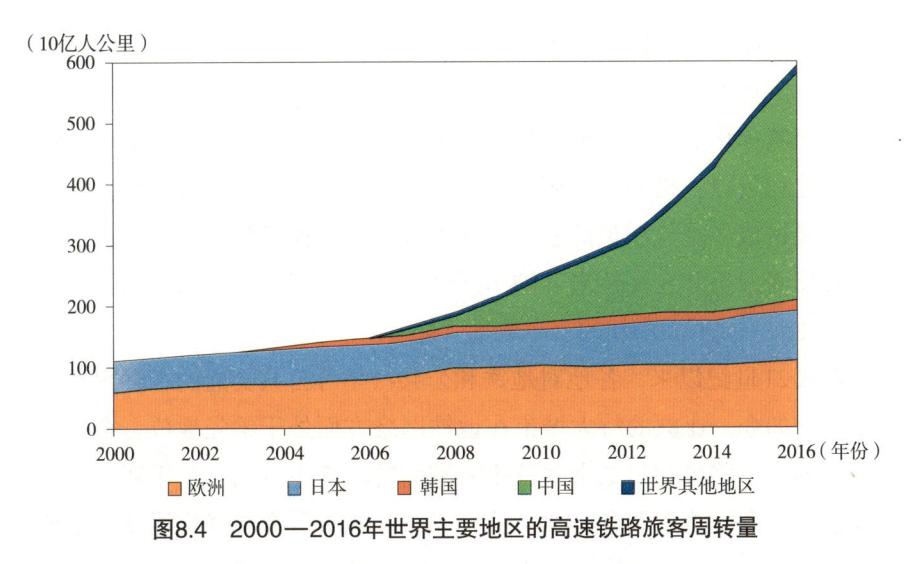

图8.4　2000—2016年世界主要地区的高速铁路旅客周转量

资料来源：International Energy Agency. 2019. *The Future of Rail*. Paris.

8.3.4　21世纪第二个十年：寻求交通的平衡发展

在21世纪第二个十年，交通系统的投资和运营更加平衡，公路投资不再占主导地位，铁路投资则继续增长，新的铁路投资机会也在这个阶段出现。许多亚洲国家（如印度和孟加拉国）开始大规模投资铁路建设。亚洲各地区的强劲增长和发展，以及日益严峻的交通拥堵、空气污染和气候变化影响等问题迫切需要更高效的货运和公共交通服务。

2013年，中国铁路总公司成立，作为一家国有企业进行商业运行，取代铁道部的直接管理。国际组织通常支持铁路部门改革和路网发展项目。2019年，亚行批出一笔最大的项目贷款（27.5亿美元），用于修建菲律宾的马洛洛斯—克拉克铁路，其中从马洛洛斯至克拉克和克拉克国际机场部分为51.2千米，连接马尼拉市索利斯（Solis）站和布鲁门迪特（Blumentritt）站部分为1.9千米。作为扩大区域合作与一体化的组成部分，铁路如今对跨境互联互通也十分重要。

8.3.5　城市交通的发展

包括印度、菲律宾、中国、韩国等在内的亚洲发展中经济体的一些城市早在二战前就已经有了有轨电车或城郊铁路系统。尽管如此，上班工作等大多数出行仍被限制在离家3~4千米的范围内,这个距离通过步行或骑自行车可轻松到达。

快速城镇化的人口开始给城市带来巨大压力,解决人们日益增长的出行需求迫在眉睫。机动化和城镇化叠加导致严重的交通拥堵问题,汽车尾气排放还造成了空气质量的恶化。为了缓解交通拥堵状况,一些城市试图通过修建高架桥和立交桥来容纳不断增加的私家车,但任何新增的通行能力很快便被源源不断增加的汽车数量所抵消。

进入21世纪以来,各地对地铁和公共汽车等公共交通的投资出现了大幅增长。如今,亚洲的特大城市在地铁网络方面处于领先地位。全世界地铁网络拥有里程数和运送乘客数排名靠前的城市中有四个位于亚洲,分别是北京、上海、首尔和东京。当前,亚洲许多城市都在修建地铁。格鲁吉亚、哈萨克斯坦和乌兹别克斯坦在苏联时期就已经修建了地铁系统,现在正在投资对其进行现代化改造和扩建。

亚行一直在为以下领域的城市公共交通建设提供支持:地铁(孟加拉国、格鲁吉亚、印度、泰国和越南)、快速公交(老挝、巴基斯坦和中国)和综合多式联运(蒙古国、尼泊尔和斯里兰卡)。

8.3.6 未来趋势:安全、可持续性和技术创新

亚洲大部分地区的汽车保有量都在持续大幅增长,公路网络也在不断改善。这为大部分人口提供了新的出行选择,缩短了出行时间,降低了货运成本。但在亚洲的许多城市地区,交通拥堵现象仍然存在,甚至还在加剧。

不断恶化的道路安全问题也引起了人们更多的关注。如今,道路交通事故是全球5~29岁人口死亡的主要原因。亚洲占全球交通事故死亡人数的53%。[1] 目前,各国都在加大对道路安全的投资,改善道路结构,如安装护栏、放置路障和规划人行横道等。有关超速和酒后驾驶的执法更加严格。汽车安全标准(包括安全带和安全气囊)现已成为强制性要求。此外,应急响应和事故后医疗护理更加完善,也越来越容易获取。在公路部门,现有公路资产的高效运营和维护也越来越受到关注。

---

[1] World Health Organization. 2018. *Global Status Report on Road Safety*. Paris.

交通基础设施和运营将继续要求对新资产和现有资产进行投资，其中新技术将发挥越来越重要的作用。系统运营商将能够通过大数据集，管理交通网络、共享信息和强化交通控制中心的能力。用户将能够通过出行应用程序和汽车共享计划，作出更明智的出行决定，最大限度地利用可用的基础设施服务。在中国贵州省，亚行正在支持智能交通系统采用先进技术，如"车辆—车辆"通信和"车辆—基础设施"通信，以改善交通流动及道路安全。

未来20~40年，交通领域可能实现大规模脱碳。随着时间的推移，电动汽车将很有可能取代内燃机汽车，而且这一变化正在发生，并主要发生在亚洲。随着交通领域不断采用新技术和建立更好的制度，未来的出行解决方案将可能与传统的方案不同。

8.4 城市供水

从最早的文明开始，充足的供水一直是每一座城市的基本资源。在工程供水系统出现之前，人们直接从河流、湖泊、山泉、地下水和降水等水源取水。这些水源因地形和当地气候与水文条件不同而有所不同。例如，由于地下水供应有限，太平洋地区的环礁和小岛屿定居点严重依赖雨水。亚太地区城市供水系统的发展经历了一段有趣的历程：从大约公元前3000年南亚印度河流域文明的基本渡槽系统到工程重力和机械化大规模供水系统的开发，再到如今数字技术供水管理系统的出现。

过去50年来，许多亚洲发展中国家城市供水的发展最初涉及从殖民时期供水系统向国家和地方政府供水系统的管理过渡。20世纪80年代至今，低效的管理和较高的效用损失促使各国制定鼓励私营部门参与管理的方法，以解决效率低下问题。此外，快速城镇化要求通过技术和管理创新，更好地满足主要城市中心和次要城镇不断增加的用水需求。

8.4.1　20世纪60年代以前：殖民时期遗留的城市供水系统

城市供水系统是基础设施密集型系统，其特点是有工程水库、输送管道和配水网络。1822年伦敦的城市供水系统便是这种早期系统之一，该系统用蒸汽机将泰晤士河水抽到一个60英尺高的水塔上，然后通过重力作用将水配给到各个社区。此后,开发出使用铸铁材料将管道供水连接到建筑物内的大规模城市供水网络。19世纪后期,微生物学的发展让对饮用水进行化学消毒成为可能,最开始采用氯化消毒,后来使用臭氧消毒。

这种重力给水系统从19世纪50年代开始在亚洲城市复制。例如,在英国的统治下,加尔各答于1870年以及新加坡在1878—1928年分别建设了这种重力给水系统。其他殖民时期的供水系统包括西班牙人于1882年在马尼拉建设的供水系统,荷兰人于1870—1920年在雅加达建设的供水系统,以及法国人于1895年在金边建设的供水系统。在原苏联加盟共和国,第一个供水系统于1846年在圣彼得堡开发建设,随后在中亚地区进行复制。在太平洋地区的发展中岛国,传统供水系统包括雨水收集和地下水开发,此外在旱季还会使用蒸发淡化设备。在中国,公元6世纪时隋朝开凿的大运河连接了北方的北京与南方的杭州,也被用作饮用水源。早期供水系统通过建立基于村庄的用水管理系统逐步扩大,最终供应满足20世纪的工业需求。东京在1911年建成了第一个现代供水系统,通过净化厂和铁管提高供水能力并扩大覆盖范围,取代了19世纪的渡槽、深井和水贩。图8.5给出了部分亚洲经济体获得安全管道供水和非管道供水的人口比例。

8.4.2 20世纪60年代至1980年:水务管理权移交和下放

许多国家在取得独立后将城市供水管理移交给中央政府、省政府或地方水务机构。这主要是为了继续经营以及在之后扩大殖民时期的供水系统,以满足城市人口日益增长所带来的需求。那时,系统的设计和建造都没有过多地考虑运营和维护问题。到1975年,亚太地区的城市人口已超过6.7亿人,是20年前的两倍多。[①]许多城市无法满足新增居民的用水需求。

有的城市得到了中央政府的支持(有利的政策、管理和技术解决方案),解决了这些挑战。例如,新加坡自1965年独立以来在减少对外部水源依赖方面成绩斐然。这个城市国家成功提高了内部供水能力,将供水系统扩充为"国家四大水喉"(本地集水、再生水、淡化水和进口水)。该国采

---

① United Nations Framework Convention on Climate Change. 2015. *Adoption of the Paris Agreement*. Paris.

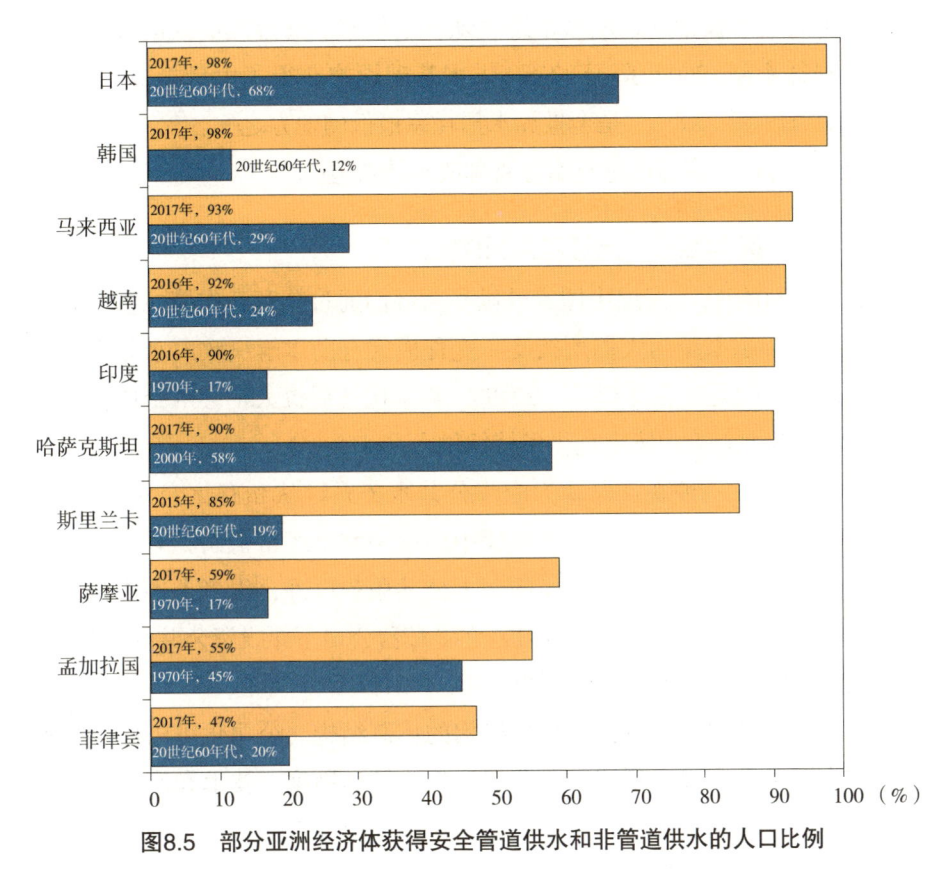

用的方针包括系统规划、坚定领导、跨部门协作和持续投资。[1]

图8.5 部分亚洲经济体获得安全管道供水和非管道供水的人口比例

经济体	早期数据	近期数据
日本	20世纪60年代，68%	2017年，98%
韩国	20世纪60年代，12%	2017年，98%
马来西亚	20世纪60年代，29%	2017年，93%
越南	20世纪60年代，24%	2016年，92%
印度	1970年，17%	2016年，90%
哈萨克斯坦	2000年，58%	2017年，90%
斯里兰卡	20世纪60年代，19%	2015年，85%
萨摩亚	1970年，17%	2017年，59%
孟加拉国	1970年，45%	2017年，55%
菲律宾	20世纪60年代，20%	2017年，47%

注：20世纪60年代的联合国旧数据仅涉及获得管道供水的家庭。2000—2017年的世界卫生组织和联合国儿童基金会指标使用获得安全供水和改善供水（包括管道供水和非管道供水）的人口比例。

资料来源：UNICEF. 2019. *Progress on Household Drinking Water, Sanitation and Hygiene 2000–2017. Special Focus on Inequalities*. New York. p. 7; Fan, M. 2015. Sri Lanka's Water Supply and Sanitation Sector: Achievements and a Way Forward. *ADB South Asia Working Paper Series*. No. 35. Manila: Asian Development Bank; General Statistics Office of Viet Nam. 2016. *Viet Nam Household Living Standards Survey 2016*. Ha Noi; International Institute for Population Sciences (IIPS) and Inter City Fund. 2017. *National Family Health Survey (NFHS-4), 2015–16: India*. Mumbai: IIPS; Pacific Institute. 2013. *The World's Water: Access to Safe Drinking Water by Country, 1970–2008*. Oakland, CA; United Nations (UN). 1967. *Statistical Yearbook*. New York; UN. 1973. *Statistical Yearbook*. New York.

---

[1] Tortajada, C., Y. Joshi, and A. K. Biswas. 2013. *The Singapore Water Story: Sustainable Development in an Urban City State*. London: Routledge.

在东京，二战摧毁了供水系统和资源，使水损耗率高达80%。[1]一系列大坝和水处理工程帮助这座城市迅速恢复了供水。通过更高效的管理，东京的水损耗率到1960年降至22%，供水基础设施获得了大量投资。如今，东京的水损耗率（3.8%）是全世界水损耗率最低的地方之一。[2]东京和新加坡成为亚太地区许多城市进行水务管理改革的典范。

8.4.3　1980年至今：全球趋势和体制改革

20世纪90年代，发展中国家鼓励私营部门通过公私合作模式参与城市供水服务改革越来越为人们所接受。这种模式有助于解决政府水务系统经营与管理低效问题。在菲律宾，20世纪90年代马尼拉大都会两个成功的公私合作项目为数百万户家庭提供了持续供水。

最近出现了一种观点，认为应将公共水务系统从私有化变为公司化。这种改革策略很常见，因为许多发展中国家的城市经常抵制私有化。除了认为供水是一种涵盖安全与保障的基本公共服务以外，很多人还认为水费会上涨，并超出消费者的支付能力。许多私营公司不愿投资公共水务机构，因为觉得在现有监管环境下难以回收成本，项目无利可图。

公司化的目的是改革公共水务机构的体制结构。公司化可以使公共水务机构在财务上高效，利用私营公司的先进管理制度、技术和经营方法进行运作，而政府则负责监督用户利益。这种结构也被认为是一种有效的策略，因为在采用更先进的技术后，水务管理不断进步。

孟加拉国达卡和柬埔寨金边通过公司化，将表现不佳的机构和低效的系统转变成表现上佳的水务机构并实现盈利。它们已成为该地区其他水务机构改革的榜样，其采取的措施包括资本投资、技术创新和持续的水流失管理。这些措施通过员工培训、客户导向以及关于需求管理和水资源保护的公众宣传活动，与体制改革和能力建设结合在一起（见专栏8.2）。

---

[1]　水损耗是指未收费水占向用户供水总量的百分比。
[2]　Japan International Cooperation Agency. 2018. *Water Supply: The Foundation for Previous Lives and Livelihoods, Safe Water for All*. Tokyo.

专栏8.2　达卡市供排水局改革

达卡市供排水局成立于1963年，负责管理孟加拉国首都的供水和排水系统。1996年的《供排水法案》开启了公司化进程，最终使达卡市供排水局实现专业化并盈利。

在大约2008年以前，达卡市供排水局的水损失严重，服务差。因管道泄漏造成的物理水损失超过50%，收费率（收费水占总供水量的百分比）仅为62%。2009—2010年的一项转型计划得到了亚洲开发银行的支持。在2016年该计划完成时，约544万人获得了可直接饮用的自来水，且水压足可保证两层房子的供水。

基础设施投资、政策改革、前瞻性领导、技术创新、社会包容（向非正式定居点也提供饮用水）以及对公共教育项目和民间社会参与的高度重视，是实现这一转型的基础。

2018年，达卡的总体水损耗率降至20%，项目区内独立计量区（District Metering Area）水损耗率低于10%，收费率达到97.5%，所有用户均可获得持续加压供水。达卡市供排水局的成功经验被南亚其他国家纷纷效仿，成为亚太地区其他水务机构的榜样。

资料来源：Asian Development Bank. 2016. *Dhaka Water Supply Network Improvement Project*. Manila; DWASA. 2019. https://dwasa.org.bd/.

不断增长的全球用水需求催生了许多框架和全球行动。1977年，联合国的一次会议指出："所有人都有权获得数量和质量符合其基本需求的饮用水。"[1]这次会议促使发起了"国际饮水供应和环境卫生十年（1981—1990）"。在该十年结束时，估计能够获得饮用水的人口将增加7亿人左右，获得卫生设施的人口将增加5亿人。然而，亚太地区许多发展中国家人口快速增加，使得供水无法达到100%覆盖。联合国千年发展目标和可持续发展目标也特别关注供水问题。然而，直到2017年，亚太地区仍有约3亿人没

---

[1] Bays, L. 1994. Short Overview of Water Supply Situations in the World, Water Philippines' 94. *Technical Papers, 9th IWSA-ASPAC Regional Conference and Exhibition*. Manila: Philippine Water Works Association.

有获得安全饮用水。①

8.4.4 未来趋势：建设一个水安全未来的综合解决方案

全球约有三分之一的国家面临中度或严重的供水压力（地下水短缺），其中大多是中亚和南亚国家。对地下水的高度依赖和不可持续的开采问题严重。实际上，全球15大地下水使用国中有7个位于亚太地区。②更谨慎地管理水资源，以及平衡家庭、灌溉和工业用水的竞争需求已成为优先事项。此外，随着城镇化的快速推进，对清洁、安全供水的需求将持续大幅上升。

供水仍然是许多城市面临的一大挑战。在有些城市，配水网络延伸到新的区域，超出了设计的系统容量，导致间歇性供水，增加污染风险。许多亚洲城市通常存在配水网络水损失严重的情况，这会增加成本（需要抽取更多的水），减少收入，降低财务可持续性。解决这些问题需要提高最高管理层的治理能力和应用特定技术，如先进的漏水检测和网络管理系统，包括建立独立计量区、采用压力管理技术等。

采用先进技术一直是提高城市供水服务效率的关键，如可通过地理信息系统支持水务机构资产管理。智能网络和计量技术如今已被先进的水务机构广泛使用，如亚洲最佳水务管理机构之一——首尔的阿利水（Arisu）。③

政府、私营部门和发展合作伙伴在为水基础设施融资方面各自发挥着作用。城市供水必须与大规模供水、废水管理、洪水风险管理、固体废弃物管理、水源保护、综合水资源和干旱管理等工作相结合。政府还要在创建一个有利于适当政策、法规和税收（包括环境收费）相互作用的生态系统方面发挥关键作用。

8.5 电信、信息与通信技术

电子通信系统出现在19世纪，首个系统是塞缪尔·莫尔斯（Samuel Morse）于1837年发明的电报机。后来，电话、收音机和电视机相继出现。收音机发明于19世纪90年代，20世纪20年代后被广泛用作单向广播技术。

---

① ADB. 2017. *Meeting Asia's Infrastructure Needs*. Manila.
② ADB. 2016. *Dhaka Water Supply Network Improvement Project*. Manila.
③ Seoul Metropolitan Government. 2017. *Seoul Tap Water Arisu*. Seoul. http://susa.or.kr/en/files/seoul-tap-water-arisu-englishpdf?ckattempt=1.

电视广播发明于20世纪20年代，在50年代得到广泛的商业化应用。自20世纪50年代末开始，继苏联于1957年在今天的哈萨克斯坦发射第一颗人造卫星"伴侣号"（Sputnik）之后，卫星通信技术迅速发展。到20世纪70年代末，人造卫星使音频和视频广播进入千家万户。自20世纪80年代末开始，互联网的发展提高了数据的可及性；到20世纪90年代中期，"万维网"使人们能够更加容易地通过全球网络进行沟通交流，而且成本也更低。

所有这些新技术都带来了新的发展机遇。电话使人们能够远距离保持联系，增加了人们获得卫生保健服务的机会，拓宽了商业发展渠道，等等。互联网使数字化学习、电子商务和在线就业成为可能。数字基础设施和投资需要适当的政府政策和区域合作。私营部门迅速将这些新技术商业化，政府随之进行监管，以维护竞争，确保利益惠及更广泛的人群。

亚太地区将电信、信息与通信技术作为发展的投入和经济繁荣的产出。在20世纪60年代以前，该地区的电信能力还十分有限。但从那以后，电信得到了广泛应用，信息与通信技术随后也得到了快速发展。本节讨论电话、计算技术和互联网应用的基础设施建设情况。本章是对第5章技术创新内容的补充。

8.5.1 电话

亚历山大·格拉汉姆·贝尔（Alexander Graham Bell）于1876年发明了电话。电话服务快速扩大，但由于需要专用的布线基础设施，这种服务的增长基本上被限制在城市和高收入地区。没有家庭固定电话的人可以使用公共电话或前往最近的城镇获取电话服务。日本于1890年首次开通电话服务，到20世纪60年代中期，日本每100名居民拥有15部电话，而美国（全球第一）和澳大利亚分别为52部和27部。同期，印度每1,000名居民仅拥有2部电话。

早期的电话服务基于固定线路模拟技术基础设施，这种基础设施的铺设和维护成本很高，而且速度和数据传输速率有限。与电力基础设施类似，电话服务需要大量的基础设施投资，因此基本上都是由国有企业或受监管的垄断企业提供，从而限制了有效竞争的机会。

亚洲经济体的固定电话基础设施在20世纪60年代迅速发展，到21世纪第一个十年中期仍在继续扩大，而此时移动电话的使用已越来越普遍（见

图8.6和图8.7）。日本的固定电话服务在1997年达到峰值，每100名居民拥有52条电话线路；中国的固定电话服务在2006年达到峰值，每100名居民拥有28条电话线路；2005年，印度每100名居民拥有4.4条电话线路。

1973年，摩托罗拉公司在美国发明了移动电话。这种模拟移动电话的服务价格昂贵，并没有得到广泛应用。然而，到20世纪90年代，随着半导体技术的进步和数字无线网络的发展，移动电话越来越普及，且速度和准确性均得到提高。1999年，日本电信电话株式会社（NTT）成为全球首家提供全面移动互联网服务的供应商。2001年，日本开始提供高速3G服务，一年后韩国也开始提供这种服务。

从电话到移动电话的转变改变了大多数国家的监管结构。由于移动网络不需要固定线路，因此多家供应商可以互相竞争。如今，亚洲大多数国家都有两家或两家以上的私人移动运营商。然而，在一些农村地区，由于用户密度低和收入低，手机信号塔的投资无法赢利，因此仍需要通过监管来推广使用。亚行和其他发展机构为太平洋岛国的海底光缆项目及偏远地区的卫星通信项目提供资金支持，使无法获得充分服务的人口能获得这些服务。

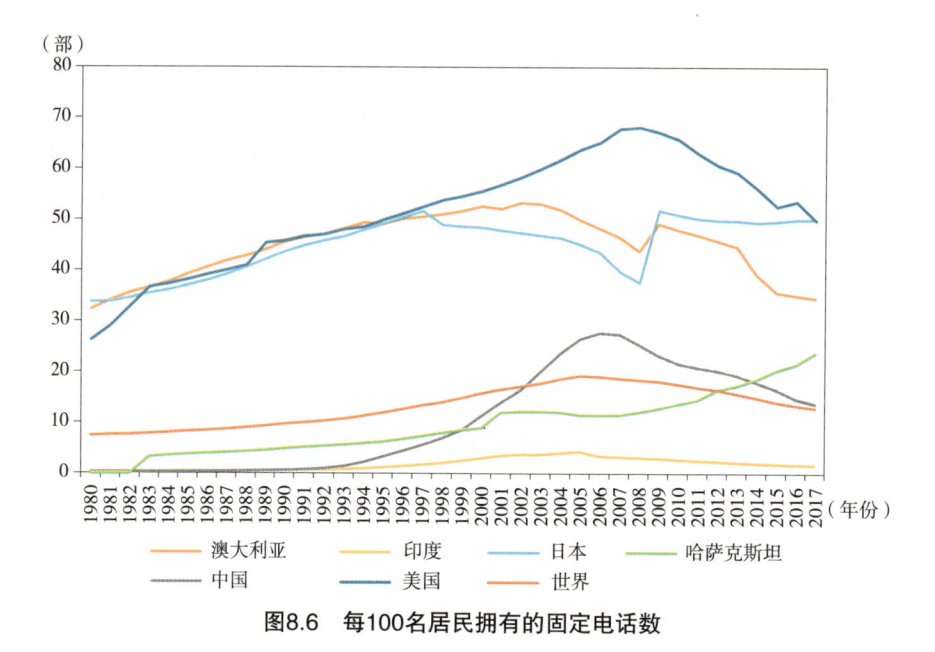

图8.6　每100名居民拥有的固定电话数

资料来源：世界银行，《世界发展指标》，https://data.worldbank.org/（2019年10月29日访问）。

苹果公司于2007年推出iPhone，开启了智能手机时代。iPhone是一个根本性的进步，它将手持式计算机与宽带互联网相结合，有大屏幕、全球定位系统（GPS）功能、集成摄像头和触摸屏用户界面。苹果公司一直专注于研发高端手机，而韩国和中国的企业目前在智能手机（包括面向发展中国家的低成本智能手机）总销量上处于领先地位。自2010年起，韩国的三星电子一直是全球智能手机的销售冠军，中国的手机制造商则紧随其后。低成本移动电话的使用非常普遍，现已覆盖了全球大多数人口（见图8.7）。例如，印度在每100名居民拥有5条电话线路都未能达到的情况下，每100名居民的手机用户数却从2000年的0部升至2017年的87部。智能手机已经成为世界上大多数人默认的通信设备。

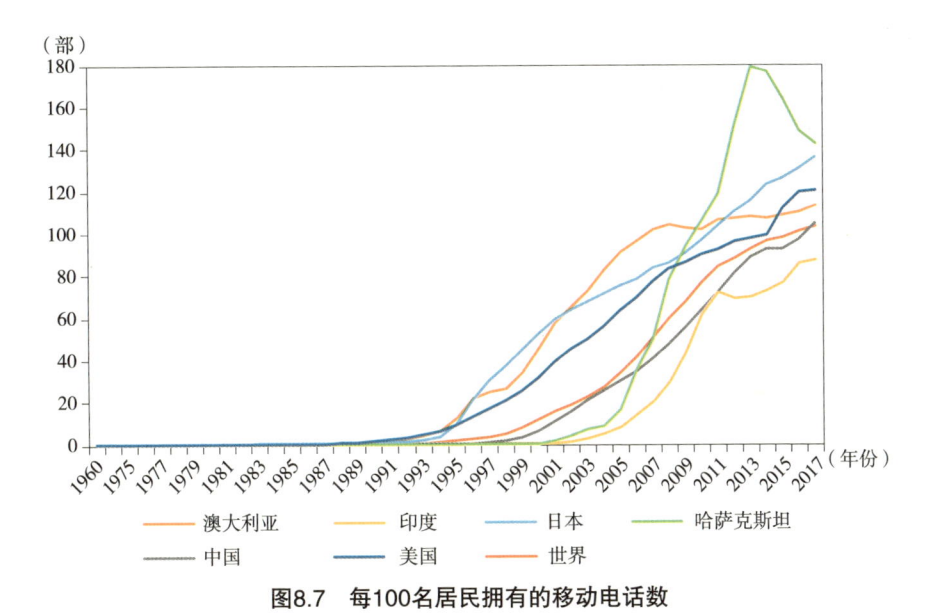

图8.7　每100名居民拥有的移动电话数

资料来源：世界银行，《世界发展指标》，https://data.worldbank.org/（2019年10月29日访问）。

智能手机的广泛使用为发展带来了新的机遇，包括在健康、教育、就业、社会服务和金融等领域。农民可以使用智能手机获取价格和天气预报等信息，学生可以通过智能手机学习在线课程。数字金融可以用于支付、汇款和其他金融服务。人们还可以通过智能手机访问数字医疗记录，接受远程诊断和进行在线问诊。

8.5.2 计算技术和互联网

20世纪40年代发明的晶体管和20世纪50年代发明的集成电路促进了数字计算机的发展。现代半导体工业始于20世纪70年代的美国,当时计算机芯片制造技术的进步使计算机微型化和大规模生产成为可能,并提高了处理速度。20世纪80年代,日本的企业成为该行业的领先者。1980年,日本电气株式会社发明了第一款数字信号处理器,该处理器可通过将模拟信号转换成数字格式来提高通信设备的速度。1987年,台湾积体电路制造股份有限公司(简称台积电)在中国台湾成立,成为商用半导体制造(被称为"代工服务",要求制造过程标准化,以支持不同的组件设计)领域的早期领先者。自20世纪90年代中期以来,韩国也通过专注于移动电话和智能手机零部件的研发,成为半导体制造领域的领先者。政府对研发的支持和针对知识产权的监管政策对促进亚洲在该行业占据领导地位至关重要。

从20世纪70年代开始,半导体技术的进步迅速提高了计算速度。英特尔公司联合创始人戈登·摩尔(Gordon Moore)于1965年提出的摩尔定律预测,集成电路的元件数量每隔18~24个月就会增加一倍。该预测在随后40多年的时间里得到了印证,由于元件尺寸缩小,元件数量增加了100万倍。元件数量的增加提高了处理速度,降低了所需要的处理功率。随着半导体成为所有通信和计算基础设施的基础,这种在性能上的指数级增长是新技术的最基本驱动力之一。

由于台式电脑的性能不断提高,因此在20世纪90年代被广泛使用。便携式笔记本电脑在90年代后期也迅速发展,到21世纪第一个十年,已成为企业和家庭必不可少的基本设备。

1969年,在美国国防高级研究计划局(DARPA)的支持下,美国研究人员启用了现代互联网的前身——阿帕网(ARPANET)。他们意欲开发一种通信技术(比以往的技术更加灵活和分散),把全球大学和研究实验室连接在一起。1973年,澳大利亚和日本的几个机构连接了阿帕网。20世纪80年代末,欧洲核子研究组织的科学家蒂姆·伯纳斯-李(Tim Berners-Lee)创建了一个名为"万维网"的系统,将第一个网页浏览器和超文本标记语言结合起来，现代互联网时代就此诞生。1994年，免费的网景（Netscape）浏览器在硅谷掀起了互联网革命和网络繁荣。亚马逊于1994年推出电子商务服务，谷歌于1998年开始提供互联网搜索服务，脸书于2003年启动在线社交网络。谷歌和脸书还率先通过收费互联网广告支撑其免费在线服务，以此作为一种商业模式。

凭借免费服务和不断增长的互联网接入，谷歌和脸书迅速成为亚洲地区的主要平台，占除中国以外的亚洲地区的搜索和社交网络市场的份额超过80%。中国开发了本土大部分服务：阿里巴巴于1999年推出电子商务服务，百度于2000年启动互联网搜索引擎，腾讯于2000年推出微信社交工具。

互联网的爆炸性增长需要大规模增加由光缆连接的全球数据中心，这是一种新型的基本的基础设施。自21世纪第一个十年中期以来，云计算已发展成为一种新的计算基础设施。云计算使企业能够不使用现场硬件就构建数字服务，而是根据需求租用服务。这显著降低了计算基础设施的成本，有助于以最少的先期投资推出新的数字服务。亚行一直支持开发基于云的银行服务，为因传统金融基础设施不具经济可行性而无法获得充分服务的人口提供金融服务。

到2018年，全球超过50%的人能够上网，大部分是使用智能手机上网，智能手机成为数字服务的默认平台（见图8.8）。在印度，基于廉价智能手机和无线宽带服务的可获得性，到2019年年初，其互联网接入服务已覆盖了近50%的人口。

在亚洲，数字经济正在快速发展。中国腾讯公司推出的微信应用软件（APP）含有世界上最大的数字支付服务，而且使用非常广泛，以至于许多商家不再接受现金。东南亚出现了两个数字经济领先者：在马来西亚创立而当前位于新加坡的Grab和印度尼西亚的Gojek。这两款APP都是从共享出行业务开始，随后扩展到电子商务和支付业务。印度也在快速向数字经济转型。2016年，印度政府推出了一项基于生物技术的身份识别服务——Aadhaar。这项服务现已覆盖99%的成年人，极大地增加了人们获得金融服务和医疗保健服务的机会。

图8.8 互联网用户

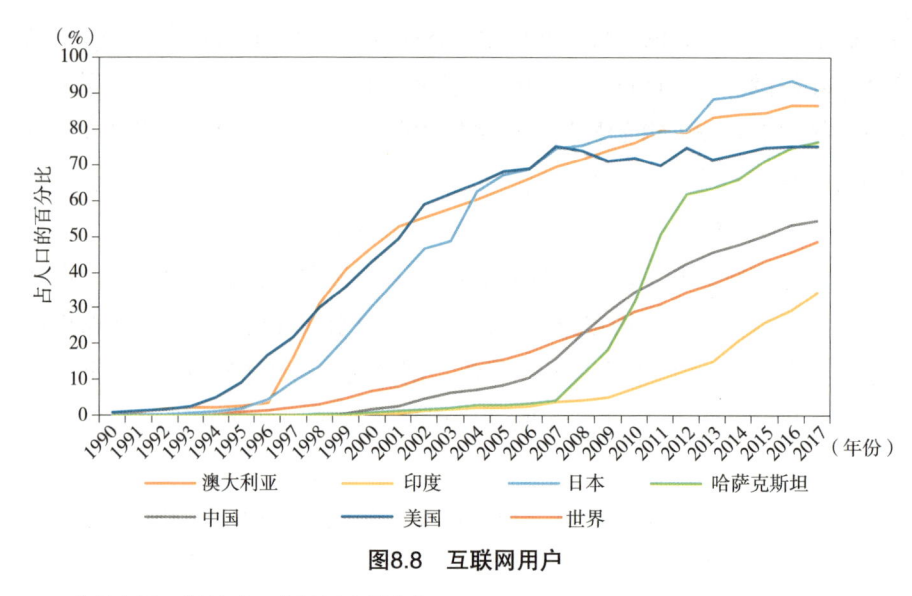

资料来源：世界银行，《世界发展指标》，https://data.worldbank.org/（2019年10月29日访问）。

数字经济已延伸到数字就业和在线教育领域。印度和菲律宾是数字服务经济（如业务流程外包）领域的区域领先者。在全球第一所区域性大学——南太平洋大学，亚行资助的太平洋岛国海底光缆项目进一步改善了基于信息与通信技术的远程学习计划。

数字经济的崛起为发展和治理带来了机遇和挑战。一方面，快速变化可能造成社会混乱，并加速淘汰常规工作。另一方面，数字经济将为社会参与带来许多新的机遇，还可能创造许多新的工作类别。成功管理这种转型将需要大量投资和新的政策框架，以支持人力资本发展，促进有效竞争，保护消费者权益。

8.5.3 未来趋势

展望未来，有几个数字基础设施发展趋势将继续给亚洲的经济带来巨变。这些趋势包括物联网（IoT）、人工智能、网络安全和隐私保护。每一个趋势都需要大规模的公共投资和有效的监管政策。

物联网是基于可共同操作的信息与通信技术将事物互联的基础设施。物联网设备通过互联网进行通信和交互，还可以进行远程监控和控制。例如，物联网基础设施可以通过远程监测土壤条件来改善农业，还可以通过使用低成本空气质量传感器来为减少空气污染提供支持。

人工智能通过模仿人类的认知功能，解决日益复杂的现实问题。人工智能的近期发展得益于计算能力的提高和大数据集的可用性。在图像识别、机器翻译、语音识别和自动驾驶等方面，人工智能都取得了显著的进步。特别是在新型服务业方面，这些进步非常有前景，如为农民优化作物投入，对医疗诊断进行微调，使用智能手机翻译文件，通过适应性学习为学生量身定制教育方案。

网络安全对于保护用户、数据、网络和计算机系统非常重要。网络安全涵盖技术、组织和监管等方面，如安全系统、流程定义、法律框架与规则、实体基础设施保护等。随着越来越多的人类活动被数字化，隐私保护的重要性将不断增加。

8.6 展望未来

亚太地区仍有许多人没有获得能源、交通、城市供水以及电信、信息与通信技术等方面的服务。总体上，除了在以上各节提到的具体要点以外，亚洲发展中经济体还需要通过下列方式解决基础设施问题。

第一，需要加大对基础设施的投资。据亚行估计，2016—2030年，交通、能源、城市供水和电信等领域将共需要近26万亿美元的投资。[1]

为了最大限度地利用基础设施投资的潜力来促进可持续经济增长，应考虑几个重要的投资标准，包括：充分的经济依据、有效率的生命周期成本、积极的社会和环境效益、安全、抗自然灾害风险的韧性、气候变化的减缓与适应、改进治理和提高债务可持续性。新投资应吸收先进技术。这些投资标准是2019年二十国集团（G20）领导人峰会通过的《高质量基础设施投资原则》的关键内容。

第二，需要继续推进能力建设和体制改革，以提高效率，提供优质服务。应确保对公用事业服务适当收费，以收回投资和避免服务的低效使用。

如有需要，用贫困家庭专项补贴取代收费补贴。政府可以对作为政府组成机构的公用事业机构和铁路机构实行公司化，以提高效率。政府必须通过提高监管和治理能力，继续对（已实行公司化的）国有企业进行改革，

---

[1] ADB. 2017. *Meeting Asia's Infrastructure Needs*. Manila.

提高它们的商业可行性。在适当的情况下，私有化也可作为一项选择。

第三，私营部门的参与对于填补基础设施缺口必不可少。私营部门能够调动知识、经营效率和额外融资，帮助开发基础设施项目。在创造合适的政策环境和设定鼓励私营部门参与的优先事项方面，政府可以发挥重要作用。

基础设施项目的公私合作能够成为吸引私人资本进入基础设施领域的有效工具。政府必须改善监管环境，帮助确定银行可担保的项目，编制可信的预估现金流，制定适当的风险分担安排，确保可靠的争议解决机制，发展支持项目融资的资本市场。虽然公私合作模式并非灵丹妙药，但如果设计和实施得当，这种模式能够提供良好的基础设施服务。[1]

第四，为提高亚太地区互联互通，开展区域合作对释放该地区的潜力和促进增长与稳定必不可少。科技进步能够通过跨境交通运输、数字连接和输电网络加强该地区的跨境互联互通。这将有助于吸引投资，建立促进贸易和增长的价值链，以及通过区域公共产品促进可持续性。可再生能源的跨境贸易还有助于减缓气候变化和保护环境。

---

[1] ADB. 2019. *How PPP Advisory Services Can Narrow Asia's Infrastructure Gap*. Manila.

第9章

贸易、外商直接投资和经济开放

9.1 引言

亚洲的国际贸易历史悠久，跨越数千年。[①]特别是过去50年，逐渐实行开放贸易和投资的制度推动了亚洲经济的重新崛起。亚洲发展中经济体在贸易和外商直接投资方面增长迅速，GDP（按2010年定值美元计算）相应增长了42倍，帮助缩小了与工业化国家之间的发展差距，减少了贫困。

总体上，尽管各经济之间在速度和内容上存在很大差异，亚洲经济体的对外经济政策制度在过去50年里经历了三个发展阶段：第一个阶段，许多国家在取得独立后采取进口替代战略，寻求自力更生；第二个阶段，许多亚洲经济体采取外向型发展战略；第三个阶段，亚洲经济体进一步融入全球价值链（GVC），欣然接受区域贸易安排。

20世纪50年代和60年代，许多亚洲经济体采取了进口替代战略，但成效有限。到20世纪60年代中期，韩国、新加坡、中国香港和中国台湾（后被称为新兴工业经济体）开始将促进出口作为一项增长战略，希望实现工业化，赚取进口资本品所需的外汇，进入境外市场。20世纪70

[①] Pomeranz, K. 2001. *The Great Divergence: China, Europe, and the Making of the Modern World Economy*. Princeton: Princeton University Press; and Sugihara, K. 1996. Japan, China, and the Growth of the Asian International Economy, 1850–1949. Volume 1. Oxford: Oxford University Press.

年代和80年代，更多的亚洲经济体因进口替代战略失败而纷纷效仿这种战略。

中国等国家建立了经济特区，以一种可控的方式对出口导向型增长战略进行试验，而中国在1978年实行改革开放之前，在市场导向型政策方面几乎没有任何经验。另外，在1985年《广场协议》签署并导致日元急剧升值之后，得益于日本在基础设施领域的大量官方发展援助，从日本流入该地区（尤其是东南亚）的外商直接投资激增。

在21世纪第一个十年的早期，随着世界各地的关税大幅下降、自由贸易协定激增以及中国加入世界贸易组织，全球贸易进入了一个新阶段。外向型贸易改革和日益激烈的竞争加强了外商直接投资流入亚洲的增长趋势，促进了该地区的贸易。全球和区域跨国企业越来越多地将生产外包给亚洲企业，使该地区的经济体进一步融入全球价值链。

亚洲的贸易和外商直接投资快速增长，表明该地区向外向型发展政策成功转型。1960—2018年，商品出口额和商品进口额均以每年11%的速度增长，贸易总额（出口额加进口额）占GDP的比重从20%上升至53%。出口结构也发生了重大变化，从以原材料为主转变为以制成品为主，从出口轻工业产品转变为出口重工业产品，其中高科技产品的出口比例不断上升。

李嘉图（Ricardo）和赫克歇尔－俄林（Heckscher-Ohlin）的传统贸易理论认为，一个经济体可以通过比较优势和效率提升，从贸易中获益，而比较优势和效率提升来自重新分配资源，特别是来自产业间国际贸易（国与国在不同产业之间的贸易）。日本19世纪的明治维新就是这种贸易获利的一个经典例子。从1858年（日本结束闭关锁国政策）到19世纪70年代（日本开始实行自由贸易），日本约65%的实际收入增长来自蓬勃的贸易。[1]

亚洲经济体的产业内贸易不断深化。产业内贸易是指经济体之间在同一产业的贸易，如两个经济体之间汽车进出口的横向贸易和两个经济

---

[1] Huber, R. 1971. Effect on Prices of Japan's Entry into World Commerce after 1858. *Journal of Political Economy*. 79 (3). pp. 614–628; Latham, A. J. H., and H. Kawakatsu, eds. 2009. *Intra-Asian Trade and Industrialization: Essays in Memory of Yasukichi Yasuba*. London and New York: Routledge.

体之间汽车及零部件的纵向贸易。这种贸易可以通过强调规模经济效益[1]、先行者优势、知识溢出，以及商品与服务越广泛，消费者福利越大[2]的贸易理论进行解释。

最近的企业异质性贸易模型[3]显示，贸易自由化可提高整体经济生产力，因为只有生产力足够高的企业才能在贸易自由化的市场竞争中生存下来。[4]亚洲经济体最初通过产业间贸易，后来通过产业内贸易，获得了这些好处。此外，外商直接投资的流入带来了更多的好处：有机会获得资本、新技术和管理技能。这个趋势也有助于推动该地区进行广泛、深入的国内（地区内）结构改革，包括扩大市场竞争和加大产品创新力度。

本章将回顾开放型贸易制度和外商直接投资在过去50年推动亚洲经济快速增长和结构转型中所发挥的作用。第9.2节探讨亚洲各经济体之间的贸易和外商直接投资如何增长，并得出贸易和外商直接投资与经济增长之间的经验性规律。第9.3节讨论亚洲经济体贸易和外商直接投资政策的发展演变，重点关注贸易和外商直接投资增长的关键政策和制度驱动因素。第9.4节重点讨论全球价值链和区域价值链带来的越来越多的机会。第9.5节探讨服务贸易日益增长的重要性。第9.6节讨论全球和区域贸易安排的激增。第9.7节展望亚洲贸易和外商直接投资增长的未来及其政策影响。

---

[1] Ethier, W. J. 1979. Internationally Decreasing Costs and World Trade. *Journal of International Economics*. 9 (1). pp. 1–25; Krugman, P. R. 1979. Increasing Returns, Monopolistic Competition and International Trade. *Journal of International Economics*. 9 (4). pp. 469–479; and Grossman, G., and E. Helpman. 1991. Trade, Knowledge Spillovers, and Growth. *European Economic Review*. 35 (2–3). pp. 517–526.

[2] Broda, C., and D. Weinstein. 2006. Globalization and the Gains from Variety. *The Quarterly Journal of Economics*. 121 (2). pp. 541–585.

[3] Melitz, M. 2003. The Impact of Trade on Intra-Industry Reallocations and Aggregate Industry Productivity. *Econometrica*. 71 (6). pp. 1695–1725.

[4] McCaig, B., and N. Pavcnik. 2018. Export Markets and Labor Allocation in a Low-Income Country. *American Economic Review*. 108 (7). pp. 1899–1941; Zhai, F. 2008. Armington Meets Melitz: Introducing Firm Heterogeneity in a Global CGE Model of Trade. *Journal of Economic Integration*. 23 (3). pp. 575–604; and Yu, M. 2015. Processing Trade, Tariff Reductions and Firm Productivity: Evidence from Chinese Firms. *The Economic Journal*. 125 (585). pp. 943–988.

9.2 亚洲贸易和外商直接投资的趋势[①]

9.2.1 贸易

过去50年来，在积极外向型发展政策的推动下，亚洲地区的贸易大幅增长。大多数亚洲经济体的出口占GDP的比重在21世纪第二个十年（见图9.1的横轴）高于20世纪80年代（见图9.1的纵轴）。由于经济规模相对较小，中国香港和新加坡是该地区和全球最开放的经济体。

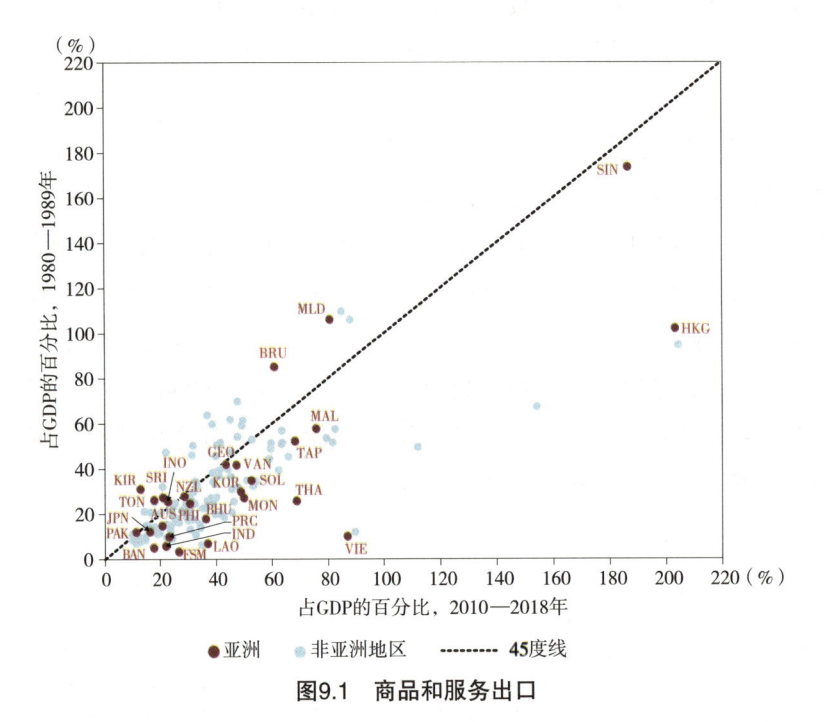

图9.1 商品和服务出口

注：AUS=澳大利亚；BAN=孟加拉国；BHU=不丹；BRU=文莱；FSM=密克罗尼西亚联邦；GEO=格鲁吉亚；HKG=中国香港；IND=印度；INO=印度尼西亚；JPN=日本；KIR=基里巴斯；KOR=韩国；LAO=老挝；MAL=马来西亚；MLD=马尔代夫；MON=蒙古国；NZL=新西兰；PAK=巴基斯坦；PHI=菲律宾；PRC=中国；SIN=新加坡；SOL=所罗门群岛；SRI=斯里兰卡；TAP=中国台湾；THA=泰国；TON=汤加；VAN=瓦努阿图；VIE=越南。

45度线下方（上方）的观察值表示出口占GDP的比重增加（减少）。

资料来源：CEIC数据公司全球数据库，https://www.ceicdata.com/en（2019年7月31日访问）；世界银行，《世界发展指标》，https://data.worldbank.org/indicator/（2019年7月31日访问）。

---

① 在本节，亚洲包括亚洲发展中经济体以及澳大利亚、日本和新西兰三个发达经济体。

中国的商品和服务出口占GDP的比重从20世纪80年代的年均10%上升到2006年的36%，并达到峰值，而在全球金融危机后，2010—2018年期间稳定在23%左右。印度的出口占GDP的比重从20世纪80年代的6%上升到21世纪第二个十年的22%，提高了两倍多。这些增长是惊人的，特别是考虑到这两个经济体的规模。2001年中国加入世贸组织和1991年印度启动经济自由化改革均为其各自出口的快速增长提供了进一步的推动力。东南亚和太平洋地区规模相对较小的经济体的出口占GDP的比重的增长更为惊人：越南的出口占GDP的比重从20世纪80年代的10%飙升到21世纪第二个十年的87%；同期，密克罗尼西亚联邦的出口占GDP的比重提高了8倍，达到27%；老挝的这一比重提高了5倍，达到37%。

在亚洲国际贸易快速增长的同时，由于规模经济及产品差异化和复杂化的刺激，最初基于比较优势的产业间贸易转向产业内全球价值链贸易。因此，尽管欧洲和美国是亚洲出口的重要目的地，但亚洲市场不断扩大，成为欧美产品出口的重要目的地。[1]

9.2.2 出口

随着时间的推移，亚洲的区域内出口不断扩大。该地区的区域内出口占总出口的年均比重从20世纪60年代的36%提高到2010—2018年的56%（见图9.2）。1960年，亚洲近50%的出口流向美国和欧盟，而现在该比例只有27%。20世纪60年代，欧盟是亚洲最大的出口目的地，平均占23%。在21世纪第二个十年，该比例降至13%，这主要是由于亚洲出口至英国的比重大幅下降。亚洲向美国出口的比重稳步下降，从20世纪80年代的峰值（26%）下降至21世纪第二个十年的14%。2008—2009年全球金融危机之后，亚洲强劲的区域内出口为发达经济体需求放缓提供了缓冲。

在亚洲内部，日本直到20世纪90年代一直是亚洲各国的主要出口目的地，约占亚洲出口的9%。2010—2018年，中国成为主要出口目的地，年均占亚洲出口的比重为15%，而在20世纪60年代仅为2%。在这个阶段，中

---

[1] Helble, M., and B. Ngiang. 2016. From Global Factory to Global Mall? East Asia's Changing Trade Composition. *Japan and the World Economy*. 39 (September). pp. 37–47.

国凭借早年的低劳动力成本和大规模生产组装能力,成为全球生产网络的区域中心。[1]亚洲经济体迅速融入全球和地区供应链,中间产品和最终产品出口蓬勃发展,同一产业的产品出现多次跨境出口。这可能是东南亚国家联盟(东盟)在亚洲出口中所占比重上升(从20世纪60年代的10%上升到21世纪第二个十年的14%)的原因。韩国在亚洲出口中所占比重从1%上升至4%。

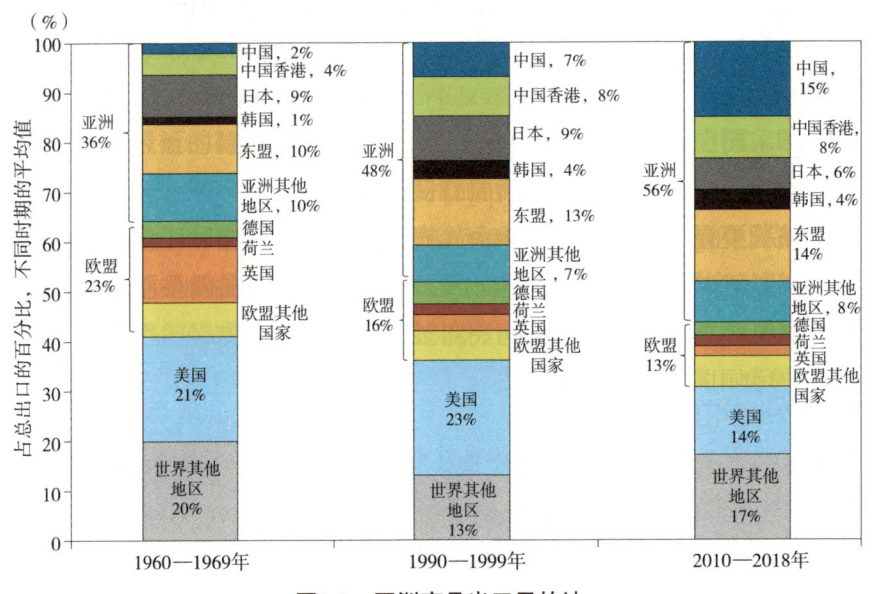

图9.2 亚洲商品出口目的地

注:2010—2018年,中国占亚洲出口的15%,其中4个百分点来自中国香港;中国香港占8%,其中5个百分点来自中国。

资料来源:International Monetary Fund. Direction of Trade Statistics. http://data.imf.org(2019年7月26日访问)。

20世纪60年代,出口产品主要是劳动密集型原材料(如纺织品和服装),而到21世纪第二个十年,出口产品转为高增值资本密集型产品(如电力机械和电器),这在一定程度上是由于贸易从产业间贸易转向了产业内贸易(见图9.3)。例如,如今在汽车和电子产业,最终产品、中间

---

[1] Asian Development Bank (ADB). 2008. *Emerging Asian Regionalism: A Partnership for Shared Prosperity*. Manila.

产品和零部件循生产网络在国家间进行贸易。出口产品多样性显著增加。进口产品的种类也大幅扩大。关税的降低使许多以前无法获得的消费品得以进入亚洲市场。

图9.3a 1960—1969年

商品	占总出口的百分比(%)
纺织纱线、织物、成品等	11
非制造纺织纤维和废料	8
交通设备	7
钢铁	6
电力机械、设备和器具	5
天然橡胶（包括合成橡胶和再生橡胶）	5
谷物及谷物食品	5
未列名杂项制品	4
非电动机械	4
服装	3

图9.3b 2010—2018年

商品	占总出口的百分比(%)
电力机械、设备和器具	20
非电动机械	14
交通设备	9
石油及石油产品	6
服装	5
未列名杂项制品	5
科学和控制仪器、摄影器材、光学物品及钟表	3
化学元素及化合物	3
纺织纱线、织物、成品等	3
钢铁	3

图9.3 亚洲出口商品排行榜

注：商品分类遵循《国际贸易标准分类》第1修订版（SITC Rev 1）（两位数商品代码）。"未列名杂项制品"类别包括以下商品：乐器、录音机及零件；印刷品；人造塑料制品（未列名）；婴儿车、玩具、游戏和体育用品；办公用品和文具（未列名）；艺术品、收藏品和古董；制成品（未列名）。

资料来源：World Bank. World Integrated Trade Solution. https://wits.worldbank.org/（2019年11月4日访问）。

此外，过去57年来，全世界出口增长与经济增长之间普遍存在一种正相关关系（见图9.4）。但有几点需要注意：第一，出口增长与经济增长之间的正相关关系在新兴工业经济体和其他亚洲经济体（这些经济体已建立起广泛的制造业基础）中非常显著。第二，像新兴工业经济体这样的经济开放程度高的经济体（以2017年进出口总额占GDP的比重进行衡量）在过去几十年里普遍经济增长较快。第三，像中国和印度这样的国家，尽管其经济规模庞大，但对外开放程度相当高，这与高经济增长率和出口增长率有关。

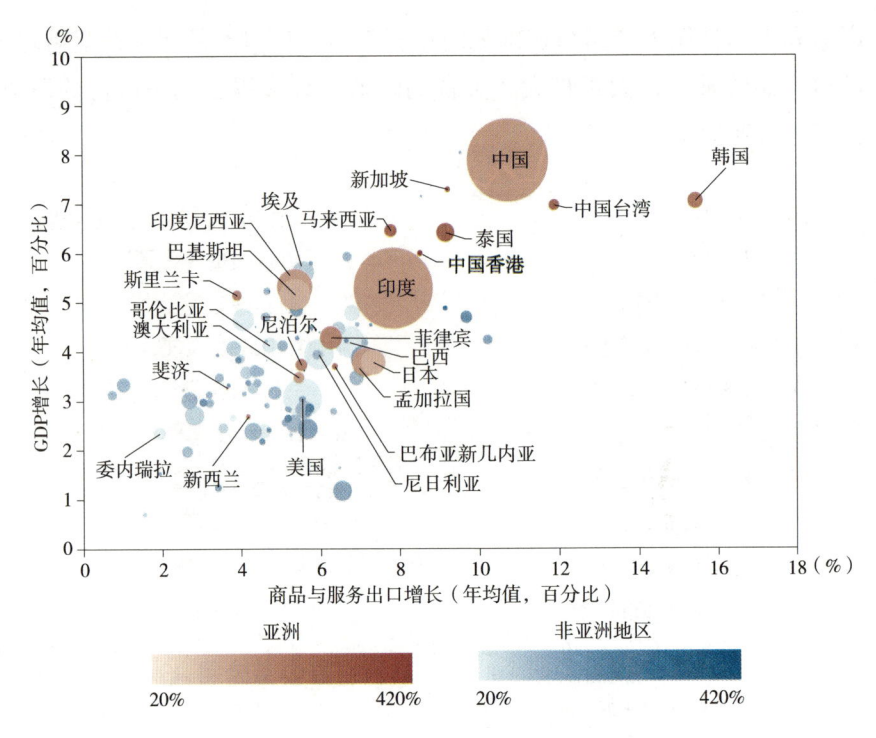

图9.4　1960—2017年出口增长与经济增长

注：气泡大小代表人口的多少（2017年）。颜色渐变代表贸易与GDP之比（2017年）
GDP和商品与服务的出口额按2011年全国定值物价计算。贸易与GDP之比按名义价值计算。贸易是指商品和服务的进出口。

资料来源：Feenstra, R. C., R. Inklaar, and M. P. Timmer. 2015. The Next Generation of the Penn World Table. *American Economic Review*. 105 (10). pp. 3150–3182. http://www.ggdc.net/pwt.

9.2.3　外商直接投资

该地区的外商直接投资流入（以美元计）稳步增加，特别是在1985年《广场协议》签署之后。这一趋势直到1997—1998年亚洲金融危机才被打断（见图9.5）。随后，外商直接投资流入快速恢复，直到2008—2009年全球金融危机。而在全球金融危机后，外商直接投资流入保持稳定。总体来看，流入亚洲的外商直接投资占GDP的比重从1980年的10%上升到2017年的28%。亚洲外商直接投资流入占全球的比重也从14%上升到35%。

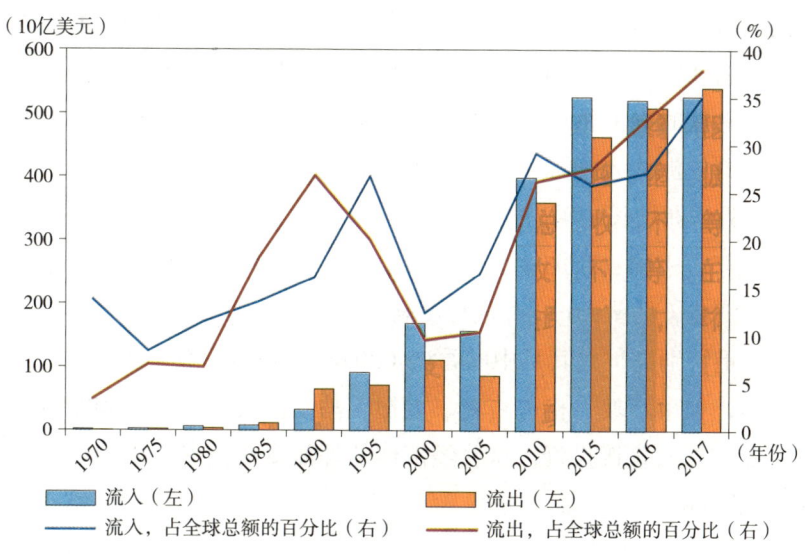

图9.5　亚洲的外商直接投资流入与流出

注：亚洲指可获取数据的49个亚洲开发银行本地区成员体。

资料来源：亚洲开发银行的估算；联合国贸易和发展会议统计数据，https://unctadstat.unctad.org（2019年8月30日访问）。

外商直接投资流入、旅游收入和外劳汇款现已成为该地区发展中经济体资本流入的主要来源（详见第7章）。与这三个来源相比，证券组合投资净值不大。从早期官方发展援助作为外部投资融资的主要形式开始，该地区对外商直接投资和其他形式的资本流入的开放程度越来越高，而外国企业希望通过对亚洲进行直接投资来获得巨大利益（详见第7章）。

亚洲发展中经济体成为外商直接投资的目的地主要有以下原因：（1）劳动力成本相对较低，尤其是在工业发展的初级阶段；（2）营商环境不断改善；（3）市场规模大。许多亚洲经济体的政府出台了促进出口、经常账户和资本账户自由化、建立经济特区和税收优惠等政策，在吸引外商直接投资流入亚洲发展中经济体中发挥了重要作用。过去数十年来，外包成本下降以及信息与通信技术的进步推动了全球价值链和区域生产网络的发展，这也是促进外商直接投资快速增长的因素之一。

最初，农业和采矿业吸引了大部分外商直接投资，尤其是在自然资源丰富的国家。随后，外商直接投资主要集中在劳动密集型轻工业。外商直接投资自由化相关法规的出台和营商环境的逐步改善也刺激了外国资本加速流入。随着时间的推移，外商直接投资转向重工业和高科技制造业与服务业。随着亚洲收入增加，亚洲作为外商直接投资目的地，其吸引力日益转向庞大且不断增长的国内消费市场。

2017年，中国、新加坡、中国香港仍然是亚洲地区接受外商直接投资最多的经济体（见图9.6）。开放程度高、规模小的经济体的外商直接投资占GDP的比重特别高，尤其是中国香港（30.6%）和新加坡（19.1%）。其他亚洲经济体，如柬埔寨、格鲁吉亚、老挝、马尔代夫、蒙古国和帕劳，通常也严重依赖外商直接投资，这些经济体的外商直接投资流入约占其GDP的10%（见图9.6）。

图9.6a 2017年外商直接投资流入额　　图9.6b 2017年外商直接投资流入占GDP的百分比

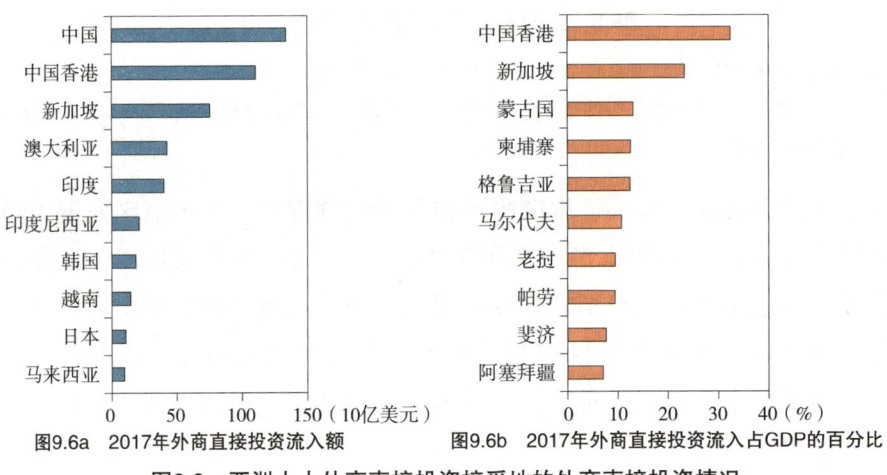

图9.6　亚洲十大外商直接投资接受地的外商直接投资情况

资料来源：亚洲开发银行的估算；联合国贸易和发展会议统计数据，https://unctadstat.unctad.org（2019年8月30日访问）。

企业层面的数据表明，从历史上看，绿地投资是跨国企业在亚洲投资的主要方式，2003—2017年平均每年占投资总额的65%。[1] 近年来，并购快速增多，占投资总额的比例从2003年的13%上升至2017年的48%，增加了

---

[1] 亚洲开发银行的估算；Financial Times. fDi Markets. https://www.fdimarkets.com（2019年4月1日访问）；Bureau van Dijk. Zephyr M&A Database. https://www.bvdinfo.com（2019年4月1日访问）。

两倍多。在行业方面，自21世纪第一个十年的早期以来，绿地投资一直是外商直接投资进入制造业和初级行业的常见模式，而并购在商业和金融服务以及交通运输和通信等行业越来越突出。

传统上，流入亚洲的外商直接投资大多数来自日本和欧美发达国家（见图9.7）。但近年来，新兴亚洲经济体（尤其是中国、韩国、新加坡、中国香港）已迅速成为亚洲外商直接投资流入的重要来源。实际上，亚洲区域内外商直接投资目前占亚洲发展中经济体外商直接投资流入的45%以上。[1]2017年，流入东亚的区域内外商直接投资占比最高（56.1%），其次是东南亚（27.2%）。稳步增长的区域内外商直接投资也促使该区域内的贸易联系更加紧密，尤其是日本、中国和韩国对亚洲其他地区（尤其是东盟）进行的投资。许多投资以当地市场或区域市场为目标。快速增长的中产阶级和强大的购买力使东盟市场备受青睐。这些投资国的企业越来越多地选择在东盟内部生产和销售商品和产品，而不是向东盟出口。[2]这在一定程度上解释了日本在东盟贸易总额中所占的比重下降的原因。

目前，中国香港是亚洲最大的全球和区域投资者。2017年，中国香港占亚洲外商直接投资流入总额的18%左右，绿地投资主要流向房地产、金融服务、酒店和旅游业（见图9.7）。[3]美国曾经是最大的对亚洲投资国（现为第二大对亚洲投资国），在2001年占亚洲外商直接投资流入总额的20%左右。美国最大投资者的位置从2008年开始被中国香港取代。到2017年，美国占亚洲外商直接投资流入的比重不到10%，下降了至少一半。日本曾经是外商直接投资的主要投资国，尤其是在1985年《广场协议》导致日元大幅升值之后。日本对东盟（尤其是新加坡和泰国）和澳大利亚的房地产、石油与天然气、汽车工业和电子行业进行了大量投资。亚洲的其他主要投资国是中国和新加坡。新加坡的大部分外商直接投资流向了东盟的房地产行业。中国的外商直接投资主要流向东亚和东盟的金属、石油和塑料行业。

---

[1] 若包括澳大利亚、日本和新西兰，则为50%。
[2] ADB. 2014. *Asian Economic Integration Monitor*. Manila.
[3] 然而，考虑到中国香港对中国内地的投资中有很大一部分是中国内地居民通过中国香港进行的"迂回投资"，中国香港占亚洲（不含中国内地）外商直接投资总额的比重下降至3%。

图9.7a 2001年

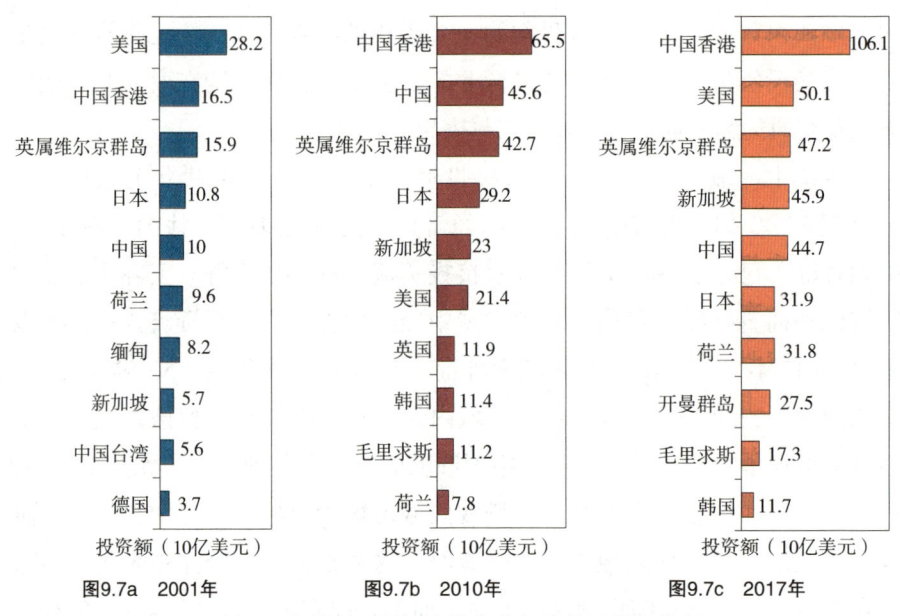

经济体	投资额（10亿美元）
美国	28.2
中国香港	16.5
英属维尔京群岛	15.9
日本	10.8
中国	10
荷兰	9.6
缅甸	8.2
新加坡	5.7
中国台湾	5.6
德国	3.7

图9.7b 2010年

经济体	投资额（10亿美元）
中国香港	65.5
中国	45.6
英属维尔京群岛	42.7
日本	29.2
新加坡	23
美国	21.4
英国	11.9
韩国	11.4
毛里求斯	11.2
荷兰	7.8

图9.7c 2017年

经济体	投资额（10亿美元）
中国香港	106.1
美国	50.1
英属维尔京群岛	47.2
新加坡	45.9
中国	44.7
日本	31.9
荷兰	31.8
开曼群岛	27.5
毛里求斯	17.3
韩国	11.7

图9.7　全球对亚洲投资的十大经济体及其投资额

资料来源：Asian Development Bank, Asia Regional Integration Center. Integration Indicators. https://aric.adb.org/integrationindicators（2019年8月30日访问）。

最近，亚洲还加强了其作为全球对外直接投资主要投资者的地位。亚洲国家正在积累更多的国内储蓄，不断扩大供应链网络，成为新商业模式和技术的重要生产国。该地区的全球外商直接投资流出额从1970年的区区5亿美元增长至2017年的5,400亿美元，占全球外商直接投资流出总额的比重从3%上升至38%。从历史上看，日本一直是亚洲最大的对外投资国，2017年时是仅次于美国的全球第二大对外投资国（见表9.1）。近年来，亚洲发展中经济体企业的对外直接投资也快速增长。自2004年以来，中国的对外投资稳步增长，主要流向埃及、印度、印度尼西亚和美国，大多投资于房地产、煤炭、石油、天然气和金属等行业。近年来，印度的对外直接投资也有所增长，主要集中在煤炭、石油、天然气、可再生能源、橡胶等行业。印度尼西亚和泰国对亚洲内外（包括欧洲）食品、房地产和零售等行业的对外投资也有所增加。

表9.1 全球十大投资经济体　　　　　　　　　　单位：10亿美元

经济体	1970年	经济体	1980年	经济体	1990年
美国	7.6	美国	19.2	日本	50.8
英国	1.7	英国	7.9	法国	38.3
荷兰	1.3	荷兰	4.8	美国	31.0
德国	1.1	德国	4.7	德国	24.2
加拿大	0.9	加拿大	4.1	英国	17.9
法国	0.4	法国	3.1	瑞典	14.7
日本	0.4	日本	2.4	荷兰	14.4
瑞典	0.2	南非	0.8	意大利	7.6
比利时	0.2	意大利	0.7	瑞士	7.2
意大利	0.1	瑞典	0.6	比利时	6.3
经济体	2001年	经济体	2010年	经济体	2017年
美国	124.9	美国	277.8	美国	300.4
比利时	100.6	德国	125.5	日本	160.4
英国	57.2	中国香港	86.2	中国	158.3
法国	52.8	瑞士	86.2	英国	117.5
荷兰	50.6	中国	68.8	德国	91.8
德国	39.9	荷兰	68.4	中国香港	86.7
日本	38.3	日本	56.3	加拿大	79.8
加拿大	36.0	英属维尔京群岛	56.2	英属维尔京群岛	54.7
西班牙	33.1	法国	48.2	新加坡	43.7
英属维尔京群岛	30.1	英国	48.1	法国	41.3

资料来源：联合国贸易和发展会议统计数据，https://unctadstat.unctad.org（2019年8月30日访问）。

9.2.4 经济开放对发展的影响

亚洲在贸易和外商直接投资流入方面的显著增长对该地区的发展产生了重要影响。亚洲的经验充分证明，扩大开放有助于通过贸易获利、学习效应和规模经济等促进经济和生产率增长。除了已知的贸易开放与经济增长之间的正相关关系（见图9.4）①，外商直接投资流入可以帮助企业克服增长障碍（如缺乏管理技能和融资渠道），从而帮助该地区的国家实现增长。

此外，还有大量的、不断增多的实证证据表明，扩大开放有助于该地区减贫事业的发展。由于经济增长能够促进全面减贫，因此贸易和外商直接投资可以直接通过创造就业，以及间接通过推动整体经济发展来帮助减少贫困。

为了使扩大开放与发展之间的正相关关系得以实现，亚洲的经验表明，各国确保能够提供其他基本条件至关重要，如人力资本和基础设施的质量、金融和体制发展的水平、治理质量和宏观经济稳定。

9.3 亚洲贸易和外商直接投资政策的演变

在一定程度上，亚洲贸易和外商直接投资政策的演变促进了亚洲的快速发展。政策不会在一夜之间发生变化，而是随着时间推移（几年，甚至几十年）而逐渐变化的。在总体政策框架发生变化之前，通常会先进行试验。变化的推动因素包括批判性思维、绩效评估、实用主义以及与邻国的竞争。如本章引言所述，二战结束以来，亚洲经济体在国际经济政策制度方面总体经历了三个阶段：（1）独立后采取进口替代政策，谋求自力更生；（2）采取外向型发展；（3）深化全球价值链和区域贸易协定。发展的思想和不同的国别经验已在第2章进行过讨论。以下将着重探讨与贸易和外商直接投资相关的思想和政策制度的演变。

9.3.1 进口替代

第一阶段包括进口替代工业化政策。20世纪40年代末和50年代，许多亚洲国家获得了政治独立，随后绝大多数国家采取了进口替代战略来建设国内工业基础（详见第2章）。这些政策在20世纪50年代和60年代被广泛采用，一些亚洲发展中经济体甚至以某种形式持续到80年代。

---

① Dollar, D. 1992. Outward-Oriented Developing Economies Really Do Grow More Rapidly: Evidence from 95 LDCs, 1976–1985. *Economic Development and Cultural Change*. 40 (3). pp. 523–544; Sachs, J. D., and A. Warner. 1995. Economic Reform and the Process of Global Integration. *Brookings Papers on Economic Activity, 25th Anniversary Issue*. 1 (January). pp. 1–18; Edwards, S. 1998. Openness, Productivity and Growth: What Do We Really Know? *The Economic Journal*. 108 (447). pp. 383–398.

这种战略受到青睐有民族主义的因素。许多国家在独立前主要与其殖民国进行双边贸易，出口商品、原材料和一些加工农产品，换回一些制成消费品和所需要的资本设备。独立后的思潮是实现自力更生和发展国内工业基础，以摆脱过去受到的限制。在有些国家，强调由国家主导工业化的社会主义理念也起到了很大作用。

20世纪50年代，社会普遍出现了对高度依赖初级产品出口的悲观情绪，并受到基于"中心—外围"理论（或称"依附"理论）的普雷比施-辛格假说的支持。该假说认为，初级产品的长期贸易条件会恶化，即与工业产品相比，农业和矿业产品的相对价格会下降。因此，为了促进工业化，减少对外部投入的依赖，发展当地工业，节省紧缺的外汇，使经济免受不利贸易条件的影响，应提倡实施进口替代战略。

进口替代战略和政策的特点是对进口商品征收高额且复杂的关税和其他税项。保护新兴产业是实现本国工业发展的一项基本举措。为了保证国内市场实现工业化，各国对进口商品实施了广泛的、自主决定的禁令和数量限制。同时，各国政府还为国内生产进口替代产品所需要的资本和中间产品提供进口优惠政策，通常是免税。在这种情况下，汇率被高估。为了缓和民族主义情绪，帮助控制竞争干扰，一些进出口垄断企业应运而生，其中大部分是国有企业。同时，外商直接投资（无论是对商品开发、农业加工，还是对制造业）和外汇交易（在布雷顿森林体系下，大多数都是钉住汇率）受到限制。因此，出口受到抑制，其原因还包括汇率被高估。

尽管"新兴产业保护"这个理由被认为是进口替代战略的一个理论基础，但采用这些政策的国家（如拉丁美洲国家和印度）经济效果很差。[①]虽然该战略的目的是减少对外部投入的依赖，但各国仍然需要进口原材料和资本设备用于国内生产。同时，贸易保护、在国内和全球市场缺乏竞争以及汇率被高估导致这些经济体效率低下，常常没有足够的出口收入和外汇来购买国内经济发展所需要的进口商品。

这在一些国家引发了周期性的国际收支危机，甚至是在一些大宗商品

---

① Little, I., T. Scitovsky, and I. M. Scott. 1970. *Industry and Trade in Some Developing Countries: A Comparative Study.* London, New York, Toronto: Oxford University Press.

出口国。保护主义，加上因国内市场有限而进行的小规模生产，导致经济体整体生产力低下，单位成本高，没有技术升级或创新的压力。[1]对某些行业的保护为寻租和腐败创造了动机和机会。所有这些因素都导致一个清晰可见的结果，即进口替代战略最终既未能促进工业化，也未能促进快速经济增长。

9.3.2 外向型政策

与拉丁美洲和其他地区相比，亚洲大部分地区的进口替代趋势持续时间较短。日本（由于战后恢复期间的严格外汇限制，日本采取了限制进口政策）和新兴工业经济体很早便开始从进口替代政策转向外向型的亲市场政策。由于拉丁美洲国家和一些亚洲国家的进口替代战略明显未能实现既定目标，亚洲进入了第二个演进阶段。参照新兴工业经济体的模式，许多亚洲发展中经济体开始采取外向型政策。一些经济体很快发现，出口具有重要优势，既能加快增长，又能带来所需的外汇。

促进出口的手段包括外汇分配、提供补贴、提供税收优惠、增加信贷渠道和设立出口促进机构。一些国家通过维持低估的汇率来提高出口竞争力。这些出口促进政策的目的是转向更可行的工业化道路（基于外部大市场准入），赚取足够的外汇，以增加自然资源、资本品和中间产品的进口。由于这些政策既有助于增加出口又有助于增加进口，因此应被称为外向型政策，而不是出口导向型政策。

这些政策对于国内市场小的经济体或缺乏自然资源基础（除农业外）、不进口原材料和技术就无法生产很多产品的经济体来说特别重要。在一些国家，这些外向型政策的关键因素是向具有潜在国际竞争力的企业和/或行业提供"以绩效为基础"的选择性支持。

值得强调的是国别（地区）经验的多样性。虽然亚洲大多数经济体（中国香港除外）采取了进口替代战略，但这些政策的持续时间和执行力度因经济体不同而有所不同。例如，印度和菲律宾在20世纪50年代至80年代采取了强有力且广泛的进口替代政策。相比之下，中国台湾的进口替代

---

[1] McCawley, P. 2017. *Banking on the Future of Asia and the Pacific: 50 Years of the Asian Development Bank*. Manila: Asian Development Bank.

政策持续不到10年（在20世纪50年代），且在执行力度上较为温和，远不及菲律宾。蒙古国、中国、越南和中亚的那些原苏联加盟共和国最初采取具有明显内向型特征的工业化政策，不仅实现了消费品的国内生产，而且实现了资本品和工业材料的国内生产。

出口导向还涉及不同的起点和速度，一些亚洲发展中经济体在改革进程方面较为谨慎。20世纪60年代，韩国、新加坡和中国台湾向外向型政策倾斜。到20世纪70年代和80年代，较大的东盟成员国开始仿效出口导向型发展模式，以期实现快速增长和工业化。

在南亚，印度于1991年开始走上以市场为导向的贸易自由化改革之路。斯里兰卡独立后，其贸易政策在开放和限制之间摇摆不定，直到1997年完全取消限制。在中亚，改革在20世纪90年代初苏联解体和放弃中央计划经济后开始。

过渡期间采取的政策组合也不同，但许多国家在采取出口促进政策的同时，仍在一些行业保留了进口替代政策。转向出口促进并不意味着立即取消进口保护。在东亚和东南亚，虽然整体上依然存在关税壁垒，但出口商却能够以全球市场价格获得投入和资本品。同样，印度的改革最初侧重于对工业发展所需要的资本投入实施自由化，而对消费品进口管制较多。

经济特区是东南亚国家和中国外向型政策的一个重要组成部分，是专门为促进商业化出口产品而设计的（见专栏9.1）。经济特区与经济体的其他部分相分离，使当局能够测试享有优惠政策和宽松监管环境的出口导向型战略是否可行。

从20世纪80年代起，越来越多的发展中国家开始实行改革，以促进出口和减少进口壁垒。在一些国家，国际收支的脆弱性导致出现了大规模的稳定与调整计划。这些计划主要由国际货币基金组织和世界银行提供资金，在贸易制度自由化方面发挥作用。有些发展中国家还进行了单边改革，其中很多是为了加入关税和贸易总协定及其后续组织，即1995年成立的世界贸易组织。

专栏9.1 亚洲的经济特区试验

经济特区是一个国家在其国界内划定的地理区域。在这里，实行比国内其他地区更优惠的税收、投资法规、劳动法规及其他法律规则，以及采取更加开放和灵活的特殊政策。经济特区通常用于吸引企业从国外进口产品、组装产品，然后再将产品出口到其他国家。

1934年美国国会通过了《自由贸易区法案》，随后世界上第一个经济特区于1937年在纽约设立。第二个经济特区于1942年在波多黎各设立，其目的是通过吸引美国公司来实现该地区的工业化。从1959年开始，陆续出现了一些新的经济特区，如爱尔兰的香农自由贸易区，其他大部分经济特区出现在二战后工业复兴时期的西欧各国。印度可能是第一个设立经济特区的发展中国家，于1965年在根德拉港设立了一个加工区。中国台湾的高雄港于1966年设立。

在亚洲，经济特区一开始是一种测试新政策的手段，对在独立于经济体其他部分的区域采取的新贸易和外商直接投资政策进行测试。在有些案例中，随着时间的推移，经济特区通过加快国家结构转型的前向联系和后向联系，成为国家发展的重要引擎。若干成功实践表明，经济特区作为有效的政策工具，可增加就业和出口、吸引外商直接投资以及加快经济增长。经济特区通常拥有技能升级、基础设施完善、地理位置优越等有利因素的支持。

20世纪60年代，韩国和中国台湾开始利用经济特区推动经济发展，逐步从劳动密集型生产过渡到技能和技术密集型生产。1980年，中国在深圳、厦门、汕头和珠海设立经济特区。到2007年，中国的经济特区（包括各种工业园区和开发区）约占GDP的22%、外商直接投资的46%和出口的60%，创造了超过3,000万个就业岗位。马来西亚、新加坡、泰国和越南也通过经济特区成功发展了汽车和电子工业。

资料来源：Asian Development Bank. 2015. *Asian Economic Integration Report 2015*. Manila.

除实行广泛的贸易自由化改革以外，发展中国家还采取了旨在改善投资环境的政策，以吸引外商直接投资和跨国公司。与贸易一样，大多数亚洲经济体最初对外商直接投资采取具有高度限制性的政策。尽管早在20世纪60年代末和70年代一些拥有大规模、高价值的资源型工业的国家（如印度尼西亚）就出现了合资企业和生产共享合同，但为最终放宽外商直接投资限制铺平道路的是外向型贸易改革。

中国香港和东盟四国（印度尼西亚、马来西亚、菲律宾和泰国）是第一批放宽对外商直接投资限制的亚洲经济体，最初是为了吸引来自日本的外商投资。但在加速这一进程中发挥巨大作用的是1985年签署的《广场协议》。[①] 日元的大幅升值促使日本大规模对外投资，其中大部分流入亚洲经济体。作为回应，新兴工业经济体和东盟四国也放宽了对外商直接投资制度的限制。[②] 随着投资竞争加剧和区域生产网络开始在整个区域蓬勃发展，对外商直接投资的限制继续减少。

投资激励最终在大多数亚洲经济体成为标准，共有四种类型：（1）财政支持，如免税期和降低企业税税率；（2）金融支持，如优惠信贷和贷款担保等；（3）监管支持，如某些法律或法规的豁免；（4）技术（或业务）支持。随着时间的推移，越来越多的发展中国家开始实行旨在改革整体投资环境的更广泛的改革。外商直接投资通过资本积累和在生产过程中采用新投入和境外技术，进一步促进了经济增长。

9.4　全球价值链的形成和发展

亚洲外商直接投资流入激增使亚洲贸易得以从产业间贸易转变为产业内贸易。相应地，大多数亚洲经济体都加入了全球价值链。这是亚洲国际经济政策制度的第三个演进阶段。全球价值链的形成还巩固了该地区的进一步互联互通和经济相互依存。

全球价值链受到跨境运输成本稳步下降的驱动，而跨境运输成本下降

---

① 《广场协议》是法国、德国、日本、美国和英国之间达成的一项协议，通过让美元兑日元和美元兑德国马克贬值，对汇率进行干预。其目的是调整美国和日本（以及美国和德国）之间的国际贸易失衡状况。尽管《广场协议》对日美贸易失衡影响不大，但日元大幅升值确实引发了大规模新的对外投资。

② Chia, S. Y. 2010. Trade and Investment Policies and Regional Economic Integration in East Asia. *ADBI Working Paper Series*. No. 210. Tokyo: Asian Development Bank Institute; and McCawley, P. 2017. *Banking on the Future of Asia and the Pacific: 50 Years of the Asian Development Bank*. Manila: Asian Development Bank.

是由于贸易自由化以及交通运输和物流的进步,包括集装箱化和大型集装箱船舶设计的改进、航空运输的虚拟革命以及现代通信技术。基础设施互联互通的增强使中间产品贸易无缝流动(见图9.8)。这帮助建立了越来越复杂但具有成本效益的生产网络。另外,大规模生产中,规模经济与范围的扩大和标准化流程的快速发展(受生产流程"分区化和模块化"的推动),促进了全球价值链在全球扩展。不断扩大的中产阶级带来的消费者偏好同质化也促进了全球价值链的发展。

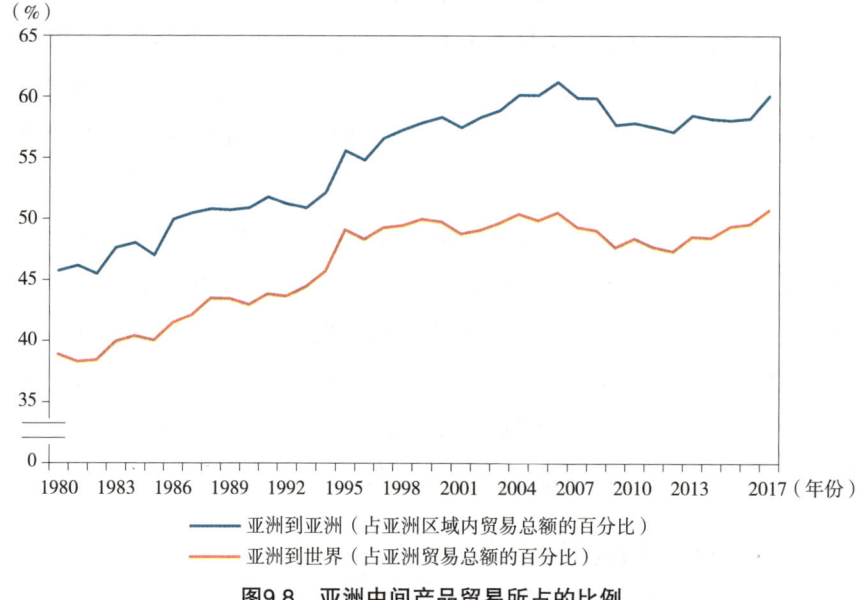

图9.8 亚洲中间产品贸易所占的比例

注:亚洲包括阿富汗、澳大利亚、孟加拉国、不丹、文莱、柬埔寨、库克群岛、斐济、印度、印度尼西亚、日本、基里巴斯、老挝、马来西亚、马尔代夫、蒙古国、缅甸、瑙鲁、尼泊尔、新西兰、巴基斯坦、巴布亚新几内亚、中国、菲律宾、韩国、萨摩亚、新加坡、所罗门群岛、斯里兰卡、泰国、东帝汶、汤加、图瓦卢、瓦努阿图、越南、中国香港和中国台湾。中间产品采用《国际贸易标准分类》第2修订版和《广泛经济类别》的统一定义。贸易额指进出口总额。

资料来源:亚洲开发银行的估算;Growth Lab at Harvard University. Atlas of Economic Complexity Database. http://atlas.cid.harvard.edu/about-data/goods-data(2019年8月30日访问)。

在"第二次拆分"("second unbundling")[①]后形成的全球价值链为早期

---

① Baldwin, R. 2016. The Great Convergence: *Information Technology and the New Globalization*. Cambridge, MA: Belknap Press of Harvard University Press.

进入者提供了巩固价值链内供应商关系的机会。理查德·鲍德温（Richard Baldwin）认为，蒸汽革命推动了"第一次拆分"，因为铁路和蒸汽船实现了生产和消费的空间分离。20世纪90年代以来，信息与通信技术革命通过"第二次拆分"促进了生产阶段的地理分散。在"第二次拆分"中，全球价值链中的生产模块化有助于将生产过程划分为可以在不同地点进行的阶段。同时，"第三次拆分"是指通过"远程呈现"和"遥控机器人"数字技术实现劳动和劳务的地理分离。鲍德温认为，全球化将主要影响服务行业，这种情况尚属首次。"第三次拆分"还包括通过互联网和机器人技术的联合而实现的制造业全球价值链。例如，"日本工程师可以通过控制东京的精密机器人来修理南非的日制资本设备"。

亚洲和世界各地全球价值链发展与跨国企业在管理多地点生产、采购、产品整合和物流方面日益增强的能力相辅相成。[1]跨国企业有两个主要的、可能重叠的市场动机。第一，跨国企业将部分生产流程转移到生产成本较低的地方，然后把中间产品和/或最终产品再出口到其母国（垂直型外商直接投资）或第三国（出口平台型外商直接投资）。第二，跨国企业在外国设立子公司，为所在国国内市场服务，以替代出口（水平型或市场寻求型外商直接投资），复制生产流程以避免贸易成本。无论是哪种情况，跨国企业在转移前沿技术和新商业模式中均发挥了关键作用，而这种转移反过来又促进了全球价值链的进一步发展（详见第5章）。

在从动态产业间贸易的"雁行"模式向亚洲更复杂的产业内贸易转变过程中，特定经济体参与全球价值链的模式也发生了明显的变化（见专栏9.2）。今天，亚洲经济贸易关系的形态呈现出网络状，而不是大雁阵形。

在亚洲，就行业而言，制造业吸引了参与全球价值链的跨国公司：外国制造商旗下几乎70%的子公司参与国际贸易；半导体及相关器件制造业吸引了大部分外国子公司的全球价值链—外商直接投资（见表9.2）。因采用世贸组织最惠国税率，以及各种区域和双边自由贸易协定规定的优惠税率，

---

[1] WTO. 2008. Trade, the Location of Production and the Industrial Organization of Firms. *World Trade Report 2008*. Geneva; Hummels, D. 2007. Transportation Costs and International Trade in the Second Era of Globalization. *Journal of Economic Perspectives*. 21 (3). pp. 131–154.

各行业部门的平均关税很低，受益于此，全球价值链继续扩张。

全球价值链的扩张速度取决于市场的开放程度。在最终产品或服务发货之前，中间产品及服务需要完成多次跨境交易。尽管全球价值链带来了实质性的效率提升，但其繁荣发展离不开开放的市场。因贸易关系紧张而不断增加的贸易壁垒可能会对全球生产网络造成严重损害，破坏全球价值链参与国的生产效率和经济利益。

专栏9.2　从雁行模式到全球价值链

过去50年来，许多人认为亚洲的发展模式是从20世纪60年代流行的"雁行"模式发展而来，并将继续发展下去。[①] 根据该模式，某些产业和生产中心将从先行者（在亚洲为日本）转向其他拥有早期经济、金融和产业资本的国家或地区，以吸引新的产业和参与增值更高的贸易。这涵盖了技术融合、贸易和外商直接投资，以动态的方式创造新的比较优势。常见的例子是"亚洲四小龙"，即韩国、新加坡、中国香港和中国台湾，亦称亚洲新兴工业经济体。随着技术的进步与传播，"雁群"的规模也不断发展。[②]

最初的"雁行"比喻由赤松要（Akamatsu）在其关于顺序发展模式的研究中提出，主要出现在今天的发达国家。赤松要早在1935年就提出了这个概念，并在1961年撰写了一篇相关的英文论文。根据他的研究，增加进口会促进新的国内生产，逐渐地自然也会促进出口。于是，这个顺序会超越为"新兴"产业提供保护的进口替代流程，最终实现出口导向型增长。

赤松要的第二种"雁行"模式包括产业发展的一系列结构性变化。这些变化从消费品生产转向资本品生产开始，还涉及从基本的简单劳动密集型产品过渡到更复杂、更精细的资本密集型产品。

第三种"雁行"模式是指产业不断从发达国家向发展中国家转移。后者通过与前者开展贸易和吸引其投资，能够持续进行产业升级。在这个工业生产追赶过程中，欠发达经济体可以获取知识和技术，进一步强化其追赶过程。

> 尽管"雁行"模式很有力，尤其是在解释亚洲产业间贸易的动态模式方面，但亚洲地区开始越来越多地开展产业内贸易。在过去几十年里，随着区域价值链和全球价值链急剧扩张，经济体之间发展模式更加复杂多变，不同经济体共享生产过程的各个环节。
>
> 资料来源：Vandana, C., J. Yifu Lin, and Y. Wang. 2013. Leading Dragon Phenomenon: New Opportunities for Catch-Up in Low-Income Countries. *Asian Development Review*. 30 (1). pp. 52–84.
>
> ① Akamatsu, K. 1961. A Theory of Unbalanced Growth in the World Economy. *Weltwirtschaftliches Archiv*. 86 (January). pp. 196–217.
>
> ② Kojima, K. 2000. The "Flying Geese" Model of Asian Economic Development: Origin, Theoretical Extensions, and Regional Policy Implications. *Journal of Asian Economics*. 11 (4). pp. 375–401.

表9.2　2015年在亚洲从事进出口贸易的外国子公司参与的十大制造业

关联产业	子公司数量（个）	从事进出口贸易的子公司数量（个）	从事进出口贸易的子公司比例（%）
半导体及相关器件制造	1,275	694	54.4
印刷电路裸板制造	819	360	44.0
其他电子元件制造	3,423	1,358	39.7
发动机和发电机制造	960	354	36.9
乙醇生产	1,302	477	36.6
有色金属（铜、铝除外）的轧制、拉伸和挤压	806	286	35.5
汽车制动系统制造	5,760	1,925	33.4
汽车空调制造	858	270	31.5
塑料材料和树脂生产	1,487	465	31.3
纺织袋生产	924	275	29.8

资料来源：亚洲开发银行根据亚行数据进行的估算：ADB. 2016. *Asian Economic Integration Report 2016: What Drives Foreign Direct Investment in Asia and the Pacific?* Manila.

9.5 服务贸易的重要性日益提升

过去50年来,所有亚洲经济体都经历了明显的结构转型。尽管各国结构转型的步伐不一,但都有一个明显的转型方向,那就是转向制造业,最近又开始转向服务业。服务业占该地区经济活动的约60%,容纳了近一半的劳动力(详见第3章)。

近年来,服务贸易日益成为全球价值链的重要组成部分。亚洲各国的服务在制造业增加值中所占的比重各不相同。从地区来看,亚洲的这一比重达到43%,[①]尽管仍低于经合组织的平均水平,但制造商越来越多地将更复杂的任务(如研发)外包给外部供应商(详见第3章),而且更多的服务作为中间投入进入制造流程。例如,汽车企业越来越多地将工程服务、物流和后勤业务外包给第三方供应商。由于生产是在区域价值链和全球价值链上组织进行的,因此服务贸易也越来越多。商业服务的出口在2005年达到5,150亿美元,2017年翻了至少一番,达到13,250亿美元,而且是在2008—2009年全球金融危机的影响下(见图9.9)。亚洲的持续区域一体化以及5G网络投入应用等技术方面的进步,将进一步帮助扩大全球价值链内的服务贸易,提供新的机遇。

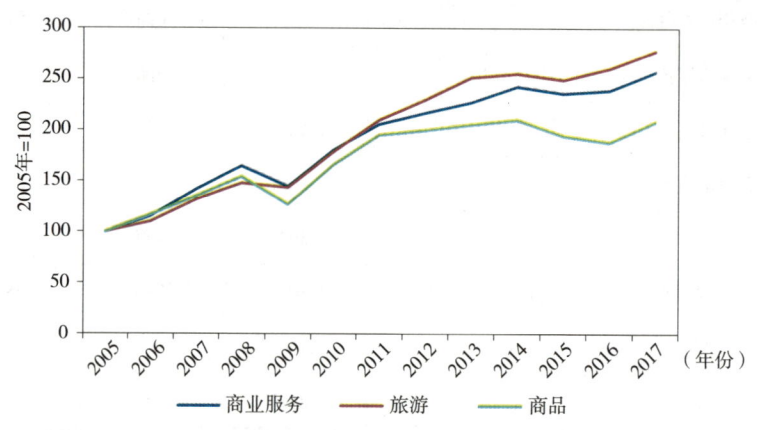

图9.9　2005—2017年亚洲商品出口、服务出口和旅游出口的增长

资料来源:亚洲开发银行的估算;世界贸易组织,世贸组织在线数据库,2018,data.wto.org(2019年5月15日访问)。

[①] Mercer-Blackman, V., and C. Ablaza. 2019. The Servicification of Manufacturing in Asia — A Conceptual Framework. In Helble, M., and B. Shepherd, eds. *Leveraging Services for Development: Prospects and Policies*. Tokyo: Asian Development Bank Institute.

尽管增长强劲，但服务贸易在贸易总额中所占的比重依然相对较小。2017年，亚洲服务出口仅占出口总额的17.2%。世贸组织在1995年成立时的首要任务之一是促进服务贸易自由化。然而，自那以后，这项任务几乎没有取得什么进展。相比之下，越来越多的亚洲自由贸易协定都覆盖服务，但要充分享受服务贸易增长带来的好处，还需要进一步开放。

9.6 全球和区域贸易安排

关税和贸易总协定于1948年生效，是一个旨在大幅度降低关税和其他贸易壁垒的国际法律协定。随后几十年，许多亚洲国家陆续加入该协定及其后续组织，即1995年成立的世界贸易组织（简称世贸组织），实行全球贸易自由化制度（见图9.10）。1994年的《乌拉圭回合协议法案》开启了亚洲贸易和投资政策的新时期。根据关税和贸易总协定以及世贸组织关于关税、出口的当地成分要求和歧视性直接贸易支持（包括出口补贴）的规则，亚洲政策开始转向给予更加顺应市场的支持，如研发支持等。

随着20世纪90年代全球化的扩大，亚洲经济体开始积极参与各种区域贸易安排。一般来说，特惠贸易安排（如自由贸易协定）被用于加强贸易和投资便利化方面的合作。自由贸易协定覆盖了作为贸易创造引擎的广泛领域，使这些领域能够发挥"建筑基石"的作用，而不是成为"绊脚石"。自由贸易协定还可以继续向多边化发展。

20世纪90年代激增的第一波亚洲自由贸易协定大多比较传统。这些自由贸易协定主要强调商品贸易，侧重于关税和其他直接影响市场准入的边境措施（见图9.11）。通过关税和贸易总协定或世贸组织以及自由贸易协定，亚洲部分地区的贸易壁垒持续减少，自中国于2001年加入世贸组织以来情况尤其如此。这使亚洲对外商投资更具吸引力，特别是东亚和东南亚。

世贸组织框架下的多哈回合谈判始于2001年，至今仍未结束。由于多边贸易自由化进程缓慢，亚洲更多地将重点转向自由贸易协定。亚洲经济体积极缔结双边贸易协定，导致该地区内缔结的以及与世界其他地区缔结的双边协定激增，形成多米诺效应。①这些新的双边自由贸易协定涉及更广泛的自由化（见图9.11）。

1995年以前（原关税及贸易总协定成员）	1995—2000年	2001—2010年	2011年至今
巴布亚新几内亚（1994年） 所罗门群岛（1994年） 文莱（1993年） 斐济（1993年） 中国香港（1986年） 马尔代夫（1983年） 泰国（1982年） 菲律宾（1979年） 新加坡（1973年） 孟加拉国（1972年） 韩国（1967年） 马来西亚（1957年） 日本（1955年） 印度尼西亚（1950年） 澳大利亚（1948年） 印度（1948年） 缅甸（1948年） 新西兰（1948年） 巴基斯坦（1948年） 斯里兰卡（1948年）	格鲁吉亚（2000年） 吉尔吉斯斯坦（1998年） 蒙古国（1997年）	越南（2007年） 汤加（2007年） 柬埔寨（2004年） 尼泊尔（2004年） 亚美尼亚（2003年） 中国台湾（2002年） 中国（2001年）	阿富汗（2016年） 哈萨克斯坦（2015年） 老挝（2013年） 塔吉克斯坦（2013年） 瓦努阿图（2012年） 萨摩亚（2012年）

图9.10　加入世界贸易组织的亚洲经济体及其加入时间

资料来源：World Trade Organization (WTO). *WTO Accessions*. https://www.wto.org/english/thewto_e/acc_e/acc_e.htm.（2018年11月9日访问）；World Trade Organization. *GATT Members*. https://www.wto.org/english/thewto_e/gattmem_e.htm（2018年11月9日访问）。

到2018年，签署和生效的亚洲自由贸易协定达到151个，其中70个为亚洲经济体之间签署的，81个为亚洲经济体与亚洲以外经济体签署的。大量的自由贸易协定有助于促进该地区进一步经济自由化和国内结构改革。有时，这些自由贸易协定催生了大量的要求企业必须遵循的规则（如技术标准和原产地规则），这被称为"面碗"效应。

亚洲还通过在自由贸易协定中纳入通关和技术规定（包括卫生与植物检疫措施），加强贸易一体化工作。国家单一窗口系统在该地区被广泛采

---

① Baldwin, R. 1993. A Domino Theory of Regionalism. *NBER Working Paper Series*. No. w4465. Cambridge, MA: National Bureau of Economic Research.

用，以简化行政程序和降低企业贸易成本，有时还与世界海关组织合作实施。东盟在向作为综合在线平台的次区域单一窗口系统发展方面取得了良好进展。

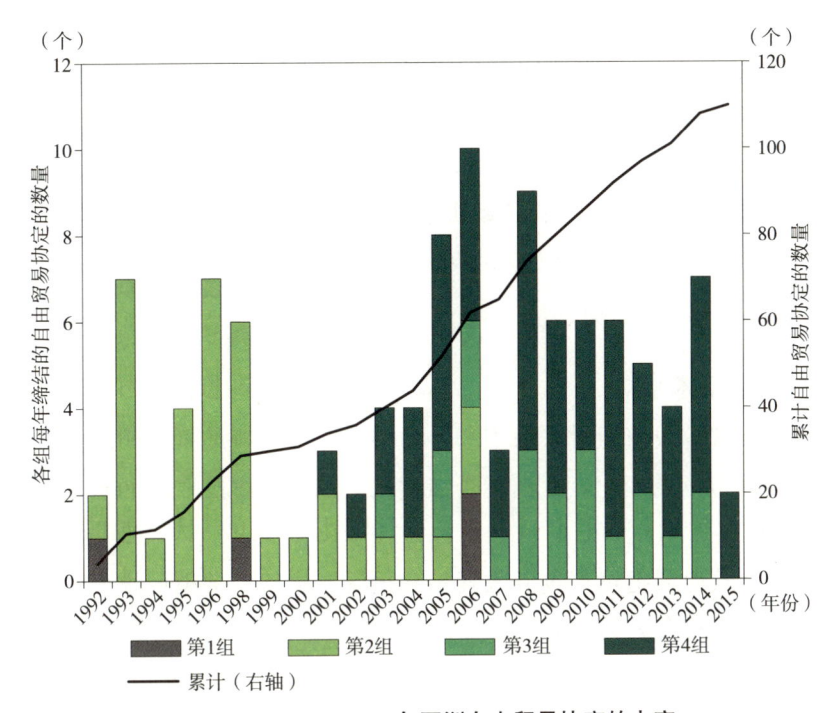

图9.11　1992—2015年亚洲自由贸易协定的内容

注：第1组 = 只有边境政策的自由贸易协定。第2组 = 边境政策和境内政策均不足5项的自由贸易协定。第3组 = 边境政策达到或超过5项，而境内政策不足5项的自由贸易协定。第4组 = 边境政策和境内政策均达到或超过5项的自由贸易协定。

1. 边境政策涵盖以下内容：降低制造业和农业关税、反倾销、反补贴措施、《与贸易有关的投资措施协议》《与贸易有关的知识产权协议》、海关、出口税、卫生与植物检疫措施、技术贸易壁垒，以及资本流动。

2. 境内政策涵盖以下内容：国有企业、国家补助、竞争政策、知识产权、投资、公共采购，以及《服务贸易总协定》。

3. 边境政策和境内政策的分类基于霍夫曼（Hofmann, C.）、奥斯纳戈（A. Osnago）和卢塔（M. Ruta）的分类方法：Hofmann, C., A. Osnago, and M. Ruta. 2017. Horizontal Depth: A New Database on the Content of Preferential Trade Agreements. *Policy Research Working Paper*. No. WPS 7981. Washington, DC: World Bank.

资料来源：World Bank. Content of Deep Trade Agreements. https://datacatalog.worldbank.org/dataset/content-deep-trade-agreements（2019年6月4日访问）。

亚洲正在努力制定更多的区域和超区域安排。东盟国家于1992年推出《东盟自由贸易协定》，2003年设立东盟自由贸易区，2015年建立东盟经济共同体，逐步把覆盖范围扩大到包括降低服务贸易壁垒、减少非关税壁垒和统一标准（详见第15章）。

美国退出《跨太平洋伙伴关系协定》（TPP）后，其余11个成员体于2018年3月8日在智利签署了《全面与进步跨太平洋伙伴关系协定》（CPTPP）。这一新协定于2018年12月30日起生效。另一个"大的"贸易协议——《区域全面经济伙伴关系协定》（RCEP）仍在谈判当中[①]。《区域全面经济伙伴关系协定》将成为世界上最大的自由贸易协定，覆盖全球GDP的30%和超过35亿的人口。

9.7 展望未来

总体而言，政府通过采取市场导向型贸易与投资政策，鼓励企业适应国内和国际市场的变化。亚洲能否继续从全球化中获益取决于未来的一些发展情况。

第一，政府应继续促进开放贸易和投资。虽然非关税措施（如不同的规则和标准）符合公共政策目标（如保护公共卫生和环境），但也可能对贸易流动产生潜在的不利影响，损害经济效率。政府应努力减少非关税措施，统一标准，相互认可。

第二，进一步开放服务贸易有助于提高服务提供者的效率，加强技术溢出，提高整体经济的竞争力。随着亚洲经济体越来越依赖服务业，政府必须考虑如何将服务业纳入贸易和增长战略。

第三，政府需要通过提高监管能力、放宽融资渠道和支持能力建设，继续帮助中小企业进入国际市场。虽然中小企业在经济增长和就业方面发挥着关键作用，但它们参与国际贸易和融入全球生产网络的情况仍然低于其应有的潜力。

第四，政府必须跟上快速变化的技术和第四次工业革命的步伐。这次

[①] 2020年11月15日，第四次区域全面经济伙伴关系协定领导人会议召开，会后东盟10国和中国、日本、韩国、澳大利亚、新西兰15个亚太国家正式签署《区域全面经济伙伴关系协定》。——编辑注

工业革命正在从根本上改变商品和服务的生产、贸易和消费方式,包括通过电子商务和数字贸易。

第五,政府应继续努力支持多边贸易体系。在现有全球贸易治理框架面临越来越多挑战的情况下,国际社会共同维护以规则为基础的多边体系变得更加迫切。

第10章

维护宏观经济稳定

10.1 引言

良好的宏观经济管理,即利用财政、货币、汇率政策及其他政策促进宏观经济稳定,对发展至关重要。稳定的增长和低通胀使家庭和企业更容易做出消费和投资决策,而消费和投资是经济增长的关键驱动力。

可持续公共财政有助于政府重点关注健康、教育和基础设施等关键领域,并供应必要的公共产品,解决市场失灵问题。公平而广泛的税收制度为政府支出提供资金,实现收入和资产再分配,是财政政策的重要组成部分。此外,维持经济稳定和创造就业直接有助于减少贫困(详见第11章)。

本章将介绍过去半个世纪亚洲发展中经济体的宏观经济管理。第10.2节概述了该地区的宏观经济表现,结论表明过去50年来亚洲发展中经济体的宏观经济管理优于其他发展中地区,其平均增长率高、波动小、平均通胀率低且经济危机少。第10.3节介绍了亚洲发展中经济体的财政、货币和汇率政策,并探索这些政策是如何促成该地区的良好宏观经济表现的。第10.4~10.6节描述了过去几十年的宏观经济管理状况,尤其是危机期间和危机后的宏观经济管理情况。同时,还研究了影响该地区的各种危机以及决策者是如何应对的。对亚洲发展中经济体而言,影响最大的一次危机是

1997—1998年亚洲金融危机。这次危机给决策者敲响了警钟，对随后几年的宏观经济政策影响很大。政策调整帮助亚洲经济体相对平稳地渡过了2008—2009年全球金融危机。第10.7节展望亚洲发展中经济体面临的宏观经济挑战。

10.2 过去50年的宏观经济表现

从多个方面来看，亚洲发展中经济体过去50年的宏观经济表现普遍强劲。众所周知，在此期间，亚洲发展中经济体比其他发展中地区的经济增长速度更快，失业率更低（见图10.1）。自20世纪70年代以来，中国的增长率平均接近9%；新兴工业经济体（韩国、新加坡和中国香港、中国台湾）平均为7%；印度和东盟五国（印度尼西亚、马来西亚、菲律宾、泰国和越南）平均约6%。这些增长率均高于拉丁美洲（3.2%）和撒哈拉以南非洲（3.3%）的平均增长率。

增长率的差异造成经济成果的巨大差距。如果一个国家的年经济增长率达9%，其GDP每8年就会翻一番；如果年经济增长率只有3%，其GDP每24年才能翻一番。亚洲发展中经济体的失业率相对较低，这是其经济快速增长的结果，也是经济快速增长的促进因素。相比之下，拉丁美洲国家的失业率经常高达两位数。

过去几十年来，中国和印度这两个亚洲大国的经济增长明显加快。令人惊讶的是，尽管东盟五国在亚洲金融危机中首当其冲，但由于在危机前其GDP快速增长，因此在20世纪90年代其平均增长仍保持强劲势头。新兴工业经济体的经济在20世纪70年代和80年代高速增长，然后逐步放缓，并成功发展为高收入经济体。

许多亚洲发展中经济体的平均增长率较高，但波动性却比其他地区发展中经济体低很多。衡量波动性的其中一个指标是GDP增长的变异系数（标准差除以平均值）。中国、印度、新兴工业经济体和东盟五国在过去50年的GDP增长变异系数均在0.34~0.53，低于拉丁美洲（0.78）和撒哈拉以南非洲（0.77）。整个亚太地区普遍同时存在低波动和高增长。较低的经济不确定性为私营企业和企业家提供了有利的投资和创新环境，实现了可持续的高经济增长率。

图10.1a 1970—2018年平均增长率

图10.1b 1970—2018年失业率

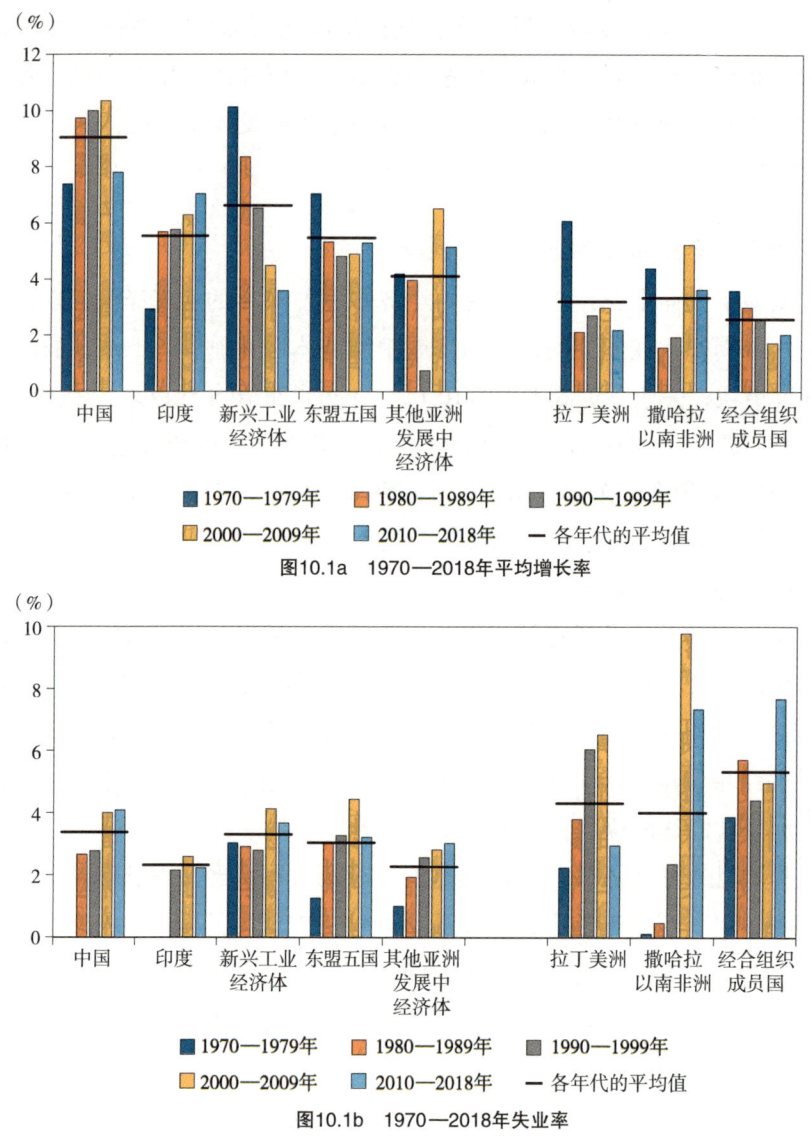

图10.1 1970—2018年不同年代的平均增长率和失业率

注：新兴工业经济体包括韩国、新加坡、中国香港和中国台湾。东盟五国包括印度尼西亚、马来西亚、菲律宾、泰国和越南。其他亚洲发展中经济体是指除中国、印度、新兴工业经济体和东盟五国之外的亚洲开发银行的发展中成员体。

资料来源：亚洲开发银行关键指标数据库，https://kidb.adb.org/kidb/（2019年8月2日访问）；世界银行，《世界发展指标》，https://databank.worldbank.org/source/world-development-indicators（2019年8月2日访问）。

此外，亚洲发展中经济体的通胀率保持在相对较低的水平（见图10.2）。过去50年里，中国和印度的平均通胀率以及新兴工业经济体、东盟五国和其他亚洲发展中经济体的加权平均通胀率都保持在个位数，从中国的4%到东盟五国和其他亚洲发展中经济体的9%不等。相比之下，拉丁美洲的加权平均通胀率约为23%，这是由于20世纪80年代一些国家出现了恶性通胀。撒哈拉以南非洲的加权平均通胀率接近12%。亚洲发展中经济体过去20年的平均通胀率一直保持在较低水平的个位数。

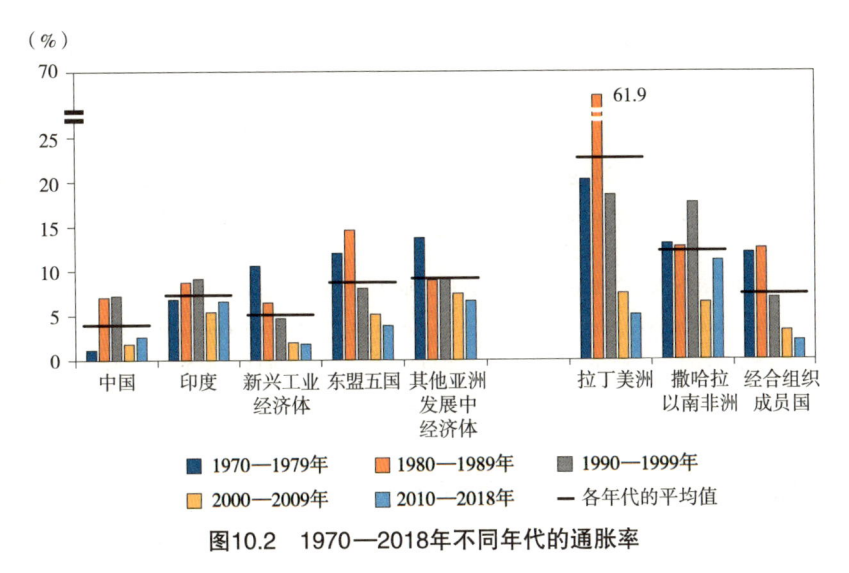

图10.2　1970—2018年不同年代的通胀率

注：新兴工业经济体包括韩国、新加坡、中国香港和中国台湾。东盟五国包括印度尼西亚、马来西亚、菲律宾、泰国和越南。其他亚洲发展中经济体是指除中国、印度、新兴工业经济体和东盟五国之外的亚洲开发银行的发展中成员体。

资料来源：国际货币基金组织，世界经济展望数据库，https://www.imf.org/external/pubs/ft/weo/2019/01/weodata/index.aspx（2019年8月27日访问）；亚洲开发银行的估算。

亚太地区的经济危机也比较少。图10.3展示了不同类型经济危机（银行危机、货币崩溃、货币贬值、外债违约、内债违约和高通胀事件）发生的相对频率。从全球范围来看，自20世纪80年代初起，经济危机的发生频率上升，一直到1995年年中都保持在高位，之后开始缓慢下降，2008年全球金融危机时再次飙升，之后回落。

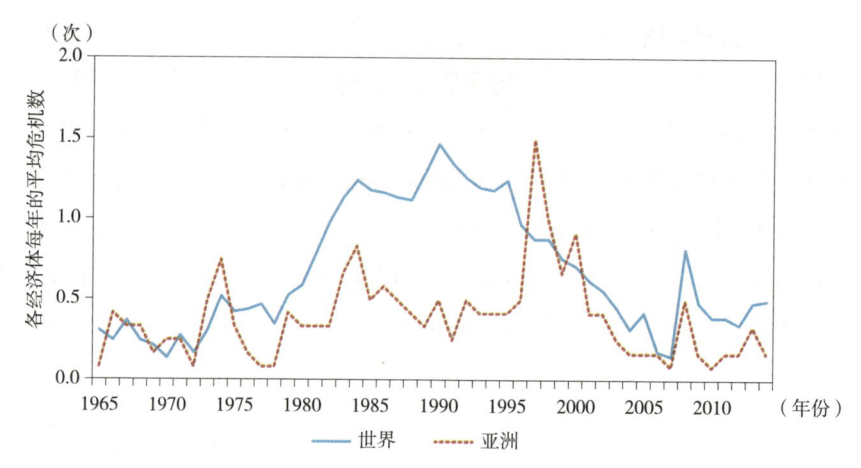

图10.3 1965—2014年经济危机发生的相对频率

注：数据集中涉及的危机包括银行危机、货币崩溃、货币贬值、外债违约、内债违约和高通胀事件。由于不同类型的危机会同时发生，因此一个经济体每年发生的危机可能不止一个。这些数字为特定年份内各经济体所发生危机数的简单平均数。

资料来源：Reinhart, C., and K. Rogoff. 2009. The Aftermath of Financial Crises. *American Economic Review*. 99 (2). pp. 466–472; Reinhart, C., and V. Reinhart. 2015. Financial Crises, Development, and Growth: A Long-Term Perspective. *World Bank Economic Review*. 29 (1). pp. 53–76；亚洲开发银行的估算。

10.3 财政、货币和汇率政策的演变

良好的基本面有助于宏观经济稳定，而构成这种良好基本面的因素包括亚洲地区的高储蓄率、早期的多样化，以及通过贸易和投资加强了教育和区域经济一体化。然而，正确的宏观经济决策无疑发挥了重要作用。总体而言，亚洲发展中经济体实行稳健的财政政策和适当的货币管理。这些经济体在亚洲金融危机后采用了更灵活的汇率，使它们得以相对平稳地渡过全球金融危机。如今，随着金融市场更加自由化，政府对市场信号的反应更加灵敏，此类市场信号包括政府债券市场利率（该利率在债券价格下降时上升，反映一个经济体的信誉）和汇率（汇率会因一国国际收支状况等市场问题而下跌）。

10.3.1 财政审慎的重要性

财政审慎是亚洲地区宏观经济相对稳定的一个重要方面（见图10.4）。

在过去50年里，该地区许多经济体的政府债务一直保持在GDP的50%以下。中国、新兴工业经济体和东盟五国的平均政府债务分别占各自GDP的16%、29%和39%。相比之下，20世纪70年代至90年代拉丁美洲和撒哈拉以南非洲的债务急剧增长，之后这两个地区的政府债务均接近或超过50%的临界值。大多数亚洲发展中经济体的财政赤字总体可控，债务维持在较低水平。

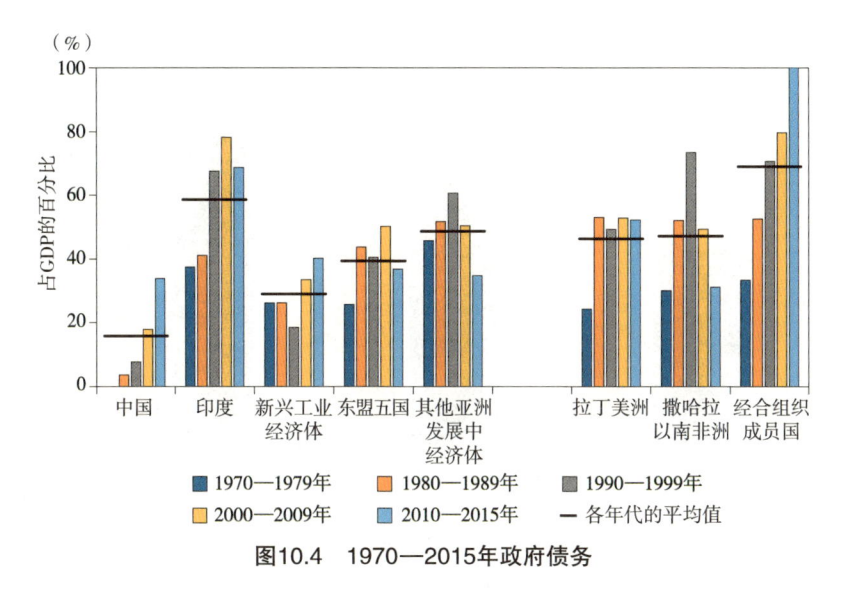

图10.4　1970—2015年政府债务

注：新兴工业经济体包括韩国、新加坡、中国香港和中国台湾。东盟五国包括印度尼西亚、马来西亚、菲律宾、泰国和越南。其他亚洲发展中经济体是指除中国、印度、新兴工业经济体和东盟五国之外的亚洲开发银行的发展中成员体。

资料来源：国际货币基金组织，政府债务数据库，https://www.imf.org/external/datamapper/datasets/DEBT（2019年8月1日访问）；亚洲开发银行的估算。

同样重要的是，如何在商业周期中调整财政政策，即财政政策的周期性。政府的财政政策可以用作"反周期"工具来缓解波动：在经济疲软时提供支持，在经济出现过热迹象时予以冷却。这可以通过"自动稳定器"来实现，如在经济下滑时降低税收或增加失业保险支出；也可通过权衡性财政政策来实现。然而，在实践中，许多发展中国家（以及发达国家）实行顺周期财政政策，即在经济强劲时刺激经济（增加支出），在经济疲软时缩减开支（由于财力紧张），因而增加了波动，而不是减少波动。

图10.5显示了发展中亚洲地区、拉丁美洲和撒哈拉以南非洲的政府支出的周期性。正数表示一个经济体一般采取"顺周期"财政政策，即经济增长时政府支出增加，经济收缩时政府支出减少，而负数表示反周期财政政策。虽然所有这三个发展中地区从1960年到2016年均采取顺周期财政政策，但发展中亚洲地区财政政策的顺周期性比其他两个地区小，从未成为负数或反周期。近几十年来，发展中亚洲地区财政政策的顺周期性下降幅度大于其他两个发展中地区。

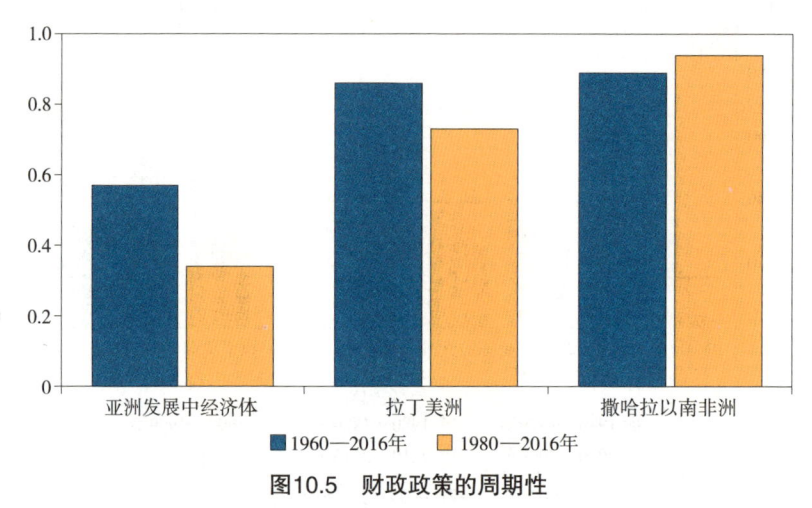

图10.5 财政政策的周期性

注：周期性越低越好，负周期性（即反周期财政政策）最理想。
资料来源：亚洲开发银行根据来自乔舒亚·艾森曼（Joshua Aizenman）、约塔欣·金克（Yothin Jinjarak）和朴东云（Donghyun Park）的数据所做的估算：Aizenman, J., Y. Jinjarak, H. Nguyen, and D. Park. 2019. Fiscal Space and Government-Spending and Tax-Rate Cyclicality Patterns: A Cross-Country Comparison, 1960‑2016. *Journal of Macroeconomics*. 60 (June). pp. 229-252。

严重依赖商品出口并将其作为主要收入来源的亚洲发展中经济体（如哈萨克斯坦、蒙古国和巴布亚新几内亚）面临特殊的财政挑战。过去50年来，全球商品价格频繁大幅波动（见图10.6）。一方面，这种价格波动由供应的急剧变化所导致，如1973年石油禁运或1979年伊朗革命造成的石油供应变化。另一方面，价格波动也受需求变化的影响，例如，在21世纪第一个十年的早期以及2010年以来，新兴市场需求（尤其是来自中国的需求）不断上升，推高了金属和其他商品的价格。因此，依赖商品的国家容易出现更大的财政顺周期性和更大的宏观经济波动。总体而言，亚洲发展中经济体对商品的依赖程度低于其他发展中地区，这也是该地区财政政策周期性和波动性都比较低的原因。此外，亚洲一些对商品依赖程度高的经济体利用财政规则和主权财富基金等工具来减轻商品价格波动的影响（见专栏10.1）。

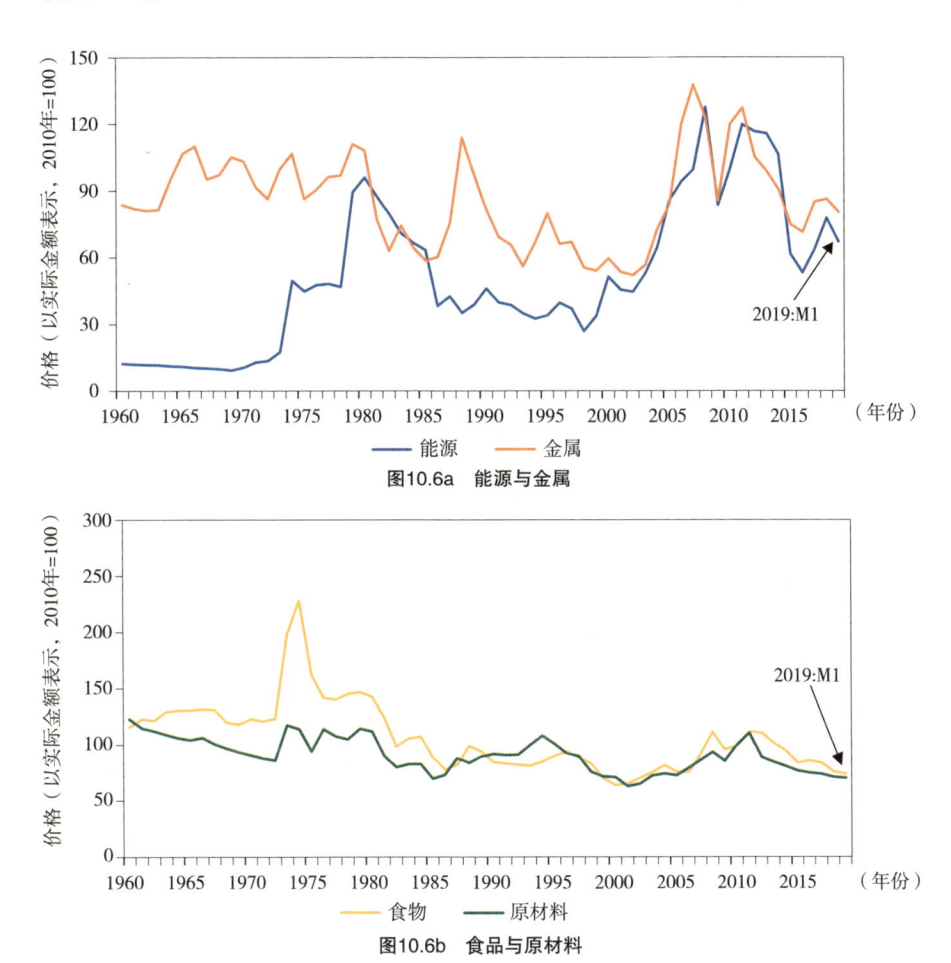

图10.6a 能源与金属

图10.6b 食品与原材料

图10.6 1960—2019年世界商品价格

注：实际价格指数是基于2002—2004年发展中国家出口值的贸易加权平均值，被美国制造业生产价格指数压缩，并在2010年被正规化为100。M1=当年的第一个月。

资料来源：World Bank. *Pink Sheet Data*. https://www.worldbank.org/en/research/commodity-markets（2019年2月22日访问）；Organisation for Economic Co-operation and Development (OECD). *OECD Data*. https://data.oecd.org/price/producer-price-indices-ppi.htm（2019年2月22日）。

> **专栏10.1 应对"资源诅咒"**
>
> 　　资源丰富的国家常常遭受"资源诅咒",一般体现在三个方面:一是大宗商品出口带来的巨额收益造成汇率升值,从而导致竞争力丧失,尤其是在制造业(这种现象被称为"荷兰病");二是国际收支和财政状况波动造成经济波动;三是寻租行为和治理问题扭曲财政激励措施,损害效率和生产力。
>
> 　　主权财富基金(政府控制的投资工具)是大宗商品出口国用来减轻汇率升值和价格波动的负面影响,并与后代分享国家财富的一种选择。
>
> 　　阿塞拜疆和哈萨克斯坦在21世纪第一个十年的早期设立了主权财富基金,有效地管理其石油收入。由于向国家预算的转移有限,这在很大程度上降低了石油相关收入的波动对公共财政的影响。2005年,东帝汶设立了石油基金,促进对其来自海上石油资源的巨额收入进行透明和负责任的管理。该基金由投资专业人士管理,对许多外国资产进行投资——约40%投资于股票,60%投资于债券。尽管近年来该国的石油收入开始下降,但其仍然能够从基金中提款来增加公共支出,推动经济发展。
>
> 　　对主权财富基金进行恰当的管理比仅仅设立基金更为重要。如果不审慎利用基金资源来资助国内支出项目,就难以达到设立基金的预期目的。只有通过专业和审慎的管理,国家才能给子孙后代留下重要资源。
>
> 资料来源:亚洲开发银行;Government of Timor–Leste, Ministry of Finance, Petroleum Fund Administration Unit. 2019. *Timor–Leste Petroleum Fund: Annual Report 2018*. https://www.mof.gov.tl/wp-content/uploads/2019/08/2018-annual-report-ENGLISH.pdf。

　　虽然亚洲发展中经济体总体上坚持审慎的财政政策,特别是在亚洲金融危机之后,但对许多国家来说,一个重要的亟待解决的问题是税收占GDP的比率较低。这一问题限制了当前急需的教育、医疗卫生和其他公共服务的支出,而且降低了基础设施的公共投资。税基狭窄限制了政府通过收入和资产再分配减少不平等的能力。

　　例如,2017年,印度尼西亚的税收仅占其GDP的12%,马来西亚的这一比例为14%,菲律宾和泰国则约为18%。相比之下,撒哈拉以南非洲、拉丁美洲和经合组织成员国的平均税收分别占GDP的18%、23%和34%。[1]亚洲许多国家正在通过减少税收漏洞、调整税收优惠措施以及加强税务征收和执法来努力扩大税基。

10.3.2 货币、汇率和其他政策工具

受益于稳健的货币政策，发展中亚洲地区的通胀率普遍低于其他发展中地区（见图10.2）。保持价格稳定通常是央行的首要目标，而且常常与增长和就业相辅相成。

该地区的货币政策几十年来一直在演变。总的来说，在20世纪80年代之前的几十年里，该地区的主要货币政策工具是通过对商业银行的信贷分配来直接控制货币总量。随着金融市场在过去几年里进一步深化，该地区开始转向市场主导型工具，如公开市场操作（在市场上购买或出售政府债券）和设定政策利率。

通货膨胀目标制也越来越多地被亚洲经济体的央行所采用。印度尼西亚银行、韩国银行、菲律宾中央银行和泰国中央银行在20世纪90年代末和21世纪第一个十年的早期正式采用通货膨胀目标制，这在一定程度抑制了亚洲金融危机后的持续通货膨胀现象。

随着时间的推移，亚洲各经济体的央行也变得更加独立。从法律措施来看，整个地区央行的独立性都有所提高，特别是在亚洲金融危机之后（见图10.7）。独立性使央行有更大的空间，在政治干预较少的情况下维护价格稳定。如果央行缺乏独立性，那么政府往往会出于政治原因使用货币政策刺激经济，有时还会将财政赤字货币化，一些拉丁美洲和撒哈拉以南非洲国家就出现过这种情况。

国际经济学中有一个重要概念叫"三元悖论"，也称"三难困境"，即一个国家不能同时拥有独立的货币政策、固定汇率和资本自由流动。在20世纪70年代布雷顿森林体系瓦解之前，各国在控制资本流动的同时，拥有固定的汇率制度和独立的货币政策（尽管不能完全规避其他国家货币状况的影响）。布雷顿森林体系结束后的几十年来，亚洲发展中经济体在不同方面都面临着这种"三难困境"。

---

[1] OECD. 2019. *Revenue Statistics in Asian and Pacific Economies 2019*. Paris.

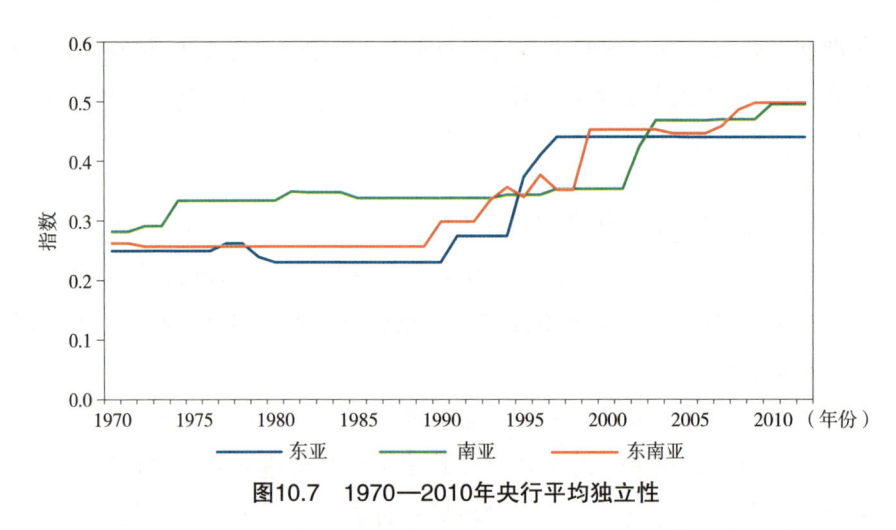

图10.7　1970—2010年央行平均独立性

资料来源：亚行利用来自安娜·卡洛琳娜·加里嘉（Garriga, A）的数据所做的估算：Garriga, A. 2016. Central Bank Independence in the World: A New Data Set. *International Interactions*. 42 (5). pp. 849–868。

过去50年来，除包括中国香港在内的几个经济体设立了货币发行局外，大多数亚洲发展中经济体都优先考虑货币政策自主性。在中国香港，汇率与美元挂钩，央行基础货币完全由外汇储备支持。这意味着没有货币政策自主性，央行不能投资政府债券，不能借款给私人银行，也不能充当最后贷款人。

亚洲货币当局一直面临着一个重要的抉择，即是严格管理汇率，甚至固定汇率（主要是对美元），还是允许更大的灵活性。即使在20世纪70年代布雷顿森林体系瓦解之后，亚洲发展中经济体仍在继续强力管控汇率，其中一些经济体实际上建立了与美元挂钩的汇率制度。当时许多经济体的资本账户仍然相对封闭，这有助于实现汇率稳定和货币政策自主。随着资本账户在20世纪70年代逐渐开放并在80年代和90年代不断加快开放速度，既维持独立货币政策又维持固定汇率变得更加困难，正如"三难困境"所描述的那样。

当资本账户和金融行业更加自由化时，实际上的与美元挂钩导致大量资本流入，收支失衡不断加剧。在更自由的资本流动和汇率稳定的情况下，货币政策无法有效管控国内金融状况。这些最终酿成了20世纪90年代末的亚洲金融危机（详见第10.5节）。

亚洲金融危机之后,许多经济体转向从法律上和实际上衡量都更加灵活的汇率制度(见图10.8),同时保持货币政策自主和资本高度流动。然而,这并不意味着货币政策(包括发达经济体的货币政策)不受外部条件影响。

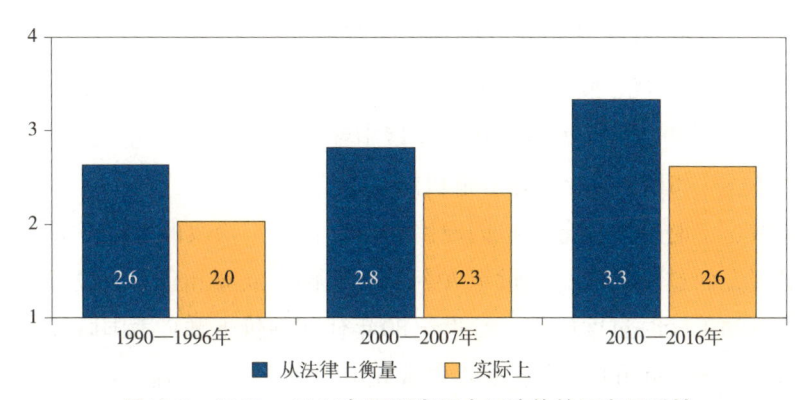

图10.8　1990—2016年亚洲发展中经济体的汇率灵活性

注:印度、印度尼西亚、马来西亚、中国、菲律宾、韩国、新加坡、泰国和越南等国汇率制度的平均值。

1 = 预先公布挂钩;2 = 小幅调整;3 = 管理浮动;4 = 灵活。

资料来源:International Monetary Fund. 2018. *Annual Report on Exchange Arrangements and Exchange Restrictions* Database. Washington, DC; Ilzetzki, E., C. Reinhart, and K. Rogoff. 2017. Country Chronologies and Background Material to Exchange Rate Arrangements into the 21st Century: Will the Anchor Currency Hold? *NBER Working Paper Series*. No. w23135. Cambridge, MA: National Bureau of Economic Research.

最近,决策者们采取"资本流动管理措施"和"宏观审慎政策"来管理资本流动,解决影响宏观经济稳定的资产价格波动问题。这些举措有助于规避系统性风险。

资本流动管理措施主要用来限制某些类型的资本流动。此类措施越来越多地被采纳,这是因为全球金融状况可能通过资本的突然流入而导致经济过热、骤停和资本外流(资本外逃)。在过去20年里,该地区采用此类措施的频率增加,如规定非本国居民持有政府债券的最短期限和限制银行对外借款。包括中国在内的许多国家都对本国居民的海外投资和非本国居民的国内投资实行严格监管。一般来说,对资本流入的限制比对资本流出的限制更能被广泛接受,特别是对非本国居民投资者资本流入和流出的限制。

宏观审慎政策已成为全球宏观经济管理必不可少的一部分。规定贷款—价值比或负债—收入比的上限或制定反周期资本要求等措施旨在限制金融系统的风险。这些措施是国际货币基金组织、金融稳定委员会和二十国集团所讨论的稳定政策框架的一部分。

10.4 避免20世纪80年代的债务危机

20世纪80年代，新兴市场债务危机对大多数拉丁美洲和撒哈拉以南非洲国家造成了冲击，而大多数亚洲发展中经济体却得以幸免。这些亚洲发展中经济体是如何避免这些债务危机的？

导致这个时期的债务危机的原因有四个：为了给政府投资资源型产业等提供资金而过度借贷；20世纪70年代，美国、欧洲和日本的银行从产油国回收石油美元时过度放贷；20世纪80年代初油价下跌；美国联邦储备委员会实施紧缩性货币政策和扩张性财政政策，造成利率大幅上升。

简而言之，大多数亚洲经济体成功避免这些债务危机是因为没有过度借贷。该地区的财政更加审慎，但从国际银行获得信贷的机会也更少。菲律宾是个例外，因为菲律宾与美国的政治关系和历史渊源为其提供了更多的从美国银行借款的机会。菲律宾曾在1983年求助过国际货币基金组织的一个融资项目。

20世纪60年代和70年代，很多亚洲经济体逐渐转向外向型出口主导战略，赚取了足够的外汇来清偿外债。韩国在20世纪70年代大举借债，为私营部门投资进行融资，但其出口与GDP的高比率助其维持良好信誉。与之相比，许多拉丁美洲和撒哈拉以南非洲国家在20世纪70年代后期虽然也大举借债，但却仍维持内向型进口替代政策。[1]

20世纪80年代末，印度爆发了国际收支危机。此次危机是由海湾战争和国内政治不稳定等政治事件联合引发的。在此次危机之前，印度的财政赤字占其GDP的比重一直保持在7%~9%，而且由于固定汇率定得过高，还出现了贸易赤字和经常账户赤字。到1990年，这种持续出现的双赤字导致惊人的巨额短期外债（相对于出口和外汇储备而言）。1991年年初，信心丧

---

[1] World Bank. 1993. *The East Asian Miracle: Economic Growth and Public Policy*. New York: Oxford University Press.

失给印度货币卢比带来了巨大的投机压力。为维持汇率稳定，外汇储备迅速枯竭。印度政府果断出台应对措施，在国际货币基金组织的一个项目以及多边或双边合作伙伴的一揽子救助方案的支持下启动了全面改革（详见第2章）。在向市场化汇率体系转型过程中，卢比大幅贬值，财政赤字大幅下降。

10.5 亚洲金融危机及应对措施

亚洲金融危机是二战以来最严重的经济危机之一。在危机爆发初期表现为货币危机。当时国际资本迅速逆转，从大量流入变成大量流出，致使外汇储备急剧减少，实际上的固定汇率制度瓦解。由于货币错配和期限错配牵连甚广，货币危机随后在几个国家演变成为一场国内银行危机。

这场在1997年7月爆发于泰国的危机引发了全面的经济衰退，GDP大幅缩减，尤其是在四个受影响最严重的国家——印度尼西亚、马来西亚、韩国和泰国。同时，危机还影响到东亚和东南亚的其他主要经济体，包括菲律宾、新加坡、中国香港、中国台湾，并波及世界其他地方。

几个因素共同引发了亚洲金融危机。[1]

其中一个因素是资本市场过早自由化。该地区强劲的经济增长，以及许多国家实际上与美元挂钩的汇率制度（而这种汇率制度掩盖了汇率风险）吸引了投资者，大量外资流入，尤其是利率相对较低的短期银行信贷。银行风险管理不善、公司治理薄弱和缺乏金融透明度导致过度借贷，而且借贷外资在国内的投资效率极低，大量投资进入房地产领域，而非生产企业。大量资本流入导致经济过热，产生资产泡沫，最终造成经常账户出现巨额赤字。

另一个相关因素是货币和期限的双重错配。由于汇率稳定，银行大量借入美元，再以本币放贷。与此同时，银行资产负债表中，通常流动性差、收入以本币计算的项目长期投资与短期负债（由未对冲的外资流入提供资金）之间存在期限错配。

当情况明显无法持续时，国外贷款机构对东南亚和韩国的信心减弱，开始拒绝展期短期债务。这种情况使得私人资本流入突然减少，加剧了货币压力。随后，货币大幅贬值，进一步削弱了经济信心，导致股票和房地

---

[1] 参见Park, C., et al. 2017. 20 Years after the Asian Financial Crisis: Lessons Learned and Future Challenges. *ADB Briefs*. No. 85. Manila: Asian Development Bank.

产价格下跌，进而引发企业破产和不良银行贷款大幅增加。亚洲金融危机始于货币危机，后来发展成为银行危机和全面经济危机。

为应对这场危机，印度尼西亚、马来西亚、韩国和泰国等受影响严重的经济体采用不同方法稳定经济。印度尼西亚、韩国和泰国选择由双边和多边合作伙伴（包括亚洲开发银行）支持的国际货币基金组织项目（见表10.1），这些项目附带诸如提高利率和削减政府支出等条件。相比之下，马来西亚在总理马哈蒂尔的领导下，决定不向国际货币基金组织寻求帮助，而是诉诸资本管制和固定汇率。

表10.1　　亚洲金融危机期间的货币稳定支持项目[①]　　单位：10亿美元

项目	泰国	印度尼西亚	韩国[②]
多边机构	**6.7**	**18.0**	**35.0**
国际货币基金组织	4.0	10.0	21.0
世界银行	1.5	4.5	10.0
亚洲开发银行	1.2	3.5	4.0
双边支持	**10.5**	**不适用**	**不适用**
日本	4.0	不适用	不适用
中国	1.0	不适用	不适用
澳大利亚	1.0	不适用	不适用
中国香港	1.0	不适用	不适用
马来西亚	1.0	不适用	不适用
新加坡	1.0	不适用	不适用
韩国	0.5	不适用	不适用
印度尼西亚	0.5	不适用	不适用
文莱	0.5	不适用	不适用
印度尼西亚：应急准备金	不适用	5.0	不适用
小计	**17.2**	**23.0**	**35.0**
二线防御[③]	**不适用**	**16.2**	**23.0**
日本	不适用	5.0	10.0
美国	不适用	3.0	5.0

续表

项目	泰国	印度尼西亚	韩国[②]
新加坡	不适用	5.0	不适用
其他	不适用	3.2	8.0
总计	17.2	39.2	58.0

注：①一揽子财政方案的组成较为复杂，取决于同提供支持的机构达成的协议。此外，时间安排也存在差异。由于这些原因，不同来源记录的一揽子方案的规模可能不同。

②除此处显示的官方项目外，美国和欧洲的私营部门国际银行也同意向韩国提供支持，共同助力恢复金融市场稳定，因此对韩国的支持得到加强。

③需要时使用。

资料来源：McCawley, P. 2017. *Banking on the Future of Asia and the Pacific: 50 Years of the Asian Development Bank*. Manila: Asian Development Bank.

马来西亚采取的方法被批评为非正统，但事实证明这种方法能够有效遏制危机带来的破坏。许多亚洲国家认为，国际货币基金组织的项目所要求的条件过于苛刻。大多数亚洲国家如今意识到，财政整顿限制了一个国家走出经济危机的能力。在印度尼西亚，国际货币基金组织要求清算许多问题银行，即使不提供全额存款担保的银行也要清算，导致银行挤兑事件发生，进而加剧了银行危机。尽管事实上韩国已有财政盈余，但国际货币基金组织仍呼吁韩国削减公共开支，最终造成韩国经济进一步衰退，产生了深远的社会影响。2010年7月12日，在韩国大田举行的新闻发布会上，时任国际货币基金组织总裁多米尼克·斯特劳斯－卡恩（Dominique Strauss-Kahn）表示："……我们犯了一些错误，但我们也从在亚洲危机期间的经历中吸取了教训。"[①] 自亚洲金融危机以来，国际货币基金组织开始采取更加实际和务实的做法，包括资本流动管理。此外，有人认为，国际货币基金组织发起的项目促使亚洲国家启动了必要的改革。

所有受危机影响的国家都进行了广泛的深层次改革。改革措施包括：（1）加强金融监管，整合银行部门，补充银行资本（许多国家委托公共资产管理公司解决不良贷款）；（2）使汇率更加灵活（马来西亚在这方面比较滞后，

---

① IMF. 2010. *Asia and the Global Economy: Leading the Way Forward in the 21st Century*. Opening Remarks by Dominique Strauss-Kahn, Managing Director of the IMF, at the Asia 21 Conference. Daejeon. 12 July. https://www.imf.org/en/News/Articles/2015/09/28/04/53/sp071210.

该国在1998—2005年一直维持固定汇率）；（3）提高央行的独立性，以支持审慎的货币政策；（4）建立一个确保财政稳健的框架；（5）实施一系列广泛改革，包括加强公司治理、解散和重组企业集团以及加强破产法和竞争法。

作为由国际货币基金组织主导的亚洲金融危机国际一揽子救助计划的参与方，亚行向受危机影响的印度尼西亚、韩国和泰国提供了大量快速发放的政策性贷款，并为必要改革提供技术援助。随着亚洲金融危机的发展，亚行将其对结构改革（公共部门和金融市场改革）的支持与维持社会服务的援助结合起来，继续提供量身定制的贷款方案，以满足受影响国家的需求。

亚洲金融危机还促使亚洲决策者考虑替代性区域安排和制度，作为对国际货币基金组织援助的补充。早在1997年年中，日本就提议设立一个亚洲货币基金。但是，美国认为这种新体系可能会削弱国际货币基金组织的作用，产生道德风险。由于美国的反对等原因，这一提议没有得以实现。1997年11月25日，马尼拉框架，即《加强亚洲区域合作促进金融稳定新框架》，得到18个亚太经合组织成员（包括美国）领导人的认可。该框架的内容涉及经济危机期间的相互外汇融资、成员之间的监督和能力建设方面的技术援助。马尼拉框架会议一直定期举行，直到2004年终止。当时基于类似马尼拉框架的其他倡议变得愈加重要，如东盟与中国、日本和韩国（10+3）发起的《清迈倡议》，这是"10+3"国家之间的双边互惠信贷协定，在该地区尚属首次。《清迈倡议》于2010年升级为《清迈倡议多边化协议》，该协议是一个单一合同项下的国家间多边货币互换安排，初始金额总计1,200亿美元，2012年增加到2,400亿美元（详见第15章）。

总之，亚洲金融危机后进行的一系列重大经济和金融政策改革巩固了持续高速增长的基础。大多数受危机影响的国家通过健全宏观经济基本面和政策，加大金融监管力度，再加上汇率灵活、充足的外汇储备和更加密切的区域金融合作，减少了对外部资金的依赖，并促进了整体金融稳定。这些改革与活跃的外部环境有助于亚洲经济体摆脱亚洲金融危机的影响，从危机中崛起，实现高增长，直至全球金融危机爆发。

10.6　全球金融危机及应对措施

全球金融危机期间，全球金融市场和银行体系遭受了极端压力。2007

年美国次贷危机是这次全球冲击的最初催化剂。2008年9月,全球最大的投资银行之一——雷曼兄弟(Lehman Brothers)突然倒闭,之后危机迅速扩大。2009年全球产出收缩0.1%,与2008年3.0%的增幅形成鲜明对比。全球需求萎缩对大宗商品市场也造成了冲击,2008—2009年国际油价暴跌36%。

全球金融危机背后的原因既有宏观经济因素,也有微观经济因素。从宏观经济方面来看,在美国宏观经济相对稳定时期(美国联邦储备委员会称这一时期为"大稳健",大约从20世纪80年代中期到2007年夏季),由于资产价格上涨和经常账户失衡加剧,经济和金融市场扭曲加剧。在此期间,美国和欧洲一些国家经济增长相对稳定,与前几十年相比,通胀率和利率都很低。这促使金融机构持续承担高风险,采用高杠杆,并扩张信贷。与此同时,金融体系、制度和监管方面都存在不足,比如次贷问题。

全球金融危机的严重性使国际社会携手共同应对,尤为突出的是二十国集团(G20)的成立,该集团在七国集团(G7)的基础上新增了新兴经济体和澳大利亚。[1]2008年11月,在美国华盛顿特区举行的第一次二十国集团峰会上,与会者公开承认自身的监管和监督责任,指出"一些发达国家的决策者、监管者和监督者没有充分认识和应对金融市场日益累积的风险,没有跟上金融创新的步伐,也没有考虑到国内监管行为的系统性后果"。

二十国集团的应对措施涉及多个方面,有的侧重于对危机的即时应对,有的侧重于对未来危机的预防。国际社会的应对措施可归纳为以下五个方面。[2]

第一,立即稳定全球金融体系。雷曼兄弟倒闭引发危机后,七国集团立即于2008年10月在美国华盛顿特区召开会议,通过了一项紧急行动计划。根据该计划,政府行动包括:央行提供大量流动资产,扩大存款保险

---

[1] 二十国集团框架是在亚洲金融危机后于1999年9月举行的财政部长和央行行长会议上首次提出。七国集团(加拿大、法国、德国、意大利、日本、英国和美国)认为,在没有新兴经济体参与的情况下,无法对全球经济事务进行有效讨论,因而决定设立这个新的扩大框架。二十国集团包括七国集团和澳大利亚、印度、印度尼西亚、中国、韩国(来自亚太地区),以及阿根廷、巴西、墨西哥、俄罗斯联邦、沙特阿拉伯、南非、欧盟和土耳其。

[2] Nakao, T. 2010. *Response to the Global Financial Crisis and Future Policy Challenges*. Keynote address at the symposium cohosted by Harvard Law School and the International House of Japan. Hakone. 23 October.

的规模，为银行债务提供担保，利用公共资金注入资本，将不良资产从资产负债表中剥离，政府对陷入困境的金融机构进行管控。

第二，国际社会通过协调一致的宏观经济政策来应对全球需求下降。到2009年2月七国集团财政部长和央行行长在罗马开会时，实体经济的急剧恶化已显而易见，尤其是在发达国家。国际贸易下滑，生产企业破产，失业率迅速上升。各国政府同意对扩张性财政政策和宽松性货币政策进行协调，其中包括大规模量化宽松等"非常规"货币措施。统筹协调的集体行动有望产生更大的协同效应，比各国单独行动更有效。这种方法还可以防止搭其他国家政策的"便车"。

第三，援助可能受全球金融危机影响的发展中国家。许多发展中国家通过实施审慎的宏观经济政策和扩大全球资本流动，在全球金融危机前保持经济高增长。然而，全球金融危机期间资本流动逆转，贸易萎缩，市场信心下降，对其高增长造成威胁。2009年4月，在伦敦举行的第二次二十国集团峰会同意从国际金融机构（如国际货币基金组织、世界银行和亚行）筹集资金，同时号召发达国家提供双边援助，以支持发展中国家的贸易、基础设施建设和刺激措施。通过援助发展中国家，二十国集团还努力缓解国际贸易下滑趋势，帮助发达国家复苏。

第四，随着讨论议题从危机应对转向危机预防，二十国集团采取加强金融行业监管和监督的政策。这些政策包括涉及资本充足率、流动性和杠杆的规定，对"具有系统重要性"的金融机构的更严格监管，跨境银行清算，信用评级机构审查，场外衍生品的集中清算。

第五，为预防新危机，国际金融机构需要改革。世界各国领导人就以下事项达成一致：（1）增加国际货币基金组织、世界银行和其他多边开发银行（如亚行）的金融资源；（2）加强对这些机构的治理；（3）将二十国集团峰会作为国际经济合作的首要论坛；（4）加强由财政部、金融监管机构和央行组成的金融稳定委员会的力量。

为预防未来新的危机，应采取行动来实施这些协议。①作为增强全球金融安全网络的措施之一，国际货币基金组织的"灵活信贷额度"（FCL）得

---

① 参见 Nakao, T. 2012. *Challenges in International Finance and Japan's Responses*. Keynote address at the International Financial Symposium hosted by the Institute for International Monetary Affairs. Tokyo. 15 March.

到加强，包括延长期限和取消准入上限。国际货币基金组织还在2010年8月设立了一个新的预防工具——"预防性信贷额度"（PCL）。①

亚行也进一步加强了危机应对工具包，以应对全球金融危机的挑战。危机应对援助主要来自亚行新推出的快速支付反周期支持基金（CSF）提供的贷款，为具体的反周期财政支出提供支持。2009年，亚行向孟加拉国、印度尼西亚、哈萨克斯坦、菲律宾和越南各提供了5亿美元的反周期支持基金贷款。此外，亚行还扩大了贸易融资项目，通过向16个成员体的商业银行提供贷款来解决美元流动性短缺问题，从而维持中小企业的国际贸易往来。在21世纪第二个十年，阿塞拜疆和哈萨克斯坦遭受大宗商品价格急剧下跌影响，亚行再次利用反周期支持基金对其实施援助。

加强区域金融安全网络也成为全球治理和全球金融架构的重要组成部分。随着2011年"10+3"宏观经济研究办公室的成立并实施宏观监督，《清迈倡议多边化协议》得到加强。此外，亚洲国家积极利用双边货币互换协议来稳定金融和汇率市场：日本、韩国和新加坡在2008年与美国签订建立互换货币信贷额度的协议；印度尼西亚在2013年与日本、中国和韩国也签订了这类协议；韩国还与日本和中国签订了双边货币互换协议。

与全球金融危机对发达经济体和世界一些地区造成的严重冲击相比，亚洲遭受的损失相对较小。亚洲发展中经济体的经济增长和金融稳定仅受到短暂干扰。发达经济体的GDP在2009年持续收缩，下跌3.3%，而亚洲发展中经济体快速复苏，平均增长率达到6.1%。②

在1997—1998年亚洲金融危机之后，亚洲决策者将重点转移至健全的宏观经济政策和全面的结构改革。亚洲金融危机爆发后实施的宏观审慎政策提升了亚洲的经济韧性，使该地区能够更好地抵御全球金融危机的冲击。

---

① 灵活信贷额度是2019年3月为国际货币基金组织援助的项目创设的。2010年8月，基础好、政策框架完善的国家能够获得一个优化的、具有更好的可预测性和效果的灵活信贷额度。预防性信贷额度使基础好、制度政策框架完善但脆弱性一般的国家能够受益于国际货币基金组织的预防性流动供给(IMF. 2010. *The Fund's Mandate — The Future Financing Role: Revised Reform Proposals*. August. Washington, DC).

② 全球和发达经济体GDP数据加上国际货币基金组织的国际石油价格数据，后者源自国际货币基金组织世界经济展望数据库，https://www.imf.org/external/pubs/ft/weo/2019/02/ weodata/download. aspx（2019年8月20日访问）； Developing Asia data from ADB. 2013. *Asian Development Outlook 2013: Asia's Energy Challenge*. Manila.

过去十年来，亚洲采用宏观审慎政策的频率高于任何其他地区。其中，最重要的宏观审慎政策涉及银行向房地产行业借贷的贷款—价值比、负债—收入比上限和外汇敞口上限。[1]

10.7 展望未来

全球金融危机的一个重要教训是，人们重新认识到政府作为经济和金融稳定的最终支柱所发挥的关键作用。政府拥有特有能力，能够按照民主程序调动税金，以及实施和执行金融法规及相关处罚。正如政府有时会失灵（宏观经济政策失误、监管过度或监管不足以及各种低效率行为）一样，市场也会有过激行为，比如激进冒险和过度使用杠杆。

未来，亚洲将面临一些重大宏观经济政策挑战。

第一，亚洲经济体应该加强公共财政。自全球金融危机以来，多年的财政刺激不断破坏财政平衡，许多经济体必须重建缓冲以抵御未来冲击。亚洲各经济体还可以进一步推行反周期财政政策。例如，加大利用社会保障网（如失业保险），使其更好地发挥自动稳定器的作用。税收占GDP的比重较低的经济体应扩大税基，适当提高税率，加强税务征收和执法。此外，鉴于气候变化、社会公平和人口老龄化对财政状况的影响，决策者应将这些长期挑战纳入考量。

第二，独立的货币政策和灵活汇率对于维持宏观经济稳定依然很重要。20年来，这两点帮助亚洲抵御了各种冲击。

第三，决策者应继续适当采取资本流动管理措施和宏观审慎政策。显然，传统的宏观经济政策不足以确保金融稳定。货币政策常常不是解决脆弱性（如资产泡沫）的利器。此外，外部因素可能会导致资本流动波动和汇率波动。

第四，金融监管机构应积极应对不断变化的金融服务格局，这种格局正在以非传统和创新的方式演变，包括非银行金融机构利用新技术扩展新服务。亚洲金融危机揭示了金融与实体经济之间的深层联系，同时也再次证实了监管不足的金融体系的脆弱性。"影子银行"就是这些问题中的一个。

---

[1] Khan, F., A. Ramayandi, and M. Schröer. Forthcoming. Conditions for Effective Macroprudential Policy Interventions. *ADB Economics Working Paper Series*. Manila: ADB.

第五，决策者需要进一步协调财政、货币、汇率和金融等方面的政策，以及涵盖贸易和竞争的政策，以提高政策效果，着眼于稳定价格、保障就业、健全金融行业和促进外部平衡等多重目标。

第六，随着经济状况和政策通过贸易、金融和情绪渠道（sentiment channel）跨越国界，加强亚洲各经济体之间的政策对话和协调十分重要。无论是在正常时期还是在危机时期，决策者都应该通力合作，减少不良事件蔓延的可能性。

第七，由于亚洲和世界其他地区的经济体面临诸多新挑战，包括数字技术的潜在影响，决策者应保持警惕和机敏。同时，决策者还要继续以史为鉴，快速更正决策失误。

第 11 章

减贫与收入分配

11.1 引言

过去半个世纪以来,亚洲发展中经济体的极端贫困人口大幅减少。这不仅改善了人民的福祉,而且帮助创造了一个稳定的经济增长和发展环境。

1981—2015年,亚洲发展中经济体生活在每日1.90美元国际贫困线(按2011年购买力平价计算)以下的人口比例从68%(24亿人口中的16亿)降至7%(38亿人口中的2.64亿)。亚洲对全球减贫的贡献最大。据亚行预测,如果亚洲发展中经济体继续保持近期的增长势头,到2025年能够消除极端贫困。[①] 按照低中等收入国家通常采用的每日3.20美元国家贫困线估算,本地区的贫困率将在2015—2025年期间从29%降至13%。

快速的经济增长有助于为贫困人口创造更好的工作,一直是亚洲减贫的主要推动因素。同时,土地改革、绿色革命技术应用、开放的贸易和投资、教育和健康计划等政策,以及扩大融资渠道、加强基础设施服务和降低市场准入的措施,提高了包括贫困和低收入家庭在内的人口的创收

---

① 据亚行预测,亚洲发展中经济体的极端贫困率(按每日1.90美元衡量)到2020年将降至3%,到2025年将降至1%。

能力。

然而，亚洲发展中经济体在改善收入分配方面的进展不均衡。20世纪60年代至80年代，尽管大多数亚洲发展中经济体的经济增长速度存在巨大差异，但无论其初始水平如何，都能够使收入不平等保持稳定。东亚和东南亚许多经济体增长迅速，由于劳动密集型制造业出口扩大和包容性政策，收入不平等情况保持稳定，甚至有所下降，这种模式被称为"公平增长"。同期，南亚经济增长缓慢，收入不平等也总体稳定。

20世纪90年代以来，在许多亚洲国家，快速增长和减贫与收入不平等加剧相伴而生。科技进步和全球化导致高技能劳动者与低技能劳动者的工资差距不断扩大，尽管二者的工资水平都有所上升。科技进步和全球化带来的资本收益增长也超过劳动收入增长。此外，科技进步和全球化为企业家创造了从"先发效应"中获益的机会，也为拥有新宠位置土地的大型土地所有者创造了从土地升值中获益的机会。城乡收入差距扩大、地区差异增加和机会不平等也造成了收入不平等的加剧。为此，亚洲发展中经济体近年来推出了一系列重大政策，推动经济增长成果广泛共享。

本章将探讨亚洲发展中经济体过去半个世纪以来在减贫和改善收入分配方面的经历。第11.2节讨论亚洲减贫和缩小收入不平等的途径。第11.3节回顾亚洲在减贫方面的成就。第11.4节介绍20世纪60年代至80年代收入不平等保持稳定的经验。第11.5节探讨20世纪90年代以来收入不平等在许多国家扩大的原因。第11.6节探讨未来减贫和缩小收入不平等可以采取的政策行动。

11.2 亚洲处理贫困和不平等问题的方法

11.2.1 为什么贫困和不平等问题至关重要

经济增长、减贫和收入分配决定了人民的福祉和国家的繁荣，是发展最重要的方面。消除贫困和公平地分配收入既有内在价值，也有工具价值。内在价值基于正义、公平和人权，是人类社会追求的理想目标。人们更喜欢生活在富足、平等的社会。这种利他主义思想在许多文化和宗教中都很重要。工具价值与减贫和公平地分配收入对保持经济持续增长的重要性有关。如果经济增长成果不能被广泛共享，增长就难以持续。

更具体地说，持续的高贫困率和高度不平等会从多个方面危害增长。一是限制经济体充分发挥潜力，因为贫困和低收入家庭的资源和机会较少，投资人力和生产性资本的能力不足。二是限制中产阶级的壮大，而中产阶级是国内消费的主力。三是制造社会紧张和冲突，不利于经济持续增长。四是高贫困率和高度不平等还会危害社会制度，比如导致"精英掌控"（如规章制度和公共服务偏袒当权者）等现象，或者迫使政治家出台常常扭曲资源配置和妨碍宏观经济稳定的民粹主义政策。

衡量贫困的方法通常是计算家庭人均收入或消费支出低于某个门槛或贫困线的人口数量或人口比例。本章采用两种贫困线。一种是国际贫困线，可用来比较各国的贫困状况。国际社会较为通用的是每人每天1.90美元（按2011年购买力平价计算）的贫困线，这是用来衡量极端贫困水平的标准。这一贫困线反映满足一个人最低食物需求和非食物需求所需要的支出。另一种是各个国家自己设定的国家贫困线。国家贫困线通常代表不同的消费和／或收入水平，一般用于分析单个国家的贫困情况。基于国家贫困线的贫困估计的一个主要优势是数据覆盖的时间较长。

另外，收入不平等涉及收入如何在个人或家庭之间分配。衡量收入不平等的一个常用指标是基尼系数。当全社会每个人的收入水平相同时，基尼系数为0，意味着完全平等；当所有收入归一人所有时，基尼系数为100，意味着完全不平等。其他广泛使用的衡量指标包括最富有的1%、5%、10%或20%社会人口的收入（财富）比例，最贫困的1%、5%、10%或20%社会人口的收入（财富）比例，或者两者之比。收入不平等可以用税前和转移支付前的收入进行计算，衡量的是市场收入的差距；也可以用税后和转移支付后的收入进行计算，衡量的是政府进行收入再分配后的收入差距。

虽然一个国家的个人或家庭收入分配数据最适合用来估算该国的收入不平等情况，但许多发展中国家缺少此类数据，因此常用的数据是家庭消费支出数据。还有一种观点支持衡量消费支出不平等，因为消费与人类福祉的相关度更高。此外，在老龄化社会，根据消费情况衡量不平等可以更好地反映真正的不平等，因为进入老年后个人和家庭的收入会下降，即使他们基于个人财富的消费不一定会减少。

虽然贫困和不平等是两个不同的概念，但二者相互关联，同时都与经济增长模式相关。不平等涉及全部人口的收入分配，而贫困主要涉及处于收入分配末端的人口，特别是那些生活在贫困线以下的人口。例如，当经济增长为贫困者创造更多就业机会时，贫困和收入不平等都会下降。相比之下，当经济增长由技能和资本密集型生产驱动时，拥有技能和资本的人会获得更多收入，致使收入不平等增加。在这种情况下，随着经济增长的成果逐渐惠及更多的贫困人口，贫困仍然可能减少。随着时间的推移，这两种模式都在亚洲出现了。

人们经常认为一个国家的收入不平等与其发展阶段有关。按照库兹涅茨假说[1]，一个国家的收入不平等可能在发展初期呈扩大趋势，当国民收入达到一定水平时会趋于稳定，当该国越来越发达时会逐步缩小（"倒U形曲线"）。

造成这种倒U形曲线的原因众说纷纭。库兹涅茨指出，城镇化一开始可能会加剧一个国家的收入不平等，因为此时劳动者从农村传统的、收入较低且比较平等的农业部门转向收入较高的城市从事工业和服务业。当农村地区有大量剩余劳动力时，情况尤其如此（详见第3章）。有人指出，经济起飞往往始于少数企业家投资新技术和生产性资产，逐步积累资本，然后才能带动更多的人获得收入增长。还有人认为，早期阶段的资本积累过程及其用于生产性资产的进一步投资推进了工业化。

随着更多的人从低收入农业生产转向高收入城市工业生产，农村地区的剩余劳动力枯竭，导致工业部门的工资进一步增加。由于人均土地增加，生产力提高，农民的收入也有所提升。这种城镇化进程以及随之而来的城乡收入差距缩小能够使整体收入不平等缩小。此外，随着国家变得富裕，中产阶级日益壮大，平等主义思想深入人心，政府在压力之下会通过税收

---

[1] Kuznets, S. 1955. Economic Growth and Income Inequality. *American Economic Review*. 45 (March). pp. 1–28.

和转移支付，在更大范围内进行收入再分配，从而减少收入不平等。但是这个过程不是必然的，需要适当的政府行动。

库兹涅茨假说是基于1875—1950年的部分选定年份里，主要在德国、英国和美国观测到的经验数据。然而，人们注意到，20世纪早期（1915—1945年）美国收入不平等的缩小主要是由于一战、经济大萧条和二战对资本收益的不利影响，而非遵循库兹涅茨假说中的过程。[1]

11.2.2　关于贫困、不平等和增长等问题的思路演变

20世纪50年代和60年代，各亚洲发展中经济体纷纷将提高全民生活水平和消除贫困置于国家建设战略和发展的核心位置。减贫需要通过快速工业化和加速经济增长来实现。这对处于普遍贫困和80%~90%的农村人口依赖自给农业的国家来说是一个必然的途径。例如，中国1954年的政府工作报告中指出，不建设起强大的现代化的工业、现代化的农业、现代化的交通运输业和现代化的国防，中国就不能摆脱落后和贫困。印度在总理贾瓦哈拉尔·尼赫鲁（Jawaharlal Nehru）的领导下，其第一个五年计划（1951—1956年）指出，普遍贫困以及收入、财富和机会的不平等困扰着印度，提高产量、根除贫困和消除不平等要同时推进。

虽然大多数国家都强调通过工业化和加速经济增长来消除贫困，但不同国家为实现该目标所采取的方式大相径庭。蒙古国、中国、越南（1975年前的北越）和所有中亚国家（原苏联加盟共和国）等将土地、工厂和自然资源收归国有，实行社会主义中央计划经济模式。这种模式一直持续到20世纪80年代或90年代，当时启动了市场化改革（详见第2章）。

大多数其他发展中国家采用一种既依赖市场力量又依赖国家干预资源分配的混合经济模式。然而，采用这种模式的国家所实行的社会制度也有很大差异，特别是在发展的早期阶段。南亚经济体（孟加拉国、印度、巴基斯坦和斯里兰卡）更倾向于社会主义政策，更多地依赖国有企业、国家

---

[1] Piketty, T. 2006. The Kuznets Curve: Yesterday and Tomorrow. In Banerjee, A. V., R. Bénabou, and D. Mookherjee, eds. *Understanding Poverty*. New York: Oxford University Press. pp. 63–72.

对工业的控制，以及限制贸易和国外投资的内向型经济。东亚和东南亚的许多经济体则更倾向于亲市场政策，更多地依赖私营部门和促进贸易、吸引外资的外向型经济。

采用混合经济模式的经济体通过加速增长来减少贫困，并常常辅之以各种措施来扩大民众获得土地、教育、医疗卫生和基础设施的机会。例如，20世纪40年代末和50年代初，东亚的韩国和中国台湾实施土地改革，将土地从富裕的地主手中重新分配给贫困的无地农民。印度和菲律宾也进行了土地改革，但实施范围比较有限（详见第4章）。许多国家还努力改善农村基础设施，如道路、灌溉系统和电气化。

20世纪60年代和70年代，亚洲发展中经济体普遍认识到通过公共部门干预来扩大民众获得医疗卫生、营养和教育机会的重要性（详见第6章），从而促进机会平等。例如，20世纪60年代和70年代，新兴工业经济体推行亲市场和亲商业的政策，使劳动密集型制造业快速增长，同时基础教育的普及使劳动者能够获得学习制造企业所需技能的能力，从而大大促进了减贫。

到20世纪80年代，全球发展思想中出现了一种共识，即认为以市场为导向的方法能更好地促进增长（详见第2章）。这意味着更注重利用现有劳动力资源，而非过于注重促进资本密集型产业。关于减贫的思路，开始强调两个同等重要的要素。其中一个要素是充分利用劳动力，促进以市场为基础的增长。另一个要素与当时流行的"人类基本需求"理念一致，倡导向穷困者提供包括基础教育和初级医疗卫生在内的基本公共服务。这也受到了诺贝尔奖获得者阿马蒂亚·森（Amartya Sen）提出的"能力方法"（"capability approach"）的影响。[1] 这个方法主张不能仅用GDP衡量经济福利，强调"增强民众权能"的重要性，让人们选择自己想要的生活。重要的是，人们需要获得良好的医疗卫生、教育、市场和金融服务。

"能力方法"还激发了1990年联合国人类发展指数的开发。该指数扩大了贫困范围，将非收入层面的内容纳入其中。2000年通过的千年发展目标将健康、教育、饮用水和卫生设施以及性别平等列为除消除收入贫困之外

---

[1] Sen, A. 1985. *Commodities and Capabilities*. Amsterdam: North-Holland.

的减贫目标。2015年通过的可持续发展目标进一步扩展了发展议程，增加了气候行动、清洁饮用水、陆地生物、可持续城市和体面工作等方面的目标。牛津大学贫困与人类发展中心连同联合国开发计划署于2010年开发的全球多维贫困指数也是旨在衡量非收入贫困。

以市场为导向的发展模式意味着增长是优先事项，尤其是如果快速增长会带来快速减贫的话，而这正是许多人所认为的。因此，中国从1978年开始转变发展模式，允许由市场决定价格，鼓励私营部门发展，促进贸易和外来投资。按照中国领导人邓小平所说，通过"让一部分人先富起来"，这个政策转变能够为所有人带来繁荣。1986年以后，越南仿效中国实行市场化改革。印度从1991年开始进行贸易和投资自由化改革。南亚、东南亚、中亚（苏联解体后）和太平洋地区的许多其他国家也实施了市场化改革（详见第2章）。

这些市场化改革为私营企业和企业家扩大贸易和投资提供了强大的动力，使许多亚洲国家从科技进步（如信息与通信技术和自动化）、全球化（在贸易、投资和金融方面）以及国家间日益密切的文化交流中受益。然而，自20世纪90年代以来，许多国家在增长和减贫方面取得成就的同时，收入不平等快速加大。于是，解决收入不平等成为各亚洲发展中经济体的一个关键的政策着力点。

11.3 亚洲在减贫方面的成就

11.3.1 减贫的总体趋势

在过去半个世纪里，亚洲出现了两次大规模的减贫。第一次发生在20世纪60年代到80年代（尤其是80年代初），与新兴工业经济体和几个东南亚经济体的快速经济增长同步（见图11.1）。经济增长越快的经济体，其贫困力度越大。

第二次大规模减贫从20世纪80年代开始，一直持续到今天。这一次减贫涉及印度、中国和其他许多国家，大体与经济改革和经济增长加速同步（见图11.2）。截至目前，这些国家的贫困人口数量和贫困人口比例均大幅下降（见表11.1）。1981—2015年，印度和中国对亚洲发展中经济体减贫的贡献率合计达到82%。1981年，亚洲发展中经济体有68%的人口（即16亿人）生活在每日1.90美元的国际贫困线以下。到2015年，极端贫困率降至约7%（约2.64亿人）。

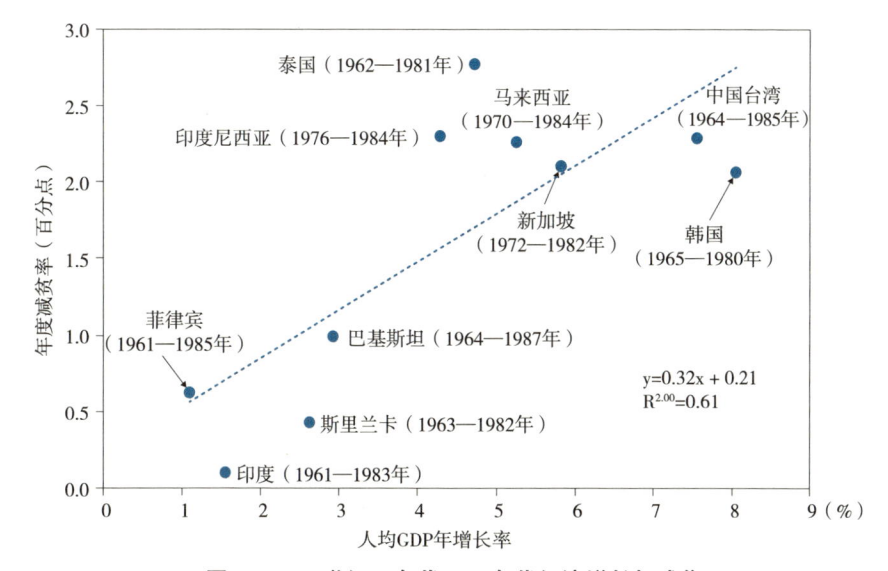

图11.1　20世纪60年代至80年代经济增长与减贫

注：贫困率采用国家贫困线衡量。

资料来源：印度的数据源自：Datt, G. 1998. Poverty in India and Indian States: An Update. *The Indian Journal of Labour Economics*. 41 (2). pp. 191–211；印度尼西亚的数据源自：Tjiptoherijanto, P., and S. Remi. 2001. *Poverty and Inequality in Indonesia: Trends and Programs*. Paper presented at the International Conference on the Chinese Economy "Achieving Growth with Equity." Beijing. 4–6 July；马来西亚的数据源自：Abhayaratne, A. 2004. *Poverty Reduction Strategies in Malaysia, 1970–2000: Some Lessons*；巴基斯坦的数据源自：Kemal, A. R. Undated. *State of Poverty in Pakistan: Overview and Trends*. http://siteresources.worldbank.org/PAKISTANEXTN/Resources/pdf-Files-in-Events/Briefing-on-PRSP/OverviewAndTrends.pdf；菲律宾的数据源自：World Bank. 1995. *Philippines: A Strategy to Fight Poverty*. http://documents.worldbank.org/curated/en/340011468758997924/pdf/multi0page.pdf；韩国的数据源自：Kwon, H. J., and I. Yi. 2009. Economic Development and Poverty Reduction in Korea: Governing Multifunctional Institutions. *Development and Change*. 40. pp. 769–792；新加坡和斯里兰卡的数据源自：World Bank. 1993. *The East Asian Miracle: Economic Growth and Public Policy*. New York: Oxford University Press；中国台湾的数据源自：Warr, P. 2000. *Poverty Reduction and Economic Growth: The Asian Experience*. Manila: Asian Development Bank；泰国的数据源自：Warr, P. 2004. Globalization, Growth, and Poverty Reduction in Thailand. *ASEAN Economic Bulletin*. 21 (1). 1–18.

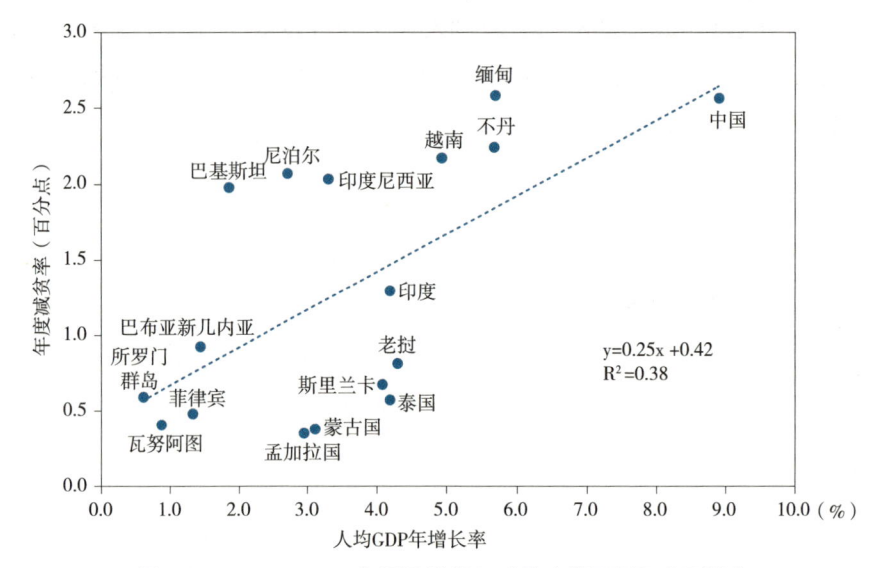

图11.2 1981—2015年经济增长与减贫（基于国际贫困线）

注：贫困率采用每日1.90美元的国际极端贫困线衡量。大多数经济体的起始年份是1981年，老挝的起始年份是1984年，所罗门群岛的起始年份是1990年。

资料来源：世界银行PovcalNet数据库，http://iresearch.worldbank.org/Povcal Net/home.aspx（2019年11月7日访问）；世界银行，《世界发展指标》，https://data.worldbank.org（2019年8月2日访问）。

过去几十年来，亚洲经济强劲增长，催生了大量的中产阶级。[1] 按家庭人均支出每日3.20美元至32美元（按2011年购买力平价计算）界定中产阶级，则亚洲发展中经济体在1981年时只有13%的人口可被视为中产阶级。[2] 到2015年，这一比例增加到近69%。亚洲发展中经济体的消费支出快速增加，反映出中产阶级日益壮大，支撑区域增长和全球增长。[3]

---

[1] Asian Development Bank (ADB). 2010. *Key Indicators for Asia and the Pacific 2010: Asia's Emerging Middle Class: Past, Present, and Future*. Manila.

[2] 亚行的估算基于29个亚洲发展中经济体1981年和2015年的PovcalNet数据。按2011年购买力平价计算的每日3.20美元至32美元大致相当于按2005年购买力平价计算的每日2美元至20美元。亚行在《2010年亚太地区关键指标》中使用后者估算中产阶级的规模。

[3] ADB. 2019. *Asian Development Outlook 2019 Update: Fostering Growth and Inclusion in Asia's Cities*. Manila.

表 11.1　　　1981—2015 年亚洲发展中经济体的减贫情况[1]

贫困人口数量，单位：百万人；括号内为贫困率，单位：%

地区	1981 年	1990 年	2002 年	2010 年	2015 年
亚洲发展中经济体	1,604.8（68.1）	1,503.8（53.6）	1,107.2（33.1）	620.3（17.0）	263.9（6.9）
中亚	6.3（11.4）	8.1（12.3）	22.3（31.1）	10.1（12.8）	5.3（6.2）
东亚	876.5（84.7）	752.2（63.7）	405.7（30.5）	149.9（10.8）	10.1（0.7）
中国	875.3（88.1）	751.8（66.2）	405.4（31.7）	149.6（11.2）	10.0（0.7）
南亚[2]	506.4（55.7）	530.0（47.3）	546.4（38.6）	393.8（24.6）	212.4（12.4）
印度	409.4（57.4）	412.4（47.5）	445.4（40.9）	342.9（27.9）	175.7（13.4）
东南亚	213.4（60.1）	210.4（48.8）	128.8（24.7）	63.2（11.0）	33.1（5.4）
太平洋地区[3]	2.2（49.9）	3.0（51.1）	4.0（45.7）	3.3（32.3）	2.9（25.7）
拉丁美洲和加勒比地区	49.5（13.5）	65.5（14.8）	63.1（11.8）	36.7（6.2）	24.3（3.9）
撒哈拉以南非洲	193.9（48.8）	280.2（54.7）	390.9（55.3）	408.5（46.5）	416.4（41.4）
发展中世界[4]	1,897.8（51.7）	1,892.9（43.2）	1,595.9（30.2）	1,084.9（8.4）	727.1（11.6）

注：[1] 按每日 1.90 美元的国际贫困线衡量。次区域估算根据世界银行的 PovcalNet 常用参考年度数据得出，这些数据基于实际调查或外插法（或内插法）。

[2] 马尔代夫 1981 年和 1990 年的数据未获取。

[3] 密克罗尼西亚联邦、萨摩亚、东帝汶和图瓦卢 1981 年的数据未获取。

[4] 发展中世界是指全世界除高收入国家之外的地区。

资料来源：亚洲开发银行的估算；世界银行 PovcalNet 数据库，http://iresearch.worldbank.org/PovcalNet/home.aspx（2019 年 11 月 7 日访问）。

11.3.2　减贫的国别经验

国别案例更加清楚地显示了经济增长对减贫的重要性。

韩国是最著名的成功减贫案例之一。20 世纪 50 年代，韩国是世界上最贫困的国家之一，大多数人依靠自给农业为生。在 1950—1953 年朝鲜战争期间，饥饿和贫困遍及全国，大量基础设施遭到破坏。即使是在 20 世纪 60 年代中期，仍有 60%~70% 的人口生活在国家贫困线以下。在随后的 30 年里，韩国的 GDP 每年增长约 10%，到 20 世纪 90 年代中期,其绝对贫困率降至3.4%。贫困率的下降伴以人类发展指标的显著改善。[1]

在实行了近30年的苏联模式中央计划经济后,1981年中国的极端贫困率(按每日1.90美元的国际贫困线衡量)仍高达88.1%(见表11.1)。在随后40多年的改革开放中,中国经济快速增长,年增长率接近10%,贫困率大幅下降,降至0.7%。降幅的一半发生在1995年之前,与重大农业改革同步。改革措施包括在1978—1984年实行家庭联产承包责任制和农产品价格自由化,这大大增加了农民家庭收入。此外,农村剩余劳动力从农业转移到制造业和服务业,这一进程也提高了农村收入。

在越南,极端贫困率从1981年的76.3%降至2015年的2.4%,其根本原因与中国相似。越南于1986年开始推行经济改革,1989年改革速度开始加快。改革最初也是侧重于农业,实行去集体化、土地改革和放松价格管控。改革的主要受益领域是大米生产。在多年进口谷物后,越南迅速成为世界第三大大米出口国。改革提高了农村收入,贫困人口大幅减少。随着改革逐步扩大到城市和工业部门,改革为城市居民和农村剩余劳动力创造了大量的就业机会。

在印度尼西亚,按国家贫困线衡量的贫困率从1970年的60%降至1990年的15%。贫困率的下降由强劲的经济增长(平均每年6.6%)所推动,而强劲的经济增长使快速发展的劳动密集型制造业吸收了农村地区的剩余劳动力。另外,20世纪70年代的绿色革命在减少农村贫困人口方面也发挥了关键作用。然而,1997—1998年亚洲金融危机打断了减贫进程。1998年该国经济缩减13%,导致大规模失业,贫困率从1996年的17.5%激增到1999年的23.4%。从2000年开始,在宏观经济稳定政策和结构改革的支持下,经济快速复苏,减贫进程得以恢复。按国家贫困线衡量的贫困率在2009年降至14%,2019年降至9%。

1951年至20世纪70年代初,印度经济增长缓慢且不稳定,基于国家贫困线的贫困率在40%到60%之间浮动,趋势不明显。[2] 从20世纪70年代

---

[1] Henderson, J., et al. 2002. Economic Governance and Poverty Reduction in South Korea. *Working Paper*. 439. Manchester Business School.

[2] Panagariya, A. 2008. *India: The Emerging Giant*. New Delhi: Oxford University Press.

中期起，情况开始发生变化，先是受绿色革命影响，后来随着早期贸易和工业改革产生效果，经济增长稳中有升。1991年印度开始实行大规模经济自由化，减贫速度加快。按国家贫困线衡量的贫困率从1970年的55%降至2011年的22%。1991年后，城市地区和制造业的增长成为减贫的重要推动因素。

在1971年孟加拉国独立之时，按国家贫困线衡量的贫困率估计为70%，到2000年降至约50%，2018年进一步降至22%。在经历了一段时期的内向型经济和高度国家管控之后，该国开始推行市场化改革，包括20世纪70年代末实行农业用品市场自由化，20世纪80年代放松工业管制，20世纪90年代初出台使服装业受益的自由贸易政策。此外，非政府组织和社区组织对减贫工作发挥了关键作用。[①]

中亚国家（亚美尼亚、阿塞拜疆、格鲁吉亚、哈萨克斯坦、吉尔吉斯斯坦、塔吉克斯坦、土库曼斯坦和乌兹别克斯坦）在1991年纷纷获得独立。尽管在苏联时期这些国家的极端贫困率差异很大，但数据显示，这些国家独立后的极端贫困率不断上升，2002年整个次区域的极端贫困率达到31.3%，而1990年时为大约12.3%，1981年时为11.4%。到2010年，极端贫困率急剧降至12.8%，2015年进一步降至6.2%（见表11.1）。

20世纪80年代和90年代，太平洋地区的经济表现欠佳，人口快速增长，贫困率（按每日1.90美元的国际贫困线衡量）在2002年为45.7%。此后，受资源出口等因素推动，经济增长向好，极端贫困率在2015年下降到25.7%（见表11.1）。虽然太平洋岛国正致力于偏远农村地区减贫，但这些国家容易遭受自然灾害和外部经济冲击的影响，减贫进程常常中断。[②] 发展援助对该次区域的减贫工作发挥着重要作用。

---

① World Bank. 2003. *Bangladesh - Development Policy Review: Impressive Achievements but Continuing Challenges*. Washington, DC.
② 虽然太平洋地区按每日货币消费衡量的贫困率很高，但该次区域的极端贫困很少，因为很大一部分人口以自给农业为生，而且有非正规的以社区为基础的社会安全网支持。然而，该地区容易遭受由环境或经济冲击带来的突发贫困，特别是偏远外岛社区，这一直是个亟须解决的主要问题。

11.4　20世纪60年代至80年代收入不平等趋于稳定

现有的有限数据表明，在20世纪60年代，包括日本、韩国和中国台湾在内的一些东亚经济体的收入不平等情况相对较为温和，人均可支配收入基尼系数为31~34。中国作为一个社会主义国家，其收入不平等情况也比较温和，虽然没有可用数据支持。然而，包括马来西亚、菲律宾和泰国在内的一些东南亚经济体的收入不平等情况较为严峻，基尼系数为40~50。南亚国家（包括孟加拉国、印度、巴基斯坦和斯里兰卡）位居中间，基尼系数为30~40。[①]

由于二战、战后余波和战后改革等原因，日本、中国、韩国和中国台湾在20世纪50年代的收入不平等情况较为温和。在推行土地改革后，贫困和低收入农民可以以低价从比较富裕的地主手里购买土地（详见第4章）。在中国，地主的土地被没收，重新分配给贫苦农民。在东南亚和南亚，由于殖民遗留问题，产权制度和土地所有制比较繁杂，土地改革实施起来既困难又缓慢，不像东亚那样彻底，对收入分配的影响也非常有限。

20世纪60年代至80年代，尽管大多数亚洲发展中经济体的经济增长速度存在巨大差异，但无论其初始水平如何，收入不平等都保持了稳定。东亚和东南亚的许多经济体增长迅速，而收入不平等保持稳定，甚至有所下降，这种模式被称为"公平增长"。代表"东亚奇迹"的八个高绩效亚洲经济体包括印度尼西亚、日本（见专栏11.1）、马来西亚、韩国、新加坡、泰国、中国香港和中国台湾，其人均GDP在1965—1990年平均每年增长5.5%。在此期间，这些经济体的基尼系数下降或稳定在较低的水平。

"公平增长"模式归因于两个主要因素。一是东亚和东南亚在此期间增长面广，农业和劳动密集型制造业发展势头强劲，贸易不断扩大，中小企业发展迅猛。[②]这种增长模式为人们创造了就业机会，增加了低收入农村人口和城市工人的收入。二是包容性社会政策和农村发展。

[①][②]　World Bank. 1993. *The East Asian Miracle: Economic Growth and Public Policy*. New York: Oxford University Press.

专栏11.1 日本过去50年来的经济不平等

日本常常被认为是一个收入不平等情况相对较为温和的国家。然而，在二战之前，日本的收入分配非常不平等。据估计，1920年日本的市场收入基尼系数为53，1937年为57（见专栏图）。1937年，收入最高的1%人口拥有约20%的收入份额。[①]二战前的工业化导致贫富收入差距急剧扩大。

专栏图　1895—2015年日本的基尼系数

资料来源：1895—1939年的数据源自：Minami, R. 2008. Income Distribution of Japan: Historical Perspective and Its Implications. *Japan Labor Review*. 5 (4). pp. 5–20；1960—1984年的数据源自：Tachibanaki, T. 2006. *Kakusa Shakai: Nani ga mondai nanoka* [The Divided Society: What Are the Issues?] Tokyo: Iwanami Shoten；1986—2015年的数据源自：Organisation for Economic Co-operation and Development (OECD). OECD Statistics. https://stats.oecd.org/（2019年6月21日访问）。

日本的收入不平等情况在二战后大幅改善。1948年，收入最高的1%人口拥有的收入份额降至8%，资本收益几乎为零。1961年，市场收入基尼系数估计为39。收入不平等情况显著改善的原因是战争破坏、高通胀和战后迅速实施的政策，包括大刀阔斧的土地改革和解散家族财阀（大型企业集团）。

20世纪60年代和70年代，尽管经济快速增长，但收入不平等仍保持稳定，甚至有所改善。这种公平增长模式由多个因素促成，包括：（1）增长面广；（2）农业政策，如管控大米价格、政府支持农民获得信贷和技术；（3）在农村地区扩大公共基础设施投资，促进"整个国家协调发展"；（4）中央政府向贫困地区进行财政转移支付；（5）提供高质量公共教育，实行全民健康覆盖（1961年），改善社会保障制度；（6）劳动法改革后，工会的影响力增加；（7）高累进个人所得税和遗产税（日本国家所得税最高边际税率高达70%，地方所得税最高边际税率为18%，总计88%，遗产税最高边际税率为75%，直到20世纪80年代末，税率才有所降低）。

然而，如今与大多数发达经济体一样，日本的收入不平等情况一直在加剧。市场收入基尼系数从1985年的34.5上升到2015年的50.4，税后和转移支付后可支配收入基尼系数从30.4上升到33.9。

与许多其他国家一样，自20世纪80年代以来，科技进步和全球化可能加剧了日本的收入不平等。其他重要促成因素包括用工制度的变化（如更多地采用固定期劳动合同和聘用兼职工人，尤其是在1990年资产泡沫破裂后）和人口老龄化。据估计，自20世纪80年代以来，人口老龄化对日本收入不平等加剧的贡献度达到了50%。[②] 与年轻一代相比，老年人的收入较低，而且他们之间的收入差距也较大，所以人口老龄化会加剧整体收入不平等。

资料来源：亚洲开发银行；Moriguchi, C., and E. Saez. 2008; Ohtake, F. and M. Saito. 1998.

———

[①] Moriguchi, C., and E. Saez. 2008. The Evolution of Income Concentration in Japan, 1886–2005: Evidence from Income Tax Statistics. *The Review of Economics and Statistics*. 90 (4). pp. 713–734.

[②] Ohtake, F., and M. Saito. 1998. Population Aging and Consumption Inequality in Japan. *Review of Income and Wealth*. 44 (3). pp. 361–381.

相比之下，20世纪60年代至80年代，大多数南亚国家的收入不平等也保持适中和稳定，但经济增长缓慢。例如，1961—1988年，印度的家庭支出差距略有波动，平均基尼系数为32，[①] 而人均GDP年增长率不到2%。这一

———

[①] Chancel, L., and T. Piketty. 2017. Indian Income Inequality, 1922–2014: From British Raj to Billionaire Raj? *CEPR Discussion Paper*. No. DP12409. Washington, DC: Center for Economic and Policy Research.

时期，大多数南亚国家增长疲软，在很大程度上是由于内向型经济政策和国家对经济的严格管控造成的（详见第2章）。这限制了现代劳动密集型制造业的发展，而且还带来了其他不利影响。

11.5　20世纪90年代以来收入不平等加剧

11.5.1　收入不平等的最近趋势

自20世纪90年代以来，亚洲发展中经济体的增长速度加快，增长变得更加广泛，使贫困进一步减少。然而，与20世纪60年代至80年代的"公平增长"模式相比，许多国家的收入不平等加剧，包括人口最多的三个国家：中国、印度和印度尼西亚（见图11.3）。家庭消费支出数据显示，印度的基尼系数在1993年至2012年期间增加了4个点，印度尼西亚的基尼系数在1990年至2017年期间增加了7个点。在中国，人均家庭可支配收入基尼系数在1990年至2017年增加了近12个点。①

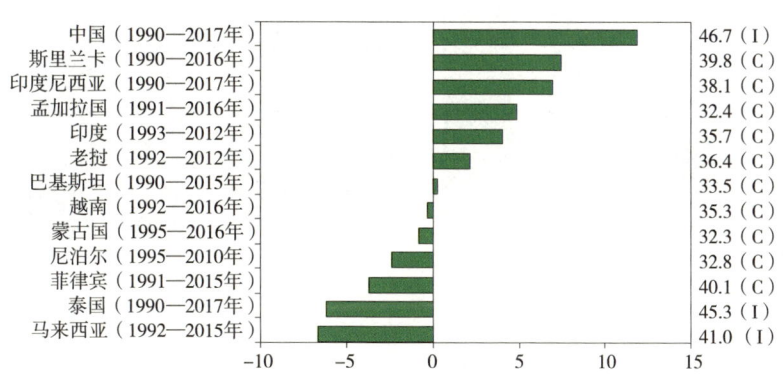

国家（年份）	基尼系数变化	最终水平
中国（1990—2017年）		46.7（I）
斯里兰卡（1990—2016年）		39.8（C）
印度尼西亚（1990—2017年）		38.1（C）
孟加拉国（1991—2016年）		32.4（C）
印度（1993—2012年）		35.7（C）
老挝（1992—2012年）		36.4（C）
巴基斯坦（1990—2015年）		33.5（C）
越南（1992—2016年）		35.3（C）
蒙古国（1995—2016年）		32.3（C）
尼泊尔（1995—2010年）		32.8（C）
菲律宾（1991—2015年）		40.1（C）
泰国（1990—2017年）		45.3（I）
马来西亚（1992—2015年）		41.0（I）

图11.3　20世纪90年代至21世纪第二个十年东亚、南亚和东南亚部分经济体的基尼系数变化情况

注：绿色横条表示两个所指年份之间基尼系数的变化情况。右侧数字表示最后一年的基尼系数水平。括号内字母I表示基尼系数是按收入计算，C表示基尼系数是按消费支出计算。

资料来源：世界银行PovcalNet数据库，http://iresearch.worldbank.org/PovcalNet/home.aspx（2019年10月1日访问）；中国的数据源自中国国家统计局，《中国统计年鉴》，http://www.stats.gov.cn/english/Statisticaldata/AnnualData/（2019年3月1日访问）；泰国的数据源自国家经济和社会发展委员会，《社会发展指标》，http://www.nesdb.go.th/nesdb_en/main.php?filename=social_dev_report（2019年3月1日访问）。

---

① 中国的收入不平等从20世纪80年代中期开始加剧。

马来西亚、菲律宾和泰国等国家的基尼系数在1990年至2017年期间出现下降。然而，基尼系数可能无法充分反映由高收入人群收入快速增长所带来的收入不平等。例如，据估计，1988—2011年泰国收入最高的1%人口（主要由企业主、房地产所有者和公司高管组成）的收入增长速度几乎是平均收入的三倍，[1]尽管同期基尼系数有所下降。近几十年来，马来西亚的基尼系数呈下降趋势，有人认为这主要是由于与"新经济政策"相关的平权行动缩小了族群之间的收入差距。[2]

人均财富基尼系数是另一个衡量不平等的关键指标，但只有为数不多的经济体有可用数据。该系数表明，财富分配比收入分配更加不平等（见图11.4）。2018年，印度、印度尼西亚、哈萨克斯坦和泰国的财富基尼系数高于80，中国、新加坡和中国台湾的财富基尼系数为70~76。

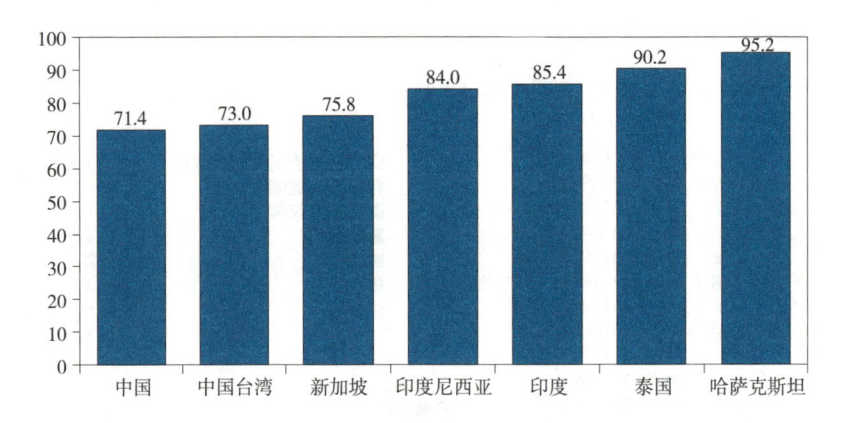

经济体	财富基尼系数
中国	71.4
中国台湾	73.0
新加坡	75.8
印度尼西亚	84.0
印度	85.4
泰国	90.2
哈萨克斯坦	95.2

图11.4　2018年部分亚洲经济体的财富基尼系数

注：只有数据好或比较好的经济体才列报。

资料来源：Credit Suisse. 2018. *Global Wealth Databook 2018*. Zurich.

实证研究表明，一些亚洲国家的财富不平等情况也在加剧。例如，在中国，最富裕的10%家庭拥有的财富份额从1990年的41%上升至2015年的

---

[1] Pootrakul, K. 2013. *Khunaphap kan charoen toepto jak miti khong kan krajai raidai panha lae thang ook* [The Quality of Growth from the Perspective of Income Distribution: Problems and Solutions]. Paper presented at the Bank of Thailand Annual Seminar. 19 September.

[2] Ravallion, M. 2019. Ethnic Inequality and Poverty in Malaysia Since 1969. *NBER Working Paper Series*. No. w25640. Cambridge, MA: National Bureau of Economic Research.

67%。在印度，这一比例在1991年至2012年期间从51%上升至63%。[1] 与这种趋势相一致，亚洲发展中经济体的亿万富翁人数大幅增加。据《福布斯》杂志报道，1987年亚洲发展中经济体拥有14个亿万富翁（以净资产计），2000年增加到47个，到2019年增加到698个。[2]

11.5.2 收入不平等加剧的原因

收入不平等加剧不只发生在亚洲发展中经济体。近几十年来，大多数经合组织成员国的收入不平等也在扩大。研究和政策讨论将科技进步和全球化列为全球收入不平等加剧的关键推动因素，尽管这两者也推动了亚洲和世界各地的经济快速增长。

科技进步能够通过两个途径影响收入分配。一是对资本的需求增加，以及对劳动力的需求减少，导致资本回报增加，而劳动者的工资减少。根据亚行的一项研究[3]，在印度、印度尼西亚、中国、韩国、新加坡和中国台湾，劳动者收入占制造业总增加值的份额在20世纪90年代初至21世纪第一个十年的中期呈下降趋势，这意味着资本收益的份额在增加。由于资本收益主要流向更富裕的个人和家庭，因此资本收益的份额上升使收入分配更加不平等。近几十年来，包括日本在内的许多经合组织成员国也出现了资本收益份额上升和劳动者收入份额下降的情况。[4]

二是对高技能劳动力（即受教育程度更高的劳动力）的需求增加，以及对低技能劳动力的需求减少，导致两者之间的工资差距扩大，产生"技能溢价"。过去二三十年来，高技能劳动力与低技能劳动力之间的工资差距在发达国家和发展中国家均不断增加。

例如，1999—2005年，中国接受过大学或以上教育的劳动者收入高于接受过高中或以下教育的劳动者收入，每小时工资溢价（hourly earnings premium）从

---

[1] Wid.World. World Inequality Database. https://wid.world/wid-world/（2019年4月26日访问）。
[2] 《福布斯》亿万富翁榜是根据采用2019年2月8日的股票价格和汇率计算的财富排列的（Forbes. *Billionaires: The Richest People in the World*. https://www.forbes.com/worlds-billionaires）。
[3] ADB. 2012. *Asian Development Outlook 2012: Confronting Rising Inequality in Asia*. Manila.
[4] 在许多经合组织经济体，造成20世纪80年代以来资本收益份额上升和工资收入份额下降的其中一个原因是限制工会权力的政策导致工人谈判地位削弱。

41%增至58%。[1]越南的这一数据在1992年至2006年期间从23%跃增至57%。在印度，工薪劳动者中管理人员和专业技术人员的收入增长最快。[2]

虽然人们对于科技进步如何导致最近收入不平等加剧这一问题的观点普遍一致，但关于全球化如何影响收入分配的意见却不一。标准的贸易理论预言，对于拥有大量低技能劳动力的发展中国家来说，开放经济能提高低技能劳动力的工资，而不是高技能劳动力的工资，因为这些国家将主要专注于生产和出口低技能劳动力密集型商品。根据这一理论，贸易全球化应有助于减少发展中国家的收入不平等。东亚和东南亚早期的"公平增长"模式与这个论点一致。

然而，最近的研究发现，贸易全球化不一定减少发展中国家的收入不平等。其中的一种解释是，当今贸易往往伴随着新技术的应用，特别是当与外商直接投资和全球价值链相关时。由于新技术通常需要更多的高技能劳动者，而不是低技能劳动者，因此更大的贸易开放会增加发展中国家对高技能劳动力的需求，而不是对低技能劳动力的需求。这就会造成工资差距扩大，即使低技能劳动者的工资也在上涨，而且这还有助于减贫。此外，由于新技术和资本常常互补协同，贸易自由化还会影响资本收益与劳动者收入之间的收入分配：增加资本的份额，而减少劳动者的份额。当在发展中国家投资的外国公司与熟悉当地情况的当地企业合作时，情况尤其如此。有些投资接收国会通过投资法对外商投资份额进行限制，迫使外商直接投资者必须寻找当地企业合作。

此外，无论是在制造业、服务业、房地产业还是金融业，科技进步和全球化都创造了许多新的经济机遇。成功往往伴随着高额的经济租金，表现为很高的高管薪酬或暴利。能够利用这些新机会的人既包括率先行动的企业家（如《福布斯》富豪榜上从事电子商务的亿万富翁），也包括在新宠位置拥有大量土地的人。超级富豪越来越多，成为亚洲和全球收入和财富不平等加剧的关键促成因素。[3]当税收制度不起作用时，这种情况有可能加

---

[1] Di Gropello, E., and C. Sakellariou. 2010. Industry and Skill Wage Premiums in East Asia. *World Bank Policy Research Working Paper*. No. 5379. Washington, DC: World Bank.

[2] Cain, J., et al. 2010. Accounting for Inequality in India: Evidence from Household Expenditures. *World Development*. 38 (3). pp. 282–297.

[3] Piketty, T. 2017. *Capital in the Twenty-First Century*. Cambridge, MA: Harvard University Press.

剧社会矛盾。

科技进步和全球化不仅影响资本与劳动力之间以及高技能劳动者与低技能劳动者之间的收入分配，还影响城市与农村之间以及不同地区之间的收入分配。这是因为科技进步、全球化以及市场化改革推动的增长通常率先在沿海地区（离贸易路线和世界市场更近）和城市（拥有更好的基础设施）发生，然后才扩展到其他地区。这种增长模式会导致区域不平等加剧，特别是在发展的早期阶段。二元经济结构和劳动力流动障碍（如中国的户籍制度）会使这种情况更加严重。在中国，城乡收入差距扩大和地区差异增加是过去30年来收入不平等加剧的主要推动因素之一。

亚洲发展中经济体收入不平等加剧或维持高位的另一个重要推动因素是，通过税收和社会保障性转移支付的收入再分配所发挥的作用有限，特别是与发达国家相比。在发达国家，收入再分配在减少收入不平等方面发挥着非常重要的作用（见表11.2）。例如，2015年，经合组织成员国税收和转移支付使平均基尼系数降低了33.2%（15.4个基尼点），而亚洲发展中经济体只降低了6.3%（2.6个基尼点）。国家越富裕，收入再分配作用越大，这是库兹涅茨倒U形假说的基本假设之一。

表11.2　　2015年亚洲的收入不平等及与世界其他地区的对比

地区	税前和转移支付前的基尼系数（平均值）	税后和转移支付后的基尼系数（平均值）	差额（%）
亚洲发展中经济体	40.0	37.4	（6.3）
日本、澳大利亚和新西兰	45.7	32.6	（28.6）
拉丁美洲和加勒比地区	47.1	43.4	（7.7）
撒哈拉以南非洲	45.9	45.0	（1.8）
欧盟	46.8	29.9	（36.0）
北美	48.6	34.5	（29.1）
经合组织成员国	46.4	31.0	（33.2）

注：平均值是指一个地区各经济体的基尼系数的简单平均数。括号中为负值。

资料来源：Solt, F. 2019. Measuring Income Inequality across Countries and over Time: The Standard World Income Inequality Database, Version 8. https://dataverse.harvard.edu/dataset..xhtml?persistentId=doi:10.7910/DVN/ LM4OWF（2019年8月1日访问）。

11.5.3 国别经验

1981年，中国的人均可支配收入基尼系数低于31，是亚洲发展中经济体中基尼系数最低的经济体之一。得益于第一轮农村改革，该系数在20世纪80年代初短暂下降。随着改革从1984年开始向城市地区扩展以及工业增长加速，基尼系数开始上升。20世纪80年代末和90年代初，政府启动第二轮农村改革，包括解除对粮食收购和销售价格的控制，农村收入大幅增加，基尼系数再一次下降。

从1997年开始，随着国有企业深化改革，以及在中国2001年加入世贸组织后贸易快速扩大，创新型私营企业出现，经济增长加速，基尼系数再次开始攀升。该系数在2008年达到峰值（49）。2008年之后，由于政府实行提高最低工资、加大对农村地区的社会保障力度和增加对贫困省份的支持等政策，再加上农村剩余劳动力减少等一些结构性因素，农业生产率提高，城市工资增加，基尼系数开始下降，只是下降得很缓慢。

在印度，消费支出调查显示，1965—1993年基尼系数在平均值32左右波动，[1]之后逐步上升，到2011年达到36左右。20世纪90年代初以来，不平等的加剧由城市收入不平等增加所推动，特别是由于受教育程度高的劳动者的工资增长较快。1991年以来，印度放松工业管制，推行贸易自由化，使技能和资本密集型产品（如汽车零部件和仿制药品）以及与信息技术有关的服务（如业务流程外包）出口显著增加。印度政府在21世纪第一个十年的中期扩大了农村道路和公路网，推出了一项国家就业保障计划。如果没有这些政府举措，不平等加剧的情况可能会更加严重。

印度尼西亚的人均家庭消费支出基尼系数在20世纪80年代总体保持稳定。该系数在20世纪90年代初开始上升，但随后被1997—1998年亚洲金融危机打断。这场危机对富人的影响大于穷人。随着印度尼西亚逐渐从危机中恢复，其基尼系数自2000年开始再次攀升，从2000年的29上升到2007年的36和2013年的40。尽管此后该系数有所下降，但2017年根据消费支出估计的基尼系数仍高达38。与许多其他国家一样，该国收入不平等加剧是

---

[1] Chancel, L., and T. Piketty. 2017. Indian Income Inequality, 1922–2014: From British Raj to Billionaire Raj? *CEPR Discussion Paper*. No. DP12409. Washington, DC: Center for Economic and Policy Research.

由技能溢价上升、技能密集型服务增加以及近期大宗商品繁荣带来财富增长不均所推动的。

并非所有亚洲发展中经济体的基尼系数自20世纪90年代以来都在上升。例如，在柬埔寨，随着劳动力向轻工业以及劳动密集型制造业和服务业转移，农村贫困人口得到了更多的就业机会，总体收入不平等得以降低。近年来，新加坡健全了社会保障体系，减少了收入不平等。在马来西亚、菲律宾和泰国，扶贫政策有助于缩小贫富收入差距。例如，菲律宾在2008年启动了一个全国性的有条件现金转移支付项目。

苏联解体后，新独立的中亚国家经济疲软，政府削减了财政支出和福利转移，基尼系数大幅上升。1988—1992年，这些国家的人均消费支出基尼系数为25~28，但1996年吉尔吉斯斯坦的这一系数猛增至52，1998年乌兹别克斯坦增至45，1997年格鲁吉亚增至40。[①]然而，从20世纪90年代后期起，经济稳定恢复，收入不平等情况开始缓解。虽然大多数中亚国家收入不平等的总体下降趋势一直持续到2010年，但最近的数据显示，有些国家（如亚美尼亚和塔吉克斯坦）的收入不平等情况又开始加剧。

蒙古国也出现了类似的情况。1990年以前，蒙古国推行全面社会保障计划，包括免费教育、全民健康覆盖和高额养老金。该计划因预算削减和20世纪90年代初苏联补贴的终止而被打断。从1994年开始实施的新社会保障福利计划使收入不平等情况得到了缓解。

11.6 展望未来

过去50年来，亚洲发展中经济体在减贫方面取得了举世瞩目的成就，大多数国家有望到2025年消除极端贫困（按2011年购买力平价计算的每日1.90美元的国际贫困线衡量）。快速的经济增长和各种直接的扶贫项目和措施是亚洲减贫的主要推动力。同时，减贫进一步发展创造了稳定的环境。然而，亚洲的减贫工作仍是未竟之业。按照低中等收入国家有代表性的3.20美元贫困线衡量，2015年该地区的贫困率仍有29%。

此外，在许多国家，特别是那些经济快速增长的国家，收入和/或财富

---

① Mitra, P., and R. Yemtsov. 2006. Increasing Inequality in Transition Economies: Is There More to Come? *Policy Research Working Paper Series*. No. WPS 4007. Washington, DC: World Bank.

不平等在最近几十年里不断扩大。在其他国家，不平等虽然有所下降或维持不变，但仍然保持在较高的水平。

展望未来，亚洲发展中经济体应继续致力于消除（收入和非收入）贫困，更广泛地共享发展成果，并关注以下政策重点。

一是促进持续和包容性增长，创造高质量的就业机会。要做到这一点，就必须健全宏观经济管理，继续致力于开放贸易和投资，加大对基础设施和人力资本的投资力度，促进科技应用和创新。

二是更好地利用财政政策来加强收入再分配。在支出方面，亚洲发展中经济体在增加教育支出、实行全民健康覆盖和加强社会保障（包括国家养老金制度、失业保险计划和社会救助计划）方面有很大的空间。在税收方面，政策选项包括扩大税基、增加所得税的累进性、征收遗产税和财产税，以及加强税务管理和征收。

三是缩小城乡收入差距和地区差异。政策选项包括：持续进行基础设施投资，改善区域互联互通；采取有效措施，提高农业生产率；实施财政改革，增加向贫困地区的转移支付，或提高地区间收入共享。中国等国家应进一步改革户籍制度，促进劳动力流动，在教育、医疗和社会保障方面为外来务工人员提供平等的机会。

四是亚洲发展中经济体应继续进行治理改革，确保全民享有充足的公共服务、公平的竞争环境和平等的机会。同时，需要继续努力消除基于性别、民族、地域和其他个人情况的社会排斥和歧视，以及打击腐败。

第 12 章

性别与发展

12.1 引言

性别平等是一项基本人权：女性和男性拥有平等的权利、资源和发言权。在通过提高生产力和改善发展成果来培育可持续和包容性经济发展方面，性别平等也具有重要价值。发展能够促进女性赋权，而为女性赋权亦有益于发展。[1]

性别平等被视为发展的核心要义，也是国际社会的目标之一。在联合国可持续发展目标中，"实现性别平等，增强所有妇女和女童的权能"被单列出来（可持续发展目标5），以突显性别平等的重要性。

自1946年联合国成立妇女地位委员会以来，性别平等议程已取得了多个里程碑式的进展。1975年，第一次世界妇女大会在墨西哥城举行。围绕此次大会的精神，20世纪70年代中期"妇女参与发展"（WID）模式出现，旨在确保女性能够从经济发展中受益。1979年，联合国大会通过了《消除对妇女一切形式歧视公约》。1995年，第四次世界妇女大会召开，大会的成果文件《北京宣言》和《行动纲领》重申缔约国致力于在12个领域实现性别平等，将性别主流化确立为各级治理机构所有政策领域实现性别平等的

---

[1] Duflo, E. 2012. Women Empowerment and Economic Development. *Journal of Economic Literature*. 50 (4). pp. 1051–1079.

战略。随着发展践行者、学者和倡导者逐渐认识到"妇女参与发展"方法的局限性,"性别与发展"(GAD)模式被逐渐采用。"性别与发展"模式强调,男性和女性在享受经济发展成果方面存在不平等,甚至女性之间也因阶级、年龄、婚姻状况、宗教、民族和种族等因素而存在不平等。

过去50年来,亚太地区在缩小性别差距方面取得了前所未有的进展。例如,亚洲发展中经济体女性受教育水平大幅提高,女童入学率的增长速度快于男童,在小学和中学入学方面实现了性别平等。在健康方面,女性的预期寿命显著提高,孕产妇死亡率持续下降,健康方面的性别差距逐渐缩小。

亚太地区的性别平等趋势有三个驱动因素。第一,快速的经济增长扩大了女性的就业和经济机会。第二,健康和教育方面的政策措施(如奖学金制度和最近针对贫困女性开展的有条件现金转移支付项目)促进了女性的人力资本发展,增加了女性向高收入职位或职业流动的机会。第三,在缩小家庭、企业、市场和社会中基本权、发言权和决策权方面的性别差距方面,政府实施的法律法规改革创造了有利的制度环境。

然而,该地区在各种社会、制度和经济方面仍然存在重男轻女的性别偏见。例如,一些国家的女性识字率一直很低;女性繁重的无偿照护和家务负担导致她们的劳动参与率较低;女性从事非正式工作的比例过高;男女工资率存在系统性差异;市场上存在性别隔离(如信贷资格、某些职业的准入权限,等等);女性的政治参与度低,尤其是女性在国家立法机构中所占席位少。这些偏见的背后是界定女性在家庭、企业、劳动力市场和政治中的地位的整体社会规范。

本章将讨论亚洲发展中经济体在性别和发展方面的成就和挑战。第12.2节介绍女性教育改善的成就。第12.3节探讨女性健康改善的成就。第12.4节论述女性参与劳动力市场的变化情况。第12.5节审视女性在家庭和公共生活中的地位。第12.6节概述消除长期存在的性别差距所面临的挑战和重点领域。

12.2 女性教育改善方面的成就

在教育方面,过去50年来女童入学率大幅提高,在小学和中学入学率方面，性别平等得以实现。在一些国家，过去高等教育中男生占优的现象发生了逆转。过去50年里，亚洲发展中经济体小学阶段的女生入学人数增加了10倍，中学阶段增加了65倍，大学阶段增加了400倍。[1] 相比之下，小学阶段的男生入学人数增加了7倍，中学阶段增加了40倍，大学阶段增加了100倍。

在有可用数据的所有31个亚洲经济体中，1960年女性受教育的年限较短。[2] 2010年，女性占优现象出现，其中19个经济体的女性完成学校教育的年限高于男性（见表12.1）。韩国女性的表现最引人注目。韩国25~29岁女性完成学校教育的平均年限从1960年的4.2年增加到2010年的14.9年。1960—2010年，马来西亚、韩国、新加坡和中国台湾的女性受教育的年限平均增加了10年以上。

因此，在过去女性识字率很低的地区，女性的识字率显著提高，尽管全部人口识字率提高耗时甚久（见图12.1）。在21世纪第二个十年，随着女性识字率达到90%以上，东亚和东南亚在识字率方面基本实现了性别平等。20世纪80年代，中亚的男女识字率均接近100%。虽然太平洋地区的数据不足，但仍然可以从中看出在识字率方面的差异显著。在20世纪80年代，南亚四分之一的女性具有读写能力，2010年上升到二分之一。尽管取得了重大进展，但南亚女性的识字率和小学入学率仍然很低。

表12.1　25~29岁男性和女性完成学校教育的平均年限

地区	1960年			2010年		
	男性（年）	女性（年）	男女比率	男性（年）	女性（年）	男女比率
亚洲发展中经济体	3.1	1.7	1.5	8.8	7.9	0.9
中亚	6.0	5.0	0.9	10.6	11.3	(0.7)
亚美尼亚	8.2	7.7	0.6	10.5	10.5	(0.0)
哈萨克斯坦	5.1	4.4	0.8	11.2	11.6	(0.4)
吉尔吉斯斯坦	6.1	5.0	1.1	11.4	11.6	(0.3)

---

[1] United Nations Educational, Scientific and Cultural Organization Institute for Statistics (UIS). UIS Stat Database. http://data.uis.unesco.org/ (2019年4月1日访问).

[2] Barro, R., and J.-W. Lee. 2013. A New Data Set of Educational Attainment in the World, 1950–2010. *Journal of Development Economics*. 104 (September). pp. 184–198.

续表

地区	1960年 男性（年）	1960年 女性（年）	1960年 男女比率	2010年 男性（年）	2010年 女性（年）	2010年 男女比率
塔吉克斯坦	7.3	5.2	2.1	8.7	10.7	(2.0)
东亚	**4.3**	**2.6**	**1.7**	**9.1**	**9.0**	**0.1**
蒙古国	3.1	2.1	1.0	9.1	10.5	(1.4)
中国	4.2	2.6	1.7	8.8	8.6	0.1
韩国	7.3	4.2	3.1	14.5	14.9	(0.3)
中国香港	7.6	5.1	2.6	14.1	13.9	0.2
中国台湾	4.9	2.6	2.3	13.1	13.5	(0.4)
南亚	**1.7**	**0.5**	**1.2**	**8.5**	**6.6**	**1.9**
阿富汗	0.7	0.0	0.6	8.0	2.2	5.9
孟加拉国	1.5	0.2	1.3	8.1	8.6	(0.5)
印度	1.8	0.5	1.2	8.8	6.7	2.1
马尔代夫	4.6	3.6	0.9	8.5	8.7	(0.2)
尼泊尔	0.2	0.0	0.2	5.5	4.6	0.9
巴基斯坦	1.4	0.3	1.1	7.3	4.6	2.7
斯里兰卡	5.2	3.8	1.4	11.7	12.3	(0.6)
东南亚	**2.7**	**1.4**	**1.3**	**8.9**	**9.1**	**(0.2)**
文莱	4.4	1.7	2.7	9.4	9.7	(0.2)
柬埔寨	2.5	0.5	2.1	6.2	4.5	1.7
印度尼西亚	2.2	0.8	1.3	9.3	9.2	0.2
老挝	2.5	0.4	2.1	5.8	5.1	0.7
马来西亚	4.3	1.6	2.8	12.1	12.6	(0.5)
缅甸	1.6	1.0	0.7	5.8	6.9	(1.1)
菲律宾	3.4	2.7	0.7	9.0	9.8	(0.8)
新加坡	5.1	2.4	2.7	14.3	14.5	(0.2)
泰国	3.5	2.8	0.7	10.1	10.9	(0.9)
越南	3.1	1.4	1.7	8.5	8.4	0.1
太平洋地区	**1.6**	**1.0**	**0.6**	**6.3**	**5.7**	**0.6**
斐济	5.8	4.3	1.5	10.6	11.2	(0.6)
巴布亚新几内亚	0.7	0.3	0.4	5.6	4.8	0.8
汤加	7.0	6.5	0.5	11.9	12.4	(0.5)
亚洲发达经济体	**9.4**	**8.1**	**1.3**	**12.8**	**13.5**	**(0.7)**
澳大利亚	9.9	9.5	0.4	11.7	12.4	(0.7)
日本	9.3	8.0	1.3	13.1	13.7	(0.7)

续表

地区	1960年			2010年		
	男性（年）	女性（年）	男女比率	男性（年）	女性（年）	男女比率
拉丁美洲和加勒比地区	3.6	3.1	0.5	9.7	10.0	(0.3)
撒哈拉以南非洲	2.2	1.2	1.1	6.7	5.9	0.8
经合组织成员国	7.7	7.1	0.6	12.3	12.6	(0.3)
世界	4.4	3.4	1.0	9.3	8.8	0.5

注：本表使用巴罗-李数据库2.2版（2018年6月更新）编制。括号中为负值；0.0表示数值小于所用单位数值的一半。

资料来源：Barro, R., and J.-W. Lee. 2013. A New Data Set of Educational Attainment in the World, 1950–2010. *Journal of Development Economics*. 104 (September). pp. 184–198.

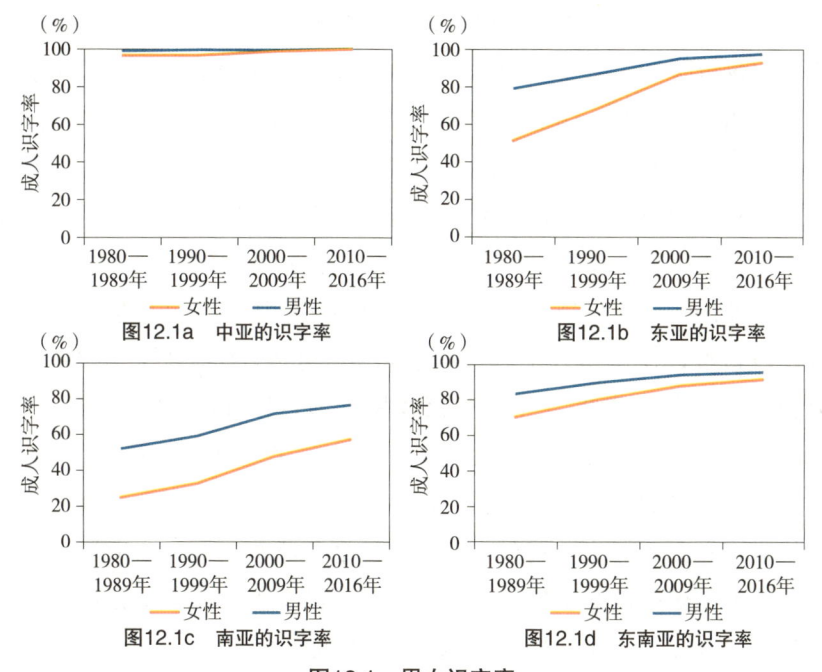

图12.1a 中亚的识字率

图12.1b 东亚的识字率

图12.1c 南亚的识字率

图12.1d 东南亚的识字率

图12.1 男女识字率

注：20世纪80年代至90年代，中亚不包括乌兹别克斯坦。对于20世纪80年代至90年代，东亚只包括中国。成人识字率是指15岁及以上人口中能够在日常生活中阅读、书写和理解简短语句的人口比例。该定义还包括"识数"，即进行简单算术运算的能力。

资料来源：亚洲开发银行利用联合国教科文组织统计研究所的数据所做的估算，联合国教科文组织统计研究所统计数据库，https://data.uis.unesco.org/（2019年4月1日访问）。

女性入学率和识字率提高的根本原因是什么？首先，随着从农业向非农业的结构转型，新兴劳动密集型制造业通常雇用了很多女性工人，为女性提供了更高的教育回报。这种情况激励了女童接受教育。例如，孟加拉国成衣制造业的爆炸式增长为女性劳动力创造了大量就业机会，从而也创造了对教育的巨大需求，并推迟了年轻女性结婚和生育的时间。[①]

最近，新技术和全球化带来的工作机会（如业务流程外包）为女性提供了新的工作选择，提高了女性教育投资的回报，为父母和监护人送女童上学注入了新动力。例如，在印度农村，由于业务流程外包行业提供了很多工作机会，女性早婚或早育的可能性大大降低，越来越多的女性选择继续深造和/或进入劳动力市场。[②]由于经济快速增长，生育率下降，家庭收入增加，父母有能力既供儿子上学又供女儿上学。

其次，诸如免费初等义务教育以及现金或实物（尤其是食品）转移支付等公共政策降低了家长负担的有效教育成本，减少了家庭在送孩子上学方面的重男轻女现象。例如，有些有条件现金或实物转移支付项目规定，只有在孩子每月上学达到一定天数的情况下，才会向家庭发放现金补贴或食品。事实证明，这些项目是提高儿童入学率、增加儿童上学年限的有效方法。在孟加拉国，政府在1993年启动的"食品助学项目"（FFE）是最早开展的有条件转移支付项目之一。该项目为那些送孩子上小学的贫困家庭每月发放口粮，使女童入学率提高了44%，男童入学率提高了28%。[③]由世界银行和亚行赞助的"菲律宾家庭桥梁项目"（Bridging Program for the Filipino Family）能够帮助女性使用医疗卫生服务。该项目提高了入学率，并促进了男性参加关于生育权和性别暴力的家庭课程。另一个例子是日本扶贫基金（一支亚行信托基金）赞助的一个柬埔寨项目。该项目为来自贫困家庭的小学毕业班女童提供奖学金，使项目学校的入学率和到校率提高了约30个百分点。该项目对社会经济地位最低的女童的影响最大。[④]

[①] Heath, R., and A. M. Mobarak. 2015. Manufacturing Growth and the Lives of Bangladeshi Women. *Journal of Development Economics*. 115 (July). pp. 1–15. 他们还发现，成衣制造业的增长对女性上学的影响比政府奖学金项目的影响大。

[②] Jensen, R. 2010. Economic Opportunities and Gender Differences in Human Capital: Experimental Evidence for India. *NBER Working Paper Series*. No. w16021. Cambridge, MA: National Bureau of Economic Research.

[③] Ahmed, A., and C. del Ninno. 2003. Food for Education in Bangladesh. In Quisumbing, A., ed. *Household Decisions, Gender, and Development*. Baltimore: Johns Hopkins University Press.

[④] Filmer, D., and N. Schady. 2008. Getting Girls into School: Evidence from a Scholarship Program in Cambodia. *Economic Development and Cultural Change*. 56 (3). pp. 581–617. 这个项目被视为有条件现金转移支付项目，因为每个家庭只有女儿上学并取得好成绩才能获得现金转移支付。

12.3 女性健康改善方面的成就

1960年，亚洲发展中经济体的女性预期寿命为46岁，低于世界平均值（54岁）（见表12.2）。2018年，女性预期寿命增加到74岁，几乎与世界平均值持平。东亚的增幅最大（33年），高于全球女性预期寿命的增幅（21年）。2018年，亚洲发展中经济体的女性平均寿命比男性长3.8岁，高于1960年1.8岁的差距。2000—2016年，女性的健康预期寿命[①]增加了5岁。

女性预期寿命的提高可归因于两个关键人生阶段的死亡率的下降，即婴幼儿期（0~5岁）和生育期（15~49岁）。五岁以下女童的死亡率下降了85%，从1960年的每1,000名活产儿死亡207例下降到2018年的31例，亦即每1,000名新生儿中有177名被救活。孕产妇死亡率下降了67%，从1990年的每10万活产死亡369例下降到2015年的121例，而全球范围内的降幅为44%。不丹、柬埔寨、老挝和尼泊尔等孕产妇死亡率高的国家的降幅最大。

哪些因素推动了女性健康的改善？总体生活水平提高发挥了关键作用，包括营养改善和医疗卫生服务普及度提升。大规模公共卫生投资（特别是清洁水和卫生设施投资）有效减少了传染病的传播。由于孕妇保健服务（产前护理和专业助产）提升，更多孕妇倾向于在医院而不是在家分娩，再加上生育率下降，这些都是孕产妇死亡减少的关键因素（详见第6章）。

表12.2　　出生时的预期寿命　　　　单位：岁

次区域/经济体	出生时的预期寿命						经健康调整的出生时的预期寿命					
	男性	女性	女男之差	男性	女性	女男之差	男性	女性	女男之差	男性	女性	女男之差
	1960年			2018年			2000年			2016年		
亚洲发展中经济体	44.1	45.9	1.8	70.0	73.7	3.8	57.0	58.0	1.0	61.3	63.0	1.7
中亚	54.8	62.6	7.8	68.8	74.7	5.9	56.6	61.7	5.1	61.6	66.2	4.6
东亚	43.2	46.2	3.1	74.7	79.3	4.6	62.9	64.5	1.6	66.9	68.2	1.3
中国	42.4	45.2	2.8	74.5	79.1	4.5	64.1	65.6	1.5	68.0	69.3	1.3

[①] 健康调整预期寿命（HALE）是一种健康预期，将残疾权重应用于健康状况评估，以计算新生儿可预期的良好健康的等价年数。

续表

次区域/经济体	出生时的预期寿命							经健康调整的出生时的预期寿命				
	男性	女性	女男之差	男性	女性	女男之差	男性	女性	女男之差	男性	女性	女男之差
	1960年			2018年			2000年			2016年		
南亚	42.8	41.4	(1.4)	68.0	70.5	2.5	53.9	53.8	(0.1)	58.7	59.9	1.2
印度	42.3	40.5	(1.7)	68.2	70.7	2.5	53.6	53.4	(0.2)	58.7	59.9	1.2
东南亚	49.0	53.8	4.8	69.2	75.1	5.9	57.5	61.0	3.6	60.9	64.6	3.8
太平洋地区	41.8	43.4	1.5	64.5	67.5	3.0	53.8	56.4	2.6	57.5	60.3	2.8
亚洲发达经济体	**65.9**	**70.8**	**5.0**	**81.3**	**86.8**	**5.5**	**69.6**	**74.4**	**4.8**	**72.4**	**76.1**	**3.7**
澳大利亚	67.8	74.0	6.3	81.3	85.3	4.0	68.5	72.0	3.5	71.8	74.1	2.3
日本	65.5	70.3	4.8	81.3	87.5	6.2	69.9	75.0	5.1	72.6	76.9	4.3
拉丁美洲和加勒比地区	55.4	58.2	2.8	72.1	77.6	5.6	60.3	65.1	4.7	64.0	68.6	4.6
撒哈拉以南非洲	43.0	45.9	2.9	62.3	66.6	4.4	42.8	44.6	1.8	52.3	54.5	2.2
经合组织成员国	67.5	72.8	5.3	78.9	83.5	4.6	65.6	69.6	4.0	68.5	71.8	3.3
世界	50.8	54.0	3.2	69.9	75.1	5.2	57.2	59.9	2.7	62.0	64.8	2.8

注：括号中为负值。

资料来源：联合国经济和社会事务部人口司，《2019年世界人口展望》（网络版），https://population.un.org/wpp/；World Health Organization. Global Health Observatory Data. https://www.who.int/gho/en/。

在印度尼西亚，乡村助产士项目自1989年以来培训了5万多名助产士，由专业助产士接生的分娩比例显著上升，特别是在农村地区。过去十年来，柬埔寨是全球孕产妇死亡率下降幅度最大的国家之一。这一成果得益于一场全国性的孕产保健活动。该活动旨在增加孕期产检次数，并特别关注分娩护理。[1]

日本在1947年制发了《母婴健康手册》，介绍监测和提高母婴健康的方法。这本手册也被其他国家采用，如印度尼西亚。该手册包含怀孕、产前免疫、分娩、儿童免疫和儿童保健等方面的居家记录，有助于提供所需要的持续照护。

尽管所有亚洲发展中经济体的女性死亡率和预期寿命都有所改善，但男女婴出生比仍然较高。自然出生人口性别比为每出生100名女婴对应出生

---

[1] United Nations Population Fund (UNFPA). 2013. *Cambodia: A Success Story in Reducing Maternal Mortality*. Phnom Penh. https://cambodia.unfpa.org/sites/default/files/pub-pdf/Poster-RH.pdf.

105~106名男婴。亚洲发展中经济体的这一比率高于正常水平，并且部分经济体还有所上升（见图12.2）。导致这种情况出现的原因包括胎儿性别检测的费用不高，对男孩的强烈偏爱，政策鼓励少生孩子，以及人们生孩子的意愿降低。在有些文化中，人们认为儿子的赚钱能力强，肩负着照顾父母和传宗接代的责任，所以在传统上重男轻女。此外，嫁妆可能是有些地区重男轻女的一个原因，因为给女孩置办嫁妆会带来很大的经济负担。

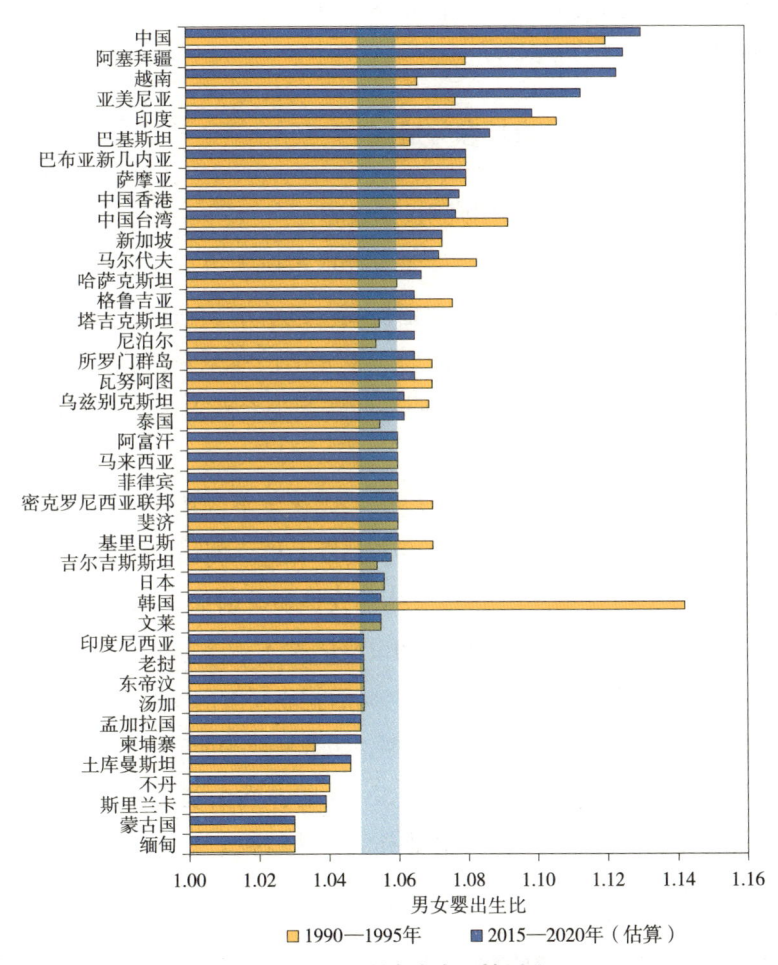

图12.2 亚洲出生人口性别比

注：浅蓝色竖条表示每出生100名女婴对应出生105~106名男婴的自然出生人口性别比。

资料来源：联合国经济和社会事务部人口司，《2019年世界人口展望》（网络版），https://population.un.org/wpp（2019年6月1日访问）。

一些国家的性别比例失调问题有所缓解。韩国在20世纪90年代是亚太地区男女婴出生比最高的国家之一。在21世纪第一个十年，该国的这一比率急剧下降，降至正常水平。在中国，这一比率从1990—1995年的1.12上升到2008年的1.21，但在2015年下降到1.13。这些国家的政府所采取的干预措施有助于纠正性别比例失衡，如禁止使用超声进行性别选择，通过提高收入来改变社会规范。在韩国，20世纪90年代女权运动的兴起推动了2005年家庭法修正案的出台。该修正案废除了户主登记制度，缓解了重男轻女的现象。

12.4 女性劳动力和市场参与情况

12.4.1 女性参与劳动力市场的长期进展

随着亚太地区在女性教育和健康方面取得巨大进展，过去半个世纪以来，劳动年龄女性的劳动参与率大幅提高。经济增长强劲，女性受教育程度提高，生育率下降，使女性劳动参与率处于长期上升趋势。随着许多经济体快速发展，从农业向制造业和服务业转型为女性创造了很多就业机会。这种现象在城市地区尤为明显。

在过去几十年里，贸易开放和经济一体化水平的提高促使出口生产大幅增长，诸如服装和电子等行业雇用了大量女性。例如，中国自2001年加入世贸组织后，出口导向型制造业雇用的女性显著增加。[1]在孟加拉国，出口导向型服装行业自20世纪80年代初以来创造了大量就业岗位，劳动力需求随之大幅增加。截至2015年，超过75%的就业岗位由女性担任，其中大部分是来自贫困家庭的首次劳动者。[2]近期，服务业成为所有次区域女性经济参与度提高的主要行业，2017年吸纳了50.6%的女性劳动力，高于2000年的26.9%。在菲律宾，2016年130万名业务流程外包雇员中大多数是女性。[3]

---

[1] Cai, F., and Y. Du. 2014. Exports and Employment in the People's Republic of China. In Khor, N., and D. Mitra, eds. *Trade and Employment in Asia*. Abingdon, United Kingdom: Asian Development Bank and Routledge.

[2] Government of Bangladesh. 2015. *Seventh Five-Year Plan FY2016–FY2020: Accelerating Growth, Empowering Citizens*. Dhaka: General Economics Division, Planning Commission.

[3] Errighi, L., C. Bodwell, and S. Khatiwada. 2016. *Business Process Outsourcing in the Philippines: Challenges for Decent Work*. Bangkok: International Labour Organization.

女性参与劳动力市场是经济发展的重要驱动力和成果。第一，女性约占亚洲劳动年龄人口的一半，对各经济体而言，充分挖掘女性劳动力的潜力十分重要。随着许多经济体人口结构转型和老龄化步伐加快，创造"性别红利"（通过促进性别平等和提高女性劳动参与率）将越来越重要。

第二，更高的女性劳动参与率还有助于提高整体经济生产率。在公司层面，有证据显示，性别多样化的工作环境的效率更高。①

第三，女性的挣钱潜力促进了妇女和女童的社会发展。例如，在中国农村进行的一项研究发现，20世纪80年代初，女性所生产的茶叶价格上涨，既增加了女性的收入，又提升了女童的健康状况，同时还改善了茶叶产区的人口性别比。②

第四，当女性有机会从事有偿工作和参与财务决策时，她们的支出、储蓄和投资模式（不同于男性）会带来更高的人力和物质资本积累以及代际溢出。③

12.4.2 劳动力市场参与方面持续存在的性别不平等

尽管如此，2017年全球女性劳动参与率仍然远低于男性，约为女性经济活跃人口的50%（见图12.3）。亚洲的情况也不例外。目前，亚洲发展中经济体的女性进入劳动力市场的可能性平均比男性低30%，且各经济体之间差异很大。尽管经济增长、生育率下降、受教育水平提高，这种差距依然持续存在。

虽然20世纪60年代末以来大多数国家的女性劳动参与率上升，但最近的数据显示，亚太地区的女性劳动参与率正在下降，且在一些次区域下降明显，而这些地区的男性劳动参与率也在下降。④平均而言，亚洲的女性劳动参与率从1990年的57.2%降至2017年的50.3%，各国和各次区域之间差

---

① Azmat, G., and B. Petrongolo. 2014. Gender and the Labor Market: What Have We Learned from Field and Lab Experiments? *Labour Economics*. 30 (October). pp. 32–40.
② Qian, N. 2008. Missing Women and the Price of Tea in China: The Effect of Sex-Specific Income on Sex Imbalance. *Quarterly Journal of Economics*. 123 (3). pp. 1251–1285.
③ 关于教育和收入的代际溢出效应的研究有很多。例如，参见Lee, H., and J.-W. Lee. 2019. Patterns and Determinants of Intergenerational Educational Mobility: Evidence Across Countries. *Asian Growth Research Institute Working Paper Series*. No. 2019-02. Seoul: Asian Growth Research Institute.
④ 近期女性劳动参与率的下降趋势不一定是由中学和大学阶段女性入学率上升所驱动的，因为使用劳动年龄（25~54岁）人口数据也有类似的定性规律。

异显著。1990—2017年，东亚和太平洋地区的女性劳动参与率大幅下降，东亚的男女劳动参与率差距扩大。

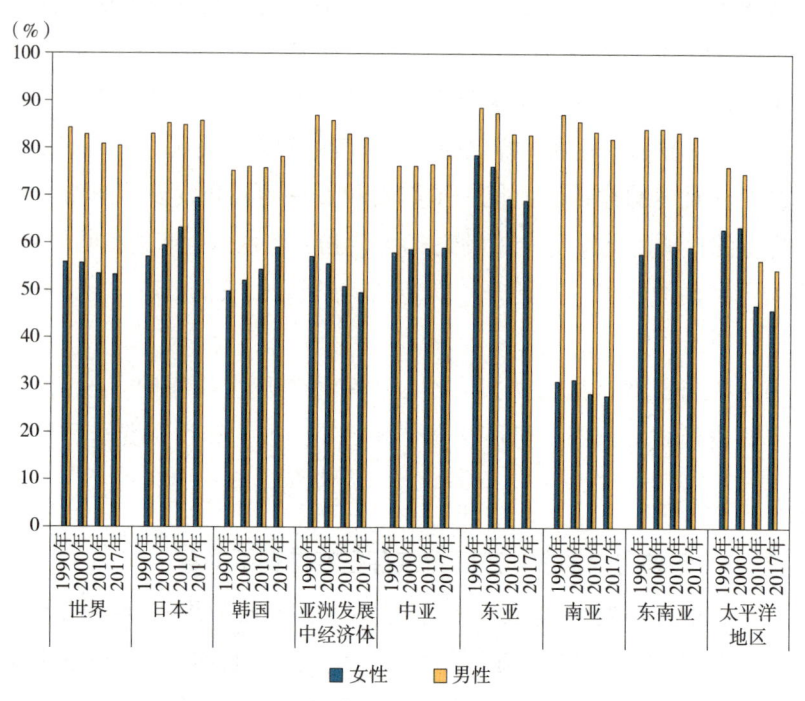

图12.3　亚太地区的劳动力参与情况

注：劳动年龄人口指15~64岁的人口。图中的数据是基于国际劳工组织的模型估算的。东亚不包含日本和韩国。太平洋地区包括斐济、巴布亚新几内亚、萨摩亚、所罗门群岛、东帝汶、汤加和瓦努阿图，其中巴布亚新几内亚是太平洋地区女性劳动参与率下降的最大驱动者。

资料来源：亚洲开发银行利用国际劳工组织的数据所做的估算；国际劳工组织统计数据，https://www.ilo.org/ilostat/（2019年8月1日访问）。

经济发展会影响女性参与劳动力市场吗？女性劳动参与率与人均国民收入之间的关系呈U形（见图12.4）。[①]女性劳动参与率在收入低、农业为重要产业的发展早期阶段比较高。随着家庭收入增加，一些女性开始退出劳动力市场，成为家庭主妇，女性劳动参与率随之下降。随着社会变得更富裕，女性劳动参与率将再次上升。

[①] 一些跨国家或跨时期的研究显示，女性劳动参与率与经济发展之间的关系不一定是单调的，而是在经济发展过程中呈U形曲线(Durand, J. D. 1975. *The Labor Force in Economic Development: A Comparison of International Census Data, 1946-1966*. Princeton: Princeton University Press)。

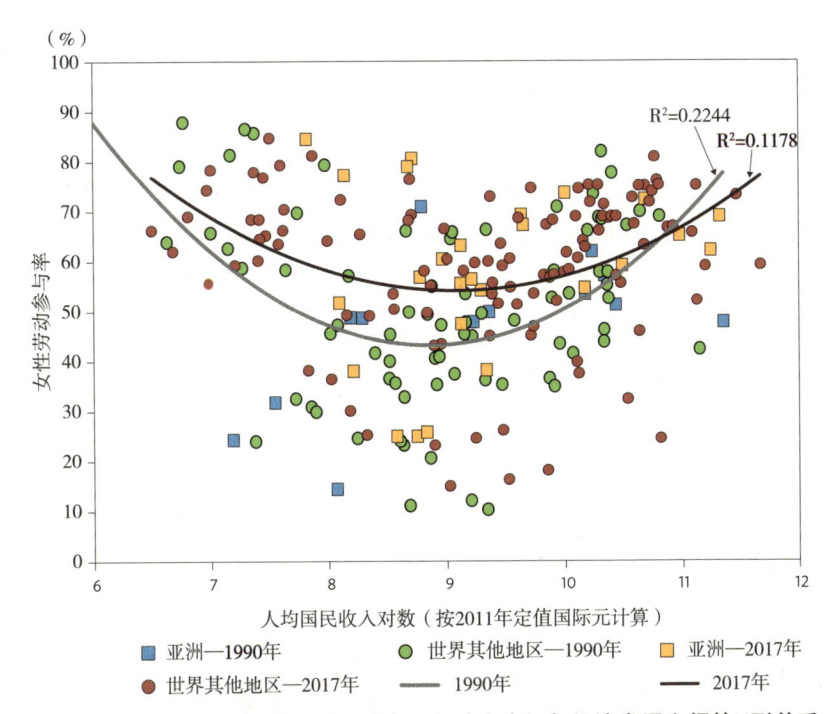

图12.4　1990年和2017年世界女性参与劳动力市场与经济发展之间的U形关系

资料来源：世界银行，《世界发展指标》，https://databank.worldbank.org/（2019年5月1日访问）；国际劳工组织统计数据，https://www.ilo.org/ilostat/（2019年8月1日访问）。

随着更多的女性接受高等教育，她们对事业的追求也越发强烈。[1]在比较发达的经济体，女性的职业抱负以及寻求更充分的经济自由和独立的愿望能够提高女性劳动参与率。[2]然而，女性参与劳动力市场是由多种因素决定的，如家庭收入、婚姻状况、照顾孩子及其他家庭责任、劳动力市场条件、家中是否有省时设备、制度支持以及社会和文化规范。

这种U形关系可以解释1990年以来亚洲平均女性劳动参与率的下降，即使与全球趋势相比，这种现象也是存在的（见图12.4）。由于该地区大多数经济体进入中等收入阶段，一些女性放弃低收入工作，转而成为家庭主

---

[1] Blau, F., M. Ferber, and A. Winkler. 2001. *The Economics of Women, Men, and Work*. New Jersey: Prentice Hall.

[2] 在印度，选举职位中女性代表名额增加促使女性接受更多的教育，这种情况可能是由于激发了女性的抱负及其父母对她们的期望(Beaman, L., et al. 2012. Female Leadership Raises Aspirations and Educational Attainment for Girls: A Policy Experiment in India. *Science*. 335 (6068). pp. 582–586).

妇，导致女性劳动参与率下降。例如，按购买力平价计算，该地区的人均收入从1,327美元增长到10,414美元，增长了近8倍，产生了强大的收入效应，使女性能有更多的时间待在家里。

在结婚、生育和/或抚养孩子期间，女性可能会中断参与劳动力市场及其职业发展，导致她们在生命周期的中段劳动参与率急剧下降，从而形成一条M形的劳动力供给曲线。一些处于特定发展阶段的经济体和次区域的社会规范和文化影响给女性带来了过多的育儿和家务负担，强化了这种M形关系（见图12.5）。

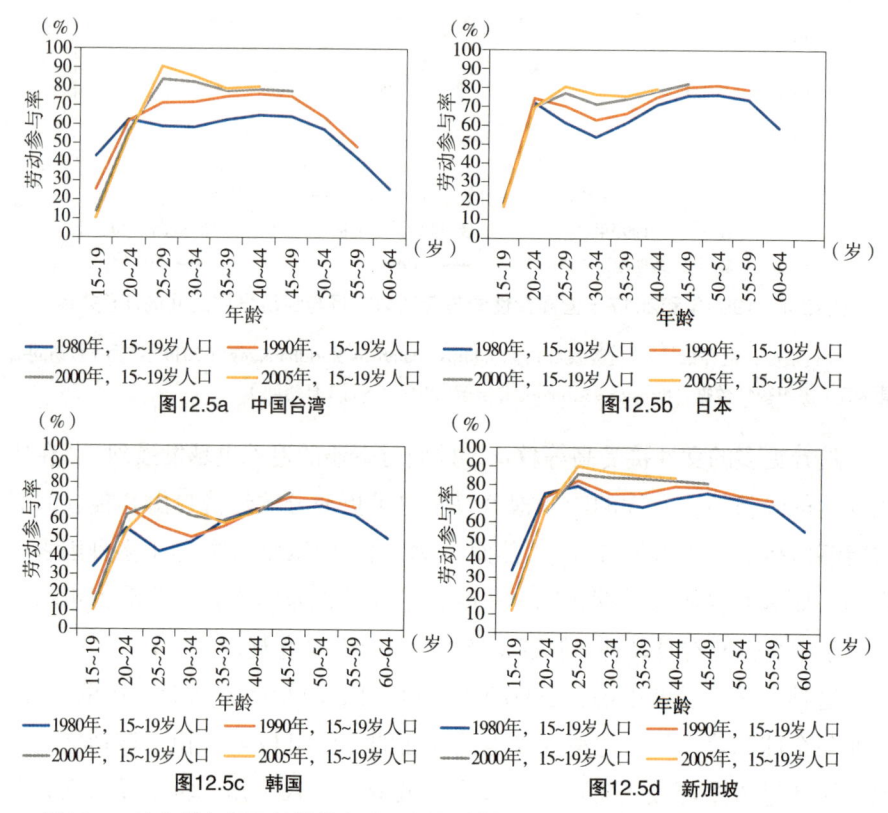

图12.5a 中国台湾

图12.5b 日本

图12.5c 韩国

图12.5d 新加坡

图12.5 按自拟年龄组统计的部分亚洲经济体的女性在其生命周期的劳动参与率

注：1990年以前的数据基于各国或地区的调查数据，1990年及以后的数据则基于国际劳工组织的模型估算。

资料来源：国际劳工组织统计数据，https://www.ilo.org/ilostat/（2019年7月1日访问）。

多年来，一些经济体逐渐摆脱了M形曲线。政府和企业可以采取一系列措施来帮助减少女性劳动力市场参与中断的情况，包括增加可负担的、高质量的育儿服务；为男女职工进行灵活的工作安排；提供更多的产假、陪产假和育婴假；激励女性重返劳动力市场；全面强调工作场所的性别平等。其他有帮助的措施还包括变革社会规范，倡导男性平等分担照护和家庭责任。

12.4.3　工作质量方面的性别差距和持续存在的工资差距

虽然女性参与劳动力市场是衡量女性经济参与的一个重要方面，但审视就业的质量和劳动条件可能更重要。1991—2017年，在亚洲发展中经济体，女性劳动者在服务业中等技能岗位所占比例最高，尤其是文员（47.7%）以及服务员、销售员（41.4%）；在高技能岗位所占比例最低，其中在管理岗位所占比例为20.4%。①

虽然服务业作为长期结构转型的一部分帮助提高了女性的经济参与度，但它也反映出女性所从事的工作大多属于资本和技能积累潜力有限的低收入工作。国际数据显示，即使在诸如金融、信息技术和商业服务等现代服务业领域，岗位的性别差异也持续存在。例如，在信息技术行业，女性大多从事数据处理工作，而男性则占据编程等高薪、高技能职位。②

在多数亚洲经济体，女性大多受雇于非正规部门，通常是在农村的小微企业。由于非正规环境缺乏适当的劳动标准和法规，她们的工作条件往往较差。

此外，即使属于正规就业，女性也往往从事短期或兼职等弱势工作。这类工作缺乏充分的社会保障，女性在工作中也没有发言权。③尽管亚洲发展中经济体在这方面取得了显著进步，但仍有一半以上的女性从事非正规弱势工作，如街头小贩（见图12.6）。弱势就业模式也显示出与结构转型步伐缓慢相一致的明显的次区域差异。在南亚，女性在非正规部门劳动者中

---

① 国际劳工组织统计数据库，https://www.ilo.org/ilostat/。
② 例如，参见 Wajcman, J., and L. A. P. Lobb. 2007. The Gender Relations of Software Work in Vietnam. *Gender, Technology and Development*. 11 (1). pp. 1–26; Patel, R., and M. J. Parmentier. 2005. The Persistence of Traditional Gender Roles in the Information Technology Sector: A Study of Female Engineers in India. *Information Technologies and International Development*. 2 (3). pp. 29–46.
③ 根据国际劳工组织的定义，弱势就业劳动者包括自营劳动者（没有雇用员工的自雇劳动者）和有贡献的家庭劳动者（在同一家庭的亲属经营的企业里工作的自雇劳动者）。

占绝大多数，因为她们仍然主要受雇于农业，特别是自给农业。在太平洋地区，服务业的大多数工作促进了女性的经济参与，但这些工作都是非正式工作，而且常常与低附加值活动相关。

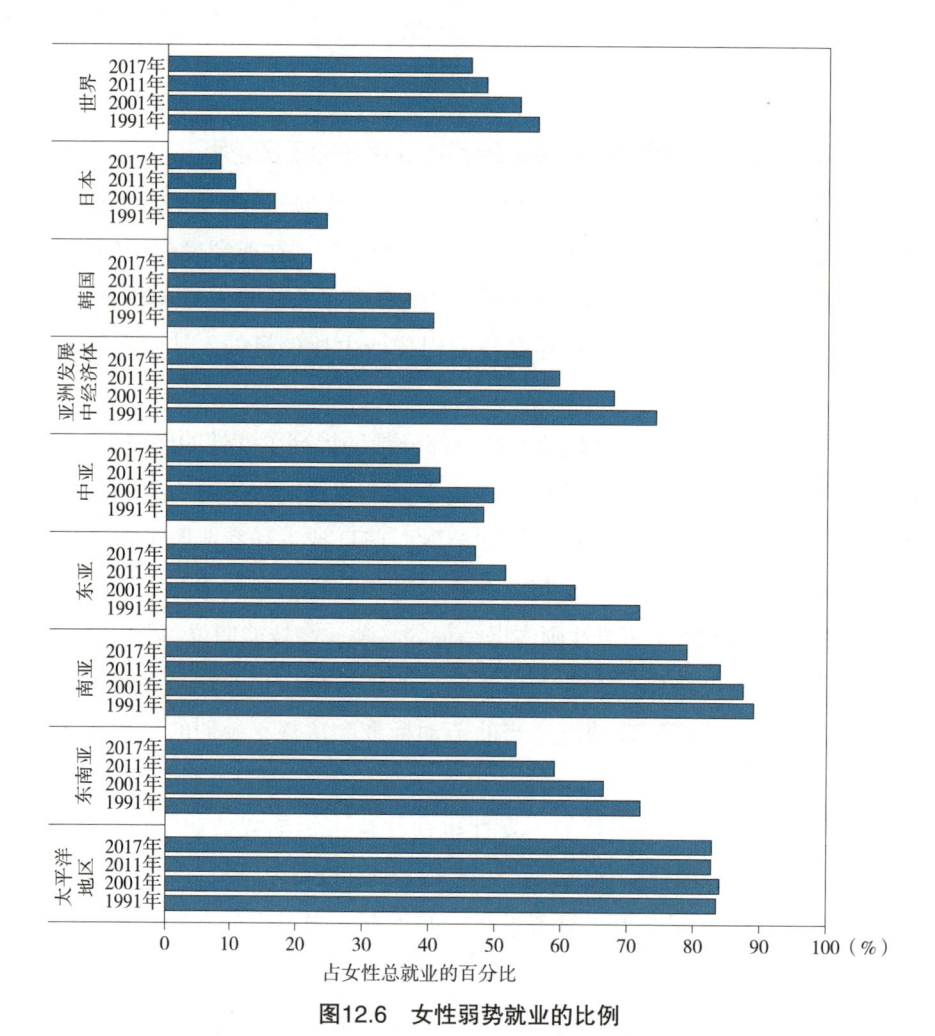

图12.6 女性弱势就业的比例

注：东亚不包含韩国。弱势就业劳动者包括自营劳动者（没有雇用员工的自雇劳动者）和有贡献的家庭劳动者（在同一家庭的亲属经营的企业里工作的自雇劳动者）。

资料来源：亚洲开发银行利用国际劳工组织的数据所做的估算；国际劳工组织统计数据，https://www.ilo.org/ilostat/（2019年3月1日访问）。

即使找到了工作，女性从事相应工作的收入也低于男性。从全球来看，女性获得的工资和工作福利往往比男性低（见图12.7）。高技能岗位（管理和专业岗位）的性别工资差距最大。性别工资差距更多地受文化和社会规范以及制度环境影响，而不是受经济体的人均收入影响。

薪酬差距对缩小其他方面的性别差距具有重要影响。低薪酬可能打击劳动年龄女性参加工作的积极性，打破有偿工作能巩固女性家庭和社会地位的正反馈循环，还可能使年轻女性不愿投资教育和培训，从而限制她们的未来选择。

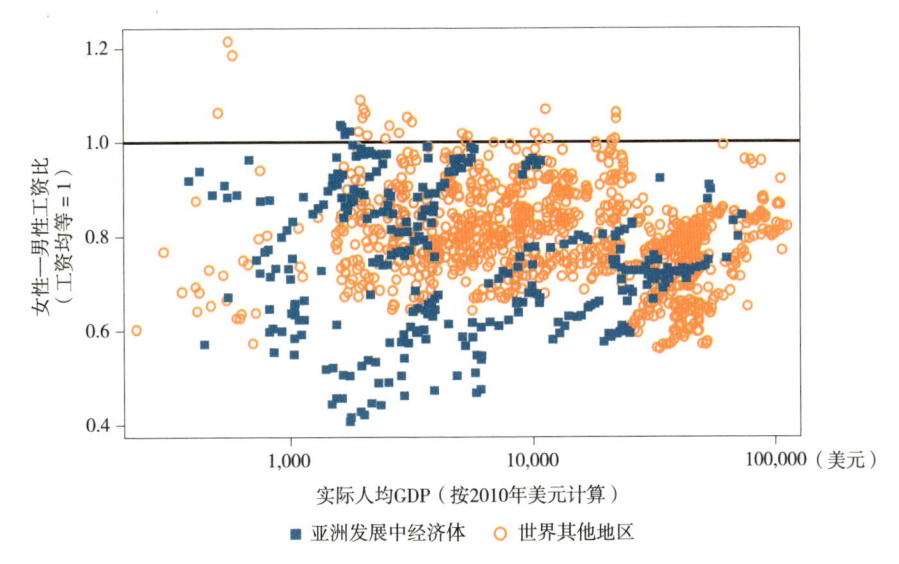

图12.7　1995—2015年不同收入水平的性别工资差距

资料来源：工资数据源自：Terada-Hagiwara, A., S. Camingue-Romance, and J. Zveglich. 2019. *Gender Differences and Relative Pay: Does the Stage of Development Matter?* Paper presented at the Asian and Australasian Society of Labour Economics 2019 Conference, National University of Singapore, 12–14 December；实际人均GDP数据源自：世界银行，《世界发展指标》，https://data.worldbank.org；中国台湾的数据源自台湾预算、核算与统计主管部门。

1995—2015年，亚洲发展中经济体的女性平均工资约为男性的75%，略低于79%的全球平均水平（见图12.7）。随着时间的推移，工资差距在各国持续存在，导致总收入的增加并不一定给女性带来更多的平等。长期性别工资差距仍然是一个关键的发展挑战。

性别工资差距趋势在整个地区呈现出明显差异。在印度和中国台湾，女性在缩小性别工资差距方面取得了相当大的进步，而印度尼西亚取得的进步却不明显。2004年，印度女性的工资约为男性平均工资的一半，但到

2011年，上升至61%。在菲律宾，现有最早的工资数据显示，2001年女性平均工资高于男性，为男性平均工资的105%，但到2013年，下跌至98%，略低于均等水平。①

收入差距的重要决定因素包括受教育程度、工作经验、就业类型以及岗位或行业类型等方面的差异。过去受阻于传统制度，女性很难追求自己的事业，而收入增加和全球化不仅为女童提供了受教育的机会，也为女性提供了追求职业发展的机会。虽然随着经济的发展，大多数经济体的性别教育差距显著缩小，但由于这一差距在年长劳动者中比较大，大多数经济体的劳动年龄女性总体平均受教育程度低于劳动年龄男性。

此外，男性在工作中积累的人力资本可能是导致男女工资差异的因素之一。女性承担的家庭责任更大（尤其是在照顾孩子上），使女性积累的工作经验少于男性，或者从事有偿工作的时间少于男性。或许是出于人身安全或工作灵活性的考虑，女性倾向于接受较低的工资。

同工同酬被普遍视为男女都有权享有的一项权利。然而，在实践中并不是所有国家都有保障同工同酬原则的法律。在世界银行数据库收录的报告性别歧视的经济体中，②有36个亚洲发展中经济体未出台防止性别歧视导致工资差距的法律。除了此项上级原则之外，还应出台一些政策，促进对女童的科学、技术、工程和数学（STEM）教育，加强对女性的工作技能培养，支持儿童和老人照护服务的供给。

12.4.4 公司所有权和管理方面的显著性别差距

女性在公司所有权和管理方面的代表性仍然普遍不足。女性拥有或管理的企业通常是资本金少、生产率低的小企业，且往往处于艰难求生的状态。截至2011年，亚太地区90%以上由女性拥有的微型、小型和中型企业都在非正规部门。因此，这些女性拥有的企业自然就受到与非正规部门相关的融资渠道和其他不利条件的限制。③

---

① ADB. 2015. *Asian Development Outlook 2015 Update: Enabling Women, Energizing Asia*. Manila.
② World Bank. Women, Business, and the Law Database. https://wbl.worldbank.org/en/data/exploretopics/getting-paid（2019年11月10日访问）.
③ WTO, Australian Aid, and ADB. 2019. *Aid for Trade in Asia and the Pacific: Promoting Economic Diversification and Empowerment*. Manila: ADB.

由非政府组织、政府、亚行和其他多边开发银行支持的小额信贷和小额融资项目在为女性改善普惠金融服务和增加融资渠道方面取得了重要进展。女性受到的信贷约束大，但在偿还贷款方面普遍比男性更可靠。因此，农村女性已成为小额信贷机构的主要客户群体。诺贝尔奖获得者穆罕默德·尤努斯（Muhammad Yunus）教授在孟加拉国成立的格莱珉银行（Grameen Bank）是通过在农村地区迅速扩大小额信贷项目来缩小普惠金融方面性别差距的早期范例。这些项目使女性能够从事创收和市场商业活动，并增强她们在家庭中的发言权。[1]

新的证据表明，贸易的快速数字化和电子商务的迅速发展为女企业家提供了机会。[2]将性别视角纳入信息与通信技术的举措可以促进女性创业，使她们能够更好地利用网络和外包机会，即使是在地理位置不利的太平洋地区经济体。

12.5 女性在家庭和公共生活中的地位

过去50年来，虽然女性的法律和公民权利有了显著改善，但女性在参与公共和政治生活方面仍然受到限制。在女性地位方面的进展喜忧参半，导致这种情况出现的一个重要因素是社会规范和态度约束了女性在家庭中的角色，限制了她们在社会和经济中发挥"非传统"角色的机会。

12.5.1 女性家庭地位的进步和挑战

女性的家庭地位传统上是由其生育角色和家庭角色来界定的：作为母亲、女儿或姐妹，其角色和责任主要局限于无偿照护活动，如护理家人、做饭、打扫卫生、取水和拾柴等。虽然这种情况在亚太各次区域各不相同，但在不同收入水平的国家，妇女和女童普遍承担繁重的无偿家务。冰箱、洗衣机、微波炉和烘干机等家用电器的普及帮助减少了家务劳动的时间（见图12.8），但无偿照护和家务劳动的负担仍然过多地落在女性的身上（见图12.9）。

---

[1] Pitt, M. M., S. R. Khandker, and J. Cartwright. 2006. Empowering Women with Micro Finance: Evidence from Bangladesh. *Economic Development and Cultural Change*. 54 (4). pp. 791–831; Schuler, S. R., and E. Rottach. 2010. Women's Empowerment across Generations in Bangladesh. *Journal of Development Studies*. 46 (3). pp. 379–396.

[2] WTO, Government of Australia, and ADB. 2017. *Aid for Trade in Asia and the Pacific: Promoting Connectivity for Inclusive Development*. Manila: ADB.

图12.9a　冰箱拥有率

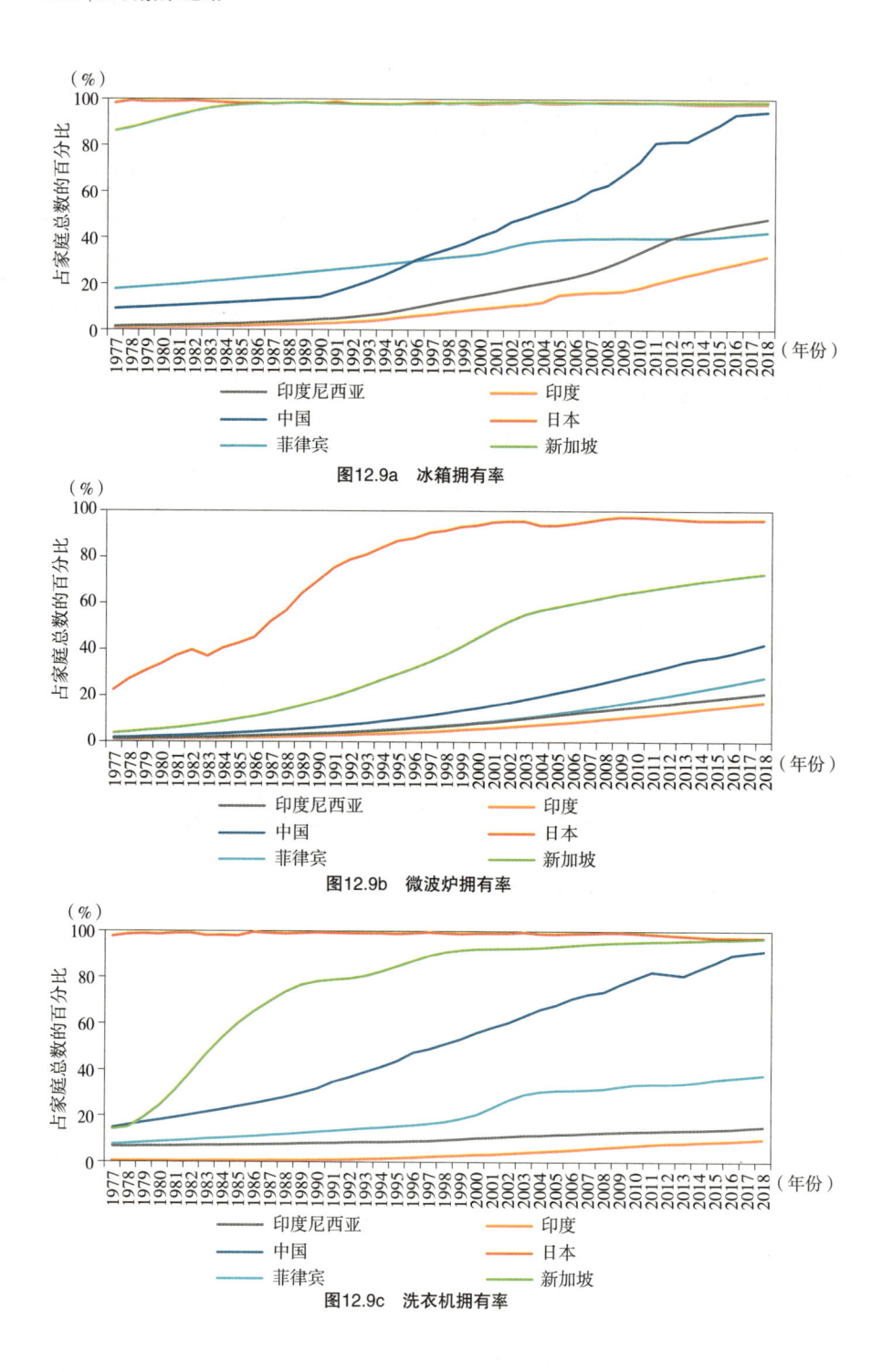

图12.9b　微波炉拥有率

图12.9c　洗衣机拥有率

图12.9d 滚筒烘干机拥有率

图12.8 部分亚洲经济体的家电拥有率

资料来源：Euromonitor International. *Socioeconomic Indicators*. https://eifl.net/publisher/euromonitor-international.

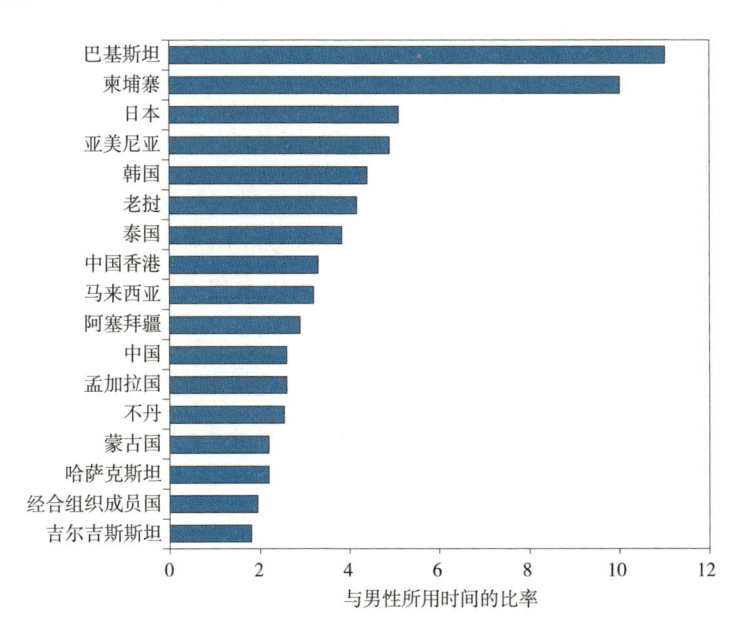

图12.9 2010—2017年女性花在无偿照护和家务劳动上的时间

注：数据基于各经济体对所花费时间的调查，涵盖的年份为2010—2017年。

资料来源：Asian Development Bank and UN Women. 2018. Gender Equality and the Sustainable Development Goals in Asia and the Pacific. Bangkok；联合国经济和社会事务部统计司，性别统计数据，https://genderstats.un.org/（2019年5月20日访问）；经济合作与发展组织统计数据，https://stats.oecd.org（2019年8月15日访问）。

虽然女性承担过多无偿照护工作的情况持续存在，但涉及土地和财产、继承、婚姻和家庭等事务的法律改革提高了女性在家庭中的法律权利和地位。亚太地区在通过法律框架消除性别歧视方面取得了进展，特别是涉及就业和防止针对女性的暴力行为的法律。[1]家庭内部权利平等（如平等的财产和资产所有权）增强，提升了女性在家庭中的发言权。[2]

相关法律改革的例子包括宪法和/或法律承认女性拥有平等的土地权（如20世纪90年代中亚各共和国的宪法、柬埔寨的《2001年土地法》）、平等的继承权（印度的《2005年印度继承法修正案》）、夫妇共同所有权（1978年菲律宾总统令），以及已婚女性开设个人银行账户的权利（印度尼西亚的《1974年婚姻法》）。[3]

还有一些法律改革提高了最低法定结婚年龄，以保护儿童权利，保障女童受教育的机会。到2016年，几乎所有亚太国家都将最低法定结婚年龄提高到18岁（习惯法或宗教法除外）。[4]法律改革加上社会经济变化，使许多国家女性的平均结婚年龄提高。

在此期间，女性在家庭中的决策权似乎有所提高，反映了女性在人力资本发展、赚取独立收入的能力提高，以及对生产性资产拥有更强的法定权利等方面的更广泛的趋势。尽管各次区域和国家的情况有所不同，但已婚女性越来越多地参与家庭大件物品（如房屋和汽车）购买决策（见图12.10）。然而，有偿和无偿工作相结合的"代价"常常导致女性"时间匮乏"，即用于休闲、教育以及参与公共和政治生活的时间减少。[5]平衡家庭和工作是亚洲发展中经济体女性所面临的最大挑战之一。[6]

---

[1] 依据世界银行的定义：World Bank. 2018. *Women, Business, and the Law 2018*. Washington, DC。

[2] ADB. 2018. *Measuring Asset Ownership and Entrepreneurship from a Gender Perspective. Methodology and Results of Pilot Surveys in Georgia, Mongolia, and the Philippines*. Manila.

[3] World Bank. 2018. *Women, Business, and the Law 2018*. Washington, DC.

[4] Inter-Parliamentary Union and the World Health Organization. 2014. *Child, Early and Forced Marriage Legislation in 37 Asia-Pacific Countries*. Tignieu–Jameyzieu: Courand et Associés.

[5] ADB and UN Women. 2018. *Gender Equality and the Sustainable Development Goals in Asia and the Pacific*. Bangkok.

[6] ILO and Gallup. 2017. *Towards a Better Future for Women and Work: Voices of Women and Men*. Geneva and Washington, DC.

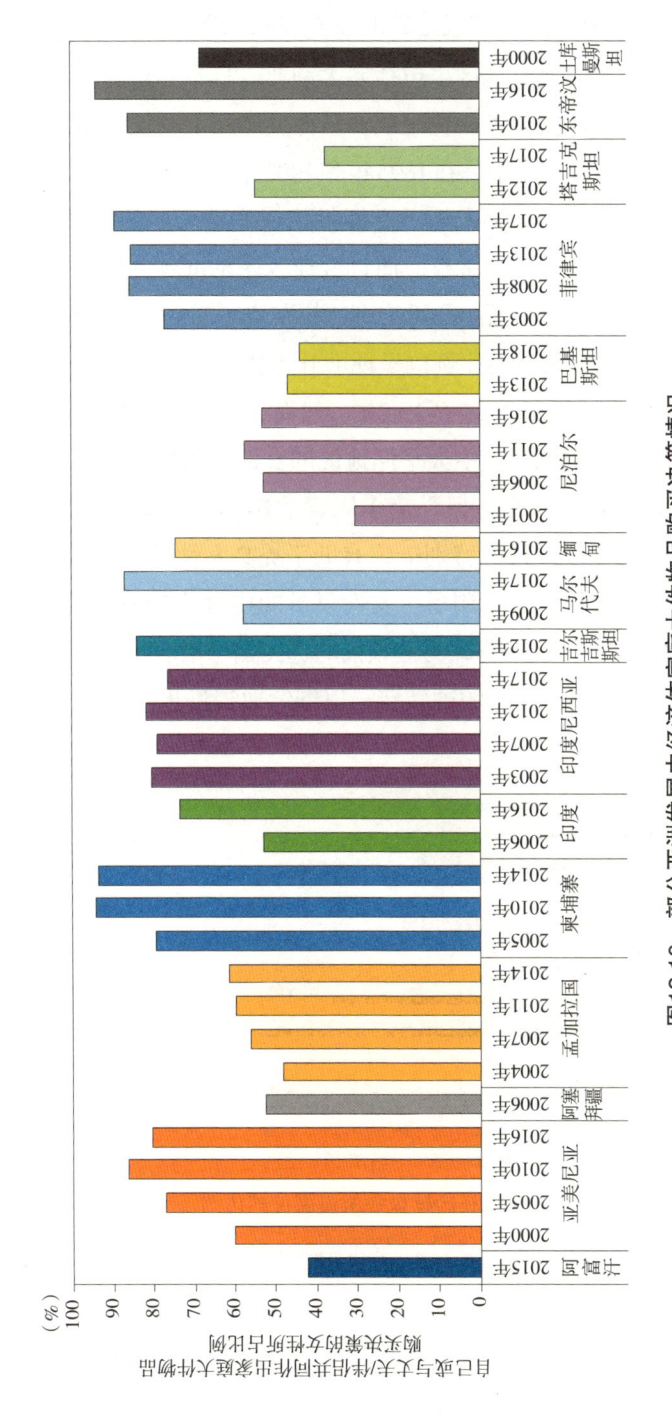

图12.10 部分亚洲发展中经济体家庭大件物品购买决策情况

资料来源：美国国际开发署人口和健康调查，https://statcompiler.com/en/（2020年1月3日访问）。

12.5.2 女性在公共和政治地位方面的成就以及仍然存在的差距

在过去半个世纪里，亚太地区（包括澳大利亚、日本和新西兰）在女性参与公共和政治事务方面实现了一些飞跃。新西兰和澳大利亚属于世界上最先赋予女性选举权的国家，分别是在1893年和1902年，早于美国和英国。到1970年，该地区只有7个国家尚未给予女性投票或竞选公职的权利。如今，该地区所有国家的女性都拥有选举权。而且该地区还是世界上第一个出现女性政府首脑的地区——1960年西丽马沃·班达拉奈克（Sirimavo Bandaranaike）当选斯里兰卡总理。女性议员的比例也呈现上升趋势（见图12.11）。2000年，女性议员占比为13.3%，2019年增至19.8%。然而，该地区的平均水平仍然低于全球平均水平（24.3%），其中太平洋地区的女性议员比例为全球最低。

尽管仍低于世界平均水平，但受诸多因素的影响，该地区女性的政治参与度有所上升。名额制或暂行特别措施有助于提高女性的政治参与度。[①]例如，在蒙古国，实行性别名额制后，女性议员的比例从2005年的7%上升到2015年的15%。[②]另一方面，青睐男性领袖的选民偏见依然普遍存在，这表明公众态度必须向拥护女性政治领袖转变，以继续取得进步（见图12.12）。

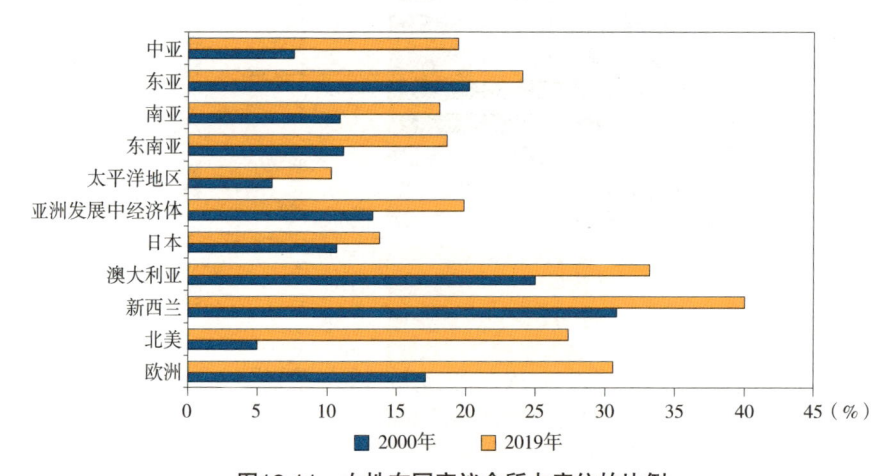

图12.11 女性在国家议会所占席位的比例

资料来源：Inter-Parliamentary Union. Women in Parliament Database. http://archive.ipu.org/wmn-e/classif.htm（2019年6月7日访问）.

---

① ADB. 2012. *Guidance Note: Gender and Law — Temporary Special Measures to Promote Gender Equality*. Manila.
② International Institute for Democracy and Electoral Assistance. Gender Quotas Database. https://www.idea.int/data-tools/data/gender-quotas/quotas#different (2019年6月21日访问).

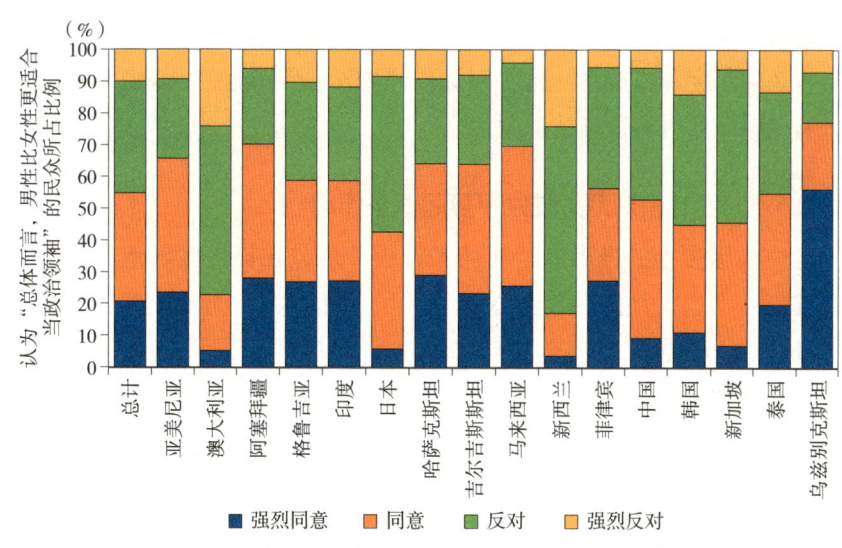

图12.12 2010—2014年民众对女性担任政治领袖的态度

资料来源：Institute for Comparative Survey Research. World Values Survey. http://www.worldvaluessurvey.org/WVSContents.jsp（2019年8月23日访问）。

12.5.3 针对女性的暴力行为

针对女性的暴力行为是对女性基本人权的侵犯，是对社会经济和政治赋权的阻碍。这种暴力行为不仅会对受害者本人造成伤害，还会带来巨大的经济损失。越南近期的估算数据显示，这种经济损失占GDP的1.4%。这一估算包含直接损失（比如医疗费、出警费和律师费等与司法有关的费用，以及咨询费）和间接损失（比如心理创伤、误工损失和对受害者福祉的影响）。[①]

在联合国大会1979年通过的《消除对妇女一切形式歧视公约》的推动下，很多国家在进行法律改革的过程中一直将消除针对女性的暴力行为作为优先议题，特别是1995年在北京举行联合国第四次世界妇女大会之后。亚太地区大多数国家都通过了反家庭暴力或亲密伴侣暴力法。同意和批准

[①] ADB and UN Women. 2018. *Gender Equality and the Sustainable Development Goals in Asia and the Pacific*. Bangkok. 有关估算性别暴力所带来损失的现有方法，参见Duvvury, N., C. Grown, and J. Redner. 2004. *Costs of Intimate Partner Violence at the Household and Community Levels: An Operational Framework for Developing Countries*. Washington, DC: International Center for Research on Women.

《消除对妇女一切形式歧视公约》的国家必须将亲密伴侣暴力认定为侵犯人权,必须制定和实施禁止这种行为的国内法。[1] 其他立法在亚太地区各地仍然不完善,如应对性骚扰的立法。

12.5.4　使社会规范对性别平等起促进作用

这种喜忧参半的进展和"玻璃天花板"现象在该地区各地的劳动力市场、教育、家庭、社区和公共领导等领域仍然存在,而导致这种情况的根本因素就是社会规范。

社会规范可能是"黏性的",但决不是静态的。事实证明,法律改革、社区宣传活动、社会运动以及其他因素使社会规范发生了有利于性别平等的积极变化。[2] 例如,印度1993年颁行的为女性专设村委会领导职位的法律大大激发了女性的志向,提高了她们的受教育程度,也改变了社会对女性担任领导职位的看法。[3]

提高社区认知项目和媒体宣传活动也有助于传播和采纳更积极的性别规范。有线电视和卫星电视在亚太地区迅速普及,使大众能够接触和了解新的价值观和生活方式,对大众的态度、行为和更广泛的社会规范产生了积极影响。[4] 在蒙古国,亚行帮助开展的一个多媒体活动提高了人们挑战性别陈规和性别暴力方面的意识(见专栏12.1)。[5]

12.6　展望未来

尽管该地区经济增长显著,减贫工作取得了重大进展,但性别平等仍是未竟之业。劳动力市场、经济资源获取及更广泛的社会和公共生活方面依然存在的性别差距必须进一步缩小。可行方法如下:

---

[1] UN Women. 2013. *Domestic Violence Legislation and Its Implementation*. Bangkok.

[2] Heise, L., et al. 2019. Gender Inequality and Restrictive Gender Norms: Framing the Challenges to Health. *The Lancet*. 393 (10189). pp. 2440–2454.

[3] Beaman, L., et al. 2012. Female Leadership Raises Aspirations and Educational Attainment for Girls: A Policy Experiment in India. *Science*. 335 (6,068). pp. 582–586.

[4] Jensen, R., and E. Oster. 2009. The Power of TV: Cable Television and Women's Status in India. *Quarterly Journal of Economics*. 124 (3). pp. 1057–1094.

[5] Serafica, P., and T. Begszuren. *Communication Strategies to Enforce Gender Equality Legislation in Mongolia*. https://development.asia/case-study/communication-strategies-enforce-gender-equality-legislation-mongolia.

第一，虽然在女性教育和健康方面取得了巨大进展，但在诸如科学、技术、工程和数学、职业技术教育、高增值行业女性培训等领域，仍需继续努力，同时还应采取措施改善女性的生殖健康。

第二，完善基础设施建设仍然至关重要。电力、交通、安全饮用水和卫生设施都有助于缓解女性时间匮乏的情况，为女性提供更多接受教育和从事有偿工作的机会。基础设施的设计和建设可以更好地满足女性的需求。

第三，各国应加大支持力度，提高女性的劳动力市场参与度。政府和私营部门可以携手合作，提倡可负担的育儿服务，推行家庭友好型工作方式，改革法律规制，消除招聘和晋升中的性别歧视。

专栏12.1　亚行在促进性别平等和发展中的作用

亚行向来致力于推动性别平等。1985年，亚行通过了一项关于提高女性在发展中的作用的政策，并逐步强化该政策。2018年，亚行通过了《2030战略》，其中加快推进性别平等是7个业务重点之一。根据该战略，到2030年，亚行批准业务的75%将促进性别平等。

亚行通过职业技术教育及技能培训方案、女性所领导企业的融资和培训，以及农业和农业综合企业经营项目，持续对女性经济赋权提供支持。2018—2019年，亚行收到了女性企业家融资倡议创业基金（Women Entrepreneurs Finance Initiative）的赠款，使斐济、斯里兰卡和越南的商业银行能够为城市和农村地区女性所领导的企业提供专项金融服务。

亚行对社会保障、健康和教育等领域的支持仍然至关重要。在巴基斯坦，亚行对该国的"贝娜齐尔收入支持项目"（Benazir Income Support Programme）提供了财政援助，大大增加了向贫困女性发放联网身份证和现金卡的数量，使她们得以首次获得金融服务。

亚行目前正协助建设能源、交通和供水等基础设施。这些基础设施能够减轻女性的家庭维护重担，支持她们参加工作、接受教育和改善健康状况。在其基础设施项目中，亚行引入了促进性别平等的设计，如改善

> 社区卫生设施，在道路和车站加装路灯，在公共交通工具上设立女性专用空间。在一些电气化和道路连接项目中，亚行还提供设施（如市场）和培训项目（如技术和管理技能培训）来增加女性的创收机会。在南亚的能源行业，亚行推广专业社交网络，帮助女性从事非传统职业，如一线工程师。
>
> 亚行继续为通过法律框架和司法体系消除性别歧视提供技术援助。亚行支持的相关活动包括：支持马尔代夫、蒙古国和越南颁行性别平等法律，在巴基斯坦培训法官，在孟加拉国和尼泊尔通过建设庇护所打击性别暴力。
>
> 资料来源：ADB. 2019. *Strategy 2030 Operational Plan for Priority 2: Accelerating Progress in Gender Equality*, 2019－2024. Manila.

第四，需要加大投资力度，培养女性的创业能力和企业领导能力，增加女性获得资金和其他资源的渠道。其中，商业管理技能和企业领导力培训不可或缺。

第五，按照可持续发展目标5的具体目标（可持续发展目标5.1）的规划，必须继续推进法律和规制改革，促进社会规范变革，消除社会、经济和政治权利方面的性别差距。这些改革将促使女性在公共和私人领域拥有更大的决策权。

第六，应对该地区一些国家快速老龄化所带来的新的性别挑战正变得越来越重要。由于老龄化可能会加重主要由女性承担的无偿照护负担，政府必须为男性和女性制定负担得起的、足够的和可持续的养老保险、医疗保险和养老体系，以减轻这一负担。

第七，政府、私营部门、发展机构和民间社会组织应增加资源投入，增进合作，促进性别平等。前景良好的资助促进性别平等项目的途径包括增加性别平等的预算、注重性别平等的国内资源调动，以及创新产品（如性别债券）。在这方面，包括亚行在内的多边组织能够发挥重要作用。

第 13 章

环境可持续性和气候变化

13.1 引言

过去半个世纪以来，亚洲的经济转型举世瞩目。但与此同时，快速的工业化、更多的物质与能源消费以及更多的城市人口给环境带来了越来越沉重的压力。在过去50年的大部分时间里，该地区主要采取"先发展后治理"的政策，对环境问题考虑不多，导致森林、土壤质量、淡水生态系统、海洋健康、空气质量和生物多样性逐渐恶化。其结果是，每年有数百万人[①]因环境污染过早死亡，维持未来生产的自然资本减少，生态系统脆弱性增加，而且还造成了其他环境失衡。

气候变化已成为一个紧急的全球性问题。尽管从历史上看，亚洲发展中经济体不是人均温室气体（二氧化碳、氮氧化物、甲烷及其他气体）排放的主要来源，但随着亚洲经济增长加快，温室气体排放量的增加大大高于全球平均水平，而且其能源系统一直依赖化石燃料和煤炭。2014年，亚洲的二氧化碳排放量相当于全球的44%，远高于其全球GDP占比（21%），接近其全球人口占比（54%）。同年，韩国基于一次能源消费的年人均二氧化碳排放量为11.6吨，日本为9.5吨，中国为7.5吨，而美国为16.5吨，经合组织成员国平均为9.6吨（见第8章，表8.1）。由于全球气温上升和酸雨

---

① Health Effects Institute. 2018. *State of Global Air 2018. Special Report*. Boston.

加剧了资源退化和水资源压力，亚洲的自然资源正面临气候变化带来的额外风险。亚洲特别容易受到极端天气事件的影响，如干旱、飓风和洪水，以及海平面上升、冰川蓄水减少和海岸侵蚀。

随着环境问题和气候变化影响的扩大，亚洲决策者已经采取应对措施。整个地区都出台了关键环境政策，包括框架立法、环保政策以及空气和水质量标准。环境和气候变化政策更多地利用基于市场的政策工具。亚洲对国际环境协定的参与持续深化，包括提交了根据关于气候变化的《巴黎协定》所制定的雄心勃勃的"国家自主贡献"目标。此外，该地区正在成为绿色产品和服务的主要出口地，这将有助于提高全球环保绩效。

尽管亚洲在应对环境和气候变化挑战方面采取了重要措施，但仍存在许多不足。亚太地区国家需要适当的价格信号以及更强有力的治理和制度来使环境政策发挥作用。需要加大基础设施投资力度，包括用于废水和固体废弃物管理、空气质量、清洁能源和公共交通以及可持续土地和水资源管理方式等方面的基础设施投资（详见第8章）。

本章将概述亚洲环境状况的历史、现状和未来。第13.2节探讨主要的环境问题，包括陆地生态系统、水资源、海洋健康、固体废弃物和空气污染。第13.3节分析气候变化问题。第13.4节讨论亚洲的环境政策措施，包括框架立法、标准、法规和市场手段。第13.5节介绍亚洲参与国际环境和气候变化协定的情况。第13.6节评估绿色产业在解决环境问题中的作用。第13.7节分析加强亚洲向可持续发展转型所需要应对的挑战。

13.2 环境压力日益加大

13.2.1 森林和土地

亚洲在发展过程中，森林和陆地生态系统（如湿地、草地和河流生态系统）面临的压力日益加大。森林转型理论（forest transition theory）认为，在经济发展的早期阶段和森林覆盖率高的情况下，森林被砍伐的速度最快。[1] 森林分布广泛，木材易于获得且运输成本低，因此森林开采利润很大。当时，农业在经济活动中占有很高份额，其相应回报也很高，因此农民毁林开荒的动力比较强。此外，传统的"刀耕火种"种植模式遍及各地且不断变化，人口和粮食需求不断增长。

根据这一理论，随着经济不断发展，砍伐森林的动力应该下降。随着科技进步，劳动力和资本成为农业中更有效的土地替代品。与此同时，结构转型促使越来越多的人放弃从事农业生产，离开农村。当可开采树木被砍伐殆尽时，开采和运输成本就会上升，砍伐森林的收益随之降低。与此同时，自然风景区的高收入弹性会增加对森林保护和观光的需求。综合以上因素可以得出，森林覆盖率通常会呈现与经济发展相关联的U形模式：先是迅速下降，然后下降速度放缓，最后是植树造林。

亚洲在某种程度上经历了这种模式，但存在巨大的地区差异（见图13.1）。中国和越南过去几十年来一直致力于植树造林，从GDP比较低的时候就开始启动相关项目。自20世纪80年代开始，这两个国家禁止砍伐森林，大力推动植树造林，从而增加了森林覆盖率和天然林保护。然而，这导致对邻国木材的需求增加，而这些邻国对森林砍伐的管控比较宽松。[2] 在南亚，森林覆盖率基本稳定，最近几十年变化不大。但是，东南亚仍然存在滥伐森林的现象，1990—2015年东南亚天然林覆盖面积减少了4,160万公顷。发放公共土地森林特许权是天然林面积减少的一个重要原因，这种情况大多发生在生物多样性和碳储量高的地区。[3] 这些特许权将宝贵的木材转让给特许权获得者，而特许权获得者向国家支付的费用往往低于所伐木材的市场价值，也就是说，森林采伐获得了隐性补贴。

---

[1] Rudel, T. K., et al. 2005. Forest Transitions: Towards a Global Understanding of Land Use Change. *Global Environmental Change*. 15 (1). pp. 23–31.

[2] Lang, G., and C. H. W. Chan. 2006. China's Impact on Forests in Southeast Asia. *Journal of Contemporary Asia*. 36 (2). pp. 167–194.

[3] Imai, N., et al. 2018. Factors Affecting Forest Area Change in Southeast Asia during 1980–2010. *PLoS ONE*. 13 (5): e0197391.

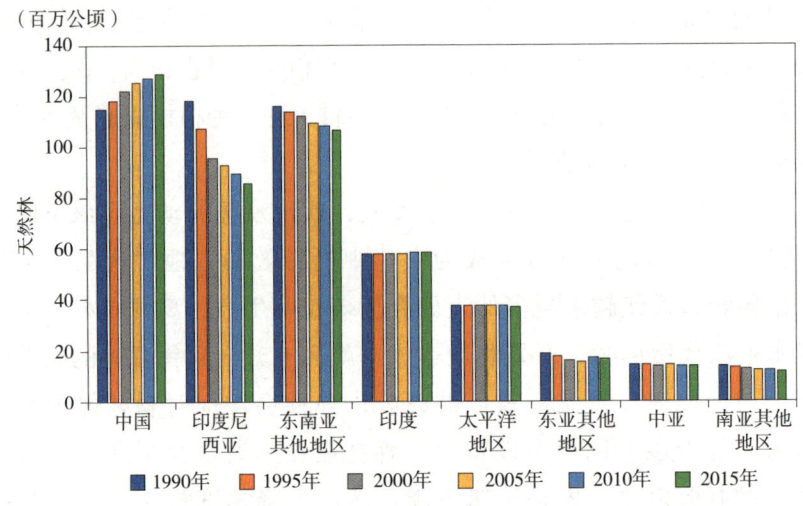

图13.1　1990—2015年亚洲发展中国家和地区的天然林覆盖面积

注：根据联合国粮农组织的定义，天然林由原生树木组成，不属于人工林。

资料来源：Food and Agriculture Organization of the United Nations. 2015. *Global Forest Resources Assessment 2015*. http://www.fao.org/forest-resources-assessment/past-assessments/fra-2015/en/.

通过森林特许权分配的林地大多居住着没有获得认定土地使用权的土著居民，而特许权发放之后通常会导致土地使用权冲突和传统土地消失。[1] 许多依照习惯使用特许权土地的居民实行刀耕火种的耕作方式，先烧荒再耕种，然后休耕，以便天然林再生。在耕种频率低的情况下，这种再生方式是可持续的。然而，对于没有获得特许权的人，其他地区的再生周期被压缩，使得刀耕火种的耕作方式不可持续。[2]

由于所有权争夺，特许权获得者同样面临未来森林回报不确定的问题，这种不确定性驱使他们快速开采木材。[3] 随着时间的推移，基础设施的改善降低了林区运输成本，进一步提高了用材林的价值和伐木的动力。因此，尽管亚洲人工林和再生林的覆盖面积总体上有所增加，但未能恢复天然林

---

[1] Yasmi, Y., J. Guernier, and C. J. Colfer. 2009. Positive and Negative Aspects of Forestry Conflict: Lessons from a Decentralized Forest Management in Indonesia. *International Forestry Review*. 11 (1). pp. 98–110.

[2] Mertz, O., et al. 2009. Swidden Change in Southeast Asia: Understanding Causes and Consequences. *Human Ecology*. 37 (3). pp. 259–264.

[3] Abood, S. A., et al. 2015. Relative Contributions of the Logging, Fiber, Oil Palm, and Mining Industries to Forest Loss in Indonesia. *Conservation Letters*. 8. pp. 58–67.

在生物多样性和碳储量方面的生态功能。[1]

在那些森林砍伐很普遍的地方，生物多样性快速消失。即使天然林覆盖率保持稳定，但由于气候变化、污染和其他重要生态系统遭受破坏，生物多样性仍然受到威胁。根据相关预测，亚洲的平均物种丰度正在下降（见图13.2）。

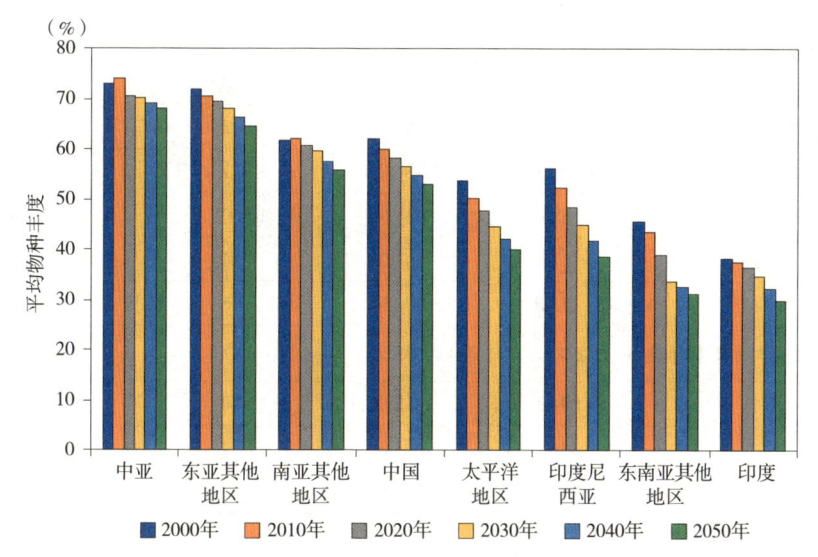

图13.2　2000—2050年亚洲发展中国家和地区的平均物种丰度预测

注：平均物种丰度为原始物种相对于未受干扰生态系统中物种丰度的平均数。平均物种丰度为100%的地区表示其生物多样性与自然情况相似。平均物种丰度为0则表示生态系统被完全破坏，没有原始物种存活。次区域平均数为简单平均数。

资料来源：PBL Netherlands Environmental Assessment Agency. *IMAGE 2.4–2.5 using GLOBIO for RIO+12 Global Integrated Assessments, Baseline Scenario*. The Hague.

除森林之外，由于养分流失、表层土壤侵蚀或污染等原因，土地生产潜力丧失，土地日益退化。亚洲的土地退化比世界其他地区更严重。[2]该地区居住在退化的农用土地上的农村人口比例也高于世界其他地区，东亚、

---

[1] Howes, S., and P. Wyrwoll. 2012. Asia's Wicked Environmental Problems. *ADBI Working Paper Series*. No. 348. Tokyo: Asian Development Bank Institute.

[2] Prince, S., et al. 2018. Chapter 4: Status and Trends of Land Degradation and Restoration and Associated Changes in Biodiversity and Ecosystem Functions. In Montanarella, L., R. Scholes, and A. Brainich, eds. *The IPBES Assessment Report on Land Degradation and Restoration*. Bonn: Secretariat of the Intergovernmental Science–Policy Platform on Biodiversity and Ecosystem Services.

东南亚和中亚的比例尤其高（见表13.1）。

表13.1　　2010年世界各地区居住在退化农用土地上的农村人口

地区	总人口（百万人）	农村人口（百万人）	居住在退化农用土地上的农村人口（百万人）	居住在退化农用土地上的农村人口的比例（%）
亚洲发展中经济体	3,669.0	2,824.3	1,121.6	39.7
中亚	79.4	50.2	23.0	45.8
东亚	1,395.7	1,068.3	595.2	55.7
南亚	1,597.3	1,284.0	336.1	26.2
东南亚	588.9	414.8	166.9	40.2
太平洋地区	7.7	7.0	0.4	5.9
亚洲发达经济体	153.3	33.9	4.5	13.1
拉丁美洲和加勒比地区	592.2	335.7	48.2	14.4
非洲	994.1	812.0	184.0	22.7
北美	346.1	71.5	11.4	15.9
欧洲	778.1	375.0	90.7	24.2

注：非洲包括撒哈拉以南非洲和北非。

资料来源：基于以下文献的附录数据：Barbier, E. B., and J. P. Hochard. 2014. Land Degradation, Less Favored Lands and the Rural Poor: A Spatial and Economic Analysis. *A Report for the Economics of Land Degradation Initiative*. Laramie: Department of Economics and Finance, University of Wyoming.

土地退化包括降低土地生产率或环境服务水平的人为过程。其中，土壤侵蚀最为普遍，而水是最主要的侵蚀外力，其次是风。农业是土壤侵蚀的一个主要驱动因素。亚洲大多数作物生产仍然采用集约耕作，对覆盖作物或其他土壤保持技术的使用有限，而且大面积公共牧场对牲畜密度的治理有限。[1] 由于城市面积不断扩大和种植管理缺失，许多河岸地区出现严重退化和侵蚀。1970—2015年，亚洲的湿地面积减少了30%。[2] 这种土地退化的累积影响使亚洲发展中经济体更容易遭受水资源短缺和洪水侵袭，农业

---

[1] Blaikie, P. 2016. *The Political Economy of Soil Erosion in Developing Countries*. London: Routledge.
[2] Ramsar Convention Secretariat and United Nations Environment Programme World Conservation Monitoring Centre. 2017. *Wetland Extent Trends (WET) Index–2017 Update. Technical Update 2017*. Gland, Switzerland: Ramsar Convention Secretariat.

生产潜力下降。

土地的化学污染急剧增加。[1] 土地化学污染通过几个过程发生。由于监管不力和意外事故，发生危险废弃物倾倒，水道和风将这些废弃物携带到大面积土地上。随着农业投入的加大，许多亚洲国家的农药和化肥施用量增加，远超世界平均用量，化学污染问题逐渐扩散到大面积地区。

亚洲水道中未经处理的污水量迅速增加，而使用污水灌溉会产生重金属污染问题。[2] 干旱环境中使用地下水灌溉导致南亚和中亚土壤严重盐碱化。

13.2.2 水资源

在亚洲，供水情况不断改善，能更好地满足农业、家庭和工业需求。灌溉面积大大增加，促进了农业发展，供水基础设施也有所扩大。随着农业、能源、工业和家庭用户用水的竞争日益加剧，供水改善意味着取水量快速增加。取水量的上升使许多国家（尤其是中亚国家）每年水资源使用量超过产生量。

大部分供水（尤其是灌溉用水）都获得了直接和间接补贴，进一步助长了过度用水。诸如水稻种植等耗水量大的活动也获得补贴，加大了用水需求。[3] 在南亚干旱和半干旱地区，水井是淡水的主要来源，而且使用水井往往获得电力补贴。过度开采地下水导致地下水资源砷污染，过度灌溉导致土壤盐碱化。这样做还造成地下水位下降，增加用水的经济成本，使水资源更加稀缺。

地表淡水的污染风险一直在上升。受补贴鼓励，过度使用化肥导致养分流失，造成淡水富营养化。[4] 工业不断发展，但对工业污水管控不足，使水质恶化。虽然家庭供水和废水收集不断增加，但只有三分之一的废水得

---

[1] Lu, Y., et al. 2015. Impacts of Soil and Water Pollution on Food Safety and Health Risks in China. *Environment International*. 77. pp. 5–15.

[2] Mohapatra, D. P., et al. 2016. Application of Wastewater and Biosolids in Soil: Occurrence and Fate of Emerging Contaminants. *Water, Air, & Soil Pollution*. 227 (3). pp. 1–14.

[3] World Bank. 2006. Do Current Water Subsidies Reach the Poor? *Series on Water Tariffs and Subsidies in South Asia*. No. 4. Washington, DC.

[4] Good, A. G., and P. H. Beatty. 2011. Fertilizing Nature: A Tragedy of Excess in the Commons. *PLoS Biology*. 9 (8): e1001124.

到处理（见表13.2）。[1]这意味着，预计三分之一至一半的亚洲河流会受到严重病原体污染的影响。[2]

表13.2　　2011年部分亚洲发展中经济体的废水处理比例

0~5%	6%~19%	20%~60%	61%~90%	91%~100%
阿富汗	斐济	阿塞拜疆	马来西亚	帕劳
亚美尼亚	蒙古国	印度		韩国
柬埔寨	菲律宾	中国		新加坡
孟加拉国	越南	泰国		中国香港
不丹		土库曼斯坦		
印度尼西亚		中国台湾		
老挝				
缅甸				
尼泊尔				
巴基斯坦				
巴布亚新几内亚				
所罗门群岛				
斯里兰卡				
塔吉克斯坦				
东帝汶				
乌兹别克斯坦				

注：只包括有可用数据的经济体。报告年份为2006—2015年有可用数据的最近一年。大多数数据来自2011年。

资料来源：印度（2011年）、马来西亚（2009年）、韩国（2011年）和越南（2012年）的数据源自联合国粮农组织全球水与农业信息系统数据库（AQUASTAT Database），http://www.fao.org/ nr/water/aquastat/data/query/ index.html?lang=en（2018年6月6日访问）；中国台湾的数据（2019年）源自：台湾环境保护管理部门，《水》。所有其他数据来自社会经济数据和应用中心环境绩效指数，http://sedac.ciesin.columbia.edu/data/set/ epi–environmental–performance–index–2016/data–download。

---

[1] Evans, A., et al. 2012. Water Quality: Assessment of the Current Situation in Asia. *Water Resources Development.* 28 (2). pp. 195–216.

[2] 研究将严重病原体污染界定为粪便大肠菌群浓度每100毫升超过1,000单位。United Nations Environment Programme. 2011. *Towards a Green Economy: Pathways to Sustainable Development and Poverty Eradication.* Nairobi.

13.2.3　海洋健康

随着收入增加，亚洲对鱼类和海鲜的需求迅速增加，尽管海洋资源已经恶化。亚洲的养鱼业快速发展，但大多数鱼类供应仍来自捕捞渔业，而捕捞渔业正面临最大的可持续产量下降问题。在过去50年里，年捕鱼量增长了9倍，并且所使用的捕鱼技术越来越先进（见图13.3）。日益全球化的捕鱼船队在远离其注册国的地区作业，使得从可自由利用的公共海洋资源捕鱼的竞争更加激烈，进一步增加了捕鱼量。

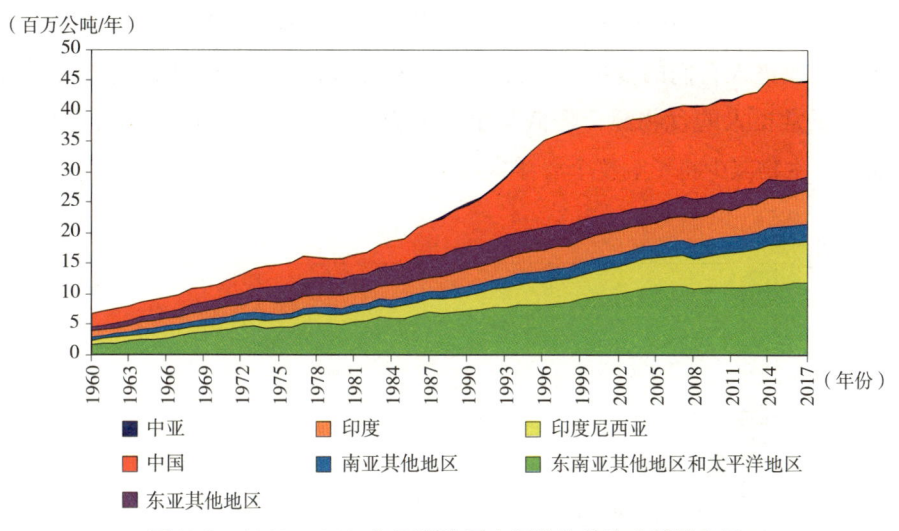

图13.3　1960—2017年亚洲发展中经济体的渔业捕捞产量

注：数据可用性因国家和时间而异。捕获量由捕鱼船所有国报告。

资料来源：Food and Agriculture Organization of the United Nations. 2019. Global Capture Production 1950-2017. http://www.fao.org/fishery/statistics/global-capture-production/query/en（2019年10月31日访问）。

到2013年，全球90%的海洋区域被认为存在过度捕捞。尽管捕捞力度加大，全球渔获量在20世纪90年代达到峰值。[1] 东亚的渔业产量降幅尤其明显，驱使该次区域的捕鱼船队进入其他亚太水域进行捕捞。[2] 该地区存在少报捕捞量的现象，妨碍了渔业管理。事实证明，相关法规的执行很困难，

---

[1] Food and Agriculture Organization of the United Nations. 2016. *The State of World Fisheries and Aquaculture: Contributing to Food Security and Nutrition for All*. Rome.

[2] Pauly, D., and D. Zeller. 2016. Catch Reconstructions Reveal that Global Marine Fisheries Catches Are Higher than Reported and Declining. *Nature Communications*. 7. 10244.

尤其是在国家管辖范围以外的地区。

捕捞渔业部分依赖使用"绝户网"（常常被禁用的渔网）捕鱼和使用非法炸药爆炸捕鱼，这种做法破坏了海洋生物栖息地和珊瑚资源。沿海开发和污染进一步加剧了海洋生物重要栖息地和生物多样性区域的丧失。

海洋健康持续遭受未被收集和处理不当的废弃物的危害，不断累积的塑料及其他废弃物对海洋生态系统造成严重威胁。据估计，海洋中近25%的塑料废弃物来自10个河流系统，其中7个在亚洲发展中经济体。[①]另外一些估算数据（见图13.4）显示，每年流入海洋的800万吨塑料中有55%~60%来自5个亚洲发展中国家。[②]这些塑料降解成微塑料后，很有可能被海洋生物摄入或进入它们的食物链，对一系列生物构成威胁。微塑料会取代浮游生物正常摄入的食物源，降低其生殖能力，对浮游生物的威胁尤其严重，而浮游生物减少将影响整个海洋食物链。[③]

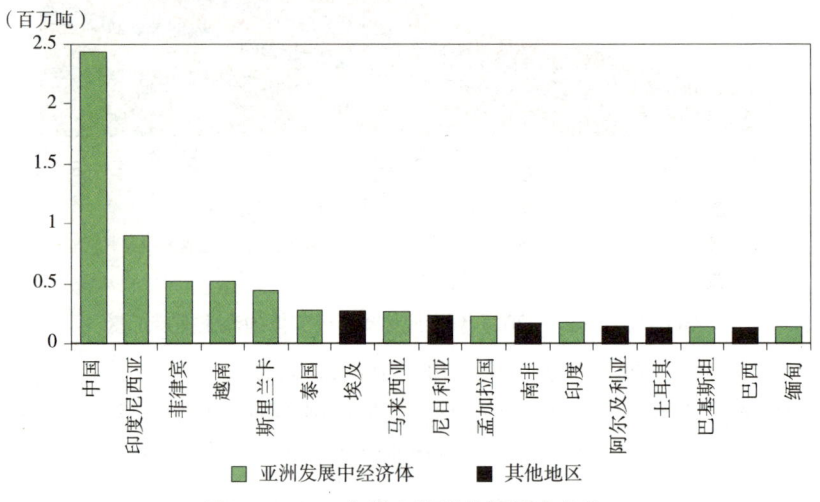

图13.4　2010年排入海洋的塑料废弃物

资料来源：Jambeck, J. R., et al. 2015. Plastic Waste Inputs from Land into the Ocean. *Science*. 347 (6,223). pp. 768–771.

---

① Schmidt, C., T. Krauth, and S. Wagner. 2017. Export of Plastic Debris by Rivers into the Sea. *Environmental Science & Technology*. 51 (21). pp. 12246–12253.

② Ocean Conservancy. 2017. *Stemming the Tide: Land-Based Strategies for a Plastic-Free Ocean*. Washington, DC.

③ Lin, V. S. 2016. Research Highlights: Impacts of Microplastics on Plankton. *Environmental Science: Processes & Impacts*. 18 (2). pp. 160–163.

13.2.4 固体废弃物

快速的经济增长和城镇化使材料的生产和消费增加,然而废弃副产品的收集、处置和处理能力却没有跟上。这种情况导致固体废弃物问题日益严重,尤其是在城市地区。随着该地区材料消费从1992年的150亿吨增加到2017年的520亿吨,废弃物处置压力快速增加。[1]截至2010年,该地区只有一半左右的废弃物得到收集,一小部分得到适当处理(见图13.5)。

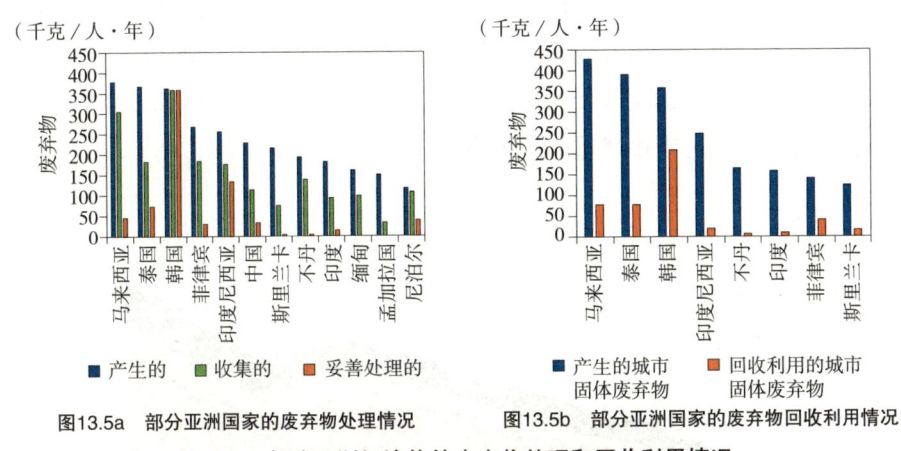

图13.5a 部分亚洲国家的废弃物处理情况　　图13.5b 部分亚洲国家的废弃物回收利用情况

图13.5　部分亚洲经济体的废弃物处理和回收利用情况

注:参考年为2009—2011年有可用数据的最近一年。
资料来源:Kaza, S., et al. 2018. What a Waste 2.0: A Global Snapshot of Solid Waste Management to 2050. *Urban Development Series*. Washington, DC: World Bank.

有害废弃物(如废弃电子产品中的有害废弃物)的产生速度甚至超过废弃物总量的增加速度。[2]城市固体废弃物的回收利用率一直很低。统计数据显示,亚洲距离"循环经济"还有很长的路要走。废弃物的社会成本很少从用户收费中获得补偿,这意味着有过多的废弃物产生得到了隐性补贴。

---

[1] International Resource Panel. Global Material Flows Database. 2018. http://www.resourcepanel.org/global-material-flows-database(2019年10月24日访问)。

[2] Chakraborty, P., et al. 2016. E-Waste and Associated Environmental Contamination in the Asia/Pacific Region (Part 1): An Overview. In Loganathan, B. G., et al., eds. *Persistent Organic Chemicals in the Environment: Status and Trends in the Pacific Basin Countries I Contamination Status*. Washington, DC: American Chemical Society and Oxford University Press.

13.2.5 空气污染

亚洲的经济增长在很大程度上依赖于煤炭、石油和天然气等能源的日益增长。大多数化石燃料燃烧产生的污染没有得到有效的控制，释放出大量的二氧化硫、氮氧化物、挥发性有机化合物、臭氧、一氧化碳和颗粒物。这些污染物排放在人口密度高的城市地区最为严重。

在亚洲发展中经济体，细颗粒物（PM2.5）排放量从1970年到2010年增加了121%（见图13.6），氮氧化物增加了168%，二氧化硫增加了238%。总体来说，在低收入和中等收入国家，人口超过10万人的城市中有97%不符合世界卫生组织的空气质量标准。[1] 孟加拉国、印度、巴基斯坦和中国的城市位居世界上污染最严重的城市之列。[2]

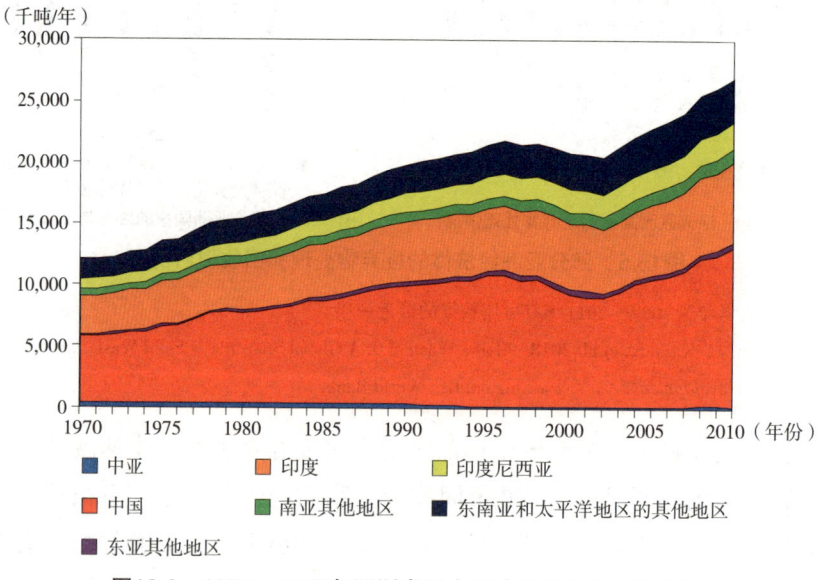

图13.6　1970—2010年亚洲发展中经济体的PM2.5排放量

注：数据可用性因国家和时间而异。

资料来源：欧盟委员会，全球大气研究排放数据库，http://edgar.jrc.ec.europa.eu/（2019年2月5日访问）。

---

[1] World Health Organization. 2018. WHO Global Ambient Air Quality Database. https://www.who.int/airpollution/data/cities/en/ (2019年5月23日访问).

[2] 基于年均PM2.5水平。AirVisual 2018. World Most Polluted Cities 2018. https://www.airvisual.com/world-most-polluted-cities (2019年5月27日访问)。

粗颗粒物（PM10）的趋势稍好一些，因为道路通行条件改善减少了灰尘，室内空气污染也因改进通风和更多地使用天然气进行烹饪等而降低。然而，空气污染对健康的整体影响有所上升，2016年亚洲发展中经济体估计有420万人因空气污染而过早死亡。[1] 此外，二氧化硫和氮氧化物导致酸雨强度不断上升，对该地区的森林和水生态系统造成破坏。[2]

13.3 气候变化

化石燃料密集程度更高的能源结构意味着温室气体的排放量会随着经济增长而迅速上升（详见第8章）。其驱动因素包括电气化扩大，煤在多能源发电中占据主导地位，以及燃油交通工具日益普及。在过去50年的大部分时间里，化石燃料补贴进一步强化了这些趋势，尽管过去十年间补贴有所减少。最近，很多国家制定了雄心勃勃的可再生能源发展计划，但与许多发达国家一样，实际上电力发展模式常常仍然以化石燃料为基础。在东南亚，森林砍伐也成为一个主要的排放源，因为大量的森林砍伐发生在每公顷含有数千吨碳的泥炭地，而这些碳会随着森林的消失而排放到空气中。

结果导致1990—2014年亚洲发展中经济体温室气体排放量的上升快于世界上任何其他地区（见图13.7），其占全球排放量的份额从23%增加到44%（见图13.8）。根据预测，到2030年，亚洲发展中经济体的排放量将增加，将占全球排放量的一半。[3] 从历史上看，亚洲发展中经济体的人均排放量远低于世界其他地区，但到2014年其人均排放量已接近全球平均水平。[4]

亚洲发展中经济体是世界上最易受气候变化影响的地区之一，因此温室气体的增长趋势会对该地区的未来构成威胁。[5] 受气候变化影响，亚洲依赖农业和自然资源的大量人口将遭受更多的干旱、洪水、海水入侵及作物病虫害侵袭。灌溉用水的减少和温度升高导致的用水需求增加将日益制约生产。

---

[1] Health Effects Institute. 2018. *State of Global Air 2018. Special Report*. Boston.

[2] Duan, L., et al. 2016. Acid Deposition in Asia: Emissions, Deposition, and Ecosystem Effects. *Atmospheric Environment*. 100 (146). pp. 55–69.

[3] Reis, L. A., et. al. 2016. The Economics of Greenhouse Gas Mitigation in Developing Asia. *ADB Economics Working Paper Series*. No. 504. Manila: Asian Development Bank.

[4] World Resources Institute. CAIT Climate Data Explorer. http://cait.wri.org（2019年10月26日访问）。

[5] Asian Development Bank (ADB). 2017. *A Region at Risk: The Human Dimensions of Climate Change in Asia and the Pacific*. Manila.

该地区有数亿人从事体力劳动,在炎热的季节里,体力劳动受到气温的限制。随着峰值温度进一步上升,无法进行降温的行业的生产率将会下降,而进行额外降温的行业又会消耗大量能源。此外,热应激还会导致心血管病死亡率上升,而蚊媒疾病(如疟疾和登革热)传播也会对人类健康造成影响。

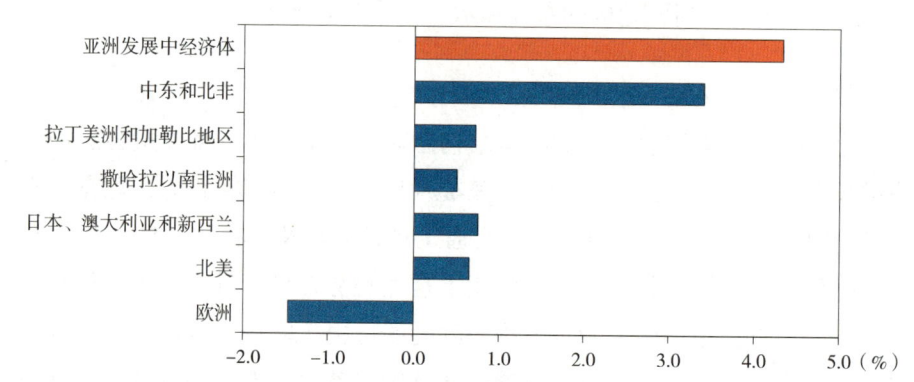

地区	年均增长率(%)
亚洲发展中经济体	约 4.3
中东和北非	约 3.4
拉丁美洲和加勒比地区	约 0.7
撒哈拉以南非洲	约 0.5
日本、澳大利亚和新西兰	约 0.8
北美	约 0.6
欧洲	约 -1.5

图13.7 1990—2014年世界各地区温室气体(二氧化碳当量)排放年均增长率

注:包括土地利用、土地利用变化和林业活动产生的排放。

资料来源:作者利用世界资源研究所的数据所做的估算;CAIT Climate Data Explorer,http://cait.wri.org(2019年10月26日访问)。

亚洲的低地三角洲地区人口非常密集,面临着很高的海平面上升的风险,太平洋地区的下沉式环礁地区也面临同样的风险。高强度气旋期间,风暴潮增加,预计在气候变化的影响下,其发生频率将进一步提高,从而加剧这些影响,并使淡水(包括地下水)盐化。降雨和风暴加剧将导致洪水和滑坡灾害日益频繁,使其他人口也面临更大的灾害风险。

全球气温上升加剧了自然资源退化。东南亚大约95%的珊瑚礁地区被认为受到海洋温度上升和酸化的严重威胁。[1]亚洲热带森林将受到日益频繁的火灾和水资源压力的严重影响。[2]根据相关气候变化预测,随着业已半干旱的南亚大多数地区的降雨量减少,受水资源短缺影响的亚洲人口可能会从2010年的12亿人上升到2050年的19亿人[3]。在其他地区,降雨将变得更加集中和多变。

---

[1] Burke, L., et al. 2011. *Reefs at Risk Revisited*. Washington, DC: World Resources Institute.
[2] Huntingford, C., et al. 2013. Simulated Resilience of Tropical Rainforests to CO_2-Induced Climate Change. *Nature Geoscience*. 6 (4). pp. 268–273.
[3] Satoh, Y., et al. 2017. Multi-Model and Multi-Scenario Assessments of Asian Water Futures: The Water Futures and Solutions (WFaS) Initiative. *Earth's Future*. 5 (7). pp. 823–852.

图13.8a 1990年

- 其他亚洲发展中经济体，11.3%
- 中国，8.7%
- 印度，3.5%
- 日本，3.4%
- 澳大利亚和新西兰，1.6%
- 中东和北非，5.3%
- 撒哈拉以南非洲，7.7%
- 拉丁美洲和加勒比地区，10.4%
- 北美，19.0%
- 欧洲，29.3%

图13.8b 2014年

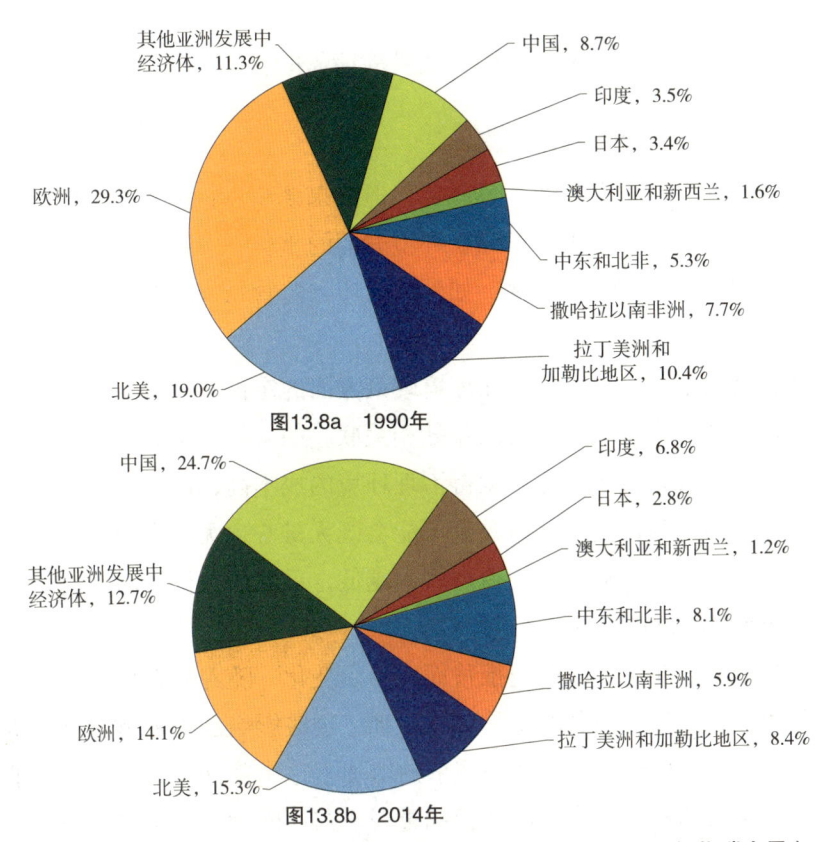

- 中国，24.7%
- 印度，6.8%
- 日本，2.8%
- 澳大利亚和新西兰，1.2%
- 中东和北非，8.1%
- 撒哈拉以南非洲，5.9%
- 拉丁美洲和加勒比地区，8.4%
- 北美，15.3%
- 欧洲，14.1%
- 其他亚洲发展中经济体，12.7%

图13.8　1990年和2014年世界各地区和部分国家温室气体（二氧化碳当量）排放占全球排放量的比例

注：包括土地利用、土地利用变化和林业活动产生的排放。

资料来源：作者利用世界资源研究所的数据所做的估算；CAIT Climate Data Explorer, http://cait.wri.org（2019年10月26日访问）。

根据亚行对潜在气候变化对亚洲发展中经济体的影响的估算，到2100年，气候变化将导致东亚每年的损失达到GDP的5%，南亚为9%，东南亚为11%。[①] 亚行近期的一项基于温度波动与经济增长之间历史关系的经济计量分析显示，如果不推出减缓气候变化的政策，到2100年，亚洲发展中经济体整体的损失每年可能会达到GDP的10%。[②]

---

① ADB. 2016. *Asian Development Outlook 2016 Update: Meeting the Low-Carbon Growth Challenge*. Manila.
② Lee, M., M. L. Villaruel, and R. Gaspar. 2016. Effects of Temperature Shocks on Economic Growth and Welfare in Asia. *ADB Economics Working Paper Series*. No. 501. Manila: Asian Development Bank.

13.4 亚洲应对环境和气候变化挑战所做的努力

13.4.1 政策制定的驱动因素

尽管亚洲存在很多负面环境问题，但如果该地区各国不能采取一致行动，问题可能会更加严重。亚洲在环境方面的重要改善得益于通过改进环境治理，解决市场和制度失灵，如外部效应、监管和执法能力不足以及其他政策制约。

从逻辑上来讲，一个国家在环境政策方面的定位与该国在环境保护行动中所付出的成本和从中获得的益处相关联。如果某个国家不认为环境问题会产生大的有害影响，并且觉得治理环境的成本高，没有采取环保行动的必要性，那么其推出的环境政策可能会既无雄心也无约束力。相反，所感知到的环境带来影响越大，治理成本越低，采取环保行动的理由就越充分，预期环境政策将产生更大的影响。

这两个因素在亚洲随时间推移而发生了变化。随着越来越多的人遭受空气和水污染，环境问题的影响急剧增加，这些影响也越来越被公众所认识。对舒适的环境这一优质商品需求的增加（意味着收入增加导致需求加大）反映出人们对环境影响的认识和重视。与此同时，科技进步降低了许多环保措施的成本，特别是那些采用发达国家市场上已有技术实施的措施。因此，环境政策预期成本和益处的变化促使亚洲转向更积极的环境保护。

这种动力最初在亚洲发达经济体最为明显。20世纪60年代，日本发生了很多令人震惊的汞中毒和镉中毒事件，引发了人们对工业污染问题的密切关注。[1]受这些事件影响的人，包括许多母亲，纷纷呼吁政府采取应对措施。在十年左右的时间内，日本作出了重要的法院判决，通过了重要的环境法案，规定污染行业有责任赔偿那些受中毒事件影响的人。20世纪70年代，日本开始治理空气污染和废水排放问题，逐步应对更严峻的环境挑战。韩国和中国台湾在20世纪80年代也开始强制实施类似的环保措施。

---

[1] Tani, M. 2015. Japan's Environmental Policy. *Policy Update*. No. 059. Tokyo: Research Institute of Economy, Trade and Industry.

在这些国家和地区取得进展的同时,一系列国际事件使人们对环境问题日益关注,同时也促使相关当局采取应对措施。1972年,罗马俱乐部发布《增长的极限》(Limits to Growth),警示自然资源枯竭的后果。同年,联合国人类环境会议通过了第一个关于环境的国际宣言。布伦特兰委员会于1987年发布《我们共同的未来》(Our Common Future),提出了第一个国际公认的"可持续发展"定义,并就环境政策的多边方法达成一致意见。

1992年,联合国环境与发展会议在里约热内卢举行,签署了《生物多样性公约》《联合国气候变化框架公约》《联合国防治荒漠化公约》,并商定了《21世纪议程》。这些成果为2002年和2012年地球峰会的强化行动和协议、1997年的《京都议定书》、2015年的关于气候变化的《巴黎协定》以及千年发展目标(2000年)和可持续发展目标(2015年)奠定了基础。

在这些国际进程中,亚太地区的代表发挥了积极作用。例如,自2015年以来,菲律宾、斐济和马绍尔群岛相继主持了"易受气候影响脆弱国家论坛",倡导根据《巴黎协定》采取雄心勃勃的气候行动。

13.4.2 执行关键政策和措施的进展

随着国际社会在环保方面取得进展,以及逐渐意识到环保行动的益处和不采取行动的代价,亚洲发展中经济体在环保方面的情况有所改善。从20世纪70年代开始,亚洲发展中经济体逐步推出以环保为核心的法律、法规和风险评估程序,并建立行政机构。早期实行的大多数方法侧重于确定理想目标和制定管控规则,这可谓是一种"无害"方法。[1]然而,规章条例不协调、激励措施不充分、执行能力有限等问题降低了环保政策的有效性。

为解决这一问题,从20世纪90年代初开始,亚洲发展中经济体修订、改革和加强了环保法律和政策。目前,这一进程仍在进行中,而且存在不全面问题。到20世纪90年代初,几乎所有亚洲发展中经济体都制定了框架环保法律(见表13.3)。在制定这些法律的同时,还设立了环保职能部门,以加强环保执法能力。除对具有重大环境风险的活动进行限制外,其所采用的方法更加主动,包括采取更多的环保激励措施。

---

[1] Harashima, Y. 2000. Environmental Governance in Selected Asian Developing Countries. *International Review for Environmental Strategies*. 1 (1). pp. 193–207.

表 13.3　亚洲发展中经济体制定水和空气质量标准和设立专职环保部门的情况

政策	1960—1969年	1970—1979年	1980—1989年	1990—1999年	2000—2009年	2010—2016年
制定水质量标准	文莱	印度 马来西亚 菲律宾 中国台湾	中国香港	阿塞拜疆 孟加拉国 柬埔寨 吉尔吉斯斯坦 老挝 尼泊尔 韩国 东帝汶 乌兹别克斯坦	阿富汗 亚美尼亚 不丹 印度尼西亚 哈萨克斯坦 巴布亚新几内亚 中国 萨摩亚 塔吉克斯坦 瓦努阿图	库克群岛 马尔代夫 蒙古国 瑙鲁 中国 土库曼斯坦 图瓦卢 巴基斯坦
制定空气质量标准	中国香港	中国台湾	印度	亚美尼亚 柬埔寨 格鲁吉亚 印度尼西亚 吉尔吉斯斯坦 马尔代夫 巴基斯坦 菲律宾 韩国 塔吉克斯坦 乌兹别克斯坦	阿塞拜疆 蒙古国 斯里兰卡	阿富汗 马来西亚 中国 土库曼斯坦
设立专职环保部门		孟加拉国 印度尼西亚 马绍尔群岛 中国 新加坡	印度 巴布亚新几内亚 菲律宾 萨摩亚 斯里兰卡 塔吉克斯坦 中国香港 中国台湾	亚美尼亚 不丹 格鲁吉亚 吉尔吉斯斯坦 巴基斯坦 韩国	阿富汗 阿塞拜疆 库克群岛 哈萨克斯坦 马来西亚 缅甸 帕劳 所罗门群岛 泰国 越南	柬埔寨 密克罗尼西亚联邦 老挝 蒙古国 土库曼斯坦 乌兹别克斯坦

注：环保部门与其他职能部门合并的经济体，以及环保部门设立日期不明的经济体未被列入。立法年份是指分别制定空气质量和水质量立法的年份。

资料来源：所列政府的环保部门网站；环境立法中现有数据库的主要原始资料。

几乎所有亚洲发展中经济体都制定了环境质量标准。在空气质量方面，二氧化硫和氮氧化物的标准几乎是通用的，大多数经济体都制定了臭氧和细颗粒物（PM2.5）的标准。大多数标准于20世纪90年代开始推行。在该地区的很多地方，水质量标准是在空气质量标准之后推行的。然而，几乎所有标准都没有世界卫生组织推荐的标准严格。

基础设施投资环境保护政策的推广遵循了类似的路径。1990年之前，亚洲发展中经济体中只有11个经济体有环境影响评估要求，但大多数经济体在十年后都制定了此类要求。

该地区所有经济体都认识到了气候变化的威胁，并快速制定了气候变化政策。在亚洲发展中经济体中，韩国是唯一一个于1999年在特定领域（如能源）的气候变化政策之外还制定了全面的跨领域气候政策的国家。到2012年，亚太地区大多数发展中经济体都出台了气候变化政策。

该地区经济体积极参与国际气候融资机制，如清洁发展机制，该机制允许发展中国家出售减缓项目的减排抵消，以帮助发达国家履行《京都议定书》承诺。在清洁发展机制下，几乎80%的核定减排量来自该地区。该机制是第一个激励亚洲发展中经济体私营部门投资气候行动的国际市场化机制。接着，各国还根据《巴黎协定》制定了雄心勃勃的气候目标，包括温室气体排放达到峰值（例如，中国到2030年），以及力争实现100%使用可再生能源发电（库克群岛到2020年，图瓦卢到2025年，斐济和瓦努阿图到2030年）和实现碳中和（不丹）。

13.4.3 环境政策的演变

该地区的决策者越来越把对环境的关注作为发展战略的主流。例如，印度尼西亚政府将环境可持续性作为其2010—2014年中期发展计划的三大发展支柱之一。同样，中国的"十三五"规划（2016—2020年）也将"生态文明"置于发展战略的核心位置。印度政府将可持续发展作为其2017—2020年行动议程的核心支柱，同时还设立了一个新的中央机构来监督可持续发展目标的实施进程。

随着环境监管在亚洲发展中经济体日趋成熟，基于市场的政策工具成为除法规之外直接解决成果激励问题的一种手段。该地区使用的基于市场的工具包括税收、收费；补贴；交易许可；总量管制与排放交易计划；生态系统服务付费；信息提供、标签和自愿协议。

在应对空气污染和气候变化方面，一些国家已经利用基于市场的政策工具控制排放，促进节能增效和使用可再生能源。例如，中国实施可交易许可计划来控制二氧化碳和二氧化硫排放，印度对煤炭消费征税。哈萨克斯坦和中国正在推行国家或地方层面的温室气体排放交易计划。在水资源管理方面，部分地区实施灌溉用水阶梯计价，开发灌溉用水市场。中国正在试行可交易的排放许可证制度。此外，中国和越南还实施了成功的生态补偿计划。为从源头上减少废弃物，一些经济体推行了生产者责任延伸政策。2013—2016年，中国通过要求电器和电子设备生产商和进口商支付相关废弃物处理成本，将铁、铜、铝和塑料的回收量增加了三倍以上。[①]

民间社会在监督环境行动方面发挥的作用越来越大。例如，20世纪90年代，印度尼西亚、韩国和泰国在框架法律中赋予非政府环保组织正式地位。[②]为保障执法力度，亚洲发展中经济体的法院对环境法规和受影响方的权利的解释越来越严格。[③]

13.4.4 政策措施的效果和仍然存在的挑战

尽管各经济体为解决环境问题采取了许多政策措施，但这些措施往往不够全面。许多战略和计划含有雄心勃勃的目标，但这些目标不一定与部门计划或行动一致，政策方面存在巨大差距。

在最基本的层面，一个重要的问题是，亚洲是否能够实现"脱钩"，或者亚洲的环境退化相对于经济发展是否正在放缓。趋势表明，这种情况正在发生，尽管仅从环境日益恶化的孤立视角来看，这种积极的情况可能被掩盖。如图13.9所示，亚洲发展中经济体单位GDP的能源和材料消耗一直在下降。

---

① Grainger, C., et al. 2019. Opportunities for Scaling Up Market-Based Approaches to Environmental Management in Asia. *Technical Assistance Consultant's Report*. Manila: Asian Development Bank.
② Institute for Global Environmental Strategies. 2001. *Report of the First Phase Strategic Research*. Kanagawa.
③ 例如，1993年菲律宾最高法院的一项裁决将后代认定为法人，强化了"代际公平"；2013年印度尼西亚宪法法院裁定传统森林属于原住民，而不是国家。

图13.9a 1990—2014年亚洲发展中经济体的能源强度

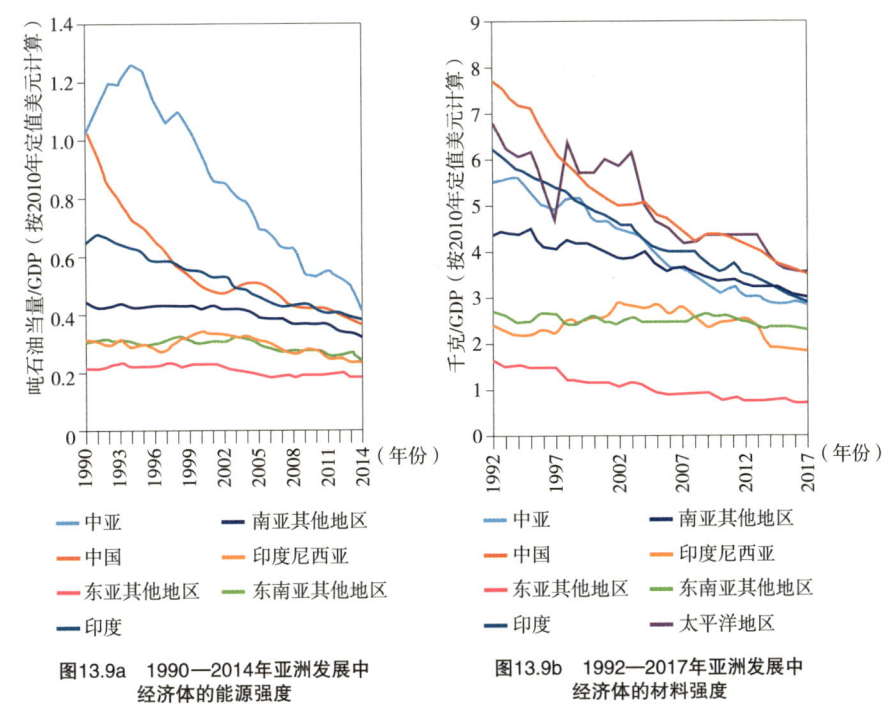

图13.9b 1992—2017年亚洲发展中经济体的材料强度

图13.9 亚洲发展中经济体的能源和材料强度

注：数据可用性因国家和时间而异。

资料来源：世界银行，《世界发展指标》，https://data.worldbank.org/（2018年10月24日访问）；国内材料消费的数据源自国际资源委员会全球物料流动数据库，https://www.resourcepanel.org/global-material-flows-database（2018年11月2日访问）。

尽管如此，脱钩不足以逆转环境退化。一个更有力的检验是环境库兹涅茨曲线（EKC）假说。该假说认为，在人均收入出现转折点后，环境退化有可能减缓并最终逆转。如果在发展过程中实行更强有力的法规和制度，就可能出现这种情况。[1]

一项新的分析[2]基于亚洲主要发展中国家四个方面的结果，对环境库兹涅茨曲线进行了估计。这四个方面是：（1）森林砍伐（天然林消

---

[1] Levinson, A. 2000. The Ups and Downs of the Environmental Kuznets Curve. Paper prepared for the UCF/CentER conference on Environment. 30 November–2 December. Orlando.

[2] Raitzer, D. A., et al. Forthcoming. *The Environmental Sustainability of Asia's Development*. Manila: Asian Development Bank. 这项研究选取了亚洲23~43个发展中国家，对温室气体的观测追溯到1960年，对其他空气污染物的观测追溯到1990年。

失）；（2）PM2.5空气污染；（3）二氧化硫空气污染；（4）温室气体排放（二氧化碳当量）。分析发现，按购买力平价计算，估计PM2.5的转折点在人均GDP达到8,400美元这一相对较低的水平时出现，而二氧化硫排放的转折点估计在人均GDP达到10,800美元时出现，这与全球和其他地区以前的很多研究一致。[①]分析还发现，法规对二氧化硫和氮氧化物污染的影响会随时间的推移而加大，这与环境库兹涅茨曲线假说的研究结果一致。

然而，尚未有证据表明亚洲发展中经济体存在环境库兹涅茨曲线效应，或加强监管对其减少二氧化碳排放当量或天然林覆盖会产生影响，这与在世界其他地区的模式不同。这种结果上的差异表明，亚洲越来越有能力运用成熟的技术解决方案来应对环境挑战，但需要实现更为根本性的转变以应对更复杂的挑战，如自然生态系统保护。此外，亚洲在减缓气候变化的政策措施上落后于防治污染，需要在这方面加大努力。

13.5 参与国际协定和发展伙伴的作用

13.5.1 参与国际协定

亚洲发展中经济体越来越多地参与解决全球环境挑战，尤其是气候变化。这样做至关重要，因为亚洲发展中经济体可以从国际社会协调应对全球气候挑战的合作中受益（见专栏13.1）。该地区几乎所有国家都是关于气候变化的三大公约和协定（1992年《联合国气候变化框架公约》、1997年《京都议定书》和2015年《巴黎协定》）的缔约国。根据《巴黎协定》国家自主贡献方案，89%的亚洲发展中国家确定了适应和减缓贡献目标，剩下11%的国家仅确定了减缓贡献目标。[②]

亚洲发展中经济体还是许多其他国际环境协定和进程的积极参与者，包括《拉姆萨尔湿地公约》《蒙特利尔议定书》（针对臭氧层）和《生物多样性公约》爱知目标。可持续发展目标将环境目标纳入国家和地方政策、计划和方案，是亚洲各国国家战略的共同目标。

[①] Borghesi, S. 1999. The Environmental Kuznets Curve: A Survey of the Literature. *FEEM Working Paper Series*. No. 85–99. Milan: Fondazione Eni Enrico Mattei.

[②] 亚行对提交给《联合国气候变化框架公约》秘书处的国家自主贡献目标的分析。

专栏13.1 气候变化方面的国际合作的益处

有效的国际合作对于应对气候变化非常重要,原因有三。第一,每个国家通常只着眼于解决本国行动所涉及全球影响的一小部分,很少有动力解决全球问题,除非它确信其他国家也采取行动。第二,减排的边际成本往往因国家和参与者而异。有效的国际合作机制有助于降低成本,提高效率。第三,国际合作有助于在技术开发和试点中实现重要的规模经济。

气候减缓成本模型显示了有效国际合作的潜在益处。最近的一项研究发现,根据《巴黎协定》建立一个协调统一的全球碳市场,有可能使亚洲把全球变暖控制在2℃的2050年政策成本降低近50%(见专栏图)。这是因为减排能够在成本最低、存在利用先进低碳能源技术的潜在协同效应,以及该地区有潜力出口碳排放额的情况下发生。

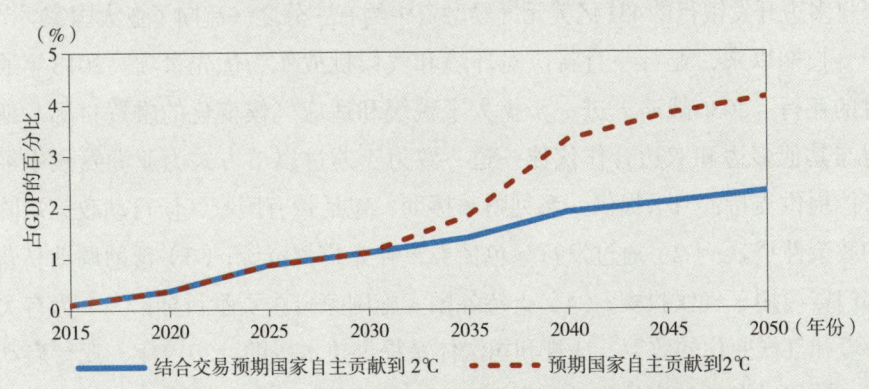

专栏图　与"一切照常"相比全球排放路径的亚洲政策成本

注:"一切照常"是指2015年后不采取任何气候政策、经济发展实行无约束的最优增长的情景。排放轨迹略低于政府间气候变化专门委员会的代表性浓度路径8.5(RCP8.5)情景模型。

资料来源:Reis, L. A., et al. 2016. The Economics of Greenhouse Gas Mitigation in Developing Asia. *ADB Economics Working Paper Series*. No. 504. Manila: Asian Development Bank.

亚洲签订涉及自然资源的区域内跨界协定的历史悠久,如协调巴基斯坦与印度之间水资源开发的1960年《印度河水利条约》(Indus Water

Treaty）。湄公河委员会是一个政府间组织，致力于协调柬埔寨、老挝、泰国和越南之间的水资源利用。同时，随着国内需求增长，这些机构及其协议一直在努力平衡成员国之间对水和其他资源日益激烈的竞争。该地区已签订区域条约以解决近期出现的越境雾霾等问题，但是仍然需要设立支持性国际机构，对有关行动提供支持。

13.5.2 双边和多边发展伙伴的作用

在影响该地区政策的演变方面，国际社会对该地区应对环境和气候挑战的支持与帮助发挥了关键作用。国际非政府组织常常在提高人们对具体环境问题和气候变化的认识以及推动国内倡议方面发挥重要作用。通过国际技术援助，制定了环境影响评估要求和环境质量标准。此外，气候政策的制定还得益于双边和多边支持。

包括亚行在内的多边开发银行和双边发展伙伴不断调整其战略，以支持环境和气候变化目标，并为投资气候变化减缓和适应提供财政支持。2018年，来自多边开发银行的431亿美元气候融资中约有三分之一流向了亚太国家。[1]

长期以来，亚行一直将应对环境和气候挑战作为优先事项。2018年通过的亚行《2030战略》进一步扩大了减缓和适应气候变化的融资目标。亚行与其他多边和双边合作伙伴一道，致力于通过以下方式为亚洲发展中经济体提供支持：（1）提供一系列财政援助，包括带有国家气候行动政策矩阵的政策性贷款；（2）通过发行绿色债券，补充贷款资源；（3）帮助调动私营部门资源用于气候投资；（4）支持各国实施国家自主贡献目标；（5）为有关环境和气候变化的政策、法规和司法体系提供技术援助。2019年，亚行启动了一项促进海洋健康的行动计划。

13.6 绿色产业对解决环境问题的贡献

亚洲的私营部门在通过绿色产业创建环境问题解决方案方面也发挥着

---

[1] African Development Bank, ADB, European Bank for Reconstruction and Development, European Investment Bank, Inter-American Development Bank Group, Islamic Development Bank, and the World Bank Group. 2019. *2018 Joint Report on Multilateral Development Banks' Climate Finance*. London: European Bank for Reconstruction and Development. https://www.adb.org/news/mdb-climate-finance-hit-record-high-431-billion-2018.

越来越重要的作用，特别是在可再生能源、节能增效、温室气体减排、污染治理和材料回收利用等方面。亚太地区环境市场的规模增长速度快于全球其他地区，在实际价值和所占全球贸易的份额方面均如此，其中日本和中国是最大的贡献者。[1]

此外，亚洲国家在利用绿色技术方面进行了大量投资，显示出引领绿色创新的巨大潜力。亚洲占全球气候变化减缓技术（如太阳能电池板和高效照明）出口的44%，所申请的高价值气候变化减缓技术专利数量超过欧洲和拉丁美洲的总和。

在全球范围内，中国和印度对可再生能源的投资最大，获得的绿地外商直接投资最多。消费者和非政府组织要求企业（尤其是跨国公司）采用"绿色供应链"，对企业而言这种压力越来越大。亚太地区的许多企业采用环境管理系统，改进生产流程和产品，以减少对环境的影响。与此同时，越来越多的企业申请环保产品认证，为产品打上生态标签，以此作为其国际贸易战略的一部分。

为解决与政策变化和技术不确定性相关的风险，私营部门对环境项目的投资增加。绿色金融正在成为加快环境投资的一种方式。过去几年来，该地区金融机构的绿色投资稳步增长。为加速这一进程，环境问题在银行系统中日渐主流化。[2]

绿色债券或气候相关债券是重要的绿色融资工具，而亚洲发展中经济体在使用此类债券方面走在了世界前列。这些债券旨在为环境项目筹集资金。它们可能会被"贴上标签"，接受第三方对其环境贡献程度的认证。亚洲是世界上未偿气候相关债券发行规模最大的地区，2017年的全球市场份额为42%。其中，中国发行的相关债券量最大，占该地区总量的82%。[3]印度尼西亚率先使用主权伊斯兰绿色债券，于2018年年初开始发行；斐济率先使用绿色债券以应对气候变化。

---

[1] Fankhauser, S., A. Kazaglis, and S. Srivastav. 2017. Green Growth Opportunities for Asia. *ADB Economics Working Paper Series*. No. 508. Manila: Asian Development Bank.

[2] ADB. 2017. *Catalyzing Green Finance: A Concept for Leveraging Blended Finance for Green Development*. Manila.

[3] Khanna, M. 2018. *Greening Businesses in the Asia and Pacific Region: Opportunities and Challenges*. Manila: Asian Development Bank.

13.7 展望未来

亚洲发展中经济体已开始采取重要措施来解决严峻的环境问题，但进展速度不足以应对该地区所面临的严重威胁。如果这种趋势继续下去，该地区将无法在21世纪继续保持过去50年所取得的经济成果，因为资源将被过度消耗和退化，生态系统将会遭到过度破坏。尽管该地区经济产出的能源消耗强度和碳排放强度有所下降，但仍需进一步努力，以与《巴黎协定》的目标保持一致，将全球平均气温上升幅度控制在工业化之前水平的2℃以内。为走上可持续道路，该地区需要加大后续政策的实施力度。

第一，确保价格反映环境和气候变化外部效应的成本。鼓励不可持续地使用自然资本和生态系统服务的"不合理"价格信号仍然是绿色增长的主要障碍。取消化石燃料补贴和其他不合理补贴，代之以累进式替代方案，如通过经济状况调查进行家庭补贴，这是必不可少的第一步。此外，征收木材使用费和水费等环境税费也是非常重要的改革措施。

第二，加强治理，改善环境管理。环境问题本质上具有外部效应，需要适当的公共干预来解决。进一步加强监管和执法至关重要。设立更高的监管目标，扩大监管范围；发挥民间社会的监督作用，弥补政府治理能力的有限性。

第三，大力投资环境友好型、低碳型和气候适应型基础设施。具体包括对可再生能源、节能增效和可持续公共交通的投资，以及改善现有基础设施，提高基础设施的气候友好性。要实现有效收集、处置和处理废弃物，还需要对利用最新技术来避免污染的新设施和现有设施进行新的投资。

第四，吸引可持续发展方面的私人投资。仅依赖公共部门的投资并不够，还需要吸引私人投资，而私人投资的可行性往往取决于政府出台的激励措施和其中蕴涵的政治风险。公共投资机构可以向私人投资者作出公开承诺。政府和多边开发银行可以为技术、合同和政治风险提供风险担保等保障。绿色债券和绿色银行的扩大有助于调动环保资金。

第五，推进变革性技术。向低碳发展转型成功与否，取决于先进的生物燃料和能源储存等技术。在回收、堆肥和处理等方面进行创新有助于推动亚洲的废弃物管理。智能交通系统有利于减少城市中心的环境影响。政府可以通过投资研究项目、试点项目和示范项目以及增加融资渠道来支持创新。

第六，加强国际合作。亚洲许多最紧迫的环境挑战涉及多个国家。各国政府可以在空气和水污染、海洋健康和渔业管理、水资源管理、生物多样性、灾害风险管理和沿海保护等领域进一步加强跨境合作和集体行动。另外，还可以在处理减缓和适应气候变化的全球议程方面加强合作，并一直利用规模经济发展技术解决方案。

第14章

双边和多边开发性金融的作用

14.1 引言

前面章节讲述了过去50年来发展融资如何成为亚太地区的一个重大挑战。出口收入、汇款、外商直接投资、银行贷款、债券认购和非本国居民的股权组合投资是外部资金的重要来源（详见第7章）。双边和多边开发性金融在亚洲经济和社会发展的许多方面也发挥了关键作用。

早年间亚太地区国家的国内储蓄和外汇短缺。这些国家的信用程度较差，不便于从国外借款，而国内资本市场又不发达。当时，来自发达国家双边援助机构的外部开发性金融作为官方发展援助，起到了至关重要的作用。[1] 多边开发银行（如亚行和世界银行）和联合国机构（如联合国开发计划署、联合国儿童基金会和国际农业发展基金）也以优惠贷款（包括赠款）和非优惠贷款的形式提供了大量发展资金。

关于援助效果的文献有很多，而且不断增多。[2] 调查研究的结果和结论往往因所依据的援助背景、情况和类型不同而不同，因为整体经济发展过

---

[1] 经合组织将官方发展援助定义为官方机构提供的资金，旨在促进受援国的经济发展和人民福祉，具有足够的优惠性（赠款和利率较低、期限较长的贷款）。
[2] 例如，Roodman, R. 2007. The Anarchy of Numbers: Aid, Development, and Cross-Country Empirics. *World Bank Economic Review*. 21 (2). pp. 255–277; Bourguignon, F., and M. Sundberg. 2007. Aid Effectiveness–Opening the Black Box. *The American Economic Review*. 97 (2). pp. 316–321; Quibria, M. G. 2014. Aid Effectiveness: Research, Policy, and Unresolved Issues. *Development Studies Research*. 1 (1). pp. 75–87.

程很复杂,很难一概而论并准确地把发展成果归因于开发性金融。但在亚洲,人们普遍认为开发性金融在支持国家发展方面发挥了重要作用。[1]通过援助计划和项目,开发性金融的受援国从与技术和理念转让相结合的开发性金融中获益。各国努力提高吸收能力,使外部资金契合国家战略,并保持"所有权"。双边和多边开发性金融在今天仍然很重要,特别是在为持续贫困、性别平等、气候变化和优质基础设施等领域提供支持方面。

总的来说,双边和多边援助有三种方式。

第一种是贷款融资,用于弥补发展所需资金的缺口。出于多种原因,发展中国家常常在融资上受到限制,特别是在对基础设施建设的大量投资需求方面。[2]开发性金融能填补融资缺口,在缓解资金对发展的制约方面发挥了重要作用,使受援国能够开展促进经济增长和提高偿还能力的项目。双边和多边发展伙伴在提供大量贷款的同时,往往还会传授知识、理念、治理和政策。此外,受援国和贷款提供者通常更注重项目的经济基础,而不是赠款。

第二种方式是赠款援助,特别是针对健康和教育等社会基础设施、人道主义援助和其他社会项目。赠款援助是一种不附带偿还义务的财政援助。赠款能够有效支持最贫困国家和身处脆弱局势和冲突影响的国家。赠款也被用于支持受沉重债务压力的国家。自 1966 年亚行成立以来,除技术援助外,亚行的业务一直是提供贷款(优惠贷款和非优惠贷款)。亚行自 2005 年开始提供赠款业务。

第三种方式是技术援助。技术援助用以提供健康、教育、农业、林业及其他领域的技术和管理技能。技术援助帮助设计和准备项目。此外,还支持公共财政、社会保障、金融行业、教育系统、医疗卫生服务提供和环境保护等领域的有效政策和结构改革。通过技术合作进行国际技术转让能够产生更广泛的知识溢出效应(详见第 5 章)。

总的来说,从相对重要性角度来看,利用国外流入的资源促进发展随

---

[1] Kimura, H., Y. Mori, and Y. Sawada. 2012. Aid Proliferation and Economic Growth: A Cross-Country Analysis. *World Development*. 40 (1). pp. 1–10; Hino, H., and I. Atsushi. 2008. Aid Effectiveness Revisited: Comparative Studies of Modalities of Aid to Asia and Africa. *Discussion Paper Series*. No. 218. Kobe: Research Institute for Economics & Business Administration, Kobe University.

[2] Lucas, R. E., Jr. 1990. Why Doesn't Capital Flow from Rich to Poor Countries? *American Economic Review*. 80 (2). pp. 92–96.

发展阶段的不同而变化。一开始，向欠发达国家提供赠款，继而提供优惠贷款，之后双边伙伴（包括出口信贷机构）和多边开发银行提供非优惠资金，包括对私营公司的贷款和股本投资。随着国家越来越发达，私人资本流入的重要性提高，包括外商直接投资、商业贷款、债券组合和股本投资等。20世纪70年代中期以来，在亚洲发展中经济体，随着其他形式的外部资金显著增加，双边和多边开发性金融的份额逐渐下降（详见第7章）。

本章将讨论亚太地区的双边和多边开发性金融。第14.2节介绍对亚洲的双边官方发展援助。第14.3节概述多边开发融资。第14.4节总结部分受援国的经验。第14.5节讨论几个亚洲双边开发性金融提供国的经验。第14.6节探讨未来挑战和优先事项。

14.2 双边官方发展援助资金流

20世纪60年代和70年代初，美国是亚洲发展中经济体最大的官方发展援助提供国（见图14.1）。自20世纪70年代末以来，日本持续增加官方发展援助，成为单一最大的双边援助提供国，提供了大量优惠贷款（"日元贷款"）。

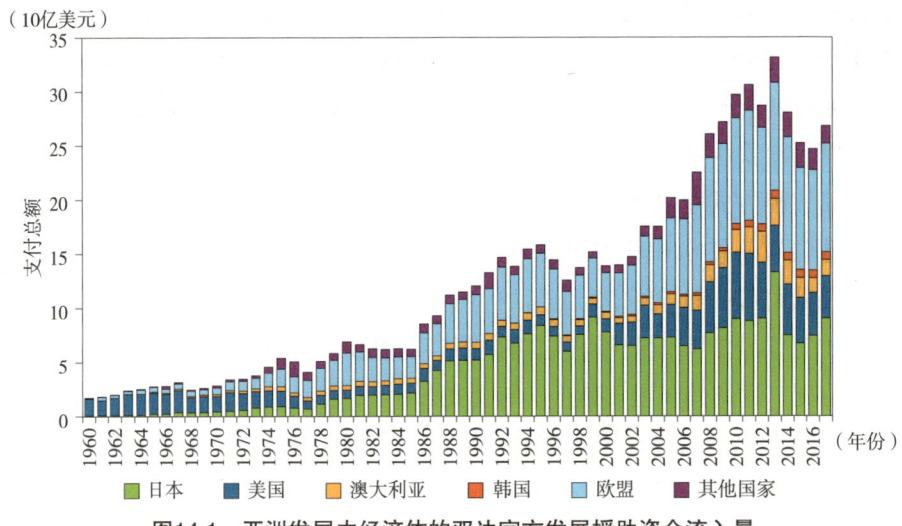

图14.1　亚洲发展中经济体的双边官方发展援助资金流入量

注：欧盟包括发展援助委员会欧盟成员国和欧盟机构。其他国家包括不是发展援助委员会成员国但向发展援助委员会报告的国家，如泰国。

资料来源：Organization for Economic Co-operation and Development(OECD). *OECD Data.* https://data.oecd.org/（2019年7月22日访问）。

来自欧洲（包括欧盟机构）的官方发展援助约占流向亚洲发展中经济体的官方发展援助总额的三分之一，目标受援国随时间而变化。澳大利亚和新西兰将其官方发展援助优先提供给太平洋地区。自20世纪80年代末以来，韩国已成为亚洲发展中经济体的官方发展援助提供国之一，其援助额稳步上升。

日本、美国、澳大利亚、新西兰、韩国和欧盟都是经合组织成员国，以经合组织发展援助委员会的政策为指导。中国、泰国和印度等越来越多的新兴经济体成为"新兴捐助国"，向亚太地区的其他发展中国家提供援助。

捐助国和援助项目过多可能会超出受援国政府管理援助资金流入的能力，影响官方开发性金融的效率，造成一种被称为"援助激增"（aid proliferation）的局面。但在亚洲，这一问题总体上得到了控制，因为与非洲等地区相比，在亚洲各受援国开展业务的援助提供国较少。[1] 此外，援助提供国之间相互协调，并在受援国拥有很强自主权的基础上与受援国合作，提高了援助效果。

14.3 多边开发银行

二战后，根据1944年布雷顿森林会议决议成立了国际复兴开发银行（即世界银行）和国际货币基金组织，拉开了多边发展援助的序幕。最初，国际复兴开发银行的贷款被用于帮助遭受二战破坏的国家的重建工作，后来援助的重心从重建转向发展。自1948年向智利提供贷款起，国际复兴开发银行开始向发展中国家提供贷款业务。1948年向印度提供的用于修复铁路的贷款是该机构面向亚洲的第一笔贷款。1960年，世界银行集团附属机构国际开发协会成立，负责向最贫困的发展中国家提供优惠贷款和赠款。1961年向印度提供的贷款是国际开发协会面向亚洲的第一笔贷款。

1966年亚行成立，其宗旨是"促进亚洲和远东地区的经济增长和合

---

[1] Kimura, H., Y. Mori, and Y. Sawada. 2012. Aid Proliferation and Economic Growth: A Cross-Country Analysis. *World Development*. 40 (1). pp. 1–10.

作……并协助本地区的发展中成员集体和单独地加速经济发展的进程"。[1]到2019年，亚行成员体从原来的31个增加到68个，其中49个是本地区成员体，19个是非本地区成员体。亚行的第一笔贷款是1968年向泰国提供的用于支持工业发展的500万美元金融领域贷款。亚行提供的第一笔优惠贷款也是在1968年，是从农业特别基金中拨付的，用于印度尼西亚灌溉项目。1974年设立的亚洲开发基金旨在为优惠贷款提供支持。2005年，亚洲开发基金捐助国同意制定一个亚洲开发基金赠款计划。其有助于减轻最贫困国家的债务负担，协助贫困国家走出冲突后局势，支持受援国的健康和教育等社会项目。

最初，亚行的重心放在发展中成员体的粮食生产和农村发展上。后来，贷款和技术援助逐渐覆盖电力、交通运输和城市发展，再后来还增加了健康和教育等社会项目。多年来，亚行开发了政策性贷款，用以支持改革、向最贫困国家提供赠款和开展私营部门业务。[2]

1997年和1998年，为援助受亚洲金融危机影响的国家，流向亚洲发展中经济体的多边发展资金总额激增（见图14.2）。2005年以来，多边发展资金再次增加，而亚行所占的份额稳步上升。2017年亚洲开发基金优惠贷款业务与亚行普通资金合并后，由于综合股本规模大以及可以利用杠杆开展优惠借贷，亚行非优惠贷款和优惠贷款的借贷能力均大幅提高。亚行的新援助承诺从2014年的139亿美元增加到2017年的197亿美元。2017年，亚行的总支付达到114亿美元，创历史新高，占亚洲发展中经济体多边融资总额的30%。

1968—2017年，亚行开发性金融的很大一部分流向了交通运输、能源和水利基础设施（见图14.3），但重点领域随时间而变化。农业所占份额下降，交通运输所占份额上升，能源所占份额保持在25%，但如今能源方面主要着重于可再生能源和能源效率。1997—2006年，金融和公共部门的份额较早期增加了一倍多，因为1997—1998年亚洲金融危机后全球共同努力，

---

[1] ADB. 1965. *Agreement Establishing the Asian Development Bank*. https://www.adb.org/documents/agreement-establishing-asian-development-bank-adb-charter.

[2] McCawley, P. 2017. *Banking on the Future of Asia and the Pacific: 50 Years of the Asian Development Bank*. Manila: Asian Development Bank.

向发展中国家提供反周期支持。

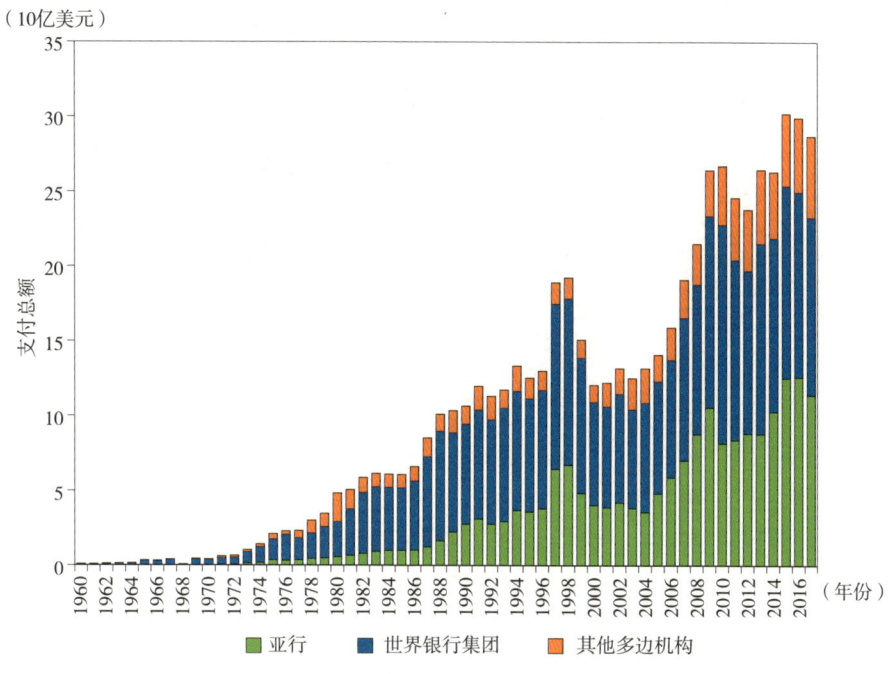

(10亿美元)

图14.2 亚洲发展中经济体的多边发展资金流入量

注：本图不包含欧盟机构。

资料来源：Organization for Economic Co-operation and Development(OECD). *OECD Data.* https://data.oecd.org/（2019年7月22日访问）；来自亚行的资金流数据源自ADB, Controller's Department. *Disbursements Data.* Manila。

随着发展中国家的需求和重点事项不断变化，多边开发银行将援助范围扩大到治理、脆弱性和冲突后援助等新领域，并开发了新的融资形式，如政策性融资（基于某种改革措施的预算支持资金）、基于成果的融资（资金支付与绩效指标挂钩，比如在教育和健康领域）和应急灾害风险融资。此外，多边开发银行还在增加用以支持气候变化减缓和适应的气候资金。非主权业务（面向私营企业的贷款和对私营企业的股本投资）一直在扩大。多边开发银行通过开设驻外办事处，扩大其在各国的业务参与，并通过协调其国别战略，使之与受援国的战略相一致，不断提高业务参与质量。多边开发银行以其独特的跨国视角，能够促进比较发展经验的学习和知识共享。

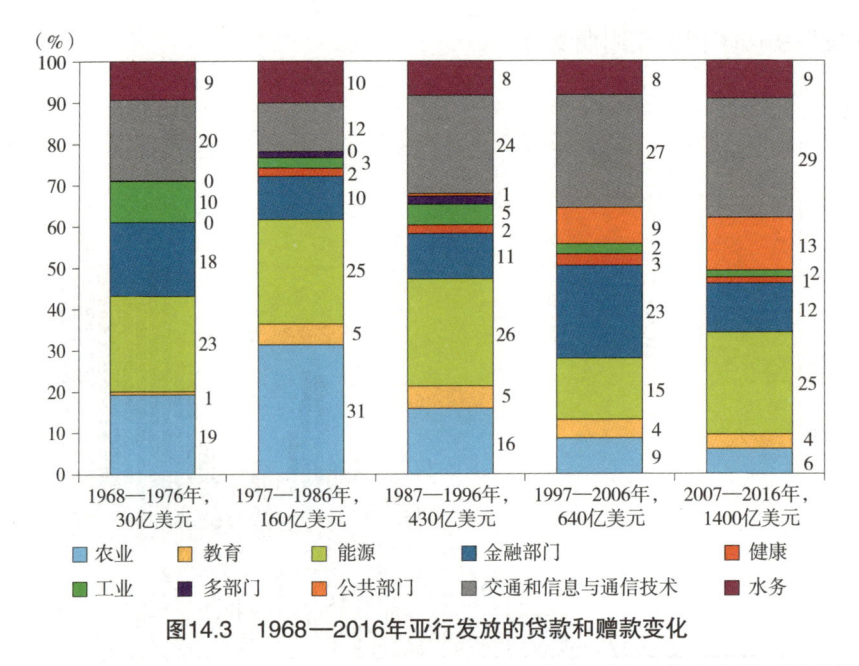

图14.3　1968—2016年亚行发放的贷款和赠款变化

注：矩形块旁的数字为各部门所占的比例（百分比）。时间段下方的金额为该时间段的贷款和赠款总额。1997年以后的数据遵循亚行的新项目分类体系，因此不同时期的分部门或分领域数据可能没有严格的可比性。金融部门业务包括：（1）为金融部门发展提供贷款；（2）通过信用担保、贸易融资和股本投资促进普惠金融；（3）为基础设施提供担保和可行性缺口融资。公共部门支持包括与公共、财政和经济管理有关的贷款和赠款，国有企业改革，法律与司法，以及社会保障举措。所有数据的截止日期为2016年12月31日。

资料来源：McCawley, P. 2017. *Banking on the Future of Asia and the Pacific: 50 Years of the Asian Development Bank*. Manila: Asian Development Bank (based on ADB data).

在2018年通过的《2030战略》中，亚行设定的重点领域包括剩余贫困、性别平等、气候变化、宜居城市、农村发展和粮食安全、治理，以及区域合作与一体化。亚行将增加私营部门业务（争取到2024年使私营部门业务在数量上占亚行业务的三分之一），并通过公私合作调动更多的私营部门资源。

多边开发银行和双边捐助国之间的合作与协调也得到加强。项目联合融资是一种常见的合作形式，尤其是对大型基础设施项目的融资。例如，亚行、世界银行和日本为孟加拉国的贾木纳大桥（Jamuna Bridge）等特大项目进行联合融资；老挝南屯2号水电站是另一个涉及多边和双边联合融资的特大型基础设施投资项目。此外，多边开发银行和双边发展伙伴还合作开展区域研究。例如，2005年，亚行、日本国际协力银行和世界银行联合完成了一份重要的区域研究报告——《连接东亚：一个新的基础设施框架》。①

多边开发银行与国际货币基金组织合作，支持有关国家实施政策和机构改革，减轻外部冲击的社会经济影响。1997—1998年亚洲金融危机和2008—2009年全球金融危机之后，多边开发银行与国际货币基金组织密切合作，通过提供更多资金，援助受影响的国家。当发生国际收支危机时，多边开发银行参与国际货币基金组织牵头的项目：国际货币基金组织提供关于宏观经济政策和结构改革的有条件性外汇融资，多边开发银行为社会部门支出和结构改革提供政策性预算支持贷款。

多边开发银行与包括联合国机构在内的其他发展伙伴开展合作。在亚洲，亚行与世界卫生组织开展合作，帮助解决与疟疾、艾滋病和禽流感相关的区域健康安全问题。亚行还与全球环境基金共同资助环境保护和生物多样性项目，并与绿色气候基金共同资助气候变化减缓和适应项目。

2016年，亚洲基础设施投资银行和金砖国家新开发银行作为新的多边开发银行投入运营。亚行和世界银行一直与这两个机构保持密切合作，包括通过在一些亚洲发展中国家进行联合融资。

14.4 亚洲受援国的经验

受援国对双边和多边开发性金融的利用效率各不相同。大多数亚洲国家受益于开发性金融，这些国家不断加强项目设计和实施的能力建设，推出互补政策，以最大限度地利用外部援助。最重要的是，这些国家有强烈的所有权意识，避免援助依赖。

14.4.1 日本

二战后，日本立即获得了美国政府和非政府组织提供的人道主义援助和经济援助。这些非政府组织包括"占领区政府援助与救济机构"（Government Aid and Relief in Occupied Areas）、"特许亚洲救济团体"（Licensed Agencies for Relief in Asia）和"占领区经济复兴机构"（Economic Rehabilitation in Occupied Areas）。国际关怀组织（CARE International）是一个总部设在美

---

① ADB, JBIC, and the World Bank. 2005. *Connecting East Asia: A New Framework for Infrastructure*. Washington, DC: World Bank.

国的非政府组织，向日本提供了食物、衣物、农具和种子等必需品。

1951—1966年，国际复兴开发银行提供了大量投资贷款，包括31个贷款项目，总计8.63亿美元，还款完成期限为1990年7月。[1]日本利用这些资源来填补国内投资和发展项目的资金缺口，特别侧重于"太平洋经济带"（"Pacific Belt Zone"）——东京与福冈之间产业集群的有机联系带。[2]例如，八幡钢铁有限公司的钢板生产设施（1955年）、丰田汽车有限公司科罗默工厂的卡车和客车机床（1956年）、关西电力有限公司的黑部川第四水电站（1958年）、日本国家铁路公司的东海道新干线（第一批高速列车）（1961年），以及日本道路公团的东名高速公路（1964年）。[3]

国际复兴开发银行的贷款对日本极其重要，不仅提供了急需的外汇和金融资源，还向日本转让了知识和新技术。由于日本长期以来优先发展铁路系统，新干线铁路主要基于日本自己的技术建设而成。在公路系统方面，日本建设省聘请国际复兴开发银行雇用的一名德国顾问来设计和修建收费公路。

14.4.2 韩国

受1950—1953年朝鲜战争重创，韩国在发展资金和对外支付方面严重依赖外国援助。20世纪50年代，外国援助资金流，尤其是来自美国的援助，为韩国大约70%的重要进口提供了资金。韩国还将外国援助用于修复和重建被战争破坏的基础设施。除了提供进口和基础设施融资，以及开展紧急救援和军事援助外，美国还为高等教育（包括赴美留学奖学金）和公共管理能力建设提供援助，而这两者为工业化进程提供了支撑。[4]1965年韩国和日本邦交关系正常化后，日本向韩国提供的双边官方发展援助大幅增加。

总体而言，在韩国经济发展初期，外国援助是该国投资融资的一个重

---

[1] World Bank. 2005. *World Bank's Loans to Japan*. Washington, DC. http://www.worldbank.org/en/country/japan/brief/world-banks-loans-to-japan.

[2] ADB, Department for International Development of the United Kingdom (DFID), Japan International Cooperation Agency (JICA), and World Bank Group. 2018. *The WEB of Transport Corridors in South Asia*. Washington, DC: World Bank.

[3] World Bank. 2005. *World Bank's Loans to Japan*. Washington, DC. http://www.worldbank.org/en/country/japan/brief/world-banks-loans-to-japan.

[4] Suh, J. J., and J. Kim. 2017. Aid to Build Governance in a Fragile State: Foreign Assistance to a Post-Conflict South Korea. In Howe, B. M., ed. *Post-Conflict Development in East Asia*. Surrey, UK: Ashgate Publishing Limited.

要来源。1965—1974年，外国援助占韩国总固定资本形成的42%。韩国有效地利用了官方发展援助来促进工业化进程。尽管世界银行因韩国经济规模较小而拒绝其建造一个新钢铁厂的计划，但韩国政府在日本的援助下，于1969年建造了新的钢铁厂。①

多边援助对韩国的经济发展发挥了重要作用。1968年为汉城至仁川的公路项目提供的贷款是亚行面向韩国的第一笔贷款。虽然韩国与亚行接洽寻求融资时，该项目的建设已经在进行当中，但亚行的技术贡献对确保项目的高标准设计和有效实施非常关键，而且亚行还与当局和当地顾问开展了密切合作。1988年，韩国从亚行援助中毕业。但是，在1997—1998年亚洲金融危机期间，亚行向韩国发放了一大笔政策性贷款，支持其改革和复苏。

14.4.3　1978年以来的中国

1978年改革开放后，中国开始接受大量双边和多边发展资金援助和知识技术转让。20世纪80年代初至21世纪第一个十年的早期，日本是中国最大的双边援助提供者。基于《日中和平友好条约》，日本自1979年开始为中国政策改革提供支持。在此期间，日本提供了367笔优惠贷款（日元贷款），共计3.3万亿日元。这些贷款以"整付形式"支付，即日本承诺每5年一次性支付一笔款项，以支持中国的五年计划。②来自其他双边援助提供者、世界银行以及亚行的援助也有所增加。

20世纪80年代，双边和多边伙伴就中国的主要发展目标提供援助，如缓解基础设施瓶颈和改善医疗卫生服务。知识援助也很重要。1985年，世界银行主办了一场为期6天的"宏观经济管理国际研讨会"，会议在长江上的一艘游轮上举行，一些高级官员和许多世界著名经济学家共同出席了这次研讨会。如今，这次会议被视为激发了未来市场化改革的标志性事件。20世纪90年代，捐助者开始更多地注重对中国应对城市改革、环境保护和减贫等新挑战的支持。

---

① Kim, J. K. 2011. *Modularization of Korea's Development Experience: Impact of Foreign Aid on Korea's Development*. Seoul: Ministry of Strategy and Finance, and KDI School.
② Government of Japan, Ministry of Foreign Affairs. *1978. Treaty of Peace and Friendship between Japan and the People's Republic of China*. https://www.mofa.go.jp/region/asia-paci/china/treaty78.html.

无论是在公路、桥梁和城市基础设施建设方面，还是在宏观经济政策、城市规划和环境保护方面，汲取国外的发展经验和技术对中国经济的快速发展都不可或缺。中国财政部和国家发展计划委员会（国家发展和改革委员会的前身）是负责与双边和多边发展伙伴接洽的中央政府机构。

中国于1986年加入亚行，和印度一起，成为亚行的主要借款国（印度从1986年开始从亚行借款，尽管它是亚行的创始成员体）。亚行贷款的重心最初是支持中国沿海地区的工业发展，后来逐渐转向贫困内陆省份的交通运输和城市发展。亚行的业务支持公共机构开发、实施和运营公共项目的能力建设，其中包括开展国际竞争招标、进行合同判授和制定防止不利于环境和社会影响的保障政策的最佳实践。亚行的中国《国别合作伙伴战略（2016—2020年）》与中国的"十三五"规划协调一致，把气候变化、环境保护、包容性增长的制度建设和区域合作置于优先位置。

14.4.4 泰国

提供给泰国的官方发展援助资金在促进泰国经济增长和发展方面发挥了关键作用。自20世纪70年代中期以来，日本一直是泰国主要的官方发展援助提供者（约占发展援助委员会国家援助的60%~80%），给泰国提供了大量赠款、技术援助和优惠贷款。从东部沿海地区发展计划（The Eastern Seaboard Development Program）可以看出泰国是如何成功利用双边和多边开发性金融来实施工业化进程的（见图14.4）。泰国政府还将外来资金用于综合农村发展举措，包括小规模灌溉项目，通过公共农业银行和农业合作社提供的农村金融，以及职业教育（如清迈的一所工业学院）。[1]

泰国通过利用发展援助吸引私人投资，积极促进外商直接投资带动的工业化。双边和多边开发性金融都有助于吸引外商直接投资。[2]外国援助能产生"基础设施效应"和"先锋效应"。前者是指外国援助能够改善实体基础设施，后者是指来自某一特定国家的外国援助通过将自己的商业惯例、规则和制度引入受援国，从而促进外商直接投资。随着时间的推移，泰国

---

[1] Kitano, N. 2014. Japanese Development Assistance to ASEAN Countries. In Shiraishi, T., and T. Kojima, eds. *ASEAN-Japan Relations*. Singapore: Institute of Southeast Asian Studies.

[2] Kimura, H., Y. Todo, and Y. Sawada. 2010. Is Foreign Aid a Vanguard of Foreign Direct Investment? A Gravity-Equation Approach. *World Development*. 38 (4). pp. 482–497.

受益于不断改善的商业环境。在外商直接投资的带动下，逐渐形成了产业集聚（包括汽车和汽车零部件产业），扩大了正规就业机会，改善了农村地区的教育，缩小了城乡收入差距。

图14.4　泰国东部沿海地区的基础设施建设

资料来源：改编自 Ariga, K., and S. Ejima. 2000. Post-Evaluation for ODA Loan Project — Kingdom of Thailand: Overall Impact of Eastern Seaboard Development Program. JBIC Review. 2 (Nov). pp. 81–115。

14.4.5 孟加拉国

在孟加拉国于1971年独立后不久，亚行、世界银行和双边捐助者就开始为该国的社会经济发展提供支持（见图14.5）。20世纪70年代，由于缺乏资本形成所需要的国内资源（储蓄率持续低于GDP的5%），该国严重依赖外国援助。[①]外部援助最初以粮食援助的形式进行，后来变为以项目援助为主。双边和多边援助在为实体基础设施融资方面发挥了关键作用，特别是在能源、交通运输领域以及创新型社会发展项目和计划（如小额信贷）方面。

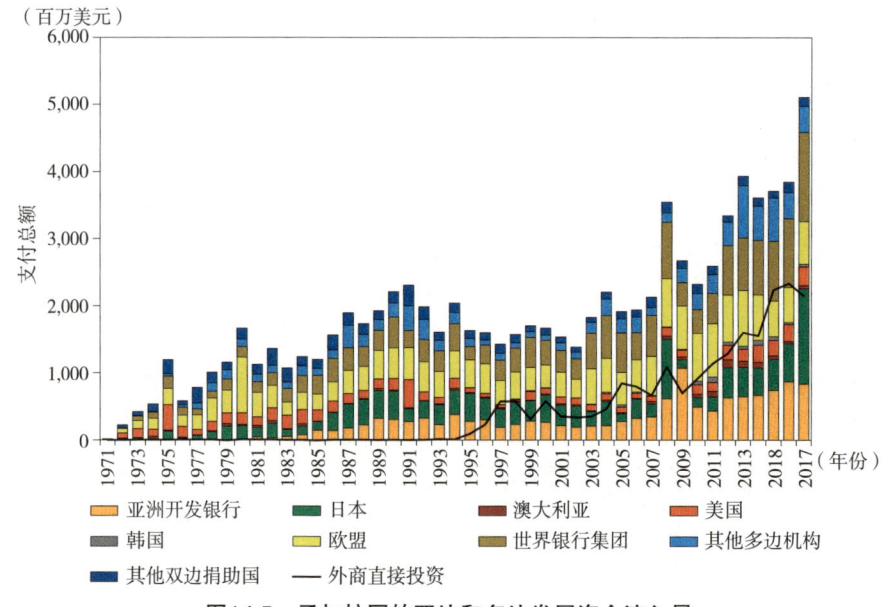

图14.5 孟加拉国的双边和多边发展资金流入量

注：欧盟包括发展援助委员会欧盟成员国和欧盟机构。其他多边机构包括国际货币基金组织、联合国机构（如世界粮食计划署）和石油输出国组织国际发展基金。

资料来源：Organization for Economic Co-operation and Development(OECD). *OECD Data.* https://data.oecd.org/（2019年7月22日访问）；来自亚行的资金流数据源自ADB Controller's Department. *Disbursements Data.* Manila。

由亚行、世界银行和日本联合融资修建的贾木纳大桥是孟加拉国最长、最大的多用途桥梁。它既是一个铁路桥、双向双车道公路桥，也是连接天

---

① Taslim, M. A. 2008. Governance, Policies and Economic Growth in Bangladesh. In Islam, N., and M. Asaduzzaman, eds. *A Ship Adrift: Governance and Development in Bangladesh.* Dhaka: Bangladesh Institute of Development Studies.

然气管道和托接电缆的桥梁。作为孟加拉国东西部之间的战略纽带，这座桥梁改善了该国的互联互通，还有助于减少周边地区的贫困。[1] 尽管官方发展援助一直是该国外汇和国内投资的重要来源，但随着其他外汇来源（如出口和外劳汇款）增长，其相对重要性有所下降。[2]

14.4.6 越南

在经过数十年的战争并重新统一后，越南于1986年开始进行经济革新，出台了一系列经济政策，从中央计划经济向市场导向型经济转型。在这一转型过程中，双边和多边捐助者均对其基础设施建设以及健康、教育和农村发展等社会部门提供了援助（见图14.6）。实体基础设施有助于发展制造业，改善与全球和区域供应链的联系。随之而来的强劲经济增长使越南在2009年成为中等收入国家。

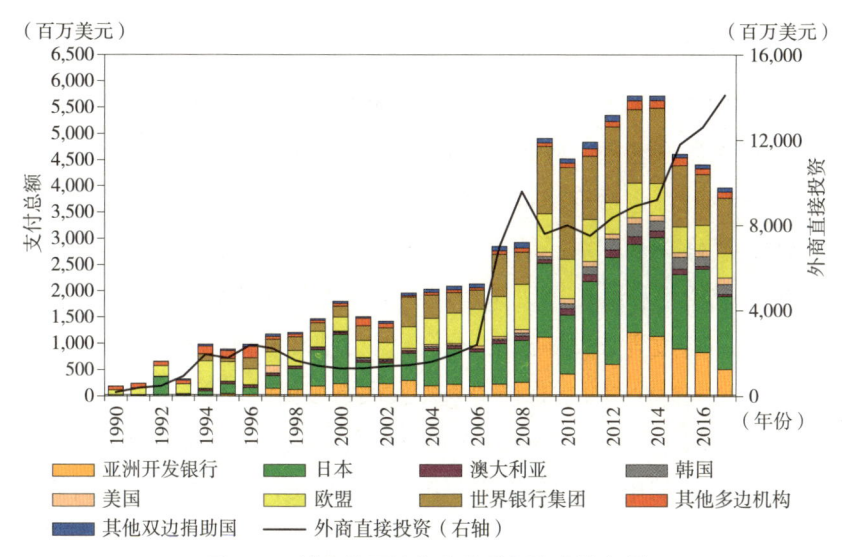

图14.6　越南的双边和多边发展资金流入量

注：欧盟包括发展援助委员会欧盟成员国和欧盟机构。

资料来源：Organization for Economic Co-operation and Development(OECD). *OECD Data*. https://data.oecd.org/（2019年7月22日访问）；来自亚行的资金流数据源自ADB Controller's Department. *Disbursements Data*. Manila.

---

[1] Sawada, Y., M. Mahmud, and N. Kitano, eds. 2018. *Economic and Social Development of Bangladesh: Miracle and Challenges*. London: Palgrave Macmillan.

[2] Quibria, M. G., and S. Ahmad. 2007. Aid Effectiveness in Bangladesh. *MPRA Paper*. No. 10299. Munich: Munich Personal RePEc Archive.

大量双边和多边发展资金与改革政策和能力建设建议相结合。韩国是越南重要的官方发展援助提供国。自1993年以来，韩国为越南约60个项目提供了27亿美元，这些项目分布于交通运输和能源基础设施、健康、供水和排水等重点领域。[1]这些官方发展援助项目既满足了越南的发展需求，也与韩国实力强劲的领域相吻合。韩国发展伙伴与越方人员直接合作，分享技术知识和项目实施经验，以增强当地的能力。[2]

通过官方发展援助支持，韩国还协助越南与韩国私营企业建立基础设施项目公私合作融资。越南是佳能、LG、松下和三星等许多东亚跨国公司的一个重要生产基地和网络。官方发展援助对建设南北走廊和东西走廊各个部分的投资不仅对越南有利，而且还惠及周边邻国。基础设施互联互通提高了流动性，降低了运输成本，加强了区域一体化。

14.4.7 中亚

自20世纪90年代以来，中亚和南高加索地区开始从中央计划体系向市场主导型体系急剧转型。双边和多边发展伙伴提供了政策分析和能力建设方面的技术援助，包括价格自由化和国有企业改革。此外，还提供了特别财政援助，以确保基本用品的进口，并帮助减轻苏联解体后贸易和资金流突然中断造成的不利影响。到20世纪90年代末，世界银行、亚行、欧洲复兴开发银行和双边官方发展援助伙伴开始为基础设施、人力资本、农业和农村发展、金融行业和社会保障等重点发展领域提供资金。

中亚发展的一个主要障碍是中亚国家之间及其与外部之间缺乏互联互通。由亚行主导的中亚区域经济合作计划于2001年正式建立，旨在加强成员国之间的合作和互联互通（详见第15章）。该计划为跨境能源和交通基础设施以及海关等贸易便利化提供融资。在《中亚区域经济合作计划2030》（CAREC 2030）这个新的长期战略框架下，该计划的涉及范围正在扩大，包括经济和金融稳定、环境、农业和水利、旅游和区域人力资本开发等。

---

[1] Government of Viet Nam, Ministry of Planning and Investment. 2017. *Thúc đẩy giải ngân vốn ODA và vốn vay ưu đãi*. [in Vietnamese]. http://www.mpi.gov.vn/Pages/tinbai.aspx?idTin=37705&idcm=188.

[2] Stallings, B., and E. M. Kim. 2017. *Promoting Development: The Political Economy of East Asia Foreign Aid*. Singapore: Palgrave Macmillan.

14.4.8 太平洋地区

太平洋岛国面临一系列与其他亚洲发展中经济体截然不同的发展挑战。这些国家人口少，地理上与外界隔绝，居住分散，容易受到自然灾害、气候变化以及粮食和燃料价格急剧波动等冲击。高生产和运输成本严重限制了私营部门的发展，也阻碍了出口导向型增长，不利于增加就业机会。这些国家还缺乏足够的资源来建立和提供广泛的公共服务。

在太平洋地区，澳大利亚和新西兰等双边伙伴以及亚行和世界银行等多边机构根据太平洋岛国的需求提供定制援助。这些援助支持基础设施建设，改善教育、健康和中小企业融资，促进包容性增长。发展伙伴帮助这些国家利用技术（如数字互联互通）来推动私营部门发展，促进女性加入劳动力市场。此外，还将灾害风险管理和适应气候变化列为优先事项。澳大利亚和新西兰在太平洋地区实行季节性招工，既有助于解决太平洋岛国的就业不足问题，又有利于缓解这两个国家的劳动力短缺问题。[1]

14.5 亚洲官方发展援助提供国的经验

作为援助提供国，日本和韩国在强调经济基础设施、支持性优惠贷款和自力更生理念等方面存在一些共同点。这些特点主要反映了这两个国家利用外来发展资金支持自身经济发展的经验。澳大利亚和新西兰已成为重要的官方发展援助提供国，利用赠款对太平洋岛国提供援助，特别是在社会部门发展和私营部门发展方面。亚洲的新兴捐助国（地区）也正在成为其他亚洲国家的重要官方发展资金提供者。

14.5.1 日本

从历史上看，日本的发展援助可以分为三个时期。第一个时期是从20世纪50年代中期到70年代中期。在战后阶段，日本开始进行战争赔款，并于1954年加入"科伦坡计划"（Colombo Plan）。甚至在此之前，日本在20世纪50年代加入了美国国际合作署赞助的"第三国培训"（3CT）计划，向东

---

[1] ADB and International Labour Organization (ILO). 2017. *Improving Labour Market Outcomes in the Pacific: Policy Challenges and Priorities*. Suva: ILO. https://www.adb.org/sites/default/files/publication/409216/improving-labour-market-outcomes-pacific.pdf.

南亚国家提供技术援助。通过这项技术援助计划，日本专家被派往发展中国家，受训人员则前往日本接受培训。

在整个20世纪60年代，日本采用了发展中国家援助四大支柱体系，包括赠款援助、优惠贷款、技术援助和给国际组织的捐款。在此期间，日本成立了援助发放机构来管理官方发展援助贷款（日元贷款），比如1961年设立的海外经济合作基金。1964年，日本加入经合组织发展援助委员会。1974年，日本国际协力机构成立，接替海外技术合作机构，负责技术援助和赠款业务。

第二个时期是从20世纪70年代中期到80年代。20世纪80年代，日本的经济发展势头向好，1985年签订《广场协议》后，日元升值，促成了旨在将官方发展援助数量翻一番的连续计划（例如，从1978年起的3年内）。其目的是将发展援助作为综合经济合作一揽子计划，利用援助、贸易和外商直接投资来支持亚洲的工业化、贸易和整体经济发展。到20世纪90年代，日本官方发展援助大量增加得益于三个基本因素的支持：（1）日本强劲的经济增长和健康的财政状况；（2）大量经常账户盈余；（3）根据日本和平宪法，为国际社会作贡献的观念。

第三个时期始于20世纪90年代。1992年，日本第一个《官方发展援助规章》（ODA Charter）更加清楚地阐明了日本的政策，强调了有关事项，包括从地域上侧重于亚洲，环境发展和经济发展并重，应对全球问题，满足基本的人类需求，援建基础设施，以及坚持自助原则。20世纪90年代初以来，日本在官方发展援助上的立场发生了变化。首先，日本经济进入了一个长期温和增长期，财政状况明显恶化。其次，保持大量经常账户盈余的可能性降低。最后，日本认为应该通过维护和平等活动来增加对国际社会的贡献。

这些变化加上不断演变的国际援助理念，在2003年使日本的官方援助政策发生了转变——从增加援助数量转变为确保援助的效果以及与国际援助界的合作。日本修订的《官方发展援助规章》将人类安全作为一个核心原则，将减贫和可持续增长以及应对全球问题作为主要目标，强调评估、一致性、援助效果、治理，以及与受援国战略协调的必要性。[1]2015年，日

---

[1] Akiyama, T., and T. Nakao. 2005. Japanese ODA Adapting to the Issues and Challenges of the New Aid Environment. *FASID Discussion Paper on Development Assistance*. No. 8. Tokyo: Foundation for Advanced Studies on International Development.

本新的《发展合作规章》(Development Cooperation Charter)强调，需要通过加强与包括非政府组织和私营部门在内的发展伙伴的合作，增强发展的协同作用。[①]

14.5.2 澳大利亚

澳大利亚的官方援助工作始于二战前对巴布亚新几内亚的援助（巴布亚新几内亚在1975年以前是国际联盟托管地和联合国托管地）。二战后，澳大利亚的对外援助力度迅速增加。澳大利亚向联合国机构和世界银行大量捐款，并提供双边援助，特别是向太平洋岛国。澳大利亚是亚行的创始成员体，如今是亚行第五大普通资本股东和第三大优惠资源捐助国。

1951年，澳大利亚协助设立"科伦坡计划"。该计划在35年内为来自发展中国家的学生提供了约4万份奖学金，帮助他们在澳大利亚教育机构学习学位课程。从1974年澳大利亚成立发展援助署（ADAA）开始，该国将对外援助制度化。2013年，澳大利亚将发展援助署的替代机构澳大利亚国际发展署（AusAID）并入外交和贸易部，以加强援助与外交的统筹协调。

从2004年开始，澳大利亚的援助预算显著增长，这是两党在大幅增加澳大利亚对国际发展贡献方面不断努力的结果。到2014年，澳大利亚已成为对东亚和太平洋地区的第二大捐助国。巴布亚新几内亚和印度尼西亚是澳大利亚最主要的两个援助受援国，其次是所罗门群岛。

14.5.3 新西兰

新西兰向来拥有进步思想的传统，1893年就允许女性参与国家立法机构选举（当时，该国是一个自治的英语殖民地），是世界上第一个给予女性这种选举权的国家。20世纪60年代以来，官方援助主要为新独立国家提供预算支持，特别是在太平洋地区。20世纪70年代和80年代，新西兰官方援助计划开始提供项目援助和人道主义援助。和澳大利亚一样，向发展中国家学生提供奖学金是新西兰援助计划的一个重要组成部分。

近年来，新西兰的援助更加侧重于帮助受援国实现可持续发展和减少

---

① Kato, H. 2016. Japan's ODA 1954–2014: Changes and Continuities in a Central Instrument in Japan's Foreign Policy. In Shimomura, Y., J. Page, and H. Kato, eds. *Japan's Development Assistance: Foreign Aid and the Post-2015 Agenda*. London: Palgrave Macmillan.

贫困。战略重点是一个关键特征。2017年，其官方发展援助预算约为6.15亿新西兰元，[①]优先领域包括气候变化、可再生能源、农业综合经营、私营部门发展、性别平等和能力建设。

从地理上讲，新西兰的官方发展援助集中在太平洋岛国，占新西兰每年官方发展援助款项的60%。对太平洋地区的官方发展援助的方式演变为预算支持、在新西兰具有相对优势的领域进行项目投资，以及对太平洋岛国开展长期体制建设。新西兰与亚行和世界银行等多边开发银行和其他双边机构密切合作。1965年，新西兰主办了联合国亚洲及远东经济委员会会议，会上通过了支持成立亚行的决议。次年，新西兰成为亚行的创始成员体。

14.5.4　韩国

韩国很早就有为其他发展中国家举办技术培训的经验，但其经济援助在20世纪80年代才开始扩展，包括派遣韩国志愿者和提供优惠贷款。20世纪90年代，其官方发展援助体系的现有结构开始形成。1991年，韩国国际合作署（KOICA）成立，负责提供赠款援助。1987年成立的韩国进出口银行负责运营和管理经济发展合作基金（EDCF）。1996年，韩国加入经合组织。

2004年，韩国启动了一项政策性发展合作计划，名为知识共享计划（KSP），通过分享发展经验，为发展中国家提供支持。其中一个典型的例子是"新村运动计划"（New Village Movement program），这是韩国版的社区驱动发展项目，重点强调村与村之间的竞争和村内资源调动。

在2010年加入经合组织发展援助委员会后，韩国于2011年在釜山主办了第四次援助有效性高层论坛。这次论坛最终通过了《釜山有效发展合作伙伴关系》（Busan Partnership for Effective Development Co-operation）。这次会议是史上最具包容性的援助有效性论坛，新兴捐助国的重要作用在这次会议上得到了正式承认。

韩国还积极与多边发展机构合作。为应对亚行发展中成员体不断扩大的"数字鸿沟"，以及支持能力建设和知识共享，2006年韩国在亚行设立了"电子亚洲和知识合作伙伴基金"（e-Asia and Knowledge Partnership Fund）。

[①] Government of New Zealand, Ministry of Foreign Affairs and Trade. *Aid & Development*. https://www.mfat.govt.nz/en/aid-and-development/our-approach-to-aid/.

例如，在缅甸和乌兹别克斯坦，该基金为电子政务和公共机构开发了一个信息与通信技术战略，并制定了重点行动计划；在不丹和吉尔吉斯斯坦，该基金为信息和通信技术支持的税收管理和收入管理信息系统提供帮助。

14.5.5 亚洲新兴捐助国（地区）

除传统的双边捐助国（地区）以外，中国、印度和泰国等亚洲新兴捐助国（地区）越来越积极地向其他亚洲国家提供开发性金融。

中国将南南合作作为一项重要的对外政策，根据自身的发展经验，为亚洲和其他地区的发展中国家提供支持。中国以赠款和优惠贷款的形式提供对外援助，并通过中国进出口银行和国家开发银行提供优惠出口买方信贷和其他形式的融资。中国发起成立了亚洲基础设施投资银行，该机构于2016年年初开始运营。

印度的发展合作包括进出口银行信贷额度、赠款援助、小型发展项目、技术咨询、救灾和人道主义援助以及能力建设计划等。

泰国也提供对外援助，特别是通过泰国国际发展合作署和邻国经济发展合作署，向发展中邻国提供援助。

许多其他新兴亚洲经济体（文莱、印度尼西亚、哈萨克斯坦、马来西亚、新加坡、中国香港和中国台湾）如今正在成为许多亚洲和其他地区国家的捐助者。这些经济体与中国、印度、韩国和泰国一道，都向亚洲开发基金捐款。亚洲开发基金是亚行的优惠援助窗口，目前向低收入亚行成员提供赠款援助，因其优惠贷款业务在2017年年初并入了普通资本。

虽然有关这些新兴捐助国（地区）提供的官方开发性金融的统计数据没有在经合组织官方发展援助报告系统中列出（泰国除外，该国作为非经合组织和非发展援助委员会成员国向发展援助委员会报告），但毫无疑问，这些新兴捐助国（地区）官方融资的重要性已经提高，而且还将继续提高。

14.6 展望未来

亚洲部分国家已经从官方发展援助和多边开发银行援助中毕业，但许多国家在未来仍然需援助。双边和多边融资伙伴和受援国必须共同努力，重点关注以下优先事项。

第一，需要更加努力应对余存挑战和新兴挑战，包括持续贫困、不平等加剧、气候变化减缓和适应、抗灾能力，以及环境可持续性、性别平等、快速城镇化、人口老龄化、农村发展和粮食安全。在全球议程内开展工作至关重要，比如联合国可持续发展目标和《联合国气候变化框架公约》第21次缔约方大会通过的关于气候变化的《巴黎协定》。

第二，应该利用新技术促进高质量基础设施投资。2019年，二十国集团领导人大阪峰会通过的"高质量基础设施投资原则"强调了吸收先进技术和知识、关注基础设施维护和使用周期成本、整合环境和社会因素、增强抵御自然灾害的能力，以及加强债务可持续性和透明度治理的重要性。

第三，发展中国家援助应注重政策和体制改革。事实证明，多边开发银行的政策性融资工具能有效支持政策改革。技术援助和能力建设能够为项目筹备、公共部门管理和气候行动，以及外汇储备管理、环境法、反洗钱和性别平等法律框架提供支持。

第四，必须继续关注援助效果。有必要加强受援国、双边捐助国、国际货币基金组织和多边开发银行（包括亚洲基础设施投资银行和金砖国家新开发银行等新机构）之间的协调与合作。将确保债务可持续性纳入协调工作。密切监测受援国的债务状况，避免超出其偿还能力的过度借贷至关重要。

第五，必须为开发性金融调动私营部门资源。除公路、水利和可再生能源等基础设施外，私营部门还可以为教育、健康、中小企业融资和农业综合经营提供支持。多边开发银行应通过改善投资环境、确定银行可担保的项目以及就设计良好的公私合作提出建议，帮助吸引私营部门的发展资金。

第 15 章

加强亚洲区域合作与一体化

15.1 引言

区域合作与一体化是指位于同一个区域的国家通过贸易和投资等方式开展密切经济合作并促进经济一体化的政策和举措。过去半个世纪以来，区域合作与一体化在促进亚洲发展方面发挥了重要作用，有助于该地区的和平与稳定，促进区域内贸易和投资，支持区域公共产品供给，尤其是在控制跨境环境污染（如河流污染和雾霾）、抗击传染性疾病和防止金融危机蔓延方面。

二战以来，亚洲发展中经济体的区域合作与一体化在国家覆盖面和合作范围上发生了显著变化。最初开展区域合作与一体化是由于该地区经过多年战争和冲突，需要确保和平与安全并超越以前的殖民关系，此外还受到了联合国的影响——最早是受1947年成立的亚洲及远东经济委员会的影响。

随着时间的推移，区域合作与一体化越来越本地化，并扩展到更多领域，包括研究、教育和能力建设；发展融资；贸易与投资；货币与金融；应对共同区域挑战。亚洲开发银行持续在许多次区域促进区域贸易与一体化。

本章将探讨亚太地区区域合作与一体化的发展变化。第15.2节介绍开展区域合作与一体化的关键动因。第15.3节追溯影响区域合作与一体化在东亚和东南亚发展变化的驱动因素（东亚和东南亚是迄今为止从区域合作和市场驱动一体化中获益最多的两个次区域），展示了东盟成为区域合作与一体化成功范例的历程。第15.4节讨论其他几个次区域的区域合作与一体化。第15.5节讨论亚行成为区域合作与一体化典型范例的原因。第15.6节探讨区域合作与一体化的未来，包括与该地区的"开放区域主义"（open regionalism）标志一致的大区域自由贸易协定，以及应对包容性发展和可持续发展的挑战。

15.2 推动区域合作与一体化的原因

区域合作与一体化连同私营部门的市场主导行动，促进了各经济体在贸易、投资、金融及其他领域的一体化。亚太地区国家开展区域合作与一体化的动机和原因各不相同。

第一，区域合作与一体化能够促进和平与稳定，创造一个有利于各国深化经济合作和相互依存的相互信任的环境。20世纪50年代至70年代，国际局势动荡，各国寻求与邻国的安全合作。此外，一些国家寻求促进不结盟运动，这有助于亚洲区域内外120个发展中国家之间建立有约束力的关系。

区域联盟成立的初衷是基于对安全的关注，如1967年成立的东盟。随着国际政治局势日趋稳定，安全逐渐让位于经济合作。对东盟来说，这种变化体现在1977年签订《东盟特惠贸易安排协定》和1992年签订《东盟自由贸易协定》。在柬埔寨、老挝、缅甸和越南开始推行市场化改革时，东盟在培养各国之间的相互信任方面发挥了关键作用。

第二，区域合作与一体化增加了跨境经济发展机会。区域合作与一体化有助于降低关税壁垒，消除自由贸易障碍，促进开放的投资制度，加强国家间基础设施互联互通，增加贸易和投资。

由此产生的区域一体化使各国可以通过扩大商品和服务市场，利用规模经济。投入来源超越国界，资源配置可以得到优化，从而降低成本并推动采用新产品。区域合作与一体化还能推动技术和技能转让。这有助于缩小亚太地区国家之间的发展差距，促进该地区一些国家参与区域和全球价值链。

区域合作与一体化还可以使各国通过加强有关金融稳定的区域政策对话和机制，合作减轻宏观经济和金融风险。1997—1998年亚洲金融危机和2008—2009年全球金融危机之后，这一点在东亚和东南亚国家体现得尤为明显。

此外，区域合作与一体化提供一个论坛，通过"同伴影响"，促进在审慎的宏观经济管理、开放的贸易和投资制度、健全的金融监管、环境保护以及更强有力的治理和制度等方面的良好政策的出台。

第三，区域合作与一体化为区域公共产品供给创造条件。该地区的经济体越来越容易受到一系列新的跨境风险的影响，这些风险产生于健康和环境问题，如传染病传播、跨境污染和由跨境自然风险引发的自然灾害。其中很多问题不仅需要在国家和全球范围内解决，而且需要在区域范围内解决。区域合作与一体化有利于推动减缓和适应气候变化的集体行动。

区域合作与一体化还有利于区域内国家或地区通过协调法律、政策、法规、标准和/或制度机制，打击跨境犯罪活动，如贩毒和洗钱。这些犯罪活动可能会对邻国产生巨大的有害影响，所以需要区域内成员共同应对。

第四，区域合作与一体化可以成为一个增强亚洲发言权的平台。亚洲对全球经济的贡献越来越大，越来越多的亚洲国家参与全球论坛（如二十国集团）。[1]在关于宏观经济政策、税收协调、银行和证券金融监管以及全球议程（如可持续发展目标和气候变化）等事务的全球讨论中，亚洲需要发表本地区的观点。

为使亚洲的观点在全球论坛上得到有效表达，并确保亚洲的观点对全球议程产生影响，需要开展更密切的区域对话，以了解全球问题如何影响该区域内的国家，以及亚洲如何为全球议程的制定和实施作出贡献。

第五，一些区域论坛提供了吸引区域外国家的平台。例如，东盟为1989年建立亚太经合组织提供了助力，并为亚洲金融危机之后，在20世纪90年代末建立东盟与中日韩（10+3）合作机制以及近期建立东盟与中日韩澳印新（10+6）合作机制提供了基础。

此外，东盟促成了1994年东盟地区论坛的成立。该论坛促进了与东盟

---

[1] 亚太地区有6个国家是二十国集团成员，即澳大利亚、印度、印度尼西亚、日本、中国和韩国。

以外国家进行和平与安全对话和磋商，包括亚太地区的许多国家（如朝鲜），以及加拿大、欧盟、俄罗斯联邦和美国。在所有这些倡议中，"东盟+"框架为凝聚合作提供了重要基础。

15.3 东亚和东南亚——区域合作与一体化的先行者

二战后，亚太地区出现了多种形式的区域合作与一体化。当时，大多数亚洲国家都在进行战后重建。1947年，联合国亚洲及远东经济委员会成立，旨在就该地区发展中国家面临的经济问题开展研究并提供建议。该委员会后更名为亚洲及太平洋经济社会委员会，将其关注重点扩大到劳工和人类发展等社会问题。[1]

1950年，《南亚和东南亚合作经济发展科伦坡计划》[2]（Colombo Plan for Cooperative Economic Development in South and Southeast Asia）出台，成为该地区第一个关于提供发展资金的多边倡议。该计划采用合作形式，将发达国家（包括澳大利亚、日本、英国和美国）的双边资本和技术援助导向南亚和东南亚国家。[3]

该地区新独立的国家也努力摆脱殖民关系，以独立身份发展经济，建立国家形象和实现国家愿望，并与世界上其他发展中地区（如非洲和拉丁美洲）建立合作关系。这些问题是发展中国家在早年间组织的一些亚洲会议的核心主题。[4]

其中最重要的是1955年在印度尼西亚万隆举行的亚非会议。这次会议提出了"第三世界"和"南方"的概念。会议期间，亚非领导人阐述了合作、自主、互相尊重主权、互不侵犯、互不干涉内政和平等的原则。[5]这些

---

[1] United Nations Economic and Social Commission for Asia and the Pacific. 2014. *Asia and the Pacific: A Story of Transformation and Resurgence*. Bangkok.

[2] 后更名为《亚太地区合作经济和社会发展科伦坡计划》（Colombo Plan for Cooperative Economic and Social Development in Asia and the Pacific）。

[3] Oakman, D. 2004. *Facing Asia. A History of the Colombo Plan*. Canberra: The Australian National University Press.

[4] Acharya, A. 2005. Why is There No NATO in Asia? The Normative Origins of Asian Multilateralism. *Weatherhead Center for International Affairs Working Paper Series*. No. 05–05. Cambridge, MA: Harvard University.

[5] CVCE.eu. *Final Communiqué of the Asian-African Conference of Bandung Signed on 24 April 1955*. http://franke.uchicago.edu/Final_Communique_Bandung_1955.pdf.

原则为亚洲发展中国家在1961年建立不结盟运动奠定了基础。①

1954年，东南亚的一些国家和巴基斯坦与澳大利亚、法国、英国和美国一起成立了一个区域集体安全组织，即《东南亚条约组织》（SEATO）。然而，该组织在该地区得到的积极支持有限，于1977年解散。

其他组织都昙花一现，如1961年的东南亚联盟（Association of Southeast Asia）和1963年的"马菲印尼"联盟（Maphilindo，包括马来西亚、菲律宾和印度尼西亚），主要原因是成员国之间政治紧张。②然而，这些尝试促成了1967年东盟的成立。东盟的建立是成功的，因为它严格遵守不干涉原则，并采取非正式和以共识为导向的合作（见专栏15.1）。

专栏15.1　东盟成功发展为东盟经济共同体

为解决东南亚地区的冲突，东南亚国家联盟（东盟）于1967年成立，其创世成员国有五个，包括印度尼西亚、马来西亚、菲律宾、新加坡和泰国，其区域合作形式基于非正式、建立共识和非对抗性谈判。

在东盟成立后的第一个十年里，议程主要是冷战背景下的政治和安全问题。随着局势逐渐趋于和平稳定，国家间的信任提升，推动了经济合作。①1976年，在巴厘岛举行的东盟第一次领导人峰会上达成了《东盟协定》（ASEAN Concord），开启了以技术合作和特惠贸易安排的形式在基本商品（具体而言，包括食品和能源）和工业生产方面的合作。②随后，相继达成了很多其他协定，如1977年的《东盟特惠贸易安排协定》、1992年的《东盟自由贸易区协定》、1995年的《东盟服务框架协议》和1998年的《东盟投资区协定》。

《东盟自由贸易区协定》以及东盟的其他贸易和投资框架，再加上促进

---

① Timossi, A. J. 2015. Revisiting the 1955 Bandung Asian-African Conference and its Legacy. *South Bulletin*. 85. 15 May. Geneva: South Centre. https://www.southcentre.int/question/revisiting-the-1955-bandung-asian-african-conference-and-its-legacy/.

② Acharya, A. 2014. Foundations of Collective Action in Asia: Theory and Practice of Regional Cooperation. In Capannelli, G., and M. Kawai, eds. *The Political Economy of Asian Regionalism*. Tokyo: Asian Development Bank Institute and Springer.

贸易和投资自由化的单边国家政策，吸引了外商直接投资和知识转移，培育了新的区域生产网络。数据显示，东盟自由贸易区成立后，相比其他亚洲国家，美国在该次区域展开的跨国活动越来越多，增长速度也更快。[3]

2003年，东盟领导人同意建立东盟经济共同体，以巩固东盟作为单一市场和生产基地的地位，提升其全球竞争力。东盟经济共同体于2015年正式成立，旨在进一步推动经济自由化，加强劳动力流动，促进交通运输、能源以及信息与通信技术的互联互通，缩小成员国之间的发展差距，加强东盟的对外关系。为解决建设所需基础设施的融资缺口，由东盟成员国和亚洲开发银行的股本投资组成的东盟基础设施基金于2011年设立。

"东盟+"框架体现了东盟对贸易和投资开放区域主义的坚定支持。该框架一直是更大的区域倡议的核心，如东盟与中日韩（10+3）合作机制（专注于货币和金融合作）、东盟与中日韩澳新大区域自由贸易协定——《区域全面经济伙伴关系协定》（RCEP）。

资料来源：McCawley, P. 2017. *Banking on the Future of Asia and the Pacific: 50 Years of the Asian Development Bank*. Box 12.3. Manila: ADB; ADB website. https://www.adb.org; and Central Asia Regional Economic Cooperation Program. https://www.carecprogram.org.

---

[1] Acharya, A. 2014. Foundations of Collective Action in Asia: Theory and Practice of Regional Cooperation. In Capannelli, G., and M. Kawai, eds. *The Political Economy of Asian Regionalism*. Tokyo: Asian Development Bank Institute and Springer.

[2] ASEAN. The Declaration of ASEAN Concord. Bali, Indonesia. 24 February 1976. https://asean.org/?static_post=declaration-of-asean-concord-indonesia-24-february-1976.

[3] Antras, P., and C. Foley. 2011. Regional Trade Integration and Multinational Firm Strategies. In Barro, R., and J.-W. Lee, eds. *Costs and Benefits of Economic Integration in Asia*. Oxford and New York: Oxford University Press and Asian Development Bank (ADB).

亚太地区的技术和研究机构专为满足特定重点领域的需求而成立：在泰国成立的亚洲理工学院（1959年）专注于技术，在菲律宾成立的国际水稻研究所（1960年）专注于农业，在日本成立的亚洲生产力组织（1961年）专注于生产力，在菲律宾成立的亚洲管理学院（1968年）专注于行政管理教育。

贸易自由化在20世纪70年代和80年代开始受到重视。市场的进一步开放，加上外包生产运输成本下降，吸引跨国公司到东亚和东南亚落户。在关税和贸易总协定谈判进展缓慢的背景下，亚太经合组织于1989年成立。[①]各国领导人将亚太经合组织视作一个支持1994年缔结的《关税和贸易总协定乌拉圭回合协议》的有用的非正式团体。

1997—1998年的亚洲金融危机是东亚和东南亚区域主义的转折点。此次危机推动了各国进一步加强在货币和金融问题方面开展区域合作，鼓励在"东盟互换安排"[②]等倡议的基础上建立创新机制。东盟与中日韩（10+3）制定了几项倡议，以加强抵御金融不稳定的能力，如作为区域性货币互换网络的《清迈倡议》（2000年）和促进区域内长期融资的《亚洲债券市场倡议》（2002年）。

亚洲国家在亚洲金融危机后奉行审慎的宏观经济政策，实施全面的结构和金融改革，增加外汇储备，因而比大多数国家更平稳地度过了2008—2009年全球金融危机。为集体防范未来危机，东盟与中日韩（10+3）于2010年发起了《清迈倡议多边化协议》（目前规模为2,400亿美元），并于2011年设立了东盟与中日韩宏观经济研究办公室，以监督《清迈倡议多边化协议》经济体，支持该协议的实施，并向协议成员国提供技术援助（详见第10章）。

15.4　其他次区域的区域合作与一体化

区域合作与一体化在亚洲各次区域的发展速度各不相同。东亚和东南亚以外的次区域面临来自其自身的政治和经济环境的挑战，在次区域内贸易份额方面相对落后（见图15.1）。东亚和东南亚在实行开放的贸易和投资制度后，面临新的挑战，需要深化区域合作与一体化，特别是在金融合作

---

① 创始成员体包括澳大利亚、文莱、加拿大、印度尼西亚、日本、马来西亚、新西兰、菲律宾、韩国、新加坡、泰国和美国。中国、中国香港和中国台湾于1991年加入，墨西哥和巴布亚新几内亚于1993年加入，智利于1994年加入，秘鲁、俄罗斯联邦和越南于1998年加入。亚太经合组织现有成员体21个。

② 东盟五个创始成员国（印度尼西亚、马来西亚、菲律宾、新加坡和泰国）的央行和货币当局在1977年8月同意建立互惠货币或互换安排。"东盟互换安排"主要是为存在国际收支问题的国家提供流动性支持（参见 Asia Regional Integration Center, https://aric.adb.org/initiative/asean-swaparrangement）。这项安排为《清迈倡议》和《清迈倡议多边化协议》奠定了历史基础。

方面。

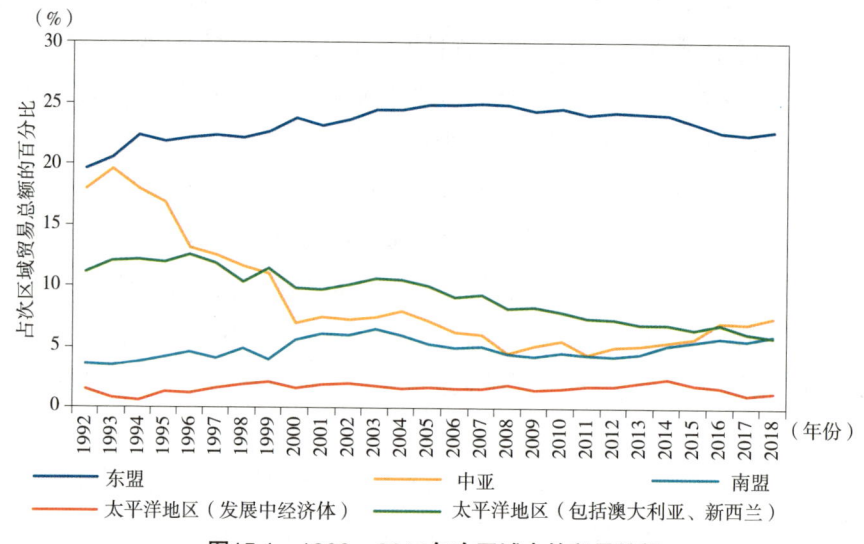

图15.1　1992—2018年次区域内的贸易份额

资料来源：亚洲开发银行利用国际货币基金组织的数据所做的估算；International Monetary Fund. *Direction of Trade Statistics*. https://www.imf.org/en/Data（2019年12月27日访问）。

长期以来，南亚一直努力维持本次区域的稳定、和平与安全，但受地缘政治紧张的阻碍，该次区域的区域合作与一体化进展缓慢。1985年，南亚区域合作联盟（南盟）成立。[1]该联盟发起了一些区域合作与一体化倡议，如1993年的《南盟特惠贸易安排协定》和2004年的《南盟自由贸易区协定》。然而，这些倡议至今对区域内贸易的影响有限。[2]

1991年苏联解体后，中亚实施了一些合作安排，以恢复和保持经济互联互通。最近的一个是欧亚经济联盟（2015年），其中包括一个关税同盟。[3]这些安排没有将所有中亚国家纳入其中，而且相关工作还在进行当中，其对区域一体化的全面影响仍有待评估。

---

[1] 阿富汗、孟加拉国、不丹、印度、马尔代夫、尼泊尔、巴基斯坦和斯里兰卡。
[2] Desai, V. V. 2010. The Political Economy of Regional Cooperation in South Asia. *ADB Working Paper Series on Regional Economic Integration*. No. 54. Manila: Asian Development Bank.
[3] 欧亚经济联盟于2015年1月1日正式启动，成员国有亚美尼亚、白俄罗斯、哈萨克斯坦、吉尔吉斯斯坦和俄罗斯联邦。该联盟纳入了涵盖欧亚关税同盟（2010年）和欧亚经济空间（2012年）的先前条约。乌兹别克斯坦正在着手加入欧亚经济联盟。

1971年，南太平洋论坛成立，旨在促进贸易和经济问题等方面的区域合作。1999年，该论坛改名为太平洋岛国论坛，以表示其成员既包括南太平洋岛国，也包括北太平洋岛国。[①]

南亚、中亚和太平洋次区域仍需要继续努力，推动区域合作与一体化。

南亚需要通过交通运输、能源和贸易便利化来进一步深化互联互通。同样重要的是，南亚需要以单方面的和集体的方式实行基础广泛、面向市场的改革，以进一步推动次区域的经济一体化，并更多地与其他亚洲次区域和全球经济融合。

中亚需要超越基本的交通运输和能源互联互通，发展建设经济走廊，以吸引私营部门参与并构建价值链。为促进包容性增长，这些经济走廊应允许落后的边境和偏远地区、农业和中小企业参与私营部门主导的价值链。中亚国家还应扩大在经济政策和结构改革方面的区域合作，并探索合作发展金融和资本市场。

太平洋岛国面积小，地理位置偏远，易受自然灾害和气候变化的影响，区域合作与一体化能够帮助缓解和解决这些问题。可采取的措施包括：鼓励海事数字互联互通，维护海洋健康，管理共有海洋资源，推动可持续旅游，促进人员能力开发。由12个太平洋国家政府所有的南太平洋大学成立于1968年，目前在运营一个在线教育平台。

15.5 亚洲开发银行及其在推动区域合作与一体化中的作用

亚行在1966年的成立本身就是区域合作与一体化的一个早期范例。亚太地区的经济体需要一个专门支持亚洲发展的机构。为此，还寻求非本地区成员的帮助，从本地区内外引进金融资源和专业技术（详见第14章）。

区域合作与一体化一直是亚行的一个业务重点。亚行章程规定，亚行的宗旨是"促进亚洲和远东地区的经济增长和合作……并协助本地区的发展中成员集体和单独地加速经济发展的进程"。

亚行通过次区域合作计划推动其区域合作与一体化议程（见专栏15.2）。1992年，大湄公河次区域经济合作（GMS）计划正式启动，这是亚行的第

[①] 成员国包括澳大利亚、库克群岛、密克罗尼西亚联邦、斐济、基里巴斯、马绍尔群岛、瑙鲁、新西兰、纽埃、巴布亚新几内亚、萨摩亚、所罗门群岛、汤加、图瓦卢和瓦努阿图。

一个次区域计划,目的是在各国实行市场化改革后,促进各国之间的经济联系。随后,印度尼西亚—马来西亚—泰国增长三角(IMT-GT)计划和文莱—印度尼西亚—马来西亚—菲律宾东盟东部增长区(BIMP-EAGA)计划相继在1993年和1994年推出。

1997年,"环孟加拉湾多领域经济技术合作倡议"(BIMSTEC)成立,旨在支持南亚与东南亚之间的经济联系。2001年,中亚区域经济合作(CAREC)正式启动,旨在促进1991年苏联解体后,各国的贸易、交通和能源联系。在南亚,南亚次区域经济合作计划(SASEC)于2001年成立。

专栏15.2 亚行次区域合作计划

大湄公河次区域经济合作(GMS)计划:1992年,柬埔寨、老挝、缅甸、中国(云南省)、泰国和越南共同发起建立大湄公河次区域合作计划。中国广西壮族自治区于2004年加入该计划。大湄公河次区域经济合作计划重点关注以下几个领域:(1)通过实体基础设施和经济走廊的可持续发展,增加互联互通;(2)通过有效促进人员和货物的跨境流动、推动市场一体化和加强价值链,提高竞争力;(3)通过共同关切,提高共同体意识。大湄公河次区域经济合作计划特别注重建立战略联盟,特别是与东南亚国家联盟(东盟)、东盟与中日韩(10+3)和湄公河委员会等组织建立战略联盟。

印度尼西亚—马来西亚—泰国增长三角(IMT-GT)计划:该计划始于1993年,是一个致力于加快经济合作和一体化的次区域框架。目前,该计划覆盖泰国南部14个省、马来西亚半岛8个州和印度尼西亚苏门答腊10个省。该计划的战略目标是:(1)促进贸易和投资;(2)促进农业、农用工业和旅游业;(3)加强基础设施的连通性,支持印度尼西亚—马来西亚—泰国增长三角一体化;(4)解决人力资源开发、劳动力和环境等跨领域问题;(5)加强合作的制度安排和机制。

文莱—印度尼西亚—马来西亚—菲律宾东盟东部增长区(BIMP-EAGA)计划:该计划于1994年启动,旨在解决次区域发展不平衡问题。该计划覆盖文莱；印度尼西亚的加里曼丹、苏拉威西、马鲁库和西巴布亚等省；马来西亚的沙巴州、沙捞越州和纳闽联邦直辖区；以及菲律宾的棉兰老岛和巴拉望省。亚行自2001年以来担任该计划的区域发展顾问。该计划侧重于五个战略支柱：（1）互联互通；（2）食物"篮子"；（3）旅游；（4）环境；（5）社会文化活动和教育。其长期目标是确保在该次区域建立非资源型产业。此外，这一计划还旨在增加该次区域内外的贸易、旅游和投资，充分利用该次区域的资源和现有互补性。

中亚区域经济合作（CAREC）：中亚区域经济合作于2001年正式成立，旨在促进中亚国家的经济合作。初始成员国包括阿塞拜疆、哈萨克斯坦、吉尔吉斯斯坦、蒙古国、中国（新疆维吾尔自治区和后来加入的内蒙古自治区）、塔吉克斯坦和乌兹别克斯坦。阿富汗于2005年加入，巴基斯坦和土库曼斯坦于2010年加入，从而建立了通过巴基斯坦通往阿拉伯海的南北通道。格鲁吉亚于2016年加入。在该计划下，其成员与一些多边发展伙伴之间建立了合作伙伴关系。亚行作为中亚区域经济合作的秘书处，自2000年开始运作。中亚区域经济合作侧重于交通、能源、贸易（贸易便利化和贸易政策）和经济走廊建设。根据2017年批准的《中亚区域经济合作2030战略》，中亚区域经济合作的支持重点扩展到以下领域：经济和金融稳定、旅游、农业和水利，以及区域人力资本开发。

南亚次区域经济合作（SASEC）计划：南亚次区域经济合作计划于2001年成立，是一个项目性倡议，最初是通过加强孟加拉国、不丹、印度和尼泊尔之间的跨境互联互通和贸易便利化，促进经济合作。斯里兰卡和马尔代夫于2014年加入，缅甸于2017年加入。重点合作领域包括交通、贸易便利化、能源和经济走廊建设。

资料来源：McCawley, P. 2017. *Banking on the Future of Asia and the Pacific: 50 Years of the Asian Development Bank*. Box 12.3. Manila: Asian Development Bank (ADB); ADB website. https://www.adb.org; and CAREC. https://www.carecprogram.org.

15.6 展望未来

多年来，亚太地区采用区域合作与一体化框架，促进贸易、投资、基础设施互联互通和区域公共产品。这种框架有助于实行良好政策，提升国家之间的合作意识。

展望未来，区域合作与一体化在许多领域有待进一步深化，从而更好地促进亚太地区和整个世界的福祉。

第一，可以通过次区域倡议和多边协定，进一步推动贸易和投资自由化以及贸易便利化。例如，简化和统一海关边境手续可以便利跨境流动。2017年2月生效的《世界贸易组织贸易便利化协定》是最新的全球多边贸易协定。亚洲各次区域应继续努力执行此类全球协议。

第二，需要促进可以作为多边贸易体系基石的大区域自由贸易协定。此类自由贸易协定包括《全面与进步跨太平洋伙伴关系协定》（CPTPP）和《区域全面经济伙伴关系协定》（RCEP）。大区域自由贸易协定能够促进符合世贸组织原则的自由化，并通过合理化原产地规则来简化双边和区域自由贸易协定增多的复杂性。

第三，需要用"软"互联互通机构来补充"硬"基础设施，更有效地利用跨境互联互通，包括数字通信。中亚和大湄公河次区域的例子包括跨境轨道安全和轨距协调铁路协会，以及提高跨境传输效率和促进电力贸易的区域电力协调中心。

第四，需要在保护和管理共有自然资源（如河流、海洋和生物多样性丰富的森林）方面加强合作。各国需要共同努力，实现《联合国气候变化框架公约》第21次缔约方大会的目标。跨境河流管理至关重要，印度和巴基斯坦在1960年达成的《印度河水利条约》开创了这方面工作的先河。

第五，需要在农业方面加强合作，包括农业政策、种子研究，以及土地和水资源使用。此外，随着农业产品跨境流动增加，应加强兽医服务方面的合作，以减少动物传染病的传播，并加强食品质量和检疫标准方面的协调与合作。

第六，需要更加注重以人为本。促进可持续区域旅游是一个重点。次区域倡议可以分享各国在有关政策方面的经验，比如职业技术教育和培训、全民健康覆盖和社会保障方面的政策。在便利人员的商务和旅游跨境流动的同时，还需要在预防包括艾滋病在内的传染病方面加强合作。

第七，应增强亚洲在全球事务方面的发言权。随着亚太地区的经济和人口持续增长，该地区在解决环境和气候变化、人口老龄化，以及贸易等全球问题方面的作用变得更加重要。亚洲的发言权应该与其在全球社会中日益增长的经济重要性相匹配。

附　录

附表1　总人口（年中）
附表2　GDP
附表3　GDP增长率
附表4　人均GDP
附表5　行业产出占比
附表6　行业就业占比
附表7　商品与服务出口
附表8　商品与服务进口
附表9　经常账户收支
附表10　广义政府净财政盈余
附表11　国内（地区内）总储蓄
附表12　资本形成总额
附表13　教育公共支出
附表14　卫生公共支出
附表15　贫困率
附表16　小学净入学率（男女合计）
附表17　中学毛入学率（男女合计）
附表18　大学毛入学率（男女合计）
附表19　出生时的预期寿命
附表20　五岁以下儿童死亡率

附表1　　　　　　　　　　　　　总人口（年中）　　　　　　　　　单位：百万人

地区	1960年	1970年	1980年	1990年	2000年	2010年	2018年
亚洲发展中经济体	1,524.7	1,924.6	2,381.2	2,898.8	3,363.6	3,775.3	4,082.4
中亚	34.1	45.6	55.4	66.3	70.9	78.8	89.0
亚美尼亚	1.9	2.5	3.1	3.5	3.1	2.9	3.0
阿塞拜疆	3.9	5.2	6.2	7.2	8.1	9.0	10.0
格鲁吉亚	4.0	4.7	5.0	5.4	4.4	4.1	4.0
哈萨克斯坦	9.9	13.0	14.8	16.4	14.9	16.3	18.3
吉尔吉斯斯坦	2.2	3.0	3.6	4.4	4.9	5.4	6.3
塔吉克斯坦	2.1	2.9	3.9	5.3	6.2	7.5	9.1
土库曼斯坦	1.6	2.2	2.9	3.7	4.5	5.1	5.9
乌兹别克斯坦	8.5	12.1	15.9	20.4	24.8	28.5	32.5
东亚	700.6	879.8	1,062.6	1,248.2	1,368.9	1,451.2	1,513.1
蒙古国	1.0	1.3	1.7	2.2	2.4	2.7	3.2
中国	660.4	827.6	1,000.1	1,176.9	1,290.6	1,368.8	1,427.6
韩国	25.3	32.2	38.0	42.9	47.4	49.5	51.2
中国香港	3.0	3.8	4.9	5.7	6.6	7.0	7.4
中国台湾	10.9	14.9	17.9	20.5	22.0	23.2	23.7
南亚	572.8	713.7	900.6	1,133.5	1,390.9	1,638.8	1,814.0
阿富汗	9.0	11.2	13.4	12.4	20.8	29.2	37.2
孟加拉国	48.0	64.2	79.6	103.2	127.7	147.6	161.4
不丹	0.2	0.3	0.4	0.5	0.6	0.7	0.8
印度	450.5	555.2	699.0	873.3	1,056.6	1,234.3	1,352.6
马尔代夫	0.1	0.1	0.2	0.2	0.3	0.4	0.5
尼泊尔	10.1	12.1	15.0	18.9	23.9	27.0	28.1
巴基斯坦	45.0	58.1	78.1	107.6	142.3	179.4	212.2
斯里兰卡	9.9	12.5	15.0	17.3	18.8	20.3	21.2
东南亚	213.5	280.8	357.0	443.7	524.1	595.9	654.0
文莱	0.1	0.1	0.2	0.3	0.3	0.4	0.4
柬埔寨	5.7	7.0	6.7	9.0	12.2	14.3	16.3
印度尼西亚	87.8	114.8	147.4	181.4	211.5	241.8	267.7
老挝	2.1	2.7	3.3	4.3	5.3	6.2	7.1
马来西亚	8.2	10.8	13.8	18.0	23.2	28.2	31.5
缅甸	21.7	27.3	34.2	41.3	46.7	50.6	53.7

续表

地区	1960年	1970年	1980年	1990年	2000年	2010年	2018年
菲律宾	26.3	35.8	47.4	61.9	78.0	94.0	106.7
新加坡	1.6	2.1	2.4	3.0	4.0	5.1	5.8
泰国	27.4	36.9	47.4	56.6	63.0	67.2	69.4
越南	32.7	43.4	54.3	68.0	79.9	88.0	95.5
太平洋地区	**3.6**	**4.5**	**5.6**	**7.1**	**8.7**	**10.6**	**12.4**
库克群岛	0.0	0.0	0.0	0.0	0.0	0.0	0.0
密克罗尼西亚联邦	0.0	0.1	0.1	0.1	0.1	0.1	0.1
斐济	0.4	0.5	0.6	0.7	0.8	0.9	0.9
基里巴斯	0.0	0.1	0.1	0.1	0.1	0.1	0.1
马绍尔群岛	0.0	0.0	0.0	0.0	0.1	0.1	0.1
瑙鲁	0.0	0.0	0.0	0.0	0.0	0.0	0.0
纽埃	0.0	0.0	0.0	0.0	0.0	0.0	0.0
帕劳	0.0	0.0	0.0	0.0	0.0	0.0	0.0
巴布亚新几内亚	2.3	2.8	3.6	4.6	5.8	7.3	8.6
萨摩亚	0.1	0.1	0.2	0.2	0.2	0.2	0.2
所罗门群岛	0.1	0.2	0.2	0.3	0.4	0.5	0.7
东帝汶	0.5	0.6	0.6	0.7	0.9	1.1	1.3
汤加	0.1	0.1	0.1	0.1	0.1	0.1	0.1
图瓦卢	0.0	0.0	0.0	0.0	0.0	0.0	0.0
瓦努阿图	0.1	0.1	0.1	0.1	0.2	0.2	0.3
亚洲发达经济体	**106.3**	**120.5**	**135.6**	**144.9**	**150.4**	**155.1**	**156.8**
澳大利亚	10.2	12.8	14.6	17.0	19.0	22.2	24.9
日本	93.7	104.9	117.8	124.5	127.5	128.5	127.2
新西兰	2.4	2.8	3.1	3.4	3.9	4.4	4.7
亚洲和太平洋地区	**1,631.0**	**2,045.1**	**2,516.8**	**3,043.7**	**3,514.0**	**3,930.4**	**4,239.3**
拉丁美洲和加勒比地区	219.9	286.0	360.6	442.0	521.0	590.3	641.4
中东和北非	105.2	138.5	184.6	254.2	315.3	385.9	448.9
撒哈拉以南非洲	227.2	290.5	383.2	509.5	665.3	869.0	1,078.3
经合组织成员国	791.3	895.6	989.6	1,071.0	1,157.2	1,242.3	1,303.5
世界	3,035.0	3,700.4	4,458.0	5,327.2	6,143.5	6,956.8	7,631.1

注：0.0表示数值小于所用单位数值的一半。

资料来源：联合国经济和社会事务部人口司，《2019年世界人口展望》(网络版)，https://population.un.org/wpp/(2019年8月23日访问)；亚洲开发银行的估算。

附录 | 423

附表2　GDP　按2010年定值美元计算，单位：百万美元

地区	1960年	1970年	1980年	1990年	2000年	2010年	2018年
亚洲发展中经济体	471,881	803,588	1,442,595	3,055,580	5,838,904	12,232,653	19,850,594
中亚	—	9,783	17,548	188,056	127,555	294,201	419,271
亚美尼亚	—	—	—	6,358	4,311	9,260	13,008
阿塞拜疆	—	—	—	22,673	13,351	52,903	57,357
格鲁吉亚	—	9,783	17,548	16,879	6,331	11,639	16,675
哈萨克斯坦	—	—	—	96,294	66,851	148,047	204,067
吉尔吉斯斯坦	—	—	—	4,812	3,205	4,794	6,867
塔吉克斯坦	—	—	—	6,781	2,583	5,642	9,765
土库曼斯坦	—	—	—	13,680	10,754	22,583	44,747
乌兹别克斯坦	—	—	—	20,578	20,169	39,333	66,785
东亚	161,695	294,857	606,405	1,453,905	3,396,579	7,864,302	13,029,721
蒙古国	—	—	2,497	3,847	3,837	7,189	13,308
中国	128,268	187,317	340,606	827,732	2,232,146	6,087,165	10,800,568
韩国	23,619	58,518	141,052	362,886	710,035	1,094,499	1,381,860
中国香港	10,710	22,947	54,314	104,113	153,402	228,638	288,985
中国台湾	9,808	26,076	70,433	155,327	297,159	446,811	545,000
南亚	183,007	286,076	385,703	657,595	1,105,406	2,061,060	3,429,830
阿富汗	—	—	—	—	7,465	15,857	20,959
孟加拉国	17,863	26,411	28,627	42,421	67,013	115,279	194,146
不丹	—	—	165	424	689	1,585	2,394
印度	148,773	219,862	295,590	507,565	873,357	1,675,615	2,846,128
马尔代夫	—	—	—	—	1,620	2,588	4,151

续表

地区	1960年	1970年	1980年	1990年	2000年	2010年	2018年
尼泊尔	2,688	3,434	4,218	6,697	10,900	16,003	22,814
巴基斯坦	13,684	27,481	43,430	79,876	117,555	177,407	253,935
斯里兰卡	5,924	8,888	13,672	20,612	34,272	56,726	85,303
东南亚	124,197	207,166	425,037	745,563	1,193,270	1,988,166	2,938,876
文莱	—	—	11,519	9,594	11,971	13,707	13,485
柬埔寨	—	—	—	—	5,241	11,242	19,586
印度尼西亚	60,581	88,635	181,537	309,821	453,414	755,094	1,146,845
老挝	3,333	4,477	7,053	1,967	3,582	7,128	12,634
马来西亚	11,043	20,699	45,772	81,801	162,523	255,017	381,795
缅甸	—	—	—	8,012	15,985	49,541	84,425
菲律宾	27,832	45,006	79,972	94,520	125,348	199,591	322,301
新加坡	5,768	14,080	32,670	68,780	136,347	239,809	328,441
泰国	15,640	34,269	66,514	141,611	217,712	341,105	441,678
越南	—	—	—	29,458	61,146	115,932	187,687
太平洋地区	2,982	5,704	7,903	10,461	16,094	24,924	32,896
库克群岛	—	—	—	—	—	240	335
密克罗尼西亚联邦	—	—	—	227	291	297	312
斐济	698	1,149	1,860	2,132	2,689	3,141	4,292
基里巴斯	—	122	129	122	145	156	204
马绍尔群岛	—	—	71	124	137	165	190
瑙鲁	—	—	—	—	—	49	127
纽埃	—	—	—	—	—	18	23
帕劳	—	—	—	—	176	183	230

续表

地区	1960年	1970年	1980年	1990年	2000年	2010年	2018年
巴布亚新几内亚	2,284	4,433	5,674	6,431	9,608	14,251	20,657
萨摩亚	—	—	347	380	483	643	764
所罗门群岛	—	—	—	405	517	681	964
东帝汶	—	—	—	—	1,172	3,999	3,499
汤加	—	—	206	242	321	369	418
图瓦卢	—	—	—	21	29	32	42
瓦努阿图	—	—	239	376	526	701	838
亚洲发达经济体	995,352	2,334,332	3,528,328	5,400,124	6,311,389	6,992,820	7,797,951
澳大利亚	199,139	326,688	439,402	612,854	849,137	1,146,138	1,422,550
日本	796,213	1,951,225	3,019,349	4,703,605	5,348,935	5,700,098	6,189,748
新西兰	—	56,419	69,577	83,665	113,317	146,584	185,653
亚洲和太平洋地区	1,467,233	3,137,919	4,970,923	8,455,704	12,150,293	19,225,473	27,648,544
拉丁美洲和加勒比地区	809,032	1,390,832	2,490,731	2,897,773	3,915,383	5,347,162	6,125,467
中东和北非	—	595,950	1,095,972	1,264,310	1,827,940	2,768,123	3,522,083
撒哈拉以南非洲	252,761	398,185	575,619	660,407	807,228	1,369,737	1,786,675
经合组织成员国	9,099,579	15,255,664	21,444,901	29,278,658	38,167,254	44,700,082	52,058,530
世界	11,394,358	19,191,755	27,907,493	37,952,345	50,036,361	66,036,919	82,643,195

注：如果特定年份无可用数据，则使用距其最近一两年的可用数据。中国香港和斯里兰卡1960年的数据为1961年的数据，蒙古国、马绍尔群岛和汤加1980年的数据为1981年的数据，萨摩亚1980年的数据为1982年的数据，阿富汗2000年的数据为2002年的数据。—表示数据未获取。

资料来源：亚洲开发银行关键指标数据库，http://kidb.adb.org（2019年9月16日访问）；世界银行世界发展指标数据库，http://data.worldbank.org（2019年8月2日访问）；亚洲开发银行的估算；中国台湾的数据来源自台湾预算、核算与统计主管部门。

附表3　　　　　　　　　　GDP增长率　　　　　　　　单位：%

地区	1960—1969年	1970—1979年	1980—1989年	1990—1999年	2000—2009年	2010—2018年
亚洲发展中经济体	**4.5**	**6.3**	**7.1**	**6.6**	**7.5**	**6.6**
中亚	—	—	—	（4.8）	8.9	4.8
亚美尼亚	—	—	—	（3.4）	8.7	4.1
阿塞拜疆	—	—	—	（5.9）	15.8	1.5
格鲁吉亚	5.8	6.8	1.8	（9.0）	5.9	4.8
哈萨克斯坦	—	—	—	（4.8）	8.6	4.5
吉尔吉斯斯坦	—	—	6.4	（3.4）	4.8	4.1
塔吉克斯坦	—	—	2.4	（9.3）	8.3	7.0
土库曼斯坦	—	—	3.4	1.2	7.4	9.0
乌兹别克斯坦	—	—	6.1	（0.3）	6.5	7.0
东亚	**4.9**	**8.5**	**9.1**	**8.6**	**8.6**	**6.9**
蒙古国	—	—	6.0	（0.3）	6.0	7.9
中国	3.4	7.4	9.7	10.0	10.4	7.8
韩国	9.5	10.5	8.8	7.1	4.7	3.4
中国香港	8.9	9.0	7.4	3.6	4.2	3.4
中国台湾	10.1	10.9	8.5	6.6	3.8	3.4
南亚	**4.1**	**3.0**	**5.6**	**5.5**	**6.0**	**6.7**
阿富汗	—	—	—	—	9.4	4.8
孟加拉国	3.9	1.5	3.5	4.7	5.6	6.6
不丹	—	—	10.0	5.4	8.3	6.0
印度	3.9	2.9	5.7	5.8	6.3	7.0
马尔代夫	—	—	—	7.5	5.0	6.2
尼泊尔	2.5	2.6	4.1	4.8	4.1	4.6
巴基斯坦	6.8	4.8	6.9	4.0	4.5	4.3
斯里兰卡	4.7	4.2	4.1	5.3	5.0	5.6
东南亚	**5.0**	**7.2**	**5.3**	**5.0**	**5.1**	**5.3**
文莱	—	12.2	（2.4）	2.1	1.4	0.1
柬埔寨	—	—	—	0.4	8.5	7.0

续表

地区	1960—1969年	1970—1979年	1980—1989年	1990—1999年	2000—2009年	2010—2018年
印度尼西亚	3.5	7.2	5.8	4.3	5.1	5.5
老挝	—	—	4.1	6.3	6.9	7.5
马来西亚	6.5	8.2	5.9	7.2	4.8	5.4
缅甸	3.0	4.4	1.9	6.1	12.4	7.2
菲律宾	5.1	5.8	2.0	2.8	4.5	6.3
新加坡	8.9	9.2	7.8	7.2	5.4	5.2
泰国	7.8	7.5	7.3	5.2	4.3	3.8
越南	—	—	4.5	7.4	6.6	6.2
太平洋地区	6.0	4.4	1.2	3.8	3.6	3.8
库克群岛	—	—	—	—	0.1	3.2
密克罗尼西亚联邦	—	—	2.4	2.5	0.5	0.8
斐济	4.4	6.5	0.8	3.2	1.1	3.9
基里巴斯	—	4.4	(2.0)	1.1	1.5	3.0
马绍尔群岛	—	—	7.2	0.8	1.9	2.3
瑙鲁	—	—	—	—	21.5	13.3
纽埃	—	—	—	—	—	3.1
帕劳	—	—	—	—	0.5	2.7
巴布亚新几内亚	6.4	3.9	1.4	4.3	2.8	5.4
萨摩亚	—	—	2.0	1.4	3.6	2.0
所罗门群岛	—	—	—	4.6	0.8	4.7
东帝汶	—	—	—	—	16.9	(0.7)
汤加	—	—	2.3	2.4	1.4	1.8
图瓦卢	—	—	—	3.8	1.2	2.8
瓦努阿图	—	—	2.5	4.0	3.4	2.2
亚洲发达经济体	9.5	4.1	4.2	1.8	1.0	1.6
澳大利亚	4.9	3.4	3.4	3.3	3.2	2.7
日本	10.4	4.3	4.3	1.5	0.5	1.4
新西兰	—	2.3	2.0	2.8	2.8	2.8

续表

地区	1960—1969年	1970—1979年	1980—1989年	1990—1999年	2000—2009年	2010—2018年
亚洲和太平洋地区	8.0	4.7	5.1	3.7	4.5	4.9
拉丁美洲和加勒比地区	5.5	6.1	2.1	2.7	3.0	2.2
中东和北非	11.6	8.5	0.1	4.5	4.3	3.3
撒哈拉以南非洲	4.1	4.4	1.6	1.9	5.2	3.6
经合组织成员国	5.6	3.6	3.0	2.6	1.7	2.0
世界	5.5	4.0	3.0	2.7	2.8	3.0

注：— 表示数据未获取；括号中为负值。

资料来源：亚洲开发银行关键指标数据库，http://kidb.adb.org（2019年9月16日访问）；世界银行世界发展指标数据库，http://data.worldbank.org（2019年8月2日访问）；亚洲开发银行的估算；中国台湾的数据源自台湾预算、核算与统计主管部门。

附表4　　　　　　　　人均GDP

按2010年定值美元计算，单位：美元

地区	1960年	1970年	1980年	1990年	2000年	2010年	2018年
亚洲发展中经济体	330	445	647	1,078	1,762	3,267	4,903
中亚	—	—	—	2,862	1,813	3,740	4,704
亚美尼亚	—	—	—	1,797	1,404	3,218	4,407
阿塞拜疆	—	—	—	3,167	1,659	5,843	5,769
格鲁吉亚	—	2,375	3,928	3,515	1,553	3,074	4,469
哈萨克斯坦	—	—	—	5,890	4,492	9,070	11,166
吉尔吉斯斯坦	—	—	—	1,096	654	880	1,087
塔吉克斯坦	—	—	—	1,283	415	750	1,073
土库曼斯坦	—	—	—	3,713	2,381	4,439	7,648
乌兹别克斯坦	—	—	—	1,003	818	1,377	2,027
东亚	230	339	582	1,205	2,533	5,538	8,812
蒙古国	—	—	1,441	1,761	1,600	2,643	4,198
中国	192	229	347	729	1,768	4,550	7,755
韩国	944	1,815	3,700	8,465	15,105	22,087	26,762
中国香港	3,381	5,796	10,727	18,251	23,016	32,550	38,785
中国台湾	919	1,791	3,993	7,691	13,395	19,308	23,113
南亚	331	407	435	587	807	1,258	1,890
阿富汗	—	—	—	—	330	543	564
孟加拉国	372	411	359	411	525	781	1,203
不丹	—	—	406	799	1,165	2,313	3,173
印度	330	396	423	581	827	1,358	2,104
马尔代夫	—	—	—	—	5,798	7,077	8,050
尼泊尔	266	284	281	354	455	592	812
巴基斯坦	304	473	556	742	826	989	1,197
斯里兰卡	586	712	909	1,190	1,825	2,800	3,936
东南亚	718	910	1,452	1,715	2,277	3,337	4,494
文莱	—	—	59,413	37,081	35,932	35,270	31,437

续表

地区	1960年	1970年	1980年	1990年	2000年	2010年	2018年
柬埔寨	—	—	—	—	431	786	1,205
印度尼西亚	690	772	1,231	1,708	2,144	3,122	4,285
老挝	—	—	—	462	673	1,141	1,789
马来西亚	1,354	1,916	3,317	4,537	7,007	9,041	12,109
缅甸	153	164	206	194	342	979	1,572
菲律宾	1,059	1,257	1,689	1,527	1,607	2,124	3,022
新加坡	3,503	6,787	13,534	22,572	33,851	47,237	58,248
泰国	571	929	1,404	2,504	3,458	5,076	6,362
越南	—	—	—	433	765	1,318	1,964
太平洋地区	**1,125**	**1,700**	**1,804**	**1,664**	**1,853**	**2,342**	**2,663**
库克群岛	—	—	—	—	—	10,144	17,985
密克罗尼西亚联邦	—	—	—	2,362	2,708	2,881	2,774
斐济	1,774	2,207	2,928	2,927	3,316	3,653	4,859
基里巴斯	—	2,394	2,181	1,683	1,722	1,517	1,762
马绍尔群岛	—	—	2,232	2,632	2,690	2,927	3,255
瑙鲁	—	—	—	—	—	4,921	9,962
纽埃	—	—	—	—	—	11,140	13,144
帕劳	—	—	—	—	9,228	10,185	12,854
巴布亚新几内亚	1,012	1,593	1,589	1,393	1,643	1,949	2,400
萨摩亚	—	—	2,206	2,335	2,769	3,458	3,894
所罗门群岛	—	—	—	1,299	1,253	1,290	1,477
东帝汶	—	—	—	—	1,326	3,657	2,760
汤加	—	—	2,206	2,547	3,279	3,553	4,055
图瓦卢	—	—	—	2,406	3,088	3,022	3,636
瓦努阿图	—	—	2,071	2,566	2,841	2,967	2,863
亚洲发达经济体	**9,685**	**19,508**	**26,216**	**37,519**	**42,117**	**45,275**	**49,857**
澳大利亚	19,378	26,120	29,908	35,913	44,334	52,022	56,919
日本	8,608	18,700	25,855	38,074	42,170	44,508	48,920

续表

地区	1960年	1970年	1980年	1990年	2000年	2010年	2018年
新西兰	—	20,073	22,351	25,126	29,374	33,692	38,001
亚洲和太平洋地区	956	1,629	2,102	2,840	3,508	4,932	6,576
拉丁美洲和加勒比地区	3,679	4,863	6,907	6,555	7,516	9,058	9,551
中东和北非	—	4,304	5,936	4,973	5,797	7,173	7,846
撒哈拉以南非洲	1,112	1,371	1,502	1,296	1,213	1,576	1,657
经合组织成员国	11,499	17,034	21,669	27,337	32,981	35,981	39,937
世界	3,758	5,210	6,294	7,186	8,182	9,539	10,882

注：如果特定年份无可用数据，则使用距其最近一两年的可用数据。中国香港和斯里兰卡1960年的数据为1961年的数据，蒙古国、马绍尔群岛和汤加1980年的数据为1981年的数据，萨摩亚1980年的数据为1982年的数据，阿富汗2000年的数据为2002年的数据。— 表示数据未获取。

资料来源：亚洲开发银行关键指标数据库，https://kidb.adb.org/kidb/（2019年9月16日访问）；世界银行世界发展指标数据库，http://data.worldbank.org（2019年8月2日访问）；亚洲开发银行的估算；中国台湾的数据源自台湾预算、核算与统计主管部门。

附表 5　　　　　　　　　　　　　　　行业产出占比

占GDP的百分比，单位：%

地区	农业 1970—1979年	农业 1980—1989年	农业 1990—1999年	农业 2000—2009年	农业 2010—2018年	农业 2018年	工业 1970—1979年	工业 1980—1989年	工业 1990—1999年	工业 2000—2009年	工业 2010—2018年	工业 2018年	服务业 1970—1979年	服务业 1980—1989年	服务业 1990—1999年	服务业 2000—2009年	服务业 2010—2018年	服务业 2018年
亚洲发展中经济体	31.9	23.2	14.9	11.0	9.6	8.5	33.8	36.0	36.5	38.7	38.9	37.5	34.3	40.8	48.6	50.3	51.5	54.0
中亚	—	—	23.3	13.9	10.3	10.3	—	—	32.7	38.8	40.0	39.9	—	—	43.9	47.3	49.7	49.8
亚美尼亚	—	—	—	—	18.3	15.0	—	—	—	—	28.5	27.4	—	—	—	—	53.3	57.6
阿塞拜疆	—	—	26.5	11.0	5.8	5.7	—	—	35.4	57.9	57.5	56.3	—	—	38.1	31.1	36.3	38.0
格鲁吉亚	—	24.7	32.8	16.1	8.6	7.6	—	37.2	26.6	23.8	24.2	25.8	—	38.1	40.6	60.1	67.3	66.6
哈萨克斯坦	—	—	14.4	7.2	4.8	4.5	—	—	33.9	38.9	37.0	36.7	—	—	51.7	53.9	58.2	58.7
吉尔吉斯斯坦	—	31.9	40.3	32.0	16.1	13.1	—	33.4	27.1	23.8	28.4	30.9	—	34.7	32.6	44.2	55.5	56.0
塔吉克斯坦	—	32.0	31.2	23.9	24.5	23.7	—	40.1	36.4	33.4	27.5	30.1	—	27.8	32.4	42.6	47.9	46.2
土库曼斯坦	—	27.5	23.4	18.7	9.2	9.3	—	37.6	45.1	44.8	60.9	57.0	—	34.9	31.5	36.5	29.9	33.7
乌兹别克斯坦	—	29.3	32.8	29.2	27.3	32.4	—	35.5	30.1	27.2	30.0	32.0	—	35.1	37.1	43.5	42.8	35.6
东亚	28.0	19.6	11.2	8.4	7.3	6.3	41.3	41.2	39.1	40.8	41.3	39.5	30.7	39.2	49.7	50.8	51.4	54.1
蒙古国	—	17.1	29.0	22.5	13.1	12.2	—	28.4	32.3	32.5	36.9	42.8	—	54.5	38.7	45.0	49.9	44.9
中国	31.9	28.9	20.1	12.0	8.5	7.2	44.2	44.1	45.0	46.1	43.1	40.7	23.9	27.0	34.9	42.0	48.4	52.2
韩国	25.9	13.0	6.2	3.3	2.3	2.2	29.6	37.3	39.0	37.0	38.5	38.7	44.5	49.7	54.9	59.7	59.2	59.1
中国香港	0.9	0.6	0.2	0.1	0.1	0.1	28.2	27.0	15.9	9.3	7.3	7.6	70.9	72.4	83.9	90.6	92.7	92.3
中国台湾	12.3	6.2	3.1	1.7	1.7	1.8	40.6	44.0	35.0	31.7	34.4	35.5	47.1	49.8	61.9	66.6	63.9	62.7
南亚	40.5	32.3	27.8	20.5	18.2	16.5	24.0	27.8	28.5	30.1	29.4	28.7	35.6	39.9	43.6	49.5	52.4	54.8
阿富汗	—	—	—	32.1	23.4	21.5	—	—	—	26.2	22.6	23.2	—	—	—	41.7	54.0	55.3

续表

地区	农业 1970—1979年	农业 1980—1989年	农业 1990—1999年	农业 2000—2009年	农业 2010—2018年	农业 2018年	工业 1970—1979年	工业 1980—1989年	工业 1990—1999年	工业 2000—2009年	工业 2010—2018年	工业 2018年	服务业 1970—1979年	服务业 1980—1989年	服务业 1990—1999年	服务业 2000—2009年	服务业 2010—2018年	服务业 2018年
孟加拉国	54.8	33.0	27.7	20.3	15.9	13.8	12.1	20.7	23.1	24.7	27.9	30.2	33.1	46.3	49.3	55.0	56.2	56.0
不丹	—	40.8	32.2	23.2	17.5	18.3	—	20.5	30.8	39.9	43.5	42.7	—	38.7	37.1	36.9	39.0	39.1
印度	39.6	32.6	28.1	20.1	17.9	16.0	25.6	29.3	30.0	31.7	30.7	29.8	34.8	38.1	41.9	48.3	51.4	54.2
马尔代夫	—	—	10.2	7.0	6.2	6.6	—	—	14.1	12.3	11.8	14.9	—	—	75.7	80.7	82.0	78.5
尼泊尔	67.4	56.0	43.5	35.3	32.7	28.2	10.1	14.2	20.9	17.5	14.9	15.1	22.5	29.8	35.6	47.2	52.4	56.7
巴基斯坦	33.8	28.5	26.1	23.3	24.7	24.0	22.8	23.3	24.4	23.4	20.4	19.3	43.4	48.2	49.5	53.3	54.9	56.8
斯里兰卡	29.3	27.5	23.8	14.1	8.7	8.6	26.4	27.3	26.6	28.9	30.4	29.4	44.3	45.2	49.6	57.0	61.0	62.0
东南亚	27.1	19.3	12.6	11.1	11.4	10.4	31.2	35.8	36.9	39.1	37.4	36.4	41.8	44.9	50.4	49.8	51.2	53.2
文莱	1.1	1.2	1.1	0.9	0.9	1.0	86.7	69.9	56.6	67.2	65.7	62.2	12.2	28.8	42.3	31.9	33.4	36.7
柬埔寨	—	—	46.6	33.8	30.6	23.5	—	—	15.9	25.3	28.0	34.4	—	—	37.4	40.9	41.4	42.1
印度尼西亚	31.5	20.0	14.9	13.5	13.8	13.7	27.9	35.3	38.3	42.8	42.7	41.0	40.6	44.7	46.8	43.7	43.5	45.4
老挝	—	45.1	40.9	31.2	20.1	17.7	—	12.8	18.2	23.3	33.2	35.5	—	42.2	40.9	45.5	46.7	46.8
马来西亚	29.0	20.5	12.8	9.0	9.3	7.8	35.0	39.3	41.4	44.9	39.9	39.5	36.0	40.2	45.8	46.0	50.7	52.7
缅甸	—	—	—	48.0	28.6	24.6	—	—	—	16.8	32.8	32.3	—	—	—	35.2	38.6	43.2
菲律宾	29.5	23.9	19.9	13.0	10.9	9.3	34.9	36.8	33.0	33.7	31.2	30.7	35.6	39.3	47.0	53.3	57.9	60.0
新加坡	2.2	1.0	0.2	0.1	0.0	0.0	32.1	35.0	33.5	31.6	26.0	26.6	65.7	64.1	66.3	68.3	73.9	73.3
泰国	25.7	17.9	10.0	9.2	9.9	8.1	27.6	32.0	37.3	38.2	36.8	35.0	46.8	50.1	52.7	52.5	53.3	56.9
越南	—	41.4	30.2	21.1	19.4	16.2	—	26.3	28.9	38.3	37.0	38.1	—	32.3	40.9	40.6	43.6	45.7

续表

地区	农业 1970—1979年	农业 1980—1989年	农业 1990—1999年	农业 2000—2009年	农业 2010—2018年	农业 2018年	工业 1970—1979年	工业 1980—1989年	工业 1990—1999年	工业 2000—2009年	工业 2010—2018年	工业 2018年	服务业 1970—1979年	服务业 1980—1989年	服务业 1990—1999年	服务业 2000—2009年	服务业 2010—2018年	服务业 2018年
太平洋地区	**30.2**	**28.4**	**26.8**	**23.1**	**16.1**	**16.6**	**26.2**	**24.8**	**29.5**	**30.7**	**33.3**	**31.2**	**43.6**	**46.9**	**43.7**	**46.2**	**50.6**	**52.3**
库克群岛	—	—	—	6.2	3.4	3.8	—	—	—	9.0	8.1	7.3	—	—	—	84.8	88.4	88.9
密克罗尼西亚联邦	—	—	24.0	24.9	27.6	27.1	—	—	7.6	6.2	7.2	6.1	—	—	68.4	68.9	65.3	66.8
斐济	24.7	20.1	19.5	14.4	11.7	12.9	21.9	21.0	24.5	20.9	19.8	20.0	53.4	58.9	56.0	64.8	68.5	67.1
基里巴斯	19.1	29.7	27.2	24.5	25.2	28.9	52.3	7.8	9.6	10.3	13.4	11.6	28.7	62.5	63.2	65.2	61.4	59.5
马绍尔群岛	—	—	—	10.1	17.1	16.7	—	—	—	11.7	12.2	13.7	—	—	—	78.2	70.6	69.6
瑙鲁	—	—	—	—	3.7	—	—	—	—	—	23.5	—	—	—	—	—	72.8	—
纽埃	—	—	—	23.6	21.2	19.1	—	—	—	3.5	2.7	3.7	—	—	—	72.8	76.1	77.2
帕劳	—	—	—	4.2	3.8	3.5	—	—	—	15.6	9.3	8.9	—	—	—	80.2	87.0	87.6
巴布亚新几内亚	32.5	32.2	30.8	31.8	18.5	17.9	28.0	27.5	33.9	35.6	32.3	34.7	39.5	40.3	35.3	32.6	49.3	47.4
萨摩亚	—	—	18.8	12.9	9.9	10.7	—	—	25.6	28.0	24.7	21.2	—	—	55.5	59.1	65.4	68.1
所罗门群岛	—	—	—	33.1	28.5	27.3	—	—	—	11.1	15.0	14.7	—	—	—	55.7	56.5	58.0
东帝汶	—	—	—	13.3	7.5	10.4	—	—	—	56.1	65.6	45.6	—	—	—	30.6	26.9	44.0
汤加	38.5	32.3	25.6	17.7	17.1	17.2	10.6	12.1	15.1	17.0	17.5	17.3	50.9	55.6	59.3	65.4	65.4	65.5
图瓦卢	—	—	23.7	20.2	20.2	16.5	—	—	14.6	8.8	7.5	7.3	—	—	61.6	71.0	72.3	76.2
瓦努阿图	22.0	22.5	19.0	22.1	24.8	26.6	6.0	9.6	10.9	8.8	10.0	11.4	72.0	68.0	70.1	69.1	65.2	62.0

续表

地区	农业 1970—1979年	农业 1980—1989年	农业 1990—1999年	农业 2000—2009年	农业 2010—2018年	农业 2018年	工业 1970—1979年	工业 1980—1989年	工业 1990—1999年	工业 2000—2009年	工业 2010—2018年	工业 2018年	服务业 1970—1979年	服务业 1980—1989年	服务业 1990—1999年	服务业 2000—2009年	服务业 2010—2018年	服务业 2018年
亚洲发达经济体	5.3	3.2	2.0	1.5	1.6	1.7	41.8	38.7	35.0	29.7	27.4	27.2	52.9	58.1	62.9	68.7	71.0	71.2
澳大利亚	6.6	4.9	3.4	3.1	2.6	2.7	37.4	34.4	28.4	27.0	25.9	24.7	56.0	60.7	68.2	69.9	71.5	72.6
日本	4.9	2.9	1.9	1.2	1.1	1.1	42.8	39.3	35.7	30.2	28.0	28.1	52.3	57.8	62.5	68.6	70.8	70.8
新西兰	11.6	9.0	8.3	7.9	7.8	7.4	34.5	32.6	26.0	23.5	21.3	21.5	53.8	58.5	65.6	68.6	70.9	71.1
亚洲和太平洋地区	16.0	10.3	6.5	6.4	7.3	6.9	38.5	37.8	35.6	34.5	35.6	35.2	45.5	52.0	57.8	59.1	57.1	57.9
拉丁美洲和加勒比地区	12.3	9.7	7.2	5.4	5.3	5.3	36.9	37.6	32.5	32.8	29.6	27.9	50.7	52.6	60.3	61.8	65.1	66.8
中东和北非	10.1	9.7	9.0	6.2	4.8	4.2	52.1	42.7	40.7	45.7	44.8	42.4	37.8	47.6	50.4	48.1	50.4	53.4
撒哈拉以南非洲	21.3	18.3	17.9	17.6	17.7	18.2	29.8	33.4	30.4	29.4	27.8	27.8	48.9	48.3	51.7	53.0	54.5	54.0
经合组织成员国	4.5	3.0	2.3	1.7	1.6	1.5	34.7	33.0	30.2	26.0	24.2	23.7	60.8	64.0	67.5	72.3	74.2	74.8
世界	8.1	6.0	4.2	3.5	4.3	4.1	35.4	34.2	31.3	28.6	28.8	28.5	56.5	59.7	64.5	67.9	66.9	67.4

注：行业占比被重新调整，以使增加值的比例总和为100。土库曼斯坦、图瓦卢和瓦努阿图的最新数据为2015年的数据，密克罗尼西亚联邦、新西兰、巴布亚新几内亚和汤加的最新数据为2016年的数据。澳大利亚、日本、印度尼西亚和中国香港的数据来自2017年。0.0表示数值小于所用单位数值的一半。—表示数据未获取。

资料来源：亚洲开发银行利用世界银行世界发展指标数据所做的估算[世界银行，《世界发展指标》，https://data.worldbank.org（2019年8月2日访问）]；亚洲新几内亚和汤加的数据源自台湾预算、核算与统计主管部门；澳大利亚、日本、印度尼西亚和中国香港的数据源自联合国统计司数据库，https://unstats.un.org/home/（2019年8月2日访问）。

中国台湾的数据源自台湾预算、核算与统计主管部门（2019年8月2日访问）。

附表6　行业就业占比　占总就业的百分比，单位：%

地区	农业 1970—1979年	农业 1980—1989年	农业 1990—1999年	农业 2000—2009年	农业 2010—2018年	农业 2018年	工业 1970—1979年	工业 1980—1989年	工业 1990—1999年	工业 2000—2009年	工业 2010—2018年	工业 2018年	服务业 1970—1979年	服务业 1980—1989年	服务业 1990—1999年	服务业 2000—2009年	服务业 2010—2018年	服务业 2018年
亚洲发展中经济体	71.0	61.6	54.7	47.5	36.5	33.5	14.1	18.5	20.1	21.7	25.1	25.5	14.9	19.9	25.2	30.8	38.3	41.0
中亚	—	—	40.2	37.7	32.2	29.8	—	—	20.0	21.3	23.2	23.9	—	—	39.8	41.0	44.5	46.3
亚美尼亚	—	—	40.7	38.2	35.7	33.3	—	—	16.6	17.8	16.5	15.8	—	—	42.7	44.0	47.7	50.9
阿塞拜疆	—	—	43.0	39.4	37.0	36.1	—	—	11.0	12.0	14.2	14.4	—	—	46.0	48.6	48.8	49.5
格鲁吉亚	—	—	49.6	53.6	48.1	42.9	—	—	10.1	9.4	11.8	13.2	—	—	40.3	37.0	40.1	43.9
哈萨克斯坦	—	—	36.9	33.0	21.2	15.0	—	—	16.1	17.6	20.1	21.3	—	—	47.0	49.4	58.7	63.7
吉尔吉斯斯坦	—	—	44.3	41.3	29.6	26.5	—	—	17.7	16.4	21.3	22.2	—	—	38.0	42.2	49.1	51.3
塔吉克斯坦	—	—	57.8	55.6	52.0	51.1	—	—	17.4	16.9	16.2	16.7	—	—	24.8	27.5	31.7	32.2
土库曼斯坦	—	—	26.7	25.1	23.5	22.8	—	—	33.5	33.4	33.6	33.7	—	—	39.8	41.5	42.9	43.5
乌兹别克斯坦	—	—	38.2	36.1	34.1	33.4	—	—	29.1	29.5	30.0	30.3	—	—	32.7	34.4	35.9	36.3
东亚	74.5	61.6	52.2	43.4	29.4	25.6	11.2	21.1	24.0	25.4	28.5	28.5	17.2	23.8	31.2	42.1	45.9
蒙古国	—	—	46.3	43.0	30.6	28.7	—	—	16.7	14.8	18.9	19.1	—	—	37.0	42.2	50.4	52.2
中国	76.4	63.9	54.1	45.2	30.7	26.8	9.9	20.4	23.6	25.3	28.7	28.6	15.7	22.2	29.5	40.6	44.6
韩国	45.5	26.9	13.1	8.4	5.6	4.7	31.1	31.2	32.8	26.7	24.9	25.0	41.9	54.1	64.9	69.5	70.3
中国香港	2.9	1.8	0.6	0.2	0.2	0.2	45.2	46.2	28.3	16.0	11.9	11.8	52.0	71.2	83.7	87.9	88.0
中国台湾	19.3	10.3	7.4	5.9	4.6	4.4	47.4	37.9	34.8	33.5	33.0	32.4	51.8	57.8	60.6	62.5	63.2
南亚	67.4	64.5	60.9	55.1	46.2	43.6	14.4	15.2	15.6	18.2	23.1	23.8	18.1	20.3	23.6	26.7	30.7	32.6
阿富汗	—	—	64.1	62.3	40.5	38.6	—	—	10.3	11.0	17.0	17.6	—	—	25.6	26.7	42.5	43.8

续表

地区	农业 1970—1979年	农业 1980—1989年	农业 1990—1999年	农业 2000—2009年	农业 2010—2018年	农业 2018年	工业 1970—1979年	工业 1980—1989年	工业 1990—1999年	工业 2000—2009年	工业 2010—2018年	工业 2018年	服务业 1970—1979年	服务业 1980—1989年	服务业 1990—1999年	服务业 2000—2009年	服务业 2010—2018年	服务业 2018年
孟加拉国	—	—	66.6	54.1	44.0	40.1	—	—	11.1	13.6	19.3	20.5	—	—	22.3	32.3	36.7	39.4
不丹	—	—	67.5	63.3	57.8	56.8	—	—	6.3	7.3	9.6	9.8	—	—	26.2	29.4	32.5	33.5
印度	68.6	66.2	61.8	56.1	46.5	43.9	17.4	14.5	15.7	18.8	24.1	24.7	19.3	19.3	22.5	25.1	29.4	31.5
马尔代夫	—	—	19.3	16.4	10.5	9.0	—	—	24.6	23.1	19.5	18.6	—	—	56.1	60.6	70.0	72.4
尼泊尔	—	—	79.9	74.6	71.5	70.1	—	—	5.7	10.6	12.2	13.0	—	—	14.4	14.8	16.2	16.9
巴基斯坦	51.8	48.6	43.8	43.0	42.4	41.7	20.1	21.5	21.1	20.7	22.9	23.6	28.1	29.9	35.2	36.3	34.7	34.7
斯里兰卡	—	—	41.3	36.2	29.1	25.9	—	—	23.0	25.0	26.7	28.3	—	—	35.7	38.8	44.2	45.8
东南亚	61.1	53.5	52.0	44.9	36.1	32.1	12.2	14.7	16.1	18.2	20.8	22.1	26.7	31.8	31.9	37.0	43.1	45.8
文莱	—	—	1.6	1.0	0.8	1.3	—	—	23.5	20.7	18.0	16.1	—	—	74.9	78.3	81.1	82.6
柬埔寨	—	—	75.2	59.3	33.3	30.4	—	—	8.2	14.5	25.4	26.9	—	—	16.6	26.1	41.3	42.7
印度尼西亚	60.3	52.4	47.2	43.2	34.2	30.5	11.7	14.5	17.0	18.4	21.1	22.0	28.0	33.1	35.8	38.4	44.7	47.5
老挝	—	—	84.8	77.7	69.6	68.0	—	—	3.7	6.1	8.7	9.1	—	—	11.5	16.2	21.6	22.9
马来西亚	40.6	29.2	20.3	14.9	12.2	11.1	22.9	26.4	31.9	30.4	27.9	27.3	36.4	44.5	47.8	54.8	59.9	61.6
缅甸	—	—	66.3	57.9	52.2	50.1	—	—	10.5	14.0	16.2	16.0	—	—	23.2	28.1	31.7	33.9
菲律宾	53.4	49.3	43.0	35.7	29.6	25.2	14.7	14.7	16.0	15.6	16.5	18.3	31.9	36.0	41.0	48.7	54.0	56.5
新加坡	2.0	0.8	0.5	0.9	0.5	0.5	33.7	36.7	32.4	24.6	18.3	16.6	64.3	62.5	67.2	74.5	81.1	82.9
泰国	74.3	67.4	55.0	41.6	35.5	30.7	8.8	11.1	17.7	20.9	22.1	23.5	17.0	21.4	27.3	37.4	42.4	45.8
越南	—	—	66.3	56.1	44.8	39.8	—	—	12.3	17.7	22.9	25.8	—	—	21.4	26.2	32.3	34.4

续表

地区	农业 1970—1979年	农业 1980—1989年	农业 1990—1999年	农业 2000—2009年	农业 2010—2018年	农业 2018年	工业 1970—1979年	工业 1980—1989年	工业 1990—1999年	工业 2000—2009年	工业 2010—2018年	工业 2018年	服务业 1970—1979年	服务业 1980—1989年	服务业 1990—1999年	服务业 2000—2009年	服务业 2010—2018年	服务业 2018年
太平洋地区	—	—	66.4	55.6	55.5	61.7	—	—	6.3	5.9	7.6	6.9	—	—	27.3	38.5	36.9	31.4
库克群岛	—	—	—	6.0	4.8	5.3	—	—	—	10.1	10.9	10.1	—	—	—	83.9	84.3	84.6
密克罗尼西亚联邦	—	—	—	—	—	—	—	—	—	—	—	—	—	—	—	—	—	—
斐济	—	—	47.0	44.6	41.1	39.4	—	—	14.6	14.4	13.5	13.1	—	—	38.3	40.9	45.4	47.5
基里巴斯	—	—	—	7.4	23.2	—	—	—	—	8.7	17.1	—	—	—	—	83.9	59.7	—
马绍尔群岛	—	—	—	6.4	9.7	6.4	—	—	—	10.0	8.7	10.3	—	—	—	83.6	81.6	83.3
瑙鲁	—	—	—	—	—	—	—	—	—	—	—	—	—	—	—	—	—	—
纽埃	—	—	—	12.5	9.6	8.7	—	—	—	18.7	14.2	14.2	—	—	—	68.8	76.3	77.1
帕劳	—	—	—	7.5	6.4	—	—	—	—	1.7	11.7	—	—	—	—	90.9	82.0	—
巴布亚新几内亚	—	—	72.1	72.7	68.9	67.7	—	—	3.7	3.9	4.8	5.0	—	—	24.2	23.4	26.3	27.4
萨摩亚	—	—	42.1	34.4	6.3	5.2	—	—	20.1	21.0	15.2	14.7	—	—	37.8	44.6	78.4	80.1
所罗门群岛	—	—	65.2	64.6	62.2	61.4	—	—	9.6	8.7	9.0	9.1	—	—	25.2	26.7	28.8	29.5
东帝汶	—	—	53.9	52.3	50.1	50.0	—	—	9.8	8.6	9.7	9.4	—	—	36.3	39.0	40.3	40.5
汤加	—	—	33.1	31.8	30.9	30.5	—	—	31.1	30.3	30.0	29.7	—	—	35.8	37.9	39.1	39.8
图瓦卢	—	—	—	—	—	—	—	—	—	—	—	—	—	—	—	—	—	—
瓦努阿图	—	—	64.6	62.9	61.7	61.1	—	—	6.1	6.3	6.5	6.5	—	—	29.3	30.8	31.9	32.3

续表

地区	农业 1970—1979年	农业 1980—1989年	农业 1990—1999年	农业 2000—2009年	农业 2010—2018年	农业 2018年	工业 1970—1979年	工业 1980—1989年	工业 1990—1999年	工业 2000—2009年	工业 2010—2018年	工业 2018年	服务业 1970—1979年	服务业 1980—1989年	服务业 1990—1999年	服务业 2000—2009年	服务业 2010—2018年	服务业 2018年
亚洲发达经济体	12.8	8.7	5.9	4.6	3.6	3.4	35.9	34.1	32.3	27.7	24.7	23.6	51.3	57.2	61.8	67.8	71.7	73.0
澳大利亚	7.2	6.3	5.2	3.9	2.7	2.6	34.6	28.2	23.0	21.2	20.3	19.4	58.2	65.6	71.8	74.9	76.9	78.1
日本	13.4	8.9	5.9	4.6	3.7	3.4	36.1	34.8	33.7	28.8	25.6	24.5	50.5	56.3	60.4	66.6	70.7	72.1
新西兰	—	—	9.8	7.8	6.5	6.2	—	—	24.1	22.4	20.6	20.4	—	—	66.1	69.8	72.9	73.4
亚洲和太平洋地区	66.4	58.1	52.2	45.6	35.2	32.2	15.9	19.5	20.7	21.9	25.1	25.4	17.8	22.4	27.0	32.5	39.7	42.4
拉丁美洲和加勒比地区	32.6	25.4	22.0	19.0	14.9	13.9	24.4	24.0	22.3	21.5	21.4	21.0	43.0	50.6	55.6	59.5	63.7	65.0
中东和北非	50.6	42.7	27.7	23.0	17.8	16.9	18.7	21.3	24.6	24.8	26.7	26.7	30.8	36.0	47.7	52.2	55.5	56.3
撒哈拉以南非洲	61.9	56.6	61.3	60.0	55.0	53.5	13.2	12.0	10.1	10.1	10.9	11.4	24.9	31.3	28.5	29.9	34.1	35.2
经合组织成员国	11.4	8.4	8.3	5.8	4.8	4.6	35.9	31.6	28.6	25.7	23.1	22.7	52.7	60.0	63.1	68.5	72.1	72.7
世界	51.1	45.6	42.0	37.3	30.1	28.2	21.0	21.8	21.7	21.6	23.0	23.0	28.0	32.6	36.3	41.1	46.9	48.8

注：—表示数据未获取。

资料来源：国际劳工组织统计数据库，https://www.ilo.org/ilostat（2019年8月28日访问）；经合组织就业和劳动力市场统计数据，https://www.oecd-ilibrary.org/employment/data/oecd-employment-and-labour-market-statistics_lfs-data-en（2019年8月28日访问）；Timmer, M. P., G. J. de Vries, and K. de Vries. 2015. Patterns of Structural Change in Developing Countries. In Weiss, J., and M. Tribe, eds. *Routledge Handbook of Industry and Development*. Abingdon: Routledge. pp. 65–83 (for the Groningen Growth and Development Center 10-Sector Database)（2019年8月28日访问）；亚洲开发银行的估算。

附表7　　　　　　　　　　商品与服务出口　　　　占GDP的百分比，单位：%

地区	1960—1969年	1970—1979年	1980—1989年	1990—1999年	2000—2009年	2010—2018年	2018年
亚洲发展中经济体	8.5	15.0	25.3	35.5	42.4	35.0	30.7
中亚	—	—	—	29.6	45.1	37.3	37.7
亚美尼亚	—	—	—	30.9	24.2	29.6	37.5
阿塞拜疆	—	—	—	39.5	53.0	49.2	54.3
格鲁吉亚	—	—	42.1	29.8	29.6	43.4	55.1
哈萨克斯坦	—	—	—	41.4	50.3	38.5	38.9
吉尔吉斯斯坦	—	—	—	34.5	44.1	40.9	32.7
塔吉克斯坦	—	—	—	58.7	55.7	13.5	15.7
土库曼斯坦	—	—	—	59.9	40.1	40.5	22.7
乌兹别克斯坦	—	—	—	22.6	35.5	24.1	29.1
东亚	6.6	13.9	28.3	34.0	40.1	32.4	27.5
蒙古国	—	—	27.2	43.2	55.0	50.0	60.3
中国	3.7	4.1	9.9	17.1	28.4	23.0	19.5
韩国	6.5	21.0	29.9	27.7	38.0	48.9	44.0
中国香港	71.8	87.0	102.2	118.5	162.0	203.2	188.0
中国台湾	18.8	43.2	52.3	44.9	59.2	68.0	66.8
南亚	5.4	6.4	7.0	11.3	17.7	20.5	18.3
阿富汗	7.7	12.3	—	—	28.8	14.1	8.1
孟加拉国	9.7	5.7	5.1	9.3	14.3	17.6	14.8
不丹	—	—	18.0	32.5	37.7	36.1	29.1
印度	4.0	5.2	5.9	9.9	17.9	21.9	19.7
马尔代夫	—	—	106.3	77.1	79.0	80.6	67.6
尼泊尔	6.8	8.2	11.4	19.5	16.2	10.0	8.8
巴基斯坦	9.0	10.5	12.1	16.4	14.4	11.3	8.5
斯里兰卡	24.3	28.2	27.3	33.7	31.9	20.9	22.8
东南亚	24.0	33.5	42.3	62.2	77.1	62.9	61.5
文莱	—	93.1	85.2	57.5	70.3	60.8	51.9
柬埔寨	11.7	5.8	—	29.1	59.0	59.6	61.6

续表

地区	1960—1969年	1970—1979年	1980—1989年	1990—1999年	2000—2009年	2010—2018年	2018年
印度尼西亚	9.6	21.3	25.6	30.8	32.4	22.7	21.0
老挝	—	—	7.0	23.0	30.0	36.8	34.3
马来西亚	49.0	46.6	57.9	91.2	108.3	75.6	69.7
缅甸	—	—	—	—	0.2	13.4	20.0
菲律宾	17.0	21.5	24.7	36.8	44.5	30.4	31.7
新加坡	132.5	142.0	173.8	170.5	205.8	186.3	176.4
泰国	16.7	19.0	25.9	42.5	65.8	68.5	66.8
越南	—	—	10.1	37.6	61.5	86.9	95.4
太平洋地区	**17.6**	**38.0**	**39.8**	**49.1**	**56.5**	**—**	**—**
库克群岛							
密克罗尼西亚联邦	—	—	3.4	—	19.7	26.6	26.6
斐济	—	—	—	—	56.2	55.6	50.8
基里巴斯	—	57.8	31.1	19.2	15.0	12.9	13.2
马绍尔群岛	—	—	—	—	33.0	46.6	31.5
瑙鲁	—	—	—	—	—	59.5	48.8
纽埃	—	—	—	—	—	—	—
帕劳	—	—	—	—	44.8	53.8	46.7
巴布亚新几内亚	17.6	37.7	40.7	52.4	68.1	—	—
萨摩亚	—	—	—	—	29.9	29.0	31.0
所罗门群岛	—	—	34.9	35.4	31.3	52.3	50.1
东帝汶	—	—	—	—	62.7	85.0	61.1
汤加	—	31.4	26.3	21.2	15.8	18.2	21.6
图瓦卢							
瓦努阿图	—	—	41.8	44.9	43.0	47.0	47.7
亚洲发达经济体	**10.7**	**12.0**	**12.8**	**10.6**	**14.4**	**17.6**	**19.5**
澳大利亚	13.1	13.6	14.9	17.7	20.0	20.6	21.7
日本	9.9	11.4	12.3	9.7	13.4	16.5	18.5
新西兰	—	24.5	27.9	29.5	31.1	28.5	28.3

续表

地区	1960—1969年	1970—1979年	1980—1989年	1990—1999年	2000—2009年	2010—2018年	2018年
亚洲和太平洋地区	9.4	13.0	17.0	19.2	28.7	29.9	28.2
拉丁美洲和加勒比地区	10.5	12.3	15.5	16.4	22.2	21.6	23.0
中东和北非	31.7	40.8	30.0	29.9	44.5	44.9	40.5
撒哈拉以南非洲	20.8	23.4	22.3	23.3	31.2	28.3	24.7
经合组织成员国	11.8	15.3	17.9	19.6	24.0	28.1	28.8
世界	12.1	16.0	18.6	21.4	27.5	29.7	29.4

注：— 表示数据未获取。

资料来源：亚洲开发银行关键指标数据库，http://kidb.adb.org（2019年9月16日访问）；世界银行世界发展指标数据库，http://data.worldbank.org（2019年8月2日访问）；亚洲开发银行的估算；中国台湾的数据源自台湾预算、核算与统计主管部门。

附表8　　商品与服务进口　　占GDP的百分比，单位：%

地区	1960—1969年	1970—1979年	1980—1989年	1990—1999年	2000—2009年	2010—2018年	2018年
亚洲发展中经济体	**9.6**	**15.7**	**25.6**	**34.7**	**38.7**	**32.9**	**29.8**
中亚	—	—	—	**37.2**	**41.1**	**31.6**	**32.1**
亚美尼亚	—	—	—	58.1	44.4	47.0	52.9
阿塞拜疆	—	—	—	50.0	43.1	31.2	37.7
格鲁吉亚	—	—	44.2	51.6	48.9	59.3	66.7
哈萨克斯坦	—	—	—	45.1	42.9	27.1	26.3
吉尔吉斯斯坦	—	—	—	47.5	61.6	79.8	68.4
塔吉克斯坦	—	—	—	66.0	78.4	52.4	40.9
土库曼斯坦	—	—	—	62.2	33.3	41.7	12.5
乌兹别克斯坦	—	—	—	23.8	31.2	25.9	38.7
东亚	**6.9**	**14.1**	**27.1**	**32.3**	**35.7**	**29.5**	**26.0**
蒙古国	—	—	67.2	53.7	64.0	58.5	63.5
中国	3.1	4.1	10.5	15.0	23.9	20.6	18.7
韩国	16.6	27.5	30.0	26.7	36.0	44.3	39.0
中国香港	73.7	81.4	96.4	116.1	153.3	201.2	188.0
中国台湾	21.6	41.5	43.9	42.7	53.6	58.1	56.3
南亚	**7.4**	**8.3**	**10.6**	**13.3**	**21.1**	**25.5**	**23.6**
阿富汗	14.4	14.8	—	—	68.8	52.5	45.3
孟加拉国	11.9	12.9	13.7	14.8	19.7	24.4	23.4
不丹	—	—	45.3	44.5	55.9	60.8	49.6
印度	5.7	5.6	7.9	10.8	20.5	25.8	23.4
马尔代夫	—	—	120.1	81.5	76.0	72.7	72.2
尼泊尔	9.5	12.0	20.4	30.2	31.3	38.9	45.5
巴基斯坦	15.6	18.4	22.4	20.0	18.0	18.6	19.4
斯里兰卡	26.8	32.0	40.6	42.6	40.8	29.6	30.1
东南亚	**26.8**	**33.4**	**41.6**	**60.2**	**68.9**	**57.7**	**57.4**
文莱	—	17.3	19.4	50.6	32.8	35.0	42.0
柬埔寨	15.7	7.8	—	43.6	67.0	64.0	63.3
印度尼西亚	12.9	20.0	23.5	28.1	26.9	22.3	22.1

续表

地区	1960—1969年	1970—1979年	1980—1989年	1990—1999年	2000—2009年	2010—2018年	2018年
老挝	—	—	17.0	35.9	42.1	51.8	41.5
马来西亚	43.6	42.3	55.4	86.9	88.3	65.8	62.6
缅甸	—	—	—	—	0.2	16.1	28.0
菲律宾	17.5	23.6	26.3	43.6	48.7	36.5	44.4
新加坡	143.0	152.6	172.3	155.7	182.0	160.7	149.8
泰国	18.6	22.6	28.8	43.6	60.4	60.9	56.5
越南	—	—	20.1	45.1	69.5	86.2	92.1
太平洋地区	**36.1**	**46.0**	**55.2**	**48.9**	**61.4**	—	—
库克群岛	—	—	—	—	—	—	—
密克罗尼西亚联邦	—	—	84.3	—	79.0	78.6	72.4
斐济	—	—	—	—	67.0	61.6	56.1
基里巴斯	—	38.8	68.4	98.3	94.8	89.1	92.0
马绍尔群岛	—	—	—	—	95.1	98.8	88.8
瑙鲁	—	—	—	—	—	88.1	101.7
纽埃	—	—	—	—	—	—	—
帕劳	—	—	—	—	82.2	77.7	75.4
巴布亚新几内亚	36.1	45.9	53.7	46.7	54.8	—	—
萨摩亚	—	—	—	—	49.2	50.4	45.5
所罗门群岛	—	—	65.6	61.6	48.0	63.8	57.3
东帝汶	—	—	—	—	78.1	49.9	59.9
汤加	—	64.5	66.8	53.0	53.5	63.9	73.4
图瓦卢	—	—	—	—	—	—	—
瓦努阿图	—	—	57.8	55.8	51.3	54.4	57.9
亚洲发达经济体	**10.6**	**11.4**	**11.5**	**9.3**	**13.4**	**18.0**	**18.1**
澳大利亚	14.1	13.5	16.6	18.6	21.6	21.2	21.3
日本	9.6	10.6	10.6	8.3	12.1	16.9	16.8
新西兰	—	26.8	28.5	27.4	29.9	27.4	26.7
亚洲和太平洋地区	**10.0**	**12.9**	**16.3**	**18.0**	**26.3**	**28.5**	**27.2**
拉丁美洲和加勒比地区	**10.7**	**13.8**	**13.7**	**17.1**	**21.0**	**22.6**	**23.9**

续表

地区	1960—1969年	1970—1979年	1980—1989年	1990—1999年	2000—2009年	2010—2018年	2018年
中东和北非	25.3	29.4	33.6	30.6	34.2	37.1	37.8
撒哈拉以南非洲	22.1	25.1	22.0	23.6	30.1	29.8	26.3
经合组织成员国	12.2	15.9	18.6	19.5	24.6	28.0	28.2
世界	12.4	16.1	19.2	21.1	26.6	29.0	28.5

注：—表示数据未获取。

资料来源：亚洲开发银行关键指标数据库，http://kidb.adb.org（2019年9月16日访问）；世界银行世界发展指标数据库，http://data.worldbank.org（2019年8月2日访问）；亚洲开发银行的估算；中国台湾的数据源自台湾预算、核算与统计主管部门。

附表9　　　　　　　　　　　经常账户收支　　　　占GDP的百分比，单位：%

地区	1980年	1990年	2000年	2010年	2018年
亚洲发展中经济体	（2.2）	0.1	2.2	3.2	0.8
中亚	—	（20.9）	1.2	4.5	0.5
亚美尼亚	—	（46.3）	（15.8）	（13.6）	（6.2）
阿塞拜疆	—	（16.6）	（3.5）	28.4	12.6
格鲁吉亚	—	—	（5.8）	（10.3）	（7.9）
哈萨克斯坦	—	（51.7）	2.0	0.9	0.6
吉尔吉斯斯坦	—	（5.7）	（4.3）	（2.2）	（9.8）
塔吉克斯坦	—	（16.8）	（1.6）	（9.6）	（5.3）
土库曼斯坦	—	0.0	8.2	（12.9）	3.1
乌兹别克斯坦	—	（6.7）	4.0	7.0	（7.8）
东亚	（2.7）	2.7	2.0	4.1	1.3
蒙古国	—	（2.9）	（4.1）	（13.0）	（14.6）
中国	（0.8）	3.1	1.7	3.9	0.4
韩国	（10.6）	（1.0）	1.8	2.6	4.7
中国香港	（5.0）	6.2	4.4	7.0	3.5
中国台湾	—	6.5	2.5	8.3	11.6
南亚	（2.0）	（2.9）	（0.4）	（2.3）	（2.9）
阿富汗	—	—	33.9	29.4	4.8
孟加拉国	（1.1）	（2.7）	（1.2）	0.4	（2.8）
不丹	11.4	（9.9）	（9.1）	（22.2）	（22.7）
印度	（1.5）	（2.9）	（0.6）	（2.8）	（2.5）
马尔代夫	（16.1）	12.4	（6.4）	（7.3）	（24.0）
尼泊尔	（5.7）	（7.6）	6.4	（2.4）	（8.2）
巴基斯坦	（3.0）	（2.6）	（0.3）	（2.2）	（6.1）
斯里兰卡	（16.9）	（4.0）	（5.5）	（1.9）	（3.2）
东南亚	（1.5）	（2.4）	5.8	5.3	2.4
文莱	—	60.3	45.0	36.6	11.0
柬埔寨	—	（1.0）	（2.6）	（8.7）	（10.5）
印度尼西亚	2.9	（2.3）	4.5	0.7	（3.0）
老挝	（2.2）	（4.5）	1.5	（16.5）	（17.1）
马来西亚	（1.0）	（1.9）	8.4	10.1	2.3
缅甸	—	—	（7.0）	4.5	（5.2）
菲律宾	（5.3）	（5.5）	（2.8）	3.6	（2.6）

续表

地区	1980年	1990年	2000年	2010年	2018年
新加坡	(13.4)	8.1	10.8	23.4	17.7
泰国	(6.2)	(8.2)	7.4	3.4	7.7
越南	(2.0)	(4.0)	2.7	(3.8)	3.0
太平洋地区	(4.8)	(3.7)	(1.6)	(7.6)	12.9
库克群岛	—	—	—	15.5	2.6
密克罗尼西亚联邦	—	—	(14.6)	(17.8)	21.3
斐济	(3.3)	(9.9)	(5.5)	(4.5)	(5.9)
基里巴斯	27.2	(14.6)	(3.7)	(2.2)	10.3
马绍尔群岛	—	—	(10.9)	(17.9)	3.8
瑙鲁	—	—	—	46.3	(7.7)
纽埃	—	—	—	(53.9)	15.7
帕劳	—	—	(50.1)	(7.4)	(17.3)
巴布亚新几内亚	(5.5)	(1.9)	2.6	(20.4)	23.5
萨摩亚	(12.9)	7.3	(1.7)	(6.7)	2.3
所罗门群岛	(3.2)	(12.6)	(8.0)	(32.9)	(6.4)
东帝汶	—	—	(3.5)	39.7	(2.4)
汤加	(4.5)	(10.9)	(6.0)	(21.9)	(9.9)
图瓦卢	—	—	(57.3)	(12.0)	3.5
瓦努阿图	1.0	2.7	1.1	(5.9)	(6.9)
亚洲发达经济体	(1.2)	0.8	2.1	2.4	2.1
澳大利亚	(2.4)	(4.9)	(4.1)	(3.7)	(2.1)
日本	(1.0)	1.4	2.7	3.9	3.5
新西兰	(4.0)	(2.9)	(3.3)	(2.3)	(4.0)
亚洲和太平洋地区	(1.6)	0.5	2.2	2.9	1.1
拉丁美洲和加勒比地区	(3.4)	(0.4)	(2.2)	(2.0)	(1.9)
中东和北非	15.4	0.3	7.2	6.5	3.1
撒哈拉以南非洲	(1.2)	(0.3)	1.2	(0.8)	(2.6)
经合组织成员国	(1.3)	(0.6)	(1.1)	(0.4)	0.3
世界	(0.5)	(0.5)	(0.4)	0.4	0.4

注：中亚经济体1990年的数据为1992年的数据。— 表示数据未获取；括号中为负值。

资料来源：亚洲开发银行关键指标数据库，https://kidb.adb.org/kidb/（2019年9月16日访问）；国际货币基金组织世界经济展望数据库（2019年4月版），https://www.imf.org/en/Publications/SPROlls/world-economic-outlook-databases#sort=%40imfdate%20descending（2019年9月25日访问）；亚洲开发银行的估算。

附表 10　　　　　　　　　　　广义政府净财政盈余　　占GDP的百分比，单位：%

地区	1980年	1990年	2000年	2010年	2018年
亚洲发展中经济体	(0.3)	(2.7)	(2.3)	(1.6)	(3.8)
中亚	—	—	(1.3)	3.3	1.0
亚美尼亚	—	—	(3.4)	(5.0)	(1.8)
阿塞拜疆	—	—	0.1	13.8	4.0
格鲁吉亚	—	—	(2.0)	(4.8)	(0.9)
哈萨克斯坦	—	—	1.9	1.5	0.5
吉尔吉斯斯坦	—	—	(10.7)	(5.9)	(1.3)
塔吉克斯坦	—	—	(5.6)	(3.0)	(4.8)
土库曼斯坦	—	—	(0.5)	2.0	0.6
乌兹别克斯坦	—	9.0	(4.6)	3.2	3.1
东亚	0.1	(1.4)	(1.3)	(0.2)	(3.8)
蒙古国	(4.1)	(9.7)	(5.0)	0.4	(3.4)
中国	0.2	(0.7)	(2.8)	(0.4)	(4.8)
韩国	—	—	4.2	1.5	2.8
中国香港	2.8	0.6	(0.6)	4.1	2.0
中国台湾	(2.4)	(4.0)	(5.3)	(5.1)	(1.9)
南亚	—	(7.2)	(7.2)	(7.9)	(6.4)
阿富汗	—	—	(0.1)	0.9	0.9
孟加拉国	(7.0)	(0.2)	(2.9)	(2.7)	(4.1)
不丹	(4.2)	(7.9)	(4.0)	1.6	(1.0)
印度	—	(7.9)	(8.3)	(8.6)	(6.7)
马尔代夫	—	(12.8)	(3.9)	(13.5)	(5.3)
尼泊尔	—	—	(1.7)	(0.8)	(6.5)
巴基斯坦	—	—	(4.0)	(6.0)	(6.5)
斯里兰卡	—	(6.6)	(8.0)	(7.0)	(5.3)
东南亚	—	—	(0.9)	(1.0)	(1.2)
文莱	—	(2.1)	6.9	7.6	(8.4)
柬埔寨	—	—	(4.8)	(3.8)	(2.0)
印度尼西亚	—	—	(1.9)	(1.2)	(1.8)
老挝	—	—	(4.1)	(2.8)	(4.6)
马来西亚	—	0.2	(6.1)	(4.4)	(3.6)
缅甸	—	—	(4.8)	(4.8)	(2.6)
菲律宾	—	(1.6)	(3.4)	(2.4)	(1.0)
新加坡	—	11.9	10.3	6.0	4.0

续表

地区	1980年	1990年	2000年	2010年	2018年
泰国	—	—	(1.8)	(1.3)	(0.3)
越南	—	—	(2.0)	(2.8)	(4.6)
太平洋地区	—	(2.2)	(0.5)	0.6	(3.7)
库克群岛	—	—	—	2.9	8.7
密克罗尼西亚联邦	—	—	(3.5)	0.5	23.8
斐济	—	(2.3)	(1.5)	(2.8)	(4.4)
基里巴斯	—	(4.3)	(0.2)	(7.2)	(19.8)
马绍尔群岛	—	—	8.0	3.4	1.3
瑙鲁	—	—	—	0.1	24.1
纽埃	—	—	—	—	—
帕劳	—	—	(12.6)	(1.0)	4.3
巴布亚新几内亚	—	(2.0)	0.3	3.1	(2.9)
萨摩亚	—	(10.1)	(0.6)	(5.8)	0.1
所罗门群岛	5.1	2.8	(3.9)	6.3	(3.6)
东帝汶	—	—	3.0	(4.4)	(17.3)
汤加	—	—	1.8	(3.7)	0.7
图瓦卢	—	—	—	(23.9)	6.4
瓦努阿图	—	(2.8)	(6.3)	(2.5)	2.9
亚洲发达经济体	(4.5)	1.7	(7.5)	(8.7)	(2.7)
澳大利亚	—	(0.2)	1.3	(5.1)	(1.2)
日本	(4.5)	2.0	(8.3)	(9.5)	(3.2)
新西兰	—	(2.9)	0.1	(5.5)	0.4
亚洲和太平洋地区	(3.4)	0.6	(5.4)	(4.2)	(3.5)
拉丁美洲和加勒比地区	0.1	0.0	(2.5)	(2.8)	(4.7)
中东和北非	—	(1.0)	6.0	1.9	(2.8)
撒哈拉以南非洲	(1.2)	(1.0)	(0.3)	(3.5)	(3.7)
经合组织成员国	(1.3)	(1.2)	(1.5)	(7.7)	(2.4)
世界	(1.1)	(1.1)	(1.4)	(5.7)	(2.8)

注：如果特定年份无可用数据，则使用距其最近一两年的可用数据。— 表示数据未获取。括号中为负值。

资料来源：国际货币基金组织世界经济展望数据库（2019年4月版），https://www.imf.org/en/Publications/SPROlls/world-economic-outlook-databases#sort=%40imfdate%20descending（2019年9月25日访问）；亚美尼亚2000年的数据和库克群岛2010年和2018年的数据源自亚洲开发银行关键指标数据库，https://kidb.adb.org/kidb（2019年9月16日访问）。

附表 11　　　　　　　　国内（地区内）总储蓄　　　占 GDP 的百分比，单位：%

地区	1960—1969年	1970—1979年	1980—1989年	1990—1999年	2000—2009年	2010—2018年
亚洲发展中经济体	18.0	24.9	27.4	32.9	36.6	41.0
中亚	—	—	—	12.8	32.7	35.5
亚美尼亚	—	—	—	（3.5）	7.5	5.2
阿塞拜疆	—	—	—	11.1	39.2	41.2
格鲁吉亚	—	—	31.0	（3.9）	7.4	13.1
哈萨克斯坦	—	—	—	15.9	37.1	40.1
吉尔吉斯斯坦	—	—	13.3	4.8	3.0	（6.3）
塔吉克斯坦	—	—	—	33.6	（1.4）	（17.2）
土库曼斯坦	—	—	—	7.1	45.5	83.5
乌兹别克斯坦	—	—	—	20.9	29.9	26.1
东亚	25.7	34.4	34.6	36.9	40.4	45.6
蒙古国	—	—	19.4	30.6	22.9	33.2
中国	27.0	36.6	35.0	39.7	44.5	48.3
韩国	8.7	22.6	33.3	38.0	33.8	35.1
中国香港	24.0	30.8	33.6	32.0	31.6	25.0
中国台湾	21.0	31.8	35.1	30.3	30.4	33.9
南亚	8.4	11.2	14.7	21.9	26.8	28.1
阿富汗	5.1	6.7	—	—	（31.7）	1.1
孟加拉国	8.4	1.9	12.3	15.4	20.6	22.5
不丹	—	—	—	—	32.6	32.3
印度	8.4	12.6	15.8	23.9	29.9	31.5
马尔代夫	—	—	—	—	—	—
尼泊尔	—	12.1	11.0	12.0	10.6	11.0
巴基斯坦	9.9	8.2	8.3	15.1	14.1	8.1
斯里兰卡	11.8	15.2	17.8	18.0	16.9	22.9
东南亚	16.1	23.6	28.7	32.9	32.2	33.6
文莱	—	80.1	76.7	39.3	53.7	60.5
柬埔寨	12.4	10.5	—	（0.4）	11.7	17.0
印度尼西亚	5.1	19.9	26.7	28.4	28.3	33.9

续表

地区	1960—1969年	1970—1979年	1980—1989年	1990—1999年	2000—2009年	2010—2018年
老挝	—	—	0.8	—	15.7	15.4
马来西亚	12.1	25.1	32.1	40.6	43.0	34.7
缅甸	—	—	—	—	13.4	32.9
菲律宾	20.4	26.3	23.0	15.1	16.0	15.9
新加坡	9.7	28.8	43.0	49.0	48.0	53.6
泰国	25.7	21.4	26.0	35.7	31.5	32.3
越南	—	—	4.4	16.2	27.5	27.0
太平洋地区	1.2	16.5	11.1	23.5	20.4	—
库克群岛						
密克罗尼西亚联邦	—	—	(42.3)	—	—	—
斐济	—	—	—	—	18.1	15.1
基里巴斯	—	28.6	11.2	11.9		
马绍尔群岛	—	—	—	—	(39.1)	(30.5)
瑙鲁						
纽埃						
帕劳	—	—	—	—	(1.2)	0.3
巴布亚新几内亚	1.2	16.5	12.2	27.0	33.9	
萨摩亚						
所罗门群岛	—	—	—	(23.2)	(16.8)	
东帝汶	—	—	—	—	(1.5)	51.8
汤加	—	(7.4)	(14.5)	(12.4)	(15.9)	(15.9)
图瓦卢						
瓦努阿图	—	—	6.4	10.6	17.6	22.1
亚洲发达经济体	30.5	35.6	32.4	31.5	25.9	23.4
澳大利亚	30.5	28.8	25.5	24.3	25.1	25.7
日本	—	37.0	33.3	32.2	26.0	22.6
新西兰	—	22.9	23.9	23.5	24.5	23.3
亚洲和太平洋地区	19.8	31.2	30.6	32.1	31.7	36.2

续表

地区	1960—1969年	1970—1979年	1980—1989年	1990—1999年	2000—2009年	2010—2018年
拉丁美洲和加勒比地区	20.0	21.2	23.4	20.1	21.3	19.8
中东和北非	30.2	36.1	21.9	25.4	38.0	37.0
撒哈拉以南非洲	—	—	30.7	23.1	23.5	20.2
经合组织成员国	—	25.2	23.7	23.4	22.1	21.4
世界	—	26.0	24.8	25.1	25.5	25.1

注：— 表示数据未获取；括号中为负值。

资料来源：亚洲开发银行关键指标数据库，https://kidb.adb.org/kidb/（2019年9月16日访问）；世界银行世界发展指标数据库，http://data.worldbank.org（2019年8月2日访问）；亚洲开发银行的估算；中国台湾的数据源自台湾预算、核算与统计主管部门。

附表12　　资本形成总额　　占GDP的百分比，单位：%

地区	1960—1969年	1970—1979年	1980—1989年	1990—1999年	2000—2009年	2010—2018年
亚洲发展中经济体	**20.3**	**26.1**	**28.5**	**32.3**	**33.3**	**38.9**
中亚	—	—	—	**22.4**	**27.5**	**26.9**
亚美尼亚	—	—	—	23.5	27.7	22.4
阿塞拜疆	—	—	—	21.3	31.8	23.5
格鲁吉亚	—	—	29.6	18.6	28.4	29.0
哈萨克斯坦	—	—	—	21.8	28.2	25.7
吉尔吉斯斯坦	—	—	32.6	17.9	20.5	32.8
塔吉克斯坦	—	—	—	25.0	16.0	26.9
土库曼斯坦	—	—	35.0	42.3	28.2	50.3
乌兹别克斯坦	—	—	—	22.6	25.5	28.5
东亚	**24.8**	**32.8**	**33.6**	**35.1**	**36.3**	**42.9**
蒙古国	—	—	58.7	26.6	33.2	41.5
中国	25.2	34.0	36.4	38.1	40.5	46.3
韩国	18.7	29.2	33.4	37.0	31.9	30.4
中国香港	26.5	25.1	27.8	29.5	22.9	23.1
中国台湾	22.0	30.3	26.0	27.0	23.4	22.0
南亚	**15.2**	**17.4**	**21.1**	**24.6**	**31.2**	**32.2**
阿富汗	11.8	9.2	—	—	18.9	18.4
孟加拉国	10.6	9.1	16.1	19.4	25.3	28.8
不丹	—	—	36.6	39.6	50.8	56.9
印度	15.6	18.7	21.8	26.0	33.8	34.5
马尔代夫	—	—	—	—	—	—
尼泊尔	5.4	11.9	19.9	22.7	25.7	40.0
巴基斯坦	17.5	16.0	18.7	18.7	17.8	15.4
斯里兰卡	15.6	17.5	26.2	24.9	25.5	31.6
东南亚	**18.8**	**24.1**	**27.2**	**31.9**	**24.5**	**28.6**
文莱	—	—	18.6	29.0	14.3	32.8
柬埔寨	16.4	12.5	—	13.8	19.3	20.7
印度尼西亚	16.9	18.6	25.9	29.5	25.0	34.0

续表

地区	1960—1969年	1970—1979年	1980—1989年	1990—1999年	2000—2009年	2010—2018年
老挝	—	—	8.8	—	27.8	29.8
马来西亚	19.7	24.3	28.1	36.3	23.0	24.8
缅甸	—	—	—	—	13.4	30.8
菲律宾	21.8	26.8	22.2	22.7	20.2	21.9
新加坡	19.4	39.6	41.1	34.7	25.2	27.8
泰国	19.4	25.8	29.4	36.5	24.9	24.7
越南	—	—	15.1	23.5	34.6	28.3
太平洋地区	**19.2**	**24.9**	**25.2**	**21.1**	**19.3**	**—**
库克群岛	—	—	—	—	—	—
密克罗尼西亚联邦	—	—	37.7	—	—	—
斐济	—	—	—	—	19.3	19.7
基里巴斯	—	9.9	41.0	50.8	—	—
马绍尔群岛	—	—	—	—	25.5	23.1
瑙鲁	—	—	—	—	—	—
纽埃	—	—	—	—	—	—
帕劳	—	—	—	—	33.9	26.2
巴布亚新几内亚	19.2	25.1	25.2	21.4	20.6	—
萨摩亚	—	—	—	—	—	—
所罗门群岛	—	—	21.4	10.2	9.7	—
东帝汶	—	—	—	—	13.8	16.7
汤加	—	25.6	26.0	20.4	22.3	29.3
图瓦卢	—	—	—	—	—	—
瓦努阿图	—	—	27.3	22.2	26.3	28.1
亚洲发达经济体	**32.1**	**35.0**	**31.1**	**30.2**	**25.0**	**23.8**
澳大利亚	32.1	28.9	27.9	25.1	26.6	26.2
日本	—	36.3	31.6	30.8	24.7	23.2
新西兰	—	26.1	24.8	21.4	23.3	22.1
亚洲和太平洋地区	**22.0**	**31.4**	**30.2**	**31.0**	**29.5**	**34.6**

续表

地区	1960—1969年	1970—1979年	1980—1989年	1990—1999年	2000—2009年	2010—2018年
拉丁美洲和加勒比地区	20.5	23.8	21.0	20.4	20.0	20.5
中东和北非	26.3	40.0	27.4	25.1	26.2	28.1
撒哈拉以南非洲	—	—	29.3	23.0	21.8	21.7
经合组织成员国	—	26.4	24.6	23.4	22.7	21.3
世界	23.1	27.2	25.8	24.9	24.6	24.4

注：— 表示数据未获取。

资料来源：亚洲开发银行关键指标数据库，https://kidb.adb.org/kidb/（2019年9月16日访问）；世界银行世界发展指标数据库，http://data.worldbank.org（2019年8月2日访问）；亚洲开发银行的估算；中国台湾的数据源自台湾预算、核算与统计主管部门。

附表 13　　　　　　　　　　教育公共支出　　　　占 GDP 的百分比，单位：%

地区	1970—1979年	1980—1989年	1990—1999年	2000—2009年	2010—2018年	2018年
亚洲发展中经济体	**2.1**	**2.5**	**2.7**	**3.3**	**3.6**	**3.6**
中亚	—	—	—	—	4.0	3.6
亚美尼亚	—	—	2.0	2.7	2.8	2.5
阿塞拜疆	—	—	4.1	3.1	2.6	2.5
格鲁吉亚	—	—	3.7	2.6	3.2	3.8
哈萨克斯坦	—	—	4.1	2.8	3.3	2.9
吉尔吉斯斯坦	—	—	5.1	5.0	6.5	7.2
塔吉克斯坦	—	—	3.4	3.1	5.0	5.6
土库曼斯坦	—	—	—	—	3.0	—
乌兹别克斯坦	—	—	—	—	6.7	6.4
东亚	**1.8**	**2.3**	**2.4**	**3.2**	**3.6**	**3.5**
蒙古国	—	—	4.9	5.6	4.5	4.1
中国	1.8	2.0	1.8	3.0	3.6	3.6
韩国	2.9	3.8	3.4	4.0	4.4	3.2
中国香港	2.3	2.3	2.7	4.0	3.5	3.3
中国台湾	0.8	1.5	2.3	2.7	2.4	2.2
南亚	—	—	**3.6**	**3.3**	**3.7**	**4.2**
阿富汗	1.3	1.8	—	—	3.5	3.9
孟加拉国	1.1	1.2	1.7	2.1	2.1	2.5
不丹	—	—	—	5.7	6.1	7.1
印度	—	—	3.8	3.5	4.0	4.6
马尔代夫	—	—	—	5.3	3.9	4.3
尼泊尔	—	—	2.9	3.5	4.0	5.1
巴基斯坦	2.0	2.3	2.7	2.4	2.4	2.8
斯里兰卡	2.9	2.6	3.0	2.0	2.1	2.8
东南亚	**2.9**	**1.6**	**2.7**	**3.7**	**3.6**	**3.2**
文莱	3.9	3.2	4.3	4.0	3.2	4.4
柬埔寨	—	—	1.3	1.6	2.0	2.5
印度尼西亚	2.8	0.9	1.0	2.9	3.2	2.7

续表

地区	1970—1979年	1980—1989年	1990—1999年	2000—2009年	2010—2018年	2018年
老挝	—	—	2.3	2.3	2.3	—
马来西亚	4.8	6.4	4.9	5.8	5.2	4.7
缅甸	2.2	—	1.2	—	1.7	2.2
菲律宾	—	1.8	3.4	2.8	3.0	4.1
新加坡	2.6	3.2	—	3.3	3.0	2.8
泰国	2.8	3.0	3.8	4.1	3.8	3.1
越南	—	—	—	4.9	5.3	—
太平洋地区	6.3	—	—	4.6	—	—
库克群岛	—	—	—	3.9	3.7	2.7
密克罗尼西亚联邦	—	—	6.4	6.7	12.5	—
斐济	5.2	5.7	5.3	5.5	4.0	—
基里巴斯	4.1	—	10.9	11.6	10.5	11.0
马绍尔群岛	—	—	14.5	10.5	16.6	15.5
瑙鲁	—	—	—	—	—	—
纽埃	—	—	—	—	—	—
帕劳	—	—	—	7.8	—	—
巴布亚新几内亚	6.3	—	—	3.7	—	—
萨摩亚	—	—	4.0	4.1	5.0	4.1
所罗门群岛	3.4	—	2.5	9.2	9.9	—
东帝汶	—	—	—	1.5	2.6	3.8
汤加	—	10.3	5.5	4.2	—	—
图瓦卢	—	—	5.6	—	18.5	20.4
瓦努阿图	—	—	6.1	7.2	5.6	4.7
亚洲发达经济体	4.5	5.1	4.8	4.3	3.9	3.3
澳大利亚	6.0	5.2	5.0	5.0	5.3	5.4
日本	4.5	5.2	3.5	2.7	3.2	2.5
新西兰	4.8	4.1	6.2	6.2	6.5	6.3
亚洲和太平洋地区	3.7	4.1	3.2	3.5	3.7	3.5

续表

地区	1970—1979年	1980—1989年	1990—1999年	2000—2009年	2010—2018年	2018年
拉丁美洲和加勒比地区	—	—	3.5	4.2	4.9	4.5
中东和北非	4.5	5.2	4.6	5.1	—	—
撒哈拉以南非洲	—	—	3.3	3.6	4.1	4.0
经合组织成员国	5.0	4.9	4.8	5.1	5.2	—
世界	—	—	4.2	4.2	4.6	—

注：— 表示数据未获取。

资料来源：亚洲开发银行关键指标数据库，http://kidb.adb.org（2019年9月16日访问）；世界银行世界发展指标数据库，http://data.worldbank.org（2019年8月2日访问）；亚洲开发银行的估算；中国台湾的数据源自台湾预算、核算与统计主管部门。

附表14　　　　　　　　　　卫生公共支出　　　占GDP的百分比，单位：%

地区	2000—2009年	2010—2018年	2018年
亚洲发展中经济体	**1.4**	**2.1**	**2.5**
中亚	**1.9**	**2.0**	**2.0**
亚美尼亚	1.4	1.5	1.6
阿塞拜疆	0.9	1.2	1.4
格鲁吉亚	1.2	2.4	3.1
哈萨克斯坦	2.2	2.0	2.1
吉尔吉斯斯坦	2.8	3.5	2.6
塔吉克斯坦	1.0	1.8	2.0
土库曼斯坦	2.1	1.3	1.2
乌兹别克斯坦	2.4	2.8	2.9
东亚	**1.6**	**2.4**	**2.9**
蒙古国	2.4	2.1	2.2
中国	1.4	2.4	2.9
韩国	2.9	3.5	4.3
中国香港	2.4	2.9	2.9
中国台湾	0.2	0.1	0.1
南亚	**0.8**	**0.9**	**0.9**
阿富汗	0.5	0.7	0.5
孟加拉国	0.5	0.5	0.4
不丹	2.8	2.6	2.6
印度	0.8	0.9	0.9
马尔代夫	3.4	5.1	7.7
尼泊尔	0.8	1.1	1.2
巴基斯坦	0.7	0.7	0.8
斯里兰卡	2.0	1.6	1.7
东南亚	**1.4**	**1.6**	**1.9**
文莱	2.0	1.9	2.2
柬埔寨	1.2	1.3	1.3
印度尼西亚	0.8	1.1	1.4
老挝	0.9	0.6	0.8
马来西亚	1.5	1.9	1.9
缅甸	0.2	0.7	1.0
菲律宾	1.2	1.2	1.4

续表

地区	2000—2009年	2010—2018年	2018年
新加坡	1.1	1.9	2.4
泰国	2.2	2.4	2.9
越南	2.2	2.6	2.7
太平洋地区	**2.2**	**2.0**	**2.0**
库克群岛	3.6	3.4	3.0
密克罗尼西亚联邦	2.2	3.0	3.5
斐济	2.5	2.2	2.2
基里巴斯	10.3	8.2	7.3
马绍尔群岛	11.1	10.6	12.3
瑙鲁	11.1	4.9	6.7
纽埃	—	—	—
帕劳	3.7	5.0	7.0
巴布亚新几内亚	1.6	1.7	1.4
萨摩亚	3.4	4.0	4.2
所罗门群岛	5.8	3.6	3.6
东帝汶	0.8	1.4	2.2
汤加	2.6	2.8	3.5
图瓦卢	13.0	13.5	13.1
瓦努阿图	2.3	1.9	2.0
亚洲发达经济体	**6.2**	**8.0**	**8.5**
澳大利亚	5.5	6.3	6.3
日本	6.3	8.7	9.1
新西兰	6.6	7.3	7.3
亚洲和太平洋地区	3.8	3.7	3.8
拉丁美洲和加勒比地区	3.0	3.8	4.1
中东和北非	2.5	2.9	3.3
撒哈拉以南非洲	1.8	1.9	1.8
经合组织成员国	6.3	8.5	10.1
世界	5.4	6.4	7.4

注：— 表示数据未获取。

资料来源：亚洲开发银行关键指标数据库，http://kidb.adb.org（2019年9月16日访问）；世界银行世界发展指标数据库，http://data.worldbank.org（2019年8月2日访问）；亚洲开发银行的估算；中国台湾的数据源自台湾预算、核算与统计主管部门。

附表15　　　　　　　　　　　　　　　　贫困率　　　　　　　　　　　　　　　　单位：%

地区	按每日1.90美元（以2011年购买力平价计算）贫困线衡量的贫困率					按每日3.20美元（以2011年购买力平价计算）贫困线衡量的贫困率				
	1981年	1990年	2002年	2010年	2015年	1981年	1990年	2002年	2010年	2015年
亚洲发展中经济体	**68.1**	**53.6**	**33.1**	**17.0**	**6.9**	**87.5**	**81.2**	**64.0**	**44.8**	**28.6**
中亚	**11.4**	**12.3**	**31.1**	**12.8**	**6.2**	**25.9**	**27.8**	**55.8**	**33.1**	**23.0**
亚美尼亚	5.1	4.9	15.1	1.9	1.9	20.3	19.8	52.3	20.5	13.5
阿塞拜疆	0.7	0.7	0.0	0.0	0.0	2.7	2.8	0.6	0.0	0.0
格鲁吉亚	0.0	0.0	10.5	12.2	3.8	0.0	0.0	30.4	31.1	16.1
哈萨克斯坦	1.7	3.2	6.8	0.1	0.0	14.3	17.5	27.9	1.9	0.4
吉尔吉斯斯坦	14.2	11.7	34.1	4.1	2.5	32.3	28.0	71.7	23.2	23.4
塔吉克斯坦	1.8	2.4	32.9	4.7	4.8	8.7	11.8	70.0	24.5	20.3
土库曼斯坦	28.9	19.4	39.8	12.7	2.8	57.4	45.4	68.5	35.6	16.7
乌兹别克斯坦	27.1	29.3	58.2	29.3	14.0	50.6	53.6	85.9	66.8	46.3
东亚	**84.7**	**63.7**	**30.5**	**10.8**	**0.7**	**95.8**	**86.7**	**55.6**	**27.5**	**6.7**
蒙古国	13.1	7.0	9.7	0.8	0.3	37.6	26.5	33.6	10.1	4.1
中国	88.1	66.2	31.7	11.2	0.7	99.3	90.0	57.7	28.5	7.0
韩国	2.5	0.7	0.2	0.5	0.2	7.7	1.7	0.5	0.7	0.5
中国香港	—	—	—	—	—	—	—	—	—	—
中国台湾	—	—	—	—	—	—	—	—	—	—
南亚	**55.7**	**47.3**	**38.6**	**24.6**	**12.4**	**85.5**	**81.7**	**75.5**	**63.9**	**48.6**
阿富汗	—	—	—	—	—	—	—	—	—	—
孟加拉国	27.0	38.5	33.9	19.6	15.2	73.8	80.0	72.0	60.4	53.6
不丹	77.3	49.3	23.7	4.3	0.9	91.8	75.3	52.7	20.6	7.6
印度	57.4	47.4	40.9	27.9	13.4	86.5	81.9	77.2	67.4	50.4
马尔代夫	—	—	12.1	6.8	3.8	—	—	42.0	23.5	18.0
尼泊尔	77.5	70.0	48.3	15.4	7.0	94.3	90.2	77.5	51.1	37.4
巴基斯坦	72.6	57.2	28.4	9.5	5.3	91.8	86.0	71.7	50.0	38.5
斯里兰卡	23.6	10.4	8.3	2.3	0.7	60.2	45.5	36.0	17.7	9.2
东南亚	**60.1**	**48.8**	**24.7**	**11.0**	**5.4**	**78.1**	**73.0**	**55.4**	**34.8**	**24.1**
文莱	—	—	—	—	—	—	—	—	—	—

续表

地区	按每日1.90美元（以2011年购买力平价计算）贫困线衡量的贫困率					按每日3.20美元（以2011年购买力平价计算）贫困线衡量的贫困率				
	1981年	1990年	2002年	2010年	2015年	1981年	1990年	2002年	2010年	2015年
柬埔寨	—	—	—	—	—	—	—	—	—	—
印度尼西亚	76.4	58.8	22.8	15.7	7.2	93.5	87.0	65.0	48.1	33.1
老挝	50.6	36.2	34.7	24.0	17.7	80.3	71.0	72.7	61.4	52.0
马来西亚	3.5	1.4	0.6	0.2	0.0	14.4	11.2	4.9	2.5	0.3
缅甸	94.2	95.6	72.6	16.8	6.2	98.4	98.9	92.2	52.0	29.5
菲律宾	24.2	25.1	13.6	12.0	7.8	53.1	53.2	41.2	38.7	32.6
新加坡	—	—	—	—	—	—	—	—	—	—
泰国	19.6	9.4	1.1	0.1	0.0	43.1	36.2	12.1	2.5	0.5
越南	76.3	62.0	38.0	4.2	2.4	92.1	85.0	70.8	17.3	9.7
太平洋地区	**49.9**	**51.1**	**45.7**	**32.3**	**25.7**	**67.9**	**68.8**	**67.3**	**59.3**	**51.5**
库克群岛	—	—	—	—	—	—	—	—	—	—
密克罗尼西亚联邦	—	12.1	8.5	12.0	15.1	—	33.4	25.4	32.0	37.6
斐济	7.7	8.5	5.0	3.0	1.0	28.8	31.3	22.0	16.9	11.6
基里巴斯	7.0	12.6	12.6	14.7	12.6	22.4	33.1	32.8	40.0	33.0
马绍尔群岛	—	—	—	—	—	—	—	—	—	—
瑙鲁	—	—	—	—	—	—	—	—	—	—
纽埃	—	—	—	—	—	—	—	—	—	—
帕劳	—	—	—	—	—	—	—	—	—	—
巴布亚新几内亚	60.7	64.5	55.1	37.3	29.2	77.6	80.4	76.1	64.5	54.3
萨摩亚	—	5.8	2.0	1.1	1.0	—	22.2	11.9	11.1	9.6
所罗门群岛	—	39.7	50.2	34.2	24.8	—	66.1	74.1	65.5	58.4
东帝汶	—	—	46.1	38.6	32.3	—	—	77.4	78.3	74.5
汤加	6.9	4.7	2.2	1.1	1.0	23.7	18.0	7.9	8.5	7.5
图瓦卢	—	8.4	2.3	3.3	1.3	—	28.8	13.9	17.6	11.7
瓦努阿图	29.2	19.3	20.9	13.1	15.3	62.0	48.6	50.6	39.2	42.1
拉丁美洲和加勒比地区	**13.5**	**14.8**	**11.8**	**6.2**	**3.9**	**27.1**	**29.0**	**24.8**	**14.2**	**10.6**

续表

地区	按每日1.90美元（以2011年购买力平价计算）贫困线衡量的贫困率					按每日3.20美元（以2011年购买力平价计算）贫困线衡量的贫困率				
	1981年	1990年	2002年	2010年	2015年	1981年	1990年	2002年	2010年	2015年
中东和北非	10.5	6.2	3.4	2.0	4.2	34.6	26.8	20.1	13.7	15.6
撒哈拉以南非洲	48.8	54.7	55.3	46.5	41.4	70.8	75.2	77.5	71.2	67.0
经合组织成员国	1.3	1.3	1.2	0.9	0.9	3.5	3.4	3.4	2.4	2.3
世界	42.1	35.9	25.5	15.7	10.0	56.9	55.2	47.1	35.2	26.3

注：— 表示数据未获取；0.0表示数值小于所用单位数值的一半。

资料来源：亚洲开发银行利用世界银行的PovcalNet数据所做的估算，世界银行PovcalNet数据库，http://iresearch.worldbank.org/PovcalNet/home.aspx（2019年11月7日访问）；中国台湾的数据源自台湾预算、核算与统计主管部门。

附表 16　　小学净入学率（男女合计）　　单位：%

地区	1970年	1980年	1990年	2000年	2018年
亚洲发展中经济体	**77.3**	**91.1**	**87.0**	**88.3**	**93.3**
中亚	—	—	—	—	**92.9**
亚美尼亚	—	—	—	84.5	90.7
阿塞拜疆	—	—	96.2	88.2	92.4
格鲁吉亚	—	—	91.4	99.9	96.4
哈萨克斯坦	—	—	—	87.0	87.6
吉尔吉斯斯坦	—	—	—	86.2	89.9
塔吉克斯坦	—	—	—	94.8	98.3
土库曼斯坦	—	—	—	—	—
乌兹别克斯坦	—	—	—	—	94.6
东亚	**94.1**	**94.3**	**97.9**	**99.1**	**99.8**
蒙古国	—	96.5	94.4	90.0	97.7
中国	94.0	94.0	97.8	99.1	99.9
韩国	95.9	100.0	99.8	99.1	97.3
中国香港	88.5	99.2	93.9	93.8	95.5
中国台湾	—	97.6	98.0	98.8	97.1
南亚	**59.3**	—	**76.1**	**78.0**	**88.5**
阿富汗	26.8	—	26.8	—	—
孟加拉国	51.6	68.6	74.9	93.7	—
不丹	—	24.8	—	57.3	88.0
印度	61.0	—	77.1	79.5	92.3
马尔代夫	—	—	—	96.7	95.4
尼泊尔	—	58.9	66.1	72.1	96.3
巴基斯坦	—	—	—	55.3	67.7
斯里兰卡	—	78.5	98.2	99.7	99.1
东南亚	**71.2**	**88.5**	**92.4**	**92.4**	**94.6**
文莱	—	79.9	89.9	98.0	93.1
柬埔寨	—	—	—	92.4	90.3
印度尼西亚	70.1	90.1	96.2	91.9	93.5
老挝	—	—	64.7	75.9	91.5
马来西亚	87.0	—	97.3	98.4	99.6
缅甸	60.8	64.3	—	89.7	97.7
菲律宾	—	93.2	82.8	89.5	93.8
新加坡	—	—	96.1	95.7	100.0
泰国	75.5	—	—	—	—

续表

地区	1970年	1980年	1990年	2000年	2018年
越南	—	93.9	91.4	97.9	98.0
太平洋地区	**—**	**—**	**64.9**	**—**	**77.7**
库克群岛	—	—	—	75.7	96.9
密克罗尼西亚联邦	—	—	—	—	85.5
斐济	—	—	96.6	92.7	96.8
基里巴斯	—	99.7	99.7	99.1	94.7
马绍尔群岛	—	—	—	96.3	73.2
瑙鲁	—	94.0	94.0	—	93.7
纽埃	—	—	—	—	—
帕劳	—	—	—	—	94.9
巴布亚新几内亚	—	—	57.5	—	73.7
萨摩亚	—	—	93.4	89.3	94.4
所罗门群岛	—	—	—	75.4	67.5
东帝汶	—	—	—	—	92.3
汤加	87.7	98.7	92.3	98.7	85.9
图瓦卢	—	—	—	—	76.2
瓦努阿图	—	85.1	75.1	98.6	79.8
亚洲发达经济体	**99.0**	**99.9**	**99.6**	**98.7**	**97.8**
澳大利亚	96.5	100.0	98.0	94.4	96.4
日本	99.3	99.9	99.8	99.8	98.2
新西兰	100.0	99.5	99.5	99.8	99.1
亚洲和太平洋地区	**78.4**	**91.6**	**87.5**	**88.6**	**93.4**
拉丁美洲和加勒比地区	**83.2**	**89.9**	**90.3**	**94.2**	**93.7**
中东和北非	**64.8**	**72.3**	**79.6**	**82.3**	**88.4**
撒哈拉以南非洲	**39.3**	**54.6**	**53.1**	**60.5**	**—**
经合组织成员国	**88.0**	**91.1**	**98.1**	**96.8**	**95.6**
世界	**71.7**	**77.5**	**82.0**	**83.4**	**89.4**

注：如果特定年份无可用数据，则使用前后5年的可用数据。中国1970年和1980年的数据为1978年的数据。— 表示数据未获取。

资料来源：联合国教科文组织统计研究所统计数据库，http://data.uis.unesco.org/（2019年8月2日访问）；亚洲开发银行的估算；中国的数据源自：中国国家统计局，《中国统计年鉴》，http://www.stats.gov.cn/english/Statisticaldata/AnnualData/（2019年8月2日访问）；日本的数据源自：世界银行，《世界发展指标》，https://databank.worldbank.org/source/world-development-indicators（2019年8月2日访问）；新加坡的数据源自：新加坡政府教育部，《2018年教育统计摘要》；中国台湾的数据源自：台湾教育主管部门，《2018年教育统计指标》。

附表17　　　　　　　　　　中学毛入学率（男女合计）　　　　　　　　单位：%

地区	1970年	1980年	1990年	2000年	2018年
亚洲发展中经济体	**25.0**	**37.5**	**39.0**	**52.1**	**78.9**
中亚	—	**101.1**	**99.9**	**85.8**	**95.9**
亚美尼亚	—	—	92.1	92.2	83.2
阿塞拜疆	—	92.8	91.7	73.8	94.5
格鲁吉亚	—	109.0	96.1	87.2	106.0
哈萨克斯坦	—	94.1	101.1	93.7	114.2
吉尔吉斯斯坦	—	108.1	105.0	84.8	95.1
塔吉克斯坦	—	—	102.6	72.9	88.5
土库曼斯坦	—	—	—	—	85.8
乌兹别克斯坦	—	106.7	101.7	88.1	93.3
东亚	**28.3**	**45.3**	**39.7**	**61.8**	**95.2**
蒙古国	64.0	83.4	88.7	65.1	—
中国	27.5	43.2	36.7	60.3	95.0
韩国	39.0	75.7	92.9	96.0	100.3
中国香港	36.4	61.6	74.5	80.2	107.5
中国台湾	—	97.6	98.0	98.8	97.1
南亚	**23.2**	**26.9**	**34.4**	**42.9**	**69.3**
阿富汗	8.3	16.8	10.8	12.3	53.8
孟加拉国	20.8	19.0	20.9	49.8	72.7
不丹	2.3	9.3	11.6	30.0	90.1
印度	23.8	28.9	37.2	44.9	73.5
马尔代夫	2.0	3.7	50.4	51.3	—
尼泊尔	—	18.6	33.0	35.8	74.1
巴基斯坦	16.6	17.0	22.0	22.5	42.8
斯里兰卡	45.9	53.6	82.9	87.2	98.0
东南亚	**22.9**	**34.8**	**41.8**	**56.4**	**87.5**
文莱	53.9	61.1	73.2	84.6	93.5
柬埔寨	8.4	—	27.2	17.3	—
印度尼西亚	18.2	28.4	46.6	55.1	88.9
老挝	3.7	18.4	23.2	34.1	67.4
马来西亚	39.2	54.8	63.4	77.4	82.0
缅甸	20.2	20.4	19.5	36.9	64.3
菲律宾	47.5	64.0	70.2	74.7	86.2
新加坡	—	—	95.1	98.7	108.1

续表

地区	1970年	1980年	1990年	2000年	2018年
泰国	18.1	27.8	28.5	62.9	116.7
越南	—	43.5	34.9	58.3	—
太平洋地区	**19.8**	**26.9**	**22.7**	**31.1**	**54.4**
库克群岛	33.8	—	90.3	72.1	86.6
密克罗尼西亚联邦	133.8	162.9	—	82.4	—
斐济	52.1	71.8	76.7	78.4	—
基里巴斯	11.3	27.7	37.4	63.5	—
马绍尔群岛	—	—	—	68.5	64.4
瑙鲁	49.3	50.2	50.2	49.2	82.7
纽埃	71.9	88.7	84.3	79.7	100.0
帕劳	—	—	—	91.3	116.5
巴布亚新几内亚	6.5	10.2	10.5	17.7	47.5
萨摩亚	56.0	76.0	76.5	78.5	93.3
所罗门群岛	8.0	16.4	13.9	20.5	—
东帝汶	—	—	—	37.9	83.6
汤加	86.6	105.4	98.4	106.6	100.9
图瓦卢	—	—	84.1	59.5	66.7
瓦努阿图	5.8	12.7	17.7	34.7	54.2
亚洲发达经济体	**84.3**	**91.2**	**99.1**	**108.0**	**112.4**
澳大利亚	81.1	—	134.4	152.9	150.3
日本	85.0	91.6	94.7	99.8	102.4
新西兰	76.7	81.3	88.6	110.8	114.6
亚洲和太平洋地区	**28.2**	**39.2**	**41.1**	**53.5**	**79.6**
拉丁美洲和加勒比地区	**27.7**	**72.2**	**76.9**	**85.3**	**95.9**
中东和北非	**33.2**	**44.2**	**56.6**	**65.6**	**83.0**
撒哈拉以南非洲	**11.4**	**17.6**	**22.6**	**25.6**	**43.3**
经合组织成员国	**68.8**	**78.8**	**86.2**	**94.9**	**106.6**
世界	**40.1**	**49.5**	**51.3**	**59.9**	**75.6**

注：如果特定年份无可用数据，则使用前后5年的可用数据。由于有超龄学生和/或国际学生，入学率可能超过100%。— 表示数据未获取。

资料来源：联合国教科文组织统计研究所统计数据库，http://data.uis.unesco.org/（2019年8月2日访问）；亚洲开发银行的估算；中国2018年的数据和日本所有年份数据源自：世界银行，《世界发展指标》，https://data.worldbank.org（2019年8月2日访问）；新加坡的数据源自：新加坡政府教育部，《2018年教育统计摘要》；中国台湾的数据源自：台湾教育主管部门，《2018年教育统计指标》。

附表 18　　大学毛入学率（男女合计）　　单位：%

地区	1970年	1980年	1990年	2000年	2018年
亚洲发展中经济体	2.4	5.0	6.5	11.6	34.3
中亚	—	—	25.7	22.3	26.4
亚美尼亚	—	—	23.2	35.5	54.6
阿塞拜疆	—	24.0	24.2	17.6	27.7
格鲁吉亚	—	29.6	36.2	39.1	60.3
哈萨克斯坦	—	33.9	39.7	31.8	54.0
吉尔吉斯斯坦	—	—	26.8	35.4	41.3
塔吉克斯坦	—	24.7	22.5	17.9	31.3
土库曼斯坦	—	22.7	12.1	—	8.0
乌兹别克斯坦	—	—	17.5	13.1	10.1
东亚	0.4	3.8	5.4	12.0	53.0
蒙古国	22.6	26.1	18.2	30.2	65.6
中国	0.1	1.1	3.0	7.6	50.6
韩国	6.8	12.4	36.5	76.7	94.3
中国香港	7.5	10.1	18.1	31.8	76.9
中国台湾	—	97.6	98.0	98.8	97.1
南亚	4.3	4.5	5.4	8.2	24.2
阿富汗	0.8	1.9	2.2	1.2	9.7
孟加拉国	2.1	3.2	4.2	5.6	20.6
不丹	—	0.9	—	2.7	15.6
印度	4.9	5.0	5.9	9.5	28.1
马尔代夫	—	—	—	0.2	31.2
尼泊尔	—	3.5	5.2	4.2	12.4
巴基斯坦	2.3	2.2	3.1	2.7	9.1
斯里兰卡	1.0	2.8	4.8	—	19.6
东南亚	5.5	7.1	10.2	18.3	34.1
文莱	—	2.2	5.3	12.7	31.4
柬埔寨	1.4	0.1	0.7	2.5	13.1
印度尼西亚	2.9	3.3	8.4	14.9	36.3
老挝	0.2	0.4	1.1	2.7	15.0
马来西亚	—	4.0	7.2	25.6	45.1
缅甸	1.7	4.6	5.0	10.9	15.7
菲律宾	17.6	23.3	24.0	30.4	35.5
新加坡	6.5	—	95.1	98.7	84.8

续表

地区	1970年	1980年	1990年	2000年	2018年
泰国	2.9	10.4	15.9	34.9	49.3
越南	—	2.4	2.8	9.5	28.5
太平洋地区	**1.7**	**2.1**	**3.1**	**4.3**	**—**
库克群岛	—	—	—	—	—
密克罗尼西亚联邦	—	19.7	—	14.1	—
斐济	0.7	2.4	11.8	15.8	—
基里巴斯	—	—	—	—	—
马绍尔群岛	—	—	—	16.2	—
瑙鲁	—	—	—	—	—
纽埃	—	—	—	—	—
帕劳	—	—	—	44.5	54.7
巴布亚新几内亚	2.0	1.5	1.6	1.8	—
萨摩亚	1.0	3.7	—	7.6	—
所罗门群岛	—	—	—	—	—
东帝汶	—	—	—	8.7	—
汤加	—	7.1	6.3	4.9	—
图瓦卢	—	—	—	—	—
瓦努阿图	—	—	—	3.8	—
亚洲发达经济体	**17.2**	**29.8**	**30.2**	**44.7**	**73.2**
澳大利亚	15.8	25.2	35.4	80.9	113.1
日本	17.3	30.5	29.4	39.1	63.6
新西兰	16.3	26.7	39.3	59.3	82.0
亚洲和太平洋地区	**3.4**	**6.2**	**7.5**	**12.7**	**34.8**
拉丁美洲和加勒比地区	**6.9**	**13.5**	**17.0**	**23.1**	**51.8**
中东和北非	**7.3**	**10.8**	**12.9**	**20.7**	**46.3**
撒哈拉以南非洲	**0.9**	**1.8**	**3.0**	**4.4**	**9.1**
经合组织成员国	**22.1**	**30.4**	**38.2**	**49.8**	**73.5**
世界	**9.7**	**12.4**	**13.6**	**19.1**	**38.0**

注：如果特定年份无可用数据，则使用前后5年的可用数据。由于有超龄学生和/或国际学生，入学率可能超过100%。— 表示数据未获取。

资料来源：联合国教科文组织统计研究所统计数据库，http://data.uis.unesco.org/（2019年8月2日访问）；亚洲开发银行的估算；日本的数据源自：世界银行，《世界发展指标》，https://databank.worldbank.org/source/world-development-indicators（2019年8月2日访问）；联合国教科文组织统计研究所统计数据库，http://data.uis.unesco.org/（2019年2月7日访问）；新加坡的数据源自：新加坡政府教育部，《2018年教育统计摘要》；中国台湾的数据源自：台湾教育主管部门，《2018年教育统计指标》。

附表19　　　　　　　　　　　出生时的预期寿命　　　　　　　　　　　单位：岁

地区	1960年	1970年	1980年	1990年	2000年	2010年	2018年
亚洲发展中经济体	**45.0**	**54.3**	**59.3**	**63.0**	**65.8**	**69.4**	**71.8**
中亚	**58.7**	**62.1**	**64.2**	**65.5**	**65.7**	**69.1**	**71.8**
亚美尼亚	66.0	70.1	70.9	67.9	71.4	73.3	74.9
阿塞拜疆	61.0	63.1	64.2	64.8	66.8	70.9	72.9
格鲁吉亚	63.7	67.5	69.7	70.4	69.9	71.5	73.6
哈萨克斯坦	58.4	62.5	65.1	66.8	63.5	67.4	73.2
吉尔吉斯斯坦	56.2	60.5	63.2	66.3	66.3	68.8	71.3
塔吉克斯坦	50.6	54.0	57.1	58.8	62.0	68.7	70.9
土库曼斯坦	54.5	58.5	61.0	62.8	63.6	66.7	68.1
乌兹别克斯坦	58.8	62.4	64.6	66.5	67.2	69.7	71.6
东亚	**44.6**	**59.3**	**66.9**	**69.3**	**71.6**	**74.6**	**76.9**
蒙古国	48.4	55.4	56.9	60.3	62.9	67.4	69.7
中国	43.7	59.1	66.8	69.1	71.4	74.4	76.7
韩国	55.2	61.3	66.1	71.7	76.0	80.4	82.8
中国香港	67.4	71.7	74.7	77.5	80.8	82.9	84.7
中国台湾	64.2	68.2	71.5	73.9	76.0	78.8	80.3
南亚	**42.3**	**48.0**	**53.9**	**58.1**	**62.7**	**66.7**	**69.2**
阿富汗	32.4	37.4	43.2	50.3	55.8	61.0	64.5
孟加拉国	45.4	46.9	52.9	58.2	65.4	69.9	72.3
不丹	34.5	39.6	45.5	52.9	60.9	68.4	71.5
印度	41.4	47.7	53.8	57.9	62.5	66.7	69.4
马尔代夫	37.3	44.1	53.0	61.5	70.2	75.9	78.6
尼泊尔	35.6	40.9	46.8	54.4	62.3	67.6	70.5
巴基斯坦	45.3	52.6	56.9	60.1	62.8	65.3	67.1
斯里兰卡	59.4	64.1	68.2	69.5	71.3	75.4	76.8
东南亚	**51.3**	**55.5**	**59.9**	**64.6**	**67.1**	**70.0**	**72.1**
文莱	54.8	62.6	67.4	70.2	72.8	74.7	75.7
柬埔寨	41.2	41.6	27.5	53.6	58.4	66.6	69.6
印度尼西亚	46.7	52.6	58.0	62.3	65.8	69.2	71.5
老挝	43.2	46.3	49.1	53.4	58.8	64.3	67.6
马来西亚	60.0	64.6	68.1	70.9	72.6	74.5	76.0
缅甸	42.4	48.8	52.9	56.8	60.1	63.5	66.9

续表

地区	1960年	1970年	1980年	1990年	2000年	2010年	2018年
菲律宾	61.1	63.2	63.7	66.4	68.8	69.8	71.1
新加坡	65.5	68.1	72.0	75.9	78.0	81.8	83.5
泰国	54.7	59.4	64.4	70.2	70.6	74.2	76.9
越南	59.0	59.6	67.5	70.6	73.0	74.8	75.3
太平洋地区	**42.5**	**48.2**	**53.1**	**57.3**	**60.6**	**63.9**	**65.9**
库克群岛	—	—	—	—	—	—	—
密克罗尼西亚联邦	54.5	58.9	62.3	63.6	64.6	66.5	67.8
斐济	60.8	62.5	64.0	65.4	65.7	66.7	67.3
基里巴斯	47.1	52.3	56.0	59.6	63.1	65.8	68.1
马绍尔群岛	—	—	—	—	—	—	—
瑙鲁	—	—	—	—	—	—	—
纽埃	—	—	—	—	—	—	—
帕劳	—	—	—	—	—	—	—
巴布亚新几内亚	38.9	45.9	52.7	56.5	59.3	62.0	64.3
萨摩亚	56.9	59.9	63.6	66.3	68.7	71.7	73.2
所罗门群岛	48.1	56.2	62.5	64.4	67.4	70.7	72.8
东帝汶	33.7	39.5	34.4	48.5	59.0	67.2	69.3
汤加	59.9	64.0	66.9	68.9	69.7	70.1	70.8
图瓦卢	—	—	—	—	—	—	—
瓦努阿图	49.0	54.5	60.0	64.7	67.4	69.1	70.3
亚洲发达经济体	**68.3**	**72.2**	**75.9**	**78.5**	**80.8**	**82.7**	**84.1**
澳大利亚	70.7	71.2	74.4	76.9	79.6	81.9	83.3
日本	67.9	72.4	76.3	79.0	81.2	83.0	84.5
新西兰	71.0	71.5	73.2	75.4	78.3	80.9	82.1
亚洲和太平洋地区	**45.7**	**54.8**	**59.7**	**63.3**	**66.1**	**69.7**	**72.0**
拉丁美洲和加勒比地区	**56.2**	**60.5**	**64.7**	**68.4**	**71.7**	**74.1**	**75.5**
中东和北非	**46.7**	**52.6**	**58.5**	**65.8**	**69.9**	**72.5**	**74.1**
撒哈拉以南非洲	**40.2**	**44.3**	**48.3**	**50.2**	**50.4**	**56.7**	**61.3**
经合组织成员国	**67.8**	**69.8**	**72.6**	**74.9**	**77.2**	**79.4**	**80.5**
世界	**50.1**	**56.9**	**61.2**	**64.2**	**66.3**	**69.9**	**72.4**

注：— 表示数据未获取。

资料来源：联合国经济和社会事务部人口司，《2019年世界人口展望》（网络版），https://population.un.org/wpp/（2019年9月16日访问）。

附表20　　　　　　　　　　　　五岁以下儿童死亡率

每1,000名活产儿五岁以下死亡数，单位：‰

地区	1960年	1970年	1980年	1990年	2000年	2010年	2018年
亚洲发展中经济体	**215.0**	**156.6**	**121.9**	**91.8**	**69.8**	**43.7**	**31.7**
中亚	**136.5**	**114.7**	**97.9**	**81.0**	**64.1**	**36.2**	**23.6**
亚美尼亚	84.8	70.6	60.2	55.3	34.8	19.7	12.8
阿塞拜疆	153.8	129.4	121.7	106.4	72.2	41.3	25.0
格鲁吉亚	76.7	59.3	50.7	48.2	35.0	17.2	9.9
哈萨克斯坦	123.7	99.3	79.3	61.7	46.6	22.0	9.7
吉尔吉斯斯坦	152.2	124.2	101.0	77.3	50.9	28.4	17.8
塔吉克斯坦	194.0	161.5	133.2	111.7	92.0	41.8	31.5
土库曼斯坦	169.2	140.5	117.3	97.8	79.7	60.1	50.8
乌兹别克斯坦	140.3	118.1	101.9	79.2	64.3	40.6	25.2
东亚	**205.0**	**115.8**	**61.7**	**51.1**	**36.8**	**16.6**	**11.0**
蒙古国	240.3	170.5	157.6	113.9	59.3	32.0	21.8
中国	212.0	118.8	63.3	52.5	38.3	17.1	11.2
韩国	109.3	60.9	39.1	16.5	7.6	4.1	2.6
中国香港	53.6	25.5	13.5	7.4	4.1	2.7	2.1
中国台湾	67.5	36.4	14.8	8.5	8.6	5.9	4.6
南亚	**244.4**	**213.1**	**169.0**	**127.9**	**92.3**	**61.1**	**44.6**
阿富汗	357.8	300.8	241.1	175.1	128.5	90.0	66.5
孟加拉国	255.1	239.6	194.3	140.6	85.1	47.5	31.5
不丹	328.3	263.4	202.0	138.7	83.8	42.8	28.8
印度	240.1	210.9	165.5	124.4	89.8	56.5	38.5
马尔代夫	351.4	261.1	155.9	93.5	43.9	12.9	7.6
尼泊尔	321.5	264.9	208.0	140.5	81.6	47.0	32.8
巴基斯坦	253.4	190.6	162.9	137.8	111.4	89.5	74.2
斯里兰卡	104.6	72.0	45.1	28.6	17.0	10.9	8.4
东南亚	**178.0**	**131.0**	**104.5**	**70.2**	**48.2**	**32.3**	**24.9**
文莱	119.1	51.2	22.4	13.3	11.9	10.8	10.0
柬埔寨	200.0	183.2	357.1	111.4	104.3	42.5	26.6
印度尼西亚	222.6	165.1	120.2	83.9	52.8	33.2	24.4
老挝	242.0	213.0	187.0	149.0	106.6	68.1	47.3
马来西亚	92.4	53.0	30.5	16.6	10.8	8.3	6.9
缅甸	246.1	169.3	136.1	107.1	82.9	62.4	47.3

续表

地区	1960年	1970年	1980年	1990年	2000年	2010年	2018年
菲律宾	103.5	84.0	80.1	58.1	38.6	31.3	27.4
新加坡	47.0	27.3	13.1	6.3	4.0	2.7	2.0
泰国	145.2	97.0	59.3	36.0	21.9	13.6	8.8
越南	114.6	82.7	62.3	48.1	32.6	22.7	20.8
太平洋地区	**197.9**	**146.2**	**118.4**	**89.6**	**72.2**	**58.6**	**46.3**
库克群岛	—	—	—	—	—	—	—
密克罗尼西亚联邦	122.0	86.8	60.4	55.8	53.2	40.2	31.5
斐济	76.8	57.5	44.5	29.0	22.9	24.0	24.3
基里巴斯	190.6	138.3	120.9	96.8	71.2	64.2	53.6
马绍尔群岛	—	—	—	—	—	—	—
瑙鲁	—	—	—	—	—	—	—
纽埃	—	—	—	—	—	—	—
帕劳	—	—	—	—	—	—	—
巴布亚新几内亚	199.5	142.2	105.7	87.5	77.9	66.5	52.3
萨摩亚	111.3	85.3	51.3	30.3	21.8	19.2	16.0
所罗门群岛	185.5	104.9	53.5	38.1	30.4	25.7	19.9
东帝汶	342.7	278.1	336.1	191.2	106.5	61.0	45.9
汤加	86.4	50.0	29.6	22.0	17.3	17.1	15.5
图瓦卢	—	—	—	—	—	—	—
瓦努阿图	152.9	108.4	68.1	35.7	29.1	29.1	26.3
亚洲发达经济体	**37.2**	**17.9**	**10.4**	**6.9**	**4.9**	**3.7**	**2.8**
澳大利亚	24.7	21.0	13.2	9.1	6.3	4.8	3.6
日本	39.3	17.4	9.8	6.3	4.5	3.3	2.4
新西兰	27.4	20.8	15.4	10.9	7.1	5.7	4.6
亚洲和太平洋地区	**216.2**	**157.2**	**122.2**	**91.9**	**69.9**	**43.8**	**31.8**
拉丁美洲和加勒比地区	**155.3**	**119.1**	**83.9**	**54.1**	**34.4**	**22.8**	**18.8**
中东和北非	**254.6**	**193.1**	**120.8**	**67.0**	**41.7**	**27.5**	**21.7**
撒哈拉以南非洲	**271.8**	**233.3**	**199.6**	**183.6**	**153.3**	**101.8**	**76.0**
经合组织成员国	**68.9**	**51.8**	**34.5**	**22.1**	**12.9**	**8.6**	**7.1**
世界	**188.0**	**146.4**	**116.3**	**93.2**	**76.3**	**51.2**	**39.3**

注：— 表示数据未获取。

资料来源：联合国经济和社会事务部人口司，《2019年世界人口展望》（网络版），https://population.un.org/wpp/（2019年9月16日访问）。

参考文献

Abhayaratne, A. 2004. Poverty Reduction Strategies in Malaysia, 1970–2000: Some Lessons. http://unpan1.un.org/intradoc/groups/public/documents/apcity/unpan032206.pdf.

Abiad, A., R. Hasan, Y. Jiang, and E. Patalinghug. 2020. The Past and Future Role of Infrastructure in Asia's Development. In Susantono, B., D. Park, and S. Tian, eds. Infrastructure Financing in Asia. Singapore: World Scientific.

Abood, S. A., J. S. Lee, Z. Burivalova, J. Garcia-Ulloa, and L. P. Koh. 2015. Relative Contributions of the Logging, Fiber, Oil Palm, and Mining Industries to Forest Loss in Indonesia. Conservation Letters. 8. pp. 58–67.

Acemoglu, D., and J. A. Robinson. 2012. Why Nations Fail: The Origins of Power, Prosperity, and Poverty. New York: Crown Publishing Group.

Acharya, A. 2005. Why Is There No NATO in Asia? The Normative Origins of Asian Multilateralism. Weatherhead Center for International Affairs Working Paper Series. No. 05-05. Cambridge, MA: Harvard University.

———. 2014. Foundations of Collective Action in Asia: Theory and Practice of Regional Cooperation. In Capannelli, G., and M. Kawai, eds. The Political Economy of Asian Regionalism. Tokyo: Asian Development Bank Institute and Springer.

African Development Bank, Asian Development Bank, European Bank for Reconstruction and Development, European Investment Bank, InterAmerican Development Bank Group, Islamic Development Bank, and the World Bank Group. 2019. 2018 Joint Report on Multilateral Development Banks' Climate Finance. London: European Bank for Reconstruction and

Development. https://www.adb.org/news/mdb-climate-finance-hit-recordhigh-431-billion-2018.

Aghion, P., N. Bloom, R. Blundell, R. Griffith, and P. Howitt. 2005. Competition and Innovation: An Inverted–U Relationship. Quarterly Journal of Economics. 120（2）. pp. 701–728.

Aghion, P., R. Burgess, S. Redding, and F. Zilibotti. 2008. The Unequal Effects of Liberalization: Evidence from Dismantling the License Raj in India. American Economic Review. 94（4）. pp. 1397–1412.

Aghion, P., and P. Howitt. 1997. Endogenous Growth Theory. Cambridge, MA: The MIT Press.

Agustina, R., T. Dartanto, R. Sitompul, K. A. Susiloretni, E. L. Achadi, A. Taher, F. Wirawan, S. Sungkar, P. Sudarmono, A. H. Shankar, and H. Thabrany. 2019. Universal Health Coverage in Indonesia: Concept, Progress, and Challenges. The Lancet. 393（10166）. pp. 75–102.

Ahmed, A., and C. del Ninno. 2003. Food for Education in Bangladesh. In Quisumbing, A., ed. Household Decisions, Gender, and Development. Baltimore: Johns Hopkins University Press.

Ahmed, R., S. Haggblade, and T. Chowdhury, eds. 2000. Out of the Shadow of Famine: Evolving Food Markets and Food Policy in Bangladesh. Baltimore: Johns Hopkins University Press.

AirVisual. World Most Polluted Cities 2018（PM2.5）. https://www.airvisual.com/world-most-polluted-cities.

Aizenman, J., Y. Jinjarak, H. Nguyen, and D. Park. 2019. Fiscal Space and Government-Spending and Tax-Rate Cyclicality Patterns: A Cross-Country Comparison, 1960–2016. Journal of Macroeconomics. 60（June）. pp. 229–252.

Akamatsu, K. 1961. A Theory of Unbalanced Growth in the World Economy. Weltwirtschaftliches Archiv. 86（January）. pp. 196–217.

———. 1962. A Historical Pattern of Economic Growth in Developing Countries. The Developing Economies. 1（August）. pp. 3–25.

Akiyama, T., and T. Nakao. 2005. Japanese ODA Adapting to the Issues and Challenges of the New Aid Environment. FASID Discussion Paper on Development Assistance. No. 8.

Tokyo: Foundation for Advanced Studies on International Development.

Anderson, K., G. Rausser, and J. Swinnen. 2013. Political Economy of Public Policies: Insights from Distortions to Agricultural and Food Markets. Journal of Economic Literature. 51（2）. pp. 423–477.

Antras, P., and C. Foley. 2011. Regional Trade Integration and Multinational Firm Strategies. In Barro, R., and J.-W. Lee, eds. Costs and Benefits of Economic Integration. New York: Oxford University Press and Asian Development Bank.

Aoki, S., J. Esteban-Pretel, T. Okazaki, and Y. Sawada. 2011. The Role of the Government in Facilitating TFP Growth during Japan's Rapid-Growth Era. In Otsuka, K., and K. Kalirajan, eds. Community, Market, and State in Development. London: Palgrave Macmillan.

Ariga, K., and S. Ejima. 2000. Post-Evaluation for ODA Loan Project − Kingdom of Thailand: Overall Impact of Eastern Seaboard Development Program. JBIC Review. 2（November）. pp. 81–115.

Asian Development Bank（ADB）. 1965. Agreement Establishing the Asian Development Bank. https://www.adb.org/documents/agreement-establishingasian-development-bank-adb-charter.

———. 1968. Asian Agriculture Survey. Manila. pp. 7–8.

———. 1978. Rural Asia: Challenge and Opportunity. Manila.

———. 1997. Emerging Asia: Changes and Challenges. Manila.

———. 2007. ADB's Infrastructure Operations: Responding to Client Needs. Manila.

———. 2008. Emerging Asian Regionalism: A Partnership for Shared Prosperity. Manila.

———. 2008. Managing Asian Cities. Manila.

———. 2010. Key Indicators for Asia and the Pacific 2010: Asia's Emerging Middle Class: Past, Present, and Future. Manila.

———. 2012. Asian Development Outlook 2012: Confronting Rising Inequality in Asia. Manila.

———. 2012. Asian Development Outlook 2012 Update: Services and Asia's Future Growth. Manila.

———. 2012. Guidance Note: Gender and Law—Temporary Special Measures to Promote Gender Equality. Manila.

———. 2013. Asian Development Outlook 2013: Asia's Energy Challenge. Manila.

———. 2013. Asian Development Outlook 2013 Update: Governance and Public Service Delivery. Manila.

———. 2013. Key Indicators for Asia and the Pacific 2013: Asia's Economic Transformation: Where to, How, and How Fast? Manila.

———. 2014. Asian Economic Integration Monitor. Manila.

———. 2015. Asian Development Outlook 2015 Update: Enabling Women, Energizing Asia. Manila.

———. 2015. Asian Economic Integration Report 2015. Manila.

———. 2016. ADB Through the Decades: ADB's First Decade (1966–1976) . Manila.

———. 2016. Asian Development Outlook 2016 Update: Meeting the Low-Carbon Growth Challenge. Manila.

———. 2016. Asian Economic Integration Report 2016: What Drives Foreign Direct Investment in Asia and the Pacific? Manila.

———. 2016. Dhaka Water Supply Network Improvement Project. Manila.

———. 2016. Finding Balance 2016: Benchmarking the Performance of State-Owned Enterprises in Island Countries. Manila.

———. 2017. Asian Development Outlook 2017: Transcending the Middle-Income Challenge. Manila.

———. 2017. Catalyzing Green Finance: A Concept for Leveraging Blended Finance for Green Development. Manila.

———. 2017. Meeting Asia's Infrastructure Needs. Manila.

———. 2017. A Region at Risk: The Human Dimensions of Climate Change in Asia and the Pacific. Manila.

———. 2018. ADB Strategy 2030: Achieving a Prosperous, Inclusive, Resilient, and Sustainable Asia and the Pacific. Manila.

———. 2018. Measuring Asset Ownership and Entrepreneurship from a Gender Perspective. Methodology and Results of Pilot Surveys in Georgia, Mongolia, and the Philippines. Manila.

———. 2019. Asian Development Outlook 2019: Strengthening Disaster Resilience.

Manila.

———. 2019. Asian Development Outlook 2019 Update: Fostering Growth and Inclusion in Asia's Cities. Manila.

———. 2019. How PPP Advisory Services Can Narrow Asia's Infrastructure Gap. Manila.

———. Key Indicators Database. https://kidb.adb.org/kidb/.

———. Lao PDR: Nam Theun 2 Hydroelectric Project. https://www.adb.org/projects/37910-014/main.

———. Multi-Regional Input-Output Database. https://www.adb.org/data/icp/ input-output-tables（accessed 19 July 2019）.

———. Various years. ADB Annual Report. Manila.

Asian Development Bank, Asia Regional Integration Center. Integration Indicators. https://aric.adb.org/integrationindicators.

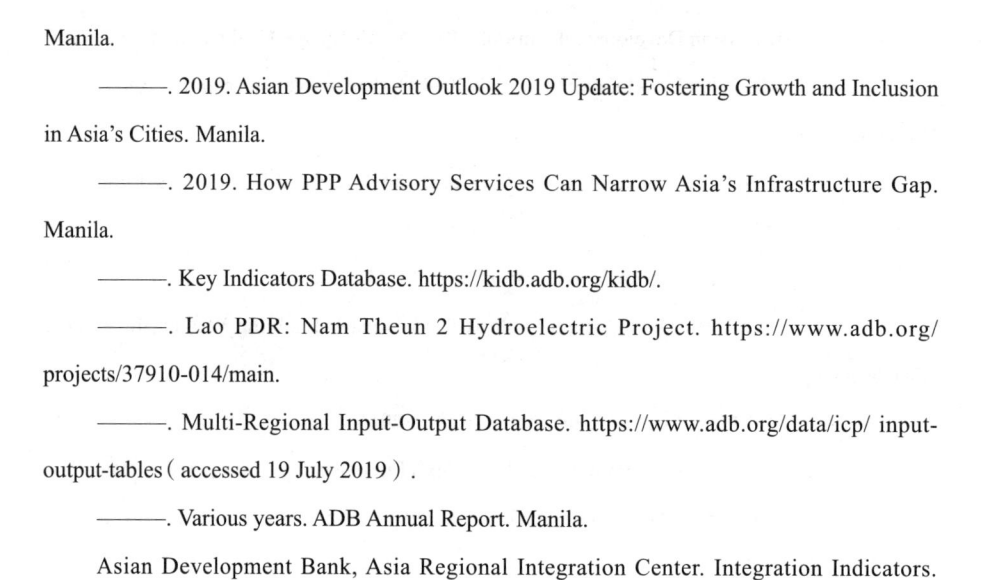

Asian Development Bank, Controller's Department. Disbursements Data. Manila.

Asian Development Bank and International Labour Organization. 2017. Improving Labour Market Outcomes in the Pacific: Policy Challenges and Priorities. Suva: International Labour Organization.

Asian Development Bank and UN Women. 2018. Gender Equality and the Sustainable Development Goals in Asia and the Pacific. Bangkok: ANT Office Express.

Asian Development Bank, Department for International Development of the United Kingdom, Japan International Cooperation Agency, and World Bank Group. 2018. The WEB of Transport Corridors in South Asia. Washington, DC: World Bank.

Asian Development Bank, Japan Bank for International Cooperation, and the World Bank. 2005. Connecting East Asia: A New Framework for Infrastructure. Washington, DC: World Bank.

Asian Productivity Organization. Productivity Measurement. https://www.apotokyo.org/wedo/measurement（accessed 19 July 2019）.

Association of Southeast Asian Nations. The Declaration of ASEAN Concord, Bali, Indonesia, 24 February 1976. https://asean.org/?static_post=declaration-ofasean-concord-indonesia-24-february-1976.

Athreye, S. 2005. The Indian Software Industry and Its Evolving Service Capability. Industrial and Corporate Change. 14（3）. pp. 393–418.

Athukorala, P., E. Ginting, H. Hill, and U. Kumar, eds. 2017. The Sri Lankan Economy: Charting a New Course. Manila: Asian Development Bank.

Azmat, G., and B. Petrongolo. 2014. Gender and the Labor Market: What Have We Learned from Field and Lab Experiments? Labour Economics. 30（October）. pp. 32–40.

Bairoch, P. 1982. International Industrialization Levels from 1750 to 1980. Journal of European Economic History. 11（2）. pp. 269–333.

Baldwin, R. 1993. A Domino Theory of Regionalism. NBER Working Paper Series. No. w4465. Cambridge, MA: National Bureau of Economic Research.

———. 2016. The Great Convergence: Information Technology and the New Globalization. Cambridge, MA: The Belknap Press of Harvard University Press.

Barbier, E. B., and J. P. Hochard. 2014. Land Degradation, Less Favored Lands and the Rural Poor: A Spatial and Economic Analysis. A Report for the Economics of Land Degradation Initiative. Laramie: Department of Economics and Finance, University of Wyoming.

Barro, R. 1996. Determinants of Economic Growth: A Cross-Country Empirical Study. NBER Working Paper Series. No. w5698. Cambridge, MA: National Bureau of Economic Research.

Barro, R., and J.-W. Lee. 2013. A New Data Set of Educational Attainment in the World, 1950–2010. Journal of Development Economics. 104（September）. pp. 184–198. http://www.barrolee.com/.

Basant, R., and S. Mani. 2012. Foreign R&D Centers in India: An Analysis of Their Size, Structure and Implications. Indian Institute of Management Working Paper Series. No. 2012-01-06. Ahmedabad: Indian Institute of Management.

Bays, L. 1994. Short Overview of Water Supply Situations in the World, Water Philippines '94. Technical Papers, 9th IWSA-ASPAC Regional Conference and Exhibition. Manila: Philippine Water Works Association.

Beaman, L., E. Duflo, R. Pande, and P. Topalova. 2012. Female Leadership Raises Aspirations and Educational Attainment for Girls: A Policy Experiment in India. Science. 335（6068）. pp. 582–586.

Berger, P. L., and H. H. M. Hsiao, eds. 1988. In Search for an East Asian Development Model. New Brunswick, NJ: Transaction Books.

Bernanke, B. 2005. The Global Saving Glut and the U.S. Current Account Deficit. Speech at the Sandridge Lecture. Virginia Association of Economics. 10 March. Richmond, VA.

Blaikie, P. 2016. The Political Economy of Soil Erosion in Developing Countries. London: Routledge.

Blau, F., M. Ferber, and A. Winkler. 2001. The Economics of Women, Men, and Work. New Jersey: Prentice Hall.

Borensztein, E., J. De Gregorio, and J.-W. Lee. 1998. How Does Foreign Direct Investment Affect Economic Growth. Journal of International Economics. 45（1）. pp. 115–135.

Borghesi, S. 1999. The Environmental Kuznets Curve: A Survey of the Literature. FEEM Working Paper Series. No. 85–99. Milan: Fondazione Eni Enrico Mattei.

Bosworth, B., and G. Chodorow-Reich. 2007. Saving and Demographic Change: The Global Dimension. Center for Retirement Research at Boston College Working Paper. No. 2007–2. Boston: Boston College.

Bourgeois-Pichat, J. 1981. Recent Demographic Change in Western Europe: An Assessment. Population and Development Review. 7（1）. pp. 19–42.

Bourguignon, F., and M. Sundberg. 2007. Aid Effectiveness – Opening the Black Box. American Economic Review. 97（2）. pp. 316–321.

BP. 2019. BP Statistical Review of World Energy 2019. https://www.bp.com/en/global/corporate/energy-economics/statistical-review-of-world-energy.html.

Broda, C., and D. Weinstein. 2006. Globalization and the Gains from Variety. The Quarterly Journal of Economics. 121（2）. pp. 541–585.

Brown, T. M. 1952. Habit Persistence and Lags in Consumer Behaviour. Econometrica. 20（3）. pp. 355–371.

Bureau van Dijk. Zephyr M&A Database. https://www.bvdinfo.com.

Burke, L., K. Reytar, M. Spalding, and A. Perry. 2011. Reefs at Risk Revisited. Washington, DC: World Resources Institute.

Byerlee, D. 2014. The Fall and Rise Again of Plantations in Tropical Asia: History

Repeated? Land. 3（3）. pp. 574–597.

Cai, F., and Y. Du. 2014. Exports and Employment in the People's Republic of China. In Khor, N., and D. Mitra, eds. Trade and Employment in Asia. Abingdon, United Kingdom: Asian Development Bank and Routledge.

Cain, J., R. Hasan, R. Magsombol, and A. Tandon. 2010. Accounting for Inequality in India: Evidence from Household Expenditures. World Development. 38（3）. pp. 282–297.

CEIC Data. Global Database. https://www.ceicdata.com/en（accessed 24 March 2019）.

Chakraborty, P., S. Selvaraj, M. Nakamura, B. Prithiviraj, S. Ko, and B. G. Loganathan. 2016. E-Waste and Associated Environmental Contamination in the Asia/Pacific Region（Part 1）: An Overview. In Loganathan, B. G., J. S. Khim, P. R. S. Kodavanti, and S. Masunaga, eds. Persistent Organic Chemicals in the Environment: Status and Trends in the Pacific Basin Countries I Contamination Status. Washington, DC: American Chemical Society and Oxford University Press.

Chamon, M., and E. S. Prasad. 2008. Why Are Saving Rates of Urban Households in China Rising? NBER Working Paper. No. w14546. Cambridge, MA: National Bureau of Economic Research.

Chancel, L., and T. Piketty. 2017. Indian Income Inequality, 1922–2014: From British Raj to Billionaire Raj? CEPR Discussion Paper. No. DP12409. Washington, DC: Center for Economic and Policy Research.

Cheon, B. Y. 2014. Skills Development Strategies and the High Road to Development in the Republic of Korea. In Salazar-Xirinachs, J. M., I. Nübler, and R. KozulWright, eds. Transforming Economies: Making Industrial Policy Work for Growth, Jobs and Development. Geneva: International Labour Organization-United Nations Conference on Trade and Development. pp. 213–238.

Cherif, R., and F. Hasanov. 2019. The Return of the Policy That Shall Not Be Named: Principles of Industrial Policy. IMF Working Paper. No. WP/19/74. Washington, DC: International Monetary Fund.

Chia, S. Y. 2010. Trade and Investment Policies and Regional Economic Integration in East Asia. ADBI Working Paper Series. No. 210. Tokyo: Asian Developmen Bank Institute.

China Daily. 2014. What Did Deng Xiaoping Learn during His Visit to Japan in 1978?

[in Chinese]. 15 August. https://world.chinadaily.com.cn/dxpdc110znjn/2014-08/15/content_18323338.htm.

China State Statistical Bureau. 1990. China National and Provincial Historical Statistics Collection. Beijing.

Chinn, M. D., and E. S. Prasad 2003. Medium-Term Determinants of Current Accounts in Industrial and Developing Countries: An Empirical Exploration. Journal of International Economics. 59(1). pp. 47–76.

Chou, S., J. Liu, and J. Hammit. 2003. National Health Insurance and Precautionary Saving. Journal of Public Economics. 87(9–10). pp. 1873–1894.

Chowdhury, A., and I. Islam. 1993. The Newly Industrializing Economies of East Asia. London: Routledge.

Chung, S. C. 2007. Excelsior: The Korean Innovation Story. Issues in Science and Technology. 24(1). pp. 1–11.

Collins, S. 1991. Saving Behavior in Ten Developing Countries. In Shoven, J. B., and B. D. Bernheim, eds. National Saving and Economic Performance. Chicago: National Bureau of Economic Research and the University of Chicago Press.

Comin, D., and B. Hobijn. 2010. An Exploration of Technology Diffusion. American Economic Review. 100(5). pp. 2031–2059.

———. 2011. Technology Diffusion and Postwar Growth. In Acemoglu, D., and M. Woodford, eds. NBER Macroeconomics Annual 2010. Volume 25. Chicago: Chicago University Press.

Credit Suisse. 2018. Global Wealth Databook 2018. https://www.credit-suisse.com/corporate/en/research/research-institute/global-wealth-report.html.

CVCE.eu. Final Communiqué of the Asian-African Conference of Bandung Signed on 24 April 1955. http://franke.uchicago.edu/Final_Communique_Bandung_1955.pdf.

Datt, G. 1998. Poverty in India and Indian States: An Update. The Indian Journal of Labour Economics. 41(2). pp. 191–211.

Davis, B., P. Winters, G. Carletto, K. Covarrubias, E. J. Quiñones, A. Zezza, K. Stamoulis, C. Azzarri, and S. Digiuseppe. 2010. A Cross-Country Comparison of Rural Income Generating Activities. World Development. 38(1). pp. 48–63.

Deaton, A., and C. Paxson. 2000. Growth and Savings among Individuals and Households. Review of Economics and Statistics. 82（2）. pp. 212–225.

Deininger, K. 2003. Land Policies for Growth and Poverty Reduction. Washington, DC: World Bank.

Desai, V. V. 2010. The Political Economy of Regional Cooperation in South Asia. ADB Working Paper Series on Regional Economic Integration. No. 54. Manila: Asian Development Bank.

Dhaka Water Supply and Sewerage Authority（DWASA）. DWASA website. http://dwasa.org.bd/.

Di Gropello, E., and C. Sakellariou. 2010. Industry and Skill Wage Premiums in East Asia. World Bank Policy Research Working Paper. No. 5379. Washington, DC: World Bank.

Djurfeldt, G., H. Holmen, M. Jirstrom, and R. Larsson. 2005. African Food Crisis – the Relevance of Asian Crisis. In Djurfeldt, G., H. Holmen, M. Jirstrom, and R. Larsson, eds. 2005. The African Food Crisis: Lessons from the Asian Green Revolution. Wallingford: CABI Publishing.

Djurfeldt, G., and M. Jirstrom. 2005. The Puzzle of the Policy Shift – The Early Green Revolution in India, Indonesia, and the Philippines. In Djurfeldt, G., H. Holmen, M. Jirstrom, and R. Larsson, eds. The African Food Crisis: Lessons from the Asian Green Revolution. Wallingford: CABI Publishing.

Dollar, D. 1992. Outward-Oriented Developing Economies Really Do Grow More Rapidly: Evidence from 95 LDCs, 1976-1985. Economic Development and Cultural Change. 40（3）. pp. 523–544.

Duan, L., Q. Yu, Q. Zhang, Z. Wang, Y. Pan, T. Larssen, J. Tang, and J. Mulder. 2016. Acid Deposition in Asia: Emissions, Deposition, and Ecosystem Effects. Atmospheric Environment. 100（146）. pp. 55–69.

Duflo, E. 2012. Women Empowerment and Economic Development. Journal of Economic Literature. 50（4）. pp. 1051–1079.

Durand, J. D. 1975. The Labor Force in Economic Development. Princeton: Princeton University Press.

Duvvury, N., C. Grown, and J. Redner. 2004. Costs of Intimate Partner Violence at the

Household and Community Levels: An Operational Framework for Developing Countries. Washington, DC: International Center for Research on Women.

D-Waste.Com. Waste Atlas. http://www.atlas.d-waste.com/.

Edwards, S. 1998. Openness, Productivity and Growth: What Do We Really Know? Economic Journal. 108(447). pp. 383–398.

Eichengreen, B. 2015. Financial Development in Asia: The Role of Policy and Institutions, with Special Reference to China. Paper prepared for the Second Annual Asian Monetary Policy Forum. 29 May. Singapore.

Enerdata. 2019. Global Energy Statistical Yearbook. https://www.enerdata.net/publications/world-energy-statistics-supply-and-demand.html.

Errighi, L., C. Bodwell, and S. Khatiwada. 2016. Business Process Outsourcing in the Philippines: Challenges for Decent Work. Bangkok: International Labour Organization.

Estrada, G., D. Park, and A. Ramayandi. 2015. Financial Development, Financial Openness, and Economic Growth. ADB Economics Working Paper Series. No. 442. Manila: Asian Development Bank.

Estudillo, J. P., T. Sonobe, and K. Otsuka. 2007. Development of the Rural NonFarm Sector in the Philippines and Lessons from the East Asian Experience. In Balisacan, A. M., and H. Hill, eds. The Dynamics of Regional Development: The Philippines in East Asia. Cheltenham, United Kingdom: Edward Elgar.

Ethier, W. J. 1979. Internationally Decreasing Costs and World Trade. Journal of International Economics. 9(1). pp. 1–25.

Euromonitor International. Socioeconomic Indicators. https://eifl.net/publisher/euromonitor-international.

European Commission. Emissions Database for Global Atmospheric Research. http://edgar.jrc.ec.europa.eu/ (accessed 5 February 2019).

Evans, A., M. Hanjra, Y. Jiang, M. Qadir, and P. Drechsel. 2012. Water Quality: Assessment of the Current Situation in Asia. Water Resources Development. 28(2). pp. 195–216.

Evenson, R. E., and D. Gollin. 2003. Crop Variety Improvement and Its Effect on Productivity: The Impact of International Agricultural Research. Wallingford: CABI Publishing.

Fan, M. 2015. Sri Lanka's Water Supply and Sanitation Sector: Achievements and a Way Forward. ADB South Asia Working Paper Series. No. 35. Manila: Asian Development Bank.

Fankhauser, S., A. Kazaglis, and S. Srivastav. 2017. Green Growth Opportunities for Asia. ADB Economics Working Paper Series. No. 508. Manila: Asian Development Bank.

Feenstra, R. C., R. Inklaar, and M. P. Timmer. 2015. The Next Generation of the Penn World Table. American Economic Review. 105（10）. pp. 3150-3182. http://www.ggdc.net/pwt.

Feldstein, M., and C. Horioka. 1980. Domestic Saving and International Capital Flows. Economic Journal. 90（June）. pp. 314–329.

Felipe, J. 2018. Asia's Industrial Transformation: The Role of Manufacturing and Global Value Chains（Part 1）. ADB Economics Working Paper Series. No. 549. Manila: Asian Development Bank.

———. 2018. Asia's Industrial Transformation: The Role of Manufacturing and Global Value Chains（Part 2）. ADB Economics Working Paper Series. No. 550. Manila: Asian Development Bank.

Felipe, J., U. Kumar, A. Abdon, and M. Bacate. 2012. Product Complexity and Economic Development. Structural Change and Economic Dynamics. 23（1）. pp. 36–68.

Ferguson, R. W. 1999. Latin America: Lessons Learned from the Last Twenty Years. Speech given to the Florida International Bankers Association, Inc. Miami. 11 February.

Filmer, D., and N. Schady. 2008. Getting Girls into School: Evidence from a Scholarship Program in Cambodia. Economic Development and Cultural Change. 56（3）. pp. 581–617.

Financial Times. fDi Markets. https://www.fdimarkets.com.

Fiorini, M., and B. Hoekman. 2019. Restrictiveness of Services Trade Policy and the Sustainable Development Goals. In Helble, M., and B. Shepherd, eds. Leveraging Services for Development: Prospects and Policies. Tokyo: Asian Development Bank Institute.

Food and Agriculture Organization of the United Nations（FAO）. 2015. Global Forest Resources Assessment 2015. http://www.fao.org/forest-resourcesassessment/past-assessments/fra-2015/en/.

———. 2016. The State of World Fisheries and Aquaculture: Contributing to Food Security and Nutrition for All. Rome.

———. 2018. Diets Are Diversifying with Implications for Farmers and Nutrition. In FAO. Dynamic Development, Shifting Demographics, and Changing Diets. Bangkok. p. 172.

———. 2019. FAO Statistics（FAOSTAT）. http://www.fao.org/faostat.

———. AQUASTAT Database. http://www.fao.org/nr/water/aquastat/data/query/ index.html?lang=en（accessed 6 June 2018）.

———. Global Capture Production 1950–2017. http://www.fao.org/fishery/statistics/global-capture-production/query/en.

Forbes. Billionaires: The Richest People in the World. https://www.forbes.com/worlds-billionaires/.

Friedman, M. 1957. A Theory of the Consumption Function. Princeton: Princeton University Press.

Fu, T., and S. Shei. 1999. Agriculture as the Foundation for Development. In Thorbecke, E., and H. Wan, eds. Lessons on the Roles of Government and Market. New York: Springer Science+Business Media LLC.

Fu, X., W. T. Woo, and J. Hou. 2016. Technological Innovation Policy in China: The Lessons, and the Necessary Changes Ahead. Economic Change and Restructuring. 49（2-3）. pp. 139–157.

Fujita, K., and R. C. Hill. 1993. Toyota City: Industrial Organization and the Local State in Japan. In Fujita, K., and R. C. Hill, eds. Japanese Cities in the World Economy. Philadelphia: Temple University Press. pp. 175–202.

Garon, S. 2012. Why the Chinese Save? Foreign Policy. 19 January. https://foreignpolicy.com/2012/01/19/why-the-chinese-save/.

Garriga, A. 2016. Central Bank Independence in the World: A New Data Set. International Interactions. 42（5）. pp. 849–868.

Godo, Y. 2011. Estimation of Average Years of Schooling for Japan, Korea and the United States. PRIMCED Discussion Paper Series. No. 9. Tokyo: Institute of Economic Research, Hitotsubashi University.

Good, A. G., and P. H. Beatty. 2011. Fertilizing Nature: A Tragedy of Excess in the Commons. PLoS Biology. 9（8）: e1001124.

Goodkind, D. 2011. Child Underreporting, Fertility, and Sex Ratio Imbalance in China.

Demography. 48（1）. pp. 291–316.

Gordon, R. 2018. Why Has Economic Growth Slowed When Innovation Appears to Be Accelerating? NBER Working Paper Series. No. w24554. Cambridge, MA: National Bureau of Economic Research.

Government of Bangladesh. 2015. Seventh Five-Year Plan FY2016–FY2020: Accelerating Growth, Empowering Citizens. Dhaka: General Economics Division, Planning Commission.

Government of India, Ministry of Road Transport and Highways. 2014. Basic Road Statistics of India. https://morth.nic.in/basic-road-statistics-india.

Government of Japan, Ministry of Foreign Affairs. 1978. Treaty of Peace and Friendship Between Japan and the People's Republic of China. https://www. mofa.go.jp/region/asia-paci/ china/treaty78.html.

Government of New Zealand, Ministry of Foreign Affairs and Trade. Aid & Development. https://www.mfat.govt.nz/en/aid-and-development/ourapproach-to-aid/.

Government of Singapore, Ministry of Education. Education Statistics Digest 2018. https://www.moe.gov.sg/about/publications/education-statistics.

Government of Taipei,China, Directorate-General of Budget, Accounting and Statistics.

Government of Taipei,China, Environmental Protection Administration. Water.

Government of Taipei,China, Ministry of Education. 2018 Education Statistical Indicators.

Government of Thailand, National Economic and Social Development Board. Social Development Indicators. https://www.nesdb.go.th/nesdb_en/main. php?filename=social_dev_ report.

Government of Timor-Leste, Ministry of Finance, Petroleum Fund Administration Unit. 2019. Timor-Leste Petroleum Fund: Annual Report 2018. https://www. mof.gov.tl/wp-content/ uploads/2019/08/2018-annual-report-ENGLISH. pdf.

Government of Viet Nam, General Statistics Office. 2016. Result of the Vietnam Household Living Standards Survey 2016. Ha Noi.

Government of Viet Nam, Ministry of Planning and Investment. 2017. Thúc đẩy giải ngân vốn ODA và vốn vay ưu đãi［in Vietnamese］. http://www.mpi.gov.vn/ Pages/tinbai. aspx?idTin=37705&idcm=188.

Grainger, C., G. Köhlin, J. Coria, D. Whittington, J. Xu, E. Somanathan, R. Daniels, P. K.

Nam, X. Wu, and E. Haque. 2019. Opportunities for Scaling Up MarketBased Approaches to Environmental Management in Asia. Technical Assistance Consultant's Report. Manila: Asian Development Bank.

Grossman, G. M., and E. Helpman. 1991. Innovation and Growth in the Global Economy. Cambridge, MA and London: The MIT Press.

———. 1991. Trade, Knowledge Spillovers, and Growth. European Economic Review. 35（2-3）. pp. 517–526.

Growth Lab at Harvard University. Atlas of Economic Complexity Database. http:// atlas.cid.harvard.edu/about-data/goods-data（accessed 30 August 2019）.

Gubhaju, B. 2007. Fertility Decline in Asia: Opportunities and Challenges. The Japanese Journal of Population. 5（1）. pp. 19–42.

Harashima, Y. 2000. Environmental Governance in Selected Asian Developing Countries. International Review for Environmental Strategies. 1（1）. pp. 193–207.

Harrigan, F. 1996. Saving Transitions in Southeast Asia. EDRC Report Series. No. 64. Manila: Asian Development Bank.

Haver Analytics. Haver Analytics Database. http://www.haver.com/datalink.html（accessed 24 March 2019）.

Hayami, Y. 2008. Social Capital, Human Capital and the Community Mechanism: Toward a Conceptual Framework for Economists. Journal of Development Studies. 45（10）. pp. 96–123.

Hayami, Y., and Y. Godo. 2004. The Three Agricultural Problems in the Disequilibrium of World Agriculture. Asian Journal of Agriculture and Development. 1（1）. pp. 3–14.

———. 2005. Development Economics: From the Poverty to the Wealth of Nations. 3rd edition. New York: Oxford University Press.

Hayami, Y., and V. W. Ruttan. 1985. Agricultural Development: An International Perspective. Baltimore and London: Johns Hopkins University Press.

Hayashi, F., and E. C. Prescott. 2008. The Depressing Effect of Agricultural Institutions on the Prewar Japanese Economy. Journal of Political Economy. 116（4）. pp. 573–632.

Health Effects Institute. 2018. State of Global Air 2018. Special Report. Boston.

Heath, R., and A. M. Mobarak. 2015. Manufacturing Growth and the Lives of

Bangladeshi Women. Journal of Development Economics. 115（July）. pp. 1–15.

Heise, L., M. E. Greene, N. Opper, M. Stavropoulou, C. Harper, M. Nascimento, and D. Zewdie. 2019. Gender Inequality and Restrictive Gender Norms: Framing the Challenges to Health. The Lancet. 393（10189）. pp. 2440–2454.

Helble, M., and B. Ngiang. 2016. From Global Factory to Global Mall? East Asia's Changing Trade Composition. Japan and the World Economy. 39（September）. pp. 37–47.

Helble, M., and B. Shepherd, eds. 2019. Leveraging Services for Development: Prospects and Policies. Tokyo: Asian Development Bank Institute.

Henderson, J., D. Hulme, R. Phillips, and E. M. Kim. 2002. Economic Governance and Poverty Reduction in South Korea. University of Manchester Business School Working Papers. No. 439. Manchester, United Kingdom: Manchester Business School.

Hidalgo, C., and R. Hausmann. 2009. The Building Blocks of Economic Complexity. Proceedings of the National Academy of Sciences. 106（26）. pp. 10570–10575.

Hill, H. 2013. The Political Economy of Policy Reform: Insights from Southeast Asia. Asian Development Review. 30（1）. pp. 108–130.

Hino, H., and I. Atsushi. 2008. Aid Effectiveness Revisited: Comparative Studies of Modalities of Aid to Asia and Africa. Discussion Paper Series. No. 218. Kobe: Research Institute for Economics & Business Administration, Kobe University.

Hirschman, A. 1958. The Strategy of Economic Development. New Haven: Yale University Press.

Hofmann, C., A. Osnago, and M. Ruta. 2017. Horizontal Depth: A New Database on the Content of Preferential Trade Agreements. Policy Research Working Paper. No. 7981. Washington, DC: World Bank.

Horioka, C., and A. Terada-Hagiwara. 2012. The Determinants and Long-Term Projections of Saving Rates in Developing Asia. Japan and the World Economy. 24（2）. pp. 128–137.

Hossain, M. 2009. The Impact of Shallow Tubewells and Boro Rice on Food Security in Bangladesh. IFPRI Discussion Paper Series. No. 00917. Washington, DC: International Food Policy Research Institute.

Howes, S., and P. Wyrwoll. 2012. Asia's Wicked Environmental Problems. ADBI

Working Paper Series. No. 348. Tokyo: Asian Development Bank Institute.

Huang, Y. 2015. From Economic Miracle to Normal Development. In Zhuang, J., P. Vandenberg, and Y. Huang, eds. Managing the Middle-Income Transition: Challenges Facing the People's Republic of China. London: Asian Development Bank / Edward Elgar.

Huber, R. 1971. Effect on Prices of Japan's Entry into World Commerce after 1858. Journal of Political Economy. 79（3）. pp. 614–628.

Hummels, D. 2007. Transportation Costs and International Trade in the Second Era of Globalization. Journal of Economic Perspectives. 21（3）. pp. 131–154.

Huntingford, C., P. Zelazowski, D. Galbraith, L. M. Mercado, S. Sitch, R. Fisher, M. Lomas, A. P. Walker, C. D. Jones, B. B. Booth, and Y. Malhi. 2013. Simulated Resilience of Tropical Rainforests to CO2-Induced Climate Change. Nature Geoscience. 6（4）. pp. 268–273.

Ilzetzki, E., C. Reinhart, and K. Rogoff. 2017. Country Chronologies and Background Material to Exchange Rate Arrangements into the 21st Century: Will the Anchor Currency Hold? NBER Working Paper Series. No. w23135. Cambridge, MA: National Bureau of Economic Research.

Imai, N., T. Furukawa, R. Tsujino, S. Kitamura, and T. Yumoto. 2018. Factors Affecting Forest Area Change in Southeast Asia during 1980–2010. PLoS ONE. 13（5）. e0197391.

India Brand Equity Foundation（IBEF）. 2019. IT and ITeS. https://www.ibef.org/download/it-ites-feb-2019.pdf.

——. 2019. IT & ITeS Industry in India. https://www.ibef.org/industry/information-technology-india.aspx.

Institute for Comparative Survey Research. World Values Survey. http://www.worldvaluessurvey.org/WVSContents.jsp.

Institute for Global Environmental Strategies. 2001. Report of the First Phase Strategic Research. Kanagawa.

International Association for the Evaluation of Educational Achievement. 2004. Trends in International Mathematics and Science Study 2003. Chestnut Hill, MA: TIMSS & PIRLS International Study Center, Boston College.

——. 2008. Trends in International Mathematics and Science Study 2007. Chestnut

Hill, MA: TIMSS & PIRLS International Study Center, Boston College.

———. 2016. Trends in International Mathematics and Science Study 2015. Chestnut Hill, MA: TIMSS & PIRLS International Study Center, Boston College.

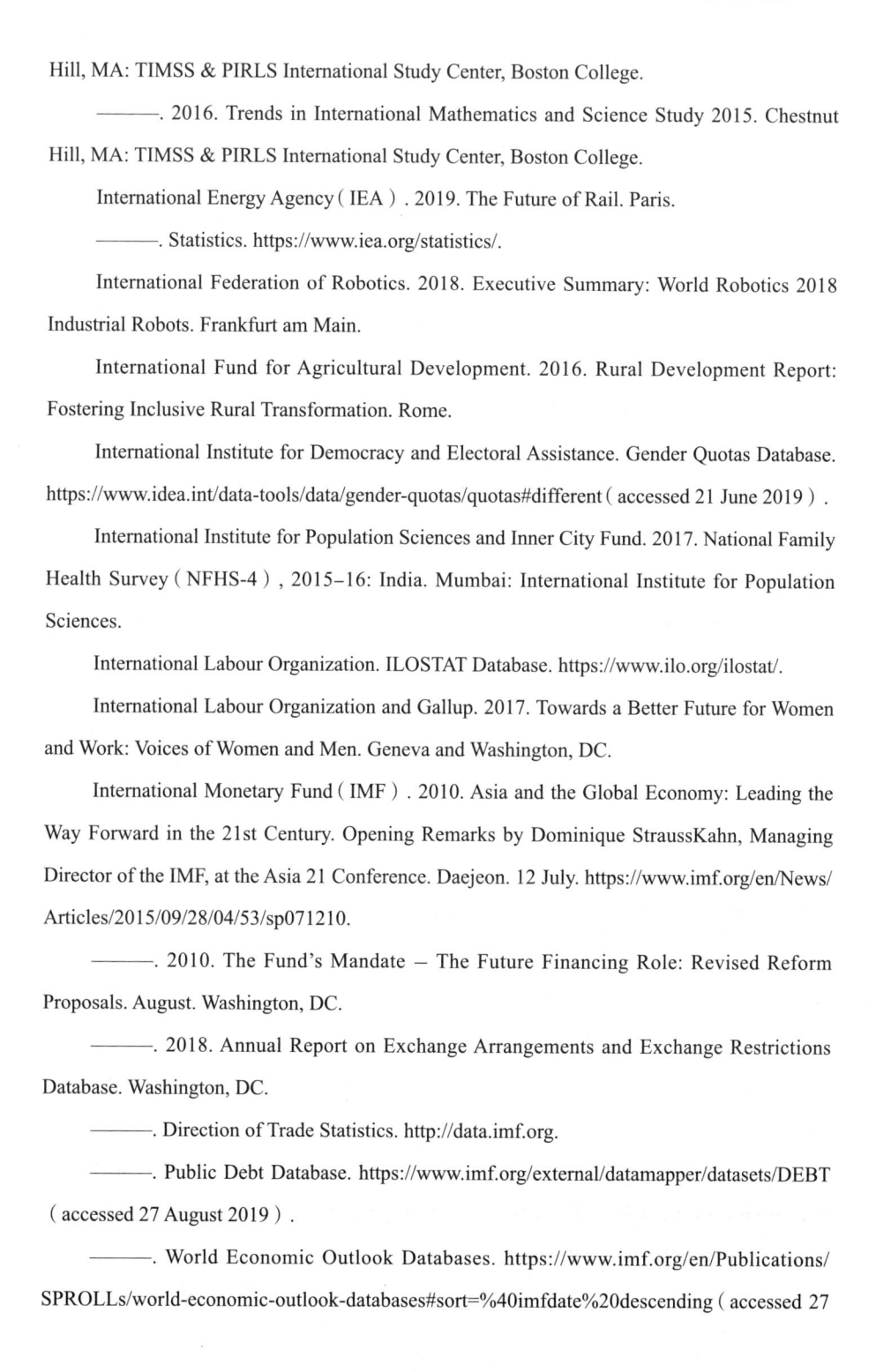

International Energy Agency (IEA). 2019. The Future of Rail. Paris.

———. Statistics. https://www.iea.org/statistics/.

International Federation of Robotics. 2018. Executive Summary: World Robotics 2018 Industrial Robots. Frankfurt am Main.

International Fund for Agricultural Development. 2016. Rural Development Report: Fostering Inclusive Rural Transformation. Rome.

International Institute for Democracy and Electoral Assistance. Gender Quotas Database. https://www.idea.int/data-tools/data/gender-quotas/quotas#different (accessed 21 June 2019).

International Institute for Population Sciences and Inner City Fund. 2017. National Family Health Survey (NFHS-4), 2015–16: India. Mumbai: International Institute for Population Sciences.

International Labour Organization. ILOSTAT Database. https://www.ilo.org/ilostat/.

International Labour Organization and Gallup. 2017. Towards a Better Future for Women and Work: Voices of Women and Men. Geneva and Washington, DC.

International Monetary Fund (IMF). 2010. Asia and the Global Economy: Leading the Way Forward in the 21st Century. Opening Remarks by Dominique StraussKahn, Managing Director of the IMF, at the Asia 21 Conference. Daejeon. 12 July. https://www.imf.org/en/News/Articles/2015/09/28/04/53/sp071210.

———. 2010. The Fund's Mandate – The Future Financing Role: Revised Reform Proposals. August. Washington, DC.

———. 2018. Annual Report on Exchange Arrangements and Exchange Restrictions Database. Washington, DC.

———. Direction of Trade Statistics. http://data.imf.org.

———. Public Debt Database. https://www.imf.org/external/datamapper/datasets/DEBT (accessed 27 August 2019).

———. World Economic Outlook Databases. https://www.imf.org/en/Publications/SPROLLs/world-economic-outlook-databases#sort=%40imfdate%20descending (accessed 27

August 2019).

International Renewable Energy. 2019. Renewable Power Generation Costs in 2018. Abu Dhabi. https://www.irena.org/Statistics/View-Data-by-Topic/Costs/ Global-Trends.

International Resource Panel. Global Material Flows Database. https://www.resourcepanel.org/global-material-flows-database(accessed 2 November 2018).

International Rice Research Institute. 2019. World Rice Statistics. http://ricestat. irri.org.

International Road Federation. 2016. World Road Statistics. Alexandria, VA.

International Telecommunications Union. World Telecommunications and ICT Indicators Database. https://www.itu.int/en/ITU-D/Statistics/Pages/publications/wtid.aspx (accessed 13 August 2019).

Inter-Parliamentary Union. Women in Parliament Database. http://archive.ipu. org/wmn-e/world.htm(accessed 7 June 2019).

Inter-Parliamentary Union and the World Health Organization. 2014. Child, Early and Forced Marriage Legislation in 37 Asia-Pacific Countries. TignieuJameyzieu: Courand et Associés.

Ito, T. 1996. The Japanese Economy. Cambridge, MA and London: The MIT Press.

Jambeck, J. R., R. Geyer, C. Wilcox, T. R. Siegler, M. Perryman, A. Andrady, R. Narayan, and K. L. Law. 2015. Plastic Waste Inputs from Land into the Ocean. Science. 347(6223). pp. 768–771.

James, W. E., S. Naya, and G. M. Meier. 1987. Asian Development: Economic Success and Policy Lessons. San Francisco: International Center for Economic Growth.

Japan International Cooperation Agency. 2018. Water Supply: The Foundation for Previous Lives and Livelihoods, Safe Water for All. Tokyo.

Jensen, J. 2013. Tradable Business Services, Developing Asia, and Economic Growth. In Park, D., and M. Noland, eds. Developing the Service Sector as an Engine of Growth for Asia. Manila: Asian Development Bank.

Jensen, R. 2010. Economic Opportunities and Gender Differences in Human Capital: Experimental Evidence for India. NBER Working Paper Series. No. w16021. Cambridge, MA: National Bureau of Economic Research.

Jensen, R., and E. Oster. 2009. The Power of TV: Cable Television and Women's Status in

India. Quarterly Journal of Economics. 124（3）. pp. 1057–1094.

Jiang, J., and D. Wang. 1990. China's "Green Revolution" and Sustainable Development of Agriculture. Science and Technology Review［in Chinese］. October.

Jomo, K. S., ed. 2001. Southeast Asia's Industrialization: Industrial Policy, Capabilities, and Sustainability. New York: Palgrave.

Kaiji, I. 1991. Japan's Postwar Rural Land Reform: Its Merits and Demerits. In Committee for the Japanese Agriculture Session, XXI IAAE Conference, ed. Agriculture and Agricultural Policy in Japan. Tokyo: University of Tokyo Press.

Kato, H. 2016. Japan's ODA 1954–2014: Changes and Continuities in a Central Instrument in Japan's Foreign Policy. In Shimomura, Y., J. Page, and H. Kato, eds. Japan's Development Assistance: Foreign Aid and the Post-2015 Agenda. London: Palgrave Macmillan.

Kaufmann, D., A. Kraay, and M. Mastruzzi. 2007. The Worldwide Governance Indicators: Answering the Critics. Policy Research Working Paper. No. 4149. Washington, DC: World Bank.

Kaza, S., L. Yao, P. Bhada-Tata, and F. Van Woerden. 2018. What a Waste 2.0: A Global Snapshot of Solid Waste Management to 2050. Urban Development Series. Washington, DC: World Bank.

Kelley, A., and R. Schmidt. 1996. Saving, Dependency, and Development. Journal of Population Economics. 9（4）. pp. 365–386.

Kemal, A. R. Undated. State of Poverty in Pakistan: Overview and Trends. http://siteresources.worldbank.org/PAKISTANEXTN/Resources/pdf-Files-inEvents/Briefing-on-PRSP/OverviewAndTrends.pdf.

Keynes, J. M. 1936. The General Theory of Employment, Interest and Money. London: Macmillan.

Khan, F., A. Ramayandi, and M. Schröder. Forthcoming. Conditions for Effective Macroprudential Policy Interventions. ADB Economics Working Paper Series. Manila: Asian Development Bank.

Khanna, M. 2018. Greening Businesses in the Asia and Pacific Region: Opportunities and Challenges. Manila: Asian Development Bank.

Kim, J. K. 2011. Modularization of Korea's Development Experience: Impact of Foreign

Aid on Korea's Development. Seoul: Ministry of Strategy and Finance, and KDI School.

Kim, J.-I., and L. J. Lau. 1994. The Sources of Economic Growth of the East Asian Newly Industrialized Countries. Journal of the Japanese and International Economies. 8（3）. pp. 235–271.

Kim, S., and J.-W. Lee. 2007. Demographic Changes, Saving, and Current Account in East Asia. Asian Economic Papers. 6（2）. pp. 22–53.

Kimura, H., Y. Mori, and Y. Sawada. 2012. Aid Proliferation and Economic Growth: A Cross-Country Analysis. World Development. 40（1）. pp. 1–10.

Kimura, H., Y. Todo, and Y. Sawada. 2010. Is Foreign Aid a Vanguard of Foreign Direct Investment? A Gravity-Equation Approach. World Development. 38（4）. pp. 482–497.

Kirk, M., and N. D. A. Tuan. 2010. Land Tenure Policy Reforms: Decollectivization and the Doi Moi System in Vietnam. In Spielman, D. J., and R. Pandya-Lorch, eds. Proven Successes in Agricultural Development: A Technical Compendium to Millions Fed. Washington, DC: International Food Policy Research Institute.

Kitano, N. 2014. Japanese Development Assistance to ASEAN Countries. In Shiraishi, T., and T. Kojima, eds. ASEAN–Japan Relations. Singapore: Institute of Southeast Asian Studies.

Kojima, K. 2000. The "Flying Geese" Model of Asian Economic Development: Origin, Theoretical Extensions, and Regional Policy Implications. Journal of Asian Economics. 11（4）. pp. 375–401.

Krueger, A. 1990. Government Failures in Development. Journal of Economic Perspectives. 4（3）. pp. 9–23.

Krugman, P. 1994. The Myth of Asia's Miracle. Foreign Affairs. 1（November/December）. pp. 62–78.

Krugman, P. R. 1979. Increasing Returns, Monopolistic Competition and International Trade. Journal of International Economics. 9（4）. pp. 469–479.

Kuznets, S. 1955. Economic Growth and Income Inequality. American Economic Review. 45（March）. pp. 1–28.

Kwon, H. J., and I. Yi. 2009. Economic Development and Poverty Reduction in Korea: Governing Multifunctional Institutions. Development and Change. 40. pp. 769–792.

Lang, G., and C. H. W. Chan. 2006. China's Impact on Forests in Southeast Asia. Journal of Contemporary Asia. 36（2）. pp. 167–194.

Latham, A. J. H., and H. Kawakatsu, eds. 2009. Intra-Asian Trade and Industrialization: Essays in Memory of Yasukichi Yasuba. London and New York: Routledge.

Lee, H., and J.-W. Lee. 2019. Patterns and Determinants of Intergenerational Educational Mobility: Evidence Across Countries. Asian Growth Research Institute Working Paper Series. No. 2019-02. Seoul: Asian Growth Research Institute.

Lee, M., M. L. Villaruel, and R. Gaspar. 2016. Effects of Temperature Shocks on Economic Growth and Welfare in Asia. ADB Economics Working Paper Series. No. 501. Manila: Asian Development Bank.

Lee, R., and A. Mason. 2006. What Is the Demographic Dividend? Finance and Development. 43（3）. pp. 16–17.

Lee, R., A. Mason, and T. Miller. 1997. Saving, Wealth, and the Demographic Transition in East Asia. East-West Center Working Papers: Population Series. No. 88-7. Honolulu: East-West Center.

Levine, R. 2002. Bank-based or Market-based Financial Systems: Which Is Better? Journal of Financial Intermediation. 11（4）. pp. 398–428.

Levinson, A. 2000. The Ups and Downs of the Environmental Kuznets Curve. Paper prepared for the UCF/CentER Conference on Environment. 30 November-2 December. Orlando.

Lewis, W. A. 1954. Economic Development with Unlimited Supplies of Labor. The Manchester School. 22（2）. pp. 139–191.

Lin, J. Y. 2012. New Structural Economics: A Framework for Rethinking Development and Policy. Washington, DC: World Bank.

Lin, V. S. 2016. Research Highlights: Impacts of Microplastics on Plankton. Environmental Science: Processes & Impacts. 18（2）. pp. 160–163.

Lipton, M. 2009. Land Reform in Developing Countries: Property Rights and Property Wrongs. London: Routledge. p. 287.

Little, I., T. Scitovsky, and I. M. Scott. 1970. Trade in Some Developing Countries: A Comparative Study. London, New York, and Toronto: Oxford University Press.

Lu, Y., S. Song, R. Wang, Z. Liu, J. Meng, A. J. Sweetman, A. Jenkins, R. C. Ferrier, H.

Li, W. Luo, and T. Wang. 2015. Impacts of Soil and Water Pollution on Food Safety and Health Risks in China. Environment International. 77. pp. 5–15.

Lucas, R. E., Jr. 1988. On the Mechanics of Economic Development. Journal of Monetary Economics. 22（1）. pp. 3–42.

———. 1990. Why Doesn't Capital Flow from Rich to Poor Countries? American Economic Review. 80（2）. pp. 92–96.

Maddison, A. 2007. Contours of the World Economy 1–2030 AD: Essays in MacroEconomic History. New York: Oxford University Press.

Mason, A., R. Lee, M. Abrigo, and S.–H. Lee. 2017. Support Ratios and Demographic Dividends: Estimates for the World. UN Population Division Technical Paper. No. 2017/1. New York: United Nations.

McCaig, B., and N. Pavcnik. 2018. Export Markets and Labor Allocation in a Low-Income Country. American Economic Review. 108（7）. pp. 1899–1941.

McCawley, P. 2017. Banking on the Future of Asia and the Pacific: 50 Years of the Asian Development Bank. Manila: Asian Development Bank.

Melitz, M. 2003. The Impact of Trade on Intra-Industry Reallocations and Aggregate Industry Productivity. Econometrica. 71（6）. pp. 1695–1725.

Mercer–Blackman, V., and C. Ablaza. 2019. The Servicification of Manufacturing in Asia: A Conceptual Framework. In Helble, M., and B. Shepherd, eds. Leveraging Services for Development: Prospects and Policies. Tokyo: Asian Development Bank Institute.

Mertz, O., C. Padoch, J. Fox, R. A. Cramb, S. J. Leisz, N. Thanh Lam, and T. Duc Vien. 2009. Swidden Change in Southeast Asia: Understanding Causes and Consequences. Human Ecology. 37（3）. pp. 259–264.

Minami, R. 2008. Income Distribution of Japan: Historical Perspective and Its Implications. Japan Labor Review. 5（4）. pp. 5–20.

Miroudot, S. 2019. Services and Manufacturing in Global Value Chains – Is the Distinction Obsolete? In Helble, M., and B. Shepherd, eds. Leveraging Services for Development: Prospects and Policies. Tokyo: Asian Development Bank Institute.

Mitra, P., and R. Yemtsov. 2006. Increasing Inequality in Transition Economies: Is There More to Come? Policy Research Working Paper Series. No. WPS 4007. Washington, DC: World

Bank.

Mohapatra, D. P., M. Cledon, S. K. Brar, and R. Y. Surampalli. 2016. Application of Wastewater and Biosolids in Soil: Occurrence and Fate of Emerging Contaminants. Water, Air, & Soil Pollution. 227（3）. pp. 1–14.

Moriguchi, C., and E. Saez. 2008. The Evolution of Income Concentration in Japan, 1886-2005: Evidence from Income Tax Statistics. The Review of Economics and Statistics. 90（4）. pp. 713–734.

Mosher, A. 1966. Getting Agriculture Moving: Essentials for Development and Modernization. New York: Agricultural Development Council.

Myint, H. 1972. Southeast Asia's Economy: Development Policies in the 1970s. New York: Praeger Publishers.

Myrdal, G. 1968. Asian Drama: An Inquiry into the Poverty of Nations. London: Alien Lane, The Penguin Press.

Nabeshima, K. 2004. Technology Transfer in East Asia: A Survey. In Yusuf, S., M. Anjum Altaf, and K. Nabeshima, eds. Global Production Networking and Technological Change in East Asia. Washington, DC: World Bank.

Nakao, T. 2010. Response to the Global Financial Crisis and Future Policy Challenges. Keynote Address at the Symposium cohosted by Harvard Law School and the International House of Japan. Hakone. 23 October.

———. 2012. Challenges in International Finance and Japan's Responses. Keynote Address at the International Financial Symposium hosted by the Institute for International Monetary Affairs. Tokyo. 15 March.

Narayan, P., and B. C. Prasad. 2006. Trade Liberalization and Economic Growth: Empirical Evidence for Fiji from the Computable General Equilibrium Model. Discussion Paper Series. No. 07/06, Vol. 1. Queensland: Faculty of Business and Economics, Griffith University.

National Bureau of Statistics of China. 1995. Statistical Communiqué on the National Economic and Social Development. Beijing.

———. 2000. Statistical Communiqué on the National Economic and Social Development. Beijing.

———. 2018. Statistical Communiqué on the National Economic and Social

Development. Beijing.

———. Various years. China Statistical Yearbook. http://www.stats.gov.cn/english/Statisticaldata/AnnualData/.

North, D. 1990. Institutions, Institutional Change and Economic Performance. Cambridge: Cambridge University Press.

Oakman, D. 2004. Facing Asia. A History of the Colombo Plan. Canberra: The Australian National University Press.

Ocean Conservancy. 2017. Stemming the Tide: Land-Based Strategies for a PlasticFree Ocean. Washington, DC.

Ohkawa, K., and H. Rosovsky. 1960. The Role of Agriculture in Modern Japanese Economic Development. Economic Development and Cultural Change. 9（1）. pp. 43–67.

Ohtake, F., and M. Saito. 1998. Population Aging and Consumption Inequality in Japan. Review of Income and Wealth. 44（3）. pp. 361–381.

Organisation for Economic Co-operation and Development（OECD）. 2010. PISA 2009 Results: Learning Trends. Paris.

———. 2013. Innovation in Southeast Asia. OECD Reviews of Innovation Policy. Paris.

———. 2016. PISA 2015 Results in Focus. Paris.

———. 2018. OECD Services Trade Restrictiveness Index. Trade Policy Note. March. Paris.

———. 2019. Revenue Statistics in Asian and Pacific Economies 2019. Paris.

———. OECD Data. https://data.oecd.org/.

———. OECD Employment and Labour Market Statistics. https://www.oecdilibrary.org/employment/data/oecd-employment-and-labour-marketstatistics_lfs-data-en.

———. OECD Family Database. http://www.oecd.org/els/family/database.htm（accessed 9 September 2018）.

———. OECD Statistics. https://stats.oecd.org/.

Organisation for Economic Co-operation and Development-Food and Agriculture Organization of the United Nations. 2017. Agricultural Policy Monitoring and Evaluation 2017. Rome.

———. 2018. Agricultural Outlook 2018-2027. Rome.

Organization Internationale des Constructeurs d'Automobiles. 2018. Production Statistics. http://www.oica.net/category/production-statistics/2018-statistics/.

Otsuka, K. 2012. Economic Transformation of Agriculture in Asia: Past Performance and Future Prospects. Asian Journal of Agriculture and Development. 9（1）. pp. 1–19.

Otsuka, K., Y. Nakano, and K. Takahashi. 2016. Contract Farming in Developed and Developing Countries. Annual Review of Resource Economics. 8（1）. pp. 353–376.

Our World in Data. Water Use and Stress. https://ourworldindata.org/water-usesanitation.

Pacific Institute. 2013. The World's Water: Access to Safe Drinking Water by Country, 1970-2008. Oakland, CA. http://worldwater.org/wp-content/uploads/2013/07/data_table_3_access_to_safe_drinking_water_by_country.pdf.

Panagariya, A. 2008. India: The Emerging Giant. New York: Oxford University Press.

Park, C., J. Lee, J. Villafuerte, and P. Rosenkranz. 2017. 20 Years after the Asian Financial Crisis: Lessons Learned and Future Challenges. ADB Briefs. No. 85. Manila: Asian Development Bank.

Park, D., and S. Wayne. 2019. Role of Tourism for Sustainable Development. Background note prepared for the ADB Annual Meeting 2019.

Patel, R., and M. J. Parmentier. 2005. The Persistence of Traditional Gender Roles in the Information Technology Sector: A Study of Female Engineers in India. Information Technologies and International Development. 2（3）. pp. 29–46.

Pauly, D., and D. Zeller. 2016. Catch Reconstructions Reveal that Global Marine Fisheries Catches Are Higher than Reported and Declining. Nature Communications. 7. 10244.

PBL Netherlands Environmental Assessment Agency. IMAGE 2.4-2.5 Using GLOBIO for RIO+12 Global Integrated Assessments, Baseline Scenario. The Hague.

Piketty, T. 2006. The Kuznets Curve: Yesterday and Tomorrow. In Banerjee, A. V., R. Bénabou, and D. Mookherjee, eds. Understanding Poverty. New York: Oxford University Press. pp. 63–72.

———. 2017. Capital in the Twenty-First Century. Cambridge, MA: Harvard University Press.

Pingali, P. L., M. Hossain, and R. V. Gerpacio. 1997. Asian Rice Bowls: The Returning Crisis. Los Baños, Philippines: International Rice Research Institute and Centre for Agriculture and Bioscience International.

Pitt, M. M., S. R. Khandker, and J. Cartwright. 2006. Empowering Women with Micro Finance: Evidence from Bangladesh. Economic Development and Cultural Change. 54 (4) . pp. 791–831.

Poapongsakorn, N., and Y. S. Tey. 2016. Institutions, Governance, and Transformation in Southeast Asian Agriculture. In Habito, C. F., D. Capistrano, and G. Saguiguit, Jr., eds. Farms, Food, and Futures: Toward Inclusive and Sustainable Agricultural and Rural Development in Southeast Asia. Los Baños, Philippines: Southeast Asian Regional Center for Graduate Study and Research in Agriculture.

Pomeranz, K. 2001. The Great Divergence: China, Europe, and the Making of the Modern World Economy. Princeton: Princeton University Press.

Pootrakool, K., K. Ariyapruchya, and T. Sodsrichai. 2005. Long-Term Saving in Thailand: Are We Saving Enough and What Are the Risks? Monetary Policy Group Working Papers. No. 2005-03. Bangkok: Bank of Thailand.

Pootrakul, K. 2013. Khunaphap kan charoen toepto jak miti khong kan krajai raidai panha lae thang ook [The Quality of Growth from the Perspective of Income Distribution: Problems and Solutions] . Paper presented at the Bank of Thailand Annual Seminar. 19 September.

Prebisch, R. 1962. The Economic Development of Latin America and Its Principal Problems. Economic Bulletin for Latin America. 7 (1) . pp. 1–23.

Prince, S., G. Von Maltitz, F. Zhang, K. Byrne, C. Driscoll, G. Eshel, G. Kust, C. Martínez–Garza, J. P. Metzger, G. Midgley, D. Moreno–Mateos, M. Sghaier, and S. Thwin. 2018. Chapter 4: Status and Trends of Land Degradation and Restoration and Associated Changes in Biodiversity and Ecosystem Functions. In Montanarella, L., R. Scholes, and A. Brainich, eds. The IPBES Assessment Report on Land Degradation and Restoration. Bonn: Secretariat of the Intergovernmental Science-Policy Platform on Biodiversity and Ecosystem Services.

Qian, M. 2013. Chinese Economic History [in Chinese] . Beijing: Beijing United Publishing House.

Qian, N. 2008. Missing Women and the Price of Tea in China: The Effect of SexSpecific Income on Sex Imbalance. Quarterly Journal of Economics. 123 (3) . pp. 1251–1285.

Quibria, M. G. 2014. Aid Effectiveness: Research, Policy, and Unresolved Issues. Development Studies Research. 1（1）. pp. 75–87.

Quibria, M. G., and S. Ahmad. 2007. Aid Effectiveness in Bangladesh. MPRA Paper. No. 10299. Munich: Munich Personal RePEc Archive.

Raitzer, D. A., E. Ginting, D. Ponzi, S. Sandhu, and R. Gloria. Forthcoming. The Environmental Sustainability of Asia's Development. Manila: Asian Development Bank.

Ramsar Convention Secretariat and United Nations Environment Programme World Conservation Monitoring Centre. 2017. Wetland Extent Trends（WET）Index - 2017 Update. Technical Update 2017. Gland, Switzerland: Ramsar Convention Secretariat.

Ranis, G., and J. C. H. Fei. 1961. A Theory of Economic Development. American Economic Review. 51（4）. pp. 533–565.548 | ReFeReNCeS.

Ravallion, M. 2019. Ethnic Inequality and Poverty in Malaysia Since 1969. NBER Working Paper Series. No. w25640. Cambridge, MA: National Bureau of Economic Research.

Reardon, T., K. Chen, B. Minten, and L. Adriano. 2012. The Quiet Revolution in Staple Food Value Chains: Enter the Dragon, the Elephant, and the Tiger. Manila: Asian Development Bank.

Reardon, T., and P. Timmer. 2014. Five Inter-Linked Transformations in the Asian Agrifood Economy: Food Security Implications. Global Food Security. 3（2）. pp. 108–117.

Reinhart, C., and V. Reinhart. 2015. Financial Crises, Development, and Growth: A Long-Term Perspective. World Bank Economic Review. 29（1）. pp. 53–76.

Reinhart, C., and K. Rogoff. 2009. The Aftermath of Financial Crises. American Economic Review. 99（2）. pp. 466–472.

Reis, L. A., J. Emmerling, M. Tavoni, and D. Raitzer. 2016. The Economics of Greenhouse Gas Mitigation in Developing Asia. ADB Economics Working Paper Series. No. 504. Manila: Asian Development Bank.

Rodrik, D. 2004. Industrial Policy for the Twenty-First Century. KSG Working Paper Series. No. RWP04–047. Cambridge, MA: Kennedy School of Government, Harvard University.

———. 2008. Thinking about Governance. In North, D., D. Acemoglu, F. Fukuyama, and D. Rodrik, eds. Governance, Growth, and Development Decision-Making. Washington, DC: World Bank.

Romer, P. 1990. Endogenous Technological Change. Journal of Political Economy. 98(5). pp. S71–S102.

——. 2010. What Parts of Globalization Matter for Catch-Up Growth? American Economic Review: Papers and Proceedings. 100(2). pp. 94–98.

Roodman, R. 2007. The Anarchy of Numbers: Aid, Development, and CrossCountry Empirics. World Bank Economic Review. 21(2). pp. 255–277.

Rosegrant, M. W., and P. B. R. Hazell. 2000. Transforming the Rural Asian Economy: The Unfinished Revolution. New York: Oxford University Press.

Rosenstein-Rodan, P. 1943. Problems of Industrialization of Eastern and Southeast Europe. Economic Journal. 53(210/211). pp. 202–211.

Rostow, W. 1959. The Stages of Economic Growth. Economic History Review. 12(1). pp. 1–16.

Rowthorn, R., and R. Ramaswamy. 1997. Deindustrialization: Causes and Implications. IMF Working Paper Series. No. WP/97/42. Washington, DC: International Monetary Fund.

——. 1999. Growth, Trade, and Deindustrialization. IMF Staff Papers. 46(1). pp. 18–41.

Rudel, T. K., O. T. Coomes, E. M. Frederic Achard, A. Angelsen, J. Xu, and E. Lambin. 2005. Forest Transitions: Towards a Global Understanding of Land Use Change. Global Environmental Change. 15(1). pp. 23–31.

Sachs, J. D., and A. Warner. 1995. Economic Reform and the Process of Global Integration. Brookings Papers on Economic Activity, 25th Anniversary Issue. 1(January). pp. 1–18.

Satoh, Y., T. Kahil, E. Byers, P. Burek, G. Fischer, S. Trambered, P. Greve, M. Florke, S. Eisner, N. Hanasaki, P. Magnuszewski, L. Nava, W. Cosgrove, S. Langan, and Y. Wada. 2017. Multi-Model and Multi-Scenario Assessments of Asian Water Futures: The Water Futures and Solutions(WFaS)Initiative. Earth's Future. 5(7). pp. 823–852.

Satpayeva, Z. T. 2017. State and Prospects of Development of Kazakhstan Innovative Infrastructure. European Research Studies Journal. 20(2). pp. 123–148.

Savada, A. M., and W. Shaw, eds. 1990. South Korea: A Country Study. Washington, DC: GPO for the Library of Congress.

Sawada, Y., M. Mahmud, and N. Kitano, eds. 2018. Economic and Social Development of Bangladesh: Miracle and Challenges. London: Palgrave Macmillan.

Sawada, Y., A. Matsuda, and H. Kimura. 2012. On the Role of Technical Cooperation in International Technology Transfers. Journal of International Development. 24（3）. pp. 316–340.

Schmidt, C., T. Krauth, and S. Wagner. 2017. Export of Plastic Debris by Rivers into the Sea. Environmental Science & Technology. 51（21）. pp. 12246–12253.

Schuler, S. R., and E. Rottach. 2010. Women's Empowerment across Generations in Bangladesh. Journal of Development Studies. 46（3）. pp. 379–396.

Schultz, T. W. 1964. Transforming Traditional Agriculture. New Haven and London: Yale University Press.

Sen, A. 1981. Poverty and Famines: An Essay on Entitlement and Deprivation. Oxford: Clarendon Press.

———. 1985. Commodities and Capabilities. Amsterdam: North–Holland.

Seoul Metropolitan Government. 2017. Seoul Tap Water Arisu. Seoul. http://susa. or.kr/en/files/seoul-tap-water-arisu-englishpdf?ckattempt=1.

Serafica, P., and T. Begszuren. Communication Strategies to Enforce Gender Equality Legislation in Mongolia. https://development.asia/case-study/communication-strategies-enforce-gender-equality-legislation-mongolia.

Shepherd, B. 2019. Productivity and Trade Growth in Services: How Services Helped Power Factory Asia. In Helble, M., and B. Shepherd, eds. Leveraging Services for Development: Prospects and Policies. Tokyo: Asian Development Bank Institute.

———. 2019. Services Policies and Manufacturing Exports. In Helble, M., and B. Shepherd, eds. Leveraging Services for Development: Prospects and Policies. Tokyo: Asian Development Bank Institute.

Smil, V. 2017. Energy and Civilization: A History. Cambridge, MA: The MIT Press.

Smith, A. 1776. An Inquiry into the Nature and Causes of the Wealth of Nations. London: William Strahan and Thomas Cadell.

Socioeconomic Data and Applications Center. Environmental Performance Index. http://sedac.ciesin.columbia.edu/data/set/epi-environmental-performance-index-2016/data-download.

Solt, F. 2019. Measuring Income Inequality across Countries and over Time: The Standardized World Income Inequality Database, Version 8. https://doi. org/10.7910/DVN/LM4OWF, Harvard Dataverse, V1.

Stallings, B., and E. M. Kim. 2017. Promoting Development: The Political Economy of East Asia Foreign Aid. Singapore: Palgrave Macmillan.

Statista. Industry Indicators. https://www.statista.com/markets/.

Stiglitz, J. 2016. The State, the Market, and Development. WIDER Working Paper. No. 2016/1. Helsinki: United Nations University World Institute for Development Economics Research.

Studwell, J. 2013. How Asia Works: Success and Failure in the World's Most Dynamic Region. New York: Grove Press.

Sugihara, K. 1996. Japan, China, and the Growth of the Asian International Economy, 1850-1949. Volume 1. Oxford: Oxford University Press.

Suh, J. J., and J. Kim. 2017. Aid to Build Governance in a Fragile State: Foreign Assistance to a Post-Conflict South Korea. In Howe, B. M., ed. Post-Conflict Development in East Asia. Surrey, United Kingdom: Ashgate Publishing Limited.

Swinnen, J. F. M., and L. Vranken. 2010. Reforms and Agricultural Productivity in Central and Eastern Europe and the Former Soviet Republics: 1989–2005. Journal of Productivity Analysis. 33（3）. pp. 241–258.

Tachibanaki, T. 2006. Kakusa Shakai: Nani ga mondai nanoka [The Divided Society: What Are the Issues?] Tokyo: Iwanami Shoten.

Tan, C., W. Puchniak, and U. Varottil. 2015. State-Owned Enterprises in Singapore: Historical Insights into a Potential Model for Reform. NUS Law Working Paper. No. 2015/003. Singapore: National University of Singapore.

Tani, M. 2015. Japan's Environmental Policy. Policy Update. No. 059. Tokyo: Research Institute of Economy, Trade and Industry.

Taslim, M. A. 2008. Governance, Policies and Economic Growth in Bangladesh. In Islam, N., and M. Asaduzzaman, eds. A Ship Adrift: Governance and Development in Bangladesh. Dhaka: Bangladesh Institute of Development Studies.

Terada-Hagiwara, A. 2009. Explaining Filipino Households' Declining Saving Rate.

ADB Economics Working Paper Series. No. 178. Manila: Asian Development Bank.

Terada-Hagiwara, A., S. Camingue-Romance, and J. Zveglich. 2019. Gender Differences and Relative Pay: Does the Stage of Development Matter? Paper presented at the Asian and Australasian Society of Labour Economics 2019 Conference. National University of Singapore. 12–14 December.

Times Higher Education. 2019. World University Rankings 2019. https://www.timeshighereducation.com/world-university-rankings/2019/subjectranking/physical-sciences#!/page/3/length/25/sort_by/rank/sort_order/asc/cols/stats.

Timmer, C. P. 2012. Structural Transformation, the Changing Role of Rice, and Food Security in Asia: Small Farmers and Modern Supply Chains. Asian Journal of Agriculture and Development. 9（1）. pp. 21–35.

———. 2014. Food Security in Asia and the Pacific: The Rapidly Changing Role of Rice. Asia & the Pacific Policy Studies. 1（1）. pp. 73–90.

———. 2014. Managing Structural Transformation: A Political Economy Approach. UNU-WIDER Annual Lecture. No. 18. Helsinki: United Nations University World Institute for Development Economics Research.

Timmer, M. P., G. J. de Vries, and K. de Vries. 2015. Patterns of Structural Change in Developing Countries. In Weiss, J., and M. Tribe, eds. Routledge Handbook of Industry and Development. Abingdon: Routledge. pp. 65–83.

Timossi, A. J. 2015. Revisiting the 1955 Bandung Asian-African Conference and Its Legacy. South Bulletin. 85. 15 May. Geneva: South Centre.

Tjiptoherijanto, P., and S. Remi. 2001. Poverty and Inequality in Indonesia: Trends and Programs. Paper presented at the International Conference on the Chinese Economy "Achieving Growth with Equity." Beijing. 4–6 July.

Tortajada, C., Y. Joshi, and A. K. Biswas. 2013. The Singapore Water Story: Sustainable Development in an Urban City State. London: Routledge.

Tyers, R., and F. Lu. 2008. Competition Policy, Corporate Saving and China's Current Account Surplus. ANU Working Papers in Economics and Econometrics. No. 2008-496. Canberra: Australian National University College of Business and Economics.

United Nations（UN）. 1967. Statistical Yearbook. New York.

———. 1973. Statistical Yearbook. New York.

———. UN Comtrade Database. https://comtrade.un.org（accessed 19 July 2019）.

United Nations, Department of Economic and Social Affairs, Population Division. 2017. International Migrant Stock: The 2017 Revision. https://www.un.org/en/development/desa/population/migration/data/estimates2/estimates17. asp.

———. 2018. World Urbanization Prospects: The 2018 Revision. Online Edition. https://population.un.org/wup/.

———. 2019. World Population Prospects 2019. Online Edition. https://population.un.org/wpp/.

United Nations, Department of Economic and Social Affairs, Statistics Division. 1998. Recommendations on Statistics of International Migration, Revision 1. New York.

———. Gender Statistics. https://genderstats.un.org/.

———. National Accounts Data. https://unstats.un.org.

United Nations Children's Fund（UNICEF）. 2019. Progress on Household Drinking Water, Sanitation and Hygiene 2000-2017. Special Focus on Inequalities. New York. p. 7.

———. UNICEF Immunization Database. https://data.unicef.org/topic/childhealth/immunization/（accessed 31 August 2018）.

United Nations Children's Fund, World Health Organization, and World Bank. Joint Child Malnutrition Estimates. who.int/nutgrowthdb/estimates/en.

United Nations Conference on Trade and Development（UNCTAD）. 2017. Trade and Development Report 2017. Beyond Austerity: Towards a Global New Deal. Geneva.

———. UNCTADStat. https://unctadstat.unctad.org.

United Nations Economic and Social Commission for Asia and the Pacific. 2014. Review of Asia and the Pacific: A Story of Transformation and Resurgence. Bangkok.

United Nations Economic Commission for Asia and the Far East. 1964. Annual Economic Survey. Bangkok. p. 1.

United Nations Educational, Scientific and Cultural Organization Institute for Statistics（UIS）. UIS Stat Database. http://data.uis.unesco.org/（accessed 2 August 2019）.

United Nations Environment Programme. 2011. Towards a Green Economy: Pathways to Sustainable Development and Poverty Eradication. Nairobi.

United Nations Framework Convention on Climate Change. 2015. Adoption of the Paris Agreement. Paris.

United Nations Population Fund. 2013. Cambodia: A Success Story in Reducing Maternal Mortality. Phnom Penh. https://cambodia.unfpa.org/sites/default/files/pub-pdf/Poster-RH.pdf.

United Nations Statistics Division. UNSD Database. https://unstats.un.org/UNSD/databases.htm（accessed 28 August 2019）.

UN Women. 2013. Domestic Violence Legislation and its Implementation. Bangkok.

United Nations World Tourism Organization（UNWTO）. 2018. UNWTO Tourism Highlights: 2018 Edition. Madrid.

———. 2019. UNWTO Tourism Highlights: 2019 Edition. Madrid.

United States Agency for International Development. Demographic and Health Surveys. https://statcompiler.com/en/.

United States Department of Agriculture Economic Research Service. 2019. International Agricultural Productivity. https://www.ers.usda.gov/dataproducts/international-agricultural-productivity.

United States Patent and Trademark Office（USPTO）. Various years. USPTO Annual Reports. Alexandria, VA.

University of Washington Institute for Health Metrics and Evaluation. Global Health Data Exchange 2017. http://ghdx.healthdata.org/.

Ut, T. T., and K. Kajisa. 2006. The Impact of Green Revolution on Rice Production in Vietnam. The Developing Economies. 44（2）. pp. 167–189.

Vandana, C., J. Yifu Lin, and Y. Wang. 2013. Leading Dragon Phenomenon: New Opportunities for Catch-Up in Low-Income Countries. Asian Development Review. 30（1）. pp. 52–84.

Wade, R. 1990. Governing the Market: Economic Theory and the Role of Government in East Asian Industrialization. Princeton: Princeton University Press.

———. 2003. Governing the Market: Economic Theory and the Role of Government in East Asian Industrialization. Revised edition. Princeton: Princeton University Press.

Wajcman, J., and L. A. P. Lobb. 2007. The Gender Relations of Software Work in Vietnam. Gender, Technology and Development. 11（1）. pp. 1–26.

Warr, P. 2000. Poverty Reduction and Economic Growth: The Asian Experience. Manila: Asian Development Bank.

———. 2004. Globalization, Growth, and Poverty Reduction in Thailand. ASEAN Economic Bulletin. 21（1）. pp. 1–18.

Watanabe, T. 1992. Asia: Its Growth and Agony. Hawaii: University of Hawaii Press. Wei, S.-J., and X. Zhang. 2011. The Competitive Saving Motive: Evidence from Rising Sex Ratios and Savings Rates in China. Journal of Political Economy. 119（3）. pp. 511–564.

Whittaker, D. 1997. Small Firms in the Japanese Economy. Cambridge, United Kingdom: Cambridge University Press.

Wid.World. World Inequality Database. https://wid.world/wid-world/（accessed 26 April 2019）.

Williamson, J. 1989. What Washington Means by Policy Reform. Washington, DC: Peterson Institute for International Economics.

Wong, P. K., and A. Singh. 2008. From Technology Adopter to Innovation: Singapore. In Edquist, C., and L. Hommen, eds. Small Country Innovations System: Globalization, Change and Policy in Asia and Europe. Cheltenham, United Kingdom and Northampton, MA: Edward Elgar.

World Bank. 1993. The East Asian Miracle: Economic Growth and Public Policy. New York: Oxford University Press.

———. 2002. The Reform of India Post: Transforming a Postal Infrastructure to Deliver Modern Information and Financial Services. Washington, DC.

———. 2003. Bangladesh – Development Policy Review: Impressive Achievements but Continuing Challenges. Washington, DC.

———. 2005. World Bank's Loans to Japan. Washington, DC. https://www.worldbank.org/en/country/japan/brief/world-banks-loans-to-japan.

———. 2006. Do Current Water Subsidies Reach the Poor? Series on Water Tariffs and Subsidies in South Asia. No. 4. Washington, DC.

———. 2006. Economics and Governance of Nongovernmental Organizations in Bangladesh. Washington, DC.

———. 2007. World Development Report 2008: Agriculture for Development.

Washington, DC.

———. 2012. World Development Report 2012: Gender Equality and Development. Washington, DC.

———. 2017. FAQs about the Pantawid Pamilyang Pilipino Program（4Ps）. Washington, DC. https://www.worldbank.org/en/country/philippines/brief/faqs-about-the-pantawid-pamilyang-pilipino-program.

———. 2018. Contribution of Institutional Investors: Private Investment in Infrastructure 2011-H1 2017. Washington, DC.

———. 2018. Taking Stock of the Political Economy of Power Sector Reforms in Developing Countries. Washington, DC.

———. 2018. Women, Business, and the Law 2018. Washington, DC.

———. Content of Deep Trade Agreements. https://datacatalog.worldbank.org/dataset/content-deep-trade-agreements.

———. Global Financial Development Database. https://www.worldbank. org/en/publication/gfdr/data/global-financial-development-database（accessed 15 November 2019）.

———. Pink Sheet Data. https://www.worldbank.org/en/research/commoditymarkets.

———. PovcalNet Database. http://iresearch.worldbank.org/PovcalNet/home.aspx（accessed 7 November 2019）.

———. Rural Access Index. https://datacatalog.worldbank.org/dataset/rural-accessindex-rai.

———. Women, Business, and the Law Database. https://wbl.worldbank.org/en/data/exploretopics/getting-paid（accessed 10 November 2019）.

———. World Development Indicators. https://data.worldbank.org.

———. World Integrated Trade Solution. https://wits.worldbank.org/.

World Health Organization（WHO）. 2009. Health Financing Strategy for the Asia Pacific Region（2010–2015）. Geneva.

———. 2011. The Partnership for Maternal, Newborn and Child Health, updated September. Geneva.

———. 2015. Trends in Maternal Mortality: 1990 to 2015: Estimates by WHO, UNICEF, UNFPA, World Bank Group and the United Nations Population Division. Geneva.

———. 2018. Global Status Report on Road Safety. Paris.

———. Global Ambient Air Quality Database (update 2018). https://www.who.int/airpollution/data/cities/en/ (accessed 23 May 2019).

———. Global Health Observatory Data. https://www.who.int/gho/en/.

———. Universal Coverage and Health Financing. https://www.who.int/health_financing/data-statistics/en/.

World Health Organization / United Nations Children's Fund Joint Monitoring Programme (JMP). Global Data on Water Supply, Sanitation and Hygiene. https://washdata.org/data.

World Resources Institute. CAIT Climate Data Explorer. http://cait.wri.org/.

World Trade Organization (WTO). 2008. Trade, the Location of Production and the Industrial Organization of Firms. In World Trade Report 2008: Trade in a Globalizing World. Geneva.

———. GATT Members. https://www.wto.org/english/thewto_e/gattmem_e.htm.

———. WTO Accessions. https://www.wto.org/english/thewto_e/acc_e/acc_e.htm.

———. WTO Online Database. https://www.data.wto.org (accessed 15 May 2019).

World Trade Organization, Australian Aid, and Asian Development Bank. 2019. Aid for Trade in Asia and the Pacific: Promoting Economic Diversification and Empowerment. Manila: Asian Development Bank.

World Trade Organization, Government of Australia, and Asian Development Bank. 2017. Aid for Trade in Asia and the Pacific: Promoting Connectivity for Inclusive Development. Manila: Asian Development Bank.

Wu, Y. 2012. Trends and Prospects in China's Research and Development Sector. Australian Economic Review. 45 (4). pp. 467–474.

Yamamura, E., T. Sonobe, and K. Otsuka. 2005. Time Path in Innovation, Imitation, and Growth: The Case of the Motorcycle Industry in Postwar Japan. Journal of Evolutionary Economics. 15 (2). pp. 169–186.

Yang, X., and S. Ng. 1998. Specialization and Division of Labor: A Survey. In Arrow, K. J., Y. K. Ng, and X. Yang, eds. Increasing Returns and Economic Analysis. London: Palgrave Macmillan.

Yasmi, Y, J. Guernier, and C. J. Colfer. 2009. Positive and Negative Aspects of Forestry Conflict: Lessons from a Decentralized Forest Management in Indonesia. International Forestry Review. 11（1）. pp. 98–110.

Young, A. 1995. The Tyranny of Numbers: Confronting the Statistical Realities of the East Asian Growth Experience. Quarterly Journal of Economics. 110（3）. pp. 641–680.

Yu, M. 2015. Processing Trade, Tariff Reductions and Firm Productivity: Evidence from Chinese Firms. The Economic Journal. 125（585）. pp. 943–988.

Zhai, F. 2008. Armington Meets Melitz: Introducing Firm Heterogeneity in a Global CGE Model of Trade. Journal of Economic Integration. 23（3）. pp. 575–604.

Zhang, J. 2017. The Evolution of China's One-Child Policy and Its Effects on Family Outcomes. Journal of Economic Perspectives. 31（1）. pp. 141–159.

Zhang, L., R. Brooks, D. Ding, H. Ding, H. He, J. Lu, and R. Mano. 2018. China's High Savings: Drivers, Prospects, and Policies. IMF Working Paper. No. WP/18/277. Washington, DC: International Monetary Fund.

Zhuang, J., E. de Dios, and A. Lagman–Martin. 2010. Governance and Institutional Quality and the Links with Growth and Inequality: How Asia Fares. In Zhuang, J., ed. Poverty, Inequality, and Inclusive Growth in Asia. London: Asian Development Bank / Anthem Press.

Zhuang, J., H. Gunatilake, Y. Niimi, M. E. Khan, Y. Jiang, R. Hasan, N. Khor, A. S. Lagman-Martin, P. Bracey, and B. Huang. 2009. Financial Sector Development, Economic Growth, and Poverty Reduction: A Literature Review. ADB Economics Working Paper Series. No. 173. Manila: Asian Development Bank.